BOUSSOLE DU COMMERCE

DES

BOIS DE CHAUFFAGE,

BOIS CARRÉS,

CHARBONS DE BOIS ET DE TERRE,

DESTINÉS

A L'APPROVISIONNEMENT DE PARIS.

Cet Ouvrage se trouve

A PARIS :

AU BUREAU DU COMMERCE DE BOIS FLOTTÉ EN TRAINS,
QUAI BÉTHUNE, N° 8, ÎLE SAINT-LOUIS.

AU BUREAU DE L'ALMANACH DU COMMERCE,
RUE J.-J. ROUSSEAU, N° 20.

Dans les Départemens :

Clamecy,	chez M. G. A. RAGON, Juré compteur.
Coulanges-sur-Yonne.	M. LEMAIRE, Juré compteur.
Vermanton,	M. A. V. RAGON, Juré compteur.
Brinon,	M. DUHAZÉ, Juré compteur.
Nogent-sur-Seine,	M. LENOIR, Juré compteur.
Fontainebleau,	M. BERTAUX, Juré compteur.
Moulins,	M. BRUNIN, Juré compteur.
Lorris,	M. ROUSSY, Juré compteur.
Châtillon-sur-Loing.	M. PETIT, Juré compteur.
Dormans,	M. ROLLET, Juré compteur.
Lisy-sur-Ourcq,	M. GANDOLPHE, Garde général.
Meaux,	M. HOTTE, Garde général.
Compiègne.	M. THIBAULT, Juré compteur.

IMPRIMERIE DE H. BALZAC, RUE DES MARAIS S.-G. · 17.

BOUSSOLE DU COMMERCE

DES

BOIS DE CHAUFFAGE,

BOIS CARRÉS,

CHARBONS DE BOIS ET DE TERRE,

DESTINÉS

A L'APPROVISIONNEMENT DE PARIS.

PAR

H.-E. DE LA TYNNA ᴇᴛ C.-P. ROUSSEAU.

OUVRAGE UTILE AUX COMMERÇANS, AUX PROPRIÉTAIRES DE BOIS,
AUX EMPLOYÉS DE LA NAVIGATION
ET DU COMMERCE.

Prix : 8 francs.

PARIS.

AU BUREAU DU COMMERCE DE BOIS FLOTTÉ EN TRAINS,

QUAI BÉTHUNE , N. 8 (ILE-SAINT-LOUIS).

M DCCC XXVII.

OBSERVATIONS PRÉLIMINAIRES

SUR

LE BUT ET LE PLAN DE L'OUVRAGE.

Le commerce des bois de chauffage, des bois carrés, des charbons de bois et des charbons de terre, destinés à l'approvisionnement de Paris, est d'une grande importance, et l'on peut s'étonner avec raison qu'aucun ouvrage *usuel et commercial* n'ait encore été publié sur cet objet. Nous avons cherché à remplir cette lacune : de longues recherches étaient nécessaires, nous les avons faites, et elles nous ont fourni des documens précieux et inédits; l'expérience de fonctionnaires et de commerçans habiles a été consultée, et leur complaisance sans bornes nous a guidés vers le but que nous nous étions proposé; enfin, nous n'avons rien négligé pour remplir le cadre que nous nous étions tracé, justifier notre titre et mériter les honorables encouragemens que nous avons reçus, lors de l'émission de notre prospectus.

Nous avons cru devoir entrer dans quelques détails sommaires sur la méthode de classification adoptée dans cet ouvrage pour présenter d'une manière lucide les nombreux renseignemens qu'il renferme. En jetant les yeux sur ces observations préliminaires, on saisira facilement l'ensemble de l'ouvrage et son ordonnance générale.

La nature même des documens que la Boussole est destinée à offrir, a indiqué trois grandes divisions :

1° Description des routes flottables et navigables,

2° Partie commerciale et réglementaire ;

3° Partie du personnel.

Quelques explications sur chacune de ces divisions vont en faire connaître le but.

PREMIÈRE DIVISION.

DESCRIPTION TOPOGRAPHIQUE ET COMMERCIALE DES ROUTES FLOTTABLES ET NAVIGABLES.

Cette division se compose de trois parties :

La 1re partie est consacrée aux routes *en amont* de Paris, telles que la Haute-Seine, l'Aube, l'Yonne, le Beuvron, la Cure, l'Armançon et le canal de Bourgogne, le Saint-Vrain, la Vanne, la Loire, l'Allier, les canaux de Briare, d'Orléans et de Loing, la Marne, l'Ourcq, etc., et leurs nombreux affluens.

(Cette première partie renferme aussi des détails sur le commerce des bois des Vosges, de l'Alsace et de la Lorraine, qui se transportent par terre, jusqu'à Bar et Saint-Dizier, où ils regagnent la Marne.)

La 2e partie comprend *Paris*, ses ports, ses gares, ses places de vente pour le charbon, ainsi que les canaux de Saint-Denis, de Saint-Martin et de l'Ourcq.

La 3e partie est consacrée aux routes *en aval* de Paris, telles que la Basse-Seine, l'Oise, l'Aisne, les canaux Crozat et de Saint-Quentin, l'Escaut, le canal de Mons à Condé, l'Eure, etc., et leurs affluens.

Chaque rivière, chaque canal forme une section séparée, qui présente les renseignemens suivans :

Longueur de la partie flottable et de la partie navigable;

Départemens parcourus;

Genre de marchandises transportées;

Indication des pertuis, gautiers, vannes, arrêts, étangs de flottage, etc.; des villes, bourgs, villages riverains, ports, de la rive qu'ils occupent et de leur distance respective en descendant la rivière; des affluens flottables ou navigables, ponts, bureaux de recette de l'octroi de navigation, gares, etc.; des forêts, bois, mines de charbon, qui alimentent chaque rivière;

Dimensions et charge moyenne des bateaux et des trains; chantiers de construction; durée moyenne du transport en remontant et en descendant; composition des équipages, agrès, etc.;

Dangers et difficultés de la navigation; prise et marche des éclusées de l'Yonne.

Les sections consacrées aux canaux présentent en outre leur largeur, ainsi que le nombre et la dimension de leurs écluses.

Toutes les parties du vaste rayon que nous avions à décrire ont été traitées avec le même soin. *L'orthographe que nous avons suivie pour les communes, hameaux, ports, rivières, a été puisée dans les dictionnaires et dans les annuaires spéciaux de départemens, les plus estimés et les plus récens.*

DEUXIÈME DIVISION.

Partie Commerciale et Réglementaire.

Cette partie était la plus difficile à traiter : la législation sur cette matière se compose d'une foule de lois, décrets, ordonnances, décisions et instructions, qu'il a fallu compulser et analyser avec le plus grand soin, et dont nous nous sommes attachés à donner un précis exact et satisfaisant.

Chaque branche de service ou chaque opération commerciale forme un chapitre spécial.

Nous commençons par celles qui intéressent tout le rayon de

l'approvisionnement, et nous finissons par celles qui ne concernent que le ressort de la préfecture de police. En suivant cette marche, l'ouvrage offre successivement :

Le Code Forestier, adopté cette année par les deux Chambres, indispensable à connaître pour les adjudications et les exploitations dans les bois de l'État, des communes et des établissemens publics; pour le privilége attribué à la marine sur les bois des tinés à son service; pour la police de tous les bois en général, et pour la poursuite des délits forestiers;

Les réglemens sur les dimensions des bois de chauffage destinés pour Paris; sur la fabrication du charbon de bois; sur le charroi de la vente au port; sur la liberté et la police de la navigation et des flottages en trains et à bûches perdues; sur le jetage, le tirage, l'empilage, le repêchage, les chemins de hâlage, les bois de faix, etc.;

Les tarifs des droits de navigation perçus sur les rivières et sur les canaux des bassins de la Seine, de la Loire et de l'Escaut.

Nous faisons connaître ensuite l'organisation des diverses compagnies formées sous la protection du gouvernement, tant à Paris que sur l'Yonne, la Seine, l'Aube et le Loing;

Les fonctions des divers employés commissionnés par M. le directeur général des ponts et chaussées et des mines, tels que jurés compteurs, gardes généraux, gardes-ports, gardes-rivières soit ambulans, soit sédentaires, soit chargés d'assurer le passage des trains, chefs des ponts et pertuis, billeurs, etc., ainsi que les tarifs des rétributions dues aux jurés-compteurs, aux gardes généraux, aux gardes-ports, aux gardes-rivières chargés d'assurer le passage des trains (rétributions dites *coutumes*), aux chefs des ponts et pertuis, aux billeurs, etc.;

Des instructions sur les formalités à observer par les gardes-ports et par les gardes-rivières, dans la rédaction des procès-verbaux, qu'ils sont appelés à dresser.

Nous passons ensuite aux documens qui ne concernent que le

ressort de la préfecture de police, et nous faisons connaître successivement les attributions du préfet de police;

Les mesures de police sur la navigation et les ports;

Sur le recensement et le mesurage des bois et charbons, ainsi que sur le droit de mesurage;

Sur la vérification annuelle des mesures (ce chapitre renferme des notions complètes sur le système des mesures métriques, en ce qui concerne les mesures de longueur, de superficie, agraires, de solidité et de capacité) ;

Sur l'arrivage, le garage, le lâchage, le tirage ou le débardage des trains ou des bateaux;

Sur les chantiers de toute espèce;

Sur la vente des charbons, des fagots et des cotrêts ; sur le regrat ou vente en détail des bois et charbons; sur les voitures des ports et des chantiers.

Nous finissons par l'extrait du tarif de l'octroi municipal de Paris, en ce qui concerne les combustibles, les bois de construction, les bateaux et les bois de déchirage.

TROISIÈME DIVISION.

PERSONNEL COMMERCIAL ET ADMINISTRATIF.

Le Personnel Commercial comprend, rivière par rivière, en commençant par Paris, les listes des principaux commerçans en bois de toute espèce et en charbons de bois et de terre, des principaux propriétaires de forêts et de mines de charbon de terre, des entrepreneurs de marine et de flottage, avec l'indication du lieu et du département de leur résidence, ainsi que du bureau de poste qui dessert la commune de la résidence, lorsqu'elle n'est pas elle-même un bureau de poste. Ce renseignement facilitera la correspondance que MM. les commerçans peuvent entretenir.

Le Personnel Administratif comprend :

Les agens et employés subordonnés à M. le directeur général des ponts et chaussées et des mines : inspecteurs généraux et particuliers, jurés compteurs, gardes généraux, gardes-ports, gardes-rivières de toute espèce, chefs des ponts et pertuis avec l'indication du lieu de leur résidence et des arrondissemens, rivières, ports, ponts, pertuis confiés à leur surveillance;

Les agens et les employés subordonnés à M. le préfet de police;

Les employés supérieurs de l'octroi municipal de Paris;

Les inspecteurs et sous-inspecteurs forestiers, dans le rayon de l'approvisionnement, tant pour les bois de l'État que pour ceux de la Couronne et de S. A. R. M. le duc d'Orléans; les agens forestiers et les fournisseurs de la marine, dans les bassins de la Seine et de la Loire.

Le personnel administratif offre à chaque nom, le lieu de la résidence, avec les mêmes indications que dans le personnel commercial.

L'ouvrage est terminé par deux tables.

La première *alphabétique* contient toutes les rivières, ruisseaux, canaux, ports, houillères, et les principales villes, comprises dans la description des routes flottables et navigables, avec indication de la page où il en est fait mention. Elle servira à préciser la position d'un port ou d'une mine : la recherche en sera commode et sûre.

La seconde est une table des matières, qui offre le sommaire de toutes les divisions et subdivisions de l'ouvrage.

Notre prospectus promettait deux documens que nous n'avons pu donner dans la Boussole. Comme nos souscripteurs pourraient s'en étonner, nous croyons devoir prévenir les réclamations, en donnant les motifs de notre détermination.

Il s'agit des quantités moyennes fournies annuellement par les rivières et par les ports, et des prix moyens de transport.

Nous avons rassemblé sur les quantités moyennes des renseignemens précieux et officiels : quelques lacunes ont dû nous faire renoncer à les publier dans cette édition, et nous avons préféré les renvoyer à la seconde édition, plutôt que d'offrir des résultats incomplets, persuadés que le commerce verra dans cette retenue, une preuve des soins que nous avons mis et mettrons toujours à ne rien publier que de certain.

Nous avons renoncé volontairement à publier les prix moyens de transport, ayant reconnu que ce travail serait plus curieux qu'utile, et qu'un commerçant ne pourrait jamais baser des opérations sur une moyenne, quelque parfaite qu'elle fût, l'état des eaux, la concurrence des marchandises, l'importance même de l'expédition, faisant varier à chaque instant les prix dans des proportions étonnantes.

Pour n'avoir pas donné ces renseignemens, nous n'avons pas été infidèles aux promesses de notre prospectus : nous avons au contraire la conscience d'avoir dépassé ces promesses, en publiant le Code Forestier, et en complétant considérablement la partie réglementaire, qui ne devait être qu'un extrait fort précis, mais qui aujourd'hui forme une partie majeure de la Boussole.

Un ouvrage, aussi riche en documens, et qui n'a point encore subi les jugemens du public, renferme toujours des inexactitudes et des omissions.

Nous prions donc avec instance tous ceux de MM. les commerçans, fonctionnaires, employés qui consulteront la Boussole, de vouloir bien nous faire connaître les lacunes, les imperfections, les erreurs qu'ils pourront y découvrir dans quelque partie de l'ouvrage que ce soit. Leurs observations seront accueillies avec reconnaissance, et mises à profit dans les éditions subséquentes, dont cet ouvrage pourra devenir l'objet.

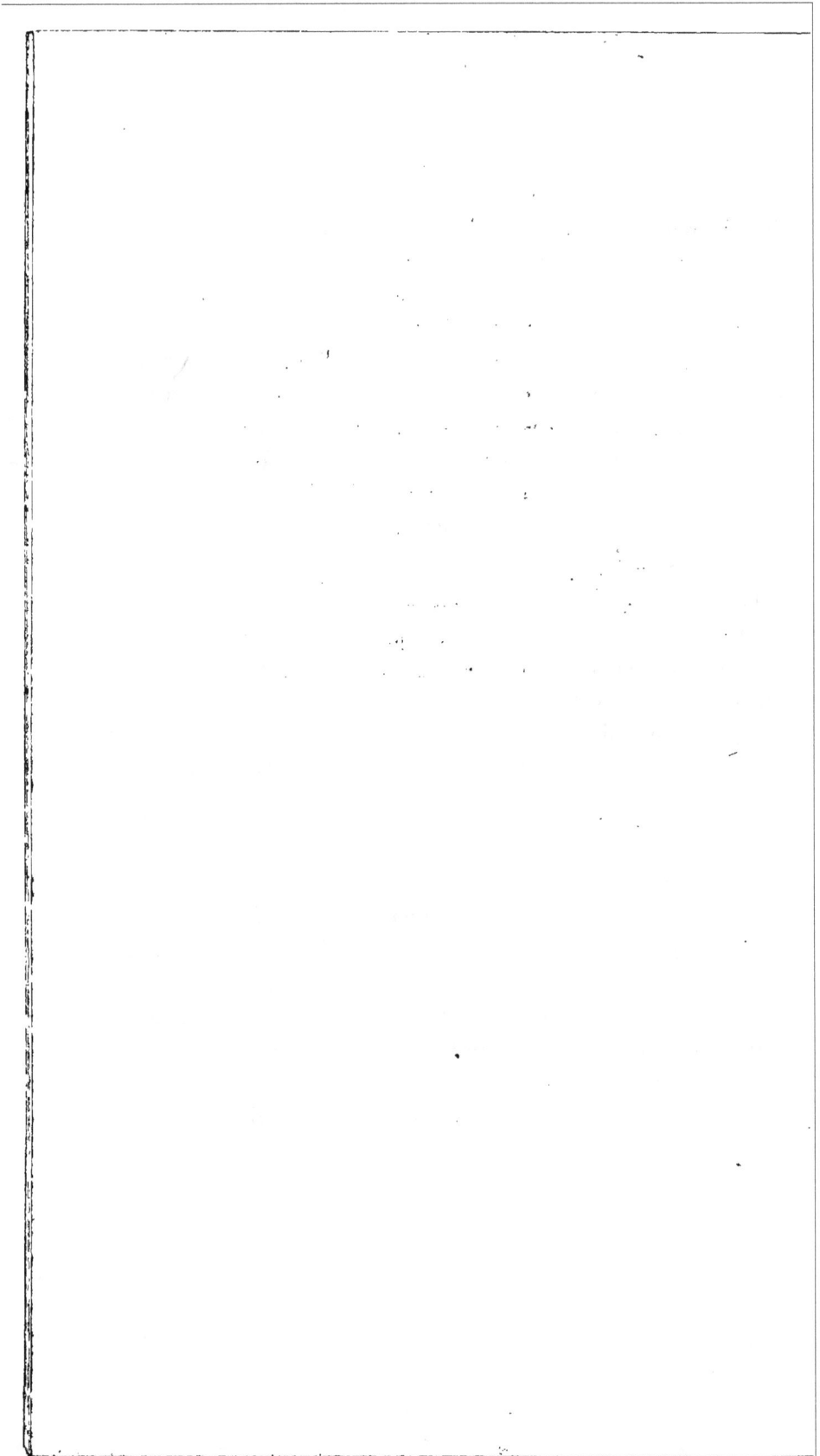

BOUSSOLE DU COMMERCE

DES

BOIS ET CHARBONS DE BOIS ET DE TERRE.

Description Topographique et Commerciale

DES

ROUTES FLOTTABLES ET NAVIGABLES.

Première partie. — Chapitre premier.

SEINE, *de sa source à Paris.*

LA Seine est flottable dans les départemens de la Côte-d'Or, de l'Aube et de la Marne ; navigable dans ceux de la Marne, de l'Aube, de Seine-et-Marne, de Seine-et-Oise, de la Seine, de l'Eure et de la Seine-Inférieure.

La longueur de la partie flottable est de 159,050 m. (35 l. 1/2 (1)), savoir :

Côte - d'Or,	62,050 m.	(13 l. 3/4).
Aube,	87,000 m.	(19 l. 1/2).
Marne,	10,000 m.	(2 l. 1/4).

La longueur de la partie navigable est de 554,568 m. (124 l. 1/2), savoir :

Marne,	5,000 m.	(1 l.).
Aube,	25,000 m.	(5 l. 1/2).
Seine-et-Marne,	104,000 m.	(23 l. 1/2).
Seine-et-Oise,	30,000 m.	(6 l. 3/4).
Seine,	58,374 m.	(13 l. 1/4).
Seine-et-Oise,	110,000 m.	(24 l. 3/4).
Eure,	66,194 m.	(14 l. 3/4).
Seine-Infér.,	156,000 m.	(35 l.).

La Seine, de sa source à Paris, fait partie, en ce qui concerne l'approvisionnement, des inspections de Bar-sur-Seine, de Troyes, de Nogent et de Montereau, savoir : de sa source à Troyes, insp. de Bar ; de Troyes à Méry, insp. de Troyes ; de Méry à Montereau, insp. de Nogent, et de Montereau à Paris, insp. de Montereau.

(1) Nous avons toujours employé dans cet ouvrage la lieue de 2283 toises.

1

Il y a des bureaux pour la recette de l'octroi de navigation à Nogent, à Montereau et à Choisy.

Cours flottable à bûches perdues.

Ce flottage qui est ancien, et sur lequel nous connaissons un arrêt du Conseil, portant réglement pour le flottage au-dessus de Troyes, en date du 6 juillet 1756, rapporté dans le Traité de la police de Delamare, avait cessé en 1793.

Il fut de nouveau autorisé par une décision ministérielle du 17 fructidor an VIII, et un décret du 17 thermidor an XII.

Depuis 1807 il est entièrement rétabli, et il a lieu presque tous les ans. La largeur des nombreux pertuis, établis sur la partie flottable, varie de 1 m. 50 cent. à 4 m. 10 c.

La source de la Seine est au centre d'un bois, près de la ferme d'Evergereaux, à 1/2 lieue de St.-Germain-la-Feuille, village situé à 2 l. 1/4 de St.-Seine et 3/4 l. de Chanceaux.

Avant d'arriver à Billy, 1 l. 3/4 de sa source, la Seine reçoit à droite le ruisseau de *Geveron*, qui a sa source au-dessus de l'étang de Charmeronde. Ce ruisseau pourrait, au moyen de quelques déblais, offrir au flottage 4,090 m. (une petite lieue). Ce flottage serait utile aux communaux de Chanceaux.

A une petite demi-lieue de ce confluent et au-dessus d'Oigny, elle reçoit à droite le ruisseau de *Verrerie*, qui a ses sources près de Turtie et de Junie. Ce ruisseau, qui manque souvent d'eau, est flottable depuis le vallon de la Verrerie jusqu'à son embouchure, sur une étendue de 1320 mètres (une petite demi-lieue). Ce flottage sert aux bois situés près des Bordes et de la Puce.

2 l. 1/4 en aval, rive gauche, on trouve Duêmes.

3/4 l. aval, même rive, Quemigny.

1/4 l. aval, un peu au-dessus de Cosne, la Seine reçoit à droite le ruisseau de *Revinson*, qui a un cours de 4 l.; il prend sa source au bas de la ferme du Clousot, et est flottable depuis la ferme de Fontaine-douce jusqu'à son embouchure, sur une longueur de 15,000 m. (3 l. 1/4). Ce flottage éprouve souvent des difficultés par le manque d'eau, mais il est très-utile aux bois environnans. Il existe à la forge de Tarperou une vanne d'une ouverture de 1 m. 90 cent. Près de Tarperou, le Revinson reçoit à droite la *Coquille* ou le ruisseau d'*Aignay-le-Duc*. Ce ruisseau, qui a un cours de 3 l. 1/2, prend sa source entre Mortot et Chandarcon; il est flottable depuis Etalente jusqu'à son embouchure. Ce flottage, d'une étendue de 11,250 m. (2 l. 1/2), éprouve des obstacles par la disette d'eau sur la première lieue seulement. On compte sur la Coquille 8 vannes, dont la largeur varie de 1 m. 70 c. à 2 m. 70 c.

1/2 l. au-dessous de la jonction du Revinson, rive droite, est Bellenot.

1/4 l. plus bas, même rive, est Origny.

1/4 l. au-dessous, rive gauche, est Saint-Marc.

Une petite lieue plus bas, à la lisière d'un bois, dit du Parc, et au-dessous de Bremur, la Seine reçoit à droite le ruisseau de *Brevon*, qui prend sa source à Echallot, passe à Brevon, à Rochefort, et a un cours de 4 l. 1/4; il coule à proximité de vastes forêts, et il est flottable depuis St.-Germain-le-Rocheux jusqu'à son embouchure sur une étendue de 8,000 m. (1 l. 3/4). Il existe sur son cours cinq vannes dont la largeur varie de 1 m. 33 c. à 1 m. 48 c.

Une petite lieue au-dessous de la jonction du Brevon et rive gauche est Aisey-le-Duc, centre d'une grande fabrication de feuillettes, et l'un des principaux ports flottables de la Seine.

1/2 l. plus bas, rive droite, est Nod, à proximité d'une vaste forêt.

3/4 l. au-dessous, rive gauche, est Chamesson.

1/2 l. plus bas, même rive, est Ampilly.

1/2 l. au-dessous, rive droite, est Buncey.

Une petite lieue plus bas, la Seine traverse par plusieurs canaux la ville de Châtillon.

2 lieues plus bas, rive gauche, est Vix-St.-Marcel, et, rive droite, Courcelles-les-Rancs (1).

3/4 l. au-dessous, rive gauche, est Pothière, à proximité des bois de la Balotière, de Larcy, de Charme, Boullerin, etc.

Une petite lieue plus bas, même rive, est Gomméville.

1/2 l. plus bas, la Seine traverse la ville de Mussy-l'Evêque. Le canal de flottage laisse la ville sur la rive gauche, et coule entre les bois de Mussy et de Molesmes.

1/4 l. au-dessous, rive droite, est Lille.

1/4 l. au-dessous, rive gauche, est Plaines.

Une petite lieue plus bas, rive gauche, est Gloire-Dieu.

1/2 l. au-dessous est Courteron.

1/2 l. plus bas est Gyé.

1/2 l. au-dessous est Neuville, à proximité des bois de Thouen.

1/2 l. au-dessous est Buxeuil.

1/4 l. plus bas, à Polizy, la Seine reçoit à gauche le ruisseau de *Laignes*, qui prend sa source au village de Laignes, traverse les trois villages de Ricey-Haut, Ricey-Haute-rive et Ricey-Bas, et a un cours de 6 l. 1/4. Ce ruisseau, qui est flottable sur une étendue de 20,000 m. (4 l. 1/2), depuis Molesmes jusqu'à son embouchure, est à proximité à gauche des forêts de Paisson et de Mosnes, des bois de Panfol, de Channes, de l'Hopital, de Beauregard, etc. ; à droite des bois de Larcy, de la Balotière, de Molesmes, du Mont, de Thouen, etc. Il y a sur la Laignes 5 vannes d'une largeur de 1 m. 80 c.

Delamare, dans son Traité de la police, tome III, page 863, rapporte un arrêt de réglement sur le flottage de la Laignes, daté du 3 avril 1635. La commune de Laignes est le centre d'une fabrique de boissellerie et de futailles.

1/4 l. plus bas, la Seine reçoit sur sa droite la rivière d'*Ource* (voyez sa description particulière).

(1) Une loi du 8 juin 1825 a prescrit la canalisation de la Seine depuis Courcelles-les-Rancs jusqu'à Nogent.

1*

Un peu au-dessous, rive droite, la Seine reçoit le ruisseau d'*Arce*, qui prend sa source à Fontarce, passe à Vitry-le-Croisé, à Eguilly, à Bertignolle et à Merrey où est son embouchure. Ce ruisseau est flottable sur toute la longueur de son cours, qui est de 26,000 m. (5 l. 3/4); mais ce flottage paraît abandonné. Il existe sur l'Arce 5 vannes dont la largeur varie de 1 m. 13 c. à 1 m. 60 c.

1/2 l. plus bas la Seine passe à Bar-sur-Seine.

3/4 l. au-dessous, rive droite, est Bourguignons.

1/4 l. au-dessous, rive gauche, est Fool.

Une petite lieue plus bas, rive droite, est Courtenot.

1/4 l. au-dessous, près de Vizey-sous-Bar, au lieu dit l'Enclos, la Seine reçoit à gauche le ruisseau flottable de la *Sarce*, qui prend sa source à Bragelogne, passe à Beauvoir, à Avirey-le-Bois, à Arelles, à Villemorien, à Jully, et qui a un cours de 5 l. 1/2 à proximité de la forêt de Mosne et des bois de Bagneux, de la Commanderie, de Vaux, de Piel, etc. L'étendue de flottage que la Sarce présente, depuis Arelles jusqu'à son embouchure, est de 15,000 m. (3 l. 1/4), mais le peu de profondeur et d'encaissement de ce ruisseau oppose des obstacles à ce flottage. Il y a sur son cours 4 vannes.

1/2 l. au-dessous est Fouchères.

3/4 l. plus bas, rive gauche, est Chappes, à proximité des bois de Chappes et de Bidan.

1/2 l. plus bas, rive droite, est Villemoyenne.

1/2 l. au-dessous, même rive, est Courcelle.

1/2 l. au-dessous, même rive, est Clerey.

1/2 l. au-dessous, même rive, est St.-Aventin.

1/4 l. au-dessous, même rive, est St.-Martin.

1/4 l. plus bas, est Verrières.

1/4 l. plus bas est la Bretonnière.

1/2 l. au-dessous, rive gauche, la Seine reçoit le ruisseau de l'*Hozain* ou *Lozain*, qui a un cours de 6 l. 1/2, prend sa source près de Quincerot, passe à Praslain, à Lantages, à Rumilly-les-Vaudes, à Monceau, à St.-Thibault, à Courgerennes et à Villeport, près de Breviaude, où est son embouchure. L'Hozain qui coule non loin des forêts de Chaource et d'Aumont, des bois de Praslain et de Rumilly, est flottable depuis Rumilly jusqu'à son embouchure sur une longueur de 20,000 m. (4 l. 1/2). Il existe sur ce ruisseau 2 vannes de 1 m. 50 c. de largeur. L'Hozain reçoit à gauche, au lieu dit Roches, non loin d'Isle ou d'Aumont, et de Ste.-Reine, le ruisseau de *Mogne*, qui prend sa source au hameau de Fay, près de la forêt de Chaource, et qui est flottable depuis Lirey jusqu'à son embouchure, sur une étendue de 13,000 m. (2 l. 3/4).

1/2 l. au-dessous de la jonction de l'Hozain, rive gauche, est St.-Julien-de-Sancey, où est établi le grand arrêt, dit de St.-Julien, destiné à retenir le flot à bûches perdues de la Seine. Sur la rive droite existe un canal au bout duquel on trouve la vanne de St.-Julien, où l'on fait couler le bois retenu par le grand arrêt. Ce canal est continué jusqu'au dessous de Troyes où il rejoint la Seine. Au-dessous du grand arrêt et au déversoir de St.-Julien on a établi un autre arrêt, dit arrêt de sûreté, pour retenir le flot, dans le cas où l'arrêt de St.-Julien viendrait à manquer; c'est à ce déversoir que se fait la division des eaux qui traversent Troyes et se réunissent au-dessous de cette ville.

3/4 l. au-dessous de l'arrêt de St.-Julien, la Seine reçoit à droite dans le canal de flottage le ruisseau de la *Barse* qui a un cours de 7 l. 1/2. Il prend sa source à Vendœuvres, passe à Champauroy, à Monstier-Amey, à Montreuil, à Courteranges et à Ruvigny. Il est flottable depuis Monstier-Amey jusqu'à son embouchure, sur une étendue de 25,000 m. (5 l. 1/2), et il coule à proximité de la forêt d'Orient, des bois de Briel et de Trodes. On compte sur la Barse 5 vannes d'une largeur de 1 m. 60 c.

1/2 l. au-dessous, rive droite, est St.-Parre-aux-Tertres, et, rive gauche, Foissy où on a établi un arrêt, dit arrêt de Foissy, qui sert à retenir les bois qui arrivent en trop grande abondance pour la vanne de St.-Julien et les bois du flot de la Barse. Entre la vanne de St.-Julien et la rentrée du canal dans la Seine, on a construit une digue pour empêcher le bois d'entrer dans le bras de la Seine qui passe à Lavaux, et au-dessous une vanne, dite St.-Jacques, dans laquelle passe le flot avant d'arriver au pont construit sur la route de Troyes à Châlons-sur-Marne. Cette vanne est mise au fond après le passage du flot, afin de renvoyer les eaux dans le bras dit de Lavaux, et elle sert de décharge lorsque ce bras a trop d'eau. C'est entre la vanne St.-Julien et la jonction du canal de flottage à la Seine, qu'on retire sur les deux rives les bois amenés par les flots de la Seine, de l'Ource et de la Barse en mars, avril et mai; on empile les bois qu'on laisse sécher jusqu'en août, époque où on les embarque pour les ports flottables en trains de Marsilly-sur-Seine.

1 l. au-dessous de l'arrêt de Foissy, le canal rentre dans la Seine.

1/2 l. plus bas, rive gauche, sont Barberey-St.-Sulpice et Barberey-les-Moines.

3/4 l. au-dessous, même rive, est St.-Lie.

1/4 l. plus bas, même rive, est Riancey.

1/4 l. plus bas, même rive, est Payens.

1 l. plus bas, même rive, est Savières.

1 l. plus bas, même rive, est St.-Memmin.

3/4 l. au-dessous, même rive, est Vallans.

1 l. au-dessous, la Seine traverse Méry où l'on commence à naviguer avec de petits margotats, pendant la saison des hautes eaux seulement et avec beaucoup de difficultés.

1/2 l. au-dessous, rive droite, est St.-Oulph, et rive gauche Châtres.

1 l. plus bas, la Seine, arrêtée par une écluse, se détourne et se divise en trois bras : le premier, dit le Branchois, sur la rive gauche, alimente les canaux de Romilly, et rentre dans la Seine au-dessous de Marsilly : un embranchement de ce bras passe à Sellières, à Crancey, et rejoint la Seine à Pont ; le deuxième bras, ou canal des Mou-

lins, occupe le milieu : c'est l'ancien bras de la Seine ; le troisième bras, ou canal Sauvage, occupe la droite et se prolonge jusqu'à la jonction de l'Aube. C'est par ce dernier bras que se font la navigation et le flottage ; à proximité se trouvent les bois de Saron, de la Presle et de Romilly. A Romilly il y a des moulins à scie pour la volige.

1 l. au-dessous, rive droite, est l'ancienne abbaye de Macheret.

1/2 l. au-dessous, même rive, est le village de Sauvage.

1 l. au-dessous est le grand arrêt de Marsilly, où le flot est tiré, séché et mis en trains.

1/4 l. au-dessous est Marsilly, port flottable, où la Seine reçoit à droite la rivière de l'*Aube* (pour le cours de l'Aube, voyez sa description particulière). Indépendamment du flot de la Seine, Marsilly reçoit encore des produits des ventes des forêts suivantes, savoir : à 6 l. 1/2 de distance, Brouais, le Gault ; à 4 l. 1/2 la Traconne, Chante-merle, Bricot, les Hôpitaux et la Comtesse. On charge aussi des charbons de bois au port de Marsilly. Les ports flottables en trains sur la Seine s'étendent de Marsilly à Nogent inclus. Au-dessous de Nogent, les bois ne viennent plus qu'en bateaux.

Cours navigable.

1/2 l. au-dessous de Marsilly, rive droite, on rencontre le port de Conflans, où l'on amène considérablement de bois de charpente et de chauffage des forêts suivantes, éloignées de 4 à 5 lieues, savoir : Montéguillon, le Pré-du-But, St.-Nicolas, Nelle-la-Rispote, le Meix. On charge aussi à Conflans une grande quantité de charbon de bois qui provient des forêts de Gault, de la Traconne, du Meix, etc.

2 l. au-dessous, rive gauche, est Pont-le-Roi où il y a un bac et un port. Pont est environné des bois de l'Isle, de Pallu, de Notre-Dame, de l'Hermitage, de Courlavant, de la Saussotte, du Tillet, du Chaslac, de l'Étoile, etc.

3/4 l. plus bas, rive gauche, est le port de Marnay.

1/2 l. plus bas, rive droite, est le port de la Vente, près duquel la Seine reçoit le *Canal de Courlavant* qui n'est autre chose que la petite rivière de *Villenoxe*, rendue navigable pour de petites barques sur une longueur de 10,000 m. (2 l. 1/4), en remontant de son embouchure. La petite rivière de Villenoxe prend sa source à Forestière.

1 l. 1/4 au-dessous, la Seine traverse la ville de Nogent, où il y a deux ponts et un port aux charbons et aux bois. On y fait beaucoup de flottages en trains pour Paris.

Nogent reçoit les bois de la forêt de Pouy, distant de 5 l. 1/2.

Au-dessous de Nogent on n'expédie plus les charbons par eau, mais par terre.

1/4 l. au-dessus de Nogent, la Seine se sépare en deux parties, la gauche est réservée aux moulins de Nogent. La navigation se fait sur la droite par une écluse à sas de 7 m. 80 c. de largeur, à l'extrémité d'un canal de dérivation de la Seine, de 382 m. de longueur, passage plus sûr et plus facile que celui qui existait par le pertuis des moulins de Nogent.

1/2 l. au-dessous de Nogent, rive droite, est le port de Beaulieu.

1 l. plus bas, rive gauche, est la Motte-Tilly.

1/2 l. plus bas, même rive, est Courcerey.

1/2 l. plus bas, même rive, est Athis.

1/4 l. au-dessous, même rive, est Villiers. Non loin sont les bois de Chanson et des Bas-Buis, de Paroy, de Tachy, etc.

1/2 l. plus bas, même rive, est le château de Noyen.

1/2 l. plus bas, rive droite, est Port-Montain, port qui reçoit les bois de Sordun, de Guay, de Noyen, distant d'une demi lieue.

1/2 l. plus bas, même rive, est L'Epine.

1/4 l. au-dessous, rive gauche, est Toussac.

3/4 l. plus bas, même rive, est Jaulne.

3/4 l. au-dessous, la Seine passe sous le pont de la ville de Bray, qu'elle laisse à gauche. Il y a un port à Bray.

1 l. 1/4 au-dessous est le port d'Amboule, qui reçoit de 6 l. 1/2 de distance les bois de Breuilly, Guerey et St.-Martin qui sont amenés en bateaux à Paris.

1 l. au-dessous, rive gauche, est Gravon.

3/4 l. plus bas, même rive, est la Tombe.

1 l. au-dessous, même rive, est Marolles.

3/4 l. au-dessous, rive droite, est St.-Germain.

1/4 l. plus bas, même rive, est Courbeton où il y a un port assez considérable pour la vente des bois de Coutençon, Pruilly, Montigny, Marolles, Châtillon, St.-Germain-de-Laval, Valance, Echou, Boulin, Sablon, Contigny et autres.

Les bateaux qui chargent à Courbeton ne doivent point l'octroi de navigation à leur passage à Montereau.

1/2 l. au-dessous, la Seine passe sous l'un des ponts de la ville de Montereau-fault-Yonne, où elle reçoit à gauche la rivière d'*Yonne* (pour le cours de l'Yonne, voyez sa description particulière). Il y a un chef des ponts à Montereau. En sortant de Montereau on rencontre les Effiches, baissier difficile à éviter au milieu de la rivière ; et un peu plus bas la Bosse et l'Ilot de la Vollée, rive droite, passages à éviter en eau haute.

3/4 l. au-dessous de Montereau, rive gauche, est Varennes. Il faut éviter, vis-à-vis Varennes, le précipice et le banc de l'île de Varennes, sur la rive gauche, la bosse de Varennes et ses prais sur la rive droite. Un peu au-dessous de Varennes, le grand banc des îles du grand Rosau est difficile à passer, ainsi que la bosse du grand Rosau, rive droite. Entre Montereau et Champagne se trouve Port-Pendu, port.

3/4 l. au-dessous de Varennes, rive droite, est Tavers, en amont duquel il faut éviter des bancs et des prais.

1 l. plus bas, même rive, est le port de la Celle, et un peu audessus, même rive, Nanchon.

3/2 l. au-dessous, rive gauche, est St.-Mamès, où la Seine reçoit à gauche le *Canal de Loing* (voyez sa description particulière). En aval de St.-Mamès, l'île du vieux Moret, située au milieu de la Seine, offre des difficultés pour le passage.

1/2 l. au-dessous, rive droite, est le port de Champagne, à la lisière d'un bois assez considérable.

1/4 l. plus bas, rive gauche, on trouve le port de Thomery à la lisière de la forêt de Fontainebleau, le village d'Effondrey, même rive, et le château du Pressoir du Roi, rive droite.

1 l. au-dessous, rive droite, est le port de Samoreau.

1/4 l. plus bas, rive gauche, est le port de Valvin. Situé à proximité de la forêt de Fontainebleau, ce port reçoit beaucoup de produits de ses ventes. Le chef du pont de Valvin, construit récemment, réside à Port-à-l'Anguille.

1/4 l. au-dessous de Valvin est le Port-à-l'Anguille, à la lisière de la forêt de Fontainebleau.

1/4 l. au-dessous, même rive, est le village de Samois, et rive opposée Herissy; il y a entre Samois et Herissy des restes d'un pont qui forment deux bras de navigation, séparés par l'île à la Rotie. Il y a un chef de pont à Samois.

1/2 l. au-dessous, rive droite, est le port de Barbeaux, où se déposent les bois de la forêt de Ville-Fermoy.

3/4 l. au-dessous, même rive, est Fontaine-le-Port.

1 l. plus bas, rive gauche, est le port de la Cave, où se déposent des bois de la forêt de Fontainebleau.

Un peu plus bas, rive droite, est Chartrettes, à proximité du buisson de Massory.

1 l. au-dessous de la Cave, rive gauche, est le château et le parc de la Rochette, et plus bas, rive droite, Vaux-les-Penil.

3/4 l. au-dessous la Seine traverse la ville de Melun; il y a à Melun un port aux charbons, un port au bois, au lieu dit les Fourneaux, commune des Mées, rive droite, et deux ponts. En arrivant à Melun, la Seine se sépare en deux bras; le bras droit borde la ville et passe sous le pont aux Fruits; la navigation se fait sur le bras gauche du côté du faubourg, et passe sous le pont de Melun qui n'a qu'une arche pour les avalans et montans, les autres étant obstruées par des moulins. Il y a un chef de pont à Melun. Les conducteurs de bateaux, arrivant par le haut de la rivière, sont tenus de faire biller à partir du point de la Seine qui se trouve vis-à-vis le chemin de la montagne St.-James. Ils peuvent faire faire ce billage par leurs propres mariniers ou par ceux de la ville, à leur choix; il est alloué à ceux de la ville 75 c. par homme, selon l'ordonnance de police de la ville de Melun du 16 floréal an XIII.

3/4 l. au-dessous de Melun, rive gauche, est Belombre.

1/2 l. au dessous rive droite est Boissette et rive gauche Vaufve.

1/2 l. plus bas rive droite, Boissise-la-Bertrand.

1/4 l. plus bas rive gauche est Boissise-le-Roi.

1/4 l. au-dessous, rive gauche, le port de Ponthierry.

1/2 l. au-dessous, rive droite, le port de Ste.-Assise, à proximité des bois de ce nom.

3/4 l. plus bas, rive gauche, la Silanguette.

1/2 l. au-dessous, rive droite, St.-Port.

1 l. plus bas, rive gauche, le Coudray.

1/4 l. plus bas, rive droite, le port de Morsan, à proximité de la forêt de Rougeaux.

1 l. plus bas, rive droite, Saintery et Champlâtreux.

1 l. plus bas, la Seine passe sous le pont de Corbeil, laissant la ville sur sa droite. Il y a un port et un chef de pont à Corbeil. C'est à Corbeil que la Seine reçoit à gauche la rivière de *Juisne* ou *d'Essonne*, qui portait autrefois bateaux, et dont la navigation a été supprimée par la quantité d'usines qu'on a construites sur son cours. Il existe un projet de réunir cette rivière à la Loire, projet commencé et depuis suspendu.

1/2 l. au-dessous de Corbeil, rive droite, est Étiolle.

1/2 l. au-dessous, rive droite, est Soisy-sous-Étiolle, à la lisière de la forêt de Senart.

3/4 l. au dessous, rive gauche, est la Borde-de-Ris, où il y a un port.

3/4 l. au-dessous, même rive, est Châtillon, où il y a un bac et un port.

3/4 l. au-dessous, rive gauche, est Mons.

1/2 l. plus bas, rive gauche, est Ablon.

1/2 l. au-dessous, rive droite, est Villeneuve-St.-Georges, où il y a un port.

1 l. au-dessous, rive gauche, est Choisy, où il y a un port et un pont, avec des billeurs. On a construit récemment une gare à Choisy. Cette gare établie sur la rive droite, en aval et près du pont, a été autorisée par ordonnance du roi, du 10 mars 1824, et livrée à la navigation en novembre 1825. Elle offre un abri aux bateaux, et est en outre destinée à servir, en tout temps, de dépôt et de marché flottant. Le maximum du droit fixé par l'ordonnance précitée, art. 6, est de 3 centimes par jour, et par mètre carré, du 15 novembre au 15 mars, et de 2 centimes le reste de l'année. Ce droit s'acquitte à la sortie pour les bateaux chargés, et à l'expiration de chaque mois pour les bateaux vides. Le jour d'entrée et celui de la sortie comptent pour l'acquittement.

1 l. au-dessous de Choisy est le Port-à-Langlais, rive gauche. Il existe vis-à-vis un grand banc à éviter.

1/4 l. plus bas, rive droite, la Seine reçoit la *Marne* (pour le cours de la Marne, voyez sa description particulière).

Au lieu dit la Bosse-de-Marne, on doit construire un pont qui rattachera directement avec Paris les routes importantes qui traversent Alfort et Charenton.

Un peu au-dessous de la jonction de la Marne, rive droite, sont les Carrières-de-Charenton, et un peu plus bas, même rive, Conflans.

1/2 l. au-dessous, la Seine, après avoir rencontré Bercy et la Rapée sur la rive droite, et la Gare sur la rive gauche, arrive au pont du Jardin-du-Roi, et traverse Paris.

Au port de Bercy on tire des trains de bois et on débarde des bateaux.

Au port de la Gare on tire des trains de bois, on débarde et on déchire des bateaux.

Navigation et Flottage en trains de la Haute-Seine.

La Seine porte de Marsilly à Paris trois principales espèces de bateaux.

1° Marnois de 36 à 40 mètres de longueur, de 7 mètres de largeur, et du port de 150,000 kilogrammes.

2° Barquettes de 23 mètres de longueur, de 6 mètres de largeur, et du port d'environ 100,000 kilog.

3° Margotats de 12 à 18 mètres de longueur, 2 mètres de largeur, portant, couplés deux à deux, 20 à 25,000 kilogr.

Le flottage en trains amène tous les bois de chauffage, de charpente et de sciage qui arrivent sur les ports de Marsilly à Nogent; au-dessous de Nogent, on les charge en bateaux.

La marche ordinaire des bateaux et des trains de Marsilly et Conflans à Paris est la suivante :

Il faut 5 jours en descendant, savoir :

De Marsilly ou Conflans à Nogent. . . . . 1 jour.   1.
De Nogent à Bray. . . . . 1.   2.
De Bray à Montereau. . . . . 1.   3.
De Montereau à Melun. . . . . 1.   4.
De Melun à Paris. . . . . 1.   5.

Il faut 8 jours en remontant, savoir :

De Paris à Châtillon. . . . . 1 jour.   1.
De Châtillon à Boissise . . . . 1.   2.
De Boissise à la Cave . . . . 1.   3.
De la Cave à Montereau. . . . . 1.   4.
De Montereau à Bray. . . . . 1.   5.
De Bray à Port-Montain. . . . . 1.   6.
De Port-Montain à Nogent . . . . 1.   7.
De Nogent à Conflans ou Marsilly . . . . 1.   8.

Pour remonter un trait de six bateaux, il faut 10 chevaux ou 5 courbes; pour quatre bateaux, 8 chevaux; pour trois bateaux, 6 chevaux; pour deux bateaux, 4 chevaux, et pour un bateau, deux chevaux.

L'équipage d'un bateau chargé, allant plein avalant, est composé d'un pilote et de 6 à 7 mariniers pour un bateau de charbon; d'un pilote et de 4 à 5 mariniers pour un bateau de bois.

Première partie. — Chapitre second.

OURCE, *affluent de la Seine.*

Pour l'approvisionnement de Paris, cette rivière dépend de l'inspection de Bar-sur-Seine.

Il y a sur le cours de l'Ource, qui est flottable à bûches perdues, de nombreuses usines à fer.

L'Ource prend sa source à Poinsenot, département de la Haute-Marne, sur les confins de celui de la Côte-d'Or, coule dans ce dernier département de Collemiers à Grancey, où elle entre dans le département de l'Aube, et se jette dans la Seine en aval de Bar-sur-Seine, près de Merrey, à 100 mètres au-dessous du moulin de Villeneuve.

Son cours flottable, de sa source à son embouchure, est de 85,000 mètres (19 lieues), savoir :

> 10,000 mètres dans la Haute-Marne (2 lieues 1/4).
> 50,000 m. dans la Côte-d'Or (11 l. 1/4).
> 25,000 m. dans l'Aube (5 l. 1/2).

Le flottage se fait par des pertuis construits à côté des moulins situés sur le cours de cette rivière. La largeur des pertuis varie de 1 mètre 25 centimètres à 3 mètres 20 centimètres. Le flottage n'éprouve aucune difficulté.

Une lieue au-dessous de la source, rive droite, est Santenoge.

1/4 l. plus bas, rive gauche, est Villars-Monroye.

1 l. au-dessous, rive droite, est Collemiers-le-Bas.

(La source de l'Ource, de Poinsenot à Collemiers, est environnée de bois : on distingue, à droite, la forêt de Chamberceau, les bois de Musseau, de Vivey, de Bauthrey, de Rouvre, de Preffontaine, de Coutances, etc. ; à gauche, les bois de Malleroy, de Chaugey, etc.)

1 l. 1/4 au-dessous, même rive, est Menesble, à proximité de la forêt de la Chaume et des bois de Châtel.

1/2 l. plus bas, même rive, est Recey, port flottable le plus considérable de l'Ource.

1/4 l. au-dessous, même rive, l'Ource reçoit le ruisseau de *Gramme*. Il prend sa source dans le bois de Bange, près de Rompré, et passe à Terre-Fondrée à travers les bois. Le flottage à bûches perdues n'éprouve aucun obstacle sur ce ruisseau, flottable de Terre-Fondrée à son embouchure sur une longueur de 7,500 m. (1 l. 1/2). Il existe au moulin de la Forêt, construit sur ce ruisseau, une vanne de 1 m. 67 c. de largeur.

1/2 l. au-dessous, rive droite, est Lugny.

3/4 l. au-dessous, même rive, est Lenglay.

1/4 l. plus bas, rive gauche, l'Ource reçoit le ruisseau de *Digenne* ou *d'Yenne*, qui a un cours de 18,000 m. (4 l.). Il prend sa source à Palu, au-dessus de Larçou, passe à St.-Broing-les-Moines, à Mont-moyen, à Essaroy, environné de vastes forêts. Il est flottable depuis l'Etang-du-Roi jusqu'à son embouchure, sur une étendue de 1,500 mètres (petite demi-lieue). Il existe au moulin Feronin une vanne de 1 m. 80 c. de largeur. Le flottage pourrait remonter 3 lieues plus loin.

1/4 l. au-dessous est Voulaines, rive droite.

Une lieue plus bas, rive gauche, est St.-Fal, où l'Ource se divise en deux bras qui se rejoignent à Villotte.

1/4 l. au-dessous, même rive, est Vanvey, port flottable.

1/2 l. au-dessous, même rive, Maizay.

1/2 l. au-dessous, rive droite, est Villotte.

1/4 l. plus bas est Prusly.

1 l. au-dessous, même rive, est Brion. De Recey à Brion, le long du cours de l'Ource, s'étendent à droite et à gauche les vastes forêts de la Monqu, de Villiers-le-Duc, d'Essaroy, les bois de Chassaigne, etc.

1/2 l. plus bas, même rive, est Thoir.

1/2 l. plus bas, rive gauche, est Belan.

1 lieue plus bas, rive droite, est Autricourt, où il y a un pont et au-dessous duquel l'Ource reçoit le ruisseau de *Beaumont*, à proximité de la vaste forêt de Clairvaux. Ce ruisseau prend sa source au-dessus de la ferme de Beaumont. Il est flottable, à bûches perdues, sur tout son cours qui est de 6,000 m. (1 l. 1/4), mais la disette d'eau se fait souvent éprouver.

1/2 l. au-dessous, rive gauche, est Grancey. Entre Grancey et Belan s'étend une forêt assez considérable.

1/2 l. au-dessous, rive droite, l'Ource reçoit le ruisseau de *Cunfin*, qui prend sa source à la ferme de Sainte-Anne, et qui passe à Cunfin. Le flottage à bûches perdues de sa source à son embouchure sur une étendue de 7,000 m. (1 l. 1/2) est utile à la belle forêt de Clairvaux.

1/4 l. plus bas, rive gauche, est Verpillières.

1/2 l. plus bas, l'Ource traverse Essoyes, à proximité des bois de Foucherolles, de la Forêt, de Mussy, etc.

1 l. au-dessous, rive droite, est Loches, où il y a un pont.

1/2 l. au-dessous, rive droite, Landreville, où il y a un pont.

1 l. au-dessous, même rive, Mores, où il y a aussi un pont.

1/2 l. plus bas, rive gauche, est Celles.

1/2 l. au-dessous, l'Ource se joint à la Seine à Villeneuve ; son flot continue sous le nom de flot de Seine jusqu'à Marsilly.

On tâche toujours que le flot de l'Ource se trouve à Villeneuve en même temps que le flot de Seine. Lorsque la queue du flot de Seine est à Mussy-l'Évêque en même temps que celui de l'Ource est à Autricourt, les deux flots arrivent à peu de distance l'un de l'autre au confluent de l'Ource et de la Seine.

Première partie. — Chapitre troisième. — Section première.

AUBE, *affluent de la Seine.*

L'AUBE est flottable dans la Haute-Marne,
sur une longueur de . . . . 29,300 m. (6 l. 1/2)
   Dans la Côte-d'Or. . . . . 15,000 m. (3 l. 1/2)
   Dans la Haute-Marne. . . . . 10,400 m. (2 l. 1/2)
   Et dans l'Aube. . . . . .105,000 m. (23 l. 1/2)

      Total de la partie flottable . . .159,700 m. (36 l.   )

La longueur de la partie flottable seulement à bûches perdues
est de 51.500 m. (11 l. 3/4), et celle de la partie flottable à la fois à
bûches perdues et en trains est de 108,200 m. (24 l. 1/4).

L'Aube est navigable dans l'Aube, sur une
longueur de. . . . . 20,000 m. (4 l. 1/2)
   Et dans la Marne. . . . . 14,275 m. (3 l. 1/4)

      Total de la partie navigable . . 34,275 m. (7 l. 3/4)

Le flottage à bûches perdues et en trains se fait aussi sur la partie
navigable.

Les sinuosités de l'Aube, le grand nombre d'usines situées sur
son cours, et le peu de largeur des portes marinières, gênent considérablement le flottage, et retardent beaucoup l'arrivée des bois destinés pour Paris, qui proviennent des coteaux très-boisés qui avoisinent le cours de l'Aube.

La perception de l'octroi de navigation sur l'Aube a lieu en passant au bureau de Nogent-sur-Seine.

Pour l'approvisionnement de Paris, l'Aube dépend de trois arrondissemens.

1° L'inspecteur-général de Troyes en a la surveillance d'Arcis-sur-
Aube à Anglure.

2° L'inspecteur de Bar-sur-Aube, de sa source à Arcis exclusivement.

3° L'inspecteur de Nogent-sur-Seine, d'Anglure à son embouchure
dans la Seine, à Marsilly.

Le flottage à bûches perdues commence sur l'Aube à 1,000 m.
au-dessous du moulin de Pralay, près de l'embouchure du ruisseau
de Vivey (Haute-Marne), et se fait jusqu'à Saron, un peu au-dessus de sa jonction à la Seine.

Le flottage en trains commence sur l'Aube à 100 m. au-dessous de
Silvarouvre.

La navigation commence à Arcis-sur-Aube.

Cours flottable à bûches perdues.

Les sources de l'Aube se composent de quatre ruisseaux formant la fourche à quatre dents, situés près de Pralay, département de la Haute-Marne, à 4 l. 1/2 de Langres.

Ces ruisseaux se réunissent à 3/4 l. au-dessus d'Auberive, situé sur la rive droite de l'Aube.

Aux sources de l'Aube se trouvent la forêt de Chamberceau, les bois de Musseau, de Vivey, de Marmont, de Montavoir, etc.

3/4 l. au-dessous d'Auberive, rive gauche, est Bay. A proximité les bois Rechaudain et des Fays.

Un peu au-dessous de Bay, l'Aube reçoit : 1° à droite, le ruisseau de *Vitry en Montagne*, qui coule à proximité des bois de Chameroy, de Vitry, de l'Aprée, de Saint-Loup, de l'Arbue, etc. ; 2° à gauche, au-dessous du moulin d'Aunois, l'*Amorey* ou *Germenelle*, petit ruisseau qui prend sa source à Amorey et passe à Germaine. Il offre une lieue de flottage en remontant de son embouchure, et est à proximité des bois d'Aunois, de Coutances, d'Afforêts, des Fays, etc.

1 l. 3/4 au-dessous de Bay, rive gauche, est Arbot, et rive droite les bois de Saint-Loup.

1/4 l. au-dessous, même rive, est Rouvres, au-dessus duquel l'Aube reçoit à gauche le ruisseau de *Valservaux* ou *Préfontaine*, qui prend sa source à la ferme de Préfontaine près de Collemiers-le-haut. Il offre une lieue de flottage, en remontant de son embouchure; il est à proximité des bois de Coutances, d'Aunois, de Momont, de Préfontaine, de Bauthrey, de Rouvre, de Gurgy.

1 l. 3/4 plus bas, rive droite, est Aube-Pierre, à proximité de la forêt d'Arc en Barrois.

1/4 l. au-dessous, dans une île que forme l'Aube, et sur le chemin de Châtillon à Arc en Barrois, est l'ancienne abbaye de Longuet; à proximité, les bois de Longuet, de Dancevoir, de Latrèce.

1/2 l. plus bas, rive droite, est Dancevoir.

1/4 l. de Dancevoir, l'Aube reçoit, à gauche, l'*Aubette*. Ce ruisseau de la Côte-d'Or prend sa source près de Chambain, passe à Buxerolles, à Gurgis-le-Château, à Gurgis-la-Ville, aux Goulles, à Lignerolles, et se jette dans l'Aube au-dessous de Lignerolles. Il est flottable depuis Gurgis-la-Ville jusqu'à son embouchure, sur une étendue de 2 lieues. Il existe sur l'Aubette six vannes, dont la largeur varie de 1 m. 69 c. à 3 m. 53 c. Ce ruisseau est à proximité des bois de Rouvre, de Bauthrey, etc., et de la forêt de la Chaume.

1/4 l. plus bas, rive gauche, est Boudreville.

3/4 l. au-dessous, même rive, est Veuxaulles.

1/4 l. plus bas, même rive, est Montigny.

1/2 l. plus bas, rive gauche, est Beauregard.

1/4 l. plus bas est Gevrolles, rive gauche.

1 l. 1/4 plus bas, rive droite, est Dinteville, et rive gauche, Lanty.

1 l. au-dessous, rive droite, est Silvarouvre, et rive gauche la

forêt de Clairvaux. 100 m. au-dessous de Silvarouvre, l'Aube commence à être flottable en trains.

Cours flottable à bûches perdues et en trains.

1/2 l. au-dessous de Silvarouvre, rive gauche, est la Ferté-sur-Aube, l'un des principaux ports flottables de l'Aube.

3/4 l. au-dessous, même rive, est le port flottable de Ville-sur-Aube ; rive opposée, un peu au-dessus, est Juvencourt, port flottable. A Ville-sur-Aube il y a un arrêt destiné à recevoir les bois flottés en hiver sur la partie supérieure de l'Aube ; on les tire sur les ports de la Ferté, de Ville, de Juvencourt, d'Outraube et autres pour les y laisser sécher jusqu'à la fin de juin, époque à laquelle on embarque le flot qui va droit aval et sans arrêt jusqu'à Saron.

3/4 l. au-dessous de Ville et sur la même rive est l'ancienne abbaye de Clairvaux, aujourd'hui maison centrale de détention. Il y a un port flottable à Clairvaux.

(De Montigny à Clairvaux les bords de l'Aube sont garnis de bois ; à gauche, s'étend la vaste forêt de Clairvaux, et à droite, les bois de Juvencourt, de Dinteville, etc.)

1/4 l. en aval de Clairvaux, rive droite, l'Aube reçoit la rivière d'*Aujon* (voyez sa description particulière).

1/2 l. aval, sont les ports flottables de Pont-Percin et de la Borde ; à proximité les bois de la Vendue, de Beauregard, etc.

1/2 l. au dessous, Bayel, rive gauche.

1 l. au-dessous, même rive, le moulin de Fontaine.

3/4 l. au-dessous, l'Aube traverse la ville de Bar-sur-Aube, où il y a deux moulins à 1/4 l. l'un de l'autre sur sa rive gauche. Vis-à-vis le moulin inférieur est Prouerville, où il y a un port au bois.

3/4 l. au-dessous de Bar, rive droite, est Ailleville, non loin des bois de Levigny et de St.-Jacques.

1/2 l. au-dessous, rive gauche, Jocourt, environné des bois de ce nom.

1/4 l. au-dessous, rive droite, Arsonval, port flottable.

1/2 l. plus bas, le pont de Dolancourt, à la patte d'oie formée par la rencontre des routes de Brienne, de Bar et de Vendœuvres. Dolancourt est un port flottable. C'est un peu au-dessous du pont de Dolancourt et à une distance de 500 mètres que l'Aube reçoit à gauche le ruisseau de *Landion*. Il prend sa source au-dessus de Blaigny, passe à Meurville, à Spoy, à Argançon et à Dolancourt. Il commence à être flottable à bûches perdues non loin de sa source ; l'étendue du flottage est de 3 l. 1/2. Il faut traverser sept vannes dont la largeur varie de 1 m. 16 c. à 2 m. 81 c. La forêt de Bossican à gauche, et les bois de Socourt à droite, sont les principales ressources du flot de Landion.

Nous connaissons, sur le flottage du Landion, une ordonnance du Bureau de la Ville, du 3 avril 1789, et un décret du 17 thermidor an XII.

3/4 l. au-dessous du pont de Dolancourt, rive droite, est Bossancourt.

3/4 l. plus bas, même rive, est Trannes, à proximité des bois d'Ajou, de Soulaines, de Beaulieu, de Beauvais et d'Arrêt.

1/4 l. plus bas, rive gauche, Jessein.

1/4 l. au-dessous, rive droite, Beaulieu.

1/2 l. au-dessous, même rive, Jouvanzé, port flottable.

1/2 l. plus bas, rive droite, Unienville, port flottable.

3/4 l. plus bas, Dienville, port flottable.

3/4 l. au-dessous, rive droite, Brienne-la-Vieille, port considérable pour les bois de charpente, de marine et de sciage.

On y construit de grands bateaux, mais on les conduit à vide à Arcis. Il y a des scieries à Brienne pour les bois de charpente et de menuiserie.

3/4 l. plus bas est Bassefontaine, rive droite. Un peu au-dessous l'Aube reçoit l'*Amance*, affluent à gauche. Ce ruisseau du département de l'Aube prend sa source à Arclais, au-dessus d'Amance, et passe à Radonvilliers. Il est flottable à bûches perdues depuis la Ville aux-Bois-lez-Vendœuvres jusqu'à son embouchure, sur une étendue de 3 l. 1/4. Le flottage n'a pas beaucoup d'activité sur l'Amance, qui est à proximité de la forêt d'Orient et des bois de Dienville.

1/2 l. au-dessous, rive gauche, est Mâthault, port flottable.

1/2 l. au-dessous, même rive, est Bleincourt, et rive droite Epagne.

3/4 l. plus bas, Précy-Saint-Martin, rive droite, et Précy-Notre-Dame, rive gauche.

3/4 l. plus bas, Lesmont. La *Brevone*, affluent à gauche, ruisseau qui prend sa source dans la forêt d'Orient, et qui passe à Brevone, à Villehardouin, à Pel, vient se jeter dans l'Aube, vis-à-vis de Lesmont. Le flottage a lieu à bûches perdues depuis Brevone jusqu'à son embouchure, sur une étendue de 2 l. 1/4. Un grand nombre d'étangs grossit les eaux de la Brevone.

3/4 l. au-dessous de Lesmont, afflue dans l'Aube, à droite, la *Voire* ou rivière de *Chalette*, qui a sa source à Sommevoire (Haute-Marne); et qui se perd dans l'Aube, au-dessous de Chalette, vis-à-vis de Moslins. On a flotté sur la Voire, de Villerest à son embouchure, sur une étendue de 4 lieues, mais on y a renoncé à cause du peu de pente de la rivière. La Voire passe à Sommevoire, à Montier-en-Der, à Puellemontier, à Villerest, à Rance, à Blignicourt, à Rônay, à Bétignicourt et à Chalette.

La canalisation de la Voire a été ordonnée par la loi du 8 juin 1825, qui a prescrit aussi la canalisation de l'Aube jusqu'à l'embouchure de la Voire. Ce projet, qui rendrait la Voire navigable jusqu'à Sommevoire, intéresse les immenses forêts de ces contrées, et surtout celles de Soulaines et de Der, auxquelles l'Aube offrirait une navigation moins longue et plus certaine que celle de la Marne, pour venir à Paris.

C'est sur cette rivière, et à Chalette même, que l'on construit les bateaux dits margotats.

1/4 l. au-dessous de la jonction de la Voire est Magnicourt, rive droite.

1/2 l. plus bas, même rive, est Brillecourt.

5/4 l. au-dessous, rive droite, est Ste.-Thuise.

5/4 l. au-dessous, rive gauche, est Nogent-sur-Aube, où l'Aube reçoit à gauche l'*Auzon*, ruisseau qui prend sa source près de la forêt d'O-rient, passe à Villiers-le-Brûlé, à Brantigny, à Villevoque, à Mon-tingon, à Auzon, à Molins, à Pougy, à Vericourt, à Coclois et à Nogent. On flotte à bûches perdues sur l'Auzon, depuis Brantigny sur une longueur 4 l. et 1/2. Un grand nombre d'étangs sert à grossir l'Auzon.

3/4 l. plus bas, rive gauche, est Chaudrey.

1/2 l. plus bas, même rive, est Ortillon, et un peu au-dessous Vau-poisson.

1/2 l. plus bas, même rive, est Nabor.

1 l. 3/4 au-dessous, l'Aube après avoir rencontré à gauche Torcy et à droite le Chesne, traverse Arcis.

Cours navigable et flottable à bûches perdues et en trains.

C'est au port d'Arcis que l'Aube commence à porter bateaux. La navigation d'Arcis à Paris est constante et presque sans variation.

Les bateaux dont on fait le plus d'usage sur l'Aube sont les margo-tats, d'une longueur de 9 m. 74 c. à 13 m. 64 c., et d'une largeur, prise au fond, de 1 m. 46 c. à 2 m. 16 c. Ces bateaux descendent or-dinairement couplés deux à deux; le couplage, conduit par trois hommes, porte jusqu'à 2,200 myriagrammes.

L'Aube porte encore des marnois qui ont jusqu'à 38 m. 97 c. de longueur, sur 7 m. 79 c. de largeur et 1 m. 46 c. de profondeur. En eaux favorables, ils peuvent porter 13,700 myriagrammes.

L'Aube ayant un volume d'eau plus considérable que celui de la Seine, qui s'en accroît de plus du double à Marsilly, point de leur confluent, offre une navigation plus belle au-dessus de Marsilly, en remontant vers Arcis, que celle de la Seine vers Méry. On charge à Arcis des charbons de bois, des bois de charpente, de marine et de sciage, de la boissellerie venant des forêts de la Haute-Marne et des Vosges dont Arcis est l'entrepôt.

Entre Arcis et Granges, la navigation éprouve des difficultés, sur-tout aux basses de Plancy.

1 l. 1/4 au-dessous d'Arcis, rive droite, est Champigny.

3/4 l. plus bas, même rive, est Grand-Viapre.

1 l. plus bas, l'Aube traverse Plancy, dont la vanne dangereuse a été remplacée par une écluse à sas, sur la rive droite, d'une largeur de 7 m. 80 c.

1/4 l. au-dessous, rive droite, est l'ancienne abbaye de Plancy. Avant d'arriver à Plancy, l'Aube se divise en deux bras : l'un passe à Saint-Victor, à Plancy et à l'abbaye, et l'autre à Bachot et à Charny; les deux bras se réunissent au-dessous de l'abbaye de Plancy.

3/4 l. au-dessous, rive droite, est Boulages.

1/2 l. plus bas, même rive, est Mesnil.

1/4 l. au-dessous, même rive, est Granges, où il y a un port.

3/4 l. au-dessous, même rive, est Anglure.

La vanne d'Anglure, où périssaient beaucoup de bateaux et de mariniers, a été remplacée par une écluse à sas d'une largeur de 7 m. 80 c. qui fait également le service du canal de la Seine, au moyen d'une dérivation qu'on a faite et qui, continuée au-dessous d'Anglure, vient se rendre au-dessous du pont de Saron.

3/4 l. au-dessous d'Anglure, rive droite, est Baudement.

1 l. plus bas, même rive, est le port de Saron. C'est à Saron, et un peu au-dessus du pont, qu'est établi l'arrêt de sûreté pour recevoir le flot de l'Aube.

Les bois de marine, de charpente et de sciage sont flottés sur la partie supérieure de l'Aube, en brelles ou trains. Il faut à un train de charpente qui descend à Paris, terme moyen, 15 jours pour venir d'Arcis-sur-Aube, et 18 jours pour venir de Brienne.

Les bois à brûler qui sont flottés à bûches perdues jusqu'à l'arrêt de Saron, y sont tirés, mis en trains et conduits à Paris.

1/2 l. au-dessous de Saron, l'Aube se jette dans la Seine à Marsilly

---

Première partie. — Chapitre troisième. — Section deuxième.

AUJON, *affluent de l'Aube.*

L'Aujon a un cours de 49,000 mètres (11 lieues), et il offre 43,420 m (9 l. 3/4) au flottage,

Savoir : 38, 420 m. (8 l. 1/2) dans la Haute-Marne.

Et 5,000 m. (1 l. 1/4) dans l'Aube.

28,420 m. (6 l. 1/4) sont flottables seulement à bûches perdues, et 15,000 m. (3 l. 1/2) sont flottables en trains et à bûches perdues.

Cette rivière prend sa source à la fontaine d'Aujon, située au fond du val des bois de Perrogney, à 1/2 l. de Crilley (Haute-Marne) ; elle commence à être flottable dans ce département, savoir : à bûches perdues au-dessous du pont de St.-Loup, et en trains au-dessous de Pont-la-Ville.

L'Aujon coule dans un bassin assez large et environné de côteaux boisés.

Il existe sur l'Aujon au moins 25 forges ou moulins, où il y a des vannes pratiquées pour le passage des bois.

L'Aujon dépend, quant à l'approvisionnement de Paris, de l'inspection de Bar-sur-Aube.

1 l. au-dessous de Crilley, rive droite, est Chameroy.

3/4 l. plus bas, rive droite, Rochetaillée.

3/4 l. au-dessous, même rive, Saint-Loup. C'est au-dessous du pont de Saint-Loup que l'Aujon commence à flotter à bûches perdues.

La source de l'Aujon jusqu'à Saint-Loup est environnée à gauche des bois de Montavoir, de Vitry-en-Montagne, de l'Aprée et de Saint-Loup; et à droite des bois de Perrogney, de Chameroy, de Vaubon, de Voisinnes, de Ternat, de Marac, etc.

1/2 l. plus bas, rive gauche, est Gyey, à la lisière de la forêt d'Arc et des bois de Chalane.

3/4 l. au-dessous, rive droite, est Valbruand, et rive gauche Montrot.

3/4 l. plus bas, la ville d'Arc-en-Barrois, environnée de la forêt de ce nom.

3/4 l. au-dessous, rive droite, Cour l'Évêque.

1/2 l. plus bas, rive gauche, Couperey.

1/2 l. au-dessous, même rive, Montribour.

1 l. plus bas Château-Vilain; à droite la forêt de ce nom.

1/2 l. au-dessous, rive gauche, Marmesse.

1 l. plus bas, rive gauche, Pont-la-Ville. Au-dessous de Pont, l'Aujon commence à être flottable en trains. Le ruisseau *d'Orges* affluent à droite, qui prend sa source à la fontaine au-dessus d'Orges, se jette dans l'Aujon au-dessous de Pont. Il est flottable à bûches perdues et en trains, depuis le village d'Orges jusqu'à son embouchure sur une longueur d'une demi-lieue, et il sert principalement au transport des bois de marine.

1/2 l. au-dessous de Pont, rive droite, est Aissainville, et rive gauche Cirefontaine.

1 l. au-dessous, rive gauche, Maranville, à proximité des bois de Barmont.

1/4 l. au-dessous, rive droite, l'Aujon reçoit le ruisseau *d'Autreville* ou de *Saint-Martin*, qui offre 2 l. 1/4 au flottage dont 1 l. 1/4 à bûches perdues, et 1 l. à bûches perdues et en trains. Ce ruisseau du département de la Haute-Marne prend sa source à Valdelancourt, au-dessus d'Autreville; passe à Autreville, à Saint-Martin, à Villeneuve-au-Roi, à Montherie, et se jette dans l'Aujon au-dessous de Rennepont. Il commence à être flottable à bûches perdues au-dessous d'Autreville, et en trains au-dessous de Saint-Martin. L'Autreville transporte les produits des bois de la Dame, d'Euffigneix, du Val-de-Lancourt, d'Autreville, de Barmont, de la Lune, de la Vendue, etc.

1/2 l. au-dessous du confluent du ruisseau de Saint-Martin, rive droite, est le village de Longchamps, port flottable; c'est là qu'on forme un arrêt pour recevoir les bois qui viennent de la partie supérieure; on les tire, on les laisse sécher, et on les fait participer au flot de l'Aube.

3/4 l. au-dessous l'Aujon rejoint la rivière d'Aube, un peu au-dessous de Clairvaux.

Première partie. — Chapitre quatrième. — Section première.

YONNE, *affluent de la Seine.*

L'Yonne est flottable dans les départemens de la Nièvre et de l'Yonne, et navigable dans les départemens de l'Yonne et de Seine et Marne. Elle offre :

165,000 m. (37 l.) de flottage $\begin{cases} 111,000\text{ m. (25 l.) Nièvre;} \\ 54,000\text{ m. (12 l.) Yonne.} \end{cases}$

93,000 m. (21 l.) de navigation $\begin{cases} 80,000\text{ (18 l.)} \qquad \text{Yonne;} \\ 13,000\text{ (3 l.) Seine et Marne.} \end{cases}$

Des 165,000 m. (37 l.) de flottage, 100,000 m. (22 l. 1/2) le sont à bûches perdues de Belleperche à Armes, et 65,000 m. (14 l. 1/2) le sont en trains, d'Armes à Auxerre.

Le flottage en trains et la navigation n'ont lieu sur l'Yonne qu'au moyen d'éclusées ou de crues artificielles.

Nous avons consacré une section de ce chapitre à une notice sur la prise et la marche de ces éclusées.

Il existe sur l'Yonne au - dessus d'Auxerre 18 pertuis, dont la largeur varie de 5 à 28 mètres.

L'Yonne fait partie des inspections de Clamecy, de Joigny et de Montereau.

1° Insp. de Clamecy, de sa source à Auxerre exclusivement.

2° Insp. de Joigny, d'Auxerre inclus à Montereau exclusivement.

3° Insp. de Montereau, Montereau inclusivement.

L'Yonne et ses affluens fournissent à la capitale une quantité considérable de bois à brûler, de la charpente, du sciage, et un charbon de bois fort estimé. On ne charge guère de bois en bateaux au-dessus de Joigny.

Les bois fournis par l'Yonne proviennent des vastes forêts situées dans les départemens de la Nièvre, de l'Yonne, de la Côte-d'Or et de Saône-et-Loire (1).

Nous diviserons la description de l'Yonne en trois parties :

§ 1er Partie flottable à bûches perdues entre Belleperche et Armes.

§ 2e Partie flottable en trains entre Armes et Auxerre.

§ 3e Partie navigable et flottable en trains entre Auxerre et Montereau.

_____

(1) Dans les dép. de Saône et-Loire et de la Côte-d'Or, d'Autun jusqu'à Arnay-le-Duc, il n'y a point de ruisseaux qui affluent, soit dans l'Yonne, soit dans la Cure; mais on transporte par terre les bois de moule jusque sur les ports des ruisseaux affluens dans ces deux rivières.

§ I. *Cours flottable à bûches perdues.*

Ce flottage commence aux sources même de l'Yonne; il se fait du
1ᵉʳ novembre au 1ᵉʳ mai. Depuis les étangs de Belleperche jusqu'à
Armes on compte jusqu'à trente ports principaux pour le dépôt des
bois qu'on flotte à bûches perdues.

L'Yonne a deux grands flots : l'un dit flot d'Aringette, qui a lieu
sur les ruisseaux du Morvand et sur la Houssière, et l'autre dit du Nivernais, qui s'entend des bois jetés entre Aringette et Armes.

L'Yonne prend sa source dans le département de la Nièvre (haut
Morvand) (1), à 1/2 l. du Mont-Beuvray, et à 1/4 l. des étangs de
Belleperche (2), entre Morin et Beriard, commune de Glux en Glenne.
A proximité s'étendent les bois dits du Roi, et la forêt de la Gravelle.

L'étang de Belleperche est un réservoir construit pour amasser les
eaux qui découlent des montagnes voisines dans les temps de pluies
ou de neiges. Lorsque l'eau de l'étang est dans un volume suffisant
pour pouvoir rendre flottable le ruisseau, on lève la pelle; l'eau s'é-
lance dans le ruisseau, et au même instant il y a des ouvriers sur les
bords qui sont occupés à jeter les bois dans ce torrent. La masse du
réservoir est bientôt épuisée; les étangs les plus considérables ne
durent pas plus de deux heures : cette opération s'appelle faire une
courrue. La courrue finie, on ferme l'étang et on attend quelquefois
huit à dix jours qu'il se soit rempli de nouveau.

A 1/2 l. de sa source, et 1/4 l. de Port-Lambert, rive droite,
l'Yonne reçoit à gauche le ruisseau des *Moines* qui sort de la forêt de
la Gravelle, prend sa source dans l'étang des Moines, près de la
ferme de Paillot, et se jette dans l'Yonne entre l'étang d'Yonne et les
étangs de Belleperche. Ce ruisseau est flottable, depuis la chaussée de
l'étang des Moines, sur une étendue d'1/4 l.

(1) Le Morvand, pays de hautes montagnes où le thermomètre marque 5 dé-
grés de froid de plus qu'à Paris, appartient aux départemens de la Nièvre, de
Saône-et-Loire et de la Côte-d'Or, mais principalement au premier. 5000 hectares
de bois y sont en coupes réglées, dites jardinages de huit à dix ans. L'essence qui
réussit le mieux pour cet aménagement est le hêtre : on y trouve aussi du charme
et quelques chênes.

Le bois de ce pays est connu pour être de première qualité pour le chauffage,
mais il perd un peu de sa bonté par le long trajet qu'il a à parcourir par eau, étant
d'abord flotté à bûches perdues jusqu'à Clemecy ou Vermanton, et ensuite flotté
en trains l'année suivante jusqu'à Paris.

(2) La partie de l'Yonne, située entre l'étang de Belleperche et le grand étang
dit d'Yonne, reçoit communément le nom de *ruisseau de Belleperche*, et ce n'est
qu'en aval de l'étang d'Yonne que la rivière recouvre son nom, après l'avoir perdu
l'espace d'une lieue et demie.

L'étang d'Yonne a une chaussée de face et une chaussée de côté, recevant les
eaux d'amont quand elles ne flottent point, rejetant ces eaux par une écluse en
tête lorsqu'elles flottent, et que les bois coulent à côté de cet étang, dans un ruisseau dont la chaussée de côté sert de berge. Cet étang, situé au pont d'Yonne,
est d'une grande ressource pour le flottage : l'écoulement ne souffre presque plus
d'interruption à partir de cet étang.

Trois autres ruisseaux sortent des bois dits du Roi, rive droite de l'Yonne (1). Ce sont :

1° La *Proye*, qui prend sa source à l'étang de la Proye, et se jette dans l'Yonne entre l'étang d'Yonne et le moulin des Morvands. Elle est flottable sur toute l'étendue de son cours, qui est d'une lieue et un quart. La Proye tarit en été ; son lit est rempli de rochers qui forment de fortes cascades ; ses bords difficiles à parcourir sont couverts de bois, et offrent plusieurs ports pour servir au dépôt des bois destinés au flottage.

2° Le ruisseau de *Préperny*, qui prend sa source à l'étang Préperny, et se jette dans la Proye, sur la rive droite, à 3/4 l. au-dessus de l'embouchure de celle-ci dans l'Yonne. Il est alimenté par deux étangs et tarit en été. Il y a un port, sur le bord de ce ruisseau, près de l'étang de Préperny. Ce ruisseau est flottable sur toute l'étendue de son cours, qui est d'une demi-lieue.

3° Le ruisseau de *la Motte*, qui prend sa source aux étangs de la Motte et de Chovau, près d'Arleuf, et se jette dans la Proye sur la rive droite, à 1/4 l. au-dessus de l'embouchure de cette rivière dans l'Yonne, entre les Blandins et Vaucout. Il est flottable sur toute son étendue, qui est d'une lieue ; son cours est bordé de rochers difficiles à parcourir.

A 1/4 l. au-dessous de l'étang d'Yonne, l'Yonne reçoit à gauche le ruisseau de *Fachin*, qui prend sa source à l'étang Fachin, au milieu de la forêt de la Gravelle, et se jette dans l'Yonne un peu au-dessous du moulin des Morvands. Il est flottable depuis la chaussée de l'étang de Fachin sur une longueur de 3/4 l. ; il y a deux ports sur la rive gauche de ce ruisseau, dont les bords sont difficiles à parcourir.

2 l. 1/4 au-dessous de l'embouchure du Fachin est le pont Charot, et un peu plus bas l'Yonne reçoit, à droite, le ruisseau de *Touron*. Ce ruisseau, qui prend sa source à l'étang de Touron, se jette dans l'Yonne au pont Cornette. Il est flottable sur tout son cours, qui est de 2 l. ; il tarit en été et a sur ses bords deux ports principaux. Il est sur la plus grande partie de son cours creusé dans le rocher ; on y rencontre plusieurs cascades.

Le Touron, qui est à proximité de beaux bois, a trois affluens :

1° *Sauclerge*, qui prend sa source à l'étang de Sauclerge, et se jette dans le Touron après un cours d'1/4 l. Il est flottable depuis la chaussée de l'étang de Sauclerge ; il tarit en été.

2° *Etang-Neuf*, qui a sa source à l'Etang-Neuf. Flottable sur tout son cours, qui n'est que de 95 m., il tarit en été.

3° *Grenouille*, qui a sa source à l'étang de Grenouille, et dont le cours est de 350 m. Il est flottable sur toute son étendue, et tarit en été.

---

(1) Ces ruisseaux sont aussi connus dans le commerce sous le nom de ruisseaux d'*Arleuf*.

Près de l'embouchure du Touron, l'Yonne passe près de Château-Chinon qu'elle laisse sur sa rive gauche.

1/2 l. au-dessous du confluent du Touron, rive droite, est Corancy, à proximité des bois d'Aringe et de Monthion.

2 l. au-dessous de la jonction du Touron, l'Yonne reçoit la rivière de la *Houssière*, près de Chaumard (1).

La *Houssière* a sa source devant la Chapelle Fauboulin, à la jonction de plusieurs ruisseaux supérieurs. Elle est flottable sur toute son étendue, qui est d'1 l. 3/4. Elle est très-rapide et les bords en sont difficiles à suivre. Elle reçoit :

1° Le *Grévault*, qui a sa source à l'étang de Grévault, et qui se jette dans la Houssière devant la Chapelle Fauboulin. Il tarit en été, et est flottable sur tout son cours, qui est d'1 l. 1/4. Le Grévault reçoit, à droite, le *Reinache*, qui prend sa source à l'étang de Reinache, et se jette dans le Grévault entre le moulin de Lavaux et la Chapelle Fauboulin. Il est alimenté par deux étangs, et est à sec dans l'été au-dessus de l'embouchure du ruisseau des Gaulots. Le Reinache est flottable sur toute l'étendue de son cours, qui est d'1 l. 1/4 ; il reçoit, à droite, le ruisseau des *Gaulots*, qui prend sa source à l'étang des Gaulots, et se jette dans le Reinache au-dessus du moulin de Lavaux. Il est flottable sur tout son cours, qui est de 1/2 l.

2° Le *Verdun* ou *Velnay*, *Verné*, qui se jette dans la Houssière, devant la Chapelle Fauboulin. Il est flottable sur tout son cours, qui est d'une demi-lieue. Ce ruisseau est presque inaccessible sur la dernière moitié de son cours. Il reçoit à droite les ruisseaux de la Montagne et de Martelé. La *Montagne* prend sa source à l'étang de la Montagne et se jette dans le Verdun, au pont Maubert. Elle est flottable sur tout son cours qui est d'une lieue un quart. Le *Martelé* prend sa source à l'étang de Martelé, et se jette dans le Verdun, au pont Maubert. Il est flottable sur toute son étendue, qui est d'une lieue. Il est alimenté par trois étangs ; ses bords sont couverts de bois et difficiles à suivre.

3° Le *Brouelle*, affluent à droite, qui prend sa source à l'étang de Brouelle et se jette dans la Houssière, à une lieue de l'embouchure de cette rivière dans l'Yonne. Ce ruisseau tarit en été ; il est flottable sur tout son cours, qui n'est que d'un quart de lieue.

1/4 l. au-dessous de la jonction de la Houssière à l'Yonne, est le port d'Aringette. Aringette est le port de tirage du flot des ruisseaux qui affluent dans l'Yonne et la Houssière. Quoique le plus éloigné de ces ruisseaux ne le soit que de 6 à 7 lieues du pont d'Aringette, il faut quelquefois trois à quatre mois pour pouvoir y conduire les bois dans le cours de l'hiver, et quand ils arrivent, la saison des flottages à bûches perdues est passée : alors on les retire de l'eau confusément, pour être rejetés l'automne suivant, et descendre sur les ports flottables en trains.

(1) La partie des ruisseaux affluens dans la Houssière, qui avoisine Planchez, est aussi connue dans le commerce sous le nom de ruisseaux de *Planchez*.

En lisant la description de la source de l'Yonne jusqu'au port d'Arin-gette, on voit beaucoup de petits ruisseaux qui ont plus de bois sur leurs ports que d'eau dans leur lit, et qui deviennent flottables par le secours des étangs, dans une seule saison de l'année, qui est fort courte et dont il est juste que chacun puisse profiter. La nécessité a réuni en société tous les propriétaires et marchands qui ont des bois sur ces ports : il fallait bien qu'ils se mêlassent pour descendre en commun et pour ne charger les ruisseaux qu'en proportion du poids qu'ils peuvent porter. Pour descendre seul, il fallait acheter des eaux qui sont fort chères, rassembler une multitude d'ouvriers qui ne peuvent travailler que quelques heures pendant la durée d'une *courrue*, et l'on sent que cet ouvrage interrompu devenait très-dispendieux. Que serait-ce si le même marchand, comme il arrive d'ordinaire, a différens lots de bois dispersés sur tous les ruisseaux ? Il est donc nécessaire que tous se réunissent pour modérer les dépenses. Un entrepreneur général se charge de la conduite des bois.

1/4 l. au-dessous d'Aringette, l'Yonne reçoit, à droite, le ruisseau de *Minage*, qui prend sa source à l'étang de Minage, et se jette dans l'Yonne au-dessous du moulin du Palu et en face du port de Blaisy. Il est flottable sur tout son cours, qui est de trois-quarts de lieues. Le Minage reçoit, à gauche, le ruisseau d'*Aucin*, qui prend sa source à l'étang d'Aucin et se jette dans le Minage à 1/4 l. au-dessus de l'em-bouchure de ce ruisseau. L'Aucin est flottable sur tout son cours, qui est de trois-quarts de lieues ; il tarit en été ainsi que le Minage.

Au-dessous du port d'Aringette on trouve le pont de Pannetière et Enfert.

3 l. 1/4 au-dessous de la jonction du Minage, l'Yonne reçoit à gauche le *Bruit*, ruisseau qui a sa source à l'étang du Bruit et qui se jette dans l'Yonne, un peu au-dessous du moulin de Montreuillon. Il tarit en été et est flottable sur toute son étendue qui est d'une lieue trois-quarts. Il y a un port fixe sur le Bruit et plusieurs ports variables suivant les coupes. Ce ruisseau reçoit, à gauche, la *Baye*, ruisseau qui prend sa source à l'étang de Baye, et qui se jette dans le Bruit à 1/2 l. au-dessus de l'embouchure de ce ruisseau dans l'Yonne. Il est alimenté par trois étangs, et tarit en été. On flotte sur tout son cours, qui est d'une grande lieue. Il y a quatre ports principaux sur ses bords, et plusieurs autres dépôts placés devant les coupes annuelles.

1 l. au-dessous du confluent du Bruit, on trouve les villages de Mouron, à droite; Belveau et Epiry, à gauche. Les bois de Mouron sont à proximité.

1 l. au-dessous, l'Yonne reçoit à gauche la *Colancelle*, ruisseau qui prend sa source à l'étang Gouffier et se jette dans l'Yonne entre le moulin de la Chaise et le pont de Marcilly. Il est flottable depuis le pré du Batardeau, proche de la Colancelle, jusqu'à son embouchure, sur une longueur d'une lieue et demie. Ce ruisseau a été creusé pour le flottage depuis la Colancelle jusqu'au port Brûlé : il tarit en été.

3/4 l. au-dessous, on trouve Eugny et l'Huis-au-Roi.

1/2 l. au-dessous, rive gauche, Chaumot ; rive droite, le port de Chitry la Mine.

1/4 l. au-dessous, l'Yonne reçoit à droite et vis-à-vis Marigny le ruisseau d'*Anguison* qui prend sa source à l'étang de Ruere, passe à Vauclois, à Précy, à Lantilly, à Corbigny, et se jette dans l'Yonne au-dessous du moulin de Marigny. Il est flottable sur toute l'étendue de son cours qui est de six lieues un quart. Il existe le long de l'Anguison onze ports principaux pour le dépôt des bois destinés au flottage.

L'Anguison reçoit à droite le petit ruisseau de *Roche* qui prend sa source à l'étang de la Roche et se jette dans l'Anguison devant la Planche de Raffigny. Il tarit en été et est flottable depuis le moulin de la Roche sur une étendue d'un quart de lieue.

1/4 l. au-dessous de la jonction de l'Anguison, on trouve Combre rive droite et Chazel rive gauche.

1/4 l. au-dessous, l'Yonne reçoit le ruisseau d'*Aussoy* sur sa rive droite. Il prend sa source près de Lorme et se jette dans l'Yonne entre le moulin de Mons et celui de Combre. Il est flottable depuis sa source sur une étendue de trois lieues. L'Aussoy a deux affluens flottables : 1° le *Doré*, qui prend sa source à l'étang de la ville de Lorme, se jette dans l'Aussoy entre le moulin de Chevigny et celui de la Vallée, et qui est flottable depuis l'étang Doré sur une longueur d'une demi-lieue. Le lit de ce ruisseau est rempli de roches et à sec pendant l'été, 2° le *Marnay* qui prend sa source à l'étang du Goulot et se jette dans l'Aussoy entre le moulin de Chevigny et l'étang de Marnay, à l'embouchure du Doré. Ce ruisseau est alimenté par les étangs du Goulot et de Marnay. Son lit est aussi rempli de roches et à sec pendant l'été. Il est flottable sur toute son étendue qui est d'une lieue.

1/2 l. au-dessous de l'embouchure de l'Aussoy, rive droite, est le port de Mons. On remonte quelquefois, mais rarement, les éclusées jusqu'à la vanne de Mons.

1/4 l. plus bas, rive gauche, est le port de Dirol, et 1/4 l. plus bas, rive droite, celui de Monceaux-le-Comte.

3/4 l. au-dessous, rive gauche, est le moulin Raveton. Le gautier de Raveton est le point le plus élevé où l'on va chercher des eaux pour les éclusées.

1/2 l. plus bas, rive gauche, est le port de Saint-Didier.

1/2 l. plus bas, rive droite, est Cuzy ; rive gauche, est Champagne.

1 l. plus bas, rive gauche, est Asnois.

1/2 l. plus bas, rive droite, Brèves.

1 l. plus bas, rive gauche, le port de Villiers.

1/2 l. plus bas, rive gauche, Cuncy.

1/4 l. plus bas, rive droite, l'Yonne reçoit le ruisseau d'*Armance*.

1/2 l. au-dessous, est Chevroches.

1/4 l. plus bas, Armes.

§ II. *Cours flottable en trains.*

Armes, port spacieux et commode, est à 3/4 l. au-dessus de Clamecy. Il y a un pertuis à Armes, et c'est là que l'on commence à flotter en trains sur l'Yonne. Il y a un arrêt en chevalet sur le biez d'Armes pour retenir le flot. Selon les années, on descend tout ou partie du flot sur les ports d'aval jusqu'à l'embouchure du ruisseau de Chamoux à Châtel-Censoy.

Le flottage en trains a lieu du 1er mars au 1er juillet, suivant la force des eaux.

3/4 l. au-dessous d'Armes, est la ville de Clamecy où il y a un pertuis.

Clamecy, centre du commerce des bois des rivières d'Yonne, Beuvron et Sozay, est situé au confluent de l'Yonne et du Beuvron. Cette situation avantageuse a rendu cette ville l'entrepôt de toutes les marchandises qui affluent, à droite et à gauche, des ruisseaux du haut. Les bois y sont tirés sur des ports spacieux et commodes, à droite et à gauche, tant du côté de la Maladrerie que de la rue de Chevroches, sans parler de l'île Margot, située au confluent des deux rivières.

Il y a sur le biez de Clamecy un arrêt en chevalet fait en pieux au mouton, avec des ventrières, sur lesquelles sont posés des plateaux qui servent de pont.

A Clamecy même, rive gauche, à l'île Margot, un peu au-dessous du pont de Bethléem, l'Yonne reçoit la rivière de *Beuvron* (voyez sa description particulière).

1/2 l. au-dessous de Clamecy, rive gauche, est la Forêt, où il y a un port et un pertuis. Le port est consacré au flot du Beuvron. Sur la Forêt il existe un arrêt en chevalet, placé presque à l'extrémité de la racle, et un autre sur le biez. La Forêt reçoit aussi des bois neufs de la forêt d'Entrains.

1/2 l. plus bas, rive droite, est le port de Basseville.

1/2 l. au-dessous, rive gauche, est Surgy, où il y a un port, qui reçoit les bois de Villenot et de Surgy.

C'est à Surgy que l'Yonne reçoit, à gauche, le petit ruisseau d'*Andrie*, qui prend sa source à la fontaine de Druye. Le flottage a lieu depuis Andrie, sur une étendue d'une demie-lieue. Ce ruisseau est à proximité de la forêt de Fretoy.

1/4 l. au-dessous de Surgy, rive droite, est Pouceaux.

3/4 l. au-dessous, rive gauche, est Coulanges, où il y a un pont, un arrêt sur le biez et un pertuis. Ce port reçoit les bois des Moleduces et de Coulanges.

Entre Coulanges et Lucy se trouvent les ports de la Chaise et de Précambaut.

1/4 l. plus bas, rive gauche, est Crin, où il y a un arrêt sur le biez et un pertuis. Ce port reçoit les bois de Coulanges.

1/2 l. plus bas, rive droite, est Lucy, où il y a un pertuis. Ce port reçoit les bois des Moleduces et de Fretoy. Sur Lucy il y a deux arrêts de sûreté pour retenir le flot à bûches perdues; l'un placé à l'extrémité du port dit arrêt des Guenots, et un autre sur le biez.

1 l. au-dessous, rive droite, on trouve : 1° le port de Châtel-Censoy, qui reçoit les bois de Chamoux, de Vezelay, des Seigneurs,

d'Avrigny, de Fontenil, de Champpochau, de Ferrière, de la Calubarge, de la Gravelle-les-Optets, de Gringeau et de la Croix-Rouge; les bois de ces deux derniers endroits sont dirigés aussi sur le port de Terre-Rouge, situé en aval; 2° le port de Gué-Saint-Martin, qui reçoit les bois de Dragny et de Dagnière. C'est à Châtel-Censoy que l'Yonne reçoit, sur la rive droite, le ruisseau flottable de *Chamoux*, qui prend sa source à Chamoux, au centre d'une forêt considérable, passe à Asnières, et a un cours de 2 l.

1/2 l. au-dessous de Châtel-Censoy, rive gauche, est Magny, où il y a un pertuis et un port.

1/2 l. au-dessous, rive gauche, est Merry, où il y a un pertuis et un port.

1 l. au-dessous, même rive, est Mailly-le-Château, où il y a un pertuis et un port qui reçoit les bois du Parc, de Fretoy et de Courson.

1/2 l. plus bas, rive droite, est le moulin du Bouchet, où il y a un pertuis.

1/4 l. au-dessous, même rive, est Mailly-la-Ville, où il y a un pertuis et un port qui reçoit les bois de la forêt de Mailly.

1/4 l. plus bas, même rive, est Sery.

1/4 l. plus bas, rive gauche, est le village de Trucy, où il y a un port et deux pertuis, le premier appelé le pertuis des Dames, le second, le pertuis de Trucy.

1/4 l. au-dessous, rive droite, est Prégilbert, où il y a un pertuis.

1/4 l. au-dessous, rive gauche, est Crisenon, où il y a un port.

1/4 l. plus bas, rive droite, est Sainte-Pallaye.

1/4 l. plus bas, rive gauche, est Bazarne, où il y a un port qui reçoit les bois de Bazarne.

1/4 l. au-dessous, même rive, est Maunoir, où il y a un pertuis.

Un peu au-dessous, rive droite, l'Yonne reçoit la rivière de *Cure*, dont le cours est décrit particulièrement.

Un peu plus bas est le pertuis de Cravant.

Un peu au-dessous, rive droite, est la ville de Cravant, où il y a un port.

1/2 l. au-dessous de Cravant, rive droite, est le moulin Rivotte, où il y a un pertuis.

1/2 l. plus bas, rive gauche, Vincelles, où il y a un pertuis et un port qui reçoit les bois de Vincelles et de St.-Marien; vis-à-vis est Vincelottes.

1/2 l. au-dessous est Bailly, dernier pertuis sur l'Yonne; et plus bas, rive gauche, le port de la Bazine et Belombre.

1/2 l. au-dessous, rive droite, est Champ; rive gauche le port de la Cour-Barrée.

1/2 l. plus bas, rive gauche, est Vaux.

1/2 au-dessous, rive droite, est Augy.

1 l. 3/4 plus bas, rive gauche, est la ville d'Auxerre.

§ III. *Cours navigable.*

C'est à Auxerre, chef-lieu du département de l'Yonne, où il y a un pont, un port et un atelier de construction de bateaux, que l'Yonne commence à être navigable (1).

C'est à Auxerre que doit aboutir le *Canal du Nivernais.*

1 l. 1/4 au-dessous d'Auxerre, rive droite, est le port de l'Etau; rive gauche, est Monnetau.

Les passages suivans présentent des difficultés à la navigation, savoir : la Goulette et le Mort de l'Etau, les Boisseaux de l'Etau, les Dumonts, et le Tripotage au-dessus des Dumonts.

1 l. plus bas, rive droite, est le port de Gurgy.

1 l. au-dessous, rive gauche, Appoigny et Regennes.

Les passages suivans présentent des difficultés à la navigation, savoir : la Fosse aux Pourceaux, la Pièce de Poulie près de Regennes et la Bosse de Regennes.

1 l. 3/4 plus bas, un peu au-dessous du Crot-aux-Moines, rive droite, l'Yonne reçoit au village de Bonnard, vis-à-vis Bassou, la rivière de *Serain.* Il y a des ports à Bonnard et à Bassou.

Le Serain a été employé au flottage en 1781 et 1786; mais les difficultés qu'on y a rencontrées ont empêché de recommencer, malgré la grande quantité de bois que l'on trouve aux environs de cette rivière.

1 l. au-dessous de Bonnard, rive droite, l'Yonne reçoit l'*Armançon*, au lieu dit Bosse d'Armançon (voyez la description particulière de cette rivière).

Immédiatement au-dessous de l'embouchure de l'Armançon, on trouve, à droite, la jonction du *Canal de Bourgogne* (voyez sa description particulière).

1/4 l. au-dessous, rive droite, est la Roche; c'est le premier port où l'on charge des charbons de bois; il y a aussi un port au bois.

1 l. 3/4 plus bas est la ville de Joigny, qui a un pont, deux ports au bois et un port au charbon.

Près de Joigny, il y a des passages dangereux pour la navigation, savoir : les Cavernes, la Fricaude au-dessous de Joigny et les Sables de Joigny.

1 l. 1/4 au-dessous de Joigny, rive gauche, est Cezy, où il y a un port au charbon et deux ports au bois. Le port supérieur reçoit les bois neufs et les charbons, et le port inférieur reçoit le flot à bûches perdues du ruisseau de St.-Vrin, qui entre dans l'Yonne au bas de Cezy et qui a un cours de 5 l. 3/4.

Le *St.-Vrin* prend sa source à Fourolles, 1 l. S.-O. de Villiers-St.-Benoît, et est flottable depuis Somquaise sur une longueur de 5 l.

Il passe à Somquaise, la Ferté-Louptière, St.-Romain-le-Preux, Sepaux, Précy et la Selle.

(1) On remonte quelques bateaux avec beaucoup de difficultés jusqu'à Cravant, 4 l. 1/2 en amont, mais ce n'est réellement qu'en aval d'Auxerre que l'Yonne peut être considérée comme navigable.

1/4 l. au-dessous de Cezy, rive droite, est St.-Aubin, où il y a un port au bois et un port au charbon.

1/2 l. plus bas, même rive, est Villecien, où il y a un port au bois et un port au charbon.

1/2 l. au-dessous, rive gauche, est la Bouvière, port aux bois et charbon.

2 l. au-dessous, rive droite, Villevallier, où il y a un port au bois et un atelier de marine. Le baissier de Villevallier offre un passage difficile.

1/2 l. au-dessous, rive droite, est Armeau, où il y a un port au bois et au charbon. Le baissier de l'île d'Armeau est un passage difficile.

1 l. plus bas, rive gauche, est le Petit-Port, où il y a un port au bois et un au charbon; vis-à-vis, St.-Savinien lès Egriselles.

1/2 l. plus bas, Villeneuve-le-Roi, où il y a un pont, un port au bois et au charbon et un atelier de marine.

Au-dessous de Villeneuve, l'Yonne reçoit, à droite, le ruisseau de *St.-Ange*, connu dans le pays sous le nom de *Gueule-Sèche*, qui a sa source au-dessous des étangs de la forêt d'Othe. On a flotté autrefois sur ce ruisseau depuis Dixmont.

1 l. au-dessous de la jonction du St.-Ange, rive gauche, est Marsangy, où il y a un port au bois et un port au charbon.

1 l. plus bas, même rive, est Etigny, dont le baissier est dangereux.

3/4 l. au-dessous, rive droite, est le port de Rozoy. Le baissier, dit le Bas des Fourches, auprès de Rozoy, est dangereux.

1 l. 3/4 au-dessous, rive gauche, est Paron, où il y a un port au bois et un au charbon.

1/4 l. plus bas, rive droite, l'Yonne reçoit la rivière de *Vanne* (voyez sa description particulière).

1/2 l. au-dessous de la jonction de la Vanne, rive droite, est la ville de Sens, où il y a un port pour les bois flottés sur la Vanne, un port au charbon et une gare pour les bateaux de charbon, au-dessous du pont aux Diables. Le faubourg St.-Maurice, qui forme une île, est entre le pont de Sens et le pont aux Diables. On fait à Sens un fort commerce en bois flotté et neuf, charbon, merrain, feuillettes, tan, écorces.

Le Bouta au-dessous des Fosses Saisis, et Rongeveaux au-dessous de Sens, sont des passages difficiles pour la navigation.

1/2 l. au-dessous de Sens, rive gauche, est le port de St.-Martin-du-Tertre; rive droite, l'ancienne abbaye de Ste.-Colombe. Le passage de St.-Martin est difficile.

1/2 l. plus bas, rive droite, est St.-Denis, où il y a un port; rive gauche, Courtois.

3/4 l. au-dessous, rive gauche, est Villenavotte, port au bois.

1/2 l. plus bas, même rive, est Villeperrot.

1/2 l. au-dessous, rive gauche, est la ville de Pont-sur-Yonne, où il y a un pont et un port. Champfleury, au-dessous de Pont, est un endroit dangereux pour la navigation.

1 l. plus bas, rive droite, est la chapelle de Sixte. Il y a un petit pont de hâlage sur le ruisseau d'*Oreuse* ou de *Thorigny* que l'Yonne reçoit à cet endroit. On ne flotte plus sur l'Oreuse depuis 1789.

1/2 l. plus bas, rive droite, est Serbonnes. Il faut éviter les Rats ou le Goujon entre Serbonnes et Courlon : c'est une petite île située dans le milieu de l'Yonne, les trains et bateaux passent sur la rive droite.

1/2 l. au-dessous, rive gauche, est la Tuilerie.

3/4 l. plus bas, rive gauche, Port-Renard, port au bois. Il faut éviter les Sables de Port-Renard, les Pieux au-dessous de Port-Renard, et la Gourdaine au-dessous de Prépoux.

1/2 l. plus bas, rive droite, est la Chapelotte ou la Chapelle-aux-Veuves; et un peu plus bas, même rive, est le village de Misy.

3/4 l. au-dessous, même rive, est Barbey.

3/4 l. au-dessous, est Montereau-fault-Yonne, embouchure de l'Yonne dans la Seine.

Il y a à Montereau un bureau de recette de l'octroi de navigation et un chef de ponts.

L'Yonne porte : 1° Bateaux marnois de 36 à 40 m. de longueur sur 7 m. de largeur, portant 150,000 kilogr.

2° Bateaux, dits barquettes et demi-marnois, portant 40 à 80,000 kilogr.

Le service des ponts sur l'Yonne se fait par les mariniers conducteurs à l'aide de billeurs, à l'exception du pont de Montereau, où il y a un chef de ponts.

Marche ordinaire des bateaux.

En descendant 4 jours :

De Cravant à Auxerre.	1 jour.	1.
D'Auxerre à Villeneuve.	1.	2.
De Villeneuve à Pont.	1.	5.
De Pont à Montereau..	1.	4.
De Montereau à Paris. (2 jours)	(Voyez la Seine.)	

En remontant 6 jours :

De Paris à Montereau. (4 jours)	(Voyez la Seine.)	
De Montereau à Courlon.	1 jour.	1.
De Courlon à Sens.	1.	2.
De Sens à Villeneuve..	» 1/2.	2 1/2.
De Villeneuve à Villevallier.	» 1/2.	3.
De Villevallier à Joigny	» 1/2.	3 1/2.
De Joigny à Bassou.	» 1/2.	4.
De Bassou à Auxerre	1.	5.
Et d'Auxerre à Cravant..	1.	6.

Pour remonter un trait de six bateaux il faut seize chevaux ; pour 4 bateaux quatorze chevaux ; pour 3 bateaux douze chevaux ; pour 2 bateaux huit chevaux ; et pour 1 bateau quatre chevaux.

Pour descendre un bateau de charbon, chargé en plein et bonne eau, 1 pilote et 6 mariniers ; et pour un bateau de bois 1 pilote et 4 mariniers : dans l'été, sur les bateaux demi-chargés, 1 pilote et 2 mariniers.

Marche ordinaire des trains.

La marche, dont nous indiquons ci bas la durée, est celle d'un train flotté en belle eau sur la Cure et sur l'Yonne et qui marche alors jour et nuit, excepté dans les endroits périlleux. Dans les basses eaux, il peut rester jusqu'à un mois en route, étant alors forcé d'attendre les éclusées qui suffisent à peine en eaux très-basses pour le faire marcher les trois quarts de la journée. On attend les éclusées au-dessus des pertuis pour conduire les trains à travers ces passages, et quand l'éclusée est écoulée, on arrête le train sur le bord de la rivière au moyen de fermures.

De la Forêt et Clamecy à Paris 11 jours.
De Cravant à Paris 6 jours.
De la Bosse d'Armançon à Paris 5 jours.
De Joigny à Paris 4 jours.
De Misy et Montereau à Paris 2 jours.

Première partie. — Chapitre quatrième. — Section deuxième:

BEUVRON, SOZAY, ARRON, etc. *affluens de l'Yonne, connus sous le nom de* Petites Rivières.

Ces rivières dépendent de l'inspection de Clamecy.

Les ports flottables sur les petites rivières, c'est-à-dire les lieux de dépôt d'où se font les jets à bûches perdues, sont :

Sur le Beuvron : Ligny, Chausselas, le Champ des Mouilles et les Angles pour l'Arron ; Sansenay et Champallement pour le ruisseau de ce nom ; Arthel en tête du ruisseau de ce nom.

Sur le Sozay : Oudan, Beauvoisin, Corbelin, Sozay.

Indépendamment de ces dépôts habituels, les marchands en font de particuliers partout où bon leur semble, sur les bords des rivières.

Tous les flots peuvent être particuliers à l'exception de celui d'Arron qui est nécessairement de communauté.

Les marchands qui feront couler leurs bois en flots particuliers, ne pourront les embarquer avant d'avoir prévenu l'agent général qui leur indiquera la place où ils devront les faire tirer ; ils ne pourront les placer que dans les lieux qui leur auront été ainsi désignés. (Arrêté du 16 vendémiaire an XI, art. 5.)

Les flots particuliers n'auront lieu qu'avant ou après les flots de communauté ; en sorte que si, au moment de l'embarquement d'un flot particulier, il se trouvait un flot de communauté en cours de tricage et mise en état, le flot particulier sera suspendu jusqu'à ce que le flot de communauté ait été totalement fini et reçu. (Arrêté précité, article 4.)

§ Ier. *Cours du Beuvron.*

Le Beuvron a sa source à la fontaine des Ombreaux, près de Moussy et de Sansenay. Il commence à être flottable à bûches perdues immédiatement au-dessous de la chaussée de l'étang de Champallement et le flottage continue jusqu'à son embouchure à Clamecy sur une longueur de 10 lieues.

Le lit de cette rivière est très-sinueux. Il existe sur son cours plusieurs moulins à chacun desquels on a pratiqué une vanne de flottage.

Un peu au-dessous de sa source, le Beuvron passe à Champallement, rive gauche.

1/2 l. au-dessous, rive droite, est Neuilly(1).

Au-dessous de Neuilly, à l'endroit dit Guéferré, le Beuvron reçoit à droite l'*Arron*. Ce ruisseau qui a sa source à l'étang de Ligny se jette dans le Beuvron à 2 l. 1/4 de la chaussée de l'étang d'Arron. Il est flottable à bûches perdues sur tout son cours qui est de 3 l. 1/2, et est alimenté par les étangs de Ligny, de Chausselas et d'Arron; il est à sec hors le temps du flottage. L'Arron s'écoule naturellement vers la Loire en passant par Châtillon en Bazois et a son embouchure à Decize, mais pour le rendre flottable, franchir la vallée d'Arron et le faire aboutir dans le Beuvron, on a fait un canal en bois d'un quart de lieue de longueur et de 3 mètres de largeur entre l'étang de Ligny et celui de Chausselas, sur la rive droite de l'étang d'Arron (2), et au-dessous de la chaussée de cet étang, on a construit un canal en bois de 150 mètres de longueur, qui forme un canal-aqueduc sur une partie de sa longueur et aboutit à la rive gauche du vallon de l'Arron où l'on a ouvert une tranchée de plus de 20 mètres de profondeur sur une longueur d'environ 3/4 l.

3/4 l. au-dessous de Guéferré, est Olcey, rive gauche.

3/4 l. au-dessous, rive gauche, Brinon-les-Allemens, et rive droite, Courselles; entre ces deux villages, le Beuvron reçoit à droite le ruisseau de *Cornot* qui a un cours d'une lieue et demie, et qui prend sa source à la Brosse, près de Guipy. Aucun réservoir supérieur n'emmagasine les eaux du Cornot. Il faut, quand il donne, ce qui n'arrive que dans les grandes pluies et les neiges, y flotter à eau perdue, c'est-à-dire au fur et à mesure que l'eau découle des montagnes. Elle remplit pour lors une espèce de torrent sur lequel on jette le bois qui coule à la faveur de la pente.

(1) La partie du Beuvron comprise entre la fontaine des Ombreaux et Neuilly, s'appelle aussi ruisseau de *Sansenay* ou de *Champallement.*

(2) La partie de cette dérivation de l'Arron, comprise entre Ligny et Chausselas, porte aussi le nom de *ruisseau de Ligny.*

1/2 l. au-dessous, rive gauche, est Neuville, et rive droite, Taconet.

1/4 l. au-dessous, à 1/2 l. du moulin de Boutefeuille, le Beuvron reçoit à gauche l'*Arthel* qui a sa source à l'étang d'Arthel. Il est alimenté par l'étang qui lui a donné son nom et par celui de Treigny. Il est flottable à bûches perdues sur tout son cours qui est de 3 l. et sur lequel on compte trois vannes (1).

L'Arthel reçoit à gauche, au-dessous du moulin de Changy, à 1/4 l. au-dessus de son embouchure dans le Beuvron, le ruisseau de *Corvol d'Ambernard* qui est flottable sur tout son cours qui est de 2 l. 1/4. Ce ruisseau prend sa source à Corvol et à Chazeuil où il est alimenté par un étang, passe à Chevannes, et reçoit sur sa rive gauche, à un quart de lieue de sa jonction avec l'Arthel, le ruisseau de *Changy* qui prend sa source près de Trinay et dont le cours est d'une lieue.

2 l. 1/4 au-dessous de la jonction du ruisseau d'Arthel, et après avoir successivement passé la vanne du moulin de Boutefeuille qui est le point le plus élevé d'où l'on prenne les éclusées, la vanne du Mazot, et avoir rencontré à droite le village de la Roche et à gauche celui de Villiers, le Beuvron reçoit sur la gauche, et vis-à-vis le village de Beuvron, un ruisseau qui prend naissance à l'étang de Bechereau.

1/2 l. au-dessous de Beuvron, rive droite, est Turigny, près St.-Germain-des-Bois.

3/4 l. au-dessous, rive gauche, est le village dit le Ouaigne.

1/2 l. au dessous, rive droite, sont les villages du Plaissis et de Champmorot.

1/2 l. plus bas, même rive, est le village de Rix.

1/2 l. au-dessous, est le village de Beaugy.

Un peu au-dessous, le Beuvron reçoit sur sa rive gauche la rivière de *Sozay* (voyez sa description).

3/4 l. au-dessous, le Beuvron se jette dans l'Yonne en traversant les faubourgs de Clamecy; il entre en Yonne naturellement, et par un pertuis ou petit canal qui longe le port de la Forêt, et qui sert à retirer une portion des bois que le Beuvron, le Sozay et leurs affluens amènent à bûches perdues.

Aux termes de l'arrêté du 13 nivose an V, les ports de la Forêt sont réservés pour recevoir les flots des petites rivières, dites Beuvron et Sozay. Il ne peut être tiré sur ces ports aucuns bois de flots de l'Yonne, à moins qu'il n'y ait autorisation expresse de l'inspecteur de Clamecy.

§ II. *Cours du Sozay.*

Ce ruisseau, qui prend sa source à l'étang d'Oudan (2), est flotta-

(1) C'est proprement au confluent d'Arthel que le Beuvron porte son nom. L'écoulement des bois n'éprouve plus d'obstacle ni interruption à partir de cet endroit. Les flots sont généraux avant le confluent d'Arthel, et ils peuvent être particuliers en aval.

(2) La partie du Sozay qui coule d'Oudan à Sozay, sur une étendue d'une lieue

ble à bûches perdues sur tout son cours qui est de 4 l. Cette rivière est
très-sinueuse en différens endroits. On rencontre sur son cours divers
moulins et usines dans les déversoirs desquels sont pratiquées des
vannes destinées au flottage ; la vanne du moulin de Trucy est le point
le plus élevé d'où l'on prenne les éclusées.

Le Sozay, après avoir passé à Beauvoisin et à Buzy, reçoit à gauche,
un peu au-dessous de Corbelin, à l'endroit dit Demelenne, le ruisseau de *Corbelin* qui prend sa source à l'étang de Corbelin. Le flottage
a lieu sur ce ruisseau depuis les forges de Corbelin, sur une longueur
d'un quart de lieue. Lorsque ces usines ne vont pas, le ruisseau est à
sec. Il y a deux vannes sur le Corbelin.

Au-dessous de cette embouchure, le Sozay passe à la Chapelle-
Saint-André, à Croisy, à Sozay où il reçoit les eaux de l'étang de Sozay et à Corvol (1). Il reçoit à droite le ruisseau de *Chivres*, de *Ste.-Eu-
génie* ou de *Varzy* (on le trouve sous ces trois noms) qui prend sa
source à la fontaine de Varzy, et se jette dans le Sozay, entre les moulins de Trucy-l'Orguilleux et de Corvol-l'Orguilleux. Le flottage qui
a lieu sur ce ruisseau commence devant la tuilerie de Chiry, et continue jusqu'à sa jonction avec le Sozay, sur un développement de
2 l. 1/4, en passant à Chivres et à Courcelles.

Ce ruisseau est flottable quand il y a des débordemens par les eaux
de la fontaine de Ste.-Eugénie. C'est aux marchands à bien épier
ce moment, ce ruisseau ne flottant que par les eaux débordées.

1 l. 1/4 au-dessous de la jonction de Chivres, le Sozay reçoit à
gauche le ruisseau de *Billy* ou de *Savigny* qui prend sa source à Champ-
Morin, passe à la Motte, à Savigny, à Billy, à Oisy, et se jette dans le
Sozay un peu au-dessus de Mouleau, à l'endroit dit le Ponceau-sous-
Trucy. Ce ruisseau sur lequel il y a deux vannes ne peut flotter que
par eau débordée.

Le Sozay arrose ensuite Sembreves, Mouleau, Pressures, et a son
embouchure dans le Beuvron, au-dessous de Baugy, au lieu appelé
la Fourche. C'est là que le flot de Sozay se réunit à celui de Beuvron
pour descendre en commun au port de la Forêt.

Première partie. — Chapitre quatrième. — Section troisième.

CURE ET COUSIN, *affluens de l'Yonne.*

§ Ier. *Cours de la Cure.*

La Cure offre 78,370 mètres de flottage (17 l. 1/2), dont 22,000 m.
(5 l.) Nièvre, et 56,370 m. (12 l. 1/2) Yonne.

trois quarts, porte aussi le nom de ruisseau d'*Oudan*. Cette partie est alimentée
par l'étang d'Oudan et par celui de Buzy, qui n'ont d'eau que dans le cœur de
l'hiver.

(1) C'est à ce point que le flottage devient facile et que l'on peut descendre en
tout temps.

Elle est flottable à bûches perdues à Montsauche (Nièvre), et flottable en trains à Arcy (Yonne).

La longueur de la partie flottable à bûches perdues est de 61,530 m. (13 l. 3/4); celle flottable en trains est de 16,840 m. (31. 3/4).

Il y a à l'extrémité d'aval des barrages ou déversoirs de chacun des pertuis construits sur la Cure, des gauthiers ou petits pertuis qui servent au flottage à bûches perdues.

Les bois flottés sur la Cure et le Cousin, qui proviennent du Morvand et qui sont destinés pour Paris, sont mis en trains entre Arcy et Vermanton où se trouve établi l'entrepôt général du commerce de ces rivières.

Le flottage à bûches perdues n'éprouve pas de grandes difficultés entre Arcy et le confluent du Cousin, sur une longueur de 2 l. 1/2; mais depuis ce confluent jusqu'à celui du Chalaux, sur une étendue de 6 l. 1/4, le lit de la Cure est encombré de blocs de granit qui entravent le flottage. Les mêmes obstacles se présentent en amont de ce dernier confluent et y sont même encore plus considérables. Ces difficultés sont telles que les flots qui partent de Montsauche n'arrivent que la deuxième année à Vermanton.

La Cure fait partie de l'inspection de Clamecy.

Les ports flottables sur la Cure sont : Pont de Saulieu, le Grand-Pont, le Railly, le Charteleau, la Trait, la Chaume-aux-Renards, Crotefou, la Verdière, Lingoux, Chastellux, Port d'Oiseaux, Saint-André, la Chassignole, Cure et Seiglan.

Les principales forêts qui alimentent les flots de la Cure et du Cousin sont : les bois de Montsauche, de Roche, des Grands-Champs, de Fresnes et Champeaux, la forêt de Breuille, les bois de Saint-Brisson, Nolet et Chenu, du Roi-de-Quarré, de Laroche, de Saint-Agnan, du Parc, de Saint-Léger, de Cure, de Saint-Marc, de Vésigneux, de Bazoche, de Lorme, de Chastellux, d'Avallon, de Saulieu, etc.

Les principaux bois et forêts qui alimentent la Cure en bois neufs, sont :

1° Forêt de Girolle, dont les bois se déposent sur le port du Grand-Gué.

2° Bois du Lac-Sauvin, d'Arcy et de Bessy, dont les coupes se déposent sur le port de la Croix-St.-Edme.

3° Forêt d'Erveau, bois des Chagnats, de Sacy, dont les coupes se déposent sur les ports de Reigny.

4° Bois de Nitry, de Lichers, de St.-Cyr-les-Colons, de Préhy, de la Provanchère, de Chenilly, des Vaux-Germain, de Vermanton, de Reigny, d'Accolay, etc.

Cours de la Cure flottable à bûches perdues.

La Cure prend sa source dans le Bas-Morvand, au sud de Gien-sur-Cure, au revers de la montagne qui donne son nom à la rivière de la Houssière, mais elle ne commence à flotter qu'à Montsauche, 2 l. 3/4 de sa source. La source de la Cure est très-boisée.

Les ports flottables sur le ruisseau de Montsauche (1) sont Chevigny, la Verrerie, Pont-de-Cure, Palmaroux, Nataloux.

1 l. au-dessous de Montsauche, la Cure reçoit à droite le ruisseau de *Caillot*. Ce ruisseau, qui a sa source à l'étang de Caillot, se jette dans la Cure un peu au-dessous de l'endroit dit Lefaut. Il est flottable sur tout son cours, qui est de 1 l. 3/4. Ce ruisseau est à sec pendant l'été.

Les ports flottables sur le Caillot sont : l'étang de Caillot, la Pierre-Chalaut, le Gué de Terre-Rouge et le port de Caillot,

1 l. 1/4 au-dessous de l'embouchure du Caillot, la Cure reçoit, à droite, le ruisseau de *Vignan* ou de *St.-Brisson*, qui prend sa source à l'étang de St.-Brisson, et se jette dans la Cure un peu au-dessus du moulin du Montal, après un cours de 1 l. 1/4; il est flottable sur toute son étendue, bordé de rochers et de bois, très-sinueux sur une partie de son cours, et à sec pendant l'été.

Les ports flottables sur le Vignan sont St.-Brisson et Lefoullon.

1 l. 3/4 au-dessous, la Cure reçoit, à gauche, le ruisseau de *St.-Marc*, qui a sa source à l'étang Neuf, près de Brassy, et se jette dans la Cure à environ 1/2 l. au-dessus du village des Islots. Il est flottable sur tout son cours, qui est de 2 l. 1/4.

Les ports flottables du St.-Marc sont : la Bergerie, l'étang de Chaux et Vermot.

1 l. au-dessous est Montgaudier, rive droite.

1 l. au-dessous, la Cure reçoit, à gauche, le *Chalaux*, ruisseau qui prend sa source dans la commune de Planchey, et se jette dans la Cure à une lieue au-dessous du village de Chalaux. Il est flottable depuis l'embouchure du ruisseau d'Ouroux, qu'il reçoit, à gauche, au-dessus de Razoux, sur une étendue de 5 l. Le flottage s'y fait très-difficilement, tant à cause des rochers qui obstruent une partie de son lit, qu'à cause des divers barrages établis par les propriétaires riverains pour l'arrosement de leurs prés. Depuis Razoux, le Chalaux passe à Vaussegros, à Mazinien, à Chalaux, Queuson-les-Rois.

Les ports flottables du Chalaux sont : Razoux, Pont-des-Bruyères, Port Douilly, Verneau-Beau, Pont-Boisseau et Port-du-Marchand.

1 l. 1/2 au-dessous, rive gauche, est Chastelux.

3/4 l. au-dessous, rive gauche, St.-André-en-Morvand.

3/4 l. au-dessous, rive gauche, la Cure reçoit le ruisseau de *Branjame*, qui a un cours flottable d'une lieue et demie, et qui prend sa source à Saint-Martin-du-Puits.

Les ports flottables sur le Branjame sont : Charrière, Moulin-Jame et le Fourneau-Beau.

3/4 l. au-dessous, rive gauche, est le village de Cure.

1 l. plus bas, rive gauche, est Pierre-Perthuis.

1/2 l. au-dessous, rive gauche, est le moulin Seiglan.

3/4 l. au-dessous, rive gauche, St.-Père, au-dessous de Vezelay.

(1) On donne aussi le nom de ruisseau de *Montsauche* à la partie supérieure de la Cure.

1 l. plus bas, rive gauche, est Asquin.

1 l. 1/4 au-dessous, la Cure reçoit le *Cousin* (voyez sa description).

1/4 l. au-dessous, rive gauche, est Blannay.

1/4 l. plus bas, rive droite, est Sermiselle, où il y a un gauthier qui est le point le plus élevé où l'on vienne prendre les eaux pour les éclusées.

3/4 l. au-dessous, rive droite, est Voutenay.

3/4 l. au-dessous, rive gauche, est Saint-Moré.

1/4 l. plus bas, rive droite, est Nailly.

3/4 l. plus bas, rive gauche, les grottes d'Arcy.

1/4 l. plus bas, même rive, est Arcy, premier pertuis sur la Cure. C'est à Arcy que l'on tire les bois qui arrivent à bûches perdues, et que l'on commence à fabriquer des trains. D'Arcy à Vermanton, le cours de la Cure sert également au flottage en trains et au flottage à bûches perdues.

Cours de la Cure flottable en trains.

1/2 l. au-dessous d'Arcy, rive gauche, est Bessy, deuxième pertuis sur la Cure.

1/4 l. au-dessous, rive droite, est Lucy-sur-Cure.

1/2 l. plus bas, même rive, est Reigny, où il y a un pertuis.

1/2 l. au-dessous, même rive, est Vermanton, où il y a un pertuis.

Terme moyen, il faut cinq jours à un train pour descendre de Vermanton à Cravant.

1/2 l. au dessous, rive gauche, est Accolay, où il y a un pertuis.

1/4 l. au dessous, est le pertuis Jacot.

1/2 l. plus bas, au pertuis de Cravant, la Cure se réunit à l'Yonne.

§ II. *Cours du Cousin.*

Ce ruisseau flottable à bûches perdues dépend de l'inspection de Clamecy. Il prend sa source à 1/2 l. N. O. de Saulieu (Côte-d'Or), mais ce n'est qu'à l'étang de Bussière près de Rouvray qu'il prend le nom de Cousin; au dessus de cet étang plusieurs ruisseaux lui font perdre ce nom; ils coulent entre Saulieu et Rouvray : ce sont le ruisseau de la *Roche en Breny* ou de *Saint-Didier*, celui de *Romané* ou de *St.-Andeux* qui passe à St.-Germain de Modéon, et celui de *Vernidard*. Tous ces ruisseaux qui coulent à travers des bois rassemblent leurs eaux dans l'étang de Bussière.

Les ports flottables sur le ruisseau de Bussière sont le Pâti, Romain et Vernidard.

On est venu dans les temps de sécheresse extraordinaire chercher les eaux de l'étang de Bussière pour renforcer les éclusées de l'Yonne.

Le Cousin est flottable l'espace d'environ six lieues depuis l'étang de Bussière jusqu'à sa jonction avec la Cure.

1/4 l. au dessous de l'étang de Bussière, rive gauche, est Bussière.

1 l. plus bas, rive droite, est Pont de Cussy d'en haut.

1/4 l. au dessous est Pont de Cussy d'en bas, port flottable. Près de cet endroit et rive gauche le Cousin reçoit le ruisseau de *Voisin*, faisant suite à celui de *Trinquelin* qui prend sa source à l'étang de Champeaux près de Saint Agnan la Chapelle. Son cours flottable est de 2 l. 3/4. Dans les temps de sécheresse extraordinaire on est venu prendre les eaux de l'étang de Champeaux pour les éclusées de l'Yonne.

Les ports flottables sur le Trinquelin sont la grande Raie, Trinquelin et Chaumes de Velay.

1 l. au-dessous du confluent du Voisin, le Cousin reçoit à gauche un ruisseau formé par les trois étangs de Mareau.

1 l. au-dessous, le Cousin reçoit le ruisseau de Saint-Germain-des-Champs.

1/4 l. au-dessous le Cousin passe près d'Avallon, qu'il laisse sur la droite.

Cette ville fait un très-fort commerce en bois de chauffage, charpente, merrain, cercles, douves et charbon de bois; fabrique et entrepôt de feuillettes de petite jauge, dites de Bourgogne.

1/2 l. au-dessous, sont les villages de Pont-Aubert, rive gauche, et d'Orbigny, rive droite.

1/2 l. plus bas, rive gauche, est Vault de Lugny.

1 l. plus bas, rive gauche, est Givry à 1/4 l. au-dessus de l'embouchure du Cousin dans la Cure.

Les ports flottables sur le Cousin sont : Pont-de-Cussy-les-Forges, Meluzieu, la Tour-aux-Cribles, et Pont-Aubert.

Première partie. — Chapitre quatrième. — Section quatrième.

CANAL DU NIVERNAIS (*en construction*).

Une loi du 14 août 1822 a accepté l'offre d'une compagnie pour l'achèvement des travaux de ce canal commencés en 1784 et suspendus depuis, qui traverse les départemens de l'Yonne et de la Nièvre, de Decise à Auxerre, et joint les bassins de la Loire et de la Seine. Sa longueur totale est de 189,196 mètres (42 l. 1/2), dont 108,862 mètres pour le versant de l'Yonne, et 80,534 mètres pour le versant de la Loire. Il commence à Auxerre, suit la vallée d'Yonne jusqu'à la Chaise, s'élève par la vallée de la Colancelle jusqu'au plateau des Breuilles et jusqu'à l'étang de Baye où le point de partage est établi, descend ensuite vers Châtillon, et suit la vallée d'Arron jusqu'à la Loire. Le versant de la Loire aura 28 écluses, et celui de l'Yonne 64 écluses. Ces écluses auront 5 m. 20 c. de largeur entre les bajoyères.

On a manifesté la crainte qu'une rivière comme l'Yonne, dont le cours est nécessaire toute l'année aux opérations d'un commerce uniquement occupé de l'approvisionnement en bois pour Paris, ne pût se prêter au partage de ses eaux et de son lit avec une navigation étran-

gère : aussi le commerce désirait-il vivement que le flottage restât indépendant de la navigation établie dans une dérivation entièrement latérale. Le gouvernement a reconnu que ces craintes n'étaient pas sans fondement, et le ministre de l'intérieur, dans son rapport à S. M. sur la situation des canaux en construction, reconnaît que le canal offre à résoudre le problème difficile de la conciliation des intérêts d'une navigation qu'il s'agit de créer avec ceux du flottage qui existe depuis long-temps, soit en trains, soit à bûches perdues. « L'ad-
» ministration, a-t-il dit, n'autorise aucune disposition qui ne soit
» autant que possible en harmonie avec les anciens usages, et c'est
» dans ce sens que sont rédigées toutes les instructions qu'elle adresse
» aux ingénieurs. »

Un arrêté du ministre de l'intérieur, du 17 avril 1824, a suspendu pendant six ans, du 15 juillet au 1er octobre, le flottage sur l'Yonne, pour la construction du canal du Nivernais.

Première partie. — Chapitre quatrième. — Section cinquième.

ARMANÇON ET ARMANCE, *affluens de l'Yonne.*

§ Ier. *Armançon.*

Cette rivière, qui a sa source à la fontaine de Tagny, commune d'Essey (Côte-d'Or), se jette dans l'Yonne à la Roche (Yonne). C'est dans ce dernier département qu'elle commence à être flottable.(1) : savoir à bûches perdues à St.-Florentin où elle reçoit l'Armance, et en trains à Brinon-l'Archevêque.

La longueur du flottage à bûches perdues est de 12,000 m. (2 l. 3/4), celle du flottage en trains de 13,000 m. (3 l.); en total 25,000 m. (5 l. 3/4).

Ces deux espèces de flottage se font assez facilement sur l'Armançon. Il existe sur cette rivière deux pertuis destinés au flottage : le 1er à Brinon, le 2e à Cheny. Leur largeur est de 6 m. 50 c. Le pertuis de Brinon est le point le plus élevé d'où l'on vienne prendre les eaux des écluses.

L'Armançon dépend de l'inspection de Joigny.

Le cours supérieur de l'Armançon n'étant plus employé au flottage, nous commencerons la description à St.-Florentin. Un peu au-

---

(1) Avant 1789 le flottage remontait beaucoup p'us haut, et l'Armançon fournissait à l'approvisionnement de Paris de 50 à 35,000 cordes de bois; mais cette rivière est épuisée aujourd'hui par les usines et les établissemens construits sur son cours, et la majeure partie des bois est consommée par les forges du pays. Les principaux affluens supérieurs de l'Armançon, qui servaient à ce flottage, étaient la *Brenno*, le *Lozerein*, le *Bernay*, la *Loze*, le *Turcey* ou *Blaisy*, les ruisseaux de *Bussy la Pête*, de *Frolois* ou de *Saint-Jean-de-Bonneval*, le *Mélizey* et le *Ban*, etc.

dessous de St. - Florentin, l'Armançon reçoit à droite l'*Armance* (voyez sa description particulière).

L'Armançon, depuis St.-Florentin, passe à la Maladière, à Duchy, à Crecy, aux Morillons, et reçoit, un peu au-dessus de Brinon et sur sa rive droite, le *Créanton*, ruisseau qui prend sa source à Sormery, et passe à Turny et à Avrolles. Il est flottable à bûches perdues depuis Turny sur une longueur de 2 l. Les eaux de plusieurs affluens peu considérables, tels que les ruisseaux de *Turny*, de *Venisy*, de *Champlost*, de *Mercy*, etc., grossissent le Créanton, qui coule à proximité de la forêt d'Othe.

Au-dessous du confluent du Créanton, l'Armançon passe à Brinon-l'Archevêque à 3 l. de St.-Florentin, et à peu près à égale distance du confluent de l'Armançon dans l'Yonne.

Brinon-l'Archevêque fait un grand commerce de bois et de charbon.

Au-dessous de Brinon, l'Armançon passe à Esnon et à Cheny.

Au-dessous de Cheny, l'Armançon se jette dans l'Yonne au port de la Roche, après un cours de 3 l. depuis Brinon.

Les ports flottables sur l'Armançon sont le grand port et le port du Foulon à Brinon.

§ II. *Armance.*

Cette rivière dépend de l'inspection de Joigny. L'*Armance* prend sa source au-dessus de Chaource (Aube), au hameau de Montigny, commune de la Jesse. C'est à Chaource qu'elle commence à être flottable à bûches perdues. Depuis ce point jusqu'à son embouchure, l'Armance présente un développement de 56,000 m. (8 l.), savoir :

- Dans l'Aube 25,000 m. (5 l. 1/2), et dans l'Yonne 11,000 m. (2 l. 1/2).

Elle sert à l'exploitation des forêts d'Othe, des Malgouvernes, de Vaupiotte, de Bernon, d'Aumont, de Rumilly, de Chaource, de Cussangy, Praslain, Boisgérard, St.-Michel et des environs d'Ervy.

Il existe sur le cours de l'Armance six vannes destinées au flottage, dont la largeur est d'environ 1 m. 50 centim.

Après avoir, depuis sa source, successivement passé à Chaource, à Metz-Robert, à la Loge-Pont-Blain, l'Armance reçoit à droite, près d'Avreuil, le *St.-Phal*, petit ruisseau qui prend sa source au-dessus de Chamoy, et qui est flottable à bûches perdues depuis le pont au Verrier jusqu'à son embouchure sur un espace d'une lieue et demie. L'Armance passe ensuite aux Teignes et à Chamblin, et reçoit à droite l'*Auxon*, ruisseau qui prend sa source dans le département de l'Aube, près d'Auxon, et se jette dans l'Armance, vis-à-vis Davré. Il est flottable à bûches perdues depuis sa source, sur une étendue d'une lieue et demie.

L'Armance passe ensuite à Monticrault, reçoit sur sa gauche, un quart de lieue au-dessus d'Ervy, au lieu dit Forest, le *Landion*, ruisseau qui a un cours de deux lieues trois-quarts, qui prend sa source à Trichey, et qui passe à Etorvy, à Chesley, à Turgy, à Vanlay, à Avreuil et à Davré.

L'Armance passe ensuite à Grand-Champs, à Monceau, à Chalandry, à Montleu, et vient se jetter dans l'Armançon, un peu au-dessous de St.-Florentin.

Première partie. — Chapitre quatrième. — Section sixième.

CANAL DE BOURGOGNE (*en construction*).

Ce canal a été commencé en 1775, et les travaux suspendus furent repris en l'an IX. Une loi du 14 août 1822 a accepté les offres d'une compagnie pour son achèvement en dix ans et trois mois.

Ce canal appartient aux bassins du Rhône et de la Seine. Il est destiné à établir une communication entre l'Yonne et la Saône, et à former ainsi une nouvelle jonction des deux mers, qui passera par le centre de la France; il communiquera aussi au Rhin par le canal Monsieur, et fera partie d'une ligne de navigation favorable aux relations commerciales de la France.

Ce canal a son embouchure dans la rivière d'Yonne, un peu au-dessus de la Roche, département de l'Yonne; de-là il suit la droite de l'Armançon, passe par Brinon-l'Archevêque, St.-Florentin, Flogny, Dannemoine, Épineuil, Tonnerre, Tanlay, Ancy-le-Franc, Ravières, Rougemont, Buffon; quitte l'Armançon pour suivre la droite de la Brenne, passe par Montbard, traverse la Brenne et suit sa rive gauche, passe par Pouillenay, quitte la vallée de la Brenne pour repasser dans celle de l'Armançon, passe par Marigny-le-Cahouet, St.-Thibault en Auxois, et Pouilly où est le point de partage.

De Pouilly il descend dans la vallée de Creancey, passe par Vandenesse, Crugey, arrive au vallon de l'Ouche au-dessous de Veuvey, et suit ce vallon sur la droite, passe à Veuvey, Gissey, Pont-de-Pany, Fleury, Plombières, Dijon, Longvic, abandonne la vallée d'Ouche, et descend par la plaine jusqu'à la Saône, en passant par Bretenière, Aiserey, Brazey et St.-Jean-de-Laône, où il a son embouchure dans la Saône.

Ce canal traverse les départemens de la Côte-d'Or et de l'Yonne. Son développement total est de 241,469 mètres (54 lieues), dont 155,482 m. pour le versant de l'Yonne, 82,051 m. pour le versant de la Saône et 3,936 m. pour le bief de partage. Le versant de l'Yonne aura 115 sas éclusés et celui de la Saône 80 sas. La largeur des écluses est de 5 m. 20 c. et la longueur des sas de 35 mètres.

Dans le département de l'Yonne, le canal est déjà livré à la navigation depuis la Roche jusqu'à Ancy-le-Franc, 73,000 m. environ (16 lieues 1/2).

Dans le département de la Côte-d'Or, la partie entre St.-Jean-de-

Laône et Pont-de-Pany est depuis long-temps en pleine navigation.

La partie entre St.-Jean-de-Laône et Dijon a été ouverte le 15 décembre 1809.

La partie du canal de Bourgogne d'Ancy-le-Franc à la Roche fait partie de l'inspection de Joigny.

La Côte-d'Or, dont les forêts occupent plus du quart de la superficie, profitera beaucoup de l'ouverture entière de ce canal. Une portion de ses bois passera par le canal de Bourgogne, l'Yonne et la Seine, et une autre descendra par la Saône pour le midi.

Sur la partie du canal navigable dans le département de l'Yonne, on flotte en trains pour Paris, et on charge en bateaux des bois et des charbons.

Les ports principaux sur cette partie du canal sont Brinon, St.-Florentin, Flogny, Tonnerre, Tanlay, Ancy-le-Franc, Ravières. Les principales forêts qui les approvisionnent sont les forêts de Mosne, près de Tanlay; la forêt de Jailly, près de Ravières, et la forêt de la Garenne, à Tonnerre.

Première partie. — Chapitre quatrième. — Section septième.

VANNE, *affluent de l'Yonne.*

Cette rivière prend sa source à Messon, près Fontvanne (Aube), et se jette dans l'Yonne, à Sens (Yonne). Elle est flottable à bûches perdues depuis Estissac (Aube) jusqu'à son embouchure, sur une étendue de 57,000 m. (12 l. 3/4), savoir : dans l'Aube, 27,000 m. (6 l.); dans l'Yonne, 30,000 m. (6 l. 3/4).

On a pratiqué à chacun des moulins construits sur cette rivière une vanne destinée au flottage : la largeur varie de 1 m. 20 à 1 m. 58. Le flottage n'éprouve, sur la Vanne et ses affluens, ni interruption, ni obstacles remarquables. Les bois fournis par la Vanne proviennent surtout de la forêt d'Othe.

Les lieux principaux où la Vanne passe sont : Messon, Fontvanne, Estissac, Neuville, Villemaur, St.-Benoît-sur-Vanne, Vullaines-sur-Vanne, Flaccy, Villeneuve-l'Archevêque, Molinond, Foissy, Chigy-sur-Vanne, Pont-sur-Vanne, Noé, Maslay-le-Roi, Maslay-le-Vicomte.

La vanne du moulin de Maslay-le-Vicomte est le point le plus élevé d'où l'on vienne prendre les éclusées.

La Vanne dépend des inspections de Troyes et de Joigny.

Les affluens de la Vanne sont :

1° *Lancre*, ou ruisseau de *Thuisy* ou de *Bercenay-en-Othe*, affluent à gauche. Ce ruisseau prend sa source dans la forêt d'Othe et se jette dans la Vanne à Estissac. Il est flottable à bûches perdues depuis Concise jusqu'à son embouchure, sur une étendue de 16,000 m. (3 l. 1/2.). Il existe sur ce ruisseau deux moulins à chacun desquels on a pratiqué une vanne destinée au flottage. Ce ruisseau passe à Bercenay, à Chennegy et à Thuisy.

2° Le *Betro* affluent à droite qui prend sa source à Dierrey.

5° La *Note* ou ruisseau de *St.-Mards* affluent à gauche. Ce ruisseau prend sa source à Chaillouet au-dessus de St.-Mards, et se jette dans la Vanne, près de Paizy-sous-Codon. Il est flottable à bûches perdues de St.-Mards à son embouchure, sur un espace de 14.000 m. (3 lieues 1/4.). Les bois qui flottent sur la Note ont à traverser neuf vannes dont la largeur varie de 1 m. 30 à 1 m. 63. Ce ruisseau passe à St.-Mards-en-Othe, à Villemoiron, à Aix-en-Othe et à Paizy-sous-Codon.

4° Le ruisseau de *Rigny-le-Ferron*, affluent à gauche, ruisseau qui prend sa source à Cerilly, sur la limite des départemens de l'Yonne et de l'Aube, et se jette dans la Vanne au-dessus de Flacey, après un cours d'environ 9,000 m. (2 lieues.). Il est flottable à bûches perdues depuis sa source jusqu'à son embouchure. Il existe sur ce ruisseau neuf vannes destinées au flottage; leur largeur varie de 0 m. 86 c. à 2 m. 50 c.

5° Le *Lalain* ou ruisseau de *Voluisant* ou de *Pouy*, affluent à droite. Ce ruisseau a sa source à Pouy et se jette dans la Vanne entre Molinond et Foissy. Il est flottable à bûches perdues depuis sa source, sur une étendue de 11,000 m. (2 l. 1/2.). Le flottage se fait sur ce ruisseau au moyen d'un barrage que l'on construit près de son confluent dans la Vanne et que l'on détruit lorsque le lit du ruisseau est plein d'eau. Ce ruisseau passe à Pouy, à Courgenay, à Voluisant, à Lailly, à Molinond.

6° Le ruisseau des *Siéges*, affluent à gauche. Ce ruisseau prend sa source au-dessus des Siéges, est flottable à bûches perdues auprès de ce village et se jette dans la Vanne à Chigy. L'étendue flottable est de 4,500 m. (1 lieue.). Le flottage se fait au moyen d'un barrage, comme sur le ruisseau précédent.

7° Le ruisseau de *Vaudeurs*, de *Varelles* ou d'*Arce*, affluent à gauche. Ce ruisseau, dont la source est à Arce, se jette dans la Vanne, près de Pont-sur-Vanne. Il est flottable à bûches perdues depuis Vareilles jusqu'à son embouchure, sur une étendue de 5,000 m. (3/4 de lieue.).

Première partie. — Chapitre quatrième. — Section huitième.

ÉCLUSÉES DE L'YONNE.

Une éclusée se compose des eaux retenues par les pertuis, gauthiers, vannes et étangs, et amassées pendant plusieurs jours.

Ces eaux servent à grossir celles de la rivière, et avec leur secours on navigue plusieurs fois la semaine sur l'Yonne, qui cesse d'être navigable lorsque ses eaux sont réduites à 50 centimètres. A l'exception des momens de crue passagère, ce secours est nécessaire sur la rivière souvent pendant toute l'année, et indispensablement de mai à octobre. Les éclusées se règlent suivant l'état des réservoirs.

Les eaux retenues sur l'Yonne seraient insuffisantes aux besoins de la navigation, et on y supplée par celles des rivières de Beuvron, Sozay, Cure, Cousin, Armançon et Vanne, retenues et amassées par les mêmes moyens.

Les points les plus élevés d'où l'on prend les eaux pour former les éclusées, sont :

Sur l'Yonne, le gauthier de Raveton et quelquefois la vanne de Mons.

Sur le Beuvron, la vanne du moulin de Boutefeuille.

Sur le Sozay, la vanne du moulin de Trucy.

Sur la Cure (1), le gauthier de Sermiselles.

Sur l'Armançon, le pertuis de Brinon-l'Archevêque.

Sur la Vanne, la vanne du moulin de Maslay-le-Vicomte.

C'est le pertuis d'Armes, le plus élevé sur l'Yonne, dont l'ouverture règle celle de toutes les retenues sur les autres rivières, afin qu'elles se rencontrent à leur embouchure dans l'Yonne, au moment de l'arrivée des eaux de cette rivière.

Sur la Cure, c'est le pertuis d'Arcy qui est le régulateur de l'ouverture des autres.

Comme l'eau d'Armes sur l'Yonne met 16 heures pour arriver à Cravant, embouchure de la Cure, si on ouvre le pertuis d'Armes à 8 heures du matin, on ouvre le gauthier de Sermiselle sur la Cure 8 heures après, c'est-à-dire à 4 heures du soir, et on retient l'eau au pertuis d'Arcy.

On ouvre les pertuis d'Arcy à 8 heures, de Bessy à 9 heures, de Reigny à 10 heures, de Vermanton à 11 heures et de Cravant à minuit.

Sur l'Armançon, on lâche le pertuis de Brinon 24 heures après l'ouverture du pertuis d'Armes, pour que les eaux se joignent à leur entrée dans l'Yonne, en même temps que les eaux de l'Yonne et de la Cure réunies y arrivent; l'eau de Brinon met 5 heures pour arriver à l'Yonne.

Lorsque l'arrivée des eaux de l'Yonne et de Cure réunies est retardée, au moment où les eaux commencent à pointer à Auxerre, on envoie un homme à Brinon qui fait déboucher le pertuis aussitôt qu'il arrive, et le déboucheur du pertuis de Cheny vient à la jonction veiller à l'arrivée des eaux, afin de faire arriver l'eau d'Armançon, soit en

(1) Dans les années où l'eau a été très-basse, on a remonté l'éclusée jusqu'à l'étang de Champeaux, qui est en tête du ruisseau de Saint-Agnan, qui se perd dans le Cousin, au-dessus de Cussy-les-Forges ; on met cet étang en coule pendant vingt-quatre heures, et il faut quarante-huit heures pour amener les eaux à Vermanton par la Cure, qui reçoit le Cousin.

Les circonstances ont même quelquefois forcé d'aller chercher près de Rouvray les eaux de l'étang de Bussière qui se réunissent à celles de l'étang de Champeaux, au moulin Gué au-dessus de Cussy ; on met cet étang en coule pendant six heures.

tête, soit en flanc, soit en queue de l'éclusée, ainsi que les circonstances le réclament, et suivant l'ordre qu'il en a reçu de l'inspecteur-général de la navigation à Joigny.

Sur la Vanne, pour mettre ses eaux parfaitement dans l'éclusée, on envoie un homme qui part de Villeneuve-sur-Yonne, à la pointe de l'éclusée. Cet homme met deux heures pour se rendre à Maslay-le-Vicomte. A son arrivée, il fait ouvrir les vannes du moulin; les eaux arrivent dans l'Yonne à Sens au bout de trois heures.

Marche ordinaire d'une éclusée.

LE 1er MAI.

Le pertuis d'Armes débouché à 8 heures du matin, l'éclusée arrive à 9 heures à Clamecy. . . . . 1 heure.

A 10 heures au pertuis de la Forêt. 2
A midi à Coulanges-sur-Yonne. 4
A 1 heure à Crin 5
A 2 heures à Lucy. 6
A 4 heures à Magny. 8
A 5 heures à Merry. 9
A 6 heures à Mailly-le-Château. 10
A 7 heures au Bouchet. 11
A 8 heures à Mailly-la-Ville. 12
A 9 heures au pertuis des Dames. 13
A 11 heures à Maunoir. 15
A minuit à Cravant (confluent de la Cure). . . . 16

LE 2 MAI.

A 1 heure à Rivotte. 17
A 1 heure 1/2 à Vincelles. . . . . 17 1/2.
A 2 heures à Bailly. 18
A 5 heures à Auxerre. 21
A 8 heures à Regennes. 24
A 11 heures à la Bosse d'Armançon (confluent de l'Armançon). 27
A midi à la Roche. 28
A 2 heures à Joigny. 30
A 5 heures à Villevallier. 33
A 8 heures à Villeneuve-sur-Yonne. 36

LE 3 MAI.

A 1 heure à Sens (confluent de Vanne). 41
A 3 heures à Pont-sur-Yonne. 43
A 6 heures à Port-Renard. 46
A 7 heures à Misy. 47
A 11 heures à Montereau-fault-Yonne. 51

Ce temps de la courrue des eaux est calculé sur une éclusée ordinaire du mois de mai. Avant cette époque les herbes n'ont pas encore cru dans la rivière, et l'eau met moins de temps à parcourir les distances, surtout depuis Bailly, dernier pertuis sur l'Yonne en aval.

Dans les eaux basses, la rapidité du courant est tempérée par les herbes, et l'éclusée demande plus de temps.

Du pertuis d'Armes au pertuis de Bailly, la marche est toujours la même.

L'éclusée donne une augmentation aux eaux naturelles de 40 centimètres jusqu'au pont de Joigny. Elle donne moins en descendant, parce qu'elle abreuve les sables des bords; son secours à Misy et à Montereau est réduit de 24 à 26 centimètres.

Première partie. — Chapitre cinquième. — Section première.

JONCTION DE LA LOIRE A LA SEINE.

Cette jonction est opérée par les canaux de Loing, de Briare et d'Orléans.

1° Le *canal de Briare* parcourt de la Loire à Montargis.   12 l. 1/2.
Le canal de Loing, qui en est la suite, parcourt de Montargis à Saint-Mamès. . . . .   12 l.
La Seine parcourt de Saint-Mamès à Paris. . . . . .   18 l. 1/2.

Total. . . . .   43 l.

Quarante-trois lieues de navigation à fournir de l'embouchure du canal de Briare à Paris par les canaux de Briare et de Loing.
Il faut passer 68 écluses,

Savoir : 41 pour le canal de Briare, et 27 pour le canal de Loing.

2° Le *canal d'Orléans* parcourt de la Loire à Buges, où il rejoint le canal de Loing . . . .   16 l. 1/2.
Le canal de Loing, qui en est la suite, parcourt de Montargis à Saint-Mamès 12 l., mais il n'en faut compter que onze depuis Buges, lieu de jonction. . . . . . .   11 l.
La Seine parcourt de Saint-Mamès à Paris. . . . . .   18 l. 1/2.

Total. . . . .   46 l.

Quarante-six lieues de navigation à fournir de l'embouchure du canal d'Orléans à Paris par les canaux d'Orléans et de Loing.
Il faut passer 55 écluses,

Savoir : 28 pour le canal d'Orléans, et 27 pour le canal de Loing.

Premiére partie. — Chapitre cinquiéme. — Section deuxiéme.

LOIRE, *de sa source à Candé.*

La Loire traverse les départemens de l'Ardèche où elle prend sa source et où elle n'est ni navigable ni flottable.

De la Haute-Loire où elle offre	41,500 m. (9 l. 1/4)	au flottage.
De la Loire.	10,000 m. (2 l. 1/4)	id.
Total.	51,500 m. (11 l. 1/2)	de flottage.
De la Loire où elle offre. . .	133,480 m. (30 l.)	à la navig.
De Saône et Loire et d'Allier.	85,860 m. (19 l. 1/4)	id.
De la Nièvre et du Cher. . .	156,612 m. (30 l. 1/2)	id.
Du Loiret.	122,000 m. (27 l. 1/2)	id.
De Loir et Cher.	54,850 m. (12 l. 1/4)	id.
D'Indre et Loire.	85,957 m. (19 l.)	id.
De Mayenne et Loire (1). . .	87,000 m. (19 l. 1/2)	id.
De la Loire-Inférieure. . .	109,000 m. (24 l. 1/2)	id.
Total.	812,769 m. (182 l. 1/2)	de navigat.

La Loire fait partie des inspections de Decise, de Nevers, de Châtillon et d'Orléans.

Les bureaux de recette pour l'octroi de navigation sont à Feurs, Roanne, Digoin, Decise, Nevers, embouchure du canal de Briare, Orléans et Blois.

La source de la Loire est au mont Gerbier, près de Sainte-Eulalie, dont il est éloigné d'une lieue N.-E.

Depuis sa source, la Loire passe à Sainte-Eulalie, à Rieutort, près de la forêt de Bauzon (2), à Issarlès, à Sallettes, à Aulempde, à Goudet, à Ribeyroux, à Chadron, à Cussac, à Coubon, à Charansac, à Chartreux, 1/2 l. S.-O. du Puy, chef-lieu du département de la Haute-Loire, à Monteils, à Saint-Quentin, à la Voûte de Polignac, à Saint-Vincent, à Vaurey, à Chamallières et à Retournac.

---

(1) C'est par erreur que la plupart de ceux qui ont donné la description de la France par départemens, ont appelé ce département, formé de l'ancien Anjou, *Maine et Loire*. Il falloit avoir perdu de vue le dessein que l'on a eu de donner à chaque département le nom d'un objet physique, rivière, montagne, etc.

(2) On assure, d'après des notes historiques du Velay, qu'antérieurement à l'année 1559, le flottage sur la Loire commençait à la forêt de Bauzon (3 lieues au-dessous de sa source), mais on ne sait au reste si c'était à bûches perdues ou en trains. Quoi qu'il en soit il ne paraît pas que depuis cette époque il ait été question de flottage dans cette partie de la Loire. Un propriétaire du pays doit, dans le courant de l'automne 1827, tenter le flottage à bûches perdues sur la Loire.

Cours flottable.

Retournac, point où le flottage commence sur la Loire, depuis sept ans seulement, est sur la rive gauche du fleuve ; rive droite, est Retornaguet. De Retournac à la Noirie et à Saint-Rambert le flottage se fait en trains, et sert au transport des sapins destinés à la construction des bateaux. Retournac est un chantier de construction pour les bateaux qui se fabriquent avec des bois tirés des montagnes de la Chaise-Dieu, de Craponne, etc.

Les nombreuses scieries de ces deux cantons et de celui de St.-Didier fournissent des pièces d'équarissage, des planches, des bords de bateaux, etc. La majeure partie est destinée aux mines de Saint-Etienne.

On fait descendre des ports de Retournac, Confolent, Bas et Aurec environ 150 bateaux à vide, construits dans ces localités. Ils sont destinés au transport des houilles de Firmini qu'on embarque à la Noirie. Ce flottage éprouve des difficultés.

1 l. 1/4 au-dessous de Retournac, rive gauche, est Saintignac.

1 l. au dessous, rive droite, Vaures.

1/4 l. au-dessous, rive gauche, est Brenssac.

1 l. 1/4 plus bas, rive gauche, est Confolent, port et chantier de construction de bateaux ; rive droite, le confluent du ruisseau de Lignon. A Tencé sur le Lignon, et en général dans tout l'arrondissement d'Yssengeaux, on fait un fort commerce en bois de construction et en planches.

1/4 l. plus bas, rive droite, est Nantet.

1/4 l. plus bas, rive droite, est Chaselles.

1/4 l. plus bas, rive gauche, est Montes.

1/2 l. plus bas, rive droite, est Tourton, à 1/4 l. N. O. de Monistrol.

1/2 l. plus bas, rive gauche, est la Roche.

1/4 l. plus bas, rive droite, est Gourdon.

1/2 l. plus bas, rive gauche est Bas, port et chantier de construction de bateaux ; rive opposée, est Basset.

1/2 l. plus bas, rive droite, est Cheude.

1/2 l. plus bas, rive gauche, est la Mure.

1/2 l. plus bas, rive droite, est le Chambon.

1/2 l. plus bas, rive droite, est Lordot, près de la Chapelle d'Aurec.

1/2 l. plus bas, rive droite, est la Peyrère.

3/4 l. plus bas, rive droite, est Aurec, port et chantier de construction de bateaux.

1/2 l. plus bas, rive droite, est Olanières ; et rive gauche, Nurols.

1/4 l. plus bas, rive droite, Semène.

1/2 l. plus bas, rive droite, est Saint-Paul-sous-Cornillon.

1/2 l. plus bas, rive droite, est Cornillon.

1/4 l. plus bas, rive droite, est Pochet ; rive gauche, Cursieu.

1/4 l. plus bas, rive gauche, est la Mure.

1/4 l. plus bas, rive droite, est Echendon.

1/4 l. plus bas, rive gauche, sont les Brayes.

1/4 l. plus bas, rive droite, est le port de la Noirie, et rive gauche Vareilles ; c'est à la Noirie que la navigation commence sur la Loire.

Cours navigable.

Par un arrêt du 9 décembre 1651, rapporté par Henrys, la Loire n'était alors reconnue navigable qu'à partir de Roanne. Depuis le commencement du dix-huitième siècle, la navigation s'étend jusqu'à Saint-Rambert, et dans ces derniers temps on a tenté, avec succès, de remonter le fleuve jusqu'à la Noirie ; on a même été jusqu'à Retournac.

Ce fleuve n'offre pas de bassin constant pour la navigation ; le déplacement des sables d'un bord sur l'autre fait varier à chaque crue le chemin que doivent suivre les bateaux. Les eaux étant en général peu encaissées, il a fallu, dans le double but de les réunir en temps de sécheresse, et de les contenir lors des grandes crues et des débâcles, construire, à droite et à gauche du lit de ce fleuve, des digues ou levées qui en dirigent le cours, et qui garantissent les propriétés riveraines des ravages dont elles étaient menacées. Ces levées ont communément 7 m. de hauteur, 8 m. d'épaisseur à leur sommet, et sont revêtues, dans les parties les plus exposées au choc des eaux, de maçonnerie en pierre sèche nommée *perré*. Le pied de ces levées est défendu des affouillemens tant par des bâtis de pieux que par des jetées en moellons.

La formation des bancs ou grèves, qui étaient un obstacle presque insurmontable pour les bateaux, a donné lieu également à la construction de barrages à fleur d'eau, qui ont pour objet de reporter le courant contre ces bancs, et d'en opérer la destruction.

La hauteur moyenne des eaux de la Loire varie de 1 m. 95 c. à 2 m. 90 c.

La navigation n'est en pleine activité que pendant sept à huit mois de l'année, le reste du temps elle est contrariée soit par le manque d'eau, soit par les crues ou les glaces qui sont assez fréquentes.

De la Noirie à Roanne, sur une étendue de 16 l. 1/4, la navigation n'a lieu qu'à la descente.

Le port de la Noirie est le point de départ de la navigation sur la Loire. Il s'y fabrique des bateaux, et on y charge des charbons de terre pour Paris et les départemens traversés par la Loire.

1/4 l. au-dessous de la Noirie, rive droite, est la Valette.

1/4 l. au-dessous, rive droite, les Revoutes ; rive gauche, la Lode et Chambles.

1/4 l. au-dessous, rive gauche, Joanade, et un peu au-dessous, même rive, le Chatelet.

Un peu au-dessous, rive droite, Saint-Victor-sur-Loire ; rive gauche, Chamouset.

1/4 l. plus bas, rive droite, Moucet et Condamine ; rive gauche, les Calinadus.

Un peu plus bas, rive droite, est Granjaud.

1/2 l. plus bas, rive droite, la Tibonière; rive gauche, Avaloir.

1/2 l. plus bas, rive droite, Anier.

1/4 l. plus bas, même rive, le port de Saint-Just-sur-Loire, et rive gauche celui de Saint-Rambert.

Il y a à Saint-Rambert un pont sur la route de Montbrison à Saint-Étienne.

A Saint-Rambert et à Saint-Just on charge des charbons de terre de Saint-Étienne pour Paris et les divers départemens traversés par la Loire. Ces ports sont aussi des chantiers de construction pour les bateaux. Le commerce des bois destinés à cet usage se fait aux environs de Saint-Bonnet-le-Château.

1/2 l. au-dessous de Saint-Rambert, rive gauche, est Notre-Dame de Bonson.

1/2 l. au-dessous, rive droite, est le port d'Andresieu; rive gauche, Saint-Cyprien.

La Loire est bordée, à droite, de la Noirie à Andresieu, par les riches bassins houillers de Saint-Étienne et de Rive-de-Gier.

Le bassin de Rive-de-Gier, dont le produit s'élève annuellement à 4,000,000 hectolitres de charbon de terre, intéresse peu la consommation de la capitale : ces charbons se consomment partie sur place et à Givors, pour les immenses usines qui y ont été construites, partie descend le Rhône, et alimente le midi; mais la plus grande masse remonte le Rhône, et se consomme à Lyon.

Les houilles du bassin de Saint-Étienne, dont le produit s'élève annuellement à 3,000,000 hectolitres de charbon, s'exportent par la Loire, en partie à destination de Paris. Elles s'embarquaient, il y a quelques années, à Saint-Rambert; une route plus directe de Saint-Étienne à Montbrison, passant par Andresieu, y a attiré l'entrepôt de la plus grande partie des charbons, et c'est le port où il s'en embarque la plus grande quantité. Les exploitans des concessions de Firmini, de la Roche-Molière, d'Unieux, etc., mines qui sont plus éloignées d'Andresieu, chargent, en amont, au port de la Noirie.

Jusqu'à présent les charbons ont été transportés à Andresieu par des charrettes ordinaires ou des chars à bœufs. Le prix du transport varie suivant la distance des houillères, qui sont à 3 ou 4 l. des ports. Un char portant 10 hectolitres est payé de 3 à 5 fr., c'est-à-dire de 30 à 50 cent. l'hectolitre; et on voit déjà qu'un trajet d'aussi peu d'étendue fait plus que doubler la valeur première des charbons.

Sous peu on espère une diminution notable dans les prix de transport de la houille de la mine au port. Un chemin de fer de 23,500 m. de développement (5 l. 1/4), partant du pont de l'Ane, près de Saint-Étienne, traversant tout le bassin, et devant desservir toutes les exploitations de houille et aboutir à la Loire au port d'Andresieu, doit être terminé cette année, et apporter une réduction de plus d'un tiers dans le prix de la voiture.

Rendus à la Noirie, Saint-Rambert ou Andresieu, les charbons attendent les crues de la Loire pour pouvoir être exportés. Ces crues son rares, elles s'écoulent rapidement. Depuis plusieurs années, surtout, elles deviennent de moins en moins fréquentes : il en résulte que les charbons s'encombrent dans les ports, y perdent de leur qualité, sont exposés par leur amoncèlement prolongé à s'enflammer, et que les intérêts en augmentent le prix.

Dans une bonne crue, un bateau construit à Saint-Rambert ou Andresieu peut descendre à Roanne dix voies de charbon. La voie de Saint-Etienne équivaut à 3o hectolitres; elle fait deux voies de Paris. Ce bateau peut descendre en une journée à Roanne.

Arrivé à Roanne, où la Loire commence à être d'une navigation un peu plus facile, on fait une surcharge, et l'on vide un bateau sur deux autres, de manière à ce que la charge première, de 10 voies par bateau, au départ de Saint-Rambert ou d'Andresieu, soit à Roanne de 15 voies par bateau. Il reste donc un bateau vide sur trois à Roanne, et ce bateau a déjà perdu là un tiers, quelquefois moitié de sa valeur première. On emploie ces vidanges au transport des vins dans les années d'abondance et au chargement des charbons du Creuzot et de Blanzy, mais il est impossible, quoique la distance de Roanne à Andresieu soit à peine de 15 l., de leur faire remonter la Loire, les rochers qui l'encombrent et qui augmentent sa rapidité s'y opposent entièrement.

Arrivé à l'entrée du canal de Briare dans la Loire, on vide de nouveau un bateau sur deux autres, et la charge de chaque bateau se trouve alors portée à 23 voies environ de 3o hectolitres chaque. Il reste encore un bateau vide sur trois à l'entrée du canal. Un bateau chargé de 23 voies de houille prend environ 28 pouces d'eau.

Le trajet de Roanne à Briare se fait dans les belles eaux en trois jours, mais terme moyen il faut cinq jours.

Le trajet de Briare à Paris se fait ordinairement en quinze ou vingt jours.

La durée du voyage d'Andresieu à Paris peut donc être évaluée terme moyen à un mois. Elle peut varier d'un mois à quatre mois selon l'état des eaux.

On supporte une grande perte sur les bateaux qui se construisent sur place avec des sapins que l'on retire à grands frais des montagnes du Pila, de la Haute-Loire et du Puy-de-Dôme; ils ne remontent jamais la Loire, et ne servent qu'une seule fois; aussi chaque crue emmène-t-elle autant de bois qu'elle emmène de charbons; et comme la consommation de la houille va toujours en croissant, et que les exportations de Saint-Etienne doivent alimenter cette progression, il en résulte que le nombre des bateaux qui descendaient la Loire en partant des ports de la Noirie, de Saint-Rambert et d'Andresieu, s'est élevé, dans le courant de 1825, à environ 5,000 bateaux, tandis qu'il y a dix ans il était à peine de 2,500 à 3,000; aussi les prix étaient alors de 180 fr. à 200 fr. par bateau, et au moment présent ce prix est de 550 fr., et tout porte à croire qu'il s'élèvera encore, car le bois manque, et l'on est obligé d'en tirer à grands frais. Les forêts qui couvraient les mon-

4*

tagnes avoisinant la Loire ayant été les premières attaquées et dé-
pouillées, il a fallu que les constructeurs de bateaux s'approvision-
nassent au loin ; et ils vont actuellement chercher des bois à plus de
12 l. de distance et à travers des montagnes. Le renchérissement de
ces bois, l'énormité des frais d'approche doivent donc maintenir le
haut prix des bateaux, et ce prix a la plus grande influence sur le prix
des houilles.

Rarement les crues de la Loire sont assez constantes pour
porter d'un même flot les bateaux d'Andresieu à Briare ; très-fréquemment elles proviennent d'orages, et les eaux s'écoulent avec une rapidité telle, que les bateaux partis d'Andresieu ne peuvent pas toujours
atteindre Roanne dans la durée de ces crues passagères. En supposant
qu'ils y arrivent d'un trait, les eaux s'écoulent pendant le temps nécessaire au transbordement, et il faut attendre une nouvelle crue pour
continuer le voyage. Quand la Loire est plusieurs mois sans crue,
forcé alors par les besoins, on se détermine à expédier des bateaux
à la tenue de 6 et de 7 voies au lieu de 10 jusqu'à Roanne, et de
Roanne à la tenue de 10 et 12 voies au lieu de 15 ; mais le bateau n'en
coûte pas moins le même prix d'achat : cette obligation d'employer
une plus grande quantité de bateaux pour transporter la même quantité de charbon, tend encore à en faire augmenter le prix.

Les droits de navigation sur la Loire et la Seine sont également
augmentés par suite de cette difficulté naturelle, puisqu'ils sont prélevés sur le contenant, et non point sur le contenu, de sorte que plus
les difficultés sont grandes, plus les charges sont appesanties.

1/2 l. au-dessous d'Andresieu, rive gauche, est la Rive, et rive
droite Bouthéon.

3/4 l. plus bas, rive droite, est Veauche ; rive gauche est Veau-
chette.

1/4 l. plus bas, rive droite, est Canbray.

1/4 l. plus bas, rive gauche, sont les Vorzes.

1/4 l. plus bas, rive droite, Rivas ; rive gauche, Crintillieu.

1/4 l. plus bas, rive droite, la Vourzellière.

1/4 l. plus bas, le Petit-Dumas et Cuzieu, rive droite ; Unias,
rive gauche.

1/2 l. plus bas, rive droite, est Meylieu.

1/2 l. plus bas, rive droite, est Montrond.

1/4 l. au-dessous, rive droite, est Plancieux.

3/4 l. au-dessous, rive droite, est Marclop.

1/4 l. au-dessous, rive gauche, les Vorzes, commune de Magnien-
haute-rive.

1/4 l. au-dessous, rive droite, Belair.

1/4 l. au-dessous, rive droite, Saint-Laurent-des-Conches.

3/4 l. au-dessous, rive droite, la Salle.

1/4 l. au-dessous, rive gauche, les Mottes, et rive droite, les Re-
nards.

1/4 l. au-dessous, rive droite, Randant.

1/4 l. au-dessous, rive droite, est Feurs, où il y a un pont, un port et un bureau de recette pour l'octroi de navigation.

1/2 l. au-dessous, rive gauche, Port-Lignon.

1/4 l. au-dessous, rive gauche, Clépé; rive droite l'Isle et Gochiard.

1/4 l. au-dessous, rive droite, Vallerin.

3/4 l. au-dessous, rive droite, Saint-Paul-l'Epercieux.

1/4 l. au-dessous, rive droite, Bois-Ver.

1/4 l. au-dessous, rive droite, Balbigny; rive gauche, le port de Nervieux.

1/4 l. au-dessous, rive droite, Piraude et la Ville.

1/4 l. au-dessous, rive droite, Briot et Pralery; rive gauche, Port-Garel et Galonnier.

1/4 l. au-dessous, rive gauche, Chazy.

1/4 l. au-dessous, rive gauche, Saint-Georges-de-Baroilles; rive droite, Chassenay.

3/4 l. au-dessous, rive droite, est le port de Pinay.

1/2 l. au-dessous, rive droite, est le port de la Vourdia.

Un peu plus bas, rive droite, Saint-Jodard-les-Côtes; rive gauche, Bissieu.

1/4 l. plus bas, rive droite, La Roche; rive gauche, Marcilly.

3/4 l. plus bas, rive droite, le port de Saint-Priest-La-Roche.

1/4 l. plus bas, rive gauche, le port d'Arpheuil; rive droite, le port de Ligne.

3/4 l. plus bas, rive gauche, les Costes; rive droite, les Rivières.

1/4 l. plus bas, rive gauche, Lorne; rive droite, le Verdier.

1/2 l. plus bas, rive droite, le port de Presle.

1/2 l. plus bas, rive droite, Alat.

1/4 l. plus bas, rive gauche, Saint-Maurice-sur-Loire, Saint-Jean, La Gobertière et Boneau.

1 l. plus bas, rive gauche, Villerest.

1/4 l. au-dessous, rive gauche, Hervet; rive droite, Vernay.

1/2 l. au-dessous, rive gauche, Comière.

1/4 l. au-dessous, rive droite, Ecuchy et Bachelard.

1/2 l. au-dessous, rive gauche, est Roanne où il y a un pont, un port et un bureau de recette pour l'octroi de navigation. (1).

1/4 l. au dessous, rive gauche, les Côtes.

1/4 l. au-dessous, rive gauche, Beaujeu.

1/4 l. au-dessous, rive gauche, Matel.

(1) Les vœux du commerce viennent d'être exaucés. Il avait droit de s'étonner que jusqu'à ce moment on n'eût rien décidé pour améliorer la navigation de la Loire, en partant du point le plus élevé, puisque c'est là que s'arrête le canal latéral à la Loire. Mais un nouveau chemin de fer d'Andresieu à Roanne, et la continuation jusqu'à Roanne du canal en construction entre Briare et Digoin, vont être mis en adjudication cette année : ces entreprises, en présentant une économie sur le transport des houilles, assureront à Paris des approvisionnemens abondans et réguliers, et formeront entre le midi et le nord de la France une ligne de communication toujours assurée en chemins de fer, depuis Givors sur le Rhône jusqu'à Roanne, et en canaux de Roanne à la Seine.

1/4 l. au-dessous, rive droite, Quillonet.

1/2 l. au-dessous, rive droite, Aiguilly où il y a un port et un pont; rive gauche, Bonvert.

1/4 l. au-dessous, à gauche, Giraud; à droite, Turin.

1/4 l. au dessous, à gauche, le bas de Mably et Bratte.

1/4 l. au-dessous, Cornillon à gauche; Vougy à droite.

1/2 l. au-dessous, rive gauche, les Gravières; rive droite, Saint-Roch et Marchand.

1/4 l. au-dessous, rive gauche, La Barjattière.

1/2 l. au-dessous, rive gauche, Briennon; rive droite, Pouilly-sous-Charlieu.

1/4 l. au-dessous, à droite, Beauvernay-près-Saint-Nizier; à gauche, Le Fay.

1/4 l. au-dessous, à gauche, Boitasson, les Guittons et les Montilliers; à droite, les Thoraux et la Garde.

1/4 l. au-dessous, rive droite, Saint-Pierre-la-Nouaille; rive gauche, la Tessonne.

1/4 l. au-dessous, à droite, les Petites Varennes et la Marjolaine; à gauche, les Champs.

1/2 l. au-dessous, à gauche, un second village du nom des Champs; à droite, le bas d'Iguérande.

1/4 l. au-dessous, rive droite, la Rivolière; rive gauche, Putinat.

1/4 l. au-dessous, rive droite, les Parcelles; rive gauche, les Galants.

1/2 l. au-dessous, rive gauche, les Brenons.

1/4 l. au-dessous, même rive, les Dinets.

1/2 l. au-dessous, rive droite, le Lac; rive gauche, les Ramiers.

1/4 l. au-dessous, rive gauche, Narbox, le port d'Artaix et Saint-Loup.

1/4 l. au-dessous, rive gauche, Chambilly; rive droite, les Petites Prairies, près de Marcigny-les-Nonnains.

3/4 l. au-dessous, rive droite, Baugy et La Roche.

1/4 l. au-dessous, à gauche, le port Sachet; à droite, Argue.

3/4 l. au-dessous, rive gauche, est Avrilly où il y a un port.

3/4 l. plus bas, même rive, est le port de Bonnant.

1 l. plus bas, même rive, est Lurcy où il y a un port.

1 l. plus bas, rive gauche est Seez; et rive droite, Arcy.

1/4 l. plus bas, rive gauche, est Bécheron-en-delà, près Chassenard-outre-Loire; rive droite est Bécheron-en-deçà, près Saint-Germain-de-Rives.

1/2 l. plus bas, rive droite, est Grange-Neuve, au-dessous de Varennes-de-Reuillon.

1 l. au-dessous, rive droite, sont les ports de Digoin et de Chevannes.

Il y a à Digoin un bureau de recette pour l'octroi de navigation.

Au-dessous de Digoin, la Loire reçoit, à droite, le *canal du Charollois* ou *du Centre*, et la rivière d'*Arroux*, et à gauche le *canal latéral d la Loire* (voyez leurs descriptions particulières).

1 l. au-dessous du confluent de l'Arroux, rive droite, est le village de l'Epy.

1/4 l. plus bas, même rive, est Saint-Denis.

1/2 l. plus bas, rive gauche, est le port de Taleine, et un peu plus bas le port des Loges, près Coulanges.

1/2 l. plus bas, rive gauche, est la Treiche.

3/4 l. plus bas, rive droite, est le port de la Bourse.

1/4 l. plus bas, rive droite, est Perrigny-sur-Loire et Crobavillier.

1/2 l. plus bas, rive gauche, et un peu au-dessus de Luneaux, la Loire reçoit l'*Odde*, rivière qui passe à Monnetay et à Pierrefitte. Le port du Bec-de-l'Odde est situé à ce confluent.

1/4 l. au-dessous, rive droite, est Sommery, commune d'Aupont.

1/4 l. plus bas, rive droite, est Gilly-sur-Loire.

3/4 l. plus bas, rive gauche, est Diou, où il y a un port. Il y a aussi des ports à Pechine et à Bebre.

1/4 l. au-dessous, rive gauche, est Marcilly et les Loges.

1/2 l. au-dessous est un port, à l'embouchure, sur la rive gauche, de *la Bebre*, rivière qui prend sa source dans la forêt de Seni re, et qui passe à Saint-Priest-la-Prugne, à Saint-Clément-de-Montagne, au Breuil, à la Palisse, à Lubier, à Trezelle, à Chaveroche, à Jalligny, à Vaumas, à Saint-Pourçain et à Dompierre.

1/4 l. plus bas, rive droite, est Saint-Aubin-sur-Loire, port.

1/4 l. plus bas, même rive, est Mercully et le Chambon.

1/2 l. plus bas, même rive, est le port de la Cormière.

3/4 l. plus bas, rive gauche, est le port de Jomesson.

1/2 l. au-dessous, rive droite, est le port du Fourneau.

1/2 l. plus bas, même rive, est le port de Lesme; presque vis-à-vis, rive opposée, sur 1/4 l. de distance, on rencontre successive-ment les Allutats, les Barboulots, les Loges, les Chanlons; c'est vis-à-vis des Chanlons que commence une île qui sépare la Loire en deux bras; au milieu de cette île, d'une lieue de long, est la Motte-Veliot. 1 l. au-dessous de Lesme, et sur le bras droit de la Loire, on trouve les ports de Teuillon et de Bagny; à égale distance de Lesme, mais sur le bras gauche, on trouve Saint-Martin-des-Leds, où il y a un port, les Delantre, les Cornats, Gannay et les Gougnauds.

3/4 l. au-dessous des Delantre, rive droite, est le port de Chambon.

1/4 l. au-dessous, rive droite, est Trisy.

1/2 l. au-dessous, rive gauche, est le Grand-Ganat-les-Terriens et Ganat-sur-Loire.

3/4 l. au-dessous, rive droite, est le port de Tareau.

Le port de Tareau est un des principaux de la Loire pour les bois. Un bateau de la plus grande dimension, venant de Tareau à Briare, charge 10 à 12 décastères ordinaires, et quelquefois jusqu'à 15 et 16.

1 l. 1/4 au-dessous, rive droite, est le port de la Crevée; et, rive gauche, le port de Lameney.

1 l. plus bas, rive droite, sont les Brouillards; et, rive gauche, la Motte.

1/2 l. plus bas, rive droite, est le village de Devay.

1/4 l. plus bas, rive droite, est le village de Brain.

1 l. plus bas, dans une île formée par la Loire, est Decise; sur la rive droite est Saint-Privé, et sur la rive gauche Saint-Gilles et Saint-Maurice.

On fait à Decise un fort commerce de charbon et de bois pour Paris. Il y a un bureau de recette pour l'octroi de navigation.

Les mines de Decise, situées à peu de distance de la ville de ce nom, livrent environ annuellement 350,000 hect. de houille à la consommation. Ces houilles sont chargées par les bateaux à vide de Roanne.

Il y a des mariniers dits billeurs à Decise pour la sûreté de la navigation.

Un peu au-dessous de Decise, la Loire reçoit, à droite, l'*Arron* et le *canal du Nivernais* (voyez leurs descriptions particulières).

Les ports de Decise sont ceux de Decise, de Boire à Raquet, de Cacray, du pont d'Arron et de la Charbonnière.

1 l. 1/4 au-dessous de Decise, rive droite, est Teinte, où il y a un port.

1/2 l. au-dessous, rive droite, est Avry, port.

3/4 l. au-dessous, rive gauche, est Fleury-sur-Loire, port; et, ve droite, les ports d'Apilly et de Beard.

1 l. au-dessous, rive gauche, est Uxeloup, port.

1/2 l. plus bas, rive droite, est Saint-Ouin.

1/2 l. plus bas, rive droite, est le port des Bois.

1/2 l. plus bas, rive gauche, est Chevenon, port à l'embouchure du ruisseau de l'Acolâtre.

1/2 l. plus bas, rive droite, est Imphy, où il y a un port.

5/4 l. plus bas, rive gauche, est Sermoise.

1 l. plus bas, rive droite, est Saint-Éloi, port.

1/2 l. plus bas, rive droite, la Loire reçoit la *Nièvre* au-dessous de Saint-Lazare. Il y a des mariniers dits billeurs à la sortie de la Nièvre.

C'est par deux bouches que la Nièvre se jette dans la Loire : la bouche supérieure passe à Saint-Lazare, et la bouche inférieure côtoye les murs de Nevers; la distance entre les deux bouches est d'un petit quart de lieue. La Nièvre n'est ni flottable ni navigable.

3/4 l. au-dessous de Saint-Éloi, rive droite, est la ville de Nevers, où il y a un pont, un port, un bureau de recette de l'octroi de navigation, et des mariniers, dits billeurs.

Il ne se dépose sur le port de Nevers ni bois de chauffage, ni bois de sciage, ni fagots, ils entrent tous en chantiers particuliers pour l'approvisionnement de la ville. Il s'y dépose des bois de charpente, des bois carrés et des bois de marine : excepté ceux de marine, les autres bois s'emploient à Nevers ou aux environs. Ils proviennent des forêts des Bordes, d'Azy, Cigogne, Muy, et réserves de Cougny.

En charbons de bois, il s'en charge quelquefois qui proviennent des bois de Saint-Paris.

« Il ne peut stationner dans le bassin de la Nièvre, depuis l'embou-

»chure de cette gare jusque vis-à-vis le chantier appartenant au sieur
»Pierre Pernet, plus de deux rangées de charbonnières, qui seront
»placées le long de la levée et du port de Médine.

»Le séjour des charbonnières dans la gare de Nièvre ne sera toléré
»que pendant la saison des glaces et aux époques où la Loire ne serait
»pas navigable, en sorte que toute charbonnière garée dans la Nièvre,
»dans l'intervalle d'une crue à l'autre, sera tenue de continuer sa
»route lors de la crue suivante.» (*Arrêté du Préfet de la Nièvre*, 15
mars 1823.)

3/4 l. au-dessous de Nevers, rive gauche, est Chaluy.

1 l. au-dessous, rive gauche, entre le Bec-d'Allier près de Cuffy,
le Colombier et les Barilliers près de Gimouille, la Loire reçoit l'*Allier*
(voyez la description particulière de cette rivière).

Il existe des ports au Bec-d'Allier, à Autray, la Presle, la Manne, etc.

1/4 l. au-dessous du confluent de l'Allier, rive droite, est Saint-
Beaudière.

1/4 l. au-dessous, même rive, est Marzy.

1/2 l. au-dessous, rive gauche, les Joigneaux.

1/2 l. plus bas, rive gauche, est Givry, port.

1 l. plus bas, rive droite, est Garchisy.

1/2 l. plus bas, rive droite, Soulangy; rive opposée, les ports du
Poids-de-Fer et des Chaumes.

1/2 l. plus bas, rive gauche, la Loire reçoit la rivière d'*Aubois*, au
port d'Aubigny, au-dessous de Marceilles-lès-Aubigny.

Près de ce village, à gauche, s'étend la forêt d'Aubigny.

1/4 l. au-dessous, rive droite, on trouve Germigny.

1/2 l. au-dessous, rive gauche, le port des Roches; rive opposée,
Montalin.

3/4 l. au-dessous, rive droite, est Tronsanges; et rive gauche,
Saint-Léger-le-Petit, port.

1/2 l. plus bas, rive droite, est la Marche où il y a un port; rive opposée, Argenvière.

1/2 l. plus bas, rive droite, est Munot.

5/4 l. plus bas, rive droite, est La Charité où il y a un pont et un
port. Il y a aussi des ports rive gauche de Loire, aux Grandes Levées,
Pont-de-Bois, Pont-de-la-Butte et Passy.

La Charité fait commerce en bois à brûler et charbon de bois pour
Paris, en bois de marine, etc. Il y a des mariniers billeurs à la
Charité.

1 l. plus bas, rive gauche, est le port de Vauvret.

1/4 l. au-dessous, rive droite, est le village de Mouron.

3/4 l. au-dessous, est Mèves, rive droite, où il y a un port.

1 l. au-dessous, rive gauche, est le port des Vallées et la Gorgande;
à proximité les bois de la Grange et du Libon.

1/4 l. au dessous, rive droite, est Pouilly où il y a un port, et à
proximité les bois de la Garenne.

1/2 l. au-dessous, rive gauche, est Couargues.

1/2 l. au-dessous, rive droite, est le port des Loges.

3/4 l. au-dessous, rive droite, est Tracy où il y a un port.

1/2 l. au-dessous, rive gauche, on trouve le port de Saint-Thibault-lès-Sancerre et Saint-Satur.

Saint-Thibault est un port assez considérable qui reçoit de la charpente, de la moulée, des cotterets, du charbon de bois, un peu de sciage et de charronnage.

Il est approvisionné par les bois de Saint-Satur, de Taumnay et de Vauferland.

Sur la rive gauche, on rencontre aussi les ports de la Chevrette et de Rognon, qui sont à proximité des forêts de Madame la princesse de La Tremouille, et qui reçoivent de la moulée, des cotterets et un peu de charpente.

1 l. au-dessous, est le port de Sainte-Brigitte, rive droite.

1/4 l. au-dessous, rive gauche, est Bannay.

1/4 l. au-dessous, rive droite, est le port à la Dame.

3/4 l. au-dessous, rive droite, est Cosne où il y a un port.

Le port de Cosne, quoique commode et bien situé, est peu considérable quant aux bois. Les moulées qui proviennent des forêts situées à 5 ou 6 l. se transportent aux flottages des rivières qui joignent le canal de Briare à Rogny. Le peu de commerce qui se fait à Cosne consiste en charpente et en cercles.

1 l. au-dessous de Cosne, rive droite, est Myennes : ce port qui est très-commode est peu considérable; on y charge de la moulée provenant de bois peu éloignés et de la charpente.

3/4 l. plus bas, rive droite, est la Celle-les-Barres; rive gauche, est la Madeleine et Leray à 1/4 l. O. de la Madeleine. Il y a un port à la Madeleine et un à Leray.

3/4 l. plus bas, rive droite, sont les Cadoux.

1 l. plus bas, rive droite, est Neuvy où il y a un port; rive opposée, sont les ports de la Boelle et la Glas.

1/4 l. au dessous, rive gauche, est le port de Beaulieu; et rive droite, celui de Bonny.

1/2 l. plus bas, est le port des Loups, rive droite.

1/2 l. plus bas, même rive, est le port d'Ousson.

3/4 l. plus bas, rive gauche, est Châtillon-sur-Loire où il y a un port considérable (1).

3/4 l. plus bas, rive gauche, est le port de La Motte.

1/4 l. plus bas, rive gauche, est Saint-Firmin où il y a un port.

1/4 l. plus bas, rive droite, est Briare.

1/2 l. plus bas, est Rivotte, rive droite, où commence le *canal de Briare* (voyez sa description particulière.)

Vis-à-vis Rivotte, rive gauche, est Saint-Brisson où il y a un port.

_____

(1) La Loire de Châtillon à Candé est approvisionnée principalement par les forêts de St.-Satur, d'Yvoy, de Sully, de Chambord, de Blois, de Russy, de Boulogne, de Chaumont : tous ces bois se vendent par coupes réglées, et chaque année. Le reste de l'approvisionnement vient de différentes propriétés trop morcelées pour pouvoir être indiquées en détail.

Il y a, à l'entrée du canal de Briare, un bureau pour la recette de l'octroi de navigation.

3/4 l. plus bas, rive gauche, est le port d'Ocre, commune de Saint-Martin-sur-Ocre.

1 l. plus bas, rive droite, est la ville de Gien où il y a un port et un pont.

Il y a aussi un port à la Chevrette.

1/2 l. plus bas, rive gauche, est Poilly.

3/4 l. plus bas, rive gauche, est le Colombier.

1/4 l. plus bas, même rive, Bordelet et Saint-Gondon.

1/2 l. plus bas, même rive, est l'Ormet; et rive droite, Arcole.

1/4 l. plus bas, rive gauche, est la port de la Ronce.

1/4 l. plus bas, même rive, est Lion en Sullyas.

3/4 l. plus bas, rive droite est Benne.

1/2 l. plus bas, est le port d'Ouzouer-sur-Loire; rive gauche est Cuisse.

1/4 l. plus bas, rive gauche, est la Rivotte.

1/2 l. plus bas, rive droite, le port de l'Orme.

3/4 l. plus bas, rive droite, les Coudreaux; et rive gauche, Harberois.

1/4 l. plus bas, rive droite, le port de Saint-Thibaud.

1/4 l. plus bas, rive droite, Saint-Père-lès-Sully où il y a un port.

Vis-à-vis Saint-Père, rive gauche, est Sully; et un peu plus bas, même rive, Saint-Germain.

1 l. 3/4 plus bas, rive gauche est Bouteille où il y a un port.

1/2 l. plus bas, rive droite, est le port Saint-Benoît, vis-à-vis Guilly.

1 l. 3/4 plus bas, rive gauche, est Villabé.

1 l. plus bas, rive droite, est Château-Neuf.

2 l. plus bas, rive gauche, est Jargeau où il y a un port et un pont; rive opposée est Saint-Denis-de-l'Hôtel.

1/2 l. plus bas, rive gauche, est Darvoy.

1 l. plus bas, rive droite est le port de la Pointe.

1/2 l. plus bas, rive droite est Bou.

1 l. 1/4 plus bas, rive droite, est le port de Combleux où se fait la jonction du *canal d'Orléans* (voyez sa description particulière).

1/2 l. au-dessous, rive droite, est St.-Loup.

1/2 l. au-dessous, même rive est la ville d'Orléans où il y a un pont et un port. Il y a à Orléans un bureau de recette pour l'octroi de navigation.

1/2 l. au-dessous d'Orléans est St.-Privé, rive gauche.

3/4 l. au-dessous, rive droite, est la Chapelle-St.-Mesmin.

1/2 l. au-dessous, rive gauche, est St.-Nicolas; et 1/4 l. au-dessous, même rive, St.-Hilaire.

C'est entre St.-Nicolas et St.-Hilaire que la Loire reçoit à gauche le *Loiret*.

Cette rivière prend sa source dans le département du Loiret, au

château de la Source, 1 l. au-dessous du pont d'Olivet; elle est navi
gable depuis les moulins de la Chaussée inférieure, 1/4 l. en amont d
pont de Saint-Mesmin jusqu'à son embouchure, sur un espace d'un
petite lieue ; mais cette navigation se borne à l'exportation des farine
des moulins de la Chaussée. Le Loiret sert en outre de gare, dans l
temps des glaces, aux bateaux qui se trouvent à Orléans; ils le re
montent pour s'abriter, jusqu'au pont de Saint-Mesmin.

1 l. au-dessous de la jonction du Loiret, rive gauche, est Marau.

1/2 l. au-dessous, rive droite, est Saint-Ay.

1 l. 1/4 plus bas, rive droite, est Meun.

3/4 l. plus bas, rive droite, est le hameau du Val, commune d
Bosle.

1 l. au-dessous, rive droite, est Beaugency, où il y a un pont.

Beaugency est à proximité des forêts de Marchenoir et de Freteval

1 l. plus bas, rive gauche, est le pont et le bois de Briou; riv
droite, Lesnon.

3/4 l. plus bas, rive droite, est Avarai.

1/2 l. plus bas, rive gauche, est le port de Cavrault.

1/2 l. plus bas, rive gauche, est Nouan.

3/4 l. plus bas, rive gauche, est Muides, où il y a un port.

3/4 l. plus bas, rive gauche, est Saint-Dié. A 1 l. S. de Saint-Di
s'étend la forêt de Boulogne et le parc de Champeaux.

1 l. plus bas, rive droite, est Cour-sur-Loire.

1 l. plus bas, rive droite, est Saint-Denis.

1/2 l. plus bas, rive droite, est la Chaussée.

1/4 l. plus bas, rive droite, est Saint-Victor de la Chaussée.

3/4 l. plus bas, rive droite, est Blois; rive gauche est Vienne.

Blois commerce en bois merrain, échalas, lattes, planches, etc.

Il existe à Blois un bureau de recette pour l'octroi de navigation.

A 3/4 l. O. de Blois s'étend la forêt de Blois, et à même distanc
S. E. de Vienne s'étend la forêt de Russy.

2 l. 1/4 au-dessous de Blois, rive droite, est Chousy.

3/4 l. plus bas, rive gauche, est Candé.

Nous terminerons à Candé la description de la Loire, en nous bor
nant à dénommer les lieux les plus remarquables que ce fleuve arros
de Candé à son embouchure. Ces lieux sont:

Amboise, Montlouis, Tours, Langeais, Montsoreau, Saumur
St.-Mathurin, les Ponts-de-Cé, Chalonne, Ingrande, Ancenis, Ou
don, Nantes, Coueron, le Pellerin, Paimbeuf et St.-Nazaire; au
dessous de cette dernière ville elle se jette dans l'*Océan*.

Les affluens navigables de la Loire depuis Candé sont à gauche
le Cher, la Vienne (qui reçoit la Creuse), la Sèvre Nantaise, l'A
cheneau (qui reçoit Boulogne, Ognon et Tenu).

A droite; le Thouet, l'Authion, la Mayenne (qui reçoit l'Oudo
et la Sarthe grossie par le Loir), l'Erdre et la rivière de Brivé.

CANAL DU CENTRE OU DU CHAROLLAIS.

Ce canal établit une communication entre la Saône et la Loire de Châlon à Digoin. Il appartient aux bassins du Rhône et de la Loire.

Son cours est compris en entier dans le département de Saône-et-Loire.

Sa longueur totale est de 116,812 m. (26 l.), savoir :

Versant de la Loire 65,236 m. (14 l. 1/2); point de partage 3,346 m. (3/4 l.); versant de la Saône 48,230 m. (10 l. 3/4).

La pente du versant de la Loire est de 80 m. 92 c., rachetée par 30 écluses.

La pente du versant de la Saône est de 131 m. 34 c., rachetée par 51 écluses.

La largeur de ces écluses est de 5 m. 20 c., et leur longueur de 27 m. 85 c. ; la profondeur d'eau est d'1 m. 20 c.

La première pierre du canal fut posée le 3 juillet 1784, et il a été livré à la navigation en 1791.

Les objets transportés par le canal consistent principalement en vins et en merrain, cercles, échalas, charbons de terre et de bois, bois de chauffage, de sciage et de charronnage, etc.

C'est en grande partie par cette voie que les villes de Mâcon, Châlon et Lyon sont approvisionnées en combustibles.

Le tiers des bateaux restés vides à Roanne par suite du transbordement des houilles de Saint-Etienne, chargent, outre des vins, des charbons de terre au Creuzot ou à Blanzy. Ces deux mines sont abondantes; mais outre que leurs produits s'exportent pour le midi, ou pour la Bourgogne par le canal du Centre, les établissemens du Creuzot en consomment une très-grande partie. Néanmoins on calcule qu'il s'en dirige sur la Loire environ 200,000 hectol. par an. Les houillères d'Epinac près d'Autun, dont le dépôt est à Cheilly près de Chagny, fournissent aussi des charbons de terre.

Les bateaux qui parcourent le canal du Centre tirent ordinairement 0,85 c. d'eau; leur charge est de 65 à 70 tonneaux de 1,000 kilog.

La navigation est suspendue chaque année pendant 2 ou 3 mois, et quelquefois plus, tant pour la confection des travaux d'entretien et de réparation qu'à cause de la disette des eaux.

Le canal a son embouchure dans la Loire à Digoin, passe à Paray-le-Monial, Volesvres, Useny, Digoine, Palinge, Genelard, Ciry-le-Noble, Blanzy, St.-Eusèbe-des-Bois, Montchanin où le point de partage est établi.

Il passe ensuite à Ecuisses, St.-Julien-sur-Dheune, Dheune, Morey, St.-Berain, St.-Léger, Dennevy, Cheilly et Chassey, Romigny, Chagny, la Loyère, Fragne, Champforgeux, St.-Cosme, Châlon où le canal a son embouchure dans la Saône.

Il suit le cours des rivières de Bourbince, de la Talie et de la Dheune.

Première partie. — Chapitre cinquième. — Section quatrième.

ARROUX, *affluent de la Loire.*

L'Arroux prend sa source à Issey (Côte-d'Or), près de Culestre, coule à l'ouest, arrose Arnay, prend sa direction au sud, et passe à Vaudenay-l'Église, entre dans le département de Saône-et-Loire, arrose Igornay, Cordesse, Drucy, St.-Loup, St.-Forgeot, St.-Symphorien, St.-Martin et Autun.

Cours flottable.

Le flottage commence à Autun ; il est d'une longueur de 60,348 m. (13 l. 1/2). Il est peu usité et se fait à bûches perdues ; les bois de ce flot sont consommés dans le pays, ou conduits, par le Canal du centre, à Châlon, Mâcon et Lyon. L'Arroux passe à Brion, à Laizy, à Etang, à la Rivière, à St.-Nizier-sur-Arroux, à Thil-sur-Arroux, à Charbonna, à la Boulaye, à Toulon (1), à Rosière, à Bessy, à Vandenesse-sur-Arroux.

Cours navigable.

La navigation commence à Gueugnon, elle est d'une longueur de 20,116 m. (4 l. 1/2.)

Cette navigation est peu active, 8 à 10 bateaux descendent annuellement chargés de bois, charbon, merrain.

L'Arroux passe à Gueugnon, aux Ramées, à Vally, à Rigny, à Neuzy, à la Rochette, à la Motte-St.-Jean, à Digoin.

C'est entre Digoin et la Motte-St.-Jean (Saône-et-Loire), que l'Arroux se jette dans la Loire.

Première partie. — Chapitre cinquième. — Section cinquième.

CANAL LATÉRAL A LA LOIRE (*en construction*).

Ce canal, qui traverse les départemens de l'Allier, de la Nièvre,

---

(1) Aux environs de Toulon il se construit des bateaux qui descendent à vide.

du Cher et du Loiret, est destiné à remplacer, de Digoin à Briare, la navigation incertaine et périlleuse que la Loire présente entre ces deux villes.

Il eût été désirable qu'on eût pu l'ouvrir sur la rive droite de la Loire, pour le faire communiquer directement avec les canaux du Centre et de Briare, mais les nombreux escarpemens qu'on y rencontre, et la profondeur des vallées qui viennent y aboutir ont nécessité le choix de l'autre rive.

Le projet de ce canal se divise en deux parties. La première, qui comprend la distance de Digoin à la rivière d'Allier, sera à point de partage et alimentée par la Bèbre, l'Acolin, l'Abron, l'Acolâtre, affluens de la Loire. Elle passera par Gannat-sur-Loire et Beaugy, rentrera dans la Loire vis-à-vis le village de Gimouille à 1/4 l. au-dessus de l'embouchure de l'Allier, et la navigation aura lieu dans la Loire sur une longueur d'une demi-lieue jusqu'à l'origine de la deuxième partie du canal.

La deuxième partie commencera vis-à-vis le hameau de Cuffy, au-dessus du village de Presle, à une petite 1/2 l. au-dessous de l'embouchure de la rivière d'Allier. Elle sera de dérivation et alimentée par une prise d'eau de l'Allier et par plusieurs affluens ; elle doit passer par le Poids-de-Fer, Aubigny, St.-Satur, Beaulieu.

Cette dernière partie recevra un embranchement du canal du Duc de Berri.

La longueur totale du canal latéral sera de 203,000 m. (environ de l. 3/4).

La pente du canal, d'une extrémité à l'autre, est de 106 m. 86 c. : elle sera rachetée par 40 sas éclusés.

Une compagnie s'est chargée de fournir la somme nécessaire à l'ouverture du canal, évaluée à 12,000,000 fr., et le gouvernement a de son côté pris l'engagement de faire exécuter les travaux dans un espace de huit ans et trois mois, à partir du 1er octobre 1822. Le traité fait à cet égard a été approuvé par une loi du 14 août 1822.

Première partie. — Chapitre cinquième. — Section sixième.

CANAL DU DUC DE BERRI ou DU CHER (*en construction*).

Il prend son origine sur la rive gauche du Cher, au-dessous du pont de Montluçon, entre près de St.-Amand dans la vallée de la Marmande, remonte cette vallée jusqu'au-dessous de la ville de Charenton, franchit le col qui sépare le bassin de la Marmande de celui de l'Auron, se développe dans ce dernier bassin et arrive près du village appelé le Rhimbé.

De ce point il se divise en deux branches : l'une dirigée sur la Loire en aval du Bec-d'Allier, l'autre qui aboutit également à la Loire vers Tours par les vallées de l'Auron, de l'Yèvre et du Cher.

Le bassin du Rhimbé peut donc être considéré comme le sommet commun de trois branches dirigées l'une vers la Loire, par Sancoins, l'autre également vers la Loire, par Bourges et Vierzon, et la troisième vers Montluçon, par St.-Amand.

La longueur de la première branche sera environ de

	47,200 m.	(10 l. 1/2).
De la deuxième	208,500	(46 l. 3/4).
De la troisième	72,380	(16 l. 1/4).

Total approximatif du développement 328,080 m. (73 l. 1/2).

Les travaux du canal avaient été commencés dans un système de grande navigation, mais les dimensions en ont été réduites. La largeur de ses écluses n'est plus que de 2 m. 70 c. Une compagnie s'est chargée de fournir au gouvernement la somme de 12,000,000 francs nécessaire à l'achèvement de ce canal, et le gouvernement s'est engagé de son côté à le terminer dans un délai de huit ans et trois mois, à partir du 1er octobre 1822. Le traité fait à cet égard a été approuvé par une loi du 14 août 1822.

La riche houillère de Commentry, située à peu de distance de Montluçon et à l'extrémité du canal de Berri, et qui ne peut aujourd'hui, faute de débouchés, exporter ses charbons, fournira des produits abondans lorsque le canal du duc de Berri sera livré à la navigation.

Première partie. — Chapitre cinquième. — Section septième.

ARRON, *affluent de la Loire.*

Cette rivière fait partie de l'inspection de Decise (il faut en excepter l'étang d'Arron et la partie de l'Arron qui affluent dans le Beuvron et qui dépendent de l'inspection de Clamecy). Nous avons déjà donné la description de cette dernière partie en parlant du Beuvron, page 32, et nous n'avons ici à décrire que la partie affluante en Loire.

L'Arron prend sa source aux étangs d'Arron près de Crux-la-Ville. Il passe à Veillans, les Guerignaux, Bissy, St.-Maurice-lez-St.-Sauge, Montapas, Epeuilles, Mingot, Châtillon-en-Bazois, Ceuillon, Eguilly, Pont, Biches près de la forêt de Vincence, Limanton, Anizy, Pancreau, la Varenne, Sozay, Ysenay-la-Plante, Pouligny, Masille.

L'Arron est flottable depuis le port de Masille jusqu'au pertuis de la Fougère, et navigable du pertuis de la Fougère jusqu'à la Loire, au-dessous du pont d'Arron, en face de Decise.

De Masille à la Loire on compte 5 lieues, y compris 3/4 de lieue du pertuis au pont d'Arron.

1 l. au-dessous de Masille est le port de Cerci-la-Tour, rive gauche.

1/4 l. au-dessous, rive gauche, Coulonges.

1/4 l. au-dessous, même rive, Vernisy.

1 l. au-dessous la Roche, rive gauche. A droite s'étend une vaste forêt.

1 l. 1/2 au-dessous, rive gauche, sont les ports de Rouetard et Champvert. Ces ports sont environnés de taillis coupés de 15 à 18 ans et fabriqués en bois de somme de 4 pieds et de fayenne pour Nevers. Cependant, en 1826, le port de Champvert a fourni des bois de chauffage pour Paris, et celui de Rouetard doit en fournir aussi en 1827.

1/2 l. au-dessous est le port de Larret, rive droite.

1/2 l. au-dessous, l'Arron se jette dans la Loire, au-dessous de Decise.

L'Arron est, du côté de la Loire, le plus puissant auxiliaire du canal du Nivernais (voyez sa description particulière, page 38).

Première partie. — Chapitre cinquième. — Section huitième.

ALLIER, *affluent de la Loire.*

Cette rivière passe dans la Lozère, où elle n'est ni navigable ni flottable;

Dans la Haute-Loire, où elle offre 42,600 m. de flottage (9 l. 1/2);

Dans la Haute-Loire, où elle offre à la navigation, 17,000 m. (3 l. 3/4)

Dans le Puy-de-Dôme, ...	94,000 m.	(21 l. 1/4).
Dans l'Allier, ...	110,000 m.	(24 l. 3/4).
Dans la Nièvre, ...	20,000 m.	(4 l. 1/2).
Total de la partie navigable. . . .	241,000 m.	(54 l. 1/4).

L'Allier commence à être flottable en trains près de St.-Arcons, navigable à Fontanes près de Brioude (Haute-Loire), et se jette dans la Loire au Bec-d'Allier, environ 1 l. 1/4 au-dessous de Nevers.

L'Allier et ses affluens composent l'inspection de Moulins.

Des bureaux de recette de l'octroi de navigation sont établis à Moulins et au Bec-d'Allier.

Cours ni navigable ni flottable.

L'Allier prend sa source dans la forêt de Mercoire.

Elle passe à La Bastide, à La Verune, à Luc, à Concoules, à Lan-
gogne, à Jonchères, à St.-Christophe-sur-Allier, à Vabres, à Alley-
ras, à St.-Didier-sur-l'Allier, à Monistrol-d'Allier, à Prades-d'Allier,
à Ste.-Marie-des-Chazes, à St.-Julien-des-Chazes, à St.-Arcons,
point où elle commence à être flottable.

Cours flottable (1).

1/2 l. au-dessous de St.-Arcons, est Chanteuge-le-Bourg, rive
gauche, au-dessous duquel l'Allier reçoit à gauche le ruisseau de
Dége.

1 l. au-dessous, rive gauche, est Langeac.

1 l. au-dessous, rive gauche, est Rillac.

3/4 l. au-dessous, rive gauche, est Peyrusse.

3/4 l. au-dessous, rive gauche, est Aubazat.

1/2 l. au-dessous, rive droite, est Chiliac.

1/2 l. au dessous, rive gauche, est St.-Argues.

1 l. au-dessous, rive gauche, est Blassac.

3/4 l. au-dessous, rive droite, est St.-Ilpise.

3/4 l. au-dessous, rive droite, est Champlong.

1 l. au-dessous, rive gauche, est Vieille-Brioude.

1/2 l. au-dessous, rive droite, est Bajasse.

1/2 l. au-dessous, est Fontanes, rive droite; rive gauche, à 1/2 l.,
est Brioude. C'est à Fontanes que l'Allier commence à être navigable.

Cours navigable.

1/2 l. au-dessous de Fontanes, rive droite, est La Motte.

1/4 l. au-dessous, rive droite, est Coughac.

(1) On pourrait rendre l'Allier flottable au-dessus de St.-Arcons; mais les escarpemens de rocs qu'il faudrait faire, nécessiteraient de grandes dépenses dont on
ne serait pas suffisamment dédommagé. Quelques tentatives furent faites de 1788
à 1791 pour le flottage à bûches perdues sur l'Allier. Il fut mis à l'eau entre ces
deux époques environ 1800 cordes de bois à brûler, et 10,000 pièces de douves de
tonneaux, planches et solives provenant des bois de Bourlayre et de Chanteuge.
Ils étaient arrêtés à Langeac et à Brioude. Les résultats n'ayant point été avantageux, ce flottage fut bientôt abandonné, et depuis aucune spéculation de ce
genre n'a été faite.

Le flottage en trains n'a pas lieu non plus. En 1816 et pendant 5 ans on a flotté
des bois de construction, essence de sapin, provenant des montagnes de la Marge-
ride et des gorges de Colany sur la Dége. La concurrence des bois de la Chaise-
Dieu et de St.-Germain-l'Herm, qu'on descend par terre à Brassac, a fait cesser
cette exploitation qui a donné pendant chacune de ces années 10 à 12,000 planches et 10 à 12,000 pièces. Les trains étaient doublés à Langeac, où le flottage devenait moins difficile que sur la Dége, sur laquelle il ne s'exécutait qu'à force de
dépenses et de soins.

1/4 l. au dessous, rive gauche, Flagheat.

1/4 l. au-dessous, rive gauche, Creopiat.

1/4 l. au-dessous, rive gauche, St.-Ferreol de Cohade.

3/4 l. au-dessous, rive droite, Azerat.

1/4 l. au-dessous, rive droite, les Granges.

3/4 l. au-dessous, rive droite, Auzon, et un peu au-dessus le port de Chape; rive gauche est Lugeac. On construit à Chape beaucoup de bateaux.

1/4 l. au-dessous, rive droite, Vezezoux, chantier de construction de bateaux.

1 l. au-dessous, rive gauche, les ports de Brassac et de Brassaget, où l'on construit un grand nombre de bateaux, et où l'on charge les charbons de terre du département de la Haute-Loire.

1/2 l. au-dessous, rive droite, Jumeaux, où l'on construit grand nombre de bateaux.

3/4 l. au dessous, rive droite, est Auzat-sur-Allier; rive gauche, est La Roche.

1 l. au-dessous, rive droite, est Orsonnette.

1/4 l. au-dessous, rive droite, est Nonette; et rive gauche, le Breuil.

1/2 l. au-dessous, rive droite, Entrague.

1/4 l. au-dessous, rive droite, Beaurecueil.

1/4 l. au-dessous, rive droite, la Basserue et la Grange.

1/4 l. au-dessous, rive droite, les Pradaux; rive gauche, la Vor.

1/2 l. au-dessous, rive droite, Parentignac.

1 l. au-dessous, rive droite, est Orbeil; Issoire est à 1/2 l. de l'Allier, rive gauche.

1/4 l. au-dessous, rive droite, est Pertut.

1/4 l. au-dessous, rive droite, est Vaur.

3/4 l. au-dessous, rive gauche, est St.-Yvoine.

1/2 l. au-dessous, rive droite, est Sarlan.

1/4 l. au-dessous, rive droite, est Aubeiral.

1/2 l. au-dessous, rive gauche, est Coude.

1 l. au-dessous, rive gauche, est Chadieu; rive droite, Brola.

1/4 l. au-dessous, rive gauche Chalus; rive droite les Orlauds.

1 l. au-dessous, rive droite, St -Maurice.

1/4 l. au-dessous, rive gauche, St.-Martial.

1/4 l. au-dessous, rive droite, Mirefleur.

1/2 l. au-dessous, rive droite, la Roche-Noire; rive gauche, la Garenne et la Vor.

1/2 l. au-dessous, rive gauche, Lair.

1/4 l. au-dessous, rive droite, Perignat; rive gauche, Cournon.

3/4 l. au-dessous, rive droite, Mezet.

1/2 l. au-dessous, rive droite, Dallet; rive gauche, Lempde.

1/4 l. au-dessous, rive droite, Maschalle.

3/4 l. au-dessous, rive gauche, Pont-du-Château.

3/4 l. au-dessous, rive droite, St.-Aventin.

1 l. au-dessous, rive droite, Medagne.

3/4 l. au-dessous, rive droite, Culhat.

1/4 l. au-dessous, rive gauche, Tissonnière.

1/4 l. au-dessous, rive gauche, Beyssat; rive droite, les Tourgons.

3/4 l. au-dessous, rive droite, Crevant; rive gauche, Maringues.

5/4 l. au-dessous, rive droite, Vinzelles; rive gauche, Vialle-Mon-gacon.

1/4 l. au-dessous, rive gauche, Luzilhat.

1/2 l. au-dessous, rive droite, Charnat.

1/2 l. au-dessous, rive gauche, les Bravards; rive droite, Ban-cheroit.

1/4 l. au-dessous, rive gauche, Limons; rive droite, les Baraques.

1/2 l. au-dessous, rive gauche, est Repajon.

1/4 l. au-dessous, même rive, le Port-de-Ris; rive droite est la jonction de la *Dore* (voyez sa description particulière).

1/4 l. au-dessous, rive gauche, les Laurents, près Mons.

1/4 l. au-dessous, rive gauche, les Beaugers.

1/4 l. au-dessous, même rive, Bramesan; et rive droite le port de Mariol.

1/2 l. au-dessous, rive gauche, l'Endouete; rive droite, les Jarrot.

3/4 l. au-dessous, rive droite, St.-Yorre et le Carro; rive gauche, Charmeil et les Caires.

3/4 l. au-dessous, rive gauche Autrive et le Parque, port; rive droite, les Dolau.

1/4 l. au-dessous, Abret, port sur la rive droite.

1/4 l. au-dessous, rive gauche, la Boire.

1/2 l. au-dessous, rive droite, Vichy, port; et rive gauche, Vaisse.

1 l. au-dessous est le port de Charmeil, rive gauche.

1/2 l. plus bas, rive droite, est Remondin.

1/2 l. plus bas, rive droite, la Rue et Creusier-le-Vieux; rive gauche, Mirabel.

1/2 l. plus bas, rive gauche, St.-Remy-en-Rollat.

1/2 l. plus bas, rive droite, St.-Germain-des-Fossés, port; rive gauche, les Charmes.

1 l. plus bas, rive droite, est Billy, port.

1/2 l. plus bas, rive droite, les Andrivaux; rive gauche, les Bourlies.

1/4 l. plus bas, rive droite, Crechy.

3/4 l. plus bas, rive gauche, le port de Cordebeuf; rive droite, le port des Quieriaux.

1/4 l. plus bas, rive gauche, Paray.

1 l. plus bas, à gauche, Villemouse; à droite, Graviers.

1/4 l. plus bas, rive droite, le port de Chazeuil.

1/4 l. plus bas, rive gauche, les Peillons.

1/4 l. plus bas, rive droite, St.-Loup, port.

1/2 l. plus bas, rive gauche, est la Bergerie, à la jonction du ruis-seau de *Sioule*.

1/2 l. plus bas, rive gauche, est la Chaise, où il y a un port.

1/4 l. plus bas, rive gauche, est Monestay.

1/2 l. plus bas, rive droite, est la Ferté-Autrive.

1/4 l. plus bas, rive gauche, Châtel-de-Neuve, où il y a un port.

1/2 l. au-dessous, rive gauche, Tilly.

1/2 l. au-dessous, rive gauche, les Forêts.

1/4 l. au-dessous, rive gauche, Soupaize.

1/4 l. au-dessous, rive gauche, la Motte-Jolivette.

1/4 l. au-dessous, rive gauche, la Jolivette.

1/2 l. au-dessous, rive gauche, Chemilly.

3/4 l. au-dessous, rive droite, Toulon, port.

1/4 l. au-dessous, rive droite, Vermiller.

1/4 l. au-dessous, rive droite, Fromenteau.

3/4 l. au-dessous, rive droite, est Moulins, où il y a un port, un pont et un bureau de recette de l'octroi de navigation.

Il y a aussi un port à Bessay.

3/4 l. au-dessous, rive droite, est Averme.

3/4 l. au-dessous, rive gauche, les Hérats, où il y a un port.

1 l. 1/2 au-dessous, rive droite, Villeneuve, port; rive gauche, Bagneux, port.

3/4 l. au-dessous, rive gauche, Roche, port.

1/2 l. au-dessous, rive gauche, Aubigny-le-Colombier; rive droite, Trenay.

1/4 l. au-dessous, rive droite, Beudin; rive gauche, les Poissons.

1/2 l. au-dessous, rive droite, le port Barreau et le port de l'île de la Mayole.

1/2 l. au-dessous, rive droite, la Ferté-Langeron, port.

1/4 l. au-dessous, rive droite, le Bouchet, où il y a un port.

1 l. au-dessous, rive droite, Paraize.

3/4 l. au-dessous, rive gauche, les ports de Veurdre et du Bouillard, à la jonction du ruisseau de *Bieudre*. On fait dans les environs du Veurdre, et notamment à Lurcy-Lévy, commerce de bois et charbon de bois.

1/4 l. au-dessous, rive gauche, Château, où il y a un port.

1/2 l. au-dessous, rive droite, Précy.

1/4 l. au-dessous, rive droite, Maubouy; rive gauche, Ponsu.

1 l. au-dessous, rive gauche, Mornay-sur-Allier, où il y a un port; rive droite est Audes, où il y a un port.

1/4 l. au-dessous, rive droite, Olivau.

1/4 l. au-dessous, rive gauche, Louvray.

1/4 l. au-dessous, rive droite, Mars.

1/4 l. au-dessous, rive droite, l'Isle; rive gauche, les Protains et le port de Neuvy.

1 l. au-dessous, rive gauche, Apremont, port; et rive droite, la Lande et Meauce-St.-Denis.

1/2 l. au-dessous, rive droite, Trémigny; et rive gauche, les Lorrains.

1/4 l. au-dessous, rive gauche, St.-Pange; rive droite, le Veuillin, port, et le Domaine.

1/4 l. au-dessous, rive droite, Gimouille et les Barilliers; rive gauche, Guétin, port.

Un peu au-dessous du Guétin, rive gauche, est le Bec-d'Allier, où il y a un port.

C'est là que l'Allier se réunit à la Loire, vis-à-vis St.-Baudière et Château, rive droite de Loire. Il y a au Bec-d'Allier un bureau de recette de l'octroi de navigation.

La rivière d'Allier transporte des bois de construction et de marine qui descendent à Paris et à Nantes, des bois de chauffage et merrains, des charbons de terre et de bois. La navigation est incertaine et très-coûteuse.

Les principales forêts qui alimentent l'Allier sont :

1° Les forêts royales appelées Marcenat, Giverzat (arrondissement communal de Gannat); Leyde, Lecreux, Munay, Moladier, le prieuré de Souvigny, Grosbois, Bagnolet, Civrais (arrondissement de Moulins); Dreuille, Tronçais (arrondissement de Montluçon).

2° Les bois des hospices de Moulins et ceux des communaux de Trévol.

3° Les bois de particuliers de la Motte, de Beauregard, de St.-Augustin, du Reray, de Chambord, de Neuvy et d'Apremont, et beaucoup d'autres petits bois peu éloignés de l'Allier.

Les houillères qui alimentent l'Allier sont:

1° Dans le département de la Haute-Loire, Marsanges, commune de Langeac; Grosmenil, Grigues et la Taupe, commune de Ste.-Florine; les Barthes, commune de Vergongheon.

2° Dans le département de Puy-de-Dôme, Brassac, et Tops près de Brassac; Cellamines près d'Issoire.

3° Dans le département de l'Allier, Bertet-de-Montcombroux près le Donjon; Commentry, près de Montluçon; Fins, près le Montet-aux-Moines; le Montet-aux-Moines, la Pierre-Percée; les Brauds et les Gobellières, près de Tronget; Noyant, près de Souvigny. On vient de découvrir une houillère à Crechy, près de Varennes, sur le bord de l'Allier, et on en a demandé la concession.

Les bateaux ne remontent point l'Allier, à cause de la pente de ses eaux, qui est moyennement de 1 m. 66 c. par 800 mètres. On augmente la charge des bateaux à mesure qu'ils descendent, comme on le fait sur la Loire, et on les déchire au lieu de destination. Ces bateaux sont construits à Brassac, Brassaget, Vezezoux et environs, avec des sapins débités par les nombreuses scieries des cantons de la Chaise-Dieu, de Crapone et de St.-Germain-l'Herm. Ils sont construits d'une manière uniforme, sont fort légers, et n'ont juste que la solidité nécessaire pour arriver à Paris, où ils sont convertis en bois à brûler. On les fait de 18, 20 et 24 m. de long, 5 m. 50 c. de large, et 1 m. 50 c. de profondeur réduite. La charge moyenne d'un de ces bateaux, partant de Brassac, est de 280 quintaux de houille. On en construit, par an, environ 1600, dont 1000 servent au transport des houilles.

Le temps moyen nécessaire à un bateau pour se rendre à Paris, en descendant des divers ports de l'Allier, est d'environ un mois, quand les vents ou le défaut d'eau ne s'opposent pas à sa marche. Le trajet est rarement plus court que 20 à 25 jours, mais très-souvent il est beaucoup plus long, à cause de l'encombrement qui a presque toujours lieu à l'entrée du canal de Briare, les bateaux arrivant presque tous à la fois lors des crues.

M. de Thuret, ingénieur en chef des ponts-et-chaussées du département du Puy-de-Dôme, a lu, dans la séance publique de la société des sciences de Clermont-Ferrand, tenue le 6 août 1825, un projet d'un canal latéral de l'Allier à la Loire.

Première partie. — Chapitre cinquième. — Section neuvième.

DORE, *affluent de l'Allier.*

Cette rivière prend sa source près la Chaise-Dieu, et se jette dans l'Allier au-dessous de Puy-Guillaume.

Elle est flottable en trains depuis le port de la Naud jusqu'à son embouchure, sur une longueur de 28,551 m. (6 l. 1/2), trajet compris en entier dans le département du Puy-de-Dôme.

Il se fait peu de flottage à bûches perdues sur la Dore, mais elle sert à transporter des bateaux vides, des mâts et des planches de sapin en grande quantité, que l'on conduit à Paris, à Orléans et à Nantes.

Ces bois de sapin sont exploités sur des montagnes couvertes de neige, et débités par un grand nombre de scieries hydrauliques, en planches et en chevrons.

La Dore, depuis sa source près de la Chaise-Dieu, passe à St.-Sauveur-de-Clavelier, à Dore-l'Église, à Chaumont, à Marsac, à Ligonne, à Ambert, à la Tour-Goyon, à Vertolaye, à Marat, à Olliergue, à la Chabasse, à St.-Gervais-sous-Memont, à Memont, à Sauviat, à Courpière et à La Naud.

La Naud est sur la rive droite de la Dore, vis-à-vis Taragnat; c'est là que le flottage commence.

3/4 l. au-dessous, rive gauche, est Neyronde.

1/4 l. au-dessous, même rive, le port de Ferrier.

3/4 l. au-dessous, rive droite, Jofroy, 1 l. O. N. O. de Thiers; rive gauche, le Pont et Pechadoire.

3/4 l. au-dessous, rive gauche, Pontalier.

1/4 l. au-dessous, même rive, Clermartin.

1/2 l. au-dessous, rive droite, Dorat.

1 l. au-dessous, rive droite, Noailbat.

1/4 l. au-dessous, rive gauche, les Ogards.

1/2 l. au-dessous, rive gauche, les François et Charnat; rive droite, Chabane.

3/4 l. au-dessous, rive droite, Puy-Guillaume, à 1 l. N. O. de Châteldon; rive gauche, Bancheroit.

1/4 l. au-dessous, rive droite, Arbise; rive gauche, les Baraques.

1/4 l. au-dessous, rive droite, les Bardins.

1/4 l. au-dessous la Dore rejoint l'Allier : à droite de son embouchure, les Aillards; à gauche, le port de Ris.

Première partie. —— Chapitre cinquième. —— Section dixième.

CANAL DE BRIARE.

Ce canal fait partie de l'inspection de Montargis.

Il est situé en entier dans le département du Loiret, établit, avec celui de Loing, une communication entre la Loire et la Seine.

Il a son embouchure dans la Loire à Briare, et se jette, à Montargis, dans le canal de Loing. Des lettres patentes de septembre 1638, enregistrées le 15 avril 1639, autorisèrent l'ouverture de ce canal par les sieurs Bouteroue et Guyon, auxquels elles en firent concession à perpétuité. Ces lettres patentes et celles de 1642, année où le canal fut livré à la navigation, contiennent le tarif des droits à percevoir sur les bateaux qui parcourent ce canal.

Le point de partage est situé entre l'écluse dite de la Gazonne et celle de Rondeau.

Ce point a une longueur de . . . . . 2,821 m. 23 c. (3/4)
Le versant de la Loire a une longueur de 14,497   25 (3 l. 1/4)
Le versant de la Seine a une longueur de 37,982   95 (8 l. 1/2)

Total du développement. . . . . 55,301 m. 43 c. (12 l. 1/2)

Le premier de ces versans, dont la pente est de 38 m. 24 c. a 12 sas éclusés; le second, dont la pente est de 78 m. 46 c., en a 29. Leur largeur est de 4 m. 60 c., et leur longueur de 32 m.

La navigation est interrompue du 1er août au 1er novembre, pour exécuter les réparations dont le canal peut avoir besoin.

Versant de la Loire (12 écluses).

1re écluse, à Barabant, rive droite de Loire.

2⁰ 1/4 l. plus bas, à Rivotte, port, rive droite de Loire et rive gauche du canal. Il existe aussi un port à Belleau.

3⁰ 1/4 l. plus bas, à Briare, rive droite de Loire et du canal.

4⁰ 1/4 l. plus bas, à la Place, rive droite du canal.

5⁰ 1/4 l. plus bas, à la Cognardière, rive gauche.

6⁰ 1/2 l. plus bas, à Venon, rive droite.

7⁰ 1/4 l. plus bas, à Courrenveau, port sur la rive droite.

8⁰ 1/4 l. plus bas, à Ouzouer-sur-Tresée, port sur la rive gauche.

9⁰ 1/2 l. plus bas, à Moulin-Neuf.

10⁰ 1/4 l. plus bas, aux Fées, port.

11⁰ 1/4 l. plus bas, au Petit-Chalois, port sur la rive gauche.

12⁰ 1/4 l. plus bas, à la Gazonne, rive gauche.

Entre la Gazonne et le Rondeau est le *point de partage* du canal, d'une longueur de trois quarts de lieue.

Versant de la Seine (29 écluses).

1ʳᵉ et 2⁰ écluses au Rondeau, port sur la rive droite.

3⁰ à 9⁰ 1 l. plus bas, à Rogny, port sur la rive droite.

Le port de Rogny reçoit le flot à bûches perdues de St.-Fargeau amené par la rivière de *Loing* que le canal de Briare reçoit à cet endroit (voyez sa description particulière). Ce port reçoit en outre des bois neufs et des charbons de bois. Il y a des ports au Champ-des-Cordes et à Lanoue.

10⁰ à 13⁰ 1/2 l. plus bas, au Moulin-Brûlé, port sur la rive gauche. Entre cette écluse et celle de Briquemault est le village de Damemarie, rive droite, et les ports de Damemarie, de Savinière et de Clos-à-Plessy.

14⁰ et 15⁰ 1/2 l. plus bas, à Briquemault, rive gauche.

16⁰ 1/4 l. plus bas, à Châtillon-sur-Loing, port sur la rive droite.

C'est entre Châtillon et l'Epinoy que se trouve, sur la rive gauche, le port de la Ronce.

17⁰ et 18⁰ 3/4 l. plus bas, à l'Epinoy, rive gauche.

19⁰ et 20⁰ 1/2 l. plus bas, à Montbouy, rive gauche.

C'est entre Montbouy et le Chenoy que se trouvent les ports des Salles, de Montcresson et des Braugers.

21⁰ à 25⁰ 2 l. 1/2 plus bas, au Chenoy, port, rive gauche.

26⁰ 3/4 l. plus bas, à la Sablonnière, rive gauche.

Entre la Sablonnière et la Tuilerie, rive droite, est Conflans-près-Montargis.

27⁰ 3/4 l. plus bas, à la Tuilerie, rive gauche. Entre la Tuilerie et Montargis on rencontre à droite Amilly.

28⁰ et 29⁰ 1 l. plus bas, à Montargis, port. Il y a aussi un port à St.-Roch.

Le canal n'admet point de trains. Les toues qu'il porte ont moyennement 26 m. de long, 4 m. 50 c. de large : elles tirent 0 m. 89 c. et chargent 100,000 kilog.

Il arrive à Paris par ce canal des bois de chauffage, tant ceux flottés à bûches perdues sur le Loing, tirés et chargés en bateaux à Rogny, que les bois neufs déposés sur les ports du canal ou venant de la Loire et de l'Allier ; des bois de charronnage, de charpente et de sciage, sapin, noyer, cotrêts, etc., tant ceux façonnés dans les environs et déposés sur les ports du canal, que ceux venant de Digoin, Decise, Brioude, Moulins, etc. par l'Allier et la Loire.

Il se charge aussi sur les ports du canal du charbon de bois fabriqué dans les environs, et en outre les bateaux de charbon de terre et de charbon de bois qui descendent à Paris de la Loire et de l'Allier, passent par ce canal. Ils sont garés à Briare, au Moulin brûlé, à St.-Roch et à Rogny.

Première partie. — Chapitre cinquième. — Section onzième.

LOING, *affluent de la Seine.*

La rivière de Loing prend sa source dans l'Yonne, à la ferme de Loing, 1/2 l. S. de Ste.-Colombe-en-Puisaye et se jette dans la Seine à Moret (Seine-et-Marne).

La navigation existait anciennement sur le Loing depuis Montargis jusqu'à son embouchure, au moyen de pertuis accessoires établis aux moulins. Mais cette navigation difficile et dangereuse fut remplacée en 1724 par celle d'un canal construit tantôt latéralement à la rivière, tantôt dans son lit même (voyez la description du canal de Loing).

La rivière de Loing sert encore aujourd'hui au flottage depuis St.-Fargeau jusqu'à sa jonction au canal de Briare, sur une étendue d'environ 5 l. Ce flot, dit de St.-Fargeau, est tiré sur le port de Rogny.

Nous allons donner la description de son cours depuis sa source jusqu'à Rogny.

2 l. 1/4 au-dessous de sa source est St.-Sauveur, rive droite.

1/2 l. au-dessous est Moutiers, rive gauche.

2 l. 1/4 au-dessous est St.-Fargeau, rive gauche.

1 l. au-dessous, un peu au-dessus du Moulin-Brûlé, la rivière de Loing reçoit à gauche un ruisseau qui prend sa source à la Verrerie-du-Cormeras et passe à St.-Martin-des-Champs.

1 l. au-dessous est St.-Privé, rive gauche.

1 l. au-dessous est Bleneau, rive droite ; au-dessous de Bleneau, la rivière de Loing reçoit à droite le ruisseau de Chasserelle.

1 l. au-dessous, rive gauche, est St.-Eusage.

1 l. au-dessous, à Rogny, rive droite, la rivière de Loing rejoint le canal de Briare.

Le Loing dépend de l'inspection de Montargis.

Première partie. — Cinquième chapitre. — Section douzième.

CANAL D'ORLÉANS.

M. le duc d'Orléans obtint en 1679 un édit, enregistré en 1680, pour l'ouverture de ce canal depuis la Loire jusqu'à la rivière de Loing, sur laquelle la navigation existait alors. On commença les travaux en 1682, et le canal fut terminé en 1692.

Le canal d'Orléans dépend de l'inspection de Montargis.

Le canal d'Orléans, situé en entier dans le département du Loiret, établit, au moyen de celui de Loing, qui en est le complément, une communication entre la Loire et la Seine. Il a son embouchure en Loire à Combleux, 1 l. au-dessus d'Orléans, et se jette à Buges dans le canal de Loing, après un développement de 73,504 m. 22 c. (16 l. 1/2).

Le point de partage est entre Combreux et Grignon.

La pente du canal du côté de la Loire est de 29 m. 86 c., rachetée par onze sas éclusés; celle du côté de la Seine est de 40 m. 22 c., rachetée par 17 sas éclusés. Leur largeur est de 4 m. 60 c., et leur longueur est de 32 m. La profondeur d'eau est de 1 m. 50 c.

La longueur du bief de partage est de	18,721 m.	63 c.	(41. 1/4).
Celle du versant de la Loire est de	26,852	68	(6 »).
Et celle du versant de la Seine de	27,729	91	(6 1/4).

Total : 73,504 m. 22 c. (16l. 1/2).

La largeur du canal est de 8 à 10 m. à la superficie; l'irrégularité des talus ne permet de déterminer aucune largeur précise pour le fond.

La navigation est interrompue du 1er août au 1er novembre.

Versant de la Loire (11 écluses).

1re écluse à Combleux, port, rive droite de la Loire et rive gauche du canal. Entre Combleux et Pont-aux-Moines sont les villages de Chessy, rive gauche, et Mardié, rive droite.

2e 3/4 l. plus bas au Pont-aux-Moines, port, rive gauche.

3e 1 l. plus bas, à Donery, port, rive gauche.

4e 1 l. plus bas, à Fay-aux-Loges, port.

5e 3/4 l. plus bas, à la Jonchère, port, rive droite.

Entre la Jonchère et Gué-Giraud est Chenaye, rive gauche.

6e 1/4 l. plus bas, à Gué-Giraud, port. Il y a aussi un port à la Courcie.

7ᵉ 1 l. plus bas, à la Chenetière, port, rive gauche.

8ᵉ 1 l. plus bas, à Vitry-aux-Loges, port.

9ᵉ un peu plus bas, au Moulin-Rouge, port.

10ᵉ un peu plus bas, aux Caduels, rive gauche.

11ᵉ un peu plus bas, à Combreux, rive droite. Il y a un port à Combreux et à Four-à-Chaux.

C'est entre Combreux et Grignon qu'est situé le *point de partage*. Il existe une écluse dite du Partage 4 l. au-dessous de Combreux, c'est le 1ᵉʳ sas éclusé du versant de la Seine. Entre Combreux et le point de partage on trouve, sur la rive gauche, Sury-au-Bois, port, et sur la droite, Chatenay, port. Il y a aussi des ports à Loriot, au petit et au grand Balardin.

Versant de la Loire (17 écluses).

1ʳᵉ écluse. C'est celle du point de partage.

2ᵉ, 3ᵉ et 4ᵉ 1/4 l. au-dessous, à Grignon, port sur la rive gauche.

Entre Grignon et le partage, rive droite, est Quinaux. Il y a aussi des ports à la Verrerie et à Gué-de-Sens.

5ᵉ 1/2 l. plus bas, à Choireau.

Entre Choireau et la Chaussée est le village de Coudroy-la-Ronce, à droite.

6ᵉ 1/4 l. au-dessous, à la Chaussée.

7ᵉ et 8ᵉ un peu plus bas, à Hateau-Bas.

9ᵉ 1/4 l. plus bas, à la Vallée, port, rive gauche.

10ᵉ 3/4 l. plus bas, à Rougemont, port, rive droite.

11ᵉ 1/2 l. plus bas, à Chailly, port, rive droite.

12ᵉ 1 l. plus bas, à Chunsy près de Prenoy, rive gauche.

13ᵉ 1 l. plus bas, à Marché-Clair, rive droite.

Entre Marché-Clair et le May est le village de Chevillon, rive droite.

14ᵉ 1/2 l. plus bas, au May, rive droite.

15ᵉ 1/2 l. plus bas, à Machaut, rive gauche.

16ᵉ 1 l. plus bas, à Ste.-Catherine, port, rive droite. Il y a aussi des ports à Courbois et à Fessard.

17ᵉ un peu plus bas, à la Folie-de-Buges, rive gauche.

Un peu plus bas, le canal d'Orléans rejoint à Buges le canal de Loing. Buges est sur la rive gauche des deux canaux.

Le canal d'Orléans porte des toues de 26 m. de long, 4 m. 50 c. de large, tirant 0 m. 89 c. et chargeant 100,000 kilogr., et des trains dits éclusées.

Il amène à Paris des bois de chauffage, de charpente, de sciage, de charronnage ; des charbons de bois et de terre ; des fagots et cotte-rêts, etc., tant ceux façonnés dans le pays que ceux provenant de la Loire et qui passent par ce canal pour descendre vers la Seine.

Le canal d'Orléans s'approvisionne sur la forêt d'Orléans et les bois de MM. marquis d'Orvilliers, marquis Dessoles, Pingot et autres propriétaires.

Un bateau met, temps moyen, 13 jours pour descendre d'Orléans à Paris : pour remonter de Paris à Orléans, il emploie 16 jours.

Première partie. — Chapitre cinquième. — Section treizième.

CANAL DE LOING.

Ce canal dépend des inspections de Montargis et de Montereau, savoir : de Montargis à Nemours exclusivement, insp. de Montargis ; de Nemours inclus. à St.-Mamès, insp. de Montereau.

Ce canal, qui coule dans les départemens du Loiret et de Seine-et-Marne, est la suite des canaux d'Orléans et de Briare ; il est alimenté par ces deux canaux et par la rivière de Loing.

Il commence à Montargis au pont de Loing, et se jette dans la Seine à St.-Mamès après un développement de 52,934 m. (12 l.), dont 18,310 m. pour le département du Loiret, et 34,624 m. pour celui de Seine-et-Marne.

Les travaux commencés en 1720 furent terminés en 1724. Ce canal n'est latéral à la rivière que par parties ; des portions du cours du Loing, quelquefois très-étendues, ont été disposées pour la navigation. On les appelle râcles. Le canal est réuni à la rivière à son embouchure dans la Seine. Toutes les marchandises qui passent sur les canaux d'Orléans et de Briare, et que nous avons mentionnées en parlant de ces deux canaux, traversent aussi le canal de Loing pour arriver à Paris ; il a de plus les bois de la forêt de Montargis.

L'époque du chômage annuel est du 1er août au 1er novembre.

La pente du canal de Loing, entre les deux points extrêmes, est de 41 m. 58 c., et est rachetée par 27 sas éclusés, d'une largeur de 4 m. 40 c., et d'une longueur de 60 m. La profondeur d'eau est de 1 m. 60 c. La largeur du canal, à la ligne d'eau, est de 12 à 16 m., et de 9 à 12 au fond.

Le canal commence au pont de Loing, à Montargis, sur sa rive gauche.

Les bateaux de charbon sont garés dans la râcle de Montargis.

Au-dessous de Montargis, rive droite, est Chalette.

1re écluse : 1/4 l. de Montargis, à Langlée, rive gauche.

Entre cette écluse et la suivante, rive droite, le village de Lancy.

2e 3/4 l. plus bas, à Buges, rive gauche.

C'est à Buges, 1 l. de Montargis, que le *canal d'Orléans* rejoint celui de Loing. Un peu plus loin s'embranche une portion de canal qui se dirige sur Puits-la-Laude.

Cette branche, qui a 600 m. (1/4 l.) de longueur, non compris le port d'embarquement, dont l'étendue est de 360 m., a été ouverte en 1759, sur la demande du commerce de bois, pour faciliter l'exploitation de la forêt de Montargis, qui s'étend à droite du S. au N., de Montargis à Montabon.

5e 1/2 l. plus bas, à Cepoy, port, sur la rive gauche.

4° 1/2 l. plus bas, à Puits-la-Laude, port sur la rive droite.

Entre la 4e et la 5e écluses, Montigny à gauche, et Boutoy à droite

5e 1/4 l. plus bas, à la Vallée, rive gauche.

6e. 1/4 l. plus bas, à Montabon, rive gauche.

7e 1/4 l. plus bas, à Gué-de-Vaux, port sur la rive gauche.

Entre la 7e et 8e écluses, on trouve le port des Barres sur la rive droite.

8e 1/4 l. plus bas, dite Retournay.

9e 1/4 l. plus bas, à Nargis, rive gauche

10e 1/4 l. plus bas, dite Meurgy.

11e 1/4 l. plus bas, dite Berbarre.

12e 1/4 l. plus bas, à Toury, rive gauche.

Entre cette écluse et la suivante on trouve sur la rive droite le port de Dordives.

13e 1/4 l. plus bas, à Neronville, rive gauche.

14e 1/2 l. plus bas, dite d'Aigreville.

Entre Aigreville et Beaumoulin on rencontre à droite le village de Soupes. Il y a ports au pont de Soupes et à Nancey.

15e 1 l. plus bas, à Beaumoulin, rive gauche.

Entre Beaumoulin et Bagneaux on rencontre à gauche la Madelaine, et à droite Glandelles.

16e 1/4 l. plus bas, à Bagneaux, rive gauche.

Entre Bagneaux et Chaintereauville on trouve, à gauche, Fromonceaux et Fay.

17e 1 l. plus bas, à Chaintereauville, rive gauche.

18e 1 l. plus bas, à Nemours, où il y a un port et un pont.

19e 1 l. au-dessous, à Fromonville, rive droite.

20e 1/4 l. plus bas, à Moncourt, port sur la rive droite.

Entre Moncourt et Berville 1° à droite la Boissière, les Bordes, Fontenelles, la Genevraye ; 2° à gauche, Grès, la Chapelotte et la Tour.

21e 1/4 l. plus bas, à Berville, rive droite. Entre Berville et Bois-la-Ferme, est Montigny, rive gauche.

22e 1/2 l. plus bas, dite de Bois-la-Ferme.

23e 1/2 l. plus bas, à Episy, rive droite, où il y a un port et une gare.

24e 1/2 l. plus bas, à Ecuelles, rive droite, où il y a un port et une gare.

Entre Ecuelles et Moret, rive droite, le port de Ravannes.

25e et 26e 1/2 l. plus bas, à Moret, port, rive gauche.

27e 1/2 l. plus bas, à St.-Mamès, rive droite.

La forêt de Fontainebleau longe le canal à gauche, de Nemours à sa jonction à la Seine.

Première partie. — Chapitre sixième. — Section première.

MARNE, *affluent de la Seine.*

La Marne, dont le cours total est de 460,000 m. (93 l. 1/2), offre 342,177 m. (77 l.) de navigation de St.-Dizier à Paris, savoir :

Dans le département de la Haute-Marne.	11,900 m.	(2 l. 3/4).
de la Marne.....	164,912 m.	(37 l. »).
de l'Aisne......	36,000 m.	(8 l. »).
de Seine-et-Marne..	95,000 m.	(21 l. 1/2).
de Seine-et-Oise..	10,565 m.	(2 l. 1/4).
de la Seine.....	24,000 m.	(5 l. 1/2).

Total : 342,177 m. (77 l. »).

Le canal Marie-Thérèse a réduit cette étendue à 330,827 m. (74 l.) y compris le trajet du canal. Les 11,350 m. (3 l.) rachetés appartiennent au département de la Seine dont l'étendue navigable n'est plus que de 12,650 m. (2 l. 1/2).

Cette rivière prend sa source près de Langres, département de la Haute-Marne ; elle commence à être navigable dans le même département, à St.-Dizier, et se jette dans la Seine à Charenton.

Il existe sur la Marne 23 pertuis et barrages dont la largeur varie de 7 m. à 24 m.

Il n'y a aucun chef de pont ni de pertuis sur la Marne ; ces pertuis sont dangereux et surtout celui de Chaalons.

La Marne transporte des bois à brûler, des bois de marine, de charpente, de sciage et de charronnage, des lattes, du merrain, etc. et de charbon du bois.

C'est par elle que descendent les bois si estimés des départemens de la Marne, de la Haute-Marne, de la Meuse, de la Moselle, de la Meurthe et des Vosges (anciennes provinces de Champagne, de Lorraine et d'Alsace).

Le fagot, dit de Brie, se fait dans les forêts d'Armainvilliers, de Crécy et pays voisins : peu viennent à Paris.

On gare les bateaux de charbon à Mary, à l'Isle-Lanère, à Germigny, à Château-Thierry, à Villers-le-Rigaux et dans le bras de Meaux.

Trois bureaux d'octroi de navigation sont établis sur le cours de la Marne.

1° A Chaalons-sur-Marne.
2° A La Ferté-sous-Jouarre.
3° A Alfort.

La Marne dépend des inspections d'Epernay et de Château-Thierry.

Celle d'Epernay comprend la Marne de St.-Dizier au Mont St.-Père inclusivement.

Celle de Château-Thierry comprend la Marne du mont St.-Père ex clusivement, à son embouchure dans la Seine.

Les principales forêts qui approvisionnent les ports de la Haute-Marne (inspection d'Epernay) sont :

1° En bois de l'Etat : la Charmoye, Mancy, Largençole, la Montagne de Reims, Jouarre, Meucière, Rognat, Beuvardes, Fère - en - Tardenois.

2° En bois appartenant aux particuliers ; Epernay, Enghien près de Damerie, Vassy, Montierender, Châtillon, Chartèves, Vertus, Montmort, Bourseau, Ville-en-Tardenois, Condé et Treloup.

Cours ni navigable ni flottable.

Le flottage à bûches perdues qu'on avait eu le dessein d'établir sur la Marne en 1807, projet qui n'a point été mis à exécution , intéressait les bois de la Haute-Marne, de la Meuse et de l'arrondissement de Vitry. Les villes de Chaalons, de Vitry et de Paris auraient profité de ce moyen de transport, bien moins dispendieux que l'usage où sont Chaalons et Vitry de faire venir par terre des bois de chauffage de 5, 6 et 10 l.

Les adversaires du projet objectaient le dommage qu'éprouveraient les usines de la Haute-Marne dont l'approvisionnement, disaient-ils, était loin d'être assuré.

Nous allons rapidement énoncer les lieux principaux que la Marne arrose de sa source à St.-Dizier, et, à partir de ce port, nous en donnerons une description plus détaillée.

La Marne prend sa source un peu au-dessus d'Orbigny au Mont à 1 l. 3/4 S. O. de Langres; elle passe à Orbigny-au-Val, Jorquenay, Humes, Rolampont, Veseignes, Foulain, Luzy, Verbielle, Val-des-Ecoliers, Chamarande, Choignes, Condes à 3/4 l. N. de Chaumont en Bassigny, Berthenay, Riaucourt, Bologne, Roocourt-la-Côte, Vieville, Vrincourt, Soncourt, Vouecourt, Vignory, Buxierre-les-Froncles, Froncles, Provenchère, Villiers, Gudmont, Rouvroy, Donjeu, St.-Urbain, Fronville, Joinville, Vecqueville, Thonnance, Autigny-le-Grand, Autigny-le-Petit, Chatonrupt, Curel, Rachecourt, Sommeville, Fontaine, Gourzon, Neuveville-en-Bayard, Prez-sur-Marne, Bienville-la-Forge, Eurville-la-Forge, Chamouilley, Roches, Marnaval, Clos-Mortier et St.-Dizier.

Cours navigable et flottable en trains.

1/4 l. au-dessous de la forge du Clos-Mortier, la Marne traverse St.-Dizier, où il y a un pont.

C'est au port de St.-Dizier que la Marne commence à être navigable.

On expédie annuellement de St.-Dizier et des ports environnans des quantités immenses d'équarrissage de chêne et de sapin, de charpente pour la marine royale, de sciage de chêne et de sapin.

Ces bois proviennent en partie des forêts des environs de St.-Dizier, de Vassy, de Montierender, Vignory, etc., mais la plus forte partie est amenée de la Meurthe, de la Meuse et des Vosges (voyez p. 92, un aperçu sur ce commerce).

Tous ces bois partent de St.-Dizier, en trains ou en brelles, que l'on charge en partie de fers.

St.-Dizier est un grand atelier de construction de bateaux. A St.-Dizier, Moëlains et environs, on lance annuellement une centaine de grands bateaux, 200 lavandières, et un bachot au moins par bateau. On estime que ces constructions emploient 40,000 solives de chêne. Ces bateaux partent chargés de fers, et ne font jamais leur retour au port de construction. On en vend la plus grande partie sur les lieux de leur première destination, ce qui occasione une consommation considérable de bois, et forme une branche importante de fabrication et de commerce; les bateaux qui ne sont point déchirés à leur arrivée sont employés sur l'Yonne, la haute et la basse Seine, l'Oise, etc. Les bateaux qui partent de St.-Dizier portent le nom de novices, parce qu'ils n'y sont pas ordinairement appareillés ou adoubés.

A côté de St.-Dizier sont les ports de la Folie et du Jard, et un peu au-dessous, rive droite, la Noue.

1 l. au-dessous, rive gauche, est le port de Valcour et celui de Martelot.

1/4 l. plus bas, rive droite, est le port de Hoiricour; rive gauche celui de Moëlains.

3/4 l. plus bas, rive gauche, est la Neuville-au-Pont.

1/2 plus bas, rive gauche, est Ambrières.

1/4 l. au-dessous, même rive, est Haute-Fontaine.

1 l. plus bas, même rive, est Haute-Ville.

1 l. au-dessous, rive droite, est Larzicourt.

1/2 l. plus bas, même rive, est Isles; vis-à-vis la Marne reçoit, à gauche, la rivière de *Blaise.*

3/4 l. au-dessous, rive droite, est le village de Moncetz.

1/4 l. au-dessous, même rive, est celui de Cloix.

1/4 l. au-dessous, même rive, est celui de Norois.

1/2 l. au-dessous, même rive, est celui de Bignicour.

1/2 l. plus bas, rive droite, est Frégnicourt.

1/2 l. plus bas est Vitry-le-François, où il y a un pont et un pertuis; et un peu plus bas le port de Basvillage.

A Vitry, la navigation commence à prendre un peu plus d'activité, à cause de la grande quantité de grains qu'on y charge et de la jonction des rivières de la *Saulx*, de la *Chée* et de l'*Ornain* (voyez leurs descriptions particulières).

Les bateaux ne peuvent remonter au-delà de Vitry.

1/2 l. au-dessous de Vitry, sur la rive droite, la Marne reçoit celle de la Saulx au-dessous de Basvillage.

1/4 l. au-dessous, rive droite, est Couvrot; rive gauche est Loisy-sur-Marne.

1 l. plus bas, rive droite, est Soulanges.

1/2 l. plus bas, rive gauche, est Songy.

1/4 l. plus bas, rive droite, est Ablancourt.

1/2 l. au-dessous, sur la même rive, est Metigny-la-Chaussée.

1/2 l. plus bas, même rive, est le village d'Omey.

1/4 l. au-dessous, même rive, est celui de Pogny, où il y a un bac.

1/2 l. plus bas, même rive, est Vesigneux-sur-Marne.

3/4 l. au-dessous, rive gauche, est Merry.

3/4 l. au-dessous, rive gauche, est Sogni-aux-Moulins, où il y a un bac.

1 l. plus bas, même rive, la Marne reçoit la *Côle*, qui n'est ni flottable ni navigable.

1/4 l. au-dessous, rive gauche, est Compertrix.

3/4 l. au-dessous est la ville de Chaalons, où il y a un pont et un pertuis dangereux. Au-dessous de Chaalons, les bateaux prennent un supplément de charge.

Il y a à Chaalons un bureau de recette de l'octroi de navigation.

1/2 l. plus bas, rive droite, est St.-Martin-sur-le-Pré, port, qui reçoit de la charpente et du sciage.

1 l. au-dessous, rive gauche, est St.-Gibrien.

1 l. au-dessous, rive gauche, est Matougues, où il y a un bac.

3/4 l. au-dessous, même rive, est Aulnay, où il y a un bac.

1/2 l. au-dessous, rive gauche, la Marne reçoit le ruisseau de *Sommesoude*, au-dessous de Jaalons.

1/2 l. au-dessous, rive droite, est Aigny.

1/2 l. au-dessous, rive droite, est Condé, où il y a un bac.

3/4 l. plus bas, même rive, est Tours-sur-Marne, où il y a un pont et un port.

3/4 l. plus bas, même rive, est Bisseuil, où il y a un pont.

1 l. plus bas est Mareuil, où il y a un port, un pertuis et un pont.

1/2 l. plus bas, même rive, est le village de la Cure.

1 l. au-dessous est Epernay, où il y a un pont et un port qui reçoit des bois à brûler, de la charpente et du charbon.

C'est à Epernay que l'on commence à déposer du bois à brûler pour Paris sur les ports de la Marne. Le flottage en trains de la moulée commence à ce port.

Au nord d'Epernay s'étendent les bois de la montagne de Reims.

1 l. au-dessous d'Epernay, rive droite, est le village de Cumières, où il y a un bac et un port.

3/4 l. au-dessous, même rive, est Damerie, où il y a un pertuis et un pont. Ce port reçoit bois à brûler et charpente, principalement de la forêt d'Enghien.

1 l. plus bas, rive gauche, est la Ville-au-Bois ou la Cave, port considérable aux charbons, qui reçoit aussi bois à brûler et charpente.

1/4 l. au-dessous, rive droite, est Reuil, où il y a un bac et un port qui reçoit bois à brûler, charpente et charbons.

1/2 l. au-dessous, rive gauche, est Port-à-Binson, où il y a un bac et un port qui reçoit charpente, bois à brûler et charbons.

1/4 l. au-dessous, même rive, est le village de Mareuil.

1/2 l. au-dessous, même rive, est Rouge-Maison, où il y a un bac et un port.

1 l. plus bas, rive droite, est Verneuil, où il y a un bac et un port. Ce port et celui de Tril reçoivent bois à brûler et charpente.

C'est à Verneuil que la Marne reçoit le ruisseau de Semoigne (1).

1/2 l. plus bas, rive droite, est Vinçelles, où il y a un bac et un port.

1/2 l. plus bas, est Dormans, où il y a un bac et un port qui reçoit bois à brûler, charpente et charbons.

1/2 l. au-dessous, rive droite, est le port de Treloup qui reçoit bois à brûler, charpente et charbons.

1 l. au-dessous, rive gauche, est le port de Sauvigny, où il y a un bac, et où l'on dépose bois à brûler et charpente; rive droite est le village de Passy.

1/4 l. au-dessous, rive gauche, est Reuilly.

1/4 l. au-dessous, même rive, est Courtemon.

1/2 l. au-dessous, rive droite, est Barzy, port à proximité de la forêt de Ris. Il y a un passe-cheval à Barzy.

1/4 l. au-dessous, même rive, est Jaulgonne, où il y a un bac et un port qui reçoit bois à brûler, charpente et charbons.

1/2 l. plus bas, rive gauche, au port de Bouche-à-Marne, la Marne reçoit le ruisseau flottable de *Surmelin* (voyez sa description particulière).

1/4 l. au-dessous, rive droite, est Chartèves, port; rive gauche, Mezy, autre port.

1/4 l. au-dessous, rive droite, est Mont-St.-Père, où il y a un port et un bac.

3/4 l. au-dessous, même rive, est le village de Gland, port ; et rive gauche le port de Blesme.

3/4 l. au-dessous, même rive, est Brasles, port.

Gland et Brasles reçoivent les bois de Barbillon, distant d'une l.

1/2 l. plus bas, la Marne traverse la ville de Château-Thierry, où il y a un pont et un port.

Ce port reçoit des bois de chauffage, de la charpente et des charbons des ventes des bois de la Viardière et du Châtelet à 1 l. 1/2, de Rons à 2 l. 1/2 et de Marlières à 2 l.

Un peu au dessous de Château-Thierry, rive droite, est Essomme, port.

1 l. plus bas, rive droite, est le village d'Azy, où il y a un port, un pertuis et un bac.

_____

(1) Le ruisseau de Semoigne a toujours passé comme pouvant servir au transport des bois qui sont à sa source.

1/4 l. au-dessous rive gauche, est Chezy, port, et rive droite, Bonneil.

3/4 l. plus bas, rive droite, est Romny, port.

1/4 l. au-dessous, rive gauche, est Nogent-l'Artaud, où il y a un port, un bac et un pertuis.

Le port reçoit les produits des bois de Nogent à 1 l., et de Vielsmaisons à 1 l. 1/2.

1/4 l. au-dessous, rive droite, est le village de Saulchery.

1/2 l. au-dessous, même rive, est celui de Charly où il y a un bac. Ce port reçoit les bois de Villiers, distant d'une lieue.

1/2 l. plus bas, même rive, est Drachy; rive gauche, est le port de Pisseloup.

3/4 l. plus bas, même rive, est le village de Crouttes, vis-à-vis de Citry qui est sur l'autre rive et où il y a un passe-cheval.

Le port de Payant reçoit les bois de Houdevilliers, distant de 2 l.; et le port de Crouttes ceux de Champversi, distant d'une l.

1/2 l. au-dessous, rive droite, est Nanteuil-sur-Marne, où il y a un pertuis, un port et un bac.

1/2 l. au-dessous, même rive, est Méry.

Un peu plus bas, rive gauche, est Saacy, où il y a un pertuis et un bac.

1 l. au-dessous, rive gauche, est Lusancy, où il y a un bac et un port.

1/2 l. au-dessous, rive droite, est le port de Caumont et celui du Montcel.

1/4 l. au-dessous, rive droite, est le port de Ste.-Aulde.

3/4 l. plus bas, même rive, est Chamigny.

1/4 l. au-dessous, rive gauche, est Reuil, port.

1/2 l. au-dessous, la Marne traverse la ville de la Ferté-sous-Jouarre où il y a un port qui est le dernier pour les charbons, un pertuis, un pont et un bureau de recette de l'octroi de navigation.

Il y a aussi un port à Chivres.

Le port de la Ferté reçoit les bois de Rougebourse et de Marcy à 3/4 l.; de Jouarre et de Moras à 1 l.; de St.-Ouen, Quatre-Cents, Doue et Biercy à 2 l.; de Mougé, de la Bourbière et de Rigault à 3 l.; de Sablonnières à 3 l. 1/2; de Dhuizy et de Marigny à 4 l.

Il existe un barrage au moulin Notre-Dame, au-dessous de la Ferté.

Au-dessous de la Ferté, la Marne reçoit sur sa rive gauche, à Condé, la rivière du *Petit-Morin* qui servait autrefois au flottage.

1/2 l. au-dessous, rive gauche, est Fay, où il y a un bac. Ce port reçoit les bois de Montbise et de Haute-Maison, distant de 2 l.

1/4 l. au-dessous, rive gauche, est le village de Sameron.

1/4 l. au-dessous, rive droite, est celui d'Ussy, port.

3/4 l. plus bas, rive gauche, est celui de St.-Jean-les-deux-Jumeaux, où il y a un pertuis, un bac et un port.

1/4 l. au-dessous, rive droite, est Changy.

1 l. plus bas, rive gauche, est Armentières.

1 l. plus bas, rive droite, est Jaignes, où il y a un pertuis.

3/4 l. plus bas, même rive, est Tancrou, où il y a un bac et un port; rive gauche, est Meldeuse.

3/4 l. au-dessous, rive droite, est le port de Mary, où il y a un bac.

Il y a encore un autre port, dit le Bouchy.

Au port de Mary, on recharge les bois amenés sur l'Ourcq. Le bras du moulin de Mary est un excellent refuge dans les momens de glaces.

C'est un peu au-dessous de Mary que la Marne reçoit sur sa rive droite la rivière d'*Ourcq* (voyez sa description particulière).

1/2 l. au-dessous de la jonction de la rivière d'Ourcq, rive droite, est Villers-le-Rigaux; et rive gauche, les Meldeuses, où il y a un bac.

3/4 l. au-dessous, jonction à droite du ruisseau de la *Therouanne*, au-dessous de Congis.

1 l. au-dessous, rive gauche, est le village de Germigny-l'Evêque, où il y a un pertuis et un atelier de marine. Vis-à-vis Germigny, est le port de Vareddes.

3/4 l. au-dessous, rive droite, est Poincy, où il y a un pertuis et un port

Il y a aussi un port à Rezel.

1/4 l. plus bas, rive gauche, est Trilport, où il y a un pont, un barage et un port qui reçoit les bois de St.-Faron et du Mans distant de 2 l., et ceux de Meaux, distant d'une l.

1 l. plus bas, rive gauche, est Nanteuil-lès-Meaux, port.

3/4 l. plus bas, la Marne traverse la ville de Meaux, port.

Il y a un barage à 1 l. au-dessous de Meaux.

La navigation se fait sur la gauche par le canal de *Cornillon*.

Ce petit canal d'une étendue de 370 m. de longueur et de 21 p. 10 pouces de largeur a été construit au sud de Meaux pour épargner aux bateaux le détour de 1/2 l. et les embarras du passage de la ville. Il reçoit la partie des eaux de la Marne nécessaire à son service avant l'entrée de cette rivière dans Meaux, et lui rend cette eau à la sortie de cette ville. L'écluse de ce canal rachète une pente de 1 m. 30 c.

1/4 l. au-dessous du canal de Cornillon, est Villenoix, port sur la rive droite.

1/2 l. au-dessous, rive gauche, est le village de Mareuil.

1/2 l. plus bas, rive gauche, est le port des Roises; et rive droite, Iles-lès-Villenoix, où il y a un bac et un port.

1/2 l. plus bas, rive gauche, est Condé-Ste.-Libière, port, au-dessous duquel la Marne reçoit la rivière du *Grand-Morin* (voyez sa description particulière).

Un peu au-dessous de la jonction du Grand-Morin, rive gauche, est Esbly.

1 l. au-dessous de la jonction du Grand-Morin, rive droite, est Vignely.

1/2 l. au-dessous, même rive, est Trilbardou, où il y a un pertuis, un port et un bac.

1/4 l. au-dessous, rive droite, est Charmantré.

1/2 l. plus bas, rive droite, est Précy, où il y a un bac.

1/4 l. plus bas, rive gauche, est Jabelines.

3/4 l. plus bas, rive droite, Annet, où il y a un bac.

3/4 l. plus bas, rive droite, Carnetin.

1 l. au-dessous, même rive, est Chalifer.

1/2 l. plus bas, rive droite, Dampmart, port avec un passe-cheval; rive gauche, Montevrain, port.

Le port de Dampmart reçoit les bois de Belle-Assise et de Jossigny, distant de 2 l., et ceux de St.-Denis, distant de 3 l.

3/4 l. plus bas, rive droite, Lagny, où il y a un port, un pont et un pertuis; rive gauche, Torigny.

Il y a aussi un pertuis à Quinquangronne, entre Trilbardou et Lagny.

1/2 l. plus bas, rive droite, est le port de Pomponne.

3/4 l. plus bas, rive droite, est Vaires.

1 l. plus bas, est le moulin de Douvres, où il y a un pertuis; et Noisiel, port, rive gauche, où il y a aussi un pertuis.

3/4 l. au-dessous, rive gauche, est Gournay, où il y a un bac et un port.

3/4 l. au-dessous, rive droite, est Neuilly-sur-Marne; rive gauche, est Noisy-le-Grand.

3/4 l. plus bas, rive gauche, est Brie-sur-Marne, où il y a un bac et un pertuis.

1/2 l. au-dessous, rive droite, est Nogent-sur-Marne.

1/2 l. plus bas, la Branche du pont de St.-Maur, rive droite, où il y a un pont.

1/4 l. plus bas, est le village de St.-Maur, même rive, où il y a un pertuis et un port.

C'est à 240 m. au-dessus du pont de St.-Maur que commence le canal de *Marie-Thérèse* (voyez sa description particulière).

1/2 l. plus bas, rive gauche, est Champigny, port.

1/2 l. au-dessous, même rive, est Chenevières, port.

1 l. plus bas, même rive, est Créteil, port; et un peu au-dessus, le port de Bonneuil.

1 l. plus bas, même rive, est Charenton.

1/4 l. au-dessous, la Marne passe sous le pont qui sépare Charenton-le-Pont, rive droite, et Alfort, rive gauche. Il y a à Alfort un bureau de recette pour l'octroi de navigation.

1/4 l. plus bas la Marne fait sa jonction avec la Seine, vis-à-vis des Carrières-de-Charenton et de Conflans.

Les débâcles et les inondations annuelles causent trop fréquemment des désastres, et le commerce sentait depuis long-temps le besoin d'un abri et d'un refuge assuré pour les bateaux qui débouchent de la Marne et de la haute Seine. C'est pour parvenir à ce but, que la gare de Charenton a été établie et ouverte le 1er octobre 1826. Une compagnie a fait sur le bras droit de la Marne, au-dessous du pont de Charenton, à 1/2 l. de la barrière de Bercy, un bassin abrité de toutes parts, et d'une surface de 42,000 m. carrés.

Placé au confluent de la Seine et de la Marne, ce bassin est alimenté par un bras de la Marne, a pour ceinture des levées insubmersibles, des môles et des jettées en charpente de 7 m. 40 c. au-dessus des basses eaux. Un môle plein en maçonnerie appuyé au pont de Charenton garantit des glaces l'entrée de la gare. Au-dessus du pont est une estacade en charpente de 90 mètres de développement, couvrant les cinq arches du pont de Charenton qui répondent à la largeur de la gare. En aval, près du bac des Carrières, une deuxième entrée concurremment avec celle de la partie haute laisse aux bateaux une libre circulation ; cette entrée est garnie de balises et protégée par une ligne de bateaux vides. Plusieurs dépendances de la gare permettent d'en faire en toute saison un marché flottant.

Navigation et flottage sur la Marne.

La Marne porte les différentes espèces de bateaux suivantes :

	m. de long.	m. de large.	m. de profondeur.
1° Marnois.	35 à 40	6,00 à 7,00	1,57.
2° Flettes ou Barquettes.	34 à 38	6,00 à 6,50	1,29.
3° Lavandières.	30 à 36	5,50 à 6,00	1,13.
4° Flûtes et Toues.	24 à 27	4,00 à 4,50	1,46.
5° Petites Flettes, Barquettes et Lavandières.	15 à 16	4,50 à 5,00	1,29.
6° Margotats.	13 à 14	2,00 à 2,50	1,08.
7° Petits Margotats.	9 à 12	1,00 à 2,00	0,90.
8° Passe-chevals.	15 à 20	5,00 à 6,50	»
9° Bachots.	8 à 9	1,50 à 2,00	0,50.

Les passe-chevals sont employés au service des remontes, et descendent chargés de bois. Le passage du canal Cornillon à Meaux empêche de construire les bateaux dans des dimensions plus larges.

La charge de ces bateaux varie selon l'état des eaux, savoir :

	kilogrammes	tirant à	kilogrammes	mètres d'eau.
1re classe.	180 à 50,000		180,000	1,38,
2e	150 à 40,000		150,000	0,97.
3e	140 à 35,000		140,000	0,90.
4e	65 à 50,000		65,000	1,13.
5e	75 à 50,000		75,000	0,80.
6e	25 à 12,000		25,000	0,70.
7e	7 à 4,000		7,000	0,50.
8e	environ 37,000		37,000	0,85.
9e	3 à 2,000		3,000	0,32.

La Marne présente communément trois mois de moyennes eaux, trois mois de basses eaux et quatre mois de grandes eaux : l'interruption de la navigation par les glaces et débordemens dure les deux autres mois. La force des eaux de la Marne dans les basses eaux n'est que de 0,44 c. à 0,50, et en eaux ordinaires 0,77 à 0,83. Les eaux s'élèvent quelquefois, à Château-Thierry, à 5 et 6 mètres au-dessus du point d'eau.

Un bateau marnois peut porter, en grandes eaux, 40 décastères de bois vif et 55 à 60 décastères de bois blanc. Une lavandière peut porter, en grandes eaux, 30 décastères de bois vif et 40 décastères de bois blanc.

La manœuvre d'un bateau marnois exige 8 hommes et 2 chevaux.

Ce bateau porte à l'étiage de 0 m.	66 c.	12 à 13 décastères.
0	71	14 à 15.
0	76	16 à 17.
0	82	19 à 20.
1	00	24 à 25.
1 à 1,25		30 à 35.

Il est difficile de donner, même approximativement, la dimension des coupons et des trains qui flottent sur la Marne ; tout est trop variable dans ce flottage, surtout pour la charpente et le sciage, et subordonné à la longueur des bois, à leur épaisseur et à la hauteur des eaux. La conduite d'un train exige de 2 à 5 hommes. Les trains naviguent d'avril à octobre : leur prise d'eau moyenne est de 0 m. 49 c. à 0 m. 65 c.

Les trains de moule ont le plus ordinairement 99 mètres de longueur, portent 17 à 20 décastères et ont 18 à 20 coupons.

Les trains de charpente ont de 57 à 109 mètres de longueur, portent 100 à 140 pièces et ont 8, 10 et 12 coupons.

Les trains de sciage se divisent en trains chargés et non chargés. Un train peut porter en fer 400 quintaux métriques : on charge les trains lorsqu'ils n'ont point leur épaisseur possible, attendu les basses eaux.

Les trains de sciage de chêne ont 46 à 78 m. de longueur, portent 150 à 170 stères et ont 8 et 12 coupons. Les trains de sciage de sapin ont 87 à 125 m. de long, portent 150 à 170 stères et ont 8 coupons.

L'épaisseur du train varie du 1er juin au 1er novembre de 0 m. 38 c. à 0 m. 40 c., et du 1er novembre au 1er juin de 0 m. 54 c. à 0 m. 60 c.

Les charbons de bois se transportent sur des marnois qui sont chargés pour aller avalant, à l'étiage de 1 m. 21 c. à 1 m. 22 c., et qui portent 5,500 à 6,000 hect. chacun.

Un bateau naviguant sur la Marne emploie pour descendre à Paris, s'il n'éprouve pas de contrariétés,

De St.-Dizier . . . . 13 à 14 jours.
De Vitry . . . . 12.

De Chaalons. . . . . 11.
De Condé. . . . . 10.
D'Epernay . . . . 9.
De la Cave et Port-à-Binson. . . 7.
De Dormans. . . . . 6.
De Sauvigny, Barzy, Jaulgonne . . 1/2.
De Château-Thierry . . . . 5.
De Nogent-l'Artaud. . . . . . . 4 1/2.
De la Ferté-sous-Jouarre . . . . . 4.
De Mary et Lizy. . . . . 3 1/2.
De Germigny et Meaux . . . . . . 3.
De Condé-Ste.-Libière . . . . . . 2 1/2.
De Lagny . . . . 2.
De St.-Maur. . . . . 1.

Un trait de bateaux emploie, pour remonter la Marne, savoir :

De Paris à Chenevières . . . . . . 1 jour.   1 jour.
      à Gournay. . . . . . . 1.   2.
      à Lagny . . . . 1.   3.
      à Trilbardou . . . . . . 1.   4.
      à Meaux . . . . 1.   5.
      à Germigny . . . . . . 1.   6.
      à Armentières . . . . . 1.   7.
      à La Ferté-sous-Jouarre 1.   8.
      à Nanteuil . . . . 1.   9.
      à Chezy . . . . 1.   10.
      à Château-Thierry . . . 1.   11.
      à Dormans. . . . . . . 1.   12.
      à Damerie. . . . . . . 1.   13.
      à Mareuil et Epernay . 1.   14.
      à Condé. . . . . 1.   15.
      à Chaalons. . . . . . . 1.   16.
      à Vitry . . . . 3.   19.

Première partie. — Chapitre sixième. — Section deuxième.

SAULX, ORNAIN, CHÉE, etc.

§ Ier. SAULX, *affluent de la Marne.*

La rivière de Saulx, qui a un cours de 62,000 m. (14 l.), traverse les départemens de la Haute-Marne (où elle prend sa source), de la Meuse et de la Marne; ce n'est que dans ce dernier département qu'elle offre 24,674 m. (5 l. 1/2) de flottage.

Elle se jette dans la Marne à 1 l. au-dessous de Vitry-le-Brûlé.

Elle est flottable en trains depuis son confluent avec l'Ornain jusqu'à son embouchure. On a quelquefois flotté à bûches perdues sur la partie supérieure de la Saulx, entre Sermaize et le point où elle reçoit l'Ornain, sur une étendue de 10,187 m. (2 l. 1/4).

La Saulx dépend de l'inspection d'Épernay.

La source de la Saulx est au-dessus de Bressoncourt.

Elle passe à Harméville, à Échénay, à Pencey, à Effincourt, à Paroy, à Montier-sur Saulx, à Écurey, à Morley, à Dammarie, au Bouchon, à Menil-sur-Saulx, à Nantel, à Stainville, à Lavinecourt, à Bazincourt, à Rupt-aux-Nonains, à Haironville, à Saudrupt, à Ville-sur-Saulx, à Lille-en-Rigaut, à Jandeures, à Renesson, à Robert-Espagne, à Beurey, à Couvonge, à Mongueville, à Andernay, à Sermaize, rive gauche.

1 l. 3/4 au-dessous de Sermaize est le port de Pargny, rive gauche.

1/2 l. au-dessous est Estrepy, rive gauche. Au-dessous d'Estrepy la Saulx reçoit, à droite, l'*Ornain* (voyez sa description particulière).

1 l. au-dessous est Bignicourt-sur-Saulx, rive gauche.

1/2 l. au-dessous est Buisson, rive gauche.

3/4 l. au-dessous est Ponthion, rive gauche.

1 l. au-dessous la Saulx reçoit la rivière de *Chée* (voyez sa description particulière).

1 l. au-dessous est Vitry-le-Brûlé, port sur la rive droite.

1 l. au-dessous de Vitry, la Saulx rejoint la Marne, au-dessous du port de Bas-Village.

§ II. ORNAIN ou ORNE, *affluent de la Saulx.*

L'Ornain traverse les départemens de la Haute-Marne (où il prend sa source;

De la Meuse, où il offre. . . . . 14,000 m. (3 l. 1/4) de flottage.
Et de la Marne, où il offre . . . 10,446   (2   1/4)

Total . . . . . . 24,446 m. (5 l. 1/2) de flottage.

Dans cette longueur n'est point comprise celle des canaux de la Planche-Coulon et de Revigny.

Le flottage en trains a lieu sur l'Ornain pendant six à sept mois de l'année.

Il existe des pertuis aux moulins de Warney, Neuville, Revigny et Rancourt, construits sur l'Ornain; leur largeur est de 2 m. 16 c. Le pertuis de Neuville, qui est trop élevé, est difficile à franchir, et le pont en bois établi à une quarantaine de mètres au-dessous de ce point étant trop bas, le passage en est dangereux lorsque les eaux sont un peu fortes.

La source de l'Ornain est au-dessus de Trampol, à la ferme d'Audeux (département de la Haute-Marne).

Elle passe à Trampol, à Morion-Villers, à Laneuveville-aux-Bois, à Gondrecourt, à Abainville, à Baudignecourt, à Demange-aux-Eaux, à Évaux, à St.-Joire, à Treverey, à St.-Amand, à Naix, à Menaucourt, à Ligny-en-Barrois, à Velaine, à Nançoy-le-Petit, à Trouville, à Guerpont, à Silmont, à Tannoy, à Longeville, à Savonnières levant Bar, et à Bar-le-Duc, où commence le flottage en trains.

1 l. au-dessous de Bar, rive gauche, est Fains.

1/2 l. au-dessous, rive gauche, est Rambercourt-sur-Ornain.

1/4 l. au-dessous, rive gauche, est Warney.

1/4 l. au-dessous, rive droite, est Bussy-la-Côte.

1/2 l. au-dessous, rive gauche, est Mussey.

3/4 l. au-dessous, rive gauche, est Neuville-sur-Ornain.

1/4 l. au-dessous, rive droite, est Laymont.

1/2 l. au-dessous de Laymont commence le *canal de Revigny*.

Ce canal, alimenté par l'Ornain, sert au flottage, et offre 12,600 m. (2 l. 3/4) de longueur, dont 11,240 m. (2 l. 1/2) dans la Meuse, et 1,360 m. (1/4 l.) dans la Marne. Il passe à Revigny-aux-Vaches, à Rancourt, et aboutit à la rivière de Chée au-dessus d'Alliancelles.

Après avoir suivi ce canal, les trains entrent dans la Chée, dont ils suivent le cours l'espace de 3,770 m. (3/4 l.) (voyez, § 3ᵉ, la description de la Chée), et rentrent dans l'Ornain par le *canal de la Planche-Coulon*.

Ce canal de flottage affluant, à droite, dans l'Ornain, qui est de 1,190 m. de longueur (1/4 l.), s'embranche sur la Chée à 2,450 m. (1/2 l.) au-dessous du moulin d'Alliancelles, et se réunit à l'Ornain entre Sermaize et Pargny. Depuis ce point, le flottage continue par l'Ornain, sur une longueur de 10,000 m. (2 l. 1/4), jusqu'à Estrepy où l'Ornain se jette dans la Saulx.

§ III. CHÉE, *affluent de la Saulx.*

Cette rivière traverse les départemens de la Meuse, où elle prend sa source, et de la Marne, où elle offre 3,370 m. de flottage (3/4 l.). La source de la Chée est à Seigneulles.

Elle passe à Hargeville, à Génicourt, au Petit-Loupy, à Loupy-le-Château, à la Heycourt, à Noyers, à Nétancourt, à Vroil, à Bétancourt-la-Longue, à Liancelles, à Ulmoy, à Heiltz-le-Maurupt, à Minecourt, à Jussecourt, à Heiltz-l'Évêque, à Changy, à Merlaut; au-dessous de Merlaut elle se jette dans la Saulx.

3,570 m. de longueur (3/4 l.) composent toute l'étendue flottable de la Chée. Cette longueur est comprise entre l'embouchure du canal de Revigny, dans la Chée, au-dessus d'Alliancelles, et l'embouchure du canal de la Planche-Coulon, à 2,450 m. (1/2 l.) au-dessous du moulin d'Alliancelles.

§ IV. *Aperçu sur le commerce des bois transportés par terre*
à St.-Dizier et à Bar.

Les départemens des Vosges et de la Meurthe fournissent une quan
tité considérable de planches de sapin, de sapins pour charpente, e
de merrain.

Le merrain fourni par les Vosges est jeté sur le Coney à planche
perdues, et dirigé par la Saône sur le midi.

Une grande partie des bois de sapin vient à Paris.

Les scieries sont situées dans les Vosges, aux environs d'Épinal, d
St.-Dié et de Senones; et dans le département de la Meurthe, au
environs de Lunéville. Une scierie ordinaire exploite annuellement d
15 à 20,000 planches, quelques-unes vont jusqu'à 30,000 planches

Raon-l'Étape, sur la Meurthe, rivière dont le flottage commenc
à Plainfaing, est le port de rassemblement pour les planches qui flotter
sur cette rivière et sur les ruisseaux supérieurs, tels que la *Fave*, *Lave*
line, *Taintroné*, *Rabodeau*, *Ravines*, et *la Plaine* (1). Les planche
arrivent à Raon en trains de 1000 à 1200 planches.

Les produits des scieries des environs de St.-Dié et de Senonne
viennent tous à Raon.

A Raon on forme des trains plus forts, et qu'on compose de 2,60
à 3,000 planches.

Ces flottes descendent de Raon par la Meurthe et la Moselle
Nancy, Pont-à-Mousson, Metz, Thionville, etc.

La planche large de Raon égale un pied cube de bois, la planch
ordinaire est d'un quart en moins. La planche échantillon de Paris
12 pieds de long, 12 pouces de large et 1 pouce d'épaisseur. La plan
che ordinaire du pays a 12 pieds de long, 9 pouces de large et 1 pouc
d'épaisseur.

Sur la totalité des planches, la moitié est échantillon de Paris, u
quart échantillon du pays et un quart de chons : deux chons valen
une planche.

La Meurthe compte en amont de Nancy d'autres affluens : à droit
la *Vezouze*, *Châtillon*, etc. qui charient les produits des scieries de
environs de Lunéville, Blâmont, etc.

A gauche la *Mortagne* sur laquelle on flotte à bûches perdues
mais à de longs intervalles.

La *Vezouze* et ses affluens, *Châtillon*, *Sarrerouge*, *Sarreblanche*, etc
versent annuellement sur Nancy, Pont-à-Mousson, Metz, des planche
de sapin, des pièces d'équarrissage et marnage, telles que solives
chevrons, gardes-flottes, pannes, sommiers, recharges.

La ville de Nancy, sur la Meurthe, est l'un des entrepôts du com
merce des bois des Vosges pour Paris. On expédie par voitures su

(1) Cette rivière est la plus considérable pour le flottage : elle fait mouvoir d
nombreuses scieries.

St.-Dizier, distant de 27 l. 1/2 de poste, des planches de sapin, des pièces d'équarrissage de sapin, telles que madriers, chevrons, garde-flottes, membrures, sommiers, pannes, recharges, des madriers et les planches de chêne et de tous autres bois.

Pont-à-Mousson, sur la Moselle, est un autre entrepôt du commerce de bois. Cette ville reçoit une partie de ceux flottés sur la Meurthe qui viennent de Raon et de Lunéville, et une partie de ceux flottés sur la Moselle, la Vologne, le Madon, etc., qui viennent des scieries des environs d'Epinal et des forêts des Vosges et de la Meurthe.

Le flottage sur la Moselle commence à Dommartin, au-dessus de Remiremont ; quant au flottage sur la Vologne et le Madon, il a rarement lieu.

On expédie de Pont-à-Mousson par voitures les planches et pièces le sapin et de chêne fournies par la Moselle et par les forêts des environs.

On dirige le sciage de chêne et de sapin sur St.-Dizier et sur Bar ; l'équarrissage de sapin et de chêne sur St.-Dizier seulement. Une voiture de planches, partant de Pont-à-Mousson, peut emporter 180 planches.

De Pont-à-Mousson à Bar on compte 18 l. de poste, et de Pont-à-Mousson à St.-Dizier 24 l. de poste.

Une partie du sciage conduit à Bar, tant de Pont-à-Mousson que de Metz, Verdun et du pays, y est brellée, et l'autre transportée par terre à St.-Dizier.

Les bois d'équarrissage ne font que passer à Bar pour se rendre à St.-Dizier.

De Bar à St.-Dizier on compte 6 l. de poste.

Les bois qui sont mis en brelles à Bar regagnent la Marne à Vitry-le-François, en suivant l'Ornain, la Saulx et la Chée, et descendent à Paris.

La planche de chêne, échantillon de Paris, a 6 pieds de long, 9 à 10 pouces de large et 18 lignes d'épaisseur ; l'entrevoux n'a que 13 lignes d'épaisseur.

La planche de sapin a 12 pieds de long, 8 à 9 pouces de large et 1 pouce d'épaisseur.

La planche large, échantillon de Paris, a 1 pied de largeur.

Les dimensions des bois d'équarrissage sont trop variables pour les indiquer, même approximativement.

Pour le commerce de St.-Dizier, voyez page 81.

§ V. *Canal de Strasbourg à Paris.*

On s'occupe en ce moment de l'étude et de la réalisation d'un projet de canal du Rhin à la Marne, de Strasbourg à Paris. Il doit avoir 520,000 mètres (117 l.) environ de longueur, y compris la distance de Paris à St.-Maur, et 217 écluses de 2 m. 60 c. de largeur.

L'Alsace, les Vosges et la Lorraine fourniraient par ce canal des

planches et des madriers de chêne, des planches et des madriers d
sapin, des bois de marine et de charpente de toute nature, des bo.
propres à la boissellerie, des bois de chauffage et des charbons de boi:

Tous ces objets descendraient sur Paris en des quantités qui pour
raient étonner: ils y seraient vendus au moyen du transport par c
canal à des prix bien inférieurs à ceux qu'ils ont aujourd'hui. Les fo
rêts des Vosges, de la Meurthe, de la Meuse et même celles de la Fo
rêt-Noire (1), seraient appelées à alimenter dans tous les temps l
majeure partie des constructions qui s'opèrent dans la capitale. Dau
quelques parties de la Meurthe que le canal doit traverser, le stère d
bois de chauffage n'atteint pas 5 francs. Il serait donc possible d'éta
blir sur les chantiers de Paris une concurrence utile aux consomma
teurs. Dans tous les cas, il est présumable que les combustibles se
raient placés dans la capitale, sous forme de charbon, avec un gran
vantage.

L'étude de la partie industrielle et économique de ce canal a ét
confiée au zèle éclairé de M. Bottin, auteur de plusieurs ouvrages d
statistique généralement estimés, et l'étude de la partie d'art à M. Bris
son, inspecteur divisionnaire des ponts et chaussées.

Première partie. — Chapitre sixième. — Section troisième.

SURMELIN, *affluent de la Marne.*

Cette rivière prend sa source dans le département de la Marne, l
traverse, ainsi que celui de l'Aisne, où elle vient se perdre dans l
Marne.

Elle offre au flottage à bûches perdues :

Dans la Marne. . . . .   6,000 m. (1 l. 1/4)
Dans l'Aisne. . . . . 18,100 m. (4 l. »)

Total. . . . . 24,100 m. (5 l. 1/4).

Le flottage commence au pont d'Orbais.

Les bois flottés sur le Surmelin se composent de moule et de char
pente, et sont destinés pour Paris.

Le flottage éprouve une grande difficulté, à raison des arbres et
des touffes de bois qui se trouvent sur les bords de la rivière.

Il existe une vanne de flottage à chacun des six moulins construits
sur cette rivière; leur largeur est de 1 m. 50 c.

Le Surmelin dépend de l'arrondissement d'Epernay.

---

(1) Depuis trois ans il se fait à Strasbourg un commerce considérable en bois de
construction et en planches de pin et de sapin, venant d'outre-Rhin par eau, par
la Kintzig. Ces bois se dirigent sur Paris.

La source du Surmelin est à la Charmoye (Marne), près de la Mardelle, au-dessus de Montmort.

Il passe à Montmort, à Lucy, à Corribert, à Mareuil, à Suizy-le-Franc et à Orbais.

1/2 l. au-dessous d'Orbais, rive gauche, est la Ville-sous-Orbais.

3/4 l. au-dessous, rive gauche, le Breuil.

3/4 l. au-dessous, rive droite, Beaune.

1 l. au-dessous, rive droite, Celles.

3/4 l. au-dessous, rive gauche, est la jonction du ruisseau d'*Huis* (1).

1/2 l. au-dessous, rive droite, Monturel; et rive gauche, St.-Eugène.

1/4 l. au-dessous, rive droite, Conigy.

1/2 l. au-dessous, rive gauche, Crézancy.

1/4 l. au-dessous, rive droite, Parois.

1/4 l. au-dessous, rive droite, Moulin.

1/4 l. au-dessous, le Surmelin se jette dans la Marne, un peu au-dessus de Mezy (Aisne), à l'endroit dit Bouche-à-Marne, port qui reçoit des bois à brûler, de la charpente et des charbons.

Les bois principaux qui avoisinent le Surmelin sont la grande Lave sur Congy, Etoges, Chaltrait, le Baizil, Mareuil, Suizy, Orbais, etc. Ces bois sont principalement en chênes, charmes, hêtres, ormes, frênes. On fait beaucoup de sabots à Orbais et environs.

Le Surmelin est flottable une partie de l'année et dans les grandes eaux depuis Orbais. Le premier marchand de bois qui, il y a 55 ans, fit flotter, eut à soutenir, contre les religieux d'Orbais, le seigneur du Breuil et les Dames de Château-Thierry, un procès qui le ruina. Il l'emporta néanmoins sur ses puissans adversaires.

Première partie. — Chapitre sixième. — Section quatrième.

OURCQ, *affluent de la Marne.*

§ Ier. OURCQ.

Cette rivière offre à la navigation, dans l'Aisne.	5,000 m. (1 l.).
Dans l'Oise.	10,000 m. (2 l. 1/4).
Et dans Seine-et-Marne.	21,500 m. (4 l. 3/4).
Total de la longueur navigable.	36,500 m. (8 l.).

(1) Le ruisseau d'*Huis* offre dans le dép. de l'Aisne 3,900 m. (une petite lieue) de flottage. Il prend sa source à Corrobert, passe à Artonges, à Pargny, à Condé, et se jette dans le Surmelin au moulin de Condé. Il commence à être flottable à bûches perdues au-dessus de cette ville en amont du ru dit de Verdon, qu'il reçoit à droite au-dessus de Montigny. Le pertuis du moulin de Condé a une largeur de 1 m. 50 c.

L'Ourcq prend sa source au-dessus de Fère-en-Tardenois (Aisne), commence à être navigable au Port-aux-Perches, au-dessus de la Ferté-Milon, et se jette dans la Marne à Mary (Seine-et-Marne).

Il existe sur cette rivière dix écluses, cinq pertuis et trois portes de garde.

Les portes des écluses ont 13 pieds 6 pouces (4 m. 50 c.) ; largeur qui détermine celle des flûtes consacrées à l'Ourcq.

La navigation n'a lieu qu'à l'aide de ces ouvrages d'art dont la construction remonte à l'année 1632.

Les bateaux en usage sur l'Ourcq sont des flûtes de 29 m. 25 c. de longueur, 4 m. 22 c. de largeur, tirant 0 m. 90 c., et chargeant jusqu'à 100,000 kilog. ; des demi-marnois de 23 m. de long, 4 m. de large, tirant 0 m. 90 c., et chargeant jusqu'à 80,000 kilog. Une flûte porte communément 10 à 13 décastères de bois vif, et 24 à 30 décastères de bois blanc.

L'Ourcq fournit bois à brûler, bois en grûme, charpente, sciage, charronnage, étaux, lattes, échalats, fagots, bourrées, merrain, lisoires, jantes, boissellerie, sabotage, etc., charbons de bois et tourbe carbonisée.

L'Ourcq est spécialement approvisionnée par la forêt de Villers-Cotterêts, riche en bois d'ouvrage et en bois de charpente de grande dimension, et par les bois de Montigny et de Gandelu, près de Crouy.

Les charbons de bois viennent à Paris par terre.

Les tourbes proviennent des marais de Crouy, Vaux-sous-Coulon, Mey. On les carbonise, et on les descend sur Paris.

Les bois viennent, soit en bateaux, soit en trains.

Le Port-aux-Perches et Marolles sont les principaux ports.

L'Ourcq dépend de l'inspection de Château-Thierry.

Sur l'Ourcq un bateau emploie trois jours pour descendre du Port-aux-Perches à Mary, et de Mary à Paris 3 j. 1/2 : total 6 j. 1/2.

La source de l'Ourcq est dans la forêt de Ris, au-dessous de Vilardelle. L'Ourcq passe entre Courmont et Ronchères, à Sergy, à Fère-en-Tardenois, à Breny, à Nampteuil, à Vichel, à Marisy, à Noroy, à Trouaine.

1/4 l. au-dessous de Trouaine, rive droite, est Silly-la-Poterie et le Port-aux-Perches, où l'Ourcq reçoit, à droite, le ru de *Sivière* (voyez sa description particulière).

Le Port-aux-Perches et le port Moloy reçoivent des bois de chauffage, de charpente, de sciage, et des fagots.

1/2 l. au-dessous, rive gauche, St.-Vast, où il y a un pertuis.

1/2 l. au-dessous, l'Ourcq traverse la Ferté-Milon, où il y a un port.

1/2 l. au-dessous, rive droite, Marolles, où il y a un port et un pertuis.

Les ports de Marolles, Nimer et Fossé-Rouge reçoivent bois de chauffage, charpente, sciage, fagots, tourbe, etc.

1 l. au-dessous, rive droite, Mareuil-la-Ferté, port et pertuis ;

rive gauche, Fulaines et Queudham, port et pertuis. Il y a aussi des ports à Bourneville, à Guillouvray et à Marnoult.

1 l. au-dessous, rive droite, Neufchelles, où il y a un pertuis.

3/4 l. au-dessous, rive gauche, Crouy, port.

3/4 l. au-dessous, les ports de Mey et de Gesvres.

1 l. au-dessous, rive droite, Vernelles.

1 l. au-dessous, rive droite, Lisy.

1/2 l. au-dessous, jonction de l'Ourcq à la Marne.

La navigation de l'Ourcq était une propriété de S. A. R. Mgr le duc d'Orléans. Une ordonnance du Roi, du 10 décembre 1823, ayant permis au prince de la vendre à la ville de Paris, cette vente eut lieu le 4 avril 1824, et fut confirmée par ordonnance du Roi du 23 juin 1824. Depuis, la ville a cédé les droits qu'elle avait acquis à la compagnie concessionnaire du canal de l'Ourcq, pour toute la durée de la concession. M. le duc d'Orléans, qui est resté propriétaire de la belle forêt de Villers-Coterets, a stipulé dans l'acte de vente du 4 avril 1824, approuvé par lui le 11 avril même année, les dispositions suivantes que nous jugeons utile de faire connaître aux adjudicataires des coupes de cette forêt.

Article 2. Pour assurer le transport des bois de la forêt de Villers-Coterets appartenant à S. A. S., la ville de Paris s'oblige à prendre des mesures telles, que la navigation, depuis le Port-aux-Perches jusqu'à Paris, soit toujours praticable par la voie actuelle ou par le nouveau canal, sauf les interruptions qui pourront avoir lieu aux époques habituelles du chômage de la navigation de l'Ourcq.

5. Afin d'offrir de plus à S. A. S. une garantie contre l'augmentation des frais de transport des bois dont il s'agit par le nouveau canal, le tarif des droits annexé à la loi du 20 mars 1818 sera modifié, à l'égard de ces mêmes bois seulement, de manière que les droits de navigation, réunis aux frais de toute nature n'excèdent pas le coût du transport par l'Ourcq et par la Marne (1). Un an après que la navigation aura été établie sur le nouveau canal, de manière à conduire les bois de la forêt de Villers-Coterets à Paris, il sera dressé une autre estimation pour constater les frais de toute nature autres que les droits de navigation que coûtera, par la nouvelle voie, depuis le Port-aux-Perches jusques et compris le bassin de la Villette, le transport des bois

(1) Dans ce but une expertise dressée contradictoirement a fixé le prix au 12 février 1824 du transport des bois, tous frais et droits compris, depuis le Port-aux-Perches jusqu'à la barrière de Paris ; savoir :

	Par bateaux.	par trains.
Bois dur à brûler, le décastère,	37	25
Bois blanc à brûler, id.	30	18
Bois ouvrés de hêtre, le cent de sciage,	20	13
Bois ouvrés blancs, id.	10	7
Etaux, les 15 toises,	32	»

Non compris les frais de descente et de remonte depuis la limite de l'octroi, frais à la charge des marchands de bois.

de chacune des espèces indiquées dans l'expertise ci-jointe. Le montant de ces frais pour l'unité de chaque espèce, déduit des prix portés dans cette expertise déterminera la quotité des droits de navigation, et formera la fixation définitive du tarif spécial pour les bois de la forêt de Villers-Coterets.

4. Cette fixation ne pourra être modifiée qu'après un laps de vingt-cinq années.

5. Il est bien entendu que les bois de la forêt ne pourront, dans aucun cas, être assujettis à un droit plus fort que les autres marchandises du même genre.

Le flottage des trains continuera d'avoir lieu, soit sur le nouveau canal, soit sur l'ancien, mais sans pouvoir excéder le maximum des trains qu'il était d'usage de flotter, maximum réglé par la moyenne des cinq plus fortes années sur les dix dernières.

Les bois amenés en trains ou en bateaux au bassin de la Villette, ne doivent être assujettis à aucun droit de stationnement dans ce bassin, pendant les 15 jours qui suivront celui de leur arrivée.

Réglement pour la navigation de la rivière et de la dérivation de l'Ourcq, entre Mareuil et le confluent de la Marne (10 juin 1826).

Le service de la navigation alternative et provisoire, tant sur la rivière que sur la dérivation de l'Ourcq, entre Mareuil et le confluent de la Marne, est divisé en service d'été et service d'hiver.

Le service d'été commencera au 1er mai et finira au 31 août.

Le service d'hiver commencera au 16 octobre et finira le 30 avril.

La navigation sera totalement interrompue du 1er septembre au 15 octobre pour la confection des travaux de réparation ou autres.

Service d'été. Les marchandises venant en bateau seront exclusivement transportées sur le canal, entre Mareuil et le confluent de la Marne, tant à la remonte qu'à la descente. Les droits à y percevoir en toute saison seront les mêmes que si les bateaux eussent suivi la partie correspondante de la rivière, mais la compagnie sera obligée d'opérer à ses frais, risques et périls, le transbordement des marchandises des bateaux du canal sur ceux de la Marne, si mieux elle n'aime traiter, pour cet objet, de gré à gré avec le commerce. — Les trains ne seront pas admis sur la dérivation : leur passage aura lieu par la rivière pendant le mois de mai.

Service d'hiver. Le passage des bateaux aura lieu facultativement pour le commerce par la dérivation ou par la rivière, tant à la remonte qu'à la descente, savoir : par la dérivation, les lundis, mercredis et vendredis; et par la rivière, les mardis, jeudis et samedis, depuis le lever du soleil jusqu'à midi. — Les trains ne seront pas admis sur la dérivation : leur passage aura lieu par la rivière, pendant les mois de mars et avril seulement, aux jours et heures fixés pour les bateaux.

Dispositions générales. Tous les trains ou bateaux qui devront passer le même jour au pertuis de Mareuil, passeront par convois. — Les bateaux descendans seront arrêtés au pertuis de Queudham (dont la bascule sera cadenassée) les lundis, mercredis et vendredis, à deux heures du soir. Ils en repartiront le lendemain, au lever du soleil, pour effectuer leur passage à Mareuil avant midi, et se rendre ensuite avant la nuit au-dessous du pertuis de Neufchelles. — Les trains devront être rendus dans la gare de prise d'eau les lundis, mercredis et vendredis au soir, afin que leur passage s'effectuant le lendemain matin de bonne heure à Mareuil, ils puissent se mettre au-dessous du pertuis de Neufchelles avant la nuit. — Les lundis, mercredis et vendredis, au coucher du soleil, le pertuis de Neufchelles sera bouché, et il ne sera ouvert le lendemain qu'à l'arrivée du convoi de bateaux et trains passés à Mareuil, et sur un ordre du préposé de l'administration. — Les bateaux montans devront profiter du passage des bateaux descendans pour se mettre au-dessus du barrage de Mareuil.— La nuit précédant les jours de navigation, les eaux seront soutenues à la plus grande hauteur possible dans le bief de Mareuil, pour pouvoir y prendre le lendemain les eaux nécessaires à la navigation. — Le présent réglement cessera de recevoir son application lorsque le service des transports par la dérivation aura été entièrement assuré; et jusqu'à cette époque, lorsque l'expérience aura fait connaître la nécessité de modifier les dispositions ci-dessus prescrites, il sera pourvu à la demande de la partie intéressée, et sur le rapport de la commission qui sera désignée à cet effet.

§ II. SIVIÈRE, *affluent de l'Ourcq.*

Le ru de Sivière, qui porte aussi les noms de ru de *Javage* ou de *Longpont*, offre dans le département de l'Aisne 10,330 m. (2 l. 1/4) de flottage à bûches perdues.

Il prend sa source à Parcy (Aisne), et passe à Morembœuf et à Longpont, où le flottage commence. Ce flottage est alimenté par les étangs de Longpont.

1/2 l. au-dessous de Longpont, est Corcy, où se joint à droite le ru de *Corcy*, qui sort de la forêt de Villers-Coterets, et qui a servi au flottage à bûches perdues.

1/2 l. plus bas, est la ferme de Javage.

1/4 l. plus bas, est Monereux.

3/4 l. plus bas, est le Bucher.

1/4 l. plus bas, est la Folie, et un peu plus bas, le ru de Sivière se joint à l'Ourcq au Port-aux-Perches, au dessous de Trouaine.

Le ru de Sivière dépend de l'inspection de Château-Thierry.

Les bois flottés annuellement sur ce ru, provenant de la partie orientale de la forêt de Villers-Coterets, sont destinés pour Paris.

Il existe sur ce ru trois pertuis de 1 m. 50 c. de largeur.

7*

GRAND-MORIN, *affluent de la Marne.*

Cette rivière traverse les départemens de la Marne et de Seine-et-Marne : ce n'est que dans ce dernier département qu'elle offre 7,000 m. (1 l. 1/2) au flottage et 14,000 m. (3 l. 1/4) à la navigation. Il existe sur son cours dix pertuis d'une largeur de 4 m. 33 c. Il sert au transport des bois de la forêt de Crécy et autres environnans. Il dépend de l'inspection de Château-Thierry.

La source du Grand-Morin est à l'étang de Chapton au-dessus de Lâchy. Il passe à Lâchy, à Verdey-lez-Sezanne, à Mœurs où il reçoit à droite le ruisseau des Auges qui passe à Sezanne, au Meix St.-Epain, à Bricot-la-Ville, à Châtillon, à Esternay, à Neuvy, à Villeneuve-la-Lionne, à Belleau, à Milleray, à la Chapelle-Veronge, à la Ferté-Gaucher, à Jouy-sur-Morin, à St.-Siméon, à Chaufery, à Coulommiers, à Mourou, à Pommeuse, à la Celle, à Guerard, rive gauche où commence le flottage en trains (1).

1 l. au-dessous de Guerard est Dammartin en Brie, rive gauche. Ce port reçoit les produits des bois de Lucelle et des Dames, distant de 2 l. 1/2.

1/2 l. au-dessous, rive gauche, est Tigeaux, port où commence la navigation. Ce port reçoit les produits des bois des Trois-Mares, à 1/2 l.; des Joncs et du Parc-aux-Bœufs, à 1 l.; de Fauvinet, à 1 l. 1/2; de la Vallée-de-l'Epine et de Lumigné, à 2 l.

3/4 l. au-dessous, rive droite, est la Chapelle, port.

1/4 l. au-dessous, rive droite, est Crécy, port qui reçoit les produits des bois des Trois-Cents, à 1 l.

1/2 l. au-dessous, rive gauche, est Villiers-sur-Morin.

3/4 l. au-dessous, rive gauche, est St.-Germain-lès-Couilly, et rive droite, Couilly.

3/4 l. au-dessous, le Morin se jette dans la Marne, au-dessous de Condé-Ste.-Libière.

Sur le Grand-Morin, un bateau emploie 2 jours pour descendre de Tigeaux à Condé-Ste.-Libière, et de Condé à Paris, 2 jours; 4 jours.

---

(1) On aurait pu rendre le Morin flottable à bûches perdues dès sa source, et les forêts du Gault, de la Traconne, de la Branle, du Meix et autres, auraient alimenté son flot; mais son cours a été suspendu et l'eau renvoyée pour abreuver la ville de Sezanne et lui faciliter les moyens d'établir les machines et usines qui lui étaient nécessaires.

Les portes marinières du Grand-Morin ont de 10 à 11 pieds (3 m. 53 c. à 3 m. 66 c.).

Le Grand-Morin fournit de la moulée, de la charpente et des lattes.

Première partie. — Chapitre sixième. — Section sixième.

CANAL MARIE-THÉRÈSE ou DE SAINT-MAUR,
de la Marne à la Marne.

Commencé en 1809, en vertu du décret du 29 mars 1809, et livré à la navigation le 10 octobre 1825, ce canal, par une seule et même ligne d'une pente uniforme, réduit à 1,100 m. (1/4 de l.) de longueur une navigation de 12,900 m. (3 l.) de développement, sinueuse, souvent incertaine et plus souvent et même toujours périlleuse, par l'effet des barrages et des écueils aussi nombreux que dangereux qui l'entravent.

Ce canal, qui appartient au département de la Seine, se dirige du nord au sud et coupe la côte qui sépare les deux bassins que forme la Marne auprès de St.-Maur. Il se compose de deux parties, l'une souterraine de 600 m. de long, traverse les collines de St.-Maur, et l'autre, à ciel ouvert, a 500 m. de long et traverse les prairies de la commune de Charenton-St.-Maurice.

La prise d'eau est, dans la Marne, à 240 m. au-dessous du pont de St.-Maur, et le canal aboutit à 150 m. environ du bras de la Marne, dit bras des Corbeaux. La profondeur d'eau varie de 1 m. 50 c. à 4 m. 50 c. La pente du canal est de 3 m. 50 c. (pente de l'ancien cours de la Marne), et est rachetée par un sas éclusé de 7 m. 50 c. de largeur et de 80 m. de longueur, qui termine l'extrémité méridionale de la partie à ciel ouvert.

Il y a à l'entrée du canal souterrain, au nord, une tête d'écluse qui forme porte de garde destinée à empêcher les grandes eaux et les glaces d'entrer dans le canal, et qui a une largeur de 8 m. La partie à ciel ouvert forme une gare qui présente une largeur de 28 m. 50 c. au fond et une ouverture en gueule de 37 m. 50 c. Le souterrain est formé par une voute en plein ceintre de 5 m. de rayon et d'une largeur de 8 m. Dans cette partie, le canal a 8 m. de largeur, et le chemin de hâlage, établi sur la rive droite, est large de 2 m.

La navigation est continuée sur l'ancien cours de la Marne : un barrage a été établi dans cette rivière pour régler la prise d'eau nécessaire au canal : une passe toujours libre à volonté est pratiquée dans le barrage ; la navigation a lieu et par le canal et par la Marne, dans laquelle on ne prend qu'un volume d'eau déterminé par le cahier des charges et réglé par l'ingénieur. S'il arrivait qu'une dégradation subite ou une réparation importante forçât d'interdire l'entrée du canal, les bateaux pourraient continuer leur marche par la passe du barrage et par l'ancien cours de la Marne, car, malgré les obstacles, le commerce aime mieux ne pas suspendre ses expéditions que d'attendre la fin de travaux dont le terme échapperait à ses calculs.

BOUSSOLE DU COMMERCE

DES

BOIS ET CHARBONS DE BOIS ET DE TERRE.

Description Topographique et Commerciale

DES

ROUTES FLOTTABLES ET NAVIGABLES.

Deuxième partie. — Chapitre premier.

SEINE *dans Paris.*

La partie de la Seine qui traverse Paris offre, depuis la barrière de la Rapée jusqu'à celle de la Cunette, un développement d'environ 8,000 m. (2 petites lieues).

Ponts. — On passe la Seine, dans Paris, sur 17 ponts, dont un en construction, et dont 5 ont déjà ou auront un péage. Les ponts se présentent dans l'ordre suivant, en descendant la rivière.

		Largeur de la Seine en m
Pont du Jardin-du-Roi (péage)		166
Petit bras.	Pont de la Tournelle	97
	Pont de la Cité (péage)	»
	Pont aux Doubles	»
	Pont St.Charles (pont de communication pour l'Hôtel-Dieu)	»
	Pont St.-Michel	49
Grand bras.	Pont Gramont (pont qui conduit à l'île Louviers)	»
	Pont Marie	82
	Pont Notre-Dame	97
	Pont au Change	97
Pont Neuf, à la jonction des deux bras		263
Pont des Arts (péage)		140
Pont Royal		84
Pont Louis XVI		146
Pont en chaînes de fer, vis-à-vis les Invalides (en construction, aura péage)		»
Pont des Invalides, vis-à-vis le Champ-de-Mars		136
Pont de Grenelle (péage), ouvert le 3 mai 1827		»

Ce dernier pont n'est point dans Paris, mais à 60 toises de l'entrée de la capitale, vis-à-vis l'avenue d'Auteuil.

L'interruption de la navigation a lieu à Paris lorsque la hauteur des eaux se trouve indiquée : *pour la haute Seine*, au-dessus du o du pont de la Tournelle, o m. 3₂5 m. en basses eaux, et 5 m. 196 m. en grandes eaux ; *pour la basse Seine*, au-dessus du o du pont Louis XVI, o m. 811 m. en basses eaux, et 4 m. 547 m. en grandes eaux.

Le o de la Tournelle est à o m. 5oo m. au-dessus du fond de la Seine, le o du pont Royal à o m. 58o m. au-dessus du fond de la rivière, et le o du pont Louis XVI répond à la surface d'un banc dit de l'Aiguillette, près de la grille de Chaillot.

En grandes eaux, on ne lâche plus les grands bateaux sous les ponts à 3 m. 57 c. au-dessus du o du pont Louis XVI, et les petits bateaux à 4 m. 22 c. En basses eaux, on lâche tous les bateaux sous les grands ponts, en proportionnant la charge ; à 1 m. 3o c. les trains ne passent plus sous les petits ponts.

Ports. — Les ports ouverts dans Paris au commerce dont nous nous occupons, sont les suivans :

Rive droite de la Seine.

Port de la Rapée ou St.-Antoine; tirage de trains, débardage de bateaux.

Port de l'île Louviers; débardage de bateaux.

Port de la Place-aux-Veaux; vente de charbon de bois en bateaux.

Port de la Grève ou au Blé; vente de charbon de bois en bateaux, débardage de bateaux.

Port de l'École; vente de fagots et coterets en bateaux.

Port Saint-Nicolas; vente de charbon de bois en bateaux.

Port du Recueillage; tirage de trains, débardage de bateaux.

Port des Champs-Élysées ou de St.-Leu; tirage de trains et débardage de bateaux.

Rive gauche de la Seine.

Port de l'Hôpital; tirage de trains et débardage de bateaux.

Port Saint-Bernard; tirage de trains et débardage de bateaux.

Port de la Tournelle; vente de charbon de bois en bateaux.

Port des Saints-Pères ou des Quatre-Nations; vente de charbon de bois en bateaux.

Port d'Orsay; tirage de trains, débardage de bateaux, vente de charbon de bois en bateaux.

Port des Invalides (île des Cygnes): tirage de trains et débardage de bateaux, déchirage.

Ports sur les Canaux.

Port de la Villette, vente de charbon de bois en bateaux, débardage de bateaux.

Port du Canal St.-Martin, vente de charbon de bois en bateaux, débardage de bateaux.

Places de vente pour le charbon de bois. — Il doit être établi à Paris, conformément à l'ordonnance de police du 30 septembre 1826, six places de vente, dont trois sur la rive droite et trois sur la rive gauche de la Seine.

Les trois places de la rive droite existent déjà, ce sont les places Daval, des Récollets et de Monceau.

Sur la rive gauche on a seulement indiqué, jusqu'à présent, la place de la Santé : les deux autres doivent l'être ultérieurement.

Marchés publics pour le charbon de terre. — Deux marchés ont été ouverts à Paris, par décision en date du 31 mars 1822, émanée du conseil municipal de la ville.

1° Rue de Bercy, près le pont du Jardin-du-Roi.

2° A l'île des Cygnes, près le pont des Invalides, ci-devant d'Iéna.

Le droit est de 1 c. 1/2 par jour et par mètre superficiel ; soit 4 fr. par an.

Un facteur est attaché à chacun de ces marchés ; ses fonctions sont de vendre pour le compte des expéditeurs qui lui consignent des charbons à la vente. Il lui est alloué 2 pour 0/0 sur le montant brut des comptes de vente.

Gares. — Les *gares intérieures*, à Paris, sont les suivantes :

A l'extrémité orientale de l'île St.-Louis est une estacade en bois, fermant presque entièrement le bras de la Seine qui coule entre cette île et l'île Louviers, et laissant aux bateaux un passage convenable. L'objet de cette construction est de briser l'effort des glaces lors des débâcles, et d'abriter les nombreux bateaux de charbons et autres qui remplissent l'espace qui s'étend de cette estacade au pont Marie.

La gare sur le canal St.-Martin ou de la Bastille, dont nous parlons avec plus de détail à l'article canal St.-Martin, page 109.

Gares extérieures.

Un arrêté du préfet de police du 30 juin 1826, concernant le garage des trains de bois à brûler et à œuvrer au-dessus de Paris, a spécialement affecté à ce garage les rives ci-après désignées :

ARTICLE Ier. *Sur la Seine.* — Tout le port de la Gare, commune d'Ivry, à partir du port de tirage des chantiers établis sur les terrains de MM. Hely-d'Oissel et compagnie (arrêté du 26 août 1825).

La première partie du port de garage de Bercy (ordonnance du 11 février 1822), mais provisoirement, ainsi que la deuxième partie de ce port (arrêté du 27 avril 1826).

La gare dite des Graviers, rive gauche, à partir de la bosse de Seine, en remontant jusqu'à l'angle du parc formant la première propriété du Port à l'Anglais (700 m. de longueur).

La gare dite de la Grande-Berge, rive gauche, à partir du Port à l'Anglais, en remontant jusqu'au banc de sable, connu sous le nom de Sables de Vitry (800 m. de longueur).

La petite gare, rive gauche, au-dessous du lieu dit la Rose, en face de Chanteclair, à partir des Sables de Vitry, jusqu'en face de la ferme de la Folie, en ayant soin de laisser libre la passe du petit ilot de Chanteclair (500 m. de longueur).

Les bords de l'île de l'Aiguillon, rive droite, dans une étendue de 300 m. en aval, et à partir du poteau formant la limite de la banlieue et du département (500 m. de longueur).

La gare, dite de la Folie, rive droite, au-dessous du port de Choisy, ayant une étendue d'environ 600 m.

Les deux gares contiguës de Chantrelle et de Chanteclair, rive droite, contenant ensemble environ 1,500 m.

Le dehors de l'île-Maison, rive droite, à partir de la tête de l'île jusqu'en face de la maison du passeur d'eau au Port à l'Anglais (400 m. de longueur).

La gare de l'Ile-Poulette, rive droite, à prendre de l'alignement de l'angle d'aval du Port à l'Anglais jusqu'au-dessus de l'emplacement du pont projeté de la bosse de Marne (550 m.).

Sur la Marne. — La gare, dite du Grand-Hay, rive droite et rive gauche, à partir du bras d'aval du canal Marie-Thérèse jusqu'au-dessous du même canal, si les trains le traversent, ou jusqu'au pont de hâlage de Creteil si les trains ne le traversent pas (2,250 m. de longueur).

Art. II. Dans le cas où les trains traverseraient le canal, ils pourraient aussi être garés au-dessus du pont St.-Maur, rive gauche, en ayant soin de ne placer qu'un couplage de hauteur le long de l'île du pont de St.-Maur, dont le surplus est réservé pour le garage des bateaux.

Art. III. Il est défendu de garer des trains dans aucune autre place que celles ci-dessus désignées.

Art. IV. Les gares de l'île de l'Aiguillon, de la Folie et celle au-dessus du pont St.-Maur, si les trains traversent le canal Marie-Thérèse, ou celles au-dessus du pont de hâlage de Creteil, si les trains passent par le pertuis de St.-Maur, seront les seules où pourront être placés les trains de bois à brûler ou à œuvrer, amenés à la vente.

Dans toutes les autres gares, les trains quels qu'ils soient ne pourront séjourner plus de 15 jours, passé lequel temps ils seront tirés d'office aux frais et risques de la marchandise, à la diligence de l'ins-

ecteur de l'arrondissement, après toutefois sommation préalable et
éfaut d'obtempérer dans le délai de trois jours.

Nous ne devons pas omettre les gares de Charenton et de Gre-
elle.

Nous avons déjà parlé, à la description de la Marne, page 85, de la
are de Charenton, ouverte en 1826, qui offre au confluent de la
eine et de la Marne un abri aux bateaux qui débouchent de la Haute-
eine et de la Marne, et qui est destinée à servir en tout temps de
épôt et de marché flottant, les rives de cette gare offrant des empla-
emens considérables pour le débarquement et l'emmagasinage.

A l'extrémité occidentale de Paris, on construit en ce moment un
utre établissement depuis long-temps réclamé par le commerce.
ne compagnie, autorisée par une ordonnance royale du 28 sep-
embre 1825, établit une gare à eau courante, destinée au sta-
onnement et aux marchés flottans, en portant la navigation sur la
ve droite, et transforme la ligne des terrains de la rive gauche en un
ort régnant sur l'étendue de la gare. Les péages de la gare et du
ont lui ont été concédés pour 47 ans, et les travaux sont estimés à
,700,000 fr.

Les droits de la gare de Grenelle, dont l'étendue variera de 84,000
100,000 m. carrés de superficie, selon la hauteur des eaux, sont de :

04 c. par mètre carré et par jour du 1ᵉʳ nov. au 1ₑʳ mars ;
03 c. id.   du 1ᵉʳ mars au 31 oct.

Un bateau de Seine ordinaire, qui présente une superficie de 200 m.
aiera 6 fr. par jour.

Les droits du port sont de 4 c. par m. carré et par jour de station-
ement.

Dans l'état actuel, il faut aux équipages plusieurs jours pour re-
onter au port d'Orsay ou de St.-Nicolas. Les débarquemens seront
ciles à Grenelle, surtout pour les objets de grand encombrement,
omme les bois de construction, notamment les sapins de Pologne et
e Russie, transportés au Hâvre des ports de la Baltique.

Seconde partie. — Chapitre second.

CANAL DE LA SEINE A LA SEINE.

Le bassin de la Villette, alimenté par le canal de l'Ourcq, sert de
oint de partage à ce canal. Il se compose de deux branches dont
une, appelée Canal de St.-Denis, va se jeter dans la Seine au-dessous
e St.-Denis ; l'autre, appelée Canal de St. Martin, aboutit dans les
ossés de l'Arsenal, destinés à servir de port et de gare.

Le but de ce canal est de faire éviter aux bateaux la navigation lente
dangereuse de St.-Denis à Paris, ainsi que le passage des ponts

de Paris (1). Les dimensions du canal sont telles qu'il peut recev:
tous les bateaux qui fréquentent la Seine.

Le *bassin de la Villette* a 682 m. 161 millim. de longueur, et 70 ;
165 millim. de largeur. Son élévation au-dessus du o de la Tournelle :
de 23 m. 79 c. au plafond, 26 m. aux bords du bassin, 25 m. 29
à la surface des eaux moyennes. La surface totale des eaux est
47,863 m. 83 c. carrés; la hauteur moyenne des eaux est de 1.:
50 centim.

Nous allons succintement examiner chaque branche de ce canal.

CANAL DE SAINT-DENIS.

Ce canal a été ouvert le 15 mai 1821.

Il a sa prise d'eau au bassin de la Villette, et débouche dans la Sei:
au-dessus de St.-Denis (Seine). Sa longueur est de 6750 :
(1 l. 1/2), dans le département de la Seine. Sa pente totale, en tem:
d'étiage, est de 29 m. 5 c., rachetée par 12 sas éclusés de 7 m. 80
de largeur; la longueur de chacun des sas est de 38 m.

La largeur du canal au plafond est de 15 m. et au sommet de 22 :
80 c. La profondeur d'eau est de 2 m., et 2 m. 60 c. pour la sectic
Le chemin de hâlage est de 10 m. Il y a 6 ponts dont 5 fixes et
mobiles.

CANAL DE SAINT-MARTIN.

Il offre dans le département de la Seine 3,200 m. (3/4 l.) du ba:
sin de la Villette à la gare de l'Arsenal, non compris le développ:
ment des fossés de l'Arsenal qui est de 740 m. (1/4 l.).

Il a sa prise d'eau au bassin de la Villette, et débouche dans:
Seine à l'extrémité des fossés de l'Arsenal.

Sa largeur est de 26 m. au plafond et de 27 m. au sommet. I
quais ou chemins de hâlage qui le bordent ont une largeur de 16 :
50 c. La pente totale du canal entre ses deux points extrêmes est
25 m. Neuf sas éclusés, y compris celui de la Seine, sont constru:
pour racheter cette pente; ils ont une chute uniforme de 2 m. 80 :
leur largeur est de 7 m. 80 c. et leur longueur de 38 m. La pr:
fondeur d'eau du canal est de 2 m., et de 2 m. 60 c. pour la sectic

Sur la rive droite du canal, entre les rues Grange-aux-Belles:
du faubourg du Temple, on a formé une place publique pour le dép:
des marchandises à embarquer ou à débarquer. Cette place a 550 :
de longueur et 150 m. de largeur, non compris l'emplacement:
quai.

(1) On a calculé qu'un grand bateau de dimension ordinaire, pour aller de Sai:
Denis à Paris, et retour, employait 4 jours et demi de temps et 468 fr. de :
pense en suivant la rivière, tandis que le même bateau, en suivant le canal:
la Seine à la Seine n'exige que deux jours de temps et 175 fr. de dépense. Éco:
mie de temps, 2 jours et demi, et d'argent 295 francs.

Deux passerelles, 4 ponts fixes et 6 ponts mobiles tournans à double volée, non compris le pont de l'écluse de la Seine, sont construits pour établir les communications que le canal intercepte.

Ce canal a été livré à la navigation le 4 novembre 1825.

La gare de l'Arsenal, d'une superficie de 33,988 m., peut contenir 70 à 80 grands bateaux, en conservant une voie suffisante pour les mouvemens du canal.

Le bassin de l'Arsenal et le canal St.-Martin sont ouverts aux bateaux qu'on veut y garer.

Le prix du garage a été fixé, du 1er octobre 1826 au 1er octobre 1827, comme suit :

Pour les bateaux chargés dits Marnois, Lavandières et autres de 28
40 m. de longueur, par jour, pendant les trois premiers mois de
leur stationnement.. 1 fr. » c.
Id. pour les trois mois suivans. . . . . » 75
Id. pendant le temps excédant les six premiers mois. » 50
Pour les Toues chargées, par jour, pendant les trois
premiers mois de leur stationnement. . . . . » 70
Id. pendant les trois mois suivans. . . . . » 50
Id. pendant le temps excédant les six premiers mois. » 50
Pour les Trains de charpente et de sciage, par jour et
par mètre superficiel. . . . . » 01

Pour les Marnois, Lavandières et Toues vides, les prix de garage sont de moitié, suivant les classemens et pour les termes ci-dessus indiqués.

Les bateaux et toues chargés payent les droits de navigation au passage des écluses suivant le tarif.

Les bateaux et toues vides payent moitié de ces droits, calculés au minimum du tarif et sur le pied du demi-tonnage, ainsi qu'il est d'usage dans les autres canaux.

On est admis à traiter de gré à gré par abonnement et avec réduction des prix ci-dessus, pour plusieurs bateaux et toues chargés ou vides, réunis au nombre de dix au moins.

Seconde partie. — Chapitre troisième.

CANAL DE L'OURCQ.

Il offre 95,922 m. (20 l. 3/4) de navigation, savoir :

dans les départemens de l'Oise.. . . . .   7,700 m. (1 l. 1/2).
                    Seine-et-Marne. 66,700 m. (15 l.   ).
                    Seine-et-Oise..   9,000 m. (2 l.   ).
                    Seine.. . . . . 10,522 m. (2 l. 1/4).

Ce canal, destiné à faire venir à Paris les eaux de la rivi
d'Ourcq, est de dérivation. Le point de la prise d'eau est à Maré
(Oise). Il passe à Lisy, à Congis, à Meaux, à Trilbardou, à Claye
Sevran, traverse la forêt de Bondy, passe à Pantin et s'arrête au b
sin de la Villette.

Indépendamment des eaux de l'Ourcq, le canal reçoit sur son pa
sage les eaux de la Grinette ou Collinance, de la Gergogne, de
Thérouanne, des fontaines de Grégy, du Rutel, de la Beuvronne,
l'Arneuse et du Mory.

La largeur du canal est au plafond de 3 m. 5o c. et au sommet
8 m. ; sa profondeur moyenne est de 1 m. 5o c. Sa pente, qui est
10 m. 14 c., répartie sur toute sa longueur, n'est rachetée par aucu
écluse. Six pertuis à poutrelles servent au besoin de batardeaux ou
barrages dans le canal.

Le principal objet du canal de l'Ourcq est d'alimenter le canal de
Seine à la Seine, et d'amener les eaux nécessaires aux besoins e
l'embellissement de Paris. Un autre but du canal est d'offrir u
navigation pour le transport des bois de la forêt de Villers-Cot
rêts. On doit établir sur l'Ourcq une quarantaine de petites flûtes q
porteront environ dix décastères

A l'occasion de la prise d'eau de l'Ourcq et de l'introduction d
eaux de cette rivière dans le canal, une contestation survint ent
S. A. R. M. le duc d'Orléans et la ville de Paris, sur la question
savoir si la ville pourrait disposer pour le canal de la totalité, o
seulement d'une partie des eaux de l'Ourcq. La question fut tranch
par la vente faite à la ville par le prince de la propriété du can
(voyez la description de l'Ourcq, page 97).

BOUSSOLE DU COMMERCE

DES

BOIS ET CHARBONS DE BOIS ET DE TERRE.

Description Topographique et Commerciale

DES

ROUTES FLOTTABLES ET NAVIGABLES.

Troisième partie. — Chapitre premier.

SEINE, *de Paris à Rouen.*

Nous avons déjà donné en tête de la description de la haute Seine, page 1, l'étendue de la navigation de ce fleuve dans tous les départemens qu'il parcourt, et nous y renvoyons pour cette étendue de Paris à Rouen.

La basse Seine de Paris à Rouen dépend des inspections du Pecq et de Vernon.

Il y a des bureaux de recette de l'octroi de navigation à la barrière de Passy, à Neuilly, au Pecq, à Mantes, au Pont-de-l'Arche et à Rouen.

1/4 l. au-dessous de la cathédrale Notre-Dame, regardée comme centre de Paris, on sort de cette ville entre les barrières de Passy et de la Cunette; celle de Passy, rive droite de la Seine, et celle de la Cunette rive gauche.

Il y a un bureau de recette de l'octroi de navigation à la barrière de Passy.

1 l. 1/2 au-dessous de la barrière de Passy, rive gauche, est Sèvres, où il y a un port et un pont avec un chef de pont.

1/4 l. au-dessous, rive gauche, est St.-Cloud, où il y a un pont et un chef.

3/4 l. au-dessous, rive gauche, est Suresnes, où il y a un bac.

1/4 l. au-dessous, rive gauche, est Puteaux.

1/4 l. au-dessous, rive droite, est Neuilly, où il y a un port, un pont avec un chef et un bureau de recette de l'octroi de navigation; rive gauche, un peu plus bas, est Courbevoye.

1 l. au-dessous est Asnières, rive gauche, et Clichy-la-Garenne, rive droite; il y a un pont avec un chef, à Asnières.

Il y a un port, dit l'abreuvoir de Courcelles, près d'Asnières.

3/4 l. au-dessous, rive droite, est St.-Ouen.

1/2 l. au-dessous, rive droite, est la jonction à la Seine du *Cana*
St.-Denis, un peu au-dessus de St.-Denis (voyez la description parti
culière de ce canal, page 108).

1/4 l. plus bas, rive droite, est le port de la Briche.

1/2 l. au-dessous, rive droite, est Epinay.

1 l. au-dessous, rive droite, Argenteuil, où il y a un bac.

3/4 l. au-dessous, rive droite, est Bezons, où il y a un pont ave
un chef. Il y a aussi un chef au pertuis de la Morue.

Ce pertuis est à un petit quart de lieue au-dessous du pont de Bezons
Il a une largeur de 16 m., et son ouverture a été nécessitée par l
construction de la machine de Marly qui barre en entier le lit de l
rivière. Il est question de remplacer ce passage dangereux pour le
bateaux par une écluse submersible de 9 m. de largeur.

1 l. au-dessous, rive droite, sont les Carrières St.-Denis, port.

1 l. 1/4 au-dessous, rive droite, est Chatou, où il y a un pont ave
un chef.

1/4 l. au-dessous, rive droite, est Croissy-sur-Seine.

1/2 l. au-dessous, rive gauche, est la Machine de Marly.

1/4 l. au-dessous, rive gauche, est le port de Marly.

1/2 l. au-dessous, rive gauche, est le Pecq, où il y a un port, u
pont avec un chef, et deux bureaux de recette pour l'octroi de navi
gation.

Le Pecq est à proximité de la forêt de St.-Germain-en-Laye.

1 l. 1/2 au-dessous, rive gauche, est Maisons, à proximité de l
forêt de St.-Germain-en-Laye, où il y a un port et un pont avec u
chef.

1 l. au-dessous, rive droite, est la Frette, où il y a un port.

1/2 l. au-dessous, rive droite, Herblay, où il y a un port et un bac

1 l. au-dessous, rive droite, est Conflans-Ste.-Honorine, où il y à
un port, qui est à proximité de la forêt de St.-Germain-en-Laye, e
où il se dépose des charbons de terre pour Paris.

1/4 l. au-dessous, rive droite, la Seine reçoit l'*Oise* (voyez la des
cription particulière de cette rivière).

1/4 l. au-dessous de l'embouchure de l'Oise, rive droite, est An
dresy.

1 l. au-dessous, rive droite, Carrières.

1/4 l. au-dessous, rive gauche, Poissy, où il y a un port et un pont
avec un chef.

3/4 l. au-dessous, rive gauche, est Vilaines.

1/2 l. au-dessous, rive gauche, est Médan.

3/4 l. au-dessous, rive droite, Triel, où il y a un bac.

1 l. au-dessous, rive droite, est Vaux.

3/4 l. au-dessous, rive droite, est Meulan, où il y a un pont avec
un chef.

1/2 l. au-dessous, rive droite, Mezy.

1/4 l. au-dessous, même rive, Juziers.

1 l. au-dessous, rive droite, Rangiport.

1/2 l. au-dessous, rive gauche, Mésières; et un peu plus bas, rive droite, Porcheuville.

1 l. 1/2 au-dessous de Mésières, rive gauche, Mantes, et rive droite, Limay.

Il y a à Mantes un pont avec un chef, et un bureau de recette de l'octroi de navigation.

1/2 l. au-dessous de Mantes, rive gauche, est Gassicourt.

1 l. au-dessous, rive gauche, Rosny; rive droite, Guernes.

1/2 l. au-dessous, rive gauche, Rolleboise.

1/2 l. au-dessous, rive gauche, Méricourt.

1/2 l. au-dessous, rive gauche, Mousseaux.

1/2 l. au-dessous, rive droite, St.-Martin.

3/4 l. au-dessous, rive droite, Vetheuil.

1/2 l. au-dessous, rive droite, Champmêlé; rive gauche, Moisson.

1/4 l. au-dessous, rive droite, Autisle.

1/2 l. au-dessous, rive droite, la Rocheguion.

1/2 l. au-dessous, rive droite, Clachalosse.

1/4 l. au-dessous, rive gauche, Freneuse.

1/2 l. au-dessous, rive gauche, Bonnières.

1/4 l. au-dessous, rive droite, Bennecourt.

1/4 l. au-dessous, rive gauche, Jeufosse.

1 l. plus bas, rive gauche, Villez, port.

Vis-à-vis Villez, l'*Epte* se jette dans la Seine, rive droite, par deux bras, distant l'un de l'autre d'un quart de lieue, et dont l'un vient de Limetz et l'autre de Giverny.

1/4 l. au-dessous de Villez, rive droite, est Giverny.

3/4 l. plus bas, rive gauche, est Vernon; et rive droite, Vernonnet à la lisière occidentale de la forêt de Vernon. Il y a à Vernon un port et un pont avec un chef.

De la Falaise à Vernon, la navigation a lieu en hiver sur la rive gauche; elle est assez facile: en été, elle se fait par la droite où il n'en est pas de même. On rencontre dans le canal, qu'on est obligé de suivre, les bancs nommés les grandes et petites Gourdines, Tourne-Bourse, le perret de Modène et les roches de l'Espiègle compris entre la Falaise et Notre-Dame-de-l'Isle. Ces écueils sont dangereux.

Le passage du pont de Vernon demande une force considérable et beaucoup de précautions.

1/4 l. au-dessous de Vernon, les Fourneaux, rive droite, où il y a un bac.

1/2 l. au-dessous, rive droite, la Madelaine; rive gauche, St.-Pierre-d'Autils.

1/4 l. au-dessous, rive droite, Pressaigny-l'Orgueilleux; rive gauche, Maitreville.

1 l. au-dessous, rive gauche, St.-Pierre-de-la-Garenne; rive droite, Portmort, où réside le chef du pertuis du bras de la Garenne, dit pertuis de Gourdaine.

8

Il y a à Portmort une espèce d'aides pour la remonte, dits Farigau-diers.

De Portmort en remontant à la Madelaine, sur une longueur d'une lieue et un quart, on rencontre successivement l'île St.-Pierre, l'île aux-Bœufs, l'île Mieue, l'île Chouquet et l'île Souveraine.

3/4 l. au-dessous, rive droite, est Courcelles, à la lisière de la forêt des Andelys.

3/4 l. au-dessous, rive gauche, est le Roule.

1/4 l. au-dessous, rive droite, Monceaux.

1 l. au-dessous, rive droite, est Bouaffle, et rive gauche, Tœny. Le hâlage est incommode, à cause de la nécessité de passer de l'île de Tœny dans l'île de Bouaffle.

1/4 l. au-dessous, rive droite, Vezillon.

1/2 l. au-dessous, rive gauche, Port-Morin; rive droite, le petit Andelys à 1/4 l. O. du grand Andelys.

1 l. au-dessous, rive droite, Roquette.

1/2 l. au-dessous, rive gauche, Bernières.

3/4 l. au-dessous, rive droite, Muids, où il y a un bac.

3/4 l. au-dessous, rive gauche, l'Ormais.

1/2 l. au-dessous, rive gauche, est Vironvey.

1/2 l. au-dessous, rive gauche, est St.-Pierre du Vauvray; rive droite, Andé.

1/2 l. au-dessous, rive droite, Herqueville; rive gauche, Porte-Joye.

1/4 l. au-dessous, rive droite, Connelles; rive gauche, Port Pinché.

1/2 l. au-dessous, rive gauche, Tournedos.

1/2 l. au-dessous, rive droite, Vatteport et Senneville.

1/4 l. au-dessous, rive gauche, Pose, où il y a un pertuis avec un chef; un peu au-dessous, rive droite, Anfreville-sous-les-Monts.

Le pertuis de Pose offre des difficultés; on est obligé, avant de le franchir, d'amarrer les bateaux à six gros pieux placés à cet effet, afin d'avoir le temps de fixer les dispositions qu'exige ce passage.

1/2 l. au-dessous d'Anfreville, la Seine reçoit, sur sa rive droite, la rivière d'*Andelle.*

L'Andelle a sa source à Serqueux (Seine-Inférieure), et se jette dans la Seine au port de Pître (Eure). Depuis Forges-les-Eaux, où elle commence à être flottable à bûches perdues, elle présente une étendue de 57,467 m. (12 l. 3/4), savoir, 28,010 m. (6 l. 1/4) dans le département de la Seine-Inférieure, et 29,467 m. (6 l. 1/2) dans l'Eure. Cette rivière, qui compte 49 pertuis, flotte les bois prove-nant des forêts de Bray, Forges, Longboil et Lions, destinés à Rouen.

L'Andelle reçoit à gauche, au-dessus de Charleval, le ruisseau de *Lieurre*, qui a sa source à Lorleau, au peu au-dessus de Lions-la-Forêt. Depuis Lions, où le flottage à bûches perdues commence, il offre une étendue de 14,392 m. (3 l. 1/4) dans le département de l'Eure. Sur ce ruisseau, qui compte 22 pertuis, on flotte des bois tirés de la forêt de Lions pour Rouen. Le ruisseau de Lieurre reçoit lui-même, à gauche, à Menequeville, le ruisseau de *Fouillebroc*, qui prend sa source à Mortemer, près Lisors, et qui, depuis Mortemer, présente au flottage à bûches perdues une étendue de 9,935 m. (2 l. 1/4). Le Fouillebroc compte sur son cours 11 pertuis.

3/4 l. au-dessous de la jonction de l'Andelle, rive droite, est le Manoir; vis-à-vis, rive gauche, est la jonction de l'*Eure* à la Seine. (Voyez sa description particulière).

1/4 l. au-dessous, rive gauche, les Damps.

1/4 l. au-dessous, rive gauche, Pont-de-l'Arche, où il y a un pont avec un chef, et un bureau de recette de l'octroi de navigation.

Une grande écluse à sas de 10 m. de largeur a été construite à Pont-de-l'Arche, sur le bras de la rivière dit du Fossé. Cette construction a fait disparaître la cataracte périlleuse de cet endroit.

On construit des bateaux en chêne à Pont-de-l'Arche.

Au S. de cette ville s'étend la forêt de Pont-de-l'Arche.

1/2 l. au-dessous de Pont-de-l'Arche, rive gauche, est Bonport.

1/2 l. au-dessous, même rive, est Criquebœuf. Vis-à-vis Quatre-Age, la navigation est obligée de suivre le canal dit pertuis de Martot, passage très-difficile. Il y a un chef à ce pertuis.

1/4 l. au-dessous, rive droite, Freneuse.

1/4 l. au-dessous, rive gauche, Martot; vis-à-vis Martot, les baissiers de Jonctiers et de Martot exposent la navigation par la rapidité et l'irrégularité qu'ils donnent au courant.

1 l. au-dessous, rive gauche, Elbeuf; rive droite, St.-Aubin-jouxte-Boulen.

1/2 l. au-dessous, rive gauche, est Orival; à l'O. d'Orival s'étend la forêt de la Londe.

3/4 l. au-dessous, rive droite, est le Baset, commune de Cléon.

3/4 l. au-dessous, rive droite, est Bedasne.

1/2 l. au-dessous, rive droite, est Tourville; rive gauche, est Oissel-la-Rivière.

1/2 l. au-dessous, rive droite, sont les Authieux.

1/4 l. au-dessous, rive droite, le port St.-Ouen.

1/2 l. au-dessous, rive droite, St.-Crespin.

1/2 l. au-dessous, rive droite, les Gravettes et Belbeuf; rive gauche, St.-Étienne-du-Rouvray; à l'O. de St.-Étienne s'étend la forêt du Rouvray.

1/4 l. au-dessous, rive droite, est Aufreville-la-Mivoye.

1/2 l. au-dessous, rive droite, est Lescure.

1/4 l. au-dessous, même rive, est Bloville; rive gauche, est Sotte-ville-lès-Rouen.

1/4 l. au-dessous, rive droite, Eauplet; rive gauche, Grammont.

1/4 l. au-dessous d'Eauplet on entre à Rouen, laissant la ville à droite, et le faubourg St.-Sever à gauche. Il y a à Rouen un bureau de recette de l'octroi de navigation.

8*

Navigation de Paris à Rouen.

La Seine porte, de Rouen à Paris, les bateaux suivans :

	mètres de loug.	de la charge de	
Bateaux au-dessous	de 22	80,000 kil.	(assez usités).
B.———————	de 22 à 28	120,000 kil.	(rares).
B.———————	de 28 à 30	180,000 kil.	(très-usités).
B.———————	de 30 à 36	200,000 kil.	(très-usités).
B.———————	de 36 à 42	250,000 kil.	(les plus usités).
B.———————	de 42 à 48	300,000 kil.	(les plus usités).
B.———————	de 48 à 54	400,000 kil.	(rares).

Le gouvernail ajoute encore 7 à 8 mètres à la longueur.

La largeur de ces bateaux varie de 18 à 29 pieds (6 m. à 9 m. 66 cent).

La navigation cesse d'avoir lieu, excepté pour les bateaux à vapeur, de Rouen à Conflans-Ste.-Honorine lorsque les eaux ont 13 à 14 pieds; de Conflans au Pecq lorsqu'elles ont 15 pieds 6 pouces; du Pecq à Paris 16 à 16 pieds 1/2. Les bateaux à vapeur font route tant qu'ils peuvent passer sous les ponts.

Les bateaux ordinaires emploient 14 à 16 jours pour remonter de Rouen à Paris, et de 8 à 10 jours pour descendre de Paris à Rouen.

Les bateaux à vapeur franchissent le même intervalle en 4 à 5 jours pour la remonte, et en 2 jours pour la descente. Le bateau en fer parcourt la distance du Hâvre à Paris en 7 à 8 jours, et de Paris au Hâvre en 4 à 5 jours.

Marche d'un bateau de Rouen à Paris.

Cette route est divisée en 16 *racles*, distances calculées sur 3 lieues environ.

1er racle. de Rouen à Bedasne.
2e———de Bedasne au Pont-de-l'Arche.
3e———du Pont-de-l'Arche à Portejoye.
4e———de Portejoye à l'Ormais.
5e———de l'Ormais au Roule.
6e———du Roule à Vernonnet.
7e———de Vernonnet à Bonnières.
8e———de Bonnières à Rolleboise.
9e———de Rolleboise à Rangiport.
10e———de Rangiport à Triel.
11e———de Triel à Conflans-Ste.-Honorine.
12e———de Conflans au Pecq.
13e———du Pecq à Argenteuil.
14e———d'Argenteuil à Neuilly.
15e———de Neuilly à la barrière de Passy.
16e———de la barrière de Passy à Paris.

Un bateau est réputé avoir fait route quand il a fait un racle par jour, cependant il est possible qu'il remonte à longs jours en 14 jours de Rouen à Paris, savoir :

1er jour. de Rouen à Elbeuf.
2e———— d'Elbeuf au Pont-de-l'Arche.
3e———— du Pont-de-l'Arche à Portejoye.
4e———— de Portejoye aux Andelys.
5e———— des Andelys à Portmort.
6e———— de Portmort au port de Villez.
7e———— du port de Villez à Rolleboise.
8e———— de Rolleboise à Rangiport.
9e———— de Rangiport à Triel.
10e———— de Triel à Conflans-Ste.-Honorine.
11e———— de Conflans à Chatou.
12e———— de Chatou à la Briche.
13e———— de la Briche à St.-Cloud.
14e———— de St.-Cloud à Paris.

Les difficultés de la navigation de la Basse-Seine sont très-multipliées et les obstacles plus difficiles à vaincre en montant qu'en descendant. Il existe une prodigieuse quantité d'îles et de bancs qui embarrassent le lit de la rivière, et qui, par leur position et leur variation, rendent la navigation incertaine, toujours lente et dispendieuse, et souvent extrêmement difficile et dangereuse.

L'inégalité qui existe dans la répartition de la pente de la rivière entre Paris et Rouen produit, sur beaucoup de points, de grandes différences dans l'intensité de la vitesse des eaux, et il en résulte des passages difficiles et même dangereux, parce qu'un grand courant indique toujours une faible profondeur d'eau.

Année moyenne, la Seine, entre Paris et Rouen, offre un tirant d'eau de 1 m. pendant 100 jours, de 1 m. 50 c. à 2 m. pendant 75 jours, et un tirant au-dessus de 2 m. seulement pendant 190 jours. Il faut à un grand bateau 2 m. de tirant d'eau pour naviguer à pleine charge.

La navigation en remontant et descendant a lieu au moyen du hâlage.

Un bateau portant 250 à 300,000 kilog. exige 8 chevaux de rhun qui se payent tant par racle et par courbe de 2 chevaux.

Un tel bateau exige aux passages suivans des chevaux de renfort, savoir :

Pour monter le pertuis de Martot, 6 chev.
De Martot au pont-de-l'Arche, 4 chev.
Pour monter le pont-de-l'Arche, 8 chev.
Pour monter Pose, 8 chev.
De Pose pour monter Pausson, 8 chev.
Pour monter les Andelys, 8 chev. (terme moyen).
Pour monter les gourdaines de Portmort, 8 chev. (terme moyen).
Il y a dans cet endroit des farigaudiers, espèce d'aides, auxquels il

est dû une rétribution qui varie, par classe de bateaux, de 3 à 7 fr. ; soit, pour notre bateau, 5 fr.

Pour monter le pont de Vernon, 8 chev.

Il faut en outre rétribuer des habitans de la commune qui font le service de hâleurs.

Pour monter Vernonet, 2 chev.

Pour le port de Villez, 8 chev.

De Rolleboise pour monter à Mantes, 2 chev.

Pour monter le pont de Mantes, 4 chev.

Il faut en outre 40 à 50 hâleurs, habitans de la commune.

De Rangiport à Meulan, 2 chev.

Pour monter le pont de Meulan, 18 à 20 chev.

A défaut de chevaux, on emploie des hâleurs, habitans de la commune.

De Triel à Poissy, 2 chev.

Pour le pont de Poissy, 4 chev.

Du Pecq à Chatou, 8 chev.

Au pertuis de la Morue, 16 à 24 chev

De St.-Denis à St.-Ouen, 4 chev.

Au pont de St.-Cloud, 4 chev.

Les hommes d'équipage d'un bateau à 8 chevaux sont au nombre de 6, savoir :

Un contre-maître, un pilote, trois compagnons-mariniers et un garçon pour garder et soigner le bateau.

Les agrès d'un bateau à 8 chevaux consistent ordinairement en une hune à 12 chevaux du poids de. . . . . 1,300.

  1 hune à 14 chev.. . . . . 1,500.

  1 trait ou corde à 8 chev. . . . . 850.

  1 corde à 6 chev. . . . . 620.

  1 corde à 4 chev. . . . . 400.

  2 chableaux ensemble. . . . . 450.

  2 haubans.. . . . . 400.

  1 saubiot . . . . 70.

Il faut en outre 4 ancres, 1 mât, 1 vindas, 2 crics, 1 poulie et autres menus agrès.

C'est par la Basse-Seine que viennent à Paris les sapins rouges de la Hollande, les sapins du nord, de Norwége, de Suède. Ces bois non saignés ont les pores égaux, ils sont durs, solides, et se travaillent facilement.

Troisième partie. — Chapitre second. — Section première.

OISE, *affluent de la Seine.*

L'Oise passe dans les Ardennes où elle n'est ni navigable ni flottable.

Dans l'Aisne où elle offre 14,000 m. de flottage (3 l. 3/4).
Dans l'Aisne. . . . . 12,000 m. (2 l. 3/4) de navigation.
Dans l'Oise. . . . . 70,800 m. (15 l. 3/4).
Et dans Seine-et-Oise. . . 38,745 m. (8 l. 1/2).

Total. . . . 121,545 m. (27 l. ») de navigation.

L'Oise fournit bois à brûler dur et blanc, bouleau, fagots, coterêts, margotins, charpente, sciage, bois en grûme, lattes, jantes, charbons de bois, et charbons de terre du département du Nord et de la Belgique

Cette rivière dépend des inspections de Compiègne et de Noyon, savoir :

De Rouy et Bautor à Ourscamp inclus, inspec. de Noyon.

D'Ourscamp à Conflans-Ste.-Honorine, inspec. de Compiègne.

Il existe des bureaux de recette de l'octroi de navigation à Compiègne et à Pontoise.

L'Oise prend sa source près de Selogne, dans les bois dits de la Thierache, commence à être flottable à Bautor (Aisne) et navigable à Chauny (Aisne). Elle se jette dans la Seine à Conflans-Ste.-Honorine (Seine-et-Oise).

On pourrait rendre l'Oise navigable jusqu'à Hirson, sans de grandes dépenses.

La navigation de l'Oise est extrêmement importante. C'est par elle que s'établit la communication du canal St.-Quentin et de tous les canaux du nord avec la Seine. On s'occupe des moyens d'améliorer la navigation de cette rivière, qui est loin de présenter sur toute son étendue, et en toute saison, la profondeur d'eau qu'exigeraient les relations commerciales (1).

Le canal St.-Quentin, en ouvrant un chemin navigable entre Paris et le nord, a fait sentir la nécessité d'améliorer les rivières et canaux qu'il joignait.

Au nord, on a ouvert les canaux de la Sensée et de la Bassée et renouvelé les écluses de l'Escaut.

Au midi, on a restauré le canal Crozat. Mais il restait à perfection-

(1) Le peu de profondeur de l'Oise rend son cours inaccessible à presque tous les bateaux du nord. Ceux dits Picards sont les seuls qui y naviguent aisément, mais en raison de leur grande dimension ils ne peuvent remonter les écluses des canaux de St.-Quentin et de Crozat, et sont obligés de s'arrêter à Chauny, et encore, dès que les chaleurs arrivent, l'insuffisance d'eau est telle que les bateaux dits Picards, pour se mouvoir dans l'Oise, doivent être restreints à une portion de leur chargement.

Ce manque d'eau empêche également les bateaux flamands de circuler une partie de l'année de Valenciennes à Paris. Construits pour naviguer sur l'Escaut et les canaux de St.-Quentin et de Crozat, ils cessent fréquemment de flotter sur l'Oise. Aussi arrivés à la jonction du canal Crozat et de l'Oise, sont-ils forcés ou de réduire leur chargement, ou d'attendre des pluies abondantes, ou bien encore de transborder sur les bateaux picards le charbon qu'ils transportent, ce qui se fait assez ordinairement, mais non sans perte de temps, non sans occasioner un surcroît de dépenses et sans briser le charbon et le rendre moins marchand.

ner la navigation dans la vallée de l'Oise, depuis l'embouchure du canal Crozat à Chauny jusqu'à l'embouchure de l'Oise à Conflans.

Des ouvrages considérables ont déjà été entrepris dans ce but à Manicamp, à Varennes et à Sempigny, et d'autres s'exécutent en ce moment. Ils s'étendent sur les départemens de l'Aisne, de l'Oise, et de Seine-et-Oise. On doit ouvrir un canal latéral à l'Oise entre Pont-l'Evêque et le Port à Pintrelles sur une longueur de 15,600 m. (3 l. 1/2). Ensuite, jusqu'à la Seine, la navigation sera améliorée au moyen de barrages et d'écluses construits dans le lit de l'Oise. Les fonds sont fournis par la compagnie Sartoris, en vertu d'une loi du 5 août 1821 et d'une ordonnance du 13 juillet 1825.

L'Oise prend sa source à 3/4 de l. S. de Sologne, au centre des bois de la Thierache; elle passe à Hirson, à Neuve-Maison, à Ohy, à Effry, à Lusoir, à Gergny, à Etré-au-Pont, à Sorbais, à Autreppe, à Erloy, à Marly, à Chigny, à Proisy, à Malzy, à Faty, à Monceaux-sur-Oise, à Guise, à St.-Germain, à Moutreux, à Vadancourt, à Longchamp, à Proix, à Noyalles, à Macquigny, à Hauteville, à Bernot, à Neuvillette, à Origny-Ste.-Benoiste, à Tenelles, à Ribemont, à Sissy, à Catillon-sur-Oise, à Maizières, à Sery-Maizières, à Berthenicourt, à Allincourt, à Moy, à Hamegicourt, à Brissy, à Brissay, à Vendeuil, à Mayot, à Travecy, à la Fère et à Bautor, port où le flottage commence.

Vis-à-vis de la Fère, rive droite, l'Oise reçoit un petit canal, dit de la *Fère*, embranchement du canal Crozat, dont nous parlons à l'article de ce canal.

1 l. 1/4 au-dessous de Bautor, rive droite, est Condren.

1/2 l. au-dessous, rive gauche, le port de Rouy; à 1/2 l. E. de Rouy est Amigny.

1 l. au-dessous de Rouy est Chauny, où il y a un port qui reçoit beaucoup de houille. C'est là que l'Oise commence à être navigable; elle reçoit aussi à Chauny, sur sa rive droite, le canal *Crozat* (voyez sa description particulière).

3/4 l. au-dessous, rive droite, Abbecourt, port.

1/2 l. plus bas, rive gauche, Manicamp, port, qui reçoit beaucoup de houille.

On a livré à la navigation, en 1822, le canal de *Manicamp*, nouveau bief de Chauny à Manicamp, formant le prolongement du canal de Crozat sur une longueur de 4,851 m. (1 l.), et terminé par un sas éclusé.

1/2 l. plus bas, rive gauche, Quierzy, port.

1/2 l. plus bas, rive gauche, Bretigny, port.

3/4 l. plus bas, rive gauche, Varennes, port, près duquel il y a de beaux bois.

A Varennes, l'Oise se divise en deux bras; le bras de la droite d'une étendue d'une lieue 1/2 passe à Morlincourt, à Rudoroir, à Noyon et à Pont-l'Evêque, où il y a un port qui reçoit beaucoup de houille et les produits des bois de Lassigny.

Le bras de gauche d'une étendue d'une lieue 1/2 passe à Petit-Pontoise, où il y a un port, et à Sempigny où il y a un port.

On a creusé un nouveau lit à l'Oise, au droit des bois de Varennes et de l'Evêque, sur une longueur de 3,470 m. (3/4 l.); ce lit porte le nom de canal de *Varennes*.

On a construit à Sempigny un barrage éclusé et une écluse dont l'objet est de procurer une hauteur d'eau suffisante à la partie supérieure de l'Oise. Le barrage éclusé offre à la rivière un débouché de 24 m., divisé en trois passages de 8 m. chacun, lesquels sont séparés par des piles en maçonnerie et bordés par des culées de même nature. Le sas éclusé qui rachète la retenue du barrage a 6 m. 50 c. de largeur, comme les sas du canal Crozat.

Il y a un chef de pont à Sempigny.

C'est à 1/4 l. au-dessous de Sempigny que les deux bras de l'Oise se réunissent.

3/4 l. au-dessous de cette jonction, rive gauche, est Ourscamp, où il y a un pont, un port et de beaux bois à proximité.

3/4 l. au-dessous, rive droite, Pimprez.

1/2 l. au-dessous, rive gauche, Bailly, port.

1/4 l. au-dessous, rive gauche, Flandre-St.-Léger-aux-Bois, port au N. et à proximité de la forêt de l'Aigue.

3/4 l. au-dessous, rive gauche, Bac-à-Belle-Rive.

1/2 l. au-dessous, rive gauche, Montmacq, port au N. O. et à proximité de la forêt de l'Aigue. Il y a aussi un port à Port-à-Carreau.

1/4 l. au dessous, rive gauche, Plessier-Brion, port à la lisière occidentale de la forêt de l'Aigue.

1/4 l. au-dessous, rive droite, Thourotte.

1/4 l. au-dessous, rive droite, Longueil sous Thourotte et le port de Montchevreuil.

1/4 l. au-dessous, rive droite, Janville.

1/2 l. au-dessous, rive droite, Clairoy; et rive gauche, jonction de l'*Aisne* (voyez sa description particulière).

3/4 l. plus bas, rive gauche, Compiègne au N. O. de la forêt de Compiègne; et rive droite, Marigny.

Il y a un chef de pont à Compiègne, et un bureau de recette de l'octroi de navigation.

Le port aux charbons à Compiègne est très-considérable; il commence à l'embouchure de l'Aisne, et finit au brise-glace au-dessus du pont de Compiègne. Le charbon arrive de la Belgique.

On construit beaucoup de bateaux sur les chantiers de Compiègne.

1/4 l. au-dessous de Compiègne, rive gauche, St.-Germain-les-Pavillons, port où se déposent des produits de la forêt de Compiègne et des charbons de terre pour Paris; rive droite, Venette, où il y a un pertuis.

1/2 l. au-dessous, rive gauche, Royal-lieu, port, où se déposent des produits des ventes de la forêt de Compiègne et des charbons de terre pour Paris.

1/2 l. au-dessous, rive gauche, Mercière, port; et rive droite, Jaux.

1 l. au-dessous, rive droite, le port du Meux; et rive gauche, le port de La Croix-St.-Ouen, à l'O. de la forêt de Compiègne, dont une partie des coupes se dépose sur ce port.

1/4 l. au-dessous, rive droite, Rivecourt, port; et un peu plus bas, le port de Bellechèvre.

1 l. au-dessous, rive gauche, Verberie, port; rive droite, Port-Salut.

Au-dessus de Verberie, l'Oise reçoit, à gauche, l'*Autone*, qui a quelquefois servi au flottage à bûches perdues des bois de la forêt de Compiègne, depuis Bethancourt sur une longueur de 12,000 mètres (2 l. 3/4).

1/2 l. au-dessous, rive gauche, Ruys-St.-Corneil, port.

1 l. 1/4 au-dessous, rive droite, Saron.

1/2 l. au-dessous est Pont-Ste.-Maxence, port, au N. de la forêt de Hallate. Il y a un chef de pont.

3/4 l. au-dessous, rive gauche, Beaurepaire, port, au N. de la forêt de Hallate.

1/2 l. plus bas, rive droite, Brenouille.

1/4 l. plus bas, rive droite, Rieux.

3/4 l. plus bas, rive gauche, Verneuil, port, à l'O, de la forêt de Hallate.

3/4 l. plus bas est Creil, où il y a un pont avec un chef. Le port de Creil reçoit des produits des ventes des forêts de Neuville-en-Hez et de Chantilly.

1/2 l. plus bas, rive droite, Montataire, au-dessous duquel l'Oise reçoit le ruisseau de *Thérain*, entre Montataire et Tiverny; il servait autrefois au flottage des bois de la forêt de Neuville-en-Hez.

1/4 l. au-dessous, rive gauche, la Versine.

1/2 l. au-dessous, rive gauche, Trossy.

1/4 l. au-dessous, rive gauche, le port de St.-Leu; et rive droite, le village de St.-Leu-Desserent. Le port de St.-Leu est approvisionné par les forêts de Neuville-en-Hez et de Chantilly.

1 l. plus bas, rive droite, Precy; et rive gauche, Precy-outre-l'eau.

Au-dessus de Precy, l'Oise reçoit, à gauche, la *Nonnette*.

1/2 l. au-dessous, rive droite, Morancy.

1/4 l. au-dessous, rive droite, Boran, port.

Le pays à l'est de Boran est très-boisé. On y voit la forêt du Lys, celles de Chantilly, de Pontarmé, d'Ermenonville et les bois de Royaumont et d'Hérivaux.

1/4 l. au-dessous, rive droite, St.-Martin-des-Nonnettes.

3/4 l. au-dessous, rive gauche, Noisy-sur-Oise.

3/4 l. au-dessous, rive gauche, Beaumont-sur-Oise, port, approvisonné par les forêts du Lys et de Carnelle. Il y a un chef de pont.

1/4 l. au-dessous, rive droite, Persan.

1/4 l. au-dessous, rive gauche, Mours.

3/4 l. au-dessous, rive droite, Champagne.

1/4 l. au-dessous, rive droite, Jouy-le-Comte.

1/4 l. au-dessous, rive gauche, l'Isle-Adam, où il y a un port et un pont avec un chef. Le port est approvisionné par la forêt du Lys.

1/2 l. au-dessous, rive gauche, Stors, port, à l'O. de la forêt de l'Isle-Adam.

1/4 l. au-dessous, rive gauche, Meriel; rive droite, Butry.

1/2 l. au-dessous, rive gauche, Méry; rive droite, Auvers

1 l. 1/4 au-dessous, rive droite, Pontoise, port approvisionné par la forêt du Lys. Il y a un pont avec un chef et un bureau de recette de l'octroi de navigation.

1/4 l. au-dessous, rive gauche, St.-Ouen-l'Aumône.

1/2 l. au-dessous, rive gauche, Eragny.

3/4 l. au-dessous, rive droite, Sergy.

1/4 l. au-dessous, rive droite, Geney.

1/4 l. au-dessous, rive droite, Vauréal.

1/4 l. au-dessous, rive droite, les Carnaux.

1/4 l. au-dessous, rive droite, Jouy-la-Fontaine.

1/4 l. au-dessous, rive droite, Jouy-le-Moutier.

1/4 l. au-dessous, rive droite, Vincourt; rive gauche, Neuville.

1/4 l. au-dessous, rive droite, Glatigny.

1/4 l. au-dessous, rive droite, Maurecourt.

1/4 l. au-dessous de Maurecourt, l'Oise rejoint la Seine, un peu au-dessous de Dangu, et à 1/4 l. au-dessus de Conflans Sainte-Honorine.

Navigation de l'Oise.

On se sert sur l'Oise de deux principales espèces de bateaux :

1° Besognes ou bateaux picards; 2° Marnois.

Un bateau Besogne a 46 à 48 m. de long; au fond, 7 m. de large; aux bords, 8 m. de large.

Un bateau Marnois a 36 à 38 m. de long; aux bords, 7 m. de large, et au fond, 6 m. à 6 m. 50 c.

Les *agrès* se composent, pour un Marnois, de : 1 corde à 8 chevaux, 1 corde à 6 chevaux, 2 cordes à 4 chevaux, deux chablets, 2 grelins, 5 haubanes, 4 chambriaux, des lorgnettes. 2 billes, 5 ancres, 1 bachot, 1 vindas, sa fusée et ses barettes, 1 flette, 4 avirons de pales, 1 pompe, 2 poulies, 2 crics, 2 mâts.

Le fourniment consiste en 2 cognées, 2 doloirs, 2 aines, 2 scies, 2 tillettes, 1 tenaille, 1 pince et des clous.

Pour un bateau Besogne, les agrès sont les mêmes que ci-dessus; de plus une hune, une corde de supente à 14 chevaux, et le tiers en sus du fourniment.

Les agrès d'un bateau de l'Oise venant à Paris devraient être les mêmes que ceux des bateaux venant de Rouen, page 118, mais ils ne sont pas toujours en même quantité, attendu que le montage de Paris à Conflans est moins difficile que de Rouen à Conflans.

Hommes d'équipage pour un marnois.

En eau basse, de Chauny à Compiègne, 3 hommes.

En eau moyenne, { de Chauny à Sempigny, 4 hommes.
{ de Sempigny à Compiègne, 5 hommes.

En eau haute, { de Chauny à Sempigny, 5 hommes.
{ de Sempigny à Compiègne, 3 et 4 hommes.

En toutes eaux, de Compiègne à Paris, 5 hommes, dont 1 pilote et deux compagnons.

Hommes d'équipage pour un bateau Besogne.

En eau basse ces bateaux ne servent point.

En eau moyenne, { de Chauny à Sempigny, 5 hommes.
{ de Sempigny à Compiègne, 4 hommes.

En eau haute, { de Chauny à Sempigny, 6 hommes.
{ de Sempigny à Compiègne, 4 hommes.
{ de Compiègne à Paris, 3 hommes.

Les bateaux Besognes jaugent, à vide, de 44 à 50 centimètres, et les bateaux marnois de 22 à 28 centimètres.

Une Besogne, en eau moyenne, porte de 50 à 58 décastères de bois de chauffage ; moyenne proportion, 54 du poids de 160,000 kilogr.

En eau haute, une Besogne chargée en plein porte de 60 à 80 décastères ; moyenne proportion, 75 du poids de 375,000 kilogr.

Une Besogne peut porter jusqu'à 400,000 kilogrammes, mais pour que cette charge soit complète, il faut que la rivière présente une profondeur d'eau de 1 m. 80 c. au moins.

Un Marnois, en eau basse, c'est-à-dire d'un étiage au pont de Compiègne, de 83 centimètres ou 2 pieds 1/2, porte 25 décastères de bois du poids de 125,000 kilogr.

En eau moyenne, de 1 m. 16 c. et au-dessus, il porte 35 décastères du poids de 175,000 kilogr.

Dans les eaux basses et moyennes, les bateaux ne partent pas du premier port d'embarcation avec la charge ci-dessus, mais ils achèvent ce chargement sur les ports d'aval, à mesure qu'en descendant la rivière prend plus de force. Quand il n'y a pas de quoi charger sur les ports inférieurs, alors le bateau principal est suivi d'un ou de plusieurs bateaux portant une quantité de marchandises prise au port, et dans la route, on vide leur charge sur le principal bateau à mesure qu'il gagne un meilleur fond d'eau.

On ne peut donner précisément la marche d'un bateau, surtout de Chauny à Compiègne. Dans cette partie de la navigation, qui est mauvaise lors des eaux basses et moyennes, particulièrement de Chauny à Sempigny, il faut avoir recours aux flots qu'on donne par le moyen du vannage.

En bonnes eaux, le bateau met trois jours environ dans l'hiver pour venir de Chauny à Compiègne, et deux jours environ en été.

Ce n'est donc guère que de Compiègne qu'on peut donner la marche d'un bateau, encore varie-t-elle souvent, suivant les saisons et le temps; mais, quand il n'éprouve pas de contrariétés, un bateau va de Compiègne à Conflans :

> En été, en 3 jours.
> En hiver, en 5 jours.

Si le bateau est contrarié par les vents ou s'il manque de chevaux, il lui faudra 8 jours.

De Conflans à Paris, un bateau met, pour remonter la Seine,

> En été et en printemps, 4 jours.
> En automne et en hiver, 6 jours.

Outre les hommes d'équipage, on emploie à la descente des bateaux, savoir :

De Chauny à Compiègne, dans les eaux basses et moyennes, 4 chevaux, dont 2 sur chaque rive. Dans les eaux hautes, 6 et quelquefois 8 chevaux.

De Compiègne à Conflans, on n'emploie que 2 chevaux, sur un bateau Marnois ou Besogne.

Pour remonter la Seine de Conflans à Paris, en eau basse ou moyenne, on emploie, sur un Marnois, 4 chevaux, et s'il y en a 2 couplés ensemble, 8 chevaux.

Dans les hautes eaux, il faut sur un Marnois 6 chevaux, et s'il y en a 2 couplés ensemble, 12 chevaux.

Sur une Besogne, en eau basse et moyenne, on emploie 6 chevaux; sur deux Besognes couplées, 12 chevaux.

En eau haute, sur une Besogne, 8 chevaux, et sur 2 couplées, 16, non compris les renforts de chevaux qu'on prend aux passages indiqués dans la description de la navigation de la basse Seine, page 118.

Dans le cas de déchargement sur les ports intermédiaires de Conflans à Paris, la distance par eau du prix des chevaux de rhun se fait ordinairement par quart, c'est-à-dire qu'un bateau partant du port de Marly pour monter à Paris paye trois quarts, et ainsi des autres ports en remontant.

Les bateaux vides descendent de Paris à Conflans sans le secours de chevaux; mais pour remonter l'Oise, on emploie, savoir :

Sur une Besogne, eau basse et moyenne, 4 chevaux.
Si elle est couplée avec un Marnois, 6.
Sur une Besogne, eau haute, 8.
Si elle est couplée avec un Marnois, 10.
Sur un Marnois, eaux basses et moyennes, 4.
Dans les hautes eaux, 6.
S'ils sont couplés deux ensemble, le nombre des chevaux est doublé.

Ce nombre de chevaux est indépendant de ceux de renfort qu'on est obligé de prendre pour monter les ponts.

Lorsqu'un bateau remonte chargé, on est obligé de prendre un plus grand nombre de chevaux pour lui faire remonter l'Oise et lui faire franchir les ponts; mais le nombre n'en peut être déterminé, cela dépend de la charge du bateau et de la tenue des eaux.

Les bateaux arrivant à Compiègne chargés à la tenue des eaux, sont obligés d'alléger pour se rendre à Chauny et à St.-Quentin, attendu la différence des eaux de Compiègne et de celles de Chauny, ces dernières étant moins fortes qu'à Compiègne, où l'Oise a reçu les eaux de la rivière d'Aisne.

Les bateaux ainsi allégés peuvent se rendre de Compiègne à Pont-l'Evêque en un jour et demi, et en un autre jour et demi de Pont-l'Evêque à Chauny, en tout   3 jours.
Le trajet de Paris à Conflans demandant 1
Et celui de Conflans à Compiègne   5

La route de Paris à Chauny demande   9 jours.

Troisième partie. — Chapitre second. — Section deuxième.

AISNE, *affluent de l'Oise.*

L'Aisne parcourt les départemens de la Meuse et de la Marne, où elle n'est ni navigable ni flottable;
Celui des Ardennes, où elle offre 55,000 m. (12 l. 1/4) de flottage.

Celui des Ardennes, où elle offre 25,000 m. (5 l. 1/2) de navig.
De l'Aisne   80,000   (18 l. »)
De l'Oise   20,000   (4 l. 1/2.)

Total. . . . .   125,000 m. (28 l. ») de navig.

Cette rivière prend sa source à Somme-Aisne (Meuse), commence à être flottable en trains au port de Mouron (Ardennes), à porter bateau à Château-Portien et se jette dans l'Oise au-dessus de Compiègne (Oise).

L'Aisne fournit bois de chauffage dur et blanc, bouleau, bureau, racine, billonettes, coterêts et fagots, charpente, sciage, étaux, échalas, lattes, charronnage et margotins; charbon de bois.

On ne flotte sur l'Aisne que des bois de marine, de charpente et en grume, dont on forme des trains aux ports de Mouron, Vouziers, Semuy, Rethel et Condé-lès-Herpy. Ces bois proviennent des forêts de Mazarin, du Mont-Dieu, de la Maison-Rouge, de Signy et en général de toutes celles qui environnent le lit de cette rivière, très-boisée dans sa partie supérieure.

Il existe sur la partie supérieure de l'Aisne plusieurs sas éclusés et écluses simples dont la largeur varie de 4 m. 85 c. à 10 m.

La navigation de l'Aisne doit acquérir une grande importance par suite de l'ouverture du *Canal des Ardennes* et du projet qu'on a conçu de canaliser l'Aisne.

L'Aisne dépend de l'inspection de Compiègne. Il y a pour son cours deux bureaux de recette de l'octroi de navigation : l'un à Soissons et l'autre à Compiègne.

Les bateaux qui naviguent sur l'Aisne sont les mêmes que sur l'Oise (voyez l'Oise, p. 123).

Sur un bateau marnois ou sur une besogne, de Soissons à Compiègne, il faut 4 hommes d'équipage, en moyenne eau ; 5 hommes, eau haute ; dans les moyennes et basses eaux, il faut 2 chevaux pour descendre de Soissons à Compiègne ; et dans les hautes eaux, il faut 4 chevaux.

Pour remonter de Compiègne à Soissons, il faut deux jours et six chevaux.

La source de l'Aisne est au lieu dit Somme-Aisne, 1/4 l. S.-E. de Pretz (département de la Meuse).

Elle passe à Pretz, à Riaucourt et à Vaubecourt, traverse les bois de l'Isle, passe à Senard, à Charmontois-l'Abbé et à Charmontois-le-Roi, traverse les bois de Belval, passe au Chemin, à Villers-en-Argonne, à Chatrices, à Verrières et à Ste.-Menehould. La partie située à l'E. et au N.-E. de Ste.-Menehould est très-boisée; c'est-là que s'étend la forêt d'Argonne. Il se fait à Ste.-Menehould des dépôts de bois considérables.

L'Aisne passe ensuite à Chaudefontaine, à la Neuville-au-Pont, à Vienne-la-Ville, au-dessous duquel elle reçoit, à droite, le canal de Biesme (1).

L'Aisne passe ensuite à St.-Thomas, à Melzicourt, à Servon, à Yvoy, à Condé-lès-Autry, à Autry, à Lançon, à Grand-Han, à Senuc au-dessous duquel elle reçoit l'*Aire* sur sa rive droite (2).

(1) Il appartient aux départemens de la Meuse et de la Marne. Ce canal qui coule à travers la forêt d'Argonne n'est autre chose que la rivière de Biesme qui prend sa source aux étangs de Beaulieu (Meuse), parcourt ce département jusque vers Couru, ensuite passant successivement aux Grandes-Islettes, aux Petites-Islettes, à Neuffour et à la Chalade, fait la séparation des départemens de la Meuse et de la Marne jusqu'au Four de Paris, point où elle entre dans celui de la Marne, passe à la Harazée, à Vienne-le-Château, et se jette dans la rivière d'Aisne, au-dessous de Vienne-la-Ville.

Ce canal a flotté à bûches perdues depuis la sortie du dernier étang de Beaulieu, dit de la Scierie, jusqu'à son embouchure, sur une étendue de 24,065 m. (5 l. 1/2), mais depuis 1807 on n'a pas fait flotter sur le canal de Biesme, parce que tous les bois de la contrée suffisent à peine pour alimenter les verreries, faïenceries, forges et tuileries établies dans la vallée de la Biesme.

(2) La rivière d'Aire appartient aux départemens de la Meuse et des Ardennes : elle prend sa source à la Fontaine de la Delie, près St.-Aubin, 2 l. E. de Ligny. Elle passe à Dom-Remy, à Gimecourt, à Nicey, à Beauzée, à Nubecourt, à Fleury

Cours flottable en trains.

1/2 l. au-dessous de la jonction de l'Aire à l'Aisne, rive droite, Mouron, port où l'Aisne commence à être flottable ; rive gauche, Vaux-lès-Mouron.

3/4 l. au-dessous, rive gauche, Brecy.

1/2 l. au-dessous, rive droite, Olizy-la-Ferté.

3/4 l. au-dessous, rive gauche, Savigny-sur-Aisne.

1/2 l. au-dessous, rive droite, Falaise.

1/2 l. au-dessous, rive gauche, Teliane, et un peu plus bas, même rive, Vouziers, port.

1/2 l. au-dessous, rive gauche, Condé-lès-Vouziers.

3/4 l. au-dessous, rive gauche, Vrizy.

1/4 l. au-dessous, rive droite, Vandy.

1/2 l. au-dessous, rive droite, Terron-sur-Aisne.

1/2 l. au-dessous, rive droite, Vone.

1 l. au-dessous, rive droite, Semuy, port. C'est à Semuy que s'embranche le *canal des Ardennes* (voyez sa description particulière).

1/2 l. au-dessous, rive gauche, Rilly-aux-Oyes.

1 l. au-dessous, rive gauche, Attigny.

1 l. 1/4 au-dessous, rive gauche, Givry-sur-Aisne.

1/4 l. au-dessous, rive gauche, Montmarin.

1 l. 1/2 au-dessous, rive gauche, Seuil.

3/4 l. au-dessous, rive gauche, Thugny.

3/4 l. au-dessous, rive gauche, Bierme.

3/4 l. au-dessous, rive gauche, Sault.

1/4 l. au-dessous, rive droite, Rethel, port.

1 l. au-dessous, rive gauche, Nanteuil-sur-Aisne ; rive droite, Barby au-dessous duquel l'Aisne reçoit, sur sa rive droite, la rivière de *Vaux* (1).

3/4 l. au-dessous, rive gauche, Taisy.

en Argonne, à Autrecourt, à Froidos, à Rarécourt, à Auzeville près de Clermont en Argonne, à Aubreville, à Neuvilly près de la Forêt de Hesse, à Beureulles, à Varennes, à Apremont, à St.-Juvin, à Chevières, à Grandpré, à Termes 1/2 l. au-dessous duquel elle rejoint l'Aisne.

L'Aire n'est point employée aujourd'hui au flottage, mais autrefois elle flottait des bois de chauffage maintenant consommés par les usines du pays. La loi du 5 août 1821, relative à l'ouverture du canal des Ardennes, laisse la faculté de rendre cette rivière navigable, s'il est reconnu que les dépenses seront en proportion avec les produits.

(1) Rivière qui a sa source dans les Ardennes entre les fermes de la Randouette et de Dominette sous Marlemont, et qui sans sortir de ce département se jette dans l'Aisne près de Château-Portien : elle passe à Liberey, à Signy-l'Abbaye, à la Lobbe, à Wasigny, à Justine, à Hauteville, à Inaumont et à Escly.

On assure que cette rivière était autrefois navigable. Les barrages multipliés qu'on rencontre actuellement sur son cours n'ont aucun pertuis pour le passage des bois ; elle serait cependant susceptible de servir au flottage depuis Liberey jusqu'à son embouchure sur une étendue de 26,000 m. (5 l. 3/4).

Cours navigable.

1/4 l. au-dessous, rive droite, Château-Portien, où l'Aisne commence à porter bateau.

1/4 l. au-dessous, rive droite, Condé-lez-Herpy, port.

1/4 l. au-dessous, rive droite, Herpy.

1 l. 1/4 au-dessous, rive droite, Gomont.

1/4 l. au-dessous, rive droite, Balham ; rive gauche , Blanzy.

1/4 l. au-dessous, rive gauche, Aire.

3/4 l. au-dessous, rive droite, Juzancourt.

1/2 l. au-dessous, rive gauche, Asfeld-la-Ville.

1/2 l. au-dessous, rive gauche, Vieux ; rive droite , St.-Remy et Avaux ou Asfeld-le-Château.

1 l. 1/4 au-dessous, rive droite, Evergnicourt. A Evergnicourt il existe un barrage formant pertuis par où passent les trains, mais coupon par coupon.

1/4 l. au-dessous, rive gauche, Neufchâtel, port. Les bateaux ne remontent que jusqu'à Neufchâtel.

1/2 l. au-dessous, rive gauche, Pignicourt.

1/2 l. au-dessous, rive droite, Meneville.

1/4 l. au-dessous, rive gauche, Variscourt.

5/4 l. au-dessous, rive droite, Guignicourt.

1/2 l. au-dessous, rive gauche, Condé, où l'Aisne reçoit, à gauche, la rivière de *la Suippe.*

1 l. au-dessous, rive droite, Bery-au-Bacq.

1/2 l. au-dessous, rive gauche, Gernicourt, au-dessous duquel l'Aisne reçoit, à droite, la rivière de *la Miette.*

1 l. au-dessous, rive droite, est Pontavaire, port.

3/4 l. au-dessous, rive droite, Chaudarde.

1/4 l. au-dessous, rive gauche, Concevreux.

1/4 l. au-dessous, rive droite, Cuiri.

5/4 l. au-dessous, rive gauche, Maizy.

1/2 l. au-dessous, rive droite, Beaurieux.

3/4 l. au-dessous, rive droite, Euilly.

3/4 l. au-dessous, rive droite, Bourg.

1/2 l. au-dessous, rive gauche, Pontarcy, où des restes d'un ancien pont gênent la navigation.

1 l. au-dessous, rive droite, Chavonnes.

1/4 l. au-dessous, rive gauche, Prêles.

3/4 l. au-dessous, rive droite, Vailly, où les restes d'un pont gênent la navigation.

1/2 l. au-dessous, rive droite, Celles.

1/4 l. au-dessous, rive droite, Condé. Au-dessous de Condé, l'Aisne reçoit, à gauche, la rivière de *Vêle,* qui passe à Reims, à Fismes et à Braine.

1/2 l. plus bas, rive droite, Micy-sur-Aisne.

1 l. plus bas, rive gauche, Venizel.

1 l. 1/2 plus bas l'Aisne traverse Soissons où il y a un port, un pont avec un chef, et un bureau de recette de l'octroi de navigation.

1/2 l. plus bas, rive gauche, St.-Crépin-en-Chaye.

1/4 l. plus bas, rive droite, Pasly, port.

Dans les basses eaux, des bancs de pierre forment un passage difficile au-dessus du bac de Pasly.

1/2 l. plus bas, rive droite, Pommiers.

1/2 l. plus bas, rive gauche, Canivet, port.

1/2 l. plus bas, rive droite, Osly.

1/2 l. plus bas, rive droite, Fontenoy-la-Tour.

Dans les basses eaux, des bancs de pierre forment un passage difficile à Fontenoy.

1/4 l. plus bas l'Aisne reçoit, sur la rive gauche, le ruisseau de *Cœuvres* qui a quelquefois servi au flottage à bûches perdues, des bois de la partie septentrionale de la forêt de Villers-Coterêts.

1 l. plus bas, rive droite, Vic-sur-Aisne, port.

3/4 l. plus bas, rive gauche, Jaulzy, port.

1/4 l. plus bas, rive droite, Atichy, port.

1/4 l. plus bas, rive gauche, Couloisy.

1/2 l. plus bas, rive gauche, La Motte, port, où l'Aisne reçoit, à gauche, le ruisseau de *Vandi* (voyez sa description particulière).

1/4 l. au-dessous, rive gauche, est Breuil.

1/2 l. au-dessous, rive droite, est la Joyette, port.

1/2 l. au-dessous, rive droite, est Rethondes, au S. de la forêt de l'Aigue.

1/4 l. plus bas, rive gauche, Mortblain, où l'Aisne reçoit, à gauche, un ruisseau qui prend sa source au-dessus de Pierrefond, traverse la forêt de Compiègne, et a servi quelquefois au flottage à bûches perdues.

1/2 l. plus bas, rive droite, est Francport, port.

Entre Francport et Lamotte on rencontre les ports de Carendeau, Étapes, la Joyette, Cabagne, Bernago, Lorin et Port-Marion.

3/4 l. plus bas, rive droite, Choisy-au-Bac, port.

1/2 l. plus bas, l'Aisne se jette dans l'Oise à 1/2 l. au-dessus de Compiègne.

Troisième partie. — Chapitre second. — Section troisième.

CANAL DES ARDENNES (*en construction*).

Ce canal, qui a 95,400 m. (21 l. 1/2) de la Meuse à Neufchâtel, non compris l'embranchement de Senuc, joint la Meuse et l'Aisne, et appartient aux bassins de la Meuse et de la Seine. Il a été construit en vertu d'une loi du 5 août 1821, et appartient en entier au département des Ardennes.

Le plafond du canal a 10 m. de largeur; les écluses ont 5 m. 20 c. de largeur, et 38 m. de longueur, ce qui, en égard à la profondeur d'eau de 1 m. 50 c., comporte des bateaux chargés de 150 à 200,000 kilogr. Ce canal doit être complètement terminé, d'un bout à l'autre de sa grande ligne, en 1828.

Il se compose de trois parties :

1° Jonction de la Meuse à l'Aisne entre l'embouchure de la Bar dans la Meuse, vis-à-vis Vrignemeuse, à 3/4 l. au-dessous de Donchery, et le village de Semuy, situé sur l'Aisne, au moyen d'un canal à point de partage, dont le bief culminant est au Chêne-le-Populeux. Ce bief est alimenté par la Bar (1), et a une longueur de 8,333 m.; la longueur du versant de la Meuse est de 22,000 m., et celle de l'Aisne de 8,881 m., en total 39,214 m. (8 l. 3/4).

La différence de niveau entre le bief de partage et les plus basses eaux de la Meuse est de 16 m. 19 c., et celle du bief, aux basses eaux de l'Aisne à Semuy, est de 78 m. 03 c.

La pente du côté de la Meuse est rachetée par huit sas éclusés, et celle du côté de l'Aisne par vingt-sept.

2° Canal latéral sur la rive gauche de l'Aisne, de Semuy à Château-Portien, et canalisation de l'Aisne, de Château-Portien à Neufchâtel.

Le canal latéral, alimenté par l'Aisne, est de 31,535 m. (7 l.) de long, et sa pente de 19 m. 55 c. est rachetée par 12 sas éclusés.

La navigation de l'Aisne est améliorée au moyen de plusieurs dérivations, entre Château-Portien et Neufchâtel, sur une étendue de 24,631 m. (5 l. 3/4). Quatre sas éclusés sont construits sur cette partie.

3° Embranchement qui remonte de Semuy à Senuc, par Vouziers, sur l'Aisne supérieure.

Sous le rapport de l'approvisionnement en charbon de terre, le canal des Ardennes paraît devoir acquérir une grande importance,

(1) La *Bar*, rivière du bassin de la Meuse, prend sa source à Bar (Ardennes) et sans sortir de ce département, se jette dans la Meuse au-dessous de Donchery. Elle commence à être flottable à bûches perdues à Tannay et en trains à Malmy.

La partie flottable à bûches perdues a	20,900 m. (4 l. 3/4)	de longueur.
La partie flottable en trains a	30,670 m. (6 l. 3/4)	de longueur.
Total.	51,570 m. (11 l. 1/2)	

Le flottage est très-difficile sur cette rivière, à cause des sinuosités de son cours.
La rivière de Bar est destinée à être rendue navigable et doit faire partie du canal des Ardennes. Les travaux à exécuter à cet effet consistent : 1° Dans l'ouverture d'un nouveau lit pour la rivière, depuis l'origine de la vallée de la Bar près le parc de Buzancy jusqu'au Pont-Bar ; 2° dans l'élargissement et la rectification de l'ancien cours de la rivière depuis le Pont-Bar jusqu'à la Meuse. Au moyen de ces travaux le cours de la Bar, qui a aujourd'hui un développement de 69,040 m. (15 l. 1/2), sera réduit à 49,788 m. (11 l. 1/4).

9*

comme destiné à fournir de la houille à la capitale et aux départemens qu'arrosent l'Aisne, l'Oise et la Basse-Seine, en ouvrant une communication entre l'intérieur de la France et les riches houillères de Charleroi. Situées en Belgique, sur les bords de la Sambre, à peu de distance de la Meuse, elles contiennent abondamment un charbon d'une extraction facile et d'une qualité supérieure. Si jusqu'à présent leur exploitation n'a pas acquis l'importance qu'elle aura bientôt, ce n'est qu'à cause du manque de débouchés.

En effet, leurs produits ne peuvent être expédiés vers l'Escaut qu'après avoir été transportés par charrois au canal de Mons, qui est éloigné de 9 à 10 l. de Charleroi; et d'un côté ces charbons rencontrent, dans la Basse-Meuse, la concurrence des mines de Liége. Malgré ce désavantage de position, un état officiel dressé en mars 1826, par une commission de commerce nommée par ordre du gouvernement des Pays-Bas, nous apprend que l'extraction des houillères de la série de Charleroi s'est élevée, terme moyen des trois années précédentes, à 3,290,000 liv. de Brabant, ou 1,548 tonneaux de 1,000 kil. par chaque jour de travail; et que, d'après les déclarations des maîtres de fosses, cette quantité pourrait, s'il y avait du débouché, être augmentée de 6,610,000 liv., ce qui porterait l'extraction journalière à 9,900,000 liv., ou 4,660 tonn., et le produit annuel à environ 1,400,000 tonn., en calculant 300 jours de travail par an.

D'après ces documens, cette commission déclare reconnaître que les houillères de Charleroi pourront fournir aisément à une exportation annuelle vers la France d'une quantité d'environ 900,000 tonn.

Il est à observer que les houillères d'Oudet et de Marimont, n'étant pas de Charleroi, n'ont pas été comprises dans cette évaluation; mais elles sont des plus importantes du pays, et comme elles ne se trouvent qu'à deux ou trois lieues de la Sambre, il n'y a pas de doute qu'elles ne profitent également des nouveaux débouchés que la navigation leur offrira, puisque dans ce moment elles expédient leurs produits au canal de Mons qui en est à une distance de 5 à 6 lieues.

En passant par la Sambre, la Meuse, le canal des Ardennes, l'Aisne, l'Oise et la Seine, on a calculé que le charbon de Charleroi reviendra à Paris par 100 kil. (soit par hectolitre, mesure comble), savoir:

Achats à la houillère et versement dans le bateau. .	» fr.	75 c.
Loyer du bateau, salaire de l'équipage.	»	50
Frais de halage.	»	32
Douane, péage et octroi de navigation	1	11
Débarquement, frais imprévus.	»	10

Total pour 100 kil. . . 2 fr. 78

Or ce prix est tellement bas qu'il est naturel d'espérer qu'il se fera par le canal des Ardennes une importation considérable de houille pour Paris et pour les départemens arrosés par l'Aisne, l'Oise et la Seine-Inférieure.

L'étendue des forêts des départemens qui bordent la Meuse est d'environ 400,000 hectares, dont une grande portion est en futaies de la plus belle croissance. Les bois de charpente y coûtent 3 à 4 fr. la solive. Il est évident qu'avec l'avantage du flottage sur la Meuse, la navigation du canal des Ardennes, en mettant ces départemens en rapport avec Paris, donnera lieu à des exportations considérables de ces bois, d'autant plus que trouvant des débouchés, ils cesseront d'être en grande partie employés sur les lieux à l'usage des usines, dans lesquelles la houille leur sera substituée.

La 3ᵉ partie du canal des Ardennes (l'embranchement de Senuc), bien qu'elle n'aboutisse pas par son extrémité supérieure à une autre navigation, n'en est pas moins fort intéressante, puisqu'elle servira à l'exportation des bois de charpente de la forêt d'Argonne.

Troisième partie. — Chapitre second. — Section quatrième.

VANDI, *affluent de l'Aisne.*

Ce ruisseau offre dans les dép. de l'Aisne   1,340 m. (» l. 1/4 .
Et de l'Oise   10,660 m. (2 l   ).

             Total   12,000 m. (2 l. 3/4).

Douze mille mètres de flottage à bûches perdues pour des bois provenant de la forêt de Villers-Coterêts et destinés à Paris.

Le Vandi a deux sources situées toutes deux dans le départ. de l'Aisne ; l'une à Ste.-Clotilde. près Vivières, et l'autre à Retheuil.

Le flottage commence . sur la branche de Ste.-Clotilde, à Longue-Avoine, 1/2 l. de sa source, et sur l'autre branche à Thimet, 3/4 l. de sa source.

Il existe sur la partie flottable du Vandi une douzaine de moulins dont les vannes, destinées au passage des bois, ont une largeur qui varie de 1 m. 10 c. à 1 m. 62 c.

Le Vandi, depuis la jonction de ses deux sources, passe à Chelles et à Cuise-la-Motte.

Il coule au nord de la forêt de Villers-Coterêts, et à l'est de celle de Compiègne.

Aux termes d'une décision ministérielle du 29 juin 1813, portant réglement pour le service du flottage, le service réglé et ordinaire des flots sur les ruisseaux de Ste.-Clotilde et de Vandi a lieu, suivant l'usage, du 15 septembre au 15 mai. Néanmoins, dans le cas où des pluies abondantes auraient fourni suffisamment d'eau, on flotte, s'il en est besoin, entre le 15 mai et le 15 septembre : mais ce flot ne s'effectue qu'avec le consentement de l'inspecteur-général, résidant à

Compiègne, et lorsqu'il s'est assuré de la possibilité d'y flotter, sans nuire aux récoltes des propriétés riveraines.

Conformément à la décision ministérielle du 26 prairial an XIII, portant application du système de l'approvisionnement sur le ruisseau du Vandi, le garde-général, établi sur ce ruisseau, est exclusivement chargé de la direction du service des flottages, tant sur ce ruisseau que sur celui de Ste.-Clotilde.

Il est toujours loisible aux marchands de flotter par eux-mêmes ou par leurs gardes-ventes les bois de leurs exploitations, ou de confier leurs flots au garde-général des ruisseaux, comme ils ont accoutumé jusqu'à ce jour; mais afin de prévenir les abus et de procurer aux marchands, aux propriétaires riverains et meuniers et au gouvernement un recours certain en garantie dans les cas d'inondations, de retards ou de dégradations des étangs et des ouvrages d'art, etc., nul autre que les marchands ou leurs gardes-ventes ou le garde-général des ruisseaux ne peut entreprendre les flottages, sans avoir obtenu l'assentiment de l'administration, sur le vœu général du commerce et le rapport de l'inspecteur d'arrondissement.

La manœuvre et le remplissage des étangs de Longue-Avoine, de Thimet et de Roy-St.-Nicolas, qui fournissent l'eau nécessaire aux flottages, la retenue et la manutention de leurs eaux, pour ce qui concerne le flottage seulement, appartiennent exclusivement au garde-général. Les clés des vannes de ces étangs et celles de toutes les vannes de flottage établies sur le ruisseau, lui sont exclusivement confiées, à la charge par lui de veiller à ce que les eaux ne soient pas retenues au point de dégrader les étangs et d'inonder les propriétés riveraines.

Il préviendra au moins deux jours à l'avance de chaque flot les maires des communes riveraines et les meuniers établis sur les ruisseaux, afin que le service ne puisse éprouver de retard.

Il sera tenu de suivre et diriger tous les flots qui s'exécutent sur ces deux ruisseaux, soit qu'il en ait l'entreprise ou non.

Il doit veiller à ce que les meuniers soient régulièrement payés de l'indemnité de chômage; à ce que les bûches qui restent après le flot soient ramassées et conservées aux marchands; à ce que les ouvriers ne commettent aucun dégât à l'égard des marchandises ou sur les propriétés riveraines; à ce qu'il soit laissé, dans toute la longueur des ruisseaux, un passage aux ouvriers pour la conduite des flots.

Il doit constater les oppositions et les retards préjudiciables au commerce, les accidens et les inondations qui peuvent arriver, les dégradations qui en résultent pour les étangs, vannes et ouvrages construits sur les ruisseaux, ainsi que les causes de ces événemens; il remet ces procès-verbaux en bonne forme à l'inspecteur-général de Compiègne.

Il ne doit point souffrir que l'on dépose du bois sur les ports à moins d'un mètre et demi de distance du bord, afin d'empêcher les éboulemens et la dégradation des berges.

Il doit s'opposer au pacage des bestiaux sur les chaussées des étangs, et veiller, en général, à la conservation des ruisseaux et des ouvrages qui y sont ou qui y seront établis.

Il est seul chargé de surveiller l'arrivage des bois sur les ports, d'en faire faire le cordage, d'en fournir le compte aux marchands, et de veiller à leur conservation.

Il ne peut lui être attribué, en cette qualité, d'autre salaire que la rétribution de 50 centimes par décastère, à la perception de laquelle il est autorisé, d'après le tarif de 1704, par la décision ministérielle du 26 prairial an XIII. Cette rétribution lui est due sur chaque décastère déposé sur les ports des ruisseaux de Ste.-Clotilde et de Vandi.

Il doit maintenir constamment l'usage de flotter les bois de chaque marchand, par tour, selon l'ordre de leur arrivée sur les ports et sans aucune préférence. Si cependant le marchand, duement averti, ou son garde-vente, en cas d'absence, ne le mettait pas en état de profiter de son tour, ou jugeait devoir attendre pour flotter une plus grande quantité de bois à la fois, le garde-général cesse de retenir l'eau des étangs, et le flot a lieu au profit de celui dont le tour vient immédiatement après le sien, et ainsi de suite jusqu'à ce que le marchand en retard soit en état de reprendre son tour.

Le garde-général a soin de maintenir dans les étangs, en toute saison, le volume d'eau nécessaire à l'existence du poisson.

Il rend compte à l'inspecteur, à Compiègne, de toutes les difficultés qu'il peut éprouver dans l'exécution du règlement et de tout ce qui peut contrarier le bien du service.

Troisième partie. — Chapitre troisième. — Section première.

JONCTION DE L'ESCAUT ET DE LA SEINE PAR L'OISE.

Cette importante communication, qui unit le nord au midi, s'opère au moyen de deux canaux qui se succèdent de l'Escaut à l'Oise.

Le premier, dit canal de St.-Quentin, unit l'Escaut à la Somme de Cambrai à St-Quentin, sur une longueur de 51,829 m. 20 c. (11 l. 1/4).

Le deuxième, dit canal Crozat, unit la Somme à l'Oise, de Saint-Quentin à Chauny, et présente une longueur de. 41,551 m. 50 c. (9 l. 1/4).

Total de la longueur des deux canaux. 93,380 m. 70 c. (20 l. 1/2).

Cette communication facilite principalement l'approvisionnement de Paris en charbons de terre des départemens du Nord et de la Belgique.

L'offre faite par le sieur Augustin Honnorez d'exécuter à ses frais, risques et périls, les travaux nécessaires au perfectionnement et à l'amélioration des canaux de St.-Quentin et de Crozat, moyennant la jouissance des produits desdits canaux pendant 22 ans, vient d'être acceptée (Loi du..... 1827). Les travaux qui doivent comprendre l'achèvement de la rigole dérivée du Noirieu doivent être terminés sous l'espace de quatre années au plus.

Troisième partie. — Chapitre troisième. — Section deuxième.

CANAL CROZAT.

Ce canal est tout entier dans le département de l'Aisne.

Il réunit l'Oise à la Somme entre St.-Quentin et Chauny. Il fut livré à la navigation en 1735.

C'est un canal de dérivation d'un développement de 41,551 m. 5o c. (9 l. 1/4), non compris l'embranchement qui se dirige sur La Fère, et qui est de 3,800 m. (une petite lieue) de longueur.

La pente du canal Crozat, qui est de 31 m. 67 c., est rachetée par treize sas éclusés, d'une largeur de 6 m. 5o c., et d'une longueur de 38 m. 98 c. d'un chardonnet à l'autre. La profondeur d'eau du canal est d'un m. 65 c.

La navigation est interrompue chaque année, du 15 août au 15 octobre, pour faciliter l'exécution des ouvrages d'entretien.

Ce canal sert principalement au transport de charbons de terre.

Il est latéral à la Somme, savoir : sur la rive gauche de la Somme, depuis St.-Quentin jusqu'au-dessous de l'écluse de Seraucour.

De ce point au moulin d'Arthem, le canal Crozat occupe le lit même de la Somme.

Du moulin d'Arthem en aval, il redevient latéral à la rive droite de la Somme jusqu'à St.-Simon.

Le canal Crozat dépend de l'inspection de Noyon.

Le canal commence à St.-Quentin, où il y a un bureau de perception des droits du canal.

1 l. 1/4 au-dessous de St.-Quentin est l'écluse de Fontaine-les-Clercs (première écluse du canal). Entre St.-Quentin et cette écluse, on rencontre sur la rive gauche Raucour, Gaulchy, Grugy, Giffecourt, Castres; et sur la rive droite, Oestre, Dallon et Fontaine-les-Clercs.

1 l. au-dessous est la deuxième écluse de Seraucour ou du Hamel. Entre cette écluse et la précédente, on rencontre sur la rive gauche Contescourt, Grand-Seraucour; et sur la rive droite, le Hamel ou Petit-Seraucour.

3/4 l. au-dessous est la troisième écluse de Pont-Tugny. Entre cette écluse et la précédente, on rencontre, à droite, Happencourt et Tugny; et à gauche, Arthem.

2 l. 1/4 au-dessous est la quatrième écluse de Jussy. Entre cette écluse et la précédente, on rencontre, à gauche, St.-Simon, Avesne et Camas; et à droite, Ollezy, Annoy et Jussy. C'est à St.-Simon que le canal de la *Somme* ou du *duc d'Angoulême*, s'embranche à droite sur le canal Crozat. Nous avons donné une notice succincte sur ce canal

3/4 l. au-dessous est la cinquième écluse de Mennessy.

Un peu plus bas est la sixième écluse de Voyaux. Entre cette écluse et la précédente on rencontre, sur la rive gauche, Lyez; et à droite, Mennessy.

1 l. au-dessous sont les septième, huitième et neuvième écluses accolées, dites de Fargniers. Entre ces écluses et la précédente on rencontre, à gauche, le Moulinet, Quessy et Fargniers; et à droite, Tergny.

1/4 l. au-dessous des écluses de Fargniers on rencontre un bassin triangulaire d'où part, à gauche, un embranchement dit canal de La *Fère;* le canal Crozat continue sur la droite du bassin.

Le canal, dit de La Fère, se termine à La Fère; il est sans écluses et alimenté par les eaux de la petite Oise qui environnent l'arsenal de la Fère, et où elles sont retenues par des vannes. La longueur de cet embranchement est de 3,800 m. (une petite lieue), qui appartiennent en totalité au département de l'Aisne.

1/4 l. au-dessous du bassin triangulaire est la dixième écluse, dite de Tergny.

1/2 l. au-dessous est l'onzième écluse, dite de Viry. Il y a à Viry un pont à bascule.

Entre l'écluse de Viry et celle de Tergny on rencontre, à gauche, le Hamel, le Burguet et Condren; et à droite, Viry.

1/2 l. au-dessous est la douzième écluse, dite de Senicourt.

1/2 l. au-dessous est la treizième et dernière écluse, dite de Chauny.

211 m. au-dessous de cette écluse, le canal Crozat rejoint la rivière d'Oise. Nous avons déjà parlé dans la description de l'Oise du canal de Manicamp, mais nous croyons utile de répéter que ce canal prolonge le canal Crozat, de Chauny à Manicamp, sur une longueur de 4,851 m. (1 l.)

Il y a à Chauny un bureau de jaugeage pour les bateaux, et un bureau de perception des droits du canal.

Troisième partie. — Chapitre troisième. — Section troisième.

CANAL DE ST.-QUENTIN.

Il commence à Cambrai et finit à St.-Quentin.

Il est situé dans les départemens du Nord et de l'Aisne.

Les travaux commencés en 1768, suspendus en 1775, ont été repris en 1802 et terminés en 1810.

Ce canal est à point de partage.

Le versant du côté de Cambrai a	24,984 m. 20 c.	(5 l. 1/2).
Le point de partage.	20,245 m.	(4 l. 1/2).

dont 6,777 m. (1 l. 1/2) en canal souterrain, et 13,468 m. (3 l.) en canal à ciel ouvert.

Le versant du côté de St.-Quentin	6,600 m.	(1 l. 1/4).
Total de la longueur	51,829 m. 20 c.	(11 l. 1/4)

La largeur des vingt-deux sas éclusés est de 5 m. 20 c., et leu longueur est de 38 m. 60 c. d'un chardonnet à l'autre. La profondeur d'eau du canal est d'un m. 65 c.

Le canal de St.-Quentin dépend de l'inspection de Cambrai.

La navigation est interrompue chaque année, du 15 août au 15 octobre, pour faciliter l'exécution des ouvrages d'entretien.

Le canal sert au transport des charbons de terre principalement.

Le bief de partage est alimenté par les eaux de l'Escaut, qui y entrent immédiatement au-dessus du sas éclusé du Bosquet. Les eaux de la Somme servent aussi à alimenter ce canal; elles y arrivent dans les deux biefs qui suivent celui de partage, au moyen de petits canaux ou rigoles de dérivation.

On s'occupe de l'exécution d'une rigole qui amènera encore au bief de partage les eaux de la rivière du Noirieu et de l'Oise. Cette rigole, qui est destinée à faire partie du canal de la *Sambre*, aura, jusqu'au Noirieu, une longueur de 21,675 m. (4 l. 3/4), dont une portion en galerie souterraine de 6,172 m. (1 l. 1/4) (voyez la notice succincte que nous donnons sur le canal de la Sambre).

Le bief de partage traverse, un peu au-dessous de Bellenglise, la vallée de l'Omignon. Un bassin a été construit dans cette partie, comme devant être un jour le point d'arrivée d'un canal de jonction du canal du duc d'Angoulême avec celui de St.-Quentin.

Ce canal de jonction aurait son embouchure dans celui du duc d'Angoulême au-dessus de Péronne. Les houilles destinées pour Péronne, Amiens, Abbeville, St.-Valery, obtiendraient, en prenant cette direction, une diminution assez considérable sur les frais de transport. La longueur de ce canal serait d'environ 27,000 m. (6 l.), tandis qu'en passant par le canal de St.-Quentin et par celui du duc d'Angoulême pour arriver au même point, il faut parcourir 55,000 m. (12 l. 1/4), d'où il résulte que le nouveau canal abrégerait la distance de 28,000 m. (6 l. 1/4).

Versant du côté de Cambrai.

La pente de ce versant est de 37 m. 30 c. rachetée par 17 sas éclusés.
Il existe sur le canal à Cambrai un bassin franc, dans l'intérieur

auquel les bateaux peuvent circuler librement, être chargés, déchargés, allégés, etc., sans être soumis aux droits. Ce bassin a 1,500 m. de longueur.

Il y a aussi à Cambrai un bureau de jaugeage pour les bateaux, et un bureau de recette des droits du canal.

3/4 l. au-dessous de Cambrai 1re écluse, dite de Proville.

1/4 l. au-dessous 2e écluse, dite de Cantigneul.

1/8 l. au-dessous 3e écluse, dite du moulin de Noyelle.

1/2 l. au-dessous 4e écluse, dite de Noyelle ou de Talma.

1/4 l. au-dessous 5e écluse, dite de Marcoing.

1/4 l. au-dessous 6e écluse, dite de Bracheu.

1/2 l. au-dessous 7e écluse, dite de Manières.

1/4 l. au-dessous 8e écluse, dite de St.-Waast.

1/4 l. au-dessous 9e écluse, dite de Crèvecœur.

1/8 l. au-dessous 10e écluse, dite de Vinchy.

1/2 l. au-dessous 11e écluse, dite du Tordoir ou de Rue-des-Vignes,

1/2 l. au-dessous 12e écluse, dite de Vaucelles.

1/2 l. au-dessous 13e écluse, dite de Bantouzel.

1/8 l. au-dessous 14e écluse, dite de Banteux.

1/4 l. au-dessous 15e écluse, dite de Honnecourt.

1/4 l. au-dessous 16e écluse, dite de Moulin-la-Fosse.

1/8 l. au-dessous 17e écluse, dite du Bosquet.

Bief de partage.

La distance de ce bief, entre les écluses du Bosquet et du Tronquoy, est de 4 l. 1/2, sur l'étendue desquelles on rencontre le Bosquet, Ossu, Vendhuille, Maquincourt près du Castelet, Bony, Bellicourt, Riqueval, Bellenglise, le Haulcourt, le Tronquoy.

Le bief de partage comprend les deux souterrains : du Tronquoy qui a 1,100 m. de longueur (1/4 l.), et de Riqueval qui a 5,677 m. 1 l. 1/4) de longueur.

Le percement des deux galeries souterraines a éprouvé de grands obstacles, principalement par l'abondance des eaux (1).

Le passage du grand souterrain inspirait une telle crainte aux bateliers de l'Escaut, que le gouvernement crut devoir accorder une faveur au patron qui osa le franchir le premier. Un décret du 13 décembre 1810 dispensa de tout droit de navigation sur le canal le bateau surnommé le Grand-Souterrain, qui fraya la route aux autres.

C'est à l'extrémité du petit souterrain que le canal de la *Sambre* doit rejoindre, à gauche, le canal de St.-Quentin (voyez la notice succincte que nous avons consacrée à ce canal).

(1) De grands travaux sont en exécution et notamment le projet d'étanchement du bief de partage, dont les ouvrages sont estimés à plus de 600,000 fr. Cette amélioration est très-essentielle.

Versant du côté de St.-Quentin.

La pente de ce versant est de 10 m. 12 cent. rachetée par cinq sas

La 1re écluse de ce versant, ou 18e écluse, est celle dite du Tron quoy ou de Lesdain.

1/4 l. au-dessous 19e écluse, dite de la Maison-Pascal.

1/8 l. au-dessous 20e écluse, dite d'Omissy.

3/4 l. au-dessous 21e écluse, dite du Moulin-Brûlé.

1/8 l. au-dessous 22e et dernière écluse, dite de St.-Quentin.

De St.-Quentin au Tronquoy on rencontre, à droite, Brocour e Omissy; et à gauche, Rouvroy et Maurecourt.

La plus grande partie du canal de St.-Quentin est creusée dans de bancs de craie qui ne peuvent retenir les eaux, et où la déperditio est telle, qu'à chaque instant la navigation doit être interrompue pou donner aux eaux, qui pénètrent dans ce terrain spongieux, le temp de se renouveler.

Le canal est soumis à de fréquentes interruptions et à un chômage d plusieurs mois dans la plus belle saison. Il n'a offert, jusqu'à présen qu'une navigation pénible et coûteuse. Les charbons de Mons c d'Anzin n'ont pu arriver à Paris qu'à un prix toujours élevé, et pa fois exorbitant.

𝕿roisième partie. — 𝕮hapitre troisième. — 𝕾ection quatrièm

SOMME ET CANAL DU DUC D'ANGOULÊME.

La Somme dont la source est à Fontsomme, à 2 l. 1/2 N. N. E. c St.-Quentin (Aisne), cotoie depuis St.-Quentin jusqu'à St.-Simon canal Crozat, auquel elle prête ses eaux et même son lit, entre dai le département de la Somme à Pithon, passe à Ham, à Péronne, Bray, à Corbie, à Amiens, à Picquigny, à Abbeville, à St.-Valery, se jette dans la Manche à peu de distance au-dessous du Crotoy.

Dans son état actuel, la Somme n'est navigable que d'Amiens à Manche sur une longueur de 50,000 m. (11 l. 1/4).

Le canal du duc d'Angoulême, ou de la Somme, a pour objet c rendre la Somme navigable de St.-Simon à Amiens, et de perfectio ner la navigation d'Amiens à la Manche. Il traverse les départemens l'Aisne et de la Somme, et offrira 156,894 m. 24 cent. (351.) de nav gation depuis l'écluse de St.-Simon, où la prise d'eau a lieu, entr Pont-Tuguy et St.-Simon, sur la droite du canal Crozat, jusqu'à barrage éclusé de St.-Valery-sur-Somme.

De cette longueur 97,836 m. 05 c. (22 l.) seront en rivière, 59,058 m. 19 c. (13 l.) seront en canal.

Les travaux commencés avant 1789 avaient été repris en vertu d'un décret du 28 avril 1810.

A l'époque de la loi du 5 août 1821, 2 millions avaient déjà été dépensés. Cette dernière loi a autorisé un emprunt de 6,600,000 francs pour l'achèvement du canal, et le gouvernement s'est engagé à terminer les travaux en six ans. La navigation a déjà lieu depuis la prise d'eau dans le canal Crozat jusqu'à Péronne sur une longueur de 12,723 m. (7 l. 1/2).

Troisième partie. — Chapitre troisième. — Section cinquième.

SAMBRE ET CANAL DE LA SAMBRE.

La Sambre, rivière du bassin de la Meuse, dont la source est dans la forêt de Nouvion sur les limites des départemens de l'Aisne et du Nord, passe à Fontenelle, à Castillon, à Ors, à la Louzy, à Barzy, à Bergues, à Landrecies, où elle commence à porter bateau, arrose ensuite Pont-sur-Sambre, Maubeuge, Jeumont, Thuin, Marchiennes-au-Pont, Charleroi, Chatellet, Moinclay et Namur, où elle rejoint la Meuse. Elle présente de Landrecies à la frontière de France un développement de 56,442 m. (12 l. 1/2) de navigation, au moyen d'écluses, qui exigent de grandes améliorations.

De la frontière à sa jonction dans la Meuse, la Sambre parcourt en Belgique environ 100,000 m. (22 l. 1/2).

Le canal de la Sambre, dont une ordonnance du 27 juillet 1821 a prescrit l'ouverture, traversera les départemens du Nord et de l'Aisne, et joindra les bassins de la Meuse et de la Seine, en traversant les vallées de l'Oise et de la Somme ; la montagne qui les sépare doit être percée sur une longueur de 6,172 m. (1 l. 1/4). Il offrira 61,354 m. (15 l. 3/4) de navigation depuis sa prise d'eau dans la Sambre jusqu'à sa jonction au canal de St.-Quentin, à l'extrémité du petit souterrain.

Le point de partage sera dans les marais d'Olizi, et aura une longueur de 26,888 m. (6 l.), entre la rencontre de la Sambre, à environ 1,088 m. (1/4 l.) de la maison Lebrun, vers Renaud-la-Folie, et la première écluse placée à 525 m. 40 c. (1/8 l.) de l'extrémité méridionale du bois du Gard. Il sera alimenté par les eaux de la Sambre et par celles de la grande et de la petite Helpe.

Le canal de la Sambre ouvrira des débouchés faciles aux bois des vastes forêts de l'arrondissement d'Avesnes (1), aux marbres, pierres à bâtir, fers et autres produits de ses nombreuses usines.

(1) Les principales forêts de l'arrondissement d'Avesnes sont celles de Mormal, de la Haie d'Avesnes et de la Fagne de Trelon.

Les charbons de terre de Charleroi viendront aussi par ce cana'
concourir à l'approvisionnement de la capitale ; enfin il aura l'avantage d'assurer au canal de St.-Quentin la quantité d'eau nécessaire pour
la navigation la plus active.

Les travaux évalués à 6,000,000 fr. ont été entamés sur la fir
de 1821.

La navigation de la Sambre de Landrecies à la frontière est aussi
dans ce moment l'objet d'importantes améliorations.

La loi du 24 mars 1825 autorise le gouvernement à suspendre tem-
porairement la perception du droit de navigation, et à établir de
nouveaux péages sur les rivières navigables pour subvenir aux frais
de leur perfectionnement ; la concession des travaux de la Sambre
de Landrecies à la frontière est une application de cette loi. Elle a eu
lieu avec publicité et concurrence, et l'adjudication en a fixé la durée
à 54 ans 10 mois.

Le concessionnaire est tenu d'exécuter à ses frais, risques et périls
les redressemens et recreusemens approuvés, de construire 12 sas,
divers ponts, ponceaux et autres ouvrages d'art et de terrassemens.

Une ordonnance du 8 février 1826 a ratifié l'adjudication.

L'importance de la navigation de la Sambre s'accroîtra considérablement, lorsque cette rivière sera réunie avec l'Oise. A cette époque,
l'Oise aura reçu elle-même les perfectionnemens dont elle a besoin,
et une voie sûre, facile et peu dispendieuse sera ouverte aux produits des riches houillères du nord, depuis le lieu même d'extraction
jusque sous les murs de la capitale, où l'abondance de ce précieux combustible favorisera le développement de presque toutes les industries.

Le péage sur la Sambre, suivant le tarif de la concession, est, par
distance de 5 kilom., de 24 centimes, compris retour à vide, par tonneau
de 1000 kilog.

Des travaux vont aussi être entrepris pour perfectionner la navigation de la Sambre, en Belgique, depuis Namur jusqu'à notre
frontière.

Troisième partie. — Chapitre quatrième. — Section première.

ESCAUT.

Ce fleuve parcourt le département de l'Aisne où il n'est ni flottable
ni navigable, et celui du Nord où il offre 68,485 m. (15 l. 1/4) de navigation de Cambrai à Mortagne, limite de la Belgique.

Son cours, de Mortagne à son embouchure, dans la mer du Nord,
est d'environ 270,000 m. (60 l. 1/2).

L'Escaut prend sa source près de l'ancienne abbaye du Mont-S.-
Martin, une petite lieue au S.-E. du Castelet (Aisne).

Il passe successivement au Castelet, à Vendhuille, à Ossu, à Honne-

court, à Banteux, à Vaucelles, à Crèvecœur, à Manières, à Marcoing, à Noyelle, à Proville, et à Cambrai.

De sa source à Cambrai l'Escaut n'est point navigable, et il prête
ses eaux au canal de St.-Quentin.

La navigation de l'Escaut, qui commence à Cambrai, n'est naturelle
qu'à partir de Condé; la partie comprise entre Condé et Cambrai a
été rendue navigable de 1750 à 1788 au moyen de 18 écluses dont 5
sont simples et 13 à sas. La grande écluse de Condé est sous la direction du génie militaire. La largeur commune de ces écluses est de
5 m. 20 c.

La partie de l'Escaut qui traverse le département du Nord est très-
fréquentée; mais ce sont les canaux de St.-Quentin et de Crozat qui,
en joignant ce fleuve à l'Oise, donnent à la navigation de l'Escaut
un haut degré d'importance et une vaste étendue.

L'Escaut dépend de l'inspection de Cambrai.

Les chantiers de construction des bateaux sur l'Escaut sont à Valenciennes, à Anzin, à Fresnes, à Condé et à Mortagne.

Les bateaux qui naviguent sur l'Escaut sont construits sous trois
formes principales, auxquelles toutes les autres peuvent être assimilées
à quelques différences près.

La Nef ou bateau de Condé et ceux construits sur le même modèle
tels que bateaux d'Aire, d'Arras, de Mons, etc.

Le Gantois.

La Bélandre ou bateau de Dunkerque et autres de même forme.

Le fond de la Nef est plat; les côtés s'élèvent perpendiculairement
au fond et sont parallèles entre eux; les bouts dont l'un (celui de l'a-
vant) est un peu bombé s'élèvent aussi perpendiculairement au fond;
de sorte que la forme de ce bateau présente un parallélipipède parfait intérieurement et même extérieurement.

Le Gantois a l'aspect d'un navire et tient de la Nef et de la Bélandre;
le dessus est plus élevé à la proue et à la poupe qu'au milieu; le fond
est ordinairement plat, les côtés sont faiblement bombés dans leur hauteur, et forment un peu le ventre sur leur longueur. Les extrémités
sont arrondies et terminées comme celles d'un bâtiment de mer.

La Bélandre ou bateau de Dunkerque est en grand ce que sont les
barques ou bachots qui servent à passer la rivière à Paris. Le fond est
plat et se termine en pointe à chaque bout; les côtés sont inclinés sur
le fond et se trouvent réunis à leurs extrémités au moyen d'une
quille.

Le cours de l'Escaut dans Cambrai, depuis son entrée dans cette
ville jusqu'au pont Rouge, près de Neuville-St.-Remy, est d'une petite 1/2 l.

Il y a des écluses à Cantinpré et à Selles.

1/2 l. au-dessous du pont Rouge, est l'écluse d'Aire : et rive droite,
Escaudœuvre.

1/4 l. au-dessous, rive gauche, Ramillies.

1/2 l. au-dessous, rive gauche, Eswars.

1/4 l. au-dessous, rive droite, Thun-St.-Martin; et rive gauche, Thun-l'Évêque, où il y a une écluse.

1/2 l. au-dessous, rive droite, Iwuy, où il y a une écluse (1).

1/4 l. au-dessous, rive gauche, Estrun, où il y a une écluse.

1/4 l. au-dessous, rive droite, Hordain.

1/2 l. au-dessous, l'Escaut passe à Bouchain, où il reçoit à gauche la rivière de la Sensée.

Il y a une écluse à Bouchain.

C'est là que le *canal de la Sensée* rejoint à gauche l'Escaut (voyez sa description particulière).

3/4 l. au-dessous, rive gauche, Roeult; et rive droite, Neuville-sur-l'Escaut, où il y a une écluse.

1/2 l. au-dessous, rive gauche, l'Ourche.

3/4 l. au-dessous, rive gauche, Denain où il y a une écluse.

Un peu plus bas, l'Escaut reçoit à droite la rivière de la Selle.

3/4 l. au-dessous, rive droite, Hauchin, où il y a une écluse.

1/4 l. au-dessous, rive droite, l'Escaut reçoit l'Écaillon, et rive gauche, est Prouvy.

3/4 l. au-dessous, rive droite, Fontenelle; rive gauche, Trith-St.-Léger, où il y a une écluse.

1 l. au-dessous, l'Escaut traverse Valenciennes.

Il y a un bureau pour la perception de l'octroi de navigation à Valenciennes.

Des éclusiers sont établis à l'écluse de N.-D. et au pertuis dit écluse Follien; et des pontonniers au pont-levis du Mouton-Noir.

Le cours de l'Escaut dans Valenciennes est d'1/2 l.

C'est à 1/4 l. O. de Valenciennes qu'est Anzin.

Voyez à la fin de l'Escaut une notice sur la riche compagnie d'Anzin.

1/2 l. au-dessous de Valenciennes, rive droite, est St.-Sauve.

1/2 l. au-dessous, rive gauche, est Bruay, où il y a un pont-levis.

1/4 l. au-dessous, rive gauche, est la Folie, où il y a une écluse ou pertuis.

Avant cette écluse, entre Valenciennes et la Folie, il y en a 2 autres dites de Gros-Jean et de Fouette-Hin.

3/4 l. au-dessous, rive droite, Escaupont, où il y a un pont-levis.

1/2 l. au-dessous, rive gauche, Fresnes-sur-l'Escaut, où il y a une écluse.

---

(1) Une loi du 15 mai 1818 accepta la soumission par laquelle on offrait de se charger de l'exécution du canal de la Sensée et des réparations à faire aux parties adjacentes des rivières de l'Escaut et de la Scarpe.

Ces travaux du côté de l'Escaut comprenaient principalement l'écluse d'Iwuy.

On a accordé la concession pour le terme de douze ans à dater du jour où les bateaux passeraient à l'écluse neuve d'Iwuy-sur-l'Escaut, d'un droit de 24 centimes par tonneau sur chaque bateau chargé, et de 12 centimes par tonneau sur chaque bateau vide, passant par cette écluse.

3/4 l. au-dessous, rive droite, Condé-sur-l'Escaut, où il y a une écluse.

C'est à Condé que l'Escaut reçoit à droite la rivière de *Haisne* et le *canal* latéral à cette rivière dit *de Mons à Condé* (voyez sa description particulière).

Il y a un bureau pour la perception de l'octroi de navigation à Condé.

De Condé à la frontière, l'Escaut passe au Vieux-Condé, à Doumet, à Hergnies, à Bruille, à Verné, à Flines et à Mortagne.

La Compagnie dite d'Anzin, est propriétaire des mines de charbon d'Anzin, Raismes, St.-Saulve, Abscon, Fresnes et Vieux-Condé.

Cette société avait, au 30 mars 1827, 25 fosses en exploitation réglée, savoir :

15 à Anzin : Bleuse-Borne, Moulin, Cave, Verger, St.-Joseph, Tinchon, Grosse-Fosse, Demezières, St.-Pierre, Sentinelle, St.-Charles, Chauffour, Beaujardin, Ecluse, Marais.

1 à Abscon : La Pensée.

4 à Fresnes : Bonne-Part, Outre-Wetz, Grand-Wetz, Sarteau.

5 à Vieux-Condé : Ste.-Barbe, Marie-Louise, Vieille-Machine, Trou-Martin, Hergnies.

Pour l'épuisement des eaux, elle entretenait 10 machines, savoir : Temple, Long-Pré, Bon-Air, Tinchon, Moulin, Beaujardin, Sarteau, Bonne-Part, Vieille-Machine, Trois-Arbres.

7 nouvelles fosses étaient entreprises à Anzin, Temple, Régie, Réussite, Ernest, Vedette n° 5, Villars à Denain.

La Compagnie dirige habituellement sur Paris 500,000 hectolitres combles du poids de 104 à 108 kil. Ce débouché est un des moins importans, et elle pourrait expédier une bien plus grande quantité, sans les lenteurs et difficultés de la navigation qui renchérissent tellement le prix du frêt qu'il est à peu près double du prix d'achat. Cette Compagnie occupe environ 5,000 ouvriers de toutes classes. Les mines produisent des charbons de toutes les qualités, et propres à toutes les professions industrielles; l'extraction s'élève annuellement à plus de 1,800,000 hectol.

Troisième partie. — Chapitre quatrième. — Section deuxième.

CANAL DE MONS A CONDÉ ou CANAL LATÉRAL A LA HAISNE, *affluent de l'Escaut.*

Ce canal du bassin de l'Escaut, tracé sur une seule ligne droite déterminée par la flèche du château de Mons et l'écluse du Marais à l'entrée de Condé, a été ouvert en exécution d'un décret du 18 septembre 1807, et livré à la navigation le 27 novembre 1814.

Il a une longueur de 24,288 m. (5 l. 1/2) dont 6,400 m. (1 l. 1/4) appartiennent à la France, département du Nord, et le reste à la Belgique.

La largeur du canal est au fond de 10 m., et à la superficie de 18 m. 8 c. Les bateaux y naviguent avec un tirant d'eau de 1 m. 55 c.

Ce canal est alimenté par les eaux de la rivière de Trouille, prises au-dessus du moulin d'Hyon à 2,460 m. (1/2 l.) au-dessous de Mons. Il coupe l'ancien cours de la rivière de Haisne en trois points : sous les murs de Mons, à St.-Ghislain et à Thulin ; néanmoins il ne traverse pas cette rivière, attendu qu'elle a été dérivée dans le contre-fossé gauche du canal. Sa pente est d'environ 11 m. 15 c., et a été rachetée par six sas éclusés d'une largeur de 5 m. 20 c. et d'une longueur de 45 m. 50 c. entre les buses.

Le canal de Mons à Condé remplace d'une manière avantageuse la navigation de la Haisne, et procure un débouché aux nombreuses mines de houille de l'ancien département de Jemmappes.

La partie française de ce canal dépend de l'inspection de Cambrai.

Les 4/5 environ de la longueur du canal de Mons à Condé se trouvant sur le territoire belge, le gouvernement des Pays-Bas, voulant se soustraire à des droits de transit, de navigation et d'écluses trop élevés, et dont il avait vainement demandé la diminution, a fait creuser une dérivation navigable, qui, partant d'un point voisin de notre frontière, mais en dehors, aboutit directement à l'Escaut, près d'Antoing, au-dessus de Tournay, sans passer sur le territoire français. L'effet immédiat de cette opération a été de diminuer les frais de transport et de supprimer les droits de transit en France pour les charbons qui se transportent en Belgique par le Bas-Escaut, conduisant à Gand, Anvers, etc. L'ouverture de ce canal, dit d'*Antoing*, a eu lieu le 26 juin 1826. Les villes de Condé et de Mortagne retiraient de grands profits du transit : le gouvernement français percevait un droit de transit de 10 c. par tonneau, et en outre des droits de navigation et d'écluses très-élevés. Une décision ministérielle du 22 mars 1826, a supprimé le droit de transit, a fixé à 8 c. au lieu de 14 par tonneau le droit à percevoir sur un bateau chargé venant de Tournay à Condé par Mortagne, et à 3 c. au lieu de 12 le droit dû par les bateaux chargés allant de Mons à Condé ou de Condé à Mons ; les bateaux vides doivent la moitié. Les concessionnaires des écluses de Gœulzin et de Rodegnies ont aussi réduit leurs droits des trois quarts.

Les houillères dites de Mons qui envoient en France chaque année par le canal une grande quantité de bateaux, s'étendent au couchant de Mons sur un diamètre de 4 l., et bordent la rive gauche du canal, de Mons à la frontière.

Les fosses principales sont situées :

     à Quaregnon (société dite Belle-et-Bonne),
     à Hornu (Lescouffiaux, le Buisson),
     à Wasmes (Grande-Veine, Six-Paumes),

à Frameries (Agrappe),
à Pâturages (Grisœuil),
à Boussu (Bois-du-Nord, Bois-du-Midi),
à Warquignies (Grand et Petit-Tas),
à Dour (Longtème, etc.),
à Elouges,
à Baisieux (Bellevue).

Les principaux entrepôts sont situés le long du canal de Mons, à Jemmappes, à St.-Ghislain, à Boussu et à Hensies.

Les houillères de Charleroi, qui sont très-riches, expédient aussi des charbons par l'Escaut ; mais ils doivent auparavant être transportés par charrois au canal de Mons, éloigné de 9 à 10 lieues de Charleroi. Les houillères d'Oudet et de Marimont en sont à une distance de 5 à 6 l. à l'est.

Les charbons se divisent en gros à la main, moyen gailleteux, fines forges gailleteuses, forges gailleteuses et braisettes.

On rencontre d'abord le flénu, puis les charbons du centre, et enfin les fines forges à l'est.

On distingue aussi les charbons gras et les charbons maigres, selon la quantité de bitume qu'ils renferment.

Le prix moyen du transport de la mine aux ports, qui s'effectue par chariots, est de 75 c. le muid de 5 hectolitres.

Les bateaux dits Nefs peuvent porter environ 150,000 kilogr., mais ils ne chargent pas complétement pour venir à Paris, et leur charge est de 120,000 kilog. ordinairement.

Le prix moyen du transport
de Valenciennes à Paris est de 2 f. 40 c. l'hectolitre comble,
de Fresnes et Vieux-Condé   2   45.
de Mons   2   90.

L'hectolitre comble pèse environ 100 kilog.

Le rapport de l'hectolitre comble au ras est à la mine de 5 à 6 ; mais, vu les pertes en route, l'hectolitre comble rendu à Paris est de 6 à 7.

La navigation de Condé à Paris est parsemée d'obstacles, d'une grande irrégularité et d'une extrême lenteur. Un bateau ne peut arriver à Paris, dans les momens les plus propices, en moins de trois mois ; il en est, et en grand nombre quand les difficultés se multiplient, qui mettent jusqu'à 6, 8 et même 11 mois pour faire ce trajet. Un bateau peut rarement faire plus d'un voyage à Paris dans le cours d'une année ; quelques-uns même, surpris par la fermeture des canaux, ont employé 14 mois pour arriver au lieu de destination et retourner au port. Si la ligne était perfectionnée et entretenue, les transports s'effectueraient en 45 jours environ.

SCARPE et CANAL DE LA SENSÉE.

La Scarpe, qui se jette dans l'Escaut à Mortagne, sur la limite belge et sur la rive gauche du fleuve, offre 18 l. de navigation dans les départemens du Pas-de-Calais et du Nord, où elle arrose Arras, Douai, Marchiennes et St.-Amand.

Le canal de la Sensée, livré à la navigation le 15 novembre 1820, a pour but de faire communiquer la Scarpe à l'Escaut, en passant par Courchelettes, Arleux, Aubenchœuil, Fressies, Hem-Lenglet, Estrun, Paillancourt et Bouchain. Ce canal, dont le point de partage est à Arleux, a 2 m. de profondeur d'eau, 3 sas éclusés de 5 m. 20 c. de largeur et de 41 m. 50 c. de longueur; sa longueur totale est de 26,700 m. (5 l. 3/4).

Ce canal abrège d'environ 14 l. la communication de Dunkerque et de Lille à Paris et fait éviter les obstacles de la navigation de la Scarpe. C'est par lui que les houillères d'Aniche et d'Auberchicourt versent leurs charbons en partie sur Paris.

EURE, *affluent de la Seine.*

Cette rivière parcourt les départemens de l'Orne, où elle n'est ni navigable ni flottable, et ceux d'Eure-et-Loir et d'Eure, où elle offre 92,252 m. (20 l. 3/4) de navigation.

Elle prend sa source dans la forêt de Longny, entre Neuilly et les Landes (Orne).

Elle passe à Pontgouin, à Courville, à Fontenay, à Thivas, à Chartres, à Maintenon, à Nogent-Roulebois, à Villemeux, à Chérizy, à Montreuil, à St.-Georges près de la forêt de Dreux, où elle commence à être navigable; arrose ensuite Marcilly, Sorel, Croth, Moussel, Saussay, Ezy, Ivry, Nantilly, Garenne, Bueil, Lorey, Merey, Hecourt, Pacy, Croisy, Vaux, Cocherel, Rouvray, Chambray, St.-Vigor, Cailly, Heudreville, les Planches, où elle reçoit à gauche l'*Iton* qui est flottable, Acquigny, Pinterville, Louviers, St.-Germain, St.-Cyr, N.-D. du Vaudreuil, et Léry; 3/4 l. au-dessous, elle se joint à la Seine aux Damps, près de Pont-de-l'Arche, dép. de l'Eure.

La navigation de l'Eure n'emploie pendant quelques mois de l'année que des bateaux du port de 20 à 25,000 kil. Elle compte sur son cours 21 pertuis d'une largeur de 8 m.

L'Eure est le seul débouché des forêts de Dreux, d'Ivry, de Méry, de Pacy, etc., dont les bois sont transportés à Rouen.

Il y a un bureau de recette de l'octroi de navigation à Vaudreuil.

Troisième partie. — Chapitre cinquième. — Section deuxième.

ITON, affluent de l'Eure.

Il parcourt le département de l'Orne, où il n'est point flottable, et celui de l'Eure, où il offre 46,332 m. (10 l. 1/4) de flottage.

Cette rivière, qui prend sa source près de la Trappe (Orne), se jette dans l'Eure, rive gauche, au-dessous du village des Planches (Eure).

Elle a été rendue flottable par le prince de Bouillon, aux héritiers duquel le droit de flottage appartient depuis Conches jusqu'au confluent. Le flottage se fait en trains, et sert à transporter annuellement environ 1,430 m. cubes de bois de marine, et à peu près la même quantité de bois de construction, provenant des forêts du Perche, de Breteuil, de Conches et d'Evreux.

Il existe sur l'Iton 53 vannes de flottage qui ont chacune une largeur de 3. m. 32 c.

Les lieux où l'Iton passe, depuis le point où commence le flottage, sont : Vieux-Conches, Conches, St.-Elier, la Croisille, Grigneuseville, Glisolle, la Bonneville, la Noue, Aulnay, Berangeville, Arnière, St.-Germain-lez-Evreux, Evreux, Gravigny, Caër, Normenville, St.-Germain-des-Angles, Tourneville, Broville, Houetteville, la Vacherie, Hondouville, Anfreville, les Planches ; 1/4 l. au-dessous, elle se jette dans l'Eure.

BOUSSOLE DU COMMERCE

DES

BOIS ET CHARBONS DE BOIS ET DE TERRE.

Partie Commerciale et Règlementaire.

Chapitre premier. — Code Forestier.

La conservation des forêts est l'un des premiers intérêts des sociétés et l'un des premiers devoirs des gouvernemens ; tous les besoins de la vie se lient à cette conservation ; l'agriculture, l'architecture, presque toutes les industries y cherchent des alimens et des ressources que rien ne pourrait remplacer. Nécessaires aux individus, les forêts ne le sont pas moins aux Etats ; c'est dans leur sein que le commerce trouve ses moyens de transport et d'échange ; c'est à elles que les gouvernemens demandent des élémens de sûreté et de gloire. Ce n'est pas seulement par les richesses qu'offre l'exploitation des forêts sagement combinée qu'il faut juger de leur utilité : leur existence même est un bienfait pour les pays qui les possèdent, soit qu'elles protégent et alimentent les sources et les rivières, soit qu'elles soutiennent et raffermissent le sol des montagnes, soit qu'elles exercent sur l'atmosphère une salutaire influence. Leur destruction, leur dégradation, leur réduction au-dessous des besoins présens ou à venir, est un de ces malheurs qu'il faut prévenir, une de ces fautes qui ne se réparent que par des siècles de persévérance et de privation. Pénétrés de cette vérité, les législateurs de tous les âges ont fait de la conservation des forêts, l'objet d'une sollicitude particulière.

En France, l'ordonnance de 1669, fruit d'un long travail et des méditations de conseillers habiles, a pendant long-temps régi les forêts du royaume, sauf les modifications successivement apportées par les lois du 25 décembre 1790, du 29 septembre 1791, du 29 avril 1803 et des règlemens partiels sur des objets spéciaux. Mais le long espace de temps qui s'est écoulé depuis 1669, les grands changemens qui se sont opérés dans nos mœurs et dans notre législation, ont fait tomber en désuétude un grand nombre des dispositions de cette ordonnance, et le gouvernement reconnaissant qu'il était urgent de la remplacer, s'est occupé d'un Code sur cette matière.

Nous allons reproduire textuellement tous les articles de ce Code qui peuvent intéresser le commerce des bois et charbons. Quant aux autres articles, nous ne ferons qu'en mentionner succinctement l'objet.

On remarquera que ce Code ne règle rien de tout ce qui touche au mode de régie des bois de l'état, à leur exploitation et à leur aménagement : toute cette partie forme la matière d'une ordonnance non encore promulguée, qui doit compléter, avec le Code, le système forestier du royaume (1).

Ces renseignemens intéressent doublement les commerçans, car indépendamment des adjudications des bois de l'Etat auxquelles ils prennent part, dans les ventes des particuliers on se contente souvent de dire d'une manière générale que l'acquéreur se conformera aux règles observées pour l'exploitation des bois de l'état.

Le Code Forestier a été adopté par la Chambre des Députés, le 9 avril 1827, et par la Chambre des Pairs le 19 mai 1827.

(La promulgation du Code ne doit avoir lieu qu'après la confection du règlement nécessaire pour sa mise à exécution.)

TITRE PREMIER.

Du Régime forestier.

ART. Ier.—Sont soumis au régime forestier et seront administrés conformément aux dispositions de la présente loi :

1° Les bois et forêts qui font partie du domaine de l'Etat ;

2° Ceux qui font partie du domaine de la Couronne ;

3° Ceux qui sont possédés à titre d'apanage et de majorats reversibles à l'Etat ;

4° Les bois et forêts des communes et des sections de communes ;

5° Ceux des établissemens publics ;

6° Les bois et forêts dans lesquels l'Etat, la couronne, les communes ou les établissemens publics ont des droits de propriété indivis avec des particuliers.

ART. 2.—Les particuliers exercent sur leurs bois tous les droits résultant de la propriété, sauf les restrictions qui seront spécifiées dans la présente loi.

TITRE II.

De l'administration forestière.

ART. 5.—Nul ne peut exercer un emploi forestier, s'il n'est âgé de vingt-cinq ans accomplis ; néanmoins les élèves sortant de l'école forestière pourront obtenir des dispenses d'âge.

(1) Une ordonnance royale du 21 mai 1827 a nommé une commission chargée de préparer le projet de règlement nécessaire pour la mise à exécution du Code Forestier. Elle est composée de MM. comte Roy, *Président*; vicomte de Martignac, marquis de Bouthillier, baron Dudon, baron Favard de Langlade, Jacquinot Pampelune, baron de Fréville, Avoyne de Chantereyne, et Fumeron d'Ardeuil, *Secrétaire.*

Art. 4.—Les emplois de l'administration forestière sont incompatibles avec toutes autres fonctions, soit administratives, soit judiciaires.

Art. 5.—Les agens et préposés de l'administration forestière ne pourront entrer en fonctions, qu'après avoir prêté serment devant le tribunal de première instance de leur résidence, et avoir fait enregistrer leur commission et l'acte de prestation de leur serment au greffe des tribunaux dans le ressort desquels ils devront exercer leurs fonctions.

Dans le cas d'un changement de résidence qui les placerait dans un autre ressort en la même qualité, il n'y aura pas lieu à une nouvelle prestation de serment.

Art. 6.—Les gardes sont responsables des délits, dégâts, abus et abroutissemens qui ont lieu dans leurs triages, et passibles des amendes et indemnités encourues par les délinquans, lorsqu'ils n'ont pas dûment constaté les délits.

Art. 7.—L'empreinte de tous les marteaux dont les agens et gardes forestiers font usage, tant pour la marque des bois de délit et de châblis que pour les opérations de balivage et de martelage, est déposée au greffe des tribunaux, savoir :

Celle des marteaux particuliers dont les agens et gardes sont pourvus, aux greffes des tribunaux de première instance dans le ressort desquels ils exercent leurs fonctions ;

Celle du marteau royal uniforme, aux greffes des tribunaux de première instance et des cours royales.

TITRE III.

Des bois et forêts qui font partie du domaine de l'État.

SECTION Ire.

De la délimitation et du bornage (Art. 8 à 14).

SECTION II.

De l'aménagement.

Art. 15.—Tous les bois et forêts du domaine de l'État sont assujettis à un aménagement réglé par des ordonnances royales.

Art. 16.—Il ne pourra être fait, dans les bois de l'État, aucune coupe extraordinaire quelconque, ni aucune coupe de quart en réserve ou de massifs réservés par l'aménagement pour croître en futaie, sans une ordonnance spéciale du roi, insérée au bulletin des lois, à peine de nullité des ventes ; sauf le recours des adjudicataires, s'il y a lieu, contre les fonctionnaires ou agens qui auraient ordonné ou autorisé ces coupes.

Section III.

Des adjudications des coupes.

Art. 17.—Aucune vente ordinaire ou extraordinaire ne pourra avoir lieu dans les bois de l'Etat que par voie d'adjudication publique, laquelle devra être annoncée, au moins quinze jours à l'avance, par des affiches apposées dans le chef-lieu du département, dans le lieu de la vente, dans la commune de la situation des bois et dans les communes environnantes.

Art. 18.—Toute vente faite autrement que par adjudication publique sera considérée comme vente clandestine, et déclarée nulle. Les fonctionnaires et agens qui auraient ordonné ou effectué la vente, seront condamnés solidairement à une amende de 3,000 fr. au moins et de 6,000 fr. au plus, et l'acquéreur sera puni d'une amende égale à la valeur des bois vendus.

Art. 19.—Sera de même annullée, quoique faite par adjudication publique, toute vente qui n'aura point été précédée des publications et affiches prescrites par l'art. 17, ou qui aura été effectuée dans d'autres lieux, ou à un autre jour que ceux qui auront été indiqués par les affiches ou les procès-verbaux de remise de vente.

Les fonctionnaires ou agens qui auraient contrevenu à ces dispositions, seront condamnés solidairement à une amende de 1,000 à 3,000 fr.; et une amende pareille sera prononcée contre les adjudicataires, en cas de complicité.

Art. 20.—Toutes les contestations qui pourront s'élever, pendant les opérations d'adjudication, sur la validité des enchères ou sur la solvabilité des enchérisseurs et des cautions, seront décidées immédiatement par le fonctionnaire qui présidera la séance d'adjudication.

Art. 21.—Ne pourront prendre part aux ventes, ni par eux-mêmes, ni par personnes interposées, directement ou indirectement, soit comme parties principales, soit comme associés ou cautions :

1° Les agens et gardes forestiers et les agens forestiers de la marine, dans toute l'étendue du royaume; les fonctionnaires chargés de présider ou de concourir aux ventes, et les receveurs du produit des coupes, dans toute l'étendue du territoire où ils exercent leurs fonctions.

En cas de contravention, ils seront punis d'une amende qui ne pourra excéder le quart, ni être moindre du douzième du montant de l'adjudication, et ils seront en outre passibles de l'emprisonnement et de l'interdiction qui sont prononcés par l'art. 175 du Code pénal.

2° Les parens et alliés en ligne directe, les frères et beaux-frères, oncles et neveux des agens et gardes forestiers et des agens forestiers de la marine, dans toute l'étendue du territoire pour lequel ces agens ou gardes sont commissionnés.

En cas de contravention, ils seront punis d'une amende égale à celle qui est prononcée par le paragraphe précédent.

3° Les conseillers de préfecture, les juges, officiers du ministère public et greffiers des tribunaux de première instance, dans tout l'arrondissement de leur ressort :

En cas de contravention, ils seront passibles de tous dommages-intérêts, s'il y a lieu.

Toute adjudication qui serait faite en contravention aux dispositions du présent article, sera déclarée nulle.

ART. 22.— Toute association secrète ou manœuvre entre les marchands de bois ou autres, tendant à nuire aux enchères, à les troubler, ou à obtenir les bois à plus bas prix, donnera lieu à l'application des peines portées par l'article 412 du Code pénal, indépendamment de tous dommages-intérêts; et si l'adjudication a été faite au profit de l'association secrète ou des auteurs desdites manœuvres, elle sera déclarée nulle.

ART. 23.— Aucune déclaration de command ne sera admise, si elle n'est faite immédiatement après l'adjudication, et séance tenante.

ART. 24.— Faute par l'adjudicataire de fournir les cautions exigées par le cahier des charges dans le délai prescrit, il sera déclaré déchu de l'adjudication par un arrêté du préfet, et il sera procédé, dans les formes ci-dessus prescrites, à une nouvelle adjudication de la coupe, à sa folle-enchère.

L'adjudicataire déchu sera tenu, par corps, de la différence entre son prix et celui de la revente, sans pouvoir réclamer l'excédant, s'il y en a.

ART. 25.— Toute personne capable et reconnue solvable sera admise, jusqu'à l'heure de midi du lendemain de l'adjudication, à faire une offre de surenchère, qui ne pourra être moindre du cinquième du montant de l'adjudication.

Dès qu'une pareille offre aura été faite, l'adjudicataire et les surenchérisseurs pourront faire de semblables déclarations de simple surenchère jusqu'à l'heure de midi du surlendemain de l'adjudication, heure à laquelle le plus offrant restera définitivement adjudicataire.

Toutes déclarations de surenchère devront être faites au secrétariat qui sera indiqué par le cahier des charges, et dans les délais ci-dessus fixés; le tout sous peine de nullité.

Le secrétaire, commis à l'effet de recevoir ces déclarations, sera tenu de les consigner immédiatement sur un registre à ce destiné, d'y faire mention expresse du jour et de l'heure précise où il les aura reçues, et d'en donner communication à l'adjudicataire et aux surenchérisseurs, dès qu'il en sera requis; le tout sous peine de trois cents francs d'amende, sans préjudice de plus forte peine en cas de collusion.

En conséquence, il n'y aura lieu à aucune signification des décla-

rations de surenchère, soit par l'administration, soit par les adjudi
cataires et surenchérisseurs.

Art. 26.— Toutes contestations au sujet de la validité des sur
enchères seront portées devant les conseils de préfecture.

Art. 27.— Les adjudicataires et surenchérisseurs sont tenus, a
moment de l'adjudication ou de leurs déclarations de surenchère
d'élire domicile dans le lieu où l'adjudication aura été faite; faut
par eux de le faire, tous actes postérieurs leur seront valablemer
signifiés au secrétariat de la sous-préfecture.

Art. 28.— Tout procès-verbal d'adjudication emporte exécutio
parée et contrainte par corps contre les adjudicataires, leurs associé
et cautions, tant pour le paiement du prix principal de l'adjudicatio
que pour accessoires et frais.

Les cautions sont en outre contraignables, solidairement et pa
les mêmes voies, au paiement des dommages, restitutions et amen
des qu'aurait encourus l'adjudicataire.

SECTION IV.

Des exploitations.

Art. 29.— Après l'adjudication, il ne pourra être fait aucun chan
gement à l'assiette des coupes, et il n'y sera ajouté aucun arbre o
portion de bois, sous quelque prétexte que ce soit, à peine, contr
l'adjudicataire, d'une amende égale au triple de la valeur des boi
non compris dans l'adjudication, et sans préjudice de la restitution d
ces mêmes bois ou de leur valeur.

Si les bois sont de meilleure nature ou qualité, ou plus âgés qu
ceux de la vente, il paiera l'amende comme pour bois coupé en délit
et une somme double à titre de dommages-intérêts.

Les agens forestiers qui auraient permis ou toléré ces additions o
changemens, seront punis de la même amende, sauf l'application
s'il y a lieu, de l'article 207 de la présente loi.

Art. 30.— Les adjudicataires ne pourront commencer l'exploita
tion de leurs coupes avant d'avoir obtenu, par écrit, de l'agent fores
tier local, le permis d'exploiter, à peine d'être poursuivis comm
délinquans pour les bois qu'ils auraient coupés.

Art. 31.— Chaque adjudicataire sera tenu d'avoir un facteur o
garde-vente, qui sera agréé par l'agent forestier local, et assermenté
devant le juge de paix.

Ce garde-vente sera autorisé à dresser des procès-verbaux tant dan
la vente qu'à l'ouïe de la cognée. Ses procès-verbaux seront soumi
aux mêmes formalités que ceux des gardes forestiers, et feront fo
jusqu'à preuve contraire.

L'espace appelé *l'ouïe de la cognée* est fixé à la distance de deux cen
cinquante mètres, à partir des limites de la coupe.

Art. 32.— Tout adjudicataire sera tenu, sous peine de cent fran l'amende, de déposer chez l'agent forestier local et au greffe du tribunal de l'arrondissement, l'empreinte du marteau destiné à marquer les arbres et bois de sa vente.

L'adjudicataire et ses associés ne pourront avoir plus d'un marteau pour la même vente, ni en marquer d'autres bois que ceux qui proviendront de cette vente, sous peine de cinq cents francs d'amende.

Art. 33.— L'adjudicataire sera tenu de respecter tous les arbres marqués ou désignés pour demeurer en réserve, quelle que soit leur qualification, lors même que le nombre en excéderait celui qui est porté au procès-verbal de martelage, et sans que l'on puisse admettre en compensation d'arbres coupés en contravention, d'autres arbres non réservés que l'adjudicataire aura laissés sur pied.

Art. 34.— Les amendes encourues par les adjudicataires, en vertu de l'article précédent, pour abattage ou déficit d'arbres réservés, seront du tiers en sus de celles qui sont déterminées par l'article 192, toutes les fois que l'essence et la circonférence des arbres pourront être constatées.

Si, à raison de l'enlèvement des arbres et de leurs souches, ou de toute autre circonstance, il y a impossibilité de constater l'essence et la dimension des arbres, l'amende ne pourra être moindre de cinquante francs, ni excéder deux cents francs.

Dans tous les cas, il y aura lieu à la restitution des arbres, ou, s'ils ne peuvent être représentés, de leur valeur, qui sera estimée à une somme égale à l'amende encourue.

Sans préjudice des dommages-intérêts.

Art. 35.— Les adjudicataires ne pourront effectuer aucune coupe ni enlèvement de bois avant le lever ni après le coucher du soleil, à peine de cent francs d'amende.

Art. 36.— Il leur est interdit, à moins que le procès-verbal d'adjudication n'en contienne l'autorisation expresse, de peler ou d'écorcer sur pied aucun des bois de leurs ventes, sous peine de cinquante à cinq cents francs d'amende; et il y aura lieu à la saisie des écorces et bois écorcés, comme garantie des dommages-intérêts, dont le montant ne pourra être inférieur à la valeur des arbres indûment pelés ou écorcés.

Art. 37.— Toute contravention aux clauses et conditions du cahier des charges, relativement au mode d'abattage des arbres et au nettoiement des coupes, sera punie d'une amende qui ne pourra être moindre de cinquante francs, ni excéder cinq cents francs, sans préjudice des dommages-intérêts.

Art. 38.— Les agens forestiers indiqueront, par écrit, aux adjudicataires, les lieux où il pourra être établi des fosses ou fourneaux pour charbon, des loges ou des ateliers; il n'en pourra être placé ailleurs, sous peine, contre l'adjudicataire, d'une amende de cinquante francs pour chaque fosse ou fourneau, loge ou atelier établi en contravention à cette disposition.

Art. 39. — La traite des bois se fera par les chemins désignés au cahier des charges, sous peine, contre ceux qui en pratiqueraient de nouveaux, d'une amende dont le minimum sera de cinquante francs et le maximum de deux cents francs, outre les dommages-intérêts.

Art. 40. — La coupe des bois et la vidange des ventes seront faites dans les délais fixés par le cahier des charges, à moins que les adjudicataires n'aient obtenu de l'administration forestière une prorogation de délai; à peine d'une amende de cinquante à cinq cents francs, et, en outre, des dommages-intérêts, dont le montant ne pourra être inférieur à la valeur estimative des bois restés sur pied ou gissant sur les coupes.

Il y aura lieu à la saisie de ces bois, à titre de garantie pour les dommages-intérêts.

Art. 41. — A défaut par les adjudicataires d'exécuter, dans les délais fixés par le cahier des charges, les travaux que ce cahier leur impose, tant pour relever et faire façonner les ramiers, et pour nettoyer les coupes des épines, ronces et arbustes nuisibles, selon le mode prescrit à cet effet, que pour les réparations des chemins de vidange, fossés, repiquement de places à charbon et autres ouvrages à leur charge, ces travaux seront exécutés à leurs frais, à la diligence des agens forestiers, et sur l'autorisation du préfet qui arrêtera ensuite le mémoire des frais, et le rendra exécutoire contre les adjudicataires pour le paiement.

Art. 42. — Il est défendu à tous adjudicataires, leurs facteurs et ouvriers, d'allumer du feu ailleurs que dans leurs loges ou ateliers, à peine d'une amende de dix à cent francs, sans préjudice de la réparation du dommage qui pourrait résulter de cette contravention.

Art. 43. — Les adjudicataires ne pourront déposer dans leurs ventes d'autres bois que ceux qui en proviendront, sous peine d'une amende de cent à mille francs.

Art. 44. — Si, dans le cours de l'exploitation ou de la vidange il était dressé des procès-verbaux de délits ou vices d'exploitation, il pourra y être donné suite sans attendre l'époque du récolement.

Néanmoins, en cas d'insuffisance d'un premier procès-verbal, sur lequel il ne sera pas intervenu de jugement, les agens forestiers pourront, lors du récolement, constater, par un nouveau procès-verbal, les délits et contraventions.

Art. 45. — Les adjudicataires, à dater du permis d'exploiter, et jusqu'à ce qu'ils aient obtenu leur décharge, sont responsables de tout délit forestier commis dans leurs ventes et à l'ouïe de la cognée, si leurs facteurs ou gardes-ventes n'en font leurs rapports, lesquels doivent être remis à l'agent forestier dans le délai de cinq jours.

Art. 46. — Les adjudicataires et leurs cautions seront responsables et contraignables par corps au paiement des amendes et restitutions encourues pour délits et contraventions commis, soit dans la vente, soit à l'ouïe de la cognée, par les facteurs, gardes-ventes, ouvriers, bûcherons, voituriers et tous autres employés par les adjudicataires.

Section V.

Des réarpentages et récolemens.

Art. 47.—Il sera procédé au réarpentage et au récolement de chaque vente dans les trois mois qui suivront le jour de l'expiration des délais accordés pour la vidange des coupes.

Ces trois mois écoulés, les adjudicataires pourront mettre en demeure l'administration par acte extrajudiciaire signifié à l'agent forestier local ; et si, dans le mois après la signification de cet acte, l'administration n'a pas procédé au réarpentage et au récolement, l'adjudicataire demeurera libéré.

Art. 48. — L'adjudicataire ou son cessionnaire sera tenu d'assister au récolement, et il lui sera à cet effet signifié, au moins dix jours d'avance, un acte contenant l'indication des jours où se feront le réarpentage et le récolement : faute par lui de se trouver sur les lieux ou de s'y faire représenter, les procès-verbaux de réarpentage et de récolement seront réputés contradictoires.

Art. 49. — Les adjudicataires auront le droit d'appeler un arpenteur de leur choix pour assister aux opérations du réarpentage : à défaut par eux d'user de ce droit, les procès-verbaux de réarpentage n'en seront pas moins réputés contradictoires.

Art. 50. — Dans le délai d'un mois après la clôture des opérations, l'administration et l'adjudicataire pourront requérir l'annullation du procès-verbal pour défaut de forme ou pour fausse énonciation.

Ils se pourvoiront à cet effet devant le conseil de préfecture qui statuera.

En cas d'annullation du procès-verbal, l'administration pourra, dans le mois qui suivra, y faire suppléer par un nouveau procès-verbal.

Art. 51. — A l'expiration du délai fixé par l'article 50, et si l'administration n'a élevé aucune contestation, le préfet délivrera à l'adjudicataire la décharge d'exploitation.

Art. 52. — Les arpenteurs seront passibles de tous dommages-intérêts par suite des erreurs qu'ils auront commises, lorsqu'il en résultera une différence d'un vingtième de l'étendue de la coupe.

Sans préjudice de l'application, s'il y a lieu, des dispositions de l'article 207.

Section VI.

Des Adjudications de glandée, panage et paisson (Art. 53 à 57).

Section VII.

Des Affectations à titre particulier dans les bois de l'État (Art. 58 à 60).

Section VIII.

Des Droits d'usage dans les bois de l'État (Art. 61 à 85).

TITRE IV.

Des Bois et Forêts qui font partie du domaine de la Couronne.

Art. 86. — Les bois et forêts qui font partie du domaine de la Couronne sont exclusivement régis et administrés par le ministre de la maison du Roi, conformément aux dispositions de la loi du 8 novembre 1814.

Art. 87. — Les agens et gardes des forêts de la Couronne sont en tout assimilés aux agens et gardes de l'administration forestière, tant pour l'exercice de leurs fonctions que pour la poursuite des délits et contraventions.

Art. 88. — Toutes les dispositions de la présente loi qui sont applicables aux bois et forêts du domaine de l'Etat, le sont également aux bois et forêts qui font partie du domaine de la Couronne, sauf les exceptions qui résultent de l'article 86 ci-dessus.

TITRE V.

Des Bois et Forêts qui sont possédés à titre d'apanage ou de majorats reversibles à l'État.

Art. 89. — Les bois et forêts qui sont possédés par les princes à titre d'apanage, ou par des particuliers à titre de majorats reversibles à l'Etat, sont soumis au régime forestier, quant à la propriété du sol et à l'aménagement des bois. En conséquence, les agens de l'administration forestière y seront chargés de toutes les opérations relatives à la délimitation, au bornage et à l'aménagement, conformément aux dispositions des sections I et II du titre III de la présente loi. Les articles 60 et 62 sont également applicables à ces bois et forêts.

L'administration forestière y fera faire les visites et opérations qu'elle jugera nécessaires pour s'assurer que l'exploitation est conforme à l'aménagement, et que les autres dispositions du présent titre sont exécutées.

TITRE VI.

De Bois des communes et des établissemens publics.

Art. 90. — Sont soumis au régime forestier, d'après l'article 1ᵉʳ de la présente loi, les bois taillis ou futaies appartenant aux communes ou aux établissemens publics, qui auront été reconnus susceptibles d'aménagement ou d'une exploitation régulière par l'autorité administrative sur la proposition de l'administration forestière, et d'après l'avis des conseils municipaux ou des administrateurs des établissemens publics. Il sera procédé dans les mêmes formes à tout changement qui pourrait être demandé soit de l'aménagement, soit du mode d'exploitation.

En conséquence, toutes les dispositions des six premières sections du titre III leur sont applicables, sauf les modifications et exceptions spécifiées au présent titre.

Lorsqu'il s'agira de la conversion en bois et de l'aménagement de terrains en pâturages, la proposition de l'administration forestière sera communiquée au maire ou aux administrateurs des établissemens publics. Le conseil municipal ou ces administrateurs seront appelés à en délibérer; en cas de contestation, il sera statué par le conseil de préfecture, sauf le pourvoi au conseil d'État.

ART. 91. — (Défense de défricher sans autorisation).

ART. 92. — (Partage des bois défendu entre les habitans et permis entre communes).

ART. 93. — Un quart des bois et forêts appartenant aux communes et aux établissemens publics sera toujours mis en réserve, lorsque ces communes ou établissemens posséderont au moins dix hectares de bois réunis ou divisés.

Cette disposition n'est pas applicable aux bois peuplés totalement en arbres résineux.

ART. 94. — Les communes et établissemens publics entretiendront, pour la conservation de leurs bois, le nombre de gardes particuliers qui sera déterminé par le maire et les administrateurs des établissemens, sauf l'approbation du préfet sur l'avis de l'administration forestière.

ART. 95. — Le choix de ces gardes sera fait, pour les communes, par le maire, sauf l'approbation du conseil municipal; et pour les établissemens publics, par les administrateurs de ces établissemens.

Ces choix doivent être agréés par l'administration forestière, qui délivre aux gardes leurs commissions.

En cas de dissentiment, le préfet prononcera.

ART. 96. — A défaut par les communes ou établissemens publics de faire choix d'un garde dans le mois de la vacance de l'emploi, le préfet y pourvoira sur la demande de l'administration forestière.

ART. 97. — Si l'administration forestière et les communes ou établissemens publics jugent convenable de confier à un même individu la garde d'un canton de bois appartenant à des communes ou établissemens publics et d'un canton de bois de l'État, la nomination du garde appartient à cette administration seule.

Son salaire sera payé proportionnellement par chacune des parties intéressées.

ART. 98. — L'administration forestière peut suspendre de leurs fonctions les gardes des bois des communes et des établissemens publics; s'il y a lieu à destitution, le préfet la prononcera après avoir

11

pris l'avis du conseil municipal ou des administrateurs des établissemens propriétaires, ainsi que de l'administration forestière.

Le salaire de ces gardes est réglé par le préfet, sur la proposition du conseil municipal ou des administrateurs des établissemens propriétaires.

ART. 99. — Les gardes des bois des communes et des établissemens publics sont en tout assimilés aux gardes des bois de l'Etat, et soumis à l'autorité des mêmes agens; ils prêtent serment dans les mêmes formes, et leurs procès-verbaux font également foi en justice pour constater les délits et contraventions commis même dans des bois soumis au régime forestier autres que ceux dont la garde leur est confiée.

ART. 100. — Les ventes des coupes, tant ordinaires qu'extraordinaires, seront faites à la diligence des agens forestiers, dans les mêmes formes que pour les bois de l'Etat, et en présence du maire ou d'un adjoint pour les bois des communes, et d'un des administrateurs pour ceux des établissemens publics ; sans toutefois que l'absence des maires ou administrateurs dûment appelés entraîne la nullité des opérations.

Toute vente ou coupe effectuée par l'ordre des maires des communes ou des administrateurs des établissemens publics en contravention au présent article, donnera lieu contre eux à une amende qui ne pourra être au-dessous de trois cents francs, ni excéder six mille francs; sans préjudice des dommages-intérêts qui pourraient être dus aux communes ou établissemens propriétaires.

Les ventes ainsi effectuées seront déclarées nulles.

ART. 101. — Les incapacités et défenses prononcées par l'article 21 sont applicables aux maires, adjoints et receveurs des communes, ainsi qu'aux administrateurs et receveurs des établissemens publics, pour les ventes des bois des communes et établissemens dont l'administration leur est confiée.

En cas de contravention, ils seront passibles des peines prononcées par le § 1er de l'article précité, sans préjudice des dommages-intérêts, s'il y a lieu; et les ventes seront déclarées nulles.

ART. 102. — (Mise en réserve de la quantité de bois nécessaire pour l'usage des communes et établissemens publics, et défense de les détourner de leur destination, sans autorisation.)

ART. 103. — (Coupes des bois destinées à être partagées en nature pour l'affouage des habitans.)

ART. 104. — (Dispense du timbre pour les actes relatifs à ces coupes.)

ART. 105. — (Mode de partage des bois d'affouage.)

ART. 106. — (Les frais d'administration des bois sont remboursés au gouvernement et ajoutés annuellement à la contribution foncière.)

ART. 107. — (Moyennant cette perception, les opérations de conservation et de régie des bois sont faites par l'administration forestière sans aucuns frais. — Poursuites dans l'intérêt des communes et perception des restitutions et dommages-intérêts effectuées sans frais par le gouvernement.)

Art. 108. — Le salaire des gardes particuliers restera à la charge des communes et des établissemens publics.

Art. 109. — Les coupes ordinaires et extraordinaires sont principalement affectées au paiement des frais de garde, de la contribution foncière et des sommes qui reviennent au Trésor en exécution de l'article 106.

Si les coupes sont délivrées en nature pour l'affouage, et que les communes n'aient pas d'autres ressources, il sera distrait une portion suffisante des coupes pour être vendue aux enchères, avant toute distribution, et le prix en être employé au paiement desdites charges.

Art. 110. — (Pâturage des chèvres, brebis, moutons.)

Art. 111 et 112.—(Faculté d'affranchir les bois de tous droits d'usage.)

TITRE VII.

Des bois et forêts indivis qui sont soumis au régime forestier.

Art. 113.—Toutes les dispositions de la présente loi relatives à la conservation et à la régie des bois qui font partie du domaine de l'Etat, ainsi qu'à la poursuite des délits et contraventions commis dans ces bois, sont applicables aux bois indivis mentionnés à l'art. 1er, § 6e, de la présente loi, sauf les modifications portées par le titre VI, pour les bois des communes et des établissemens publics.

Art. 114.—Aucune coupe ordinaire ou extraordinaire, exploitation ou vente, ne pourra être faite par les possesseurs co-propriétaires, sous peine d'une amende égale à la valeur de la totalité des bois abattus ou vendus; toutes ventes ainsi faites seront déclarées nulles.

Art. 115.—Les frais de délimitation, d'arpentage et de garde, seront supportés par le domaine et les co-propriétaires, chacun dans la proportion de ses droits.

L'administration forestière nommera les gardes, règlera leur salaire, et aura seule le droit de les révoquer.

Art. 116.—Les co-propriétaires auront dans les restitutions et dommages-intérêts la même part que dans le produit des ventes, décime compris, chacun dans la proportion de ses droits.

TITRE VIII.

Des bois des particuliers.

Art. 117.—Les propriétaires qui voudront avoir, pour la conservation de leurs bois, des gardes particuliers, devront les faire agréer par le sous-préfet de l'arrondissement, sauf le recours au préfet en cas de refus.

11*

Ces gardes ne pourront exercer leurs fonctions qu'après avoir prêté serment devant le tribunal de première instance.

ART. 118 à 121.—(Droits d'usage, de pâturage, parcours, panage et glandée.)

TITRE IX.
Affectations spéciales des bois à des services publics.

————

SECTION Iʳᵉ.
Des bois destinés au service de la marine (1).

ART. 122.—Dans tous les bois soumis au régime forestier, lorsque des coupes devront y avoir lieu, le département de la marine pourra faire choisir et marteler par ses agens les arbres propres aux constructions navales, parmi ceux qui n'auront pas été marqués en réserve par les agens forestiers.

ART. 123.—Les arbres ainsi marqués seront compris dans les adjudications, et livrés par l'adjudicataire à la marine, aux conditions qui seront indiquées ci-après.

ART. 124.—Pendant dix ans, à compter de la promulgation de la présente loi, le département de la marine exercera le droit de choix et de martelage sur les bois des particuliers, futaies, arbres de réserve, avenues, lisières et arbres épars.

Ce droit ne pourra être exercé que sur les arbres en essence de chêne qui seront destinés à être coupés, ayant au moins 15 décimètres de tour, mesurés à 1 mètre du sol.

Les arbres qui existeront dans les lieux clos, attenant aux habitations, et qui ne sont point aménagés en coupes réglées ne seront point assujettis au martelage.

ART. 125.—Tous les propriétaires seront tenus, sauf l'exception énoncée en l'article précédent, et hors le cas de besoins personnels pour réparations et constructions, de faire, six mois d'avance, à la sous-préfecture, la déclaration des arbres qu'ils ont l'intention d'abattre, et des lieux où ils sont situés.

Le défaut de déclaration sera puni d'une amende de 18 fr. par mètre de tour pour chaque arbre susceptible d'être déclaré.

ART. 126.—Les particuliers pourront disposer librement des arbres déclarés par eux, si la marine ne les a pas fait marquer pour son service dans les six mois, à compter du jour de l'enregistrement de la déclaration à la sous-préfecture.

Les agens de la marine seront tenus, à peine de nullité de leur opération, de dresser des procès-verbaux de martelage des arbres dans les bois de l'État, des communes, des établissemens publics et des par-

————

(1) Un décret du 15 septembre 1809 accorde à l'artillerie les mêmes droits qu'à la marine dans les forêts nationales pour l'approvisionnement de ses arsenaux (voyez aussi l'ordonnance et le règlement du 28 août 1816).

ticuliers, de faire viser ces procès-verbaux par le maire dans la huitaine, et d'en déposer immédiatement une expédition à la mairie de la commune où le martelage aura eu lieu. Aussitôt après ce dépôt, les adjudicataires, communes, établissemens ou propriétaires, pourront disposer des bois qui n'auront pas été marqués.

ART. 127.—Les adjudicataires des bois soumis au régime forestier, les maires des communes ainsi que les administrateurs des établissemens publics pour les exploitations faites sans adjudication, et les particuliers, traiteront de gré à gré du prix de leur bois avec la marine.

En cas de contestation, le prix sera réglé par experts nommés contradictoirement, et s'il y a partage entre les experts, il en sera nommé un d'office par le président du tribunal de première instance, à la requête de la partie la plus diligente.

Les frais de l'expertise seront supportés en commun.

ART. 128. —Les adjudicataires des bois soumis au régime forestier, les maires des communes, ainsi que les administrateurs des établissemens publics pour les exploitations faites sans adjudication, et les particuliers, pourront disposer librement des arbres marqués pour la marine, si, dans les trois mois après qu'ils en auront fait notifier à la sous-préfecture l'abattage, la marine n'a pas pris livraison de la totalité des arbres marqués appartenant au même propriétaire, et n'en a pas acquitté le p ix.

ART. 129.—La marine aura, jusqu'à l'abattage des arbres, la faculté d'annuller les martelages opérés pour son service. Mais conformément à l'article précédent, elle devra prendre tous les arbres marqués qui auront été abattus ou les abandonner en totalité.

ART. 130.—Lorsque les propriétaires de bois n'auront pas fait abattre les arbres déclarés dans le délai d'un an à dater du jour de leur déclaration, elle sera considérée comme non avenue, et ils seront tenus d'en faire une nouvelle.

ART. 131.—Ceux qui, dans les cas de besoins personnels pour réparations ou constructions, voudront faire abattre des arbres sujets à déclaration, ne pourront procéder à l'abattage qu'après avoir fait préalablement constater les besoins par le maire de la commune.

Tout propriétaire convaincu d'avoir, sans motifs valables, donné, en tout ou en partie, à ses arbres, une destination autre que celle qui aura été énoncée dans le procès-verbal constatant l'urgence, sera passible de l'amende portée par l'art. 125 pour défaut de déclaration.

ART. 132.—Le gouvernement déterminera les formalités à remplir, tant pour les déclarations de volonté d'abattre que pour constater, soit les besoins dans le cas prévu par l'article précédent, soit les martelages et les abattages : ces formalités seront remplies sans frais.

ART. 133.—Les arbres qui auront été marqués pour le service de la marine dans les bois soumis au régime forestier, comme sur toute propriété privée, ne pourront être distraits de leur destination, sous peine d'une amende de 45 fr. par mètre de tour de chaque arbre, sauf néanmoins les cas prévus par les art. 126 et 128.

Les arbres marqués pour le service de la marine ne pourront être équarris avant la livraison, ni détériorés par ses agens avec des haches, scies, sondes ou autres instrumens, à peine de la même amende.

Art. 134.—Les délits et contraventions concernant le service de la marine seront constatés, dans tous les bois, par procès-verbaux, soit des agens et gardes forestiers, soit des maîtres, contre-maîtres et aides-contre-maîtres assermentés de la marine : en conséquence, les procès-verbaux de ces maîtres, contre-maîtres et aides-contre-maîtres feront foi en justice comme ceux des gardes forestiers, pourvu qu'ils soient dressés et affirmés dans les mêmes formes et dans les mêmes délais.

Art. 135.—Les dispositions du présent titre ne sont applicables qu'aux localités où le droit de martelage sera jugé indispensable pour le service de la marine, et pourra être utilement exercé par elle.

Le gouvernement fera dresser et publier l'état des départemens, arrondissemens et cantons qui ne seront pas soumis à l'exercice de ce droit.

La même publicité sera donnée au rétablissement de cet exercice dans les localités exceptées, lorsque le gouvernement jugera ce rétablissement nécessaire.

Section II.

Des bois destinés au service des ponts et chaussées pour les travaux du Rhin (Art. 136 à 145) (1).

(1) *Bois de bourdaine.* Bien que la plupart des bois blancs soient susceptibles de fournir des charbons plus ou moins propres à la fabrication de la poudre, la *bourdaine* étant l'espèce qui possède le plus éminemment cette qualité, l'État jouit de temps immémorial du privilége de disposer, moyennant un prix fixé, de celle qui croît à portée des poudrières, même dans les forêts des particuliers. Un arrêté du 25 fructidor an XI règle ce qui a rapport à cette branche de service. Les adjudicataires ou acquéreurs des coupes de bois, doivent faire mettre à part le bois de bourdaine de 3, 4 et 5 ans de crue, et en faire faire des bottes ou bourrées de 2 m. de long sur 1 m. 50 c. de grosseur. En outre l'administration des poudres est autorisée à faire faire dans tous les temps la recherche, coupe et enlèvement du même bois, dans les lieux où il ne s'effectue aucune coupe. Ces dispositions sont restreintes pour les bois des particuliers, à ceux de ces bois qui sont situés à 15 myriamètres des fabriques de poudre (décret du 16 floréal an XIII), à l'exception des bois qui sont clos et attenant aux habitations. Les préposés des poudres doivent se faire assister des gardes qui dressent procès-verbal de la quantité de bottes et auxquels il est dû pour cette assistance 25 cent. par chaque cent de bottes. Le prix des bois de bourdaine recueilli par les bourdainiers, est payé sur le vu de ces procès-verbaux à raison de 25 cent. la botte : le prix est augmenté d'un cinquième pour les bottes livrées par les adjudicataires.

TITRE X.

Police et conservation des bois et forêts.

Section 1re.

Dispositions applicables à tous les bois et forêts en général.

Art. 144.—Toute extraction ou enlèvement non autorisé de pierres, sable, minerai, terre ou gazon, tourbe, bruyères, genêts, herbages, feuilles vertes ou mortes, engrais existant sur le sol des forêts, glands, faines et autres fruits ou semences des bois et forêts, donnera lieu à des amendes qui seront fixées ainsi qu'il suit :

Par charretée ou tombereau, de dix à trente francs, pour chaque bête attelée ;

Par chaque charge de bête de somme, de cinq à quinze francs ;

Par chaque charge d'homme, de deux à six francs.

Art. 145.—Il n'est point dérogé aux droits conférés à l'administration des ponts et chaussées d'indiquer les lieux où doivent être faites les extractions de matériaux pour les travaux publics ; néanmoins les entrepreneurs seront tenus envers l'Etat, les communes et les établissemens publics, comme envers les particuliers, de payer toutes les indemnités de droit, et d'observer toutes les formes prescrites par les lois et règlemens en cette matière.

Art. 146.—Quiconque sera trouvé dans les bois et forêts, hors des routes et chemins ordinaires, avec serpes, cognées, haches, scies et autres instrumens de même nature, sera condamné à une amende de dix francs et à la confiscation desdits instrumens.

Art. 147. — Ceux dont les voitures, bestiaux, animaux de charge ou de monture, seront trouvés dans les forêts hors des routes et chemins ordinaires, seront condamnés, savoir :

Par chaque voiture, à une amende de dix francs pour les bois de dix ans et au-dessus, et de vingt francs pour les bois au-dessous de cet âge ;

Par chaque tête ou espèce de bestiaux non attelés, aux amendes fixées pour délit de pâturage par l'article 199.

Le tout sans préjudice des dommages-intérêts.

Art. 148. — Il est défendu de porter ou allumer du feu dans l'intérieur et à la distance de deux cents mètres des bois et forêts, sous peine d'une amende de vingt à cent francs ; sans préjudice, en cas d'incendie, des peines portées par le Code pénal, et de tous dommages-intérêts, s'il y a lieu.

Art. 149. — Tous usagers qui, en cas d'incendie, refuseront de porter des secours dans les bois soumis à leur droit d'usage, seront traduits en police correctionnelle, privés de ce droit pendant un an au moins et cinq ans au plus, et condamnés en outre aux peines portées en l'article 475 du Code pénal.

Art. 150. — Les propriétaires riverains des bois et forêts ne peuvent se prévaloir de l'article 672 du Code civil pour l'élagage des lisières desdits bois et forêts, si les arbres de lisière ont plus de trente ans.

Tout élagage qui serait exécuté sans l'autorisation des propriétaires des bois et forêts donnera lieu à l'application des peines portées par l'article 196.

Section II.

Dispositions spéciales applicables seulement aux bois et forêts soumis au régime forestier.

Art. 151. — Aucun four à chaux ou à plâtre, soit temporaire, soit permanent, aucune briqueterie et tuilerie, ne pourront être établis dans l'intérieur, et à moins d'un kilomètre des forêts, sans l'autorisation du gouvernement, à peine d'une amende de cent à cinq cents francs et de démolition des établissemens.

Art. 152. — Il ne pourra être établi sans l'autorisation du gouvernement, sous quelque prétexte que ce soit, aucune maison sur perches, loge, barraque ou hangar, dans l'enceinte et à moins d'un kilomètre des bois et forêts, sous peine de cinquante francs d'amende, et de la démolition dans le mois, à dater du jour du jugement qui l'aura ordonnée.

Art. 153. — Aucune construction de maisons ou fermes ne pourra être effectuée sans l'autorisation du gouvernement, à la distance de 500 mètres des bois et forêts soumis au régime forestier, sous peine de démolition.

Il sera statué dans le délai de six mois sur les demandes en autorisation ; passé ce délai, si le refus de l'autorisation n'a pas été notifié, la construction pourra être effectuée.

Il n'y aura point lieu à ordonner la démolition des maisons ou fermes actuellement existantes. Ces maisons ou fermes pourront être réparées, augmentées ou reconstruites sans autorisation.

Art. 154. — Nul individu habitant les maisons ou fermes actuellement existantes dans le rayon ci-dessus fixé, ou dont la construction y aura été autorisée en vertu de l'article précédent, ne pourra établir dans lesdites maisons ou fermes aucun atelier à façonner le bois, aucun chantier ou magasin pour faire le commerce de bois, sans la permission spéciale du gouvernement, sous peine de cinquante francs d'amende et de la confiscation des bois.

Lorsque les individus qui auront obtenu cette permission auront subi une condamnation pour délits forestiers, le gouvernement pourra leur retirer ladite permission.

Art. 155. — Aucune usine à scier le bois ne pourra être établie dans l'enceinte, et à moins de deux kilomètres de distance des bois et forêts, qu'avec l'autorisation du gouvernement, sous peine d'une amende de cent à cinq cents francs, et de la démolition dans le mois, à dater du jugement qui l'aura ordonnée.

Art. 156. — Sont exceptées des dispositions des trois articles précédens les maisons et usines qui font partie de villes, villages ou hameaux formant une population agglomérée, bien qu'elles se trouvent dans les distances ci-dessus fixées des bois et forêts.

Art. 157. — Les usines, hangars et autres établissemens autorisés en vertu des articles 151, 152, 154 et 155, seront soumis aux visites des agens et gardes forestiers, qui pourront y faire toutes perquisitions sans l'assistance d'un officier public, pourvu qu'ils se présentent au nombre de deux au moins, ou que l'agent ou garde forestier soit accompagné de deux témoins domiciliés dans la commune.

Art. 158. — Aucun arbre, bille ou tronche ne pourra être reçu dans les scieries dont il est fait mention en l'article 155, sans avoir été préalablement reconnu par le garde forestier du canton et marqué de son marteau, ce qui devra avoir lieu dans les cinq jours de la déclaration, sous peine, contre les exploitans desdites scieries, d'une amende de cinquante à trois cents francs. En cas de récidive, l'amende sera double et la suppression de l'usine pourra être ordonnée par le tribunal.

TITRE XI.

Des Poursuites en réparation de délits et contraventions.

SECTION Iʳᵉ.

Des Poursuites exercées au nom de l'administration forestière.

Art. 159. — L'administration forestière est chargée, tant dans l'intérêt de l'État que dans celui des autres propriétaires de bois et forêts soumis au régime forestier, des poursuites en réparation de tous délits et contraventions commis dans ces bois et forêts, sauf l'exception mentionnée en l'article 87.

Elle est également chargée de la poursuite en réparation des délits et contraventions spécifiés aux articles 134, 145 et 219.

Les actions et poursuites seront exercées par les agens forestiers au nom de l'administration forestière, sans préjudice du droit qui appartient au ministère public.

Art. 160. — Les agens, arpenteurs et gardes forestiers recherchent et constatent par procès-verbaux les délits et contraventions, savoir : les agens et arpenteurs, dans toute l'étendue du territoire pour lequel ils sont commissionnés; et les gardes, dans l'arrondissement du tribunal près duquel ils sont assermentés.

Art. 161. — Les gardes sont autorisés à saisir les bestiaux trouvés

en délit, et les instrumens, voitures et attelages des délinquans, et à
les mettre en séquestre. Ils suivront les objets enlevés par les délinquans, jusque dans les lieux où il auront été transportés, et les mettront également en séquestre.

Ils ne pourront néanmoins s'introduire dans les maisons, bâtimens,
cours adjacentes et enclos, si ce n'est en présence, soit du juge de
paix ou de son suppléant, soit du maire du lieu ou de son adjoint,
soit du commissaire de police.

ART. 162. — Les fonctionnaires dénommés en l'article précédent
ne pourront se refuser à accompagner sur-le-champ les gardes, lorsqu'ils en seront requis par eux, pour assister à des perquisitions.

Ils seront tenus, en outre, de signer le procès-verbal du séquestre
ou de la perquisition faite en leur présence ; sauf au garde, en cas de
refus de leur part, à en faire mention audit procès-verbal.

ART. 163. — Les gardes arrêteront et conduiront devant le juge de
paix ou devant le maire tout inconnu qu'ils auront surpris en flagrant
délit.

ART. 164. — Les agens et les gardes de l'administration des forêts
ont le droit de requérir directement la force publique pour la répres-
sion des délits et contraventions en matière forestière, ainsi que pour
la recherche et la saisie des bois coupés en délit, vendus ou achetés en
fraude.

ART. 165. — Les gardes écriront eux-mêmes leurs procès-verbaux ;
ils les signeront, et les affirmeront, au plus tard le lendemain de la
clôture desdits procès-verbaux, par-devant le juge de paix du canton
ou l'un de ses suppléans, ou par-devant le maire ou l'adjoint, soit de
la commune de leur résidence, soit de celle où le délit a été commis
ou constaté ; le tout sous peine de nullité.

Toutefois, si, par suite d'un empêchement quelconque, le procès-
verbal est seulement signé par le garde, mais non écrit en entier de
sa main, l'officier public qui en recevra l'affirmation devra lui en donner préalablement lecture, et faire ensuite mention de cette formalité ;
le tout sous peine de nullité du procès-verbal.

ART. 166. — Les procès-verbaux que les agens forestiers, les gardes
généraux et les gardes à cheval dresseront, soit isolément, soit avec
le concours d'un garde, ne seront point soumis à l'affirmation.

ART. 167. — Dans les cas où le procès-verbal portera saisie, il en
sera fait, aussitôt après l'affirmation, une expédition qui sera déposée
dans les vingt-quatre heures au greffe de la justice de paix, pour qu'il
en puisse être donné communication à ceux qui réclameraient les
objets saisis.

ART. 168. — Les juges de paix pourront donner main-levée provisoire des objets saisis, à la charge du paiement des frais de séquestre,
et moyennant une bonne et valable caution.

En cas de contestation sur la solvabilité de la caution, il sera statué
par le juge de paix.

ART. 169. — Si les bestiaux saisis ne sont pas réclamés dans les cinq jours qui suivront le séquestre, ou s'il n'est pas fourni bonne et valable caution, le juge de paix en ordonnera la vente à l'enchère au marché le plus voisin. Il y sera procédé à la diligence du receveur des domaines, qui la fera publier vingt-quatre heures à l'avance.

Les frais de séquestre et de vente seront taxés par le juge de paix et prélevés sur le produit de la vente ; le surplus restera déposé entre les mains du receveur des domaines, jusqu'à ce qu'il ait été statué en dernier ressort sur le procès-verbal.

Si la réclamation n'a lieu qu'après la vente des bestiaux saisis, le propriétaire n'aura droit qu'à la restitution du produit net de la vente, tous frais déduits, dans le cas où cette restitution serait ordonnée par le jugement.

ART. 170. — Les procès-verbaux seront, sous peine de nullité, enregistrés dans les quatre jours qui suivront celui de l'affirmation, ou celui de la clôture du procès-verbal, s'il n'est pas sujet à l'affirmation.

L'enregistrement s'en fera en débet, lorsque les délits ou contraventions intéresseront l'Etat, le domaine de la Couronne ou les communes et les établissemens publics.

ART. 171. — Toutes les actions et poursuites exercées au nom de l'administration générale des forêts, et à la requête de ses agens, en réparation des délits ou contraventions en matière forestière, sont portées devant les tribunaux correctionnels, lesquels sont seuls compétens pour en connaître.

ART. 172. — L'acte de citation doit, à peine de nullité, contenir la copie du procès-verbal et de l'acte d'affirmation.

ART. 173. — Les gardes de l'administration forestière pourront, dans les actions et poursuites exercées en son nom, faire toutes citations et significations d'exploits, sans pouvoir procéder aux saisies-exécutions.

Leurs rétributions pour les actes de ce genre seront taxées comme pour les actes faits par les huissiers des juges de paix.

ART. 174. — Les agens forestiers ont le droit d'exposer l'affaire devant le tribunal, et sont entendus à l'appui de leurs conclusions.

ART. 175. — Les délits ou contraventions en matière forestière seront prouvés soit par procès-verbaux, soit par témoins, à défaut de procès-verbaux ou en cas d'insuffisance de ces actes.

ART. 176. — Les procès-verbaux revêtus de toutes les formalités prescrites par les articles 165 et 170, et qui sont dressés et signés par deux agens ou gardes forestiers, font preuve, jusqu'à inscription de faux, des faits matériels relatifs aux délits et contraventions qu'ils constatent, quelles que soient les condamnations auxquelles ces délits et contraventions peuvent donner lieu.

Il ne sera, en conséquence, admis aucune preuve outre ou contre le contenu de ces procès-verbaux, à moins qu'il n'existe une cause légale de récusation contre l'un des signataires.

ART. 177. Les procès-verbaux revêtus de toutes les formalités prescrites, mais qui ne seront dressés et signés que par un seul agent ou garde, feront de même preuve suffisante jusqu'à inscription de faux, mais seulement lorsque le délit ou contravention n'entraînera pas une condamnation de plus de cent francs, tant pour amende que pour dommages-intérêts.

Lorsqu'un de ces procès-verbaux constatera à la fois contre divers individus des délits ou contraventions distincts et séparés, il n'en fera pas moins foi, aux termes du présent article, pour chaque délit ou contravention qui n'entraînerait pas une condamnation de plus de cent francs, tant pour amende que pour dommages-intérêts, quelle que soit la quotité à laquelle pourraient s'élever toutes les condamnations réunies.

ART. 178. — Les procès-verbaux qui, d'après les dispositions qui précèdent, ne font point foi et preuve suffisante jusqu'à inscription de faux, peuvent être corroborés et combattus par toutes les preuves légales, conformément à l'article 154 du Code d'instruction criminelle.

ART. 179. — Le prévenu qui voudra s'inscrire en faux contre le procès-verbal, sera tenu d'en faire, par écrit et en personne, ou par un fondé de pouvoirs spécial par acte notarié, la déclaration au greffe du tribunal, avant l'audience indiquée par la citation.

Cette déclaration sera reçue par le greffier du tribunal; elle sera signée par le prévenu ou son fondé de pouvoirs; et dans le cas où il ne saurait ou ne pourrait signer, il en sera fait mention expresse.

Au jour indiqué pour l'audience, le tribunal donnera acte de la déclaration, et fixera un délai de trois jours au moins, et de huit jours au plus, pendant lequel le prévenu sera tenu de faire au greffe le dépôt des moyens de faux, et des noms, qualités et demeures des témoins qu'il voudra faire entendre.

A l'expiration de ce délai, et sans qu'il soit besoin d'une citation nouvelle, le tribunal admettra les moyens de faux, s'ils sont de nature à détruire l'effet du procès-verbal, et il sera procédé sur le faux, conformément aux lois.

Dans le cas contraire, ou faute par le prévenu d'avoir rempli toutes les formalités ci-dessus prescrites, le tribunal déclarera qu'il n'y a lieu à admettre les moyens de faux et ordonnera qu'il soit passé outre au jugement.

ART. 180. — Le prévenu contre lequel aura été rendu un jugement par défaut, sera encore admissible à faire sa déclaration d'inscription de faux pendant le délai qui lui est accordé par la loi pour se présenter à l'audience sur l'opposition par lui formée.

ART. 181. — Lorsqu'un procès-verbal sera rédigé contre plusieurs prévenus, et qu'un ou quelques-uns d'entre eux seulement s'inscriront en faux, le procès-verbal continuera de faire foi à l'égard des autres, à moins que le fait sur lequel portera l'inscription de faux ne soit indivisible et commun aux autres prévenus.

ART. 182. — Si, dans une instance en réparation de délit ou con-travention, le prévenu excipe d'un droit de propriété ou autre droit éel, le tribunal saisi de la plainte statuera sur l'incident en se confor-nant aux règles suivantes.

L'exception préjudicielle ne sera admise qu'autant qu'elle sera fon-ée, soit sur un titre apparent, soit sur des faits de possession équiva-ns, personnels au prévenu et par lui articulés avec précision, et si le tre produit ou les faits articulés sont de nature, dans le cas où ils se-aient reconnus par l'autorité compétente, à ôter au fait qui sert de ase aux poursuites tout caractère de délit ou de contravention.

Dans le cas de renvoi à fins civiles, le jugement fixera un bref délai ans lequel la partie qui aura élevé la question préjudicielle devra sai-ir les juges compétens de la connaissance du litige et justifier de ses iligences, sinon il sera passé outre. Toutefois, en cas de condamna-on, il sera sursis à l'exécution du jugement, sous le rapport de l'em-risonnement, s'il était prononcé ; et le montant des amendes, resti-tions et dommages-intérêts sera versé à la caisse des dépôts et con-gnations, pour être remis à qui il sera ordonné par le tribunal qui atuera sur le fond du droit.

ART. 183.— Les agens de l'administration des forêts peuvent en on nom interjeter appel des jugemens, et se pourvoir contre les arrêts t jugemens en dernier ressort; mais ils ne peuvent se désister de urs appels sans son autorisation spéciale.

ART. 184. — Le droit attribué à l'administration des forêts et à ses gens de se pourvoir contre les jugemens et arrêts par appel ou par ecours en cassation, est indépendant de la même faculté qui est ac-ordée par la loi au ministère public, lequel peut toujours en user, rême lorsque l'administration ou ses agens auraient acquiescé aux ju-emens et arrêts.

ART. 185. — Les actions en réparation de délits et contraventions n matière forestière se prescrivent par trois mois, à compter du jour ù les délits et contraventions ont été constatés, lorsque les prévenus ont désignés dans les procès-verbaux. Dans le cas contraire, le délai e prescription est de six mois, à compter du même jour.

Sans préjudice, à l'égard des adjudicataires et entrepreneurs des oupes, des dispositions contenues aux articles 45, 47, 50, 51 et 82 e la présente loi.

ART. 186. — Les dispositions de l'article précédent ne sont point pplicables aux contraventions, délits et malversations commis par es agens, préposés ou gardes de l'administration forestière dans exercice de leurs fonctions; les délais de prescription à l'égard de es préposés et de leurs complices seront les mêmes qui sont déter-inés par le Code d'instruction criminelle.

ART. 187.— Les dispositions du Code d'instruction criminelle sur a poursuite des délits et contraventions, sur les citations et délais, sur es défauts, oppositions, jugemens, appels et recours en cassation,

sont et demeurent applicables à la poursuite des délits et contraven
tions spécifiées par la présente loi, sauf les modifications qui résul
tent du présent titre.

SECTION II.

Des Poursuites exercées au nom et dans l'intérêt des particuliers.

ART. 188. — Les procès-verbaux dressés par les gardes des bois
forêts des particuliers feront foi jusqu'à preuve contraire.

ART. 189. — Les dispositions contenues aux articles 161, 162, 16
165, 167, 168, 169, 170, § Ier, 172, 175, 182, 185 et 187 ci-dessu
sont applicables aux poursuites exercées au nom et dans l'intérêt d
particuliers, pour délits et contraventions commis dans les bois et f
rêts qui leur appartiennent.

Toutefois, dans les cas prévus par l'article 169, lorsqu'il y aura li
à effectuer la vente des bestiaux saisis, le produit net de la vente se
versé à la caisse des dépôts et consignations.

ART. 190. — Il n'est rien changé aux dispositions du Code d'instru
tion criminelle relativement à la compétence des tribunaux pour st
tuer sur les délits et contraventions commis dans les bois et forêts q
appartiennent aux particuliers.

ART. 191. — Les procès-verbaux dressés par les gardes des b
des particuliers seront, dans le délai d'un mois à dater de celui
l'affirmation, remis au procureur du roi ou aux juges-de-paix, su
vant leur compétence respective.

TITRE XII.

Des Peines et Condamnations pour tous les bois et forêts en génér

ART. 192. — La coupe ou l'enlèvement d'arbres ayant deux déc
mètres de tour et au-dessus donnera lieu à des amendes qui sero
déterminées dans les proportions suivantes, d'après l'essence et la ci
conférence de ces arbres.

Les arbres sont divisés en deux classes.

La première comprend les chênes, hêtres, charmes, ormes, frêne
érables, platanes, pins, sapins, mélèzes, châtaigniers, noyers, alizier
sorbiers, cormiers, merisiers et autres arbres fruitiers.

La seconde se compose des aulnes, tilleuls, bouleaux, trembles
peupliers, saules, et de toutes les espèces non comprises dans la pr
mière classe.

Si les arbres de la première classe ont deux décimètres de tour, l'
mende sera d'un franc par chacun de ces deux décimètres et s'accroî
tra ensuite progressivement de dix centimes par chacun des autres d
cimètres.

Si les arbres de la seconde classe ont deux décimètres de tour, l' mende sera de cinquante centimes par chacun de ces deux décimètres et s'accroîtra ensuite progressivement de cinq centimes par chacun des autres décimètres.

La circonférence sera mesurée à un mètre du sol.

ART. 193. — Si les arbres auxquels s'applique le tarif établi par l'article précédent ont été enlevés et façonnés, le tour en sera mesuré sur la souche; et si la souche a été également enlevée, le tour sera calculé dans la proportion d'un cinquième en sus de la dimension totale des quatre faces de l'arbre équarri.

Lorsque l'arbre et la souche auront disparu, l'amende sera calculée suivant la grosseur de l'arbre arbitrée par le tribunal d'après les documens du procès.

ART. 194. — L'amende pour coupe ou enlèvement de bois qui n'auront pas deux décimètres de tour, sera, pour chaque charretée, de dix francs par bête a telée; de cinq francs par chaque charge de bête de somme, et de deux francs par fagot, fouée ou charge d'homme.

S'il s'agit d'arbres semés ou plantés dans les forêts depuis moins de cinq ans, la peine sera d'une amende de trois francs par chaque arbre, quelle qu'en soit la grosseur, et, en outre, d'un emprisonnement de six à quinze jours.

ART. 195. — Quiconque arrachera des plants dans les bois et forêts, sera puni d'une amende qui ne pourra pas être moindre de dix francs ni excéder trois cents francs; et si le délit a été commis dans un semis ou plantation exécuté de main d'homme, il sera prononcé en outre un emprisonnement de quinze jours à un mois.

ART. 196. — Ceux qui, dans les bois et forêts, auront éhouppé, écorcé ou mutilé des arbres, ou qui en auront coupé les principales branches, seront punis comme s'ils les avaient abattus par le pied.

ART. 197. — Quiconque enlèvera des châblis et bois de délit, sera condamné aux mêmes amendes et restitutions que s'il les avait abattus sur pied.

ART. 198. — Dans tous les cas d'enlèvement frauduleux de bois et d'autres productions du sol des forêts, il y aura toujours lieu, outre les amendes, à la restitution des objets enlevés ou de leur valeur, et de plus, selon les circonstances, à des dommages-intérêts.

Les scies, haches, serpes, cognées et autres instrumens de même nature dont les délinquans et leurs complices seront trouvés munis, seront confisqués.

ART. 199. — Les propriétaires d'animaux trouvés de jour en délit dans les bois de dix ans et au-dessus seront condamnés à une amende de

Un franc pour un cochon,

Deux francs pour une bête à laine,

Trois francs pour un cheval ou autre bête de somme,

Quatre francs pour une chèvre,

Cinq francs pour un bœuf, une vache ou un veau.

L'amende sera double si les bois ont moins de dix ans. Sans préjudice, s'il y a lieu, des dommages-intérêts.

Art. 200. — Dans les cas de récidive, la peine sera toujours doublée.

Il y a récidive lorsque, dans les douze mois précédens, il a été rendu contre le délinquant ou contrevenant un premier jugement pour délit ou contravention en matière forestière.

Art. 201. — Les peines seront également doublées lorsque les délits ou contraventions auront été commis la nuit, ou que les délinquans auront fait usage de la scie pour couper les arbres sur pied.

Art. 202. — Dans tous les cas où il y aura lieu à adjuger des dommages-intérêts, ils ne pourront être inférieurs à l'amende simple prononcée par le jugement.

Art. 203. — Les tribunaux ne pourront appliquer aux matières réglées par le présent Code les dispositions de l'article 463 du Code pénal.

Art. 204. — Les restitutions et dommages-intérêts appartiennent au propriétaire; les amendes et confiscations appartiennent toujours à l'Etat.

Art. 205. — Dans tous les cas où les ventes et adjudications seront déclarées nulles pour cause de fraude ou collusion, l'acquéreur ou adjudicataire, indépendamment des amendes et dommages-intérêts prononcés contre lui, sera condamné à restituer les bois déjà exploités, ou à en payer la valeur sur le pied du prix d'adjudication ou de vente.

Art. 206. — Les maris, pères, mères et tuteurs, et en général tous maîtres et commettans, seront civilement responsables des délits et contraventions commis par leurs femmes, enfans mineurs et pupilles demeurant avec eux et non mariés, ouvriers, voituriers et autres subordonnés, sauf tous recours de droit.

Cette responsabilité sera réglée conformément au paragraphe dernier de l'article 1384 du Code civil, et s'étendra aux restitutions, dommages-intérêts et frais, sans pouvoir toutefois donner lieu à la contrainte par corps, si ce n'est dans le cas prévu par l'article 46.

Art. 207. — Les peines que la présente loi prononce dans certains cas spéciaux contre des fonctionnaires ou contre les agens et préposés de l'administration forestière, sont indépendantes des poursuites et peines dont ces fonctionnaires, agens ou préposés seraient passibles d'ailleurs pour malversation, concussion ou abus de pouvoir.

Il en est de même quant aux poursuites qui pourraient être dirigées, aux termes des articles 179 et 180 du Code pénal, contre tous délinquans et contrevenans, pour fait de tentative de corruption envers des fonctionnaires publics, et des agens et préposés de l'administration forestière.

ART. 208. — Il y aura lieu à l'application des dispositions du même Code dans tous les cas non spécifiés par la présente loi.

TITRE XIII.

De l'Exécution des Jugemens.

SECTION Ire.

De l'Exécution des Jugemens rendus à la requête de l'Administration forestière ou du Ministère public.

ART. 209. — Les jugemens rendus à la requête de l'administration forestière ou sur la poursuite du ministère public seront signifiés par simple extrait qui contiendra le nom des parties et le dispositif du jugement.

Cette signification fera courir les délais de l'opposition et de l'appel des jugemens par défaut.

ART. 210. — Le recouvrement de toutes les amendes forestières est confié aux receveurs de l'enregistrement et des domaines.

Ces receveurs sont également chargés du recouvrement des restitutions, frais et dommages-intérêts résultant des jugemens rendus pour délits et contraventions dans les bois soumis au régime forestier.

ART. 211. — Les jugemens portant condamnation à des amendes, restitutions, dommages-intérêts et frais, sont exécutoires par la voie de la contrainte par corps, et l'exécution pourra en être poursuivie cinq jours après un simple commandement fait aux condamnés.

En conséquence, et sur la demande du receveur de l'enregistrement et des domaines, le procureur du roi adressera les réquisitions nécessaires aux agens de la force publique chargés de l'exécution des mandemens de justice.

ART. 212. — Les individus contre lesquels la contrainte par corps aura été prononcée pour raison des amendes et autres condamnations et réparations pécuniaires, subiront l'effet de cette contrainte, jusqu'à ce qu'ils aient payé le montant desdites condamnations, ou fourni une caution admise par le receveur des domaines, ou, en cas de contestation de sa part, déclarée bonne et valable par le tribunal de l'arrondissement.

ART. 213. — Néanmoins les condamnés qui justifieraient de leur insolvabilité, suivant le mode prescrit par l'article 420 du Code d'instruction criminelle, seront mis en liberté après avoir subi quinze jours de détention, lorsque l'amende et les autres condamnations pécuniaires n'excéderont pas quinze francs.

La détention ne cessera qu'au bout d'un mois lorsque ces condamnations s'élèveront ensemble de quinze à cinquante francs.

Elle ne durera que deux mois, quelle que soit la quotité desdites condamnations.

En cas de récidive, la durée de la détention sera double de ce qu'elle eût été sans cette circonstance.

Art. 214. — Dans tous les cas, la détention employée comme moyen de contrainte est indépendante de la peine d'emprisonnement prononcée contre les condamnés pour tous les cas où la loi l'inflige.

Section II.

De l'Exécution des Jugemens rendus dans l'intérêt des Particuliers.

Art. 215. — Les jugemens contenant des condamnations en faveur des particuliers, pour réparation des délits ou contraventions commis dans leurs bois, seront, à leur diligence, signifiés et exécutés suivant les mêmes formes et voies de contrainte que les jugemens rendus à la requête de l'administration forestière.

Le recouvrement des amendes prononcées par les mêmes jugemens sera opéré par les receveurs de l'enregistrement et des domaines.

Art. 216. — Toutefois les propriétaires seront tenus de pourvoir à la consignation d'alimens prescrite par le Code de procédure civile, lorsque la détention aura lieu à leur requête et dans leur intérêt.

Art. 217. — La mise en liberté des condamnés ainsi détenus à la requête et dans l'intérêt des particuliers ne pourra être accordée, en vertu des articles 212 et 213, qu'autant que la validité des cautions ou l'insolvabilité des condamnés aura été, en cas de contestation de la part desdits propriétaires, jugée contradictoirement entre eux.

TITRE XIV.

Disposition générale.

Art. 218. — Sont et demeurent abrogés, pour l'avenir, toutes lois, ordonnances, édits et déclarations, arrêts du conseil, arrêtés et décrets, et tous règlemens intervenus à quelque époque que ce soit sur les matières réglées par le présent Code, en tout ce qui concerne les forêts.

Mais les droits acquis antérieurement au présent Code seront jugés en cas de contestation, d'après les lois, ordonnances, édits et déclarations, arrêts du conseil, arrêtés et décrets, et règlemens, sous l'empire desquels ils ont été acquis.

TITRE XV.

Dispositions transitoires.

Art. 219 à 224. — (Défrichemens.)

Art. 225. — Les semis et plantations de bois sur le sommet de montagnes et sur les dunes seront exempts de tout impôt pendant vingt ans.

<hr>

Chapitre second.

§ 1ᵉʳ. DIMENSIONS DES BOIS.

Les exploitations dans les forêts produisent :

De la moulée, du fagotage, des bois de marine, de charpente, de charronnage, de sciage et de menuiserie, du merrain, des lattes, des cercles, des échalas, de la boissellerie, du sabotage, des écorces, etc., et du charbon de bois.

Il est libre aux adjudicataires de donner aux bois de leurs ventes la destination qui leur paraît la plus avantageuse; mais ils doivent se conformer néanmoins pour la dimension de certains produits destinés pour Paris, à ce qui est prescrit par les règlemens suivans.

Seront tous marchands trafiquans de bois pour la provision de Paris tenus de faire façonner tous les bois à brûler de trois pieds et demi de longueur.

Seront lesdits marchands ventiers tenus de fournir aux bûcherons des mesures de ladite longueur; défenses auxdits marchands de faire façonner des bois qui ne soient de l'échantillon ci-dessus spécifié, à peine de confiscation. (*Ordonnance de* 1672, XVII, 1.)

Les menus bois, étant au-dessous de six pouces, seront convertis en charbons, ou débités en cotrets et fagots ès lieux d'où la voiture en peut être commodément faite; à l'égard des menus bois provenant de l'exploitation des forêts dont les bois viennent par flottages, lesdits marchands pourront s'en servir pour façonner leurs trains, et les faire venir avec autre bois, à la charge néanmoins de ne les mêler avec lesdits bois d'échantillon. (*Ordonnance de* 1672, XVII, 2.)

Nul adjudicataire ou propriétaire de bois de corde (1) ne peut en faire fendre aucun par quartier, soit dans les ventes, soit sur les ports, ni partout ailleurs, s'ils ne sont pas au-dessus de dix-huit pouces de circonférence, à peine de confiscation des bois ainsi fendus, dont le quartier ne présentera pas plus du quart de cette circonférence de dix-huit pouces, et en outre de 300 liv. d'amende par chaque contravention. (*Déclaration du Roi du 8 juillet* 1784, *enregistrée en parlement le 5 août suivant. Ordonnance de police du 16 février* 1785.)

Tous les bois coursins et défectueux doivent être rigoureusement

<hr>

(1) La corde avait 8 pieds de long et 4 pieds de haut (Ordonnance sur les forêts de 1669, XXVII, 15).

12*

extraits des piles des bois d'approvisionnement; il faut les empiler séparément, et en faire constater la quantité par procès-verbal.

Une ordonnance de police, du 29 septembre 1810, veut que les marchands pour le compte desquels il arrive à Paris des bois coursins, tortillards ou défectueux, soient tenus d'en faire la déclaration le jour de l'arrivée, de les empiler séparément, de mettre un écriteau indiquant leurs défectuosités.

Une ordonnance de police du 28 août 1813 prescrit les mêmes précautions pour l'arrivage et la vente des bois de faix.

Une ordonnance de police du 27 octobre 1824 a prescrit les dimensions suivantes pour les falourdes, fagots, cotrêts, margotins qui se débitent à Paris.

1. Falourde de corde, 55 à 58 c. de long, 80 c. de tour. Se fait chez le regrattier avec du bois de corde acheté dans les chantiers et scié en deux.

2. Falourde de perches, 1 m. 14 c. de long, 1 m. de tour. Se fabrique dans les chantiers avec les perches et les harts qui ont servi au flottage en trains. Elle plaît au consommateur.

3. Fagot de menuise, 1 m. 14 c. de long, 70 c. de tour. C'est le chauffage du pauvre. On en fait un grand débit. La majeure partie de la menuise qui arrive à Paris se débite de cette manière. Il doit être composé sans brindilles et lié des deux bouts.

4. Fagot de taillis, 1 m. 14 c. de long, 50 c. de tour. Il se fait dans les forêts qui bordent la Seine, de Paris à Montereau. Il s'en consomme très-peu à Paris. Il doit être lié au milieu par un seul lien, garni de ses paremens, rempli de bois et non de feuilles.

5. Fagot Picard, la rame 114 c. de long, le parement 80 c., le tour 50 c. Il se fabrique dans les forêts qui bordent l'Oise et l'Aisne, exprès pour Paris où il se consomme presque entièrement. Il doit être composé de bois taillis, et serré au milieu par un seul lien. C'est le seul fagot à rame qui soit en usage à Paris.

6. Fagot de Brie, la rame et le parement 145 c. de long, le tour 50 c. Il se fait dans les forêts d'Armainvilliers, de Crécy et autres pays voisins : il s'en débite peu dans Paris. Il doit être composé de bois taillis, et lié au milieu par un lien.

7. Cotrêt d'Orléans, 114 c. de long, 70 c. de tour;

8. Cotrêt de la Loire, 114 c. de long, 79 c. de tour;

9. Cotrêt de Briare, 114 c. de long, 77 c. de tour. Ces trois espèces de cotrêts se fabriquent dans les forêts qui bordent la Loire et les canaux de Briare, d'Orléans et de Loing. Ils sont d'un grand débit et forment, avec le fagot de menuise, le chauffage du pauvre. Ils doivent être composés de bois taillis et liés des deux bouts.

10. Cotrêt Picard, 66 c. de long, 50 c. de tour. Il se fait dans toutes les forêts qui approvisionnent Paris en bois neuf, mais surtout dans celles qui bordent l'Oise et l'Aisne. Il plaît au consommateur. Il est composé de bois taillis scié des deux bouts, et lié par deux liens.

11. Fagot margotin, la rame 55 c. de long, le parement 40 c., le tour 40 c. D'un emploi borné, mais indispensable pour l'agrément du

riche consommateur. Composé presque entièrement de rame, il sert à allumer le feu; le fagot Picard et les autres sont trop longs et trop gros pour cet usage. Les margotins doivent être composés de petits paremens et de brindilles, et liés au milieu.

Le ministre de l'intérieur, considérant qu'il était indispensable que les différentes espèces de cotrêts et fagots dont la vente est autorisée dans Paris, fussent fabriquées dans les dimensions prescrites par l'ordonnance de police du 27 octobre 1824, a, sur le rapport du directeur général des ponts et chaussées, rendu un arrêté le 11 juin 1825, par lequel,

Art. 1er. Il est ordonné aux marchands trafiquans de bois pour la provision de Paris, de façonner leurs menus bois à brûler, en fagots et cotrêts, des longueurs et grosseurs déterminées.

II. Ils peuvent être composés de bois dur ou de bois blanc, mais sans mélange des deux sortes de bois; tous les bois formant l'intérieur doivent avoir la longueur et être des qualités prescrites, et il est défendu d'introduire dans l'intérieur les bois tortus, qui seront liés séparément.

III. Les marchands sont tenus de fournir aux bûcherons des chaînes confectionnées de manière à pouvoir justifier des dimensions déterminées; elles doivent être dûment vérifiées, et revêtues du poinçon du gouvernement. Les chaînons doivent être d'un centimètre de longueur; les demi-décimètres sont distingués par un chaînon jaune. Il est adapté à la chaîne des petits anneaux pendans et correspondans aux divisions prescrites. Ces anneaux sont aplatis pour recevoir le poinçon du gouvernement.

IV. Les jurés-compteurs et gardes-ports doivent avoir une même chaîne pour s'assurer si les fagots et cotrêts déposés sur les ports sont bien confectionnés.

V. Les gardes-ports ne doivent recevoir que ceux qu'ils ont vérifiés, et mettre au rebut les fagots mal attachés ou inexactement confectionnés, sauf aux propriétaires à les rectifier.

VI. Les jurés-compteurs vérifieront et reconnaîtront les opérations des gardes-ports.

VII. Les fagots et cotrêts mis au rebut ne pourront faire partie de l'approvisionnement de Paris. Les gardes-ports et jurés-compteurs ne doivent les inscrire sur les lettres de voiture qu'en désignant leur défectuosité.

VIII. Les cotrêts, fagots et margotins se vendront au cent, par compte, et, suivant l'usage, les quatre au cent.

§ II. CHARBONNAGE.

On ne peut convertir en charbon que les menus bois étant au-dessous de 6 pouces de circonférence. (*Ord. de* 1672, XVII, 2.)

Les fosses à charbon doivent être placées aux endroits les plus vides et les plus éloignés des arbres et du recru.

Les agens forestiers indiqueront par écrit aux adjudicataires les lieux où il pourra être établi des fosses ou fourneaux pour charbon : il n'en peut être placé ailleurs, sous peine, contre l'adjudicataire, d'une amende de 50 fr. par chaque fosse ou fourneau établi en contravention. (*Code forestier*, art. 38.)

Dans la Nièvre et dans les forêts éloignées de Paris, on creuse des fosses rondes, dites *fauldes,* au milieu desquelles on plante une perche ; on les remplit de menus branchages qu'on empile autour de la perche, de manière que le bout de chaque bûche s'y appuie, et l'on retire cette perche lorsqu'on juge la pile assez élevée.

On jette alors des charbons allumés dans le vide que la perche a laissé ; le feu gagne successivement toute la masse. S'il se propage trop rapidement, de manière à réduire le bois en cendres, ou s'il est à craindre qu'il ne gagne la forêt, on l'étouffe avec de la terre et on ne découvre le charbon qu'après s'être assuré qu'il est parfaitement éteint.

Une faulde contient de 15 à 25 cordes de bois.

Dans d'autres forêts, on se sert d'une méthode différente. Les fourneaux sont de 4 cordes environ et de 15 pieds de diamètre. On met 3 pouces environ d'épaisseur en feuilles sur le bois, et par-dessus les feuilles une couche de terre mouillée. En 24 heures la cuite est faite. Quand le bois est réduit en charbon, on enlève la terre cuite, et on en remet une nouvelle couche pour étouffer le feu : 24 heures après le feu est éteint.

Cette méthode exige plus de soins que la précédente, mais elle est plus expéditive, et on prétend qu'elle offre l'avantage de donner moins de fumerons.

Quand le charbonnage est bien fait, une corde de bois peut produire 4 vans de charbon et même plus.

Le charbonnage s'entreprend à tant la corde ou à tant le van.

Le mesurage des charbons sur les ports de l'arrondissement de Joigny a été l'objet d'un règlement approuvé par décision du ministre de l'intérieur, le 13 juin 1822. Ce règlement porte que le muid de charbon est composé de 24 mesures ou vans ;

Que le van a 4 pieds 6 pouces métriques de longueur sur 2 pieds 3 pouces de largeur dans son milieu, 1 pied 7 pouces de hauteur prise au milieu du collet, se terminant perpendiculairement à un pied aux deux extrémités, conformément au modèle qui a servi à faire les épreuves, lequel modèle est déposé chez M. Levert, garde-port à Joigny ;

Que le van sera placé sur terre, mesuré racle ; qu'il sera levé perpendiculairement et passé pour être versé dans un panier long, destiné à le transporter au bateau ;

Enfin que les frais de mesurage et transport au bateau seront supportés moitié par le vendeur et moitié par l'acheteur.

Ces dispositions ont été étendues aux ports de l'arrondissement de Sens par décision ministérielle du 2 juillet 1825.

Sur les canaux de Briare et de Loing, le van employé a 13 pieds 1/2 de pourtour, 5 pieds de largeur d'oreille à oreille, 15 pouces de hauteur du collet, 3 pieds de largeur dans le fond à prendre dans le milieu jusqu'à l'extrémité du plancher.

5 vans font la banne formée de rouettes ou de contre-lattes.

Chapitre troisième.

CHARROI DE LA VENTE AU PORT.

Pour faciliter à la ville de Paris la provision des bois, pourront les marchands trafiquans desdites marchandises, faire tirer et sortir des forêts, passer les charrettes et harnois sur les terres et chemins étant depuis lesdites forêts jusqu'aux ports flottables et navigables, en dédommageant les propriétaires desdites terres, au dire d'experts et gens à ce connaissans, dont les parties conviendront, sans que pour raison desdits dommages, les propriétaires desdits héritages puissent faire saisir lesdits bois, chevaux et charrettes, et empêcher la voiture sur lesdits ports, en faisant par les marchands leurs soumissions de payer lesdits dommages tels que de raison. (*Ordonnance de 1672, XVII, 4.*)

Les marchands adjudicataires et propriétaires de bois affectés et destinés pour la provision de Paris, sont autorisés à user de la faculté et du droit ancien de faire pacager leurs chevaux et bœufs servant au charroi desdites marchandises des forêts auxdits ports, sur les pâtures vaines et vagues, prés fauchés, bruyères, friches et les bords des bois, forêts et grands chemins, avec défenses à toutes personnes de quelque état et condition qu'elles soient, de les y troubler et empêcher, sous tel prétexte que ce soit. Comme aussi avec injonction auxdits voituriers de veiller exactement à la garde de leurs chevaux et bœufs, de manière à ne causer aucun dommage dans les terres emblavées et héritages en valeur, sans toutefois que, sous prétexte des délits qu'ils pourraient y avoir occasionés et des indemnités pouvant en résulter, les propriétaires desdites terres et héritages puissent faire saisir et emmener lesdits chevaux, bœufs, harnois et voitures. (*Arrêt du Parlement, 9 août 1783; Ordonnance de police du 8 juillet 1783.*)

Pour le charroi des bois des ventes jusqu'aux ports des rivières et ruisseaux, on se sert de voituriers qui entreprennent les charrois pour leur compte particulier. Très-fréquemment, et surtout lorsque les ventes se trouvent éloignées des ports, ces voituriers sortent d'abord les bois des ventes, et les déposent sur des terrains limitrophes qui se nomment *attraits*, d'où ensuite ils les conduisent jusqu'aux ports. Les charroyeurs appliquent des marques sur ces bois, mais ils ne peuvent faire usage de marteaux dont le signe ait plus de 4 lignes de diamètre; et il faut qu'il ait été certifié par l'agent général du commerce qu'ils ne ressemblent à aucune marque flottable et qu'ils n'excèdent pas les dimensions prescrites. (*Lettre du directeur-général des ponts et chaussées*, 9 *nov.* 1814.)

Chapitre quatrième.

LIBERTÉ ET POLICE DE LA NAVIGATION.

L'importance de l'approvisionnement de Paris, et la nécessité de lui accorder protection et appui, ont été senties de tous temps. Des lettres patentes de mai 1520, 2 novembre 1582, 28 juin 1656 avaient déjà été données, dans le but de faciliter le commerce, la navigation et le flottage pour cette provision, lorsque les ordonnances de 1669 et de 1672, auxquelles on peut ajouter un arrêt du conseil du 24 juin 1777, prescrivirent des mesures pour assurer la liberté de la navigation et du flottage, et déterminèrent les obligations des riverains. Leurs sages dispositions ont conservé toute leur force légale :

1° Par un arrêté du directoire du 13 nivôse an V, qui a ordonné l'exécution des anciens règlemens sur la navigation et les chemins de halage ;

2° Par un arrêté du 19 ventôse an VI, qui rappelle plusieurs dispositions des ordonnances anciennes, notamment de celle de 1669, et qui détermine les mesures que les administrations ont à prendre pour prévenir les entreprises sur le cours des rivières et canaux navigables et flottables; arrêté pour l'exécution duquel le ministre de l'intérieur a donné deux instructions, en date des 21 germinal et 19 thermidor an VI;

3° Enfin par un décret du 22 janvier 1808 sur les chemins de halage.

Nous reproduirons succinctement les principales dispositions consacrées par les lois.

Défenses sont faites à toutes personnes de détourner l'eau des ruisseaux et des rivières navigables et flottables, ou d'en affaiblir ou altérer le cours par des tranchées, fossés, canaux ou autrement; et en cas de contravention, seront les ouvrages détruits réellement et de fait, et les choses réparées incessamment aux frais des contrevenans, à la diligence de l'inspecteur de la navigation, sans préjudice des poursuites à exercer contre les délinquans devant les tribunaux, pour la condamnation d'amende et réparation des dommages résultant des entraves mises aux travaux de l'approvisionnement. (*Ordonnance de 1672, chap. Ier, art. 1er; ordonnance de 1669, chap. XXVI, art. 44; arrêt du conseil, 24 juin 1777; décision ministérielle, 6 fructidor an IX.*)

Ne sera loisible de tirer ou faire tirer terres, sables ou autres matériaux à 6 toises près du rivage des rivières navigables, à peine de 100 liv. d'amende. (*Ordonnance de 1672, chap. Ier, art. 2; arrêt du conseil, 24 juin 1777.*)

Ne seront pareillement mis ès rivières aucuns empêchemens aux passages des bateaux et trains de bois montans et avalans; et si aucuns se trouvent, seront incessamment ôtés et démolis, et les contrevenans tenus de tous dépens, dommages et intérêts des marchands et voituriers. (*Ordonnance de 1672, ch. Ier, art. 4.*)

Nul ne peut faire moulins, batardeaux, vannes, arches, bouchis, écluses, gords ou pêcheries, pertuis, murs, plants d'arbres, amas de pierres, de terre, bois, pieux, débris de bateaux et de fascines, ni autres édifices, constructions ou empêchemens nuisibles au cours de l'eau dans les fleuves et rivières navigables et flottables, ni même y jeter aucunes ordures, pierres, graviers, bois, paille, fumiers, immondices, ou les amasser sur les quais ou rivages. (*Ordonnance de 1669, titre XXVI, art. 42; ordonnance de 1672, chap. Ier, art. 9 et 10; arrêt du conseil, 24 juin 1777; arrêté, 19 ventôse an VI.*)

L'article 650 du Code civil met au rang des servitudes établies par la loi, le marche-pied le long des rivières navigables.

Les propriétaires des héritages aboutissant aux rivières navigables, laisseront le long des bords 24 pieds au moins de place en largeur, pour chemin royal et trait des chevaux, sans qu'ils puissent planter arbres ni tirer clôtures ou haies plus près de 30 pieds du côté que les bateaux se tirent, et 10 pieds de l'autre bord, à peine de 500 liv. d'amende, confiscation des arbres, et d'être, les contrevenans, contraints à réparer et remettre les chemins en état à leurs frais. (*Ord. de 1669, XXVIII, 7; ordonnance de 1672, chap. Ier, art. 3; ordonn. du bureau de la ville, 25 février 1741; arrêt du conseil, 24 juin 1777; décret 22 janvier 1808.*)

Il est utile d'observer que les cours d'eau navigables sont ceux qui portent bateaux ou bois en trains, et que l'art. 7 du titre XXVIII de l'ordonnance de 1669 rendu applicable à toute la France par le décret du 22 janvier 1808, regarde les rivières et ruisseaux navigables en bateaux ou en trains, à l'exception seulement, quant à ceux qui ne sont navigables qu'en trains, qu'il n'est pas dû un chemin de trait, mais seulement un chemin le long des deux bords, de 10 pieds (3 m. 25 c.), pour le service des haleurs, largeur à partir des arêtes des berges principales, et que pour les rivières navigables la largeur du chemin de halage doit être de 24 pieds (7 m. 80 c.) du côté que les bateaux se tirent, et de l'autre côté 10 pieds (3 m. 25 c.). Il ne peut être fait de clôture ni planté d'arbres ou haies plus près que de 30 pieds (9 m. 75 c.) du côté où les bateaux se tirent. (*Arrêté du préfet de l'Yonne, 18 décembre 1809.*)

Enjoint à ceux qui ont droit d'avoir arches, gords, moulins et pertuis construits sur les rivières, de donner aux arches, gords, pertuis et passages, 24 pieds au moins de largeur ; enjoint aux meûniers et gardes des pertuis de les tenir ouverts en tout temps, et la barre d'iceux tournée, en sorte que le passage soit libre aux voituriers montans et avalans leurs bateaux et trains, lorsqu'il y aura 2 pieds d'eau en rivière ; et quand les eaux seront plus basses, de faire l'ouverture de leurs pertuis toutes fois et quantes ils en seront requis, laquelle ouverture ils feront lorsque les bateaux et trains seront proches de leurs pertuis, qui ne pourront être refermés ni les aiguilles remises que lesdits bateaux et trains ne soient passés ; et seront lesdits meûniers tenus de laisser couler l'eau en telle quantité que la voiture des bateaux et trains puisse être facilement faite d'un pertuis à un autre. (*Ordonnance de* 1672, *ch.* 1er, *art.* 5.)

Lorsqu'il conviendra faire quelque ouvrage aux pertuis, vannes, gords, écluses et moulins sur les rivières navigables et flottables, qui pourraient empêcher la navigation et conduite des marchandises de la provision de Paris, seront les propriétaires d'iceux tenus d'en faire faire la publication un mois avant de commencer les ouvrages et rétablissemens ; sera aussi déclaré le temps auquel les ouvrages seront rendus parfaits et la navigation rétablie, à quoi les propriétaires sont tenus de satisfaire ponctuellement, à peine de demeurer responsables des dommages-intérêts et retards des marchands et voituriers. (*Ord. de* 1672, *ch.* 1er, *art.* 6.)

Peuvent les voituriers aller par les rivières, et conduire les bateaux chargés pour la provision de Paris aux jours fériés et non fériés, à l'exception des quatre fêtes solennelles de Noël, Pâques, Pentecôte et Toussaint. (*Ordonnance de* 1672, *ch.* II, *art.* 1er.)

Défenses aux voituriers d'aller par rivières qu'entre soleil levant et couchant, et de se mettre en chemin en temps de vents ou de tempête, à peine de demeurer responsables de la perte des marchandises, dommages et intérêts des marchands, sans qu'il soit loisible aux voituriers de contrevenir au présent règlement, sous prétexte de jour nommé, ou d'avoir ordre du marchand de venir en diligence, sauf à eux, en ce cas, à renforcer les courbes de chevaux pour hâter la voiture. (*Ordonnance de* 1672, *ch.* II, *art.* 2).

Pour éviter les naufrages qui peuvent arriver aux passages des ponts et pertuis, les voituriers conduisans bateaux et trains aval la rivière, sont tenus, avant de passer les pertuis, d'envoyer un de leurs compagnons pour reconnaître s'il n'y a point quelques bateaux ou traits montans embouchés dans les arches desdits ponts ou dans lesdits pertuis, et si les cordes ne sont point portées pour les monter audessus desdits ponts, auquel cas l'avalant est tenu de se garer jusqu'à ce que le montant soit passé, et que les arches et pertuis soient entièrement libres, à peine de répondre, par le voiturier avalant, du dommage qui pourrait arriver aux bateaux et traits montans. (*Ordonnance de* 1672, *ch.* II, *art.* 3.)

Quand les voituriers sont chargés de la conduite de plusieurs ba-

:aux, et que, pour plus grande commodité, ils les ont accouplés, rrivant nécessité de les découpler, soit au passage des ponts et ertuis, ou autres endroits difficiles, sera le principal voiturier tenu c les passer séparément, et les compagnons de rivière aussi tenus e faire le travail, et se joindre ensemble à cet effet, à peine de demeurer, les uns et les autres, responsables de la perte desdites marchandises, dommages et intérêts des marchands. (*Ordonnance de* 372, *ch.* II, *art.* 4.)

Voituriers de bateaux montans, venant à rencontrer, en pleine rivière, des bateaux avalans, seront tenus de se retirer vers terre, our laisser passer les avalans, à peine de demeurer responsables u dommage causé tant aux bateaux qu'aux marchandises. (*Ordonnance de* 1672, *ch.* II, *art.* 5.)

Pour prévenir les accidens qui peuvent arriver par la rencontre des ateaux descendans avec les coches et traits de bateaux montans, seont tenus tous conducteurs de traits de bateaux montans, pour faciliter le passage desdits coches et bateaux descendans, faire voler ar-dessus lesdits bateaux montans la corde appelée cincenelle, et mpêcher que les bascules accouplées en fin desdits traits ne s'écartent : empêchent le passage des coches et autres bateaux ; et seront tenus :s conducteurs desdits coches descendans, pour faciliter le passage esdits coches et bateaux montans, de lâcher leur cincenelle, en orte qu'elle passe par-dessous le bateau montant, à peine aussi de ›utes pertes, dommages et intérêts. (*Ord. de* 1672, *ch.* II, *art.* 6.)

Défense à tous mariniers ou conducteurs, aux voituriers, de partir es ports de charge sans avoir lettres de voitures, à peine d'être déus du prix d'icelles ; et si le voiturier allègue que le marchand a fait :fus, en ce cas justifiant par ledit voiturier de sommation en bonne ›rme par lui faite au marchand ou commissionnaire de lui fournir ttres avant son départ, sera ledit voiturier cru, tant sur la quantité :s marchandises que du prix de la voiture d'icelles. (*Ordonnance de* ›72, *ch.* II, *art.* 8.)

Les lettres de voiture contiendront la quantité et qualité des marchandises, et le prix fixé de la voiture d'icelles, et feront mention nt du lieu où les marchandises auront été chargées que du lieu de la estination, et du temps du départ, ainsi que le nom du propriétaire, :lui du conducteur et le lieu du départ. Il sera pris des mesures ›ntre ceux qui sont sans papiers ou qui refusent d'exhiber ceux dont ; sont porteurs. (*Ordonnance de* 1672, *ch.* II, *art.* 9; *ordonnance du rreau de la ville,* 23 *décembre* 1757; *ordonnance de police,* 21 *février* 786; *décision ministérielle,* 19 *floréal an* IX; *sentence de police,* 27 *vense an* X.)

Les lettres de voitures doivent être écrites sur papier d'un franc. Loi du 6 *prairial an* VII, *art.* 5.)

Les préposés des octrois peuvent se les faire représenter. (*Décret i* 16 *messidor an* XIII.)

Les bateaux et marchandises étant arrivés au port de destination, ›ront les voituriers tenus d'en donner avis dans les 24 heures aux

marchands propriétaires ou à leurs commissionnaires, et leur exhib
leurs lettres de voiture, en marge desquelles lesdits marchands
commissionnaires sont obligés de coter le jour de l'expédition. (*Or*
de 1672, ch. III, *art.* 6.)

Le voiturier qui a amené des marchandises n'est obligé de les re
dre par compte et mesure, si ce n'est que, par lettres de voiture,
soit fait mention que la marchandise a été délivrée au voiturier p
compte et mesure, et que le voiturier soit chargé par icelles de rend
aussi la marchandise par compte, ou que le marchand mette en fa
que le voiturier en a mésusé ; et si le marchand a mis garde sur
bateau, le voiturier ne sera tenu de la rendre par compte. (*Ord.*
1672, *ch.* III, *art.* 12.)

Tout marchand demeure responsable des bateaux qui ont servi à
voiture de ses marchandises dès l'instant qu'ils auront été mis à por
et tant qu'il restera de ses marchandises dans le bateau. (*Ord.*
1672, *ch.* III, *art.* 14.)

Le bateau répond de la marchandise, en sorte que si le voituri
défaut au marchand en la livraison de la quantité dont il a été charg
ou si la marchandise se trouve endommagée par le défaut du soustrai
en ces cas le marchand peut procéder par voie de saisie et vente d
bateau. (*Ord. de 1672, ch.* III, *art.* 15.)

S'il se trouve dans le bateau plus grande quantité de marchandi
que celle portée par la lettre de voiture, elle appartiendra au ma
chand, en augmentant le prix de la voiture à proportion de l'excédan
(*Ord. de 1672, ch.* III, *art.* 16.)

Naufrage arrivant par fortune de temps d'aucun bateau chargé d
marchandises, sera le voiturier reçu dans les trois jours à fai
abandonnement de son bateau et ustensiles, quoi faisant il ne pour
être plus avant poursuivi pour la perte de la marchandise, qui se
cependant pêchée, et tenue en justice à la conservation et aux fra
de qui il appartiendra ; et où ledit naufrage serait arrivé par le fait
faute dudit voiturier, ou qu'il eût disposé à son profit particulier d
sondit bateau et ustensiles depuis le naufrage : en ce cas demeure
ledit voiturier déchu du bénéfice, et tenu de toutes pertes, dommag
et intérêts du marchand. (*Ord. de 1672, ch.* II, *art.* 7.)

Chapitre cinquième.

ORIGINE DES FLOTTAGES.

Pendant long-temps on n'amenait à Paris de bois qu'en bateaux,
l'approvisionnement se trouvait circonscrit dans un rayon de 25 d
30 lieues en amont et en aval de la capitale ; mais ces ressources de
vinrent insuffisantes aux besoins toujours croissans. Pour créer d
nouveaux débouchés, on imagina de tirer des bois des sources mêm

es rivières et ruisseaux, par le moyen du flottage à bûches perdues. Le nouveau mode permit de porter successivement le commerce jusqu'en des pays éloignés, principalement dans le Nivernais et dans le Morvand, contrées abondantes en bois, et dans lesquelles auparavant les forêts étaient une nature de biens sans objet, par le défaut de consommation. Les marchands furent long-temps traversés par les seigneurs et habitans des lieux qu'ils enrichissaient par leur nouvelle industrie; mais diverses lettres patentes les aidèrent à vaincre ces obstacles.

La plus ancienne date historique que nous puissions assigner au flottage à bûches perdues remonte à 1490. Les bois de la forêt de Lyons étaient, dès cette époque, flottés sur la rivière d'Andelle, affluante dans la Seine, et venaient à Paris en remontant le fleuve par bateaux. Ces bois se sont long-temps appelés bois d'Andelle. (Sainct-Yon, Traité des eaux et forêts, p. 1027 et 1028.)

Quant au flottage en trains, l'honneur de cette invention paraît appartenir à Jean Rouvet. Sainct-Yon s'exprime en ces termes, p. 1027 et 1028.

« Le premier qui a fait venir du bois flotté du Morvand (1) à Paris a été Jean Rouvet, marchand, bourgeois de ladite ville, qui, en l'année 1549 seulement, trouva l'invention, en retenant par écluses, ès saisons plus commodes, les eaux des petits ruisseaux et rivières qui sont au-dessus de Cravant, de leur donner la force en les laissant puis après aller, d'emmener les bûches que l'on y jette à bois perdu jusqu'audit port de Cravant, où l'on les recueille et accommode par trains sur la rivière d'Yonne, en la sorte qu'on les voit arriver en ladite ville de Paris.» (Sainct-Yon écrivait en 1610.)

Des lettres patentes du 7 septembre 1561, et des arrêts du parlement de Paris des 26 février 1569 et 31 juillet 1571, témoignent que, dès 1561, Charles Lecomte, François Charpentier, René Arnoul, Guillaume Duchemin, Martin Lecomte, Guillaume Dupuys, Estienne Philippe, Pierre Bourelain, Jean Guenaut et Claude Ratoire, tous marchands de bois demeurant à Paris, jouissaient du privilége de flotter à bûches perdues sur la Cure, le Cousin, le Châlot, l'Yonne, la Seine et la Loire. Ces lettres patentes sont le plus ancien titre qui fasse mention du droit de chômage.

René Arnoul, bourgeois et marchand de Paris (que quelques-uns prétendent avoir été le successeur de Jean Rouvet), déjà dénommé aux lettres patentes de 1561, obtint en son privé nom des lettres patentes de Charles IX, le 25 décembre 1566. Delamare, dans son Traité de la police, a reproduit littéralement ces lettres patentes. On y voit qu'elles ne font que renouveler une permission précédemment accordée par le père de Charles IX (Henri II, qui régna de 1547 à 1559), de flotter sur la Cure et sur l'Yonne. Il serait très-intéressant de découvrir ces premières lettres patentes, que Delamare n'a point fait connaître : nous

---

(1) Rouvet ne flotta que sur la Cure (Bas-Morvand) : le premier qui flotta sur l'Yonne (Haut-Morvand) fut Sallonier de Château-Chinon.

avons fait de vaines recherches dans les archives du royaume pour le découvrir. Ce sont sans doute celles où Jean Rouvet est dénommé.

Le 2 novembre 1582, Henri III, par de noûvelles lettres patente permet à Guillaume Girard et à Guillaume Mazurier de flotter sur Seine, l'Yonne, la Cure et le Beuvron.

Le flottage ne s'exécutait jusqu'alors que sur l'Yonne ; les lettre patentes permettent, il est vrai, de flotter sur la Seine ; mais elles ne veulent parler que de la partie de la Seine comprise entre Montereau et la capitale ; la haute Seine, de Montereau en amont jusqu'à Troye et Châtillon, ainsi que l'Aube, ne commencèrent que bien plus tard à charrier des bois. La première date certaine est celle consignée dans un arrêt du 3 avril 1635. On y voit que Louis Berthault, bourgeo de Troyes, faisait flotter alors sur la rivière de Laignes et sur la Seine jusqu'à Troyes, où la Seine portait alors bateaux. Cet arrêt, rapporté par Delamare, contient un long règlement pour ce flottage, qui éprouvait beaucoup de difficultés de la part des seigneurs.

Nous ne connaissons aucune date certaine pour le flottage sur l'Aube que nous présumons avoir été commencé vers cette époque.

Au reste, avant 1720, la Seine et l'Aube avaient toujours été d'un très-petit avantage pour la provision, et une ordonnance du bureau de la ville du 13 avril 1757 témoigne que les flottages ne se faisaient avant 1720, que lorsque ceux de la Cure et de l'Yonne étaient terminés, et par les mêmes ouvriers.

Sur la Marne, Jean Tournouer et Nicolas Gobelin flottèrent les premiers, et rendirent flottables les petites rivières d'Orne, de Saulx, et les ruisseaux de l'Ile et de Loupy. Ils obtinrent des lettres patentes l 30 juin 1661 et en mars 1662, délivrées sur une ordonnance du bureau de la ville du 28 juin 1656, ordonnance confirmée par arrêt d conseil du 11 août suivant.

Chapitre sixième.

FLOTTAGE A BUCHES PERDUES.

§ Ier. *Liberté et police du flottage.*

L'ancienne et la nouvelle législation se sont réunies pour protéger un mode de transport aussi précieux que celui par flottage à bûches perdues.

Un arrêté du directoire, du 13 nivôse an V, a ordonné que les anciennes lois et règlemens de police sur le fait du coulage, tirage, triage et mise en état des bois arrivant à bûches perdues sur les ports flotta-

bles des rivières servant à l'approvisionnement de Paris, seraient exécutés suivant leur forme et teneur. Ces anciennes lois et règlemens,
dont nous allons offrir le résumé, sont principalement l'ordonnance
de 1672, un arrêt du parlement de Paris du 30 décembre 1785, une
ordonnance de police du 7 septembre 1784, auxquels il faut ajouter
un arrêté du 19 ventôse an VI, dont il est parlé plus au long au flottage en trains, une décision ministérielle du 6 fructidor an IX, et plusieurs arrêtés locaux.

Il est défendu de détourner le cours des rivières et ruisseaux flottables; d'en affaiblir ou altérer les eaux par fossés, tranchées, canaux ou
autrement; de suffoquer les ruisseaux; de rouler des éclats de roche
dans leurs lits; de ruiner les arrêts établis pour recevoir et retenir les
flots, et les ouvrages faits pour la sûreté et facilité du flottage; de troubler les entrepreneurs; enfin, de faire ni de permettre qu'il soit rien
fait de préjudiciable au flottage. En cas de contravention, les écluses,
réserves d'eau, et autres constructions qui peuvent nuire au flottage,
sont détruites, et les choses réparées aux frais des contrevenans, à la
diligence de l'inspecteur de la navigation, sans préjudice des amendes
et dommages-intérêts. (*Ordonnance de 1672, chap. Ier, art. 1er; sentence
du bureau de la ville, 28 février 1785; arrêt du parlement, 30 décembre
1785; décision ministérielle, 6 fructidor an IX.*)

L'art. 650 du Code civil a mis au rang des servitudes établies par la
loi, le marche-pied le long des rivières flottables.

Pour la commodité du flottage et le libre passage des ouvriers préposés pour pousser les bois aval l'eau, les propriétaires des deux côtés
des ruisseaux sont tenus de laisser un chemin de 4 pieds (1 m. 33 c.)
(*Ordonnance de 1672, XVII, 7; arrêtés du préfet de l'Yonne, 18 décembre 1809, et du préfet de la Nièvre, 22 septembre 1814.*)

Les marchands, pour la facilité de leur exploitation, peuvent faire
de nouveaux canaux, et quand les ruisseaux ne sont pas assez fournis
d'eau pour supporter le flottage, ils peuvent se servir de celles des
étangs, en dédommageant les propriétaires des terres et étangs à dire
d'experts, dont les parties conviendront. (*Ordonnance de 1672, XVII, 5;
lettre du directeur-général des ponts et chaussées, 29 octobre 1807.*)

Les marchands peuvent faire passer leur bois par les étangs et fossés,
et les propriétaires sont tenus de faire ouverture de leurs basses-cours
et parcs aux ouvriers, à la charge par les marchands de dédommager
les propriétaires, le cas échéant. (*Ordonnance de 1672, XVII, 8.*)

Les étangs par où les bois passent, ainsi que les écluses, doivent
être tenus en état pour le flottage par le propriétaire, sinon, et à faute
de ce faire, les entrepreneurs peuvent dresser procès-verbal de l'état
des étangs et écluses et les faire mettre en état aux frais des propriétaires. Il est défendu de lâcher ou détourner l'eau des étangs, sous
quelque prétexte que ce puisse être. (*Arrêt du 30 décembre 1785.*)

Les saisons les plus ordinairement employées à la coupe ou abattage
sont l'automne ou l'hiver; au charroi l'été, et au flottage l'automne
et l'hiver.

Les bois destinés à être jetés à bois perdu doivent être empilés en rôties ou piles courantes, et non en piles d'éperon, le plus près des bords que faire se pourra (4 pieds au plus (1 m. 33 c.), selon l'arrêt du parlement, du 30 décembre 1785) de manière à pouvoir être jetés de suite lors des courues des étangs. Faute par eux de le faire, l'entrepreneur du flottage est autorisé, procès-verbal préalablement dressé, à faire rapprocher les bois aux frais de la marchandise.

Chaque bûche doit être marquée du marteau particulier de son propriétaire. Ce martelage doit se faire de jour et non de nuit.

La révision du martelage s'appelle *régaler.*

Les bois doivent être en état et marqués au plus tard le 20 brumaire (11 novembre). Faute de le faire, l'entrepreneur du flottage est autorisé à marquer les bois d'un marteau séparé, et à les faire jeter avec les autres, en constatant le tout par un procès-verbal.

Les bois ainsi flottés et mis en état sur les ports de tirage par l'agent général du commerce, à la diligence de l'entrepreneur, sont vendus sur affiches, et les deniers sont remis à l'agent général, frais de martelage, flottage, tirage, mise en état et vente prélevés. (*Décision ministérielle*, 6 *fructidor an* IX ; *arrêt du parlement*, 30 *décembre* 1785.)

Pour prévenir toutes contestations entre les marchands et les propriétaires des moulins, vannes, écluses et pertuis établis et construits sur les rivières et ruisseaux pour dégradations causées par le passage des bois, les marchands sont tenus, avant le jetage, de faire visiter, partie présente ou dûment appelée au domicile de leur meûnier ou fermier, lesdits vannes, écluses, pertuis et moulins, et de faire faire le récolement de ladite visite après le passage du flot, à peine d'être tenus de toutes les dégradations qui se trouvent auxdits vannes, écluses, moulins et pertuis. (*Ordonnance de* 1672, XVII, 11; *lettre du directeur-général des ponts et chaussées*, 29 *octobre* 1807.)

Si la visite faite avant le flot constate quelques réparations à faire, les propriétaires sont tenus de les faire incessamment. A faute de ce faire, il est permis aux marchands, après une simple sommation, d'y mettre ouvriers et d'avancer les deniers nécessaires, qui seront déduits sur ce qu'ils pourront devoir pour droit de chômage, et le surplus payé par lesdits propriétaires, et pris par préférence sur le revenu des moulins, qui demeure par privilége affecté auxdites avances. (*Ordonnance de* 1672, XVII, 12; *ordonnance de police*, 7 *septembre* 1784.)

Les marchands peuvent faire jeter leurs bois à bûches perdues, en avertissant les propriétaires intéressés par publications, qui seront faites dix jours avant le jetage dans les communes riveraines, depuis le lieu de jetage jusqu'à celle de l'arrêt, et à la charge de dédommager les propriétaires des dégradations qui seront faites aux ouvrages et édifices construits sur les rivières et ruisseaux. (*Ordonnance de* 1672, XVII, 6; *lettre du directeur-général des ponts et chaussées*, 29 *octobre* 1807.)

Expresses défenses sont faites aux meûniers, maîtres de forges et propriétaires d'usines, de laisser entrer dans leurs biefs les bois flottans; il leur est enjoint de les fermer exactement et d'ouvrir toutes les pelles aux approches de chaque flot, à peine de 500 liv. d'amende. (*Arrêt du parlement*, 30 *décembre* 1785.)

Au mois de novembre, au premier gonflement des sources, on se met en mouvement pour commencer le flottage qui exige des opérations longues et dispendieuses.

Les bois sont rassemblés sous la chaussée de l'étang, qui le plus souvent est situé à la source de la rivière ou du ruisseau, et dont les eaux servent à charrier les bois ; mais on ne peut tirer l'eau des étangs, des uns que pendant une heure et demie, et des autres pendant une heure, et cela à huitaine, et même à quinzaine, selon l'abondance des eaux. À chaque *courrue* on jette une partie des bois, en observant de ne point surcharger le ruisseau. Les premiers jetés font peu de trajet ; l'eau les range successivement de l'un et de l'autre côté du ruisseau, dont ils remplissent les sinuosités et inégalités, jusqu'à ce que le ruisseau soit bordé entièrement. Quand ce bordage est opéré, il se forme une goulette, dans laquelle les derniers bois jetés ont un écoulement facile.

Indépendamment des frais occasionnés par l'achat de l'eau des étangs, il faut préposer des ouvriers le long du ruisseau pour inspecter chaque courrue, veiller au bordage et à l'entretien de la goulette, prévenir les engorgemens, empêcher que les bois se jettent et restent sur les rivages, veiller à ce qu'ils soient toujours en écoulement, qu'ils ne s'embâclent point aux passages des ponts, vannes, moulins et pertuis, afin d'éviter les dégradations et dommages, et l'épanchement des eaux dans les héritages emblavés.

Lorsqu'il n'y a plus de bois vers l'étang, on déborde, ou, en langage du Morvand, on *dérive* les bois restés le long du ruisseau, en commençant par le haut, et on les fait couler successivement, toujours avec des courrues d'eau, ce qui demande un temps considérable.

L'opération de dégarnir les rives s'appelle aussi *toucher queue*. On pousse avec des crocs les bois, et on leur fait enfiler le canal inférieur jusqu'au port de tirage.

Il est permis de faire travailler, soit au jetage, soit à la conduite, soit au tirage et empilage, sans distinction de fêtes ni dimanches. (*Ordonnance de* 1672, *chap.* II, *art.* 1er ; *sentence du bureau de la ville*, 8 *février* 1774.)

On distingue deux sortes d'arrêts destinés à retenir les bois.

1°. Arrêts de perches employés pour les petits flots. On scie des perches en deux ; une moitié est enfoncée à demeure, et l'autre se place en travers, devant et derrière les pieux, comme des chanlattes.

2°. Arrêts de chevalets.

Ces chevalets sont des espèces de chevaux de frise qu'on met en travers de la rivière, et auxquels on cloue de longues poutres ; on les retient par derrière avec un fort câble qui traverse la rivière et qui est arrêté sur les deux rives. Ce câble se bande au moyen d'un tour pratiqué en terre. On forme aussi un pont qui se fait en empilant du bois devant l'arrêt, au travers de la rivière ; on établit trois, quatre et cinq piles en double les unes des autres, pour soutenir l'arrêt.

Dans le flottage on doit étudier la qualité du bois, et fonder sur cette

13

connaissance le choix du port flottable ou dépôt auquel il doit être tiré. Il est certain que des bois naturellement lourds, d'essence de chêne, par exemple, étant susceptibles de tomber en canards, ne peuvent avoir une destination aussi éloignée que des bois plus légers.

§ II. *Tirage et Empilage.*

A l'arrivée du flot sur l'arrêt, on procède au tirage des bois. On construit des allingres aux deux extrémités de l'arrêt, pour accélérer l'ouvrage en multipliant les ateliers. On nomme *atelier* l'espace qu'occupe sur le port chaque ouvrier tireur. Comme le bois s'accumule sur l'arrêt, l'atelier qui est vis-à-vis ne pourrait suffire ; alors on ouvre l'arrêt par les deux extrémités, et le bois qui s'échappe, retenu avec des perches et des pieux, est retiré par de nouveaux ateliers situés en dessous et qu'on appelle *allingres.* On choisit, pour placer ces nouveaux ateliers, les râcles. On nomme ainsi l'endroit de la rivière qui se trouve le plus profond et où l'eau est moins rapide ; c'est pour cette raison le dépôt où l'on arrête les bois.

Dans le tirage on retire le bois de l'eau et on l'empile indistinctement à la volée, en piles claires, ce qu'on appelle *manière accoutumée.*

Les ouvriers sont classés par compagnies de 8 et 10 hommes, disposés sur divers ateliers, à 20 ou 30 mètres de distance les uns des autres.

L'opération du tirage terminée, on opère le *tricage,* c'est-à-dire qu'on sépare les marques. On prend successivement chaque bûche dans les piles de tirage, on reconnaît la marque de chaque marchand, et l'on fait à chacun une pile séparée.

L'opération du tricage terminée, on procède à la *mise en état.*

Les piles doivent être faites, conformément à l'article 15 du chapitre XVII de l'ordonnance de 1672, de quinze toises (30 mètres) au moins de longueur, toutes les fois que le terrain le permettra, et ce sans autres grillons que ceux des deux extrémités des piles, sans qu'il puisse en être introduit de faux dans l'intérieur d'icelles, si ce n'est pour les bois de ramassage (*Ordonnance de police* 14 *frimaire an* XII).

Pour faciliter la circulation autour des piles et leur inspection, il faut la distance déterminée à 2 pieds (66 cent.) par l'article 15 du chapitre XVII de l'ordonnance de 1672. Dans aucun cas cette distance ne peut être moindre de 16 c. (6 pouces), et elle ne peut être tolérée ainsi que pour cause d'absolue nécessité (*Instruction,* 22 *pluviôse an* X).

Conformém ent au règlement du 12 novembre 1785 et à l'article 25 du chapitre XVII de l'ordonnance de 1672, on ne doit point introduire des bois coursins, entaillés, morts, soucheux, tortillards et défectueux dans l'empilage (*Instruction,* 22 *pluviôse an* X).

Il faut veiller à ce que les empileurs, qui ont laissé subsister des vides dans les piles, ne les remplissent et ne les masquent pas avec des bûches coupées par le milieu.

On dirige les piles à l'aide d'un cordeau tendu à 2 pieds de distance d'une extrémité à l'autre de la pile, afin d'éviter les sinuosités qui empêchent le coup d'œil sur les bois et obstruent le passage. On doit veiller aussi au triage des échantillons et des essences.

Les jurés-compteurs, spécialement chargés de la mise en état, doivent se servir des mesures déterminées par les lois relatives au système métrique, pour la réception et livraison des bois.

Ils frappent de leur marteau et sur chaque bout les piles reconnues en état. Au même endroit, elles sont numérotées à la rouanne, et à la suite du numéro est également marquée à la rouanne la quantité de décastères que chaque pile contient (*Instruction*, 22 *pluviôse an* X).

Aux termes d'un arrêté du directoire du 3 nivose an VII, le bois de chauffage ne doit pas être mesuré sur les ports flottables et navigables à la corde, mais au *décastère*.

Les bûches coupées à la longueur actuelle d'1 m. 137 millim., 3 pieds 6 pouces, il faut pour former un décastère 3 mètres de hauteur sur 3 m. de couche, la hauteur comptée au niveau du terrain jusqu'au haut de la pile et égale sur les deux faces; la longueur ou couche prise de bout en bout, sans addition de bûches dans aucun sens, ni aucune autre augmentation sous quelque prétexte que ce soit.

En conséquence, les piles doivent être de 3 m. de hauteur sur les deux faces et dans toute leur étendue, et comme il faut qu'elles soient par nombre exact de décastères, elles doivent avoir de couche 3, 6, 9, 12, 15 ou 18 m., c'est-à-dire un nombre de mètres toujours divisible par trois, afin que le nombre de décastères puisse être immédiatement connu par l'application d'une règle de 3 m. de longueur.

Sur les ports où les bois sont chargés en bateaux seulement, il pourra être formé des piles d'un m. 50 c. de hauteur, et en ce cas la longueur pour former le décastère est de 6 m. de couche.

Les gardes-ports, les facteurs, les commis préposés à la surveillance des empilages, sont tenus de fournir aux ouvriers et de se procurer à eux-mêmes une règle de 3 m. de longueur, vérifiée par les inspecteurs de la navigation sur le mètre-modèle qu'ils ont reçu à cet effet; ces inspecteurs appliquent sur chaque règle qu'ils ont vérifiée un poinçon de reconnaissance. Cette règle de 3 m. s'appelle *pige*.

Les mesures précédentes, prescrites par l'arrêté du 3 nivose an VII, doivent être rigoureusement observées, sous peine de privation des travaux des ports pour les ouvriers, et de destitution pour les pourvus de commission du gouvernement, sans préjudice des poursuites exercées contre les uns et les autres comme faisant usage de mesures illégales.

Suivant une lettre du ministre de l'intérieur du 6 floréal an VIII, dans le mesurage au décastère, les marchands doivent se faire justice pour l'établissement du prix, des légères différences que le placement des soustraits et des grillons peut occasionner dans la manière courante de mesurer les piles; et à l'égard de la longueur des piles, les marchands doivent se conformer aux usages anciens, c'est-à-dire y faire entrer une quantité de bois à peu près équivalente à l'ancien cordage, selon l'usage de chaque port.

§ III. *Bois dits canards.*

Dans le flottage il y a toujours des bûches naturellement lourdes qui coulent à fond et qu'on nomme des canards; on s'occupe de leur repêche dès que le bois de flot est retiré de l'eau. Les canards repêchés sont empilés en *pilons*, espèce de roseaux peu élevés et grillés à claire voie, afin que l'air puisse circuler librement et le séchage s'effectuer plus rapidement. Une opération, dite *regale*, consiste à descendre la rivière et à retirer, au moyen d'outils, les bois enfoncés dans le sable ou la vase. Les canards ne doivent jamais être jetés sur des bois neufs, dont ils altéreraient la qualité en leur communiquant la vase et la boue dont ils sont chargés : ils sont ordinairement jetés à la queue du flot de l'année suivante. Ils servent quelquefois d'écluses pour empêcher le flot de s'écarter dans les terres. Pour cela on enfonce les plus petites bûches le long des terrains bas et plats.

Il est loisible aux marchands de faire pêcher, par telles personnes que bon leur semblera, les bois de leur flot qui auront été à fond d'eau pendant quarante jours après le passage du flot. Si, durant les quarante jours, d'autres marchands jettent un flot, le délai ne court que du jour où le dernier flot sera entièrement passé. Les propriétaires riverains ne peuvent se faire payer aucune rétribution, sous prétexte de dédommagement de pêche ou autrement, pour raison des canards. (*Ordonnance de* 1672, XVII, 9).

En cas de négligence par les marchands de faire repêcher les canards, les propriétaires peuvent le faire après le délai de quarante jours, à la charge toutefois de laisser le bois sur le bord des rivières, pour les frais de laquelle repêche et occupation de terres, il sera payé par les propriétaires des bois une somme arbitrée par experts dont les parties conviendront, eu égard aux lieux et revenus des héritages et au temps de l'occupation; il est fait défenses d'enlever les bois à peine d'être déchus de tout remboursement pour la repêche et de restitution du quadruple du prix des bois enlevés, dont les marchands peuvent faire faire recherche (*Ordonnance de* 1672, XVII, 10).

Voyez aussi l'article du *Repêchage*, page 206.

§ IV. *Flottage du merrain et du sciage.*

Outre le bois à brûler, on flotte aussi quelquefois le merrain et le sciage.

Le merrain se flotte à bûches perdues en petite eau, c'est-à-dire en été, lorsque les flots de bois de moule n'ont plus lieu. Ce flottage est très-difficile à conduire.

Quant au sciage, on flotte quelquefois les planches de hêtre, servant aux tables de cuisine, et seulement quand il y en a une quantité suffisante pour subvenir aux frais de ce flottage.

La latte et les échalas ne peuvent se flotter à bûches perdues.

Il est utile d'observer, relativement à ces deux flottages, qu'aucun transport de bois, autres que ceux destinés à l'approvisionnement de Paris, ne peut s'effectuer dans le rayon de cet approvisionnement que les formalités ordinaires n'aient été remplies, et qu'en outre, M. le directeur-général des ponts et chaussées n'ait jugé pouvoir l'autoriser sans inconvénient (*Décision ministérielle du 23 octobre 1807*).

Chapitre septième.

FLOTTAGE EN TRAINS.

Le gouvernement a protégé dans tous les temps un mode de transport aussi économique. Nous avons déjà rapporté au chapitre de la *Navigation*, page 184, les principales dispositions qui règlent les mesures de protection et de liberté assurées au flottage.

On appelle *train* un assemblage de plusieurs décastères de bois qu'on lie ensemble avec des chantiers et des rouettes.

Un train est composé de deux parties égales ou *parts*; une part est de neuf et quelquefois dix *coupons*. Un coupon peut tenir environ un décastère.

Le coupon a 14 pieds de longueur et 14 p. de largeur, c'est-à-dire 4 longueurs et 4 largeurs de bûches, la bûche étant de 3 p. 6 pouces.

Chaque coupon est de 4 branches, et chaque branche de 6 *mises* et 2 *accoulures*. Pour rendre la branche plus ferme et plus solide, on la divise aussi en 7 mises et une accoulure, afin que dans les baissiers, ou au frottement le long des berges, arches des ponts et autres rencontres, le bois se perde rarement et en petite quantité.

La longueur totale d'un train est de 36 à 47 toises, selon le nombre de ses coupons, et sa largeur est de 14 pieds.

Un train est toujours à fleur d'eau, et son épaisseur ou profondeur varie de 14 à 22 pouces. Des ordonnances du bureau de la ville, du 27 avril 1784 et du 16 octobre 1785, enjoignent de ne flotter que suivant la hauteur des eaux et la qualité des bois, pour éviter que leur trop forte pesanteur interrompe la navigation. Les inspecteurs de la navigation donnent la mesure de l'épaisseur, et le dépècement du train peut être ordonné en cas de contravention. L'épaisseur du train détermine la quantité de décastères que porte le train. Cette quantité est de 17 à 20 décastères, selon le nombre des coupons qui peut être porté jusqu'à vingt.

On appelle *étoffes* les objets nécessaires à la confection d'un train. Ce sont :

1° Les *chantiers*, espèce de perches, qui se vendent au mille et dont on emploie 450 à 500 environ par train.

Chaque branche nécessite quatre chantiers pour recevoir le bois,

Les 4 branches se lient en un coupon au moyen de cinq chantiers placés en dessus et en travers.

Les coupons se lient entre eux par des chantiers, dits *régipeaux* (*Réglement du 27 juillet* 1810).

Le train étant composé de deux parts ou moitiés, qui se réunissent et se séparent à volonté, offre 2 têtes et 2 queues qui, étant destinées à la manœuvre, demandent plus de solidité que le reste, et qu'à cet effet l'on renforce au moyen de 4 chantiers.

Au départ du train on donne 40 chantiers de caffe pour réparer en cas d'avaries (*Réglement du 27 juillet* 1810).

2° *Rouettes* ou *harts*, espèce d'osiers :

Elles se distinguent en rouettes à flotter et coupler ou grandes rouettes, et en petites rouettes.

Les grandes rouettes se vendent au mille de bottes de 50 brins et les petites au mille de bottes de 100 brins.

Il faut par branche 20 rouettes pour assujettir le bois entre les chantiers qui le reçoivent ;

Par coupon 50 petites rouettes pour attacher les chantiers qui réunissent les branches en coupon ;

Par part 70 rouettes à coupler pour réunir les coupons en part.

Il faut en outre, à chaque coupon en tête et en queue de chaque part, une quarantaine de rouettes de plus qu'aux autres coupons.

Au départ on donne au compagnon deux bottes de rouettes, dites de caffe ou de partance, pour réparer les avaries survenues en route (*Réglement du 27 juillet* 1810).

On emploie dans un train de 3,000 à 4,000 rouettes, y compris celles de caffe, savoir : 3 milliers de grandes et 1 millier de petites.

3° *Perches*, dites d'avalans, qui se vendent au cent et qui servent à diriger les trains.

Aux termes du réglement du 27 juillet 1810, approuvé par M. le directeur-général des ponts et chaussées :

Chaque train doit être muni de 6 perches bien ferrées, savoir une grande de 17 à 18 pieds et cinq de longueur ordinaire ;

Chaque couplage ou chaque train, s'il part seul, doit être muni, indépendamment de la grande perche, d'une autre perche de relai ;

Les perches doivent être frappées sur les côtés du marteau du propriétaire du train en quatre endroits différens, au moins ; si les perches, grandes ou petites, viennent à se rompre ou à se perdre, le compagnon est obligé de les remplacer à l'endroit le plus prochain.

4° *Ferrures.*

Chaque train doit avoir 8 ferrures bien conditionnées et de bonne qualité, et 6 dérivottes au moins, aussi de bonne qualité (*Réglement du 27 juillet* 1810).

5° *Futailles.*

Dans le flottage on mélange les bois durs et les bois légers, dits allèges, de manière qu'une bûche légère porte une bûche lourde ; et on emploie encore le secours de futailles pour donner de l'essor au train.

Les jurés-compteurs et les employés à l'écoulage des trains sont chargés spécialement de veiller avec la plus scrupuleuse exactitude à ce que les trains soient construits et pourvus d'une manière convenable ; en cas contraire, les faire garer, contraindre l'entrepreneur de les mettre en état de partir, et, s'il s'y refuse, y pourvoir à ses frais, sans préjudice des mesures de police administrative qui seront prises contre lui. (*Réglement pour le flottage du 27 juillet 1810.*)

Le facteur du marchand doit aussi tenir la main à ce que le train soit fabriqué avec des étoffes de bonne qualité, bien couplé, traversiné et regipé avec habillots et non avec bois de corde.

Les frais de construction d'un train consistent 1° en l'achat des étoffes, chantiers, rouettes, perches, fers, ci-dessus mentionnées ; 2° en main d'œuvre, flottage, énarrhage d'ateliers, approchage, bachotage, brouettage, ustensiles, avances de fonds et commission, etc.

Le travail pour la confection du train se fait sur le bord de la berge par six ouvriers, savoir :

1° Le *flotteur*, qui pose les chantiers, place les mises et lie les rouettes ;

2° Le *tordeur*, qui encoche les chantiers et les présente au flotteur, tord les rouettes et les donne au flotteur ;

3° L'*approcheur*, qui brouette le bois de la pile sous la main du flotteur ;

4° Le *garnisseur*, ordinairement un enfant, qui a soin, lorsqu'une mise est achevée, d'introduire, au moyen d'un gros maillet dit *pidance* ou *mailloche*, des bois minces pour donner plus de solidité et remplir les vides ;

5° Le *second compagnon*, qui lie trois chantiers sur chaque coupon pour maintenir les quatre branches dont il est formé, les chantiers de tête et de queue ou traversins ayant été placés par le tordeur ;

6° Le *premier compagnon*, qui assemble les coupons pour en former une part. C'est cet ouvrier qui reçoit l'indemnité dite *ustensile*. A mesure qu'une branche est terminée, elle est poussée à l'eau par celle qui la suit, et les coupons flottent déjà lorsqu'on les assemble.

Les compagnons sont les conducteurs du train.

Aux termes de l'ordonnance de police du 1er mai 1786, il est défendu aux conducteurs de trains et compagnons de rivières de quitter et abandonner leurs trains en route, à moins qu'ils ne soient reconnus *fondriers* et hors d'état d'arriver à leur destination, auquel cas les compagnons et conducteurs sont tenus de retirer et empiler sur la berge et à une distance convenable de la rivière, soit à la tâche ou à la journée, les bois qui proviennent des trains fondriers. Il leur est ordonné de faire route sans s'arrêter depuis le point du jour jusqu'au coucher du soleil.

Il leur est fait défense de distraire des trains qu'ils amènent, et sous quelque prétexte que ce puisse être, aucuns bois, perches d'avalans, chantiers ou rouettes, même dans le cas où lesdits trains seraient déflottés ou reflottés.

Aux termes de l'article 52 de l'ordonnance de police du 27 ventôse an X, les étoffes et perches doivent être converties en falourdes.

Les lettres de voiture dont les conducteurs de trains doivent être munis sont assujetties au timbre par une décision du ministre des finances du 26 septembre 1823.

Les frais de la conduite des trains à la charge des flotteurs consistent en journées de compagnons, prix du voyage et du remontage, droits de cotisation perçus à Joigny, faux frais, etc.

Les frais de journée sont excessivement variables : en bonne eau, il ne faut que 8 à 12 journées, et quelquefois l'état de la rivière et la rareté des éclusées a prolongé la durée de la conduite jusqu'à 30, 40 et même 50 journées.

Quand, par suite d'avaries ou par sa trop grande pesanteur, un train devient fondrier et qu'il faut le retirer et reflotter en route, cette dépense se règle entre le marchand et celui qui a fait la dépense du tirage, occupation, reflottage, achat d'étoffes, etc.

Comme autrefois le prix du bois était taxé à la vente à Paris, il était conséquent de déterminer aussi le prix du flottage et de la conduite des trains, mais aujourd'hui une entière liberté règne entre les marchands et les entrepreneurs de flottage.

L'entrepreneur de flottage, moyennant un prix convenu par décastère, se charge de la confection des trains, de la fourniture des étoffes, de la main d'œuvre, des journées d'ouvriers, et s'engage à ses risques et périls à livrer les bois sains et saufs à la gare de Paris répondant ainsi de toutes les avaries et pertes, hors les cas de force majeure et imprévue.

La quotité de ce prix est nécessairement subordonnée à la distance du point de départ, et à l'état plus ou moins favorable de la saison.

L'entrepreneur de flottage doit avertir le garde-port, lui représenter les ordres y relatifs signés du marchand ou facteur, le rendre témoin de ses opérations, et donner son reçu, au bas desdits ordres, des bois qui lui ont été délivrés.

Il doit faire contre-marquer les piles du marteau du marchand aux deux extrémités et sur le flanc ; et tenir le garde-port au courant des bois flottés et enlevés.

Il ne doit laisser aucun bois errant et inconnu et faire mettre sur une autre pile le restant des piles entamées.

La circulaire suivante est utile à connaître par les entrepreneurs de flottage et par les facteurs.

« Les déclarations que les voituriers-conducteurs de trains sont tenus de faire à leur passage à Joigny, à Sens et à Cannes, ont pour objet d'assurer le contrôle régulier des trains et l'exacte perception des droits de cotisation et d'octroi de navigation.

» Il arrive très-fréquemment que ces déclarations manquent d'exac-

'titude, et que celles faites à Joigny et à Sens ne sont pas, comme elles le devraient, en rapport parfait avec celles de Cannes. La faute en est, 1° à MM. les entrepreneurs et facteurs qui, d'un côté, ne remplissent pas les cartes avec assez de soin, et de l'autre, n'ont pas l'attention de porter sur ces cartes les mêmes prénoms et les mêmes noms que ceux que portent les lettres de voitures; 2° aux conducteurs qui ne déclinent pas leurs véritables noms ou qui les déclinent mal.

» Il en résulte des erreurs graves et fréquentes, qu'on ne parvient à redresser qu'avec de grandes recherches et beaucoup de peine, et qu'on ne réussit pas toujours à rectifier.

» Jusqu'à ce jour, l'usage des cartes de déclarations n'a eu lieu que pour le contrôle fait à Cannes; pour éviter les erreurs, les inexactitudes et les différences entre ce contrôle et ceux de Joigny et de Sens, le commerce de bois a pensé que le meilleur moyen à employer était de faire remettre à chacun des commis chargés de ces contrôles une carte semblable à celle que le préposé de Cannes recevra. Il a en conséquence déterminé que MM. les entrepreneurs et facteurs seraient invités à en remettre deux à chaque voiturier, l'une pour Joigny ou Sens et l'autre pour Cannes; qu'à cet effet, il leur en serait fourni une suffisante quantité.

» MM. les entrepreneurs et facteurs remarqueront que la formule des cartes n'est plus précisément la même, et que la quantité de trains ne s'y trouvera plus indiquée que par le nombre de coupons. Plusieurs d'entre eux portaient tout à la fois, sur les anciennes cartes, le nombre des trains et celui des coupons, et il en résultait des doubles emplois et des doubles droits d'octroi en pure perte pour le commerce; c'est pour les éviter qu'on s'est borné à l'énonciation des quantités de coupons et de branches, de manière qu'au lieu de dire *un train*, il faudra dire *dix-huit coupons*, etc.

» Le commerce attend de MM. les entrepreneurs et facteurs qu'ils mettront tous leurs soins à seconder ses vues d'ordre et de régularité, lesquelles entrent également dans leur intérêt. Il les prévient que des ordres sont donnés et que toutes les mesures seront prises pour contraindre les conducteurs de trains porteurs de lettres de voitures, qui n'auraient point de cartes ou qui négligeraient de les remettre à chacun des préposés susdésignés, à acquitter de suite les droits de cotisation et d'octroi, et, à défaut de paiement, à rester en gare jusqu'à ce qu'ils rapportent la carte régulièrement remplie et en bonne forme.

» Chaque carte devra être signée par l'entrepreneur ou le facteur qui l'aura délivrée, à peine d'être considérée comme nulle et rejetée.

» MM. les entrepreneurs et facteurs étant bien avertis de ces mesures, il dépendra d'eux d'éviter les pertes de temps, les frais de journées et les autres inconvéniens qui peuvent résulter de leur inobservation.

» Fait au Bureau du Commerce de bois flotté, à Paris, le 19 janvier 1820.

» *Par autorisation :*   L'Agent général,

BADIN. »

N. B. Voyez page suivante le modèle de la carte.

Modèle de la carte.

Cotisation de communauté.   *Octroi de navigation*

DÉCLARATION A JOIGNY, A SENS ET A CANNES.

(*Nombre de*) coupons,   (*Nombre de*) branches,

pour M*r.* (*Nom du marchand*),   conduits

par (*Nom du voiturier*)

NOTA. Le voiturier sera tenu de remettre une carte semblable
chacun des commis de Joigny, de Sens et de Cannes, sous peine d
voir arrêter ses trains.

(*Signature de l'entrepreneur de flottage.*)

Trains de charpente, de sciage, de merrain.

Les détails qui précèdent sur la confection et la conduite des train
sont relatifs spécialement aux trains de moule ; mais tous les autre
trains de bois carrés, sciage, merrain, sont construits d'après le
mêmes principes et à peu près sur le même modèle, sauf les excep
tions suivantes :

Trains de bois carrés. — Leur largeur est relative à celle des per
tuis et leur longueur doit l'être aux sinuosités de la rivière et à la fa
cilité de faire passer le train dans les tournans, d'autant plus que ce
trains ont moins d'élasticité que ceux de moule, et sont d'une ma
nœuvre plus difficile. Un train contient de 200 à 400 arbres, selo
l'état des eaux. On distingue deux trains de bois carrés : le train et l
brelle. Le train se forme comme celui de moule, et on peut double
les pièces l'une sur l'autre. La brelle se fait en accolant les pièces san
doubler et en les liant au moyen de rouettes passées dans des trou
percés à l'extrême partie de l'équarrissage, le tout renforcé avec de
chantiers mis en travers et liés à chaque pièce.

Le brellage est plus solide que le train et coûte le même prix, quoi.
qu'il contienne moins de pièces. Le prix se règle, pour les trains d
bois carrés, à tant la pièce.

On peut distinguer les trains de charpente, de sciage et de grûm
en trois espèces :

1° Les trains dits de Champagne, fabriqués sur la Marne, et ceux d
la basse Seine, de Montereau en aval à Paris, ayant moyennemer
50 toises de long, 21 à 22 pieds de large et huit coupons.

2° Les trains fabriqués sur le grand-Morin, l'Ourcq, la haute Sein

e Marcilly à Montereau, et sur l'Aube, ayant moyennement 50
toises de long, 13 à 14 pieds de large et douze coupons.

5° Les trains dits éclusées de la Loire et des Canaux, ayant moyennement 14 toises de long, 13 à 14 pieds de large et trois coupons.

Trains de merrain. — Confection, 1/4 en sus de la moulée ; conduite
aussi plus chère par la difficulté de contenir le merrain entre les per-
nes pendant le trajet.

Le prix des trains de sciage ou planches est un peu moindre que
celui du merrain.

Chapitre huitième.

BOIS DE FAIX.

Les ouvriers ne doivent point faire leur profit personnel des bois
cassés et rebuts ; mais ils doivent les réunir aux autres bois défectueux
au flot.

Sur plusieurs points, tels que sur l'Aube (*Arrêté du commissaire
général,* 6 *juin* 1809), sur la Vanne, etc., les bois dits de faix sont
marqués, avant leur enlèvement, d'un marteau à cet usage.

En général les bois de faix doivent être composés, autant que possible, des bois les plus inférieurs en essence et en conformation.

L'arrêté suivant, rendu par le ministre de l'intérieur, le 28 mai
1816, contient sur les bois de faix des dispositions généralement re-
gardées comme trop sévères ; mais comme il n'a point été rapporté,
nous devons en faire connaître le texte.

*Arrêté concernant les Bois de Faix accordés aux ouvriers employés aux
travaux des flottages.*

Le Ministre Secrétaire d'état au département de l'Intérieur,

Considérant que l'emport de faix par les ouvriers travaillant à la
construction des trains et aux autres travaux relatifs aux flottages
des bois sur les différens ports des rivières d'Yonne, Cure, Armançon
et rivières affluentes, a cessé d'être uniforme par suite d'abus et de
contraventions aux réglemens sur le fait de la marchandise de l'eau ;

Que sur les ports de l'Yonne supérieure, le faix se compose de sept
bûches dans tous les temps et pour tous les travaux, tandis que sur la
Cure il est de huit, et que même le compagnon de rivière, pendant
les flottages en trains, emporte à son choix, et en échange de son faix,
les deux plus belles bûches qu'il peut trouver, ou bien seize bûches
de menuise ;

Que sur l'Armançon et les ports de l'Yonne inférieure, le faix
compose de sept bûches pendant le tirage et la mise en état des flo?
tandis que, pendant le flottage en trains, les flotteurs, approcheur
et compagnons de rivière emportent chacun onze bûches, et les to
deurs et garnisseurs chacun neuf; que cependant le travail étant pa
tout le même, le faix de l'ouvrier doit être aussi le même, puisqu
a pris sa source dans la même cause;

Considérant que, dans le principe, et en conformité des réglemer
les ouvriers ne pouvaient, dans aucun cas et sous aucun prétexr
emporter leur faix qu'à la fin de la journée; que ce faix ne devait ê
composé que de bois au-dessous de six pouces de grosseur, en b
blanc, menuise et rebut; qu'il leur était interdit d'emporter auc
bois de chêne, hêtre et charme; de vendre et façonner en écha
lesdits faix; que la différence existante aujourd'hui dans l'emport (
faix, tant sous le rapport de la quantité de bûches que de leur espè
et de leur grosseur, ne provient que des abus qui se sont successi
ment introduits sur les ports, et de l'oubli des réglemens;

Considérant enfin que, s'il est juste de ne pas priver l'ouvrier (
moyens de se chauffer et sécher, en lui accordant son faix, il ne l'
pas moins de le ramener aux principes et aux régles consacrés par
ordonnances, arrêts, réglemens et sentences concernant la marcha
dise de bois flotté, notamment par la sentence du bureau de la vi
de Paris, du 13 février 1753, et de rétablir le mode uniforme sur to
les ports de flottage;

Vu la sentence du bureau de la ville de Paris, dudit jour 13 févr
1753, arrête ce qui suit:

Art. 1er. Les anciennes ordonnances, arrêts et réglemens sur le f
du flottage, seront exécutés; en conséquence, le faix accordé p
tolérance à l'ouvrier travaillant aux flottages sur les ports des riviè
d'Yonne, Cure, Armançon et y affluentes, tant pendant le tirag
l'empilage et la mise en état des bois, que pendant le flottage en train
ne pourra être composé que de six bûches en bois blanc, menuis
et d'une bûche de surfaix d'une grosseur au-dessous de six pouce
ce qui fera en totalité sept bûches, sans pouvoir, sur aucuns port
prétendre à une plus grande quantité, sous quelque prétexte que
soit.

2. Conformément à la sentence susdatée, il est défendu aux ouvrie
d'introduire dans leurs faix aucun bois de chêne, hêtre et charme,
de composer le faix de bûches dont la circonférence excéderait s
pouces; de vendre à qui que ce soit, et de façonner en échalas auc
bois provenant de faix.

3. Le faix ne sera accordé qu'aux ouvriers qui auront atteint l'â
de quinze ans; cependant il sera accordé quatre bûches, de la quali
et dimension ci-dessus prescrites, aux enfans de dix à quinze an
lorsqu'ils auront travaillé la journée entière.

4. Le faix ne sera acquis à l'ouvrier qu'autant qu'il aura travail

puis le matin jusqu'au soir; il sera tenu de l'enlever à l'épaule, et
i r lui-même, à peine d'en être privé.

5. L'ouvrier qui emporterait dans son faix une ou plusieurs bûches
ni excéderaient six pouces de tour, ou qui seraient d'une essence
utre que celle déterminée, sera, pour la première fois, privé de la
Italité de son faix; pour la seconde, il en sera privé pendant trois
jurs: en cas de récidive, il sera exclu de tout travail sur les ports.

6. Sur les ports servant aux dépôts des bois neufs, et dont la ges-
con et la surveillance sont confiées à des gardes spéciaux, il ne pourra
tre prétendu aucun faix, ni emporté aucun bois par les ouvriers em-
oyés à leur empilage et à leur chargement en bateaux. Il est défendu
nx gardes-ports de leur en accorder, sous quelque prétexte que ce
oit, à peine de révocation, et des dommages et intérêts des marchands.

7. Il est expressément défendu aux marchands, leurs facteurs et
ntrepreneurs de flottages et autres, de composer avec l'ouvrier,
l'accorder l'échange de bois de faix contre d'autres bois, ni de le
emplacer par des bois d'un port où l'ouvrier n'aurait point travaillé,
ous les peines portées par la sentence susdatée du 13 février 1753.

8. Il est fait défense à tous particuliers, aubergistes, cabaretiers, lo-
eurs, et à tous autres, de quelque qualité et condition qu'ils soient,
e prendre, emporter, ni acheter aucuns bois destinés à l'approvi-
ionnement de Paris, d'en recevoir chez eux, ni d'en prendre des
nvriers en paiement, sous prétexte de nourriture, gîte ou autrement,
ous les peines de droit.

9. Le bois de faix sorti du port ne pourra plus y être rapporté sous
ncun prétexte, et pour quelque cause que ce soit; il ne peut être
mployé qu'à l'usage pour lequel il est destiné.

10. Le présent arrêté sera imprimé; il sera affiché sur tous les ports
les rivières d'Yonne, Cure, Armançon et rivières y affluentes; les
oréfets, le commissaire général de la navigation d'approvisionnement
lle Paris et les inspecteurs d'arrondissement pour le même service,
sont chargés d'en surveiller et assurer l'exécution.

Le Ministre Secrétaire d'Etat de l'Intérieur, *signé* LAINÉ.

La sentence du bureau de la ville du 13 février 1753 faisait défenses à tous ouvriers travaillans à la construction des trains et autres
travaux relatifs aux flottages des bois, d'emporter aucun bois de moule,
falourdes ou fagots composés de bouts de chantiers, de rouettes, de
bouts de bois en tisons et d'écorces, pendant la journée, sans néanmoins
préjudicier à l'usage toléré, qui est de pouvoir, par lesdits ouvriers flotteurs, emporter le soir, en sortant du travail, un faix de six bûches,
bois de menuise, bois blanc ou bois de noisette de rebut, seulement pour
les chauffer ou sécher, avec défenses de les vendre. Les peines que cette
sentence prononce consistent en 100 fr. d'amende et des dommages-
intérêts envers les marchands et entrepreneurs de flottage.

Il y avait eu antérieurement une sentence semblable rendue le 7
mai 1746.

Chapitre neuvième.

REPÊCHAGE.

Un arrêté des consuls, du 7 floréal an IX, ordonne :

ART. I⁰ʳ. Les propriétaires de bois entraînés par la violence de eaux peuvent faire toutes diligences pour les recouvrer.

2. Ces bois peuvent être enlevés et repris par lesdits marchands ou propriétaires, leurs commis ou préposés, sur les îles, terres, prés jardins, fossés et autres héritages, moulins, écluses, ponts, vannages gauthiers, pertuis et lieux circonvoisins, *francs et quittes de tous dom mages-intérêts ou indemnités* que peuvent prétendre les propriétaire d'héritages ou édifices, sous prétexte de dégâts, dommages et rupture que pourraient avoir soufferts leurs possessions, attendu l'événemen de la force majeure.

3. Dans le cas où il y aurait lieu à accorder une indemnité pour l repêchage de portion desdits bois, elle sera fixée conformément au réglement du 9 mars 1784.

4. Il est défendu à toutes personnes d'emporter ou cacher les boi épars par les eaux ; et il est enjoint à ceux qui en auraient recueilli d'en faire leur déclaration devant les administrations locales, à pein d'être poursuivis conformément aux lois relatives à la poursuite de délits en matière criminelle et correctionnelle.

5. Les préfets des contrées du rayon de l'approvisionnement, qu comprend la Seine et ses affluens, sont chargés de constater ou de faire constater par le sous-préfet et maire les événemens de force majeure susdite.

Les dispositions précédentes de l'arrêté du 7 floréal an IX, qui statuent que les marchands de bois sont déchargés des dommages et intérêts occasionnés par les crues subites et la violence des eaux, n'ont fait que confirmer un principe consacré par des lettres patentes du 20 nov. 1582 ; un arrêt du conseil, 9 avril 1642 ; et des sentences du bureau de la ville, 30 juin 1759, 9 févr. 1760, 18 mars 1760, 2 oct. 1760, 20 juillet 1787.)

C'est le cas de force majeure, dont personne ne peut être responsable, qui a dicté ces décisions.

Les bois repêchés ne peuvent être considérés comme épaves. (*Décision du ministre des finances*, 16 juin 1823.)

Une bûche flottant sur l'eau n'appartient plus à aucun marchand en particulier : elle devient, dès cet instant, bois de communauté ; elle est la propriété du commerce de bois flottés en trains. Les gardes-rivières commis au passage des trains qui sont chargés sur l'Yonne de ce repêchage, ont 18 francs par décastère de bois repêché. Les bois de communauté sont marqués d'un marteau particulier, portant l'empreinte d'un coq.

A Paris et dans le ressort de la préfecture de police, le repêchage se fait par des préposés nommés par le préfet de police sur la présentation du commerce.

Il est défendu à tout autre qu'aux préposés de repêcher des bois. Il est également défendu d'acheter ou de cacher des bois repêchés. En cas de naufrage seulement, il est permis de repêcher les bois ; mais il est enjoint d'en faire la déclaration dans les 24 heures, dans Paris : aux commissaires de police, à l'inspecteur-général ou aux inspecteurs particuliers de la navigation ; dans les communes rurales : au maire, aux inspecteurs particuliers de St.-Denis et de Bercy, aux préposés des ponts de Choisy et de Charenton, ou à la gendarmerie. (*Ordonnance de police*, 1er *avril* 1813.)

Il est alloué à ces préposés 3 fr. par stère.

Chapitre dixième.

OCTROI DE NAVIGATION.

La loi du 30 floréal an X, relative à l'établissement d'un droit de navigation intérieure, s'exprime en ces termes :

Art. Ier. — Il sera perçu dans toute l'étendue de la France, sur les fleuves et rivières navigables, un droit de navigation intérieure dont les produits seront spécialement et limitativement affectés (1) au balisage, à l'entretien des chemins et ponts de hâlage, à celui des pertuis, écluses, barrages et autres ouvrages d'art établis pour l'avantage de la navigation (2). Ce droit sera aussi établi sur les canaux navigables qui n'y ont point encore été assujétis, et sur ceux dont la perception des anciennes taxes serait actuellement suspendue.

Art. 3. — Il sera arrêté par le gouvernement, dans la forme des réglemens d'administration publique, un tarif des droits de navigation pour chaque fleuve, rivière ou canal, après avoir consulté les principaux négocians, marchands et mariniers qui les fréquentent.

---

(1) Cette spécialité a été abrogée par la loi sur les finances du 23 septembre 1814.
(2) En vertu du décret du 25 prairial an XII, l'Yonne navigable de Lucy en aval jusqu'à Montereau est à la charge de l'octroi de navigation. L'Yonne flottable de Lucy exclusivement en amont jusqu'aux ruisseaux du Morvand, demeure à la charge du commerce de bois flotté et des propriétaires d'usines. Les constructions et réparations des pertuis de Crain, Coulanges, la Forêt, Clamecy et Armes, s'exécuteront aux frais du commerce et des propriétaires d'usines.

Art. 4. — Les contestations qui pourront s'élever sur la perception des droits de navigation seront décidées administrativement par les conseils de préfecture.

Un arrêté relatif à la navigation intérieure de la France, du 8 prairial an XI, ordonne :

Art. Ier. — La navigation intérieure de la France sera divisée er bassins, dont les limites seront déterminées par les montagnes ou côteaux qui versent les eaux dans le fleuve principal, et chaque bassir sera subdivisé en arrondissemens de navigation.

Art. 5. — Les tarifs, en vertu desquels devra se faire la perception de l'octroi de navigation et les points sur lesquels les bureaux devront être fixés, seront déterminés par des arrêtés spéciaux pour chaque arrondissement.

Art. 14. — Il sera, dans chaque bureau de perception, délivré aux conducteurs de bateaux, trains, etc., une quittance du montant du droit d'octroi par eux acquitté, et un laissez-passer. Les conducteurs seront tenus, lorsqu'ils en seront requis, de justifier de leurs quittances et laissez-passer aux receveurs des bureaux qui suivront celui où ils auront acquitté le droit, ainsi qu'à tous autres préposés à l'octroi de navigation ; et si leur destination est pour Paris, au bureau de l'octroi municipal de cette ville.

Art. 15. — Les contestations relatives au paiement de l'octroi seront, conformément à la loi du 30 floréal an X, portées devant le sous-préfet, dans l'arrondissement duquel le bureau de perception sera situé, sauf le recours au préfet qui prononcera en conseil de préfecture.

Art. 22. — Les receveurs ne pourront, sous peine de destitution, traiter ou transiger sur la quotité du droit ; il leur est défendu de recevoir d'autres droits que ceux portés au tarif, sous peine d'être destitués et poursuivis comme concussionnaires.

Art. 23. — Il est défendu à tous conducteurs de bateaux, trains, etc. de passer les bureaux sans payer, à peine de 50 fr. d'amende (1).

Art. 27. — Il sera placé sur le port, en face de chaque bureau de perception, un poteau et une plaque sur laquelle sera inscrit le tarif.

Art. 28. — Défenses sont faites à tout maître de pont ou de pertuis de monter ou descendre aucun bateau avant de s'être fait représenter la quittance des droits de navigation, et ce, à peine d'être contraint personnellement au remboursement de ces droits, par les voies prescrites pour le paiement des contributions.

Art. 29. — Aucun particulier ne pourra percevoir aux pertuis,

(1) On a reconnu l'impossibilité d'obliger les trains à payer au bureau du receveur à cause des retards qui en résulteraient. Par un arrangement dû à la bienveillance de l'administration, l'agent général du commerce de bois flottés en trains à Paris, fait lui-même tous les mois le versement entre les mains du receveur.

vannes et écluses dans les rivières navigables des divers bassins, aucun droit de quelque nature qu'il soit, le tout conformément aux articles 13 et 14 du titre II de la loi du 28 mars 1790, et des articles 7 et 8 de la loi du 25 août 1792.

ART. 30. — Le service des pertuis, vannes et écluses s'exécutera par des individus à ce commis, et dont le salaire sera pris sur les produits de l'octroi de navigation.

N. B. Les droits de navigation sont passibles du décime par franc.

§ Iᵉʳ. DROITS ÉTABLIS SUR LES RIVIÈRES.

BASSIN DE LA SEINE.

Un arrêté du 1ᵉʳ messidor an XI, a déterminé les limites du bassin de la Seine, et des arrêtés du 19 messidor an XI, contiennent le règlement pour la perception de l'octroi de navigation sur la Seine.

Iᵉʳ. ARROND. Bureau à *Nogent-sur-Seine;* le chef-lieu est à Troyes.
L'octroi y est perçu pour toute la navigation supérieure descendante et pour la même navigation en remontant, sans avoir égard au point de départ ni à celui de débarquement.

En descendant :
Petit couplage, passant au canal de Nogent. . . .	3 fr.	50 c.
Grand couplage.	4	50
Barquette, toue, boutique à poisson.	6	
Demi-bateau marnois	7	50
Bateau marnois.	10	
Train de bois à brûler et charpente.	6	

Chaque bateau, chargé ou à vide, paiera le tiers en remontant; en cas de fraction le centime entier sera perçu.

Bureau à *Montereau,* chef-lieu à Troyes.
L'octroi y est perçu pour la navigation descendante de Nogent à Montereau, et pour la même navigation en remontant, sans avoir égard au point de départ ni de débarquement.

En descendant :
Petit couplage, passant sous le pont de Montereau.	2 fr.	50 c.
Grand couplage.	3	50
Petit bateau, toue et barquette.	5	
Demi-bateau marnois.	6	
Bateau marnois	9	
Train de bois de charpente ou à brûler.	6	

Chaque bateau, chargé ou à vide, paiera le tiers en remontant.
En cas de fraction, le centime entier sera perçu.
Les bateaux qui chargeront au port de Courbeton ne paieront rien en passant à Montereau.

14

IIe. ARROND. Bureau à *Montereau*, chef-lieu à Auxerre.

L'octroi y est perçu pour toute la navigation supérieure descendante et pour la navigation en remontant, sans avoir égard au point de départ ni à celui de débarquement.

En descendant :

Par trains de 18 coupons, passant sous le pont de Montereau et entrant en Seine. . . . .   7 fr. 5o c.

Par bateau de 5o m. de long et au-dessus.   12

Par bateau de 20 à 3o m.   9

Par bateau de 10 à 20 m.   6

Tout bateau porte-hune et boisot au-dessous de 10 m.   3

Chaque bateau, chargé ou à vide, paiera le tiers en remontant. En cas de fraction, le centime entier sera perçu.

IIIe. ARROND. Bureau à *Chaalons-sur-Marne*, chef-lieu à Chaalons.

L'octroi y est perçu pour toute la navigation supérieure descendante et pour la même navigation en remontant, sans avoir égard au point de départ ni à celui de débarquement.

En descendant :

Bateau de 24 à 36 m. et au-dessus. . . . .   19 fr. 5o c.

Bateau au-dessous de 24 m.   9   75

Bachot de 8 m. de long sur 1 m. 6o c. de largeur. .   2

Les bachots de plus grande dimension paieront comme les bateaux au-dessous de 24 m.   9   75

Train de bois chargé, de 80 m. de long sur 7 m. de largeur.   19   5o

Train de bois non chargé, même dimension   9   75

Chaque bateau, chargé ou à vide, paie le 1/4 en remontant. En cas de fraction, le centime entier est perçu.

Bureau à *La Ferté-sous-Jouarre*, chef-lieu à Chaalons.

L'octroi y est perçu pour toute la navigation descendante et remontante de Chaalons à La Ferté, sans avoir égard au point de départ ni à celui de débarquement.

En descendant :

Bateau de 24 à 36 m. de long. . . . .   5o fr.

Bateau au-dessous de 24 m.   12

Bachot de 8 m. de long sur 1 m. 6o c. de largeur.   4

Train de bois de charpente et sciage chargé. . . .   27

Le même non chargé.   12

Train de bois à brûler.   4

Chaque bateau, chargé ou à vide, paie le 1/4 en remontant. En cas de fraction, le centime entier est perçu.

IVe. ARROND. Bureau à *Alfort-Charenton*, chef-lieu à Melun.

L'octroi y est perçu pour toute la navigation descendante et remontante de La Ferté à Alfort, sans avoir égard au point de départ ni à celui de débarquement.

En descendant :

Bateau de 24 à 36 m. de long . . . . 30 fr.   c.
Bateau au-dessous de 24 m. 18
Bachot de 8 m. de long sur 1 m. 60 c. de large . . . 6
Train de bois de charpente et de sciage chargé. . . 32   50
Le même non chargé. 17   50
Train de bois à brûler. . . . . . , ... 8

Chaque bateau, chargé ou à vide, paie le 1/4 en remontant.
En cas de fraction, le centime entier est perçu.

Bureau à *Choisy*, chef-lieu à Melun.

L'octroi y est perçu pour la navigation descendante de Montereau à Choisy et pour la même navigation en remontant, sans avoir égard au point de départ ou de débarquement.

En descendant :

Bateau de 26 m. et au-dessus . . . . 8 fr.   c.
Bateau de 20 à 25 m. 5
Idem de 15 à 19 m. 3
Toue. 4   50
Grand ou petit couplage. 1   50
Margotat et batelet . . . . »   75
Train de bois à brûler, de sciage, charpente ou
charronnage 3

Chaque bateau, chargé ou à vide, paiera le tiers en remontant.
En cas de fraction, le centime entier est perçu.

Le ministre peut faire percevoir à Montereau le droit sur les trains payable à Choisy.

Le receveur de Choisy est tenu d'avoir à ses frais un sous-receveur à Ablon, et un autre à Villeneuve-St.-Georges, chargés de percevoir l'octroi sur les bateaux et trains qui déchargent à ces deux ports.

Cette perception s'y fait conformément au tarif de Choisy, sans avoir égard au point de débarquement.

Ve. Arrond. Bureau à *Choisy*, chef-lieu à Paris.

La perception s'y fait pour la navigation entre Choisy et Paris sans avoir égard au point de départ ni à celui de débarquement.

En descendant :

Bateau de 26 m. de longueur et au-dessus. . . . . 5 fr.   e.
Idem de 20 à 25 m. inclusivement. 2
Idem de 15 à 19 m. inclusivement. 1   50
Toue et bascule à poissons. 2   25
Margotat et batelet. 1
Train de 18 coupons, et de bois de sciage ou de
charpente 5

Chaque bateau, chargé ou à vide, paie le tiers en remontant; en cas de fraction, le centime entier sera perçu.

14*

Bureau à *Alfort-Charenton*, chef-lieu à Paris.

L'octroi est perçu à ce bureau pour la navigation descendante, depuis Charenton jusqu'à Paris, et pour la même navigation en remontant, sans avoir égard au point de départ ni à celui de débarquement.

En descendant :

	fr.	c.
Bateau de 26 m. de long et au-dessus.	4	
Bateau de 20 à 25 m. inclusivement	1	50
Bateau de 15 à 19 m. inclusivement.	1	
Toue et bascule à poisson.	1	75
Bateau margotat et batelet.	»	75
Train de 18 coupons et de bois de sciage et de charpente	2	

Chaque bateau, chargé ou à vide, paiera le tiers en remontant.

En cas de fraction, le centime entier est perçu.

Bureau à la *Barrière de Passy*, chef-lieu à Paris (1).

L'octroi y est perçu pour la distance de Paris à Sèvres, et celle de Sèvres à Neuilly, en descendant.

Les bateliers qui justifient de leur destination pour Sèvres, ne paient que le tarif de Paris à Sèvres.

	Tarif de Paris à Sèvres.		Tarif de Sèvres à Neuilly.	
	fr.	c.	fr.	c.
Bateau foncet de 50 à 64 m. de long. .	7	»	3	50
Idem de 36 à 48 m.	6		3	»
Idem de 26 m. et au-dessus.	5		2	50
Idem de 20 à 25 m.	2		1	»
Idem de 15 à 19 m.	1	50	»	75
Toue et bascule à poisson.	2	25	1	»
Bateau margotat et batelet.	1	»	»	50
Train de 18 coupons et de bois de sciage et de charpente	5	»	1	50

Les bateaux non chargés paient le tiers.

En cas de fraction, le centime entier est perçu.

Bureau à *Neuilly*, chef-lieu à Paris (2).

L'octroi y est perçu pour la distance de Neuilly à Sèvres, et de Sèvres à Paris, en remontant.

Les bateliers qui justifient de leur destination pour Sèvres, ne paient que le tarif de Neuilly à Sèvres.

(1) Ce bureau était d'abord à Sèvres : il a été transféré à Passy par le décret du 8 janvier 1813 qui en a aussi modifié le mode de perception.

(2) La perception de ce bureau a été modifiée par décret du 8 janvier 1813.

	Tarif de Neuilly à Sèvres.		Tarif de Sèvres à Paris.	
Bateau foncet de 50 à 64 m. de long. .	3 fr.	50 c.	7 fr.	» c.
Idem de 36 à 48 m.	3	»	6	»
Idem de 26 m. de long et au-dessus.	2	50	5	»
Idem de 20 à 25 m.	1	»	2	»
Idem de 15 à 19 m.	»	75	1	50
Toue et bascule à poisson.	1	»	2	25
Bateau margotat et batelet.	»	50	1	»
Train de 18 coupons, et de bois de sciage et de charpente	1	50	3	»

Les bateaux non chargés paient le tiers.

En cas de fraction, le centime entier est perçu.

Bureau au *Pecq*, chef-lieu à Paris.

L'octroi y est perçu pour la navigation remontante et descendante du Pecq à Neuilly.

Bateau foncet de 50 à 64 m. de long.	15 fr.	» c.
Idem de 36 à 40 m.	13	»
Idem de 26 m. et au-dessus.	11	»
Idem de 20 à 25 m.	4	50
Idem de 15 à 19 m.	3	50
Toue et bascule à poisson.	5	25
Bateau margotat et batelet.	2	»
Train de 18 coupons, et de bois de sciage et charpente	7	»

Les bateaux non chargés paient le tiers.

En cas de fraction, le centime entier est perçu.

VIe. ARROND. Bureau au *Pecq*, chef-lieu à Rouen.

L'octroi y est perçu pour la navigation remontante de Mantes au Pecq, et pour les bateaux de l'Oise venant de Pontoise au Pecq.

Tarif de Mantes au Pecq.

Bateau foncet et autre de 30 m. de longueur, chargé, par mètre de longueur	2 fr.	» c.
Bateau chargé de 32 à 48 m. de long, par mètre de longueur	2	25
Bateau chargé de 50 à 64 m. de long, par mètre de longueur	2	50
Flettes chargées, par mètre de long.	»	50

Tarif de Pontoise au Pecq.

Bateau de 38 m. et au-dessus	10 fr.	» c.
— de 32 à 38 m. exclusivement.	8	»
— de 30 m. et au-dessous.	6	»

Les bateaux non chargés paient le tiers.

En cas de fraction, le centime entier est perçu.

Bureau à *Mantes*, chef-lieu à Rouen.

L'octroi y est perçu pour la navigation :

1° Remontante de Pont-de-l'Arche et de l'Eure jusqu'à Mantes ;
2° Descendante du Pecq à Mantes ;
3° Venant de l'Oise, de Pontoise à Mantes.

Ier Tarif, de Pont-de-l'Arche à Mantes.

Bateau foncet et autre de 30 m. de long, par mètre de long :
. . . . 2 fr. » c.
Bateau chargé de 32 à 48 m. de long, par *idem*. . . 2 25
Bateau chargé de 50 à 64 m. de long, par *idem*. . . 2 50
Flettes chargées —————————— par *idem*. . . » 50

IIe Tarif, du Pecq à Mantes.

Bateau de toute grandeur, par mètre de long. . . . » fr. 50
Toue chargée de houille, par chaque toue. . . . . 6 »
Chaque train de bois de charpente et de bois à brûler. 6 »
Chaque batelet. . . . . 1 »

IIIe Tarif, de Pontoise à Mantes.

Bateau de 38 m. et au-dessus . . . . 16 fr. » c.
——— de 32 à 38 m. . . . . 13 »
——— de 30 m. et au-dessous. . . . . 11 »
Train de bois de charpente, sciage et charronnage. 16 »
Train de bois à brûler. . . . . 15 »
Batelet. 1 »
Toue chargée de houille.. . . . . 6 »
Les bateaux non chargés paient le tiers.
En cas de fraction, le centime entier est perçu.

Bureau à *Pont-de-l'Arche*, chef-lieu à Rouen.
L'octroi y est perçu pour la navigation :
1° Remontante de Rouen à Pont-de-l'Arche ;
2° Descendante de Mantes à Pont-de-l'Arche ;
3° Venant de l'Eure à Pont-de-l'Arche.

Ier Tarif, de Rouen à Pont-de-l'Arche.

Bateau foncet et autre de 30 m. de long, chargé,
par mètre de long. . . . . 2 fr. » c.
Bat. chargé de 32 à 48 m. de long, par mètre de long. 2 25
Bat. chargé de 50 à 64 m. de long, par mètre de long. 2 50
Flettes chargées, par mètre de long. . . . . » 50

II⁰ Tarif, de Mantes à Pont-de-l'Arche.

Bateau de toute grandeur, par mètre de long. . .	1 fr.	»	c.
Toue chargée de houille, par toue.	6	»	
Chaque train de charpente, sciage, charronnage, bois à brûler.	6	»	
Chaque batelet.	1	»	

III⁰ Tarif, bateaux venant de l'Eure.

Les mêmes droits que ceux du 2⁰ tarif.
Les bateaux non chargés doivent le tiers.
En cas de fraction, le centime entier est perçu.

Bureau à *Rouen*, chef-lieu à Rouen.
L'octroi y est perçu pour la navigation :
1° Descendante de Pont-de-l'Arche à Rouen ;
2° Remontante de la mer à Rouen ;
3° Descendante de Rouen à la mer.

I⁰⁰ Tarif, de Pont-de-l'Arche à Rouen.

Bateaux de toute longueur, par mètre de long. . .	» fr.	50	c.
Toue chargée de houille, par toue.	6	»	
Train de bois de charpente et à brûler	6	»	
Les bateaux d'Elbeuf, par voyage	3	»	
Les bat. d'Oissel, d'Orival, du port St.-Ouen ou autres, de 7 m. de long et au-dessus, par voyage. . . .	»	50	

II⁰ Tarif, de la mer à Rouen.

Bâtimens étrangers venant de la mer, par tonneau.	» fr.	15	c.
Bât. français venant de l'étranger, des colonies ou de la pêche de Terre-Neuve, par tonneau	»	15	
Bât. français venant de France, par tonneau. . . .	»	5	
Bâtimens pontés ou non pontés naviguant sur la Seine, venant des ports entre Rouen et l'embouchure de ce fleuve, au-dessus du port de 5 tonneaux, paieront par tonneau.	»	3	

Le droit sur les navires sera perçu conformement à la jauge réglée par les douanes.

III⁰ Tarif, de Rouen à la mer (le même tarif que le 2⁰).

Les bateaux et bâtimens non chargés paient le tiers.
En cas de fraction, le centime entier sera perçu.

Déclarations à faire par les propriétaires de bateaux.

L'arrêté du 19 messidor an XI, dispose :
ART. 12. — Tout propriétaire de bateau, faisant la navigation de Paris à Rouen et de Rouen à Paris, doit déclarer distinctement et

séparément à l'inspecteur de la navigation, tous ceux qui lui appartiennent.

Art. 13. — Cette déclaration indiquera le nom et la plus grande longueur de chaque bateau, l'année de sa construction et le domicile du propriétaire ; elle sera passée au bureau de recette dans l'arrondissement duquel résidera le déclarant.

Art. 14. — L'inspecteur se transportera à bord pour vérifier les déclarations qui lui seront passées, et en constater l'exactitude sur sa responsabilité.

Art. 15. — Les bateaux employés à la navigation porteront sur l'arrière un numéro, un nom et l'indication du port auquel ils appartiennent : cette inscription sera faite aux frais du propriétaire en lettres blanches, sur un fond noir.

Art. 16. — Le propriétaire du bateau sera responsable de l'inscription qui ne pourra être effacée, couverte ou changée sous quelque prétexte que ce soit ; dans le cas de contravention à cette disposition, le propriétaire sera puni d'une amende de 25 fr.

Art. 17. — Il sera délivré chaque année et pour chaque bateau un congé gratis, sauf le coût du papier qui contiendra le numéro, le nom du propriétaire, l'indication du port dont il dépend, et la signature de l'inspecteur qui aura vérifié la déclaration prescrite par l'art. 13.

Art. 18. — Les propriétaires de bateaux, venant des rivières affluentes pour parcourir la Seine, sont tenus aux mêmes formalités que ceux des bâtimens qui naviguent sur ce dernier fleuve ; dans le cas où ils ne les rempliraient pas, ils seront punis d'une amende de 50 francs.

Art. 19. — Les congés à délivrer en vertu de l'art. 17 seront extraits du registre des déclarations passées par les propriétaires, conformément à l'art. 12 ; ils porteront en tête le numéro de l'enregistrement.

Art. 20. — Dans le cas où un bateau serait perdu ou dépéri, le propriétaire sera tenu de le déclarer, dans la quinzaine, au bureau de son arrondissement, et d'y rapporter le congé relatif à ce bateau.

VIIe. Arrond. Bureau à *Compiègne*, chef-lieu à Beauvais.

L'octroi y est perçu pour toute la navigation descendante et remontante, sans avoir égard au point de départ ni à celui de débarquement.

En descendant :

Bateau de 58 m. de long et au-dessus	10 fr.	» c.
Bat. de 32 à 38 m. exclusivement.	8	»
Bat. de 30 m. et au-dessous	6	»
Train de bois de charpente, sciage et charronnage.	9	»
Train de bois à brûler.	8	:

Le tiers du droit sera payé en remontant, à vide ou chargé
En cas de fraction, le centime entier sera perçu.

Bureau à *Pontoise* ; chef-lieu à Beauvais.

L'octroi y est perçu, sans avoir égard au point de départ ou de débarquement :

1° Pour toute la navigation descendante et remontante de Pontoise à Compiègne ;
2° Pour la navigation du Pecq à Pontoise ;
3° Pour la navigation de Mantes à Pontoise.

Ier Tarif, de Compiègne à Pontoise en descendant.

Bateau de 38 m. de long et au-dessus . . . . 16 f.   c.
Bat. de 32 à 38 m. exclusivement 15
Bat. de 30 à 15 m. exclusivement. 11
Bat. de 15 m. et au-dessous (1).. 5   50
Train de bois de charp., sciage, charronnage. 16
Train de bois à brûler. 13
En remontant à vide ou chargé, on paie le tiers du droit.

IIe Tarif, de Pecq à Pontoise, chargé ou non chargé.

Bateau de 38 m. et au-dessus. . . . . 10 fr.
Bat. de 32 à 38 m. exclusivement. 8
Bat. de 30 m. et au-dessous. 6

IIIe Tarif, de Mantes à Pontoise, chargé ou non chargé.

Bateau de 38 m. et au-dessus. . . . . 10 fr.
Bat. de 32 à 38 m. exclusivement. 8
Bat. de 30 m. et au-dessous. 6

VIIIe. ARROND. Bureau à *Soissons*, chef-lieu à Laon.

L'octroi y est perçu pour toute la navigation descendante et remontante de Neufchâtel et Pontavaire à Soissons, sans avoir égard au point de départ ni à celui de débarquement.
Bateau de 38 m. et au-dessus. . . . . 6 f.
Bat. de 32 à 38 m. exclusivement. 5
Bat. de 32 m. et au-dessous.. 4
Trains. 3
Bateau non chargé, le tiers.
En cas de fraction le centime entier sera perçu.

Bureau à *Compiègne*, chef-lieu à Laon.

L'octroi y est perçu pour toute la navigation descendante et remontante de Compiègne à Soissons, sans avoir égard au point de départ ni à celui de débarquement.
Bateau de 38 m. et au-dessus. . . . . 10 f.

(1) Ces droits ont été ainsi modifiés par décision du ministre de l'intérieur du 15 vendémiaire an XII.

Bat. de 32 à 38 m. exclusivement. . . . . . 8 fr.

Bat. de 32 m. et au-dessous. 6

Trains. 9

Bateau non chargé paie le tiers. En cas de fraction, le centime entier sera perçu.

IXe. Arrond. Bureau à *Vaudreuil ;* chef-lieu à Evreux.

L'octroi y est perçu pour toute la navigation supérieure descendante de Louviers au confluent de la Seine, sans avoir égard au point de départ ni à celui de débarquement.

Pour les bateaux chargés . . . . 7 f. 75 c.

Pour ceux chargés de futailles. 7 50

Pour les bateaux vides. 3 25

Pour chaque train. 7 50

Les bateaux remontans ne payent aucun droit.

BASSIN DE LA LOIRE.

Un arrêté du Ier floréal an XII a réglé le service de ce bassin.

Ier. Arrond. Bureau à *Feurs ;* chef-lieu à Montbrison.

L'octroi y est perçu pour toute la navigation descendante et pour la même navigation en remontant, sans avoir égard au point de départ ni à celui de débarquement.

Grands bat. de 22 m. de long. et au-dessus 6 f. 30 c.

Bat. moyens, de 15 à 22 m. de longueur. . 3 50

Bat. de 10 à 15 m. de longueur. 1 40

Bateaux, petites toues et batelets au-dessous de 10 m. . . . . » 35

Les bateaux à vide paieront le tiers du droit ; en cas de fraction, le centime entier sera perçu.

Chaque train de bois toisé sur sa longueur paiera par m. 35 c.

Bureau à *Roanne ;* chef-lieu à Montbrison.

L'octroi y est perçu pour toute la navigation descendante et remontante de Feurs à Roanne, sans avoir égard au point de départ ni à celui de débarquement.

Grands bat. de 22 m. de long. et au-dessus 9 f. c

Bat. moyens de 15 à 22 m. de longueur. . . 5

Bat. de 10 à 15 m. 2

Bateaux, toues et batelets au-dessous de 10 m. » 50

Les bateaux à vide paieront le tiers du droit ; en cas de fraction, le centime est perçu.

Chaque train de bois, toisé sur sa longueur, paie par mètre 50 c.

IIe. Arrond. Bureau à *Digoin ;* chef-lieu à Nevers.

L'octroi y est perçu pour toute la navigation descendante et remontante de Roanne à Digoin, sans avoir égard au point de départ ni à celui de débarquement.

Grands bat. de 22 m. de long. et au-dessus 10 f. 80 c.

Bat. moyens de 15 à 22 m.. 6

Bat. de 10 à 15 m. 2 40

Bateaux, petites toues et batelets au-dessous

de 10 m. 60 c.

Les bateaux à vide paieront le tiers; le centime est dû en cas de fraction.

Chaque train de bois toisé sur sa longueur paiera par mètre 60 c.

Bureau à *Decise*; chef-lieu à Nevers.

L'octroi y est perçu pour toute la navigation descendante et remontante de Digoin à Decise, sans avoir égard au point de départ ni à celui de débarquement.

Grands bat. de 22 m. de long. et au-dessus . 12 f. 60 c.

Bat. moyens de 15 à 22 m. 7

Bat. de 10 à 15 m. 2   80

Bateaux, petites toues, batelets au-dessous

de 10 m. »   70

Les bateaux à vide paient le tiers; le centime est dû en cas de fraction.

Chaque train de bois toisé sur la longueur paie 70 c. par m.

Bureau à *Nevers*; chef-lieu à Nevers.

L'octroi y est perçu pour toute la navigation descendante et remontante de Decise à Nevers, sans avoir égard au point de départ ni à celui de débarquement.

Grands bat. de 22 m. de long. et au-dessus. 6 f. 30 c.

Bat. moyens de 15 à 22 m. 3   50

Bat. de 10 à 15 m. 1   40

Bateaux, petites toues, batelets au-dessous

de 10 m. »   35

Les bateaux à vide paient le tiers; le centime est dû en cas de fraction.

Chaque train de bois toisé sur la longueur paie par mètre (1) 35 cent.

Bureau à *l'embouchure du canal de Briare*; chef-lieu à Nevers.

L'octroi y est perçu pour la navigation descendante et remontante de Nevers à Briare, sans avoir égard au point de départ ni à celui du débarquement.

Grand bat. de 22 m. de long. et au-dessus. 18 f.

Bat. moyens de 15 à 22 m. 10

Bat. de 10 à 15 m. 4

Bateaux, petites toues, batelets au-dessous

de dix m. 1

Les bateaux à vide paient le tiers du droit; le centime entier est dû en cas de fraction.

(1) Un décret du 19 ventôse an XIII a modifié le tarif.
Le droit de navigation à percevoir sur les trains de bois à brûler qui flottent sur la Loire de Decise à Briare, est fixé, sans avoir égard au point de départ, pour chaque train de 18 coupons, au passage du bureau de Nevers.   2 fr. 50 c.
Au passage du bureau de Briare.   5   »
Il n'est rien dérogé par ce décret au tarif du droit à percevoir sur les trains autres que les bois à brûler.

Chaque train de bois toisé sur sa longueur paie par mètre 1 franc.

IIIe. Arrond. Bureau à *Moulins ;* chef-lieu à Moulins.

L'octroi y est perçu pour toute la navigation descendante et remd tante, à partir du point où l'Allier commence à être navigable jusq Moulins, sans avoir égard au point de départ ni à celui de débarqueme

Grands bat. de 22 m. de long. et au-dessus 18 f.
Bat. moyens de 15 à 22 m. 10
Bat. de 10 à 15 m. 4
Bateaux, petites toues et batelets au-dessous
de 10 m. 1

Les bateaux à vide paient le tiers; le centime est dû en cas fraction.

Chaque train de bois toisé sur sa longueur payera par m. 1 fran

Bureau au *Bec-d'Allier ;* chef-lieu à Moulins.

L'octroi y est perçu pour toute la navigation descendante et rem tante du Bec-d'Allier à Moulins, sans avoir égard au point de dépar à celui de débarquement.

Bat. de 22 m. de long et au-dessus. . . . . 10 f. 80
Bat. moyens de 15 à 22 m. 6
Bat. de 10 à 15 m. de longueur 2   40
Bateaux, petites toues, batelets au-dessous
de 10 m. . . . . » 60

Les bateaux vides paient le tiers; le centime est dû en cas fraction.

Chaque train de bois toisé sur sa longueur paiera par mètre 60

IVe. Arrond. Bureau à *Orléans ;* chef-lieu à Orléans.

L'octroi y est perçu pour la navigation remontante et descenda de l'embouchure du canal de Briare à Orléans, sans avoir égard point de départ ni à celui de débarquement.

Grands bat. de 22 m. de long. et au-dessus 14 f. 40
Bat. moyens de 15 à 22 m. de long 8
Bat. de 10 à 15 m. de long. 3   20
Bateaux, petites toues et batelets au-dessous
de 10 m. . . . . » 80

Les bateaux, dont les conducteurs déclareront aller dans le ca d'Orléans, ne seront assujettis à aucun droit.

Le receveur d'Orléans doit exercer un contrôle à l'embouchure ce canal pour vérifier les déclarations. En cas de fausses déclaratio amende de cinquante francs.

Les bateaux à vide paient le tiers des droits; le centime est dû cas de fraction.

Chaque train de bois toisé sur sa longueur paiera 80 cent. par m

Bureau à *Blois ;* chef-lieu à Orléans.

L'octroi y est perçu pour la navigation descendante et remonta

(1) Voyez la note commune à ces deux bureaux, page 219.

'Orléans à Blois, sans avoir égard au point de départ ni à celui de
débarquement.

Grands bat. de 22 m. de long. et au-dessus   10 f. 80 c.

Bat. moyens de 15 à 22 m. de long.   6

Bat. de 10 à 15 m. de long.   2   40

Bateaux, petites toues et batelets au-dessous

de 10 m. . . . .   »   60

Les bateaux vides paient le tiers des droits; le centime est dû en
cas de fraction.

Chaque train de bois toisé sur sa longueur paye par m. 60 c.

Vᵉ. Arrond. Bureau à *Tours;* chef-lieu à Bourges.

L'octroi y est perçu pour la navigation descendante et remontante
entre Blois et Tours, sans avoir égard au point de départ ni à celui
de débarquement.

Grands bat. de 22 m. de long. et au-dessus.   10 f. 80 c.

Bat. moyens de 15 à 22 m.   6

Bat. de 10 à 15 m.   2   40

Bateaux, petites toues et batelets au-dessous

de 10 m. . . . .   »   60

Les bateaux à vide paient le tiers; en cas de fraction le centime entier est perçu.

Chaque train de bois toisé sur sa longueur paye par m. 60 c.

Aux termes d'un décret du 14 juillet 1811, le receveur du bureau
de Blois doit percevoir sur tous les bateaux, remontant la Loire entre Tours et Blois, quel que soit le point d'où ces bateaux soient partis,
le droit de navigation dû pour la remonte entière depuis Blois jusqu'à
Tours. En conséquence, il assujettit à cette perception tous les bateaux
qui ne justifient pas avoir acquitté ce droit au bureau de Tours.

Bassin de l'Escau.

Aux termes du décret du 28 messidor an XIII, concernant le bassin de l'Escaut, qui a fixé le droit de navigation pour ce bassin;

Les bureaux de jaugeage sont établis à Condé, Lille, Merville et
Dunkerque;

Le tonnage, calculé en tonneaux de mer de 1,000 kil., doit être
inscrit à la droite et à la gauche de la proue en chiffres romains d'un
centimètre de profondeur, de 15 centimètres de hauteur et de 2 centimètres de largeur. Ces chiffres doivent être peints à l'huile en noir sur
un fond blanc de 10 centimètres d'entourage;

La marque de l'ouvrier est reconnue par l'ingénieur qui fait apposer
aux deux bouts, près le premier et le dernier chiffre, les empreintes
d'un marteau destiné à constater le jaugeage du bâtiment et à empêcher la falsification de la marque;

Le droit de navigation est perçu à raison du chargement possible ou
capacité réelle en tonneaux de mer;

Sont exempts de tous droits les bateaux contenant les agrès néces-

saires à la navigation, les bateaux destinés au service et aux travaux
de la navigation ;

Les bateaux à vide ne paient que la moitié du droit fixé.

Un règlement pour assurer le jaugeage dans le bassin de l'Escaut
approuvé par le ministre des finances, le 20 février 1812, porte :

Art. 5.—Le tirant d'eau d'hiver sera seul employé pour le jaugeage

Art. 6. — On dressera un procès-verbal de l'opération du jaugeage
qui indiquera le nom du batelier, celui du bateau, la longueur de ce
bateau, sa largeur, sa profondeur, son tonnage et ses tirans d'eau
Une expédition de ce procès-verbal sur parchemin sera remise au ba
telier.

Art. 7. — Comme l'expédition du procès-verbal remise au batelie
pourra s'user et se perdre, il en sera délivré une nouvelle à ce bate
lier et à ses frais toutes les fois qu'il le demandera.

Art. 8. — Un batelier qui soupçonnerait qu'il s'est glissé une er
reur dans le jaugeage de son bateau, ou que ce bateau prend plu
d'enfoncement que lorsqu'il a été jaugé, soit parce qu'il l'aurait fa
réparer ou pour toute autre cause, aura la faculté de le faire rejauge
dans le bureau qu'il jugera convenable.

Art. 9. — Tout batelier devra toujours être porteur de son procès
verbal de jaugeage; à défaut de quoi il paiera, au premier bureau c
navigation où il passera, une amende de 50 fr., et de plus, sera oblig
de présenter son bateau au bureau de jaugeage le plus prochain pou
en faire reconnaître le tonnage; si le bateau était chargé, il sera jaug
provisoirement à vue.

Art. 10. —Les bateliers qui auraient effacé les chiffres qui indiquer
le tonnage de leur bateau pour en substituer d'autres, seront condam
nés à une amende de 150 fr.

Art. 11. — Il est en outre défendu à tout batelier de faire prendr
à son bateau un enfoncement plus grand que la jauge qui sera pres
crite. Les bateliers pris en contravention seront condamnés à un
amende de 25 fr. par chaque demi-décimètre excédant la jauge.

Les droits sont perçus aux bureaux sans avoir égard au point de dé
part des bâtimens ou bateaux qui y arrivent, ni à celui de débarque
ment des bâtimens ou bateaux qui partent de ces bureaux.

Les trains d'arbres flottés paient pour chaque arbre, sans égar
à la dimension, le droit fixé pour 2 tonneaux.

Les trains de bois flottés paient également pour chaque mètre d
longueur, le droit fixé pour 2 tonneaux.

Bureau à *Valenciennes*, chef-lieu à Lille.

Tout bâtiment ou bateau arrivant à ce bureau et venant de Cam
brai ou lieux intermédiaires, paiera pour chaque tonneau un droit d
16 cent. Le même droit sera perçu sur tout bâtiment ou bateau par
tant du bureau de Valenciennes et allant à Cambrai ou lieux intermé
diaires.

Bureau à *Condé*, chef-lieu à Lille.

Tout bâtiment ou bateau arrivant à ce bureau et venant de Valenciennes ou lieux intermédiaires paiera par chaque tonneau un droit de 8 cent. Le même droit sera perçu sur tout bâtiment ou bateau partant du bureau de Condé et allant à Valenciennes ou lieux intermédiaires.

Tout bâtiment ou bateau arrivant au bureau de Condé et venant de Tournai ou Saint-Amand, ou lieux intermédiaires, paiera par tonneau un droit de 14 cent.

Bureau à *Condé*.

Tout bâtiment ou bateau chargé arrivant à ce bureau et venant de Mons ou lieux intermédiaires, paiera par tonneau 3 cent.

Le même droit sera perçu sur tout bâtiment ou bateau partant du bureau de Condé et allant à Mons ou lieux intermédiaires.

Les bateaux à vide doivent la moitié.

Le tarif a été ainsi modifié par une décision ministérielle du 22 mars 1826.

§ II. DROITS ÉTABLIS SUR LES CANAUX.

Nous commencerons par les tarifs des canaux actuellement navigables, et nous finirons par ceux des canaux en construction.

CANAL DE BRIARE.

Les lettres patentes accordées en faveur de ce canal au mois de décembre 1642, enregistrées au parlement le 20 juillet 1651, contiennent les tarifs des droits que la *compagnie du canal de Loire en Seine* prendra sur les marchandises qui passeront toutes désormais debout sur ledit canal, pour le péage, droit d'écluse et droit de voiture.

Iᵉʳ *Tarif. Des marchandises qui passeront de Loire à Montargis, ou de Montargis à la rivière de Loire.*

De chaque cent de solives ou de bois carré, de la qualité portée par le tarif des lettres patentes. . . . . 15 liv.

Du cent de toises d'ais d'un pouce et demi d'épais et 12 pouces de large et au-dessous. 3   10 s.

Du cent de toises d'ais de chêne d'un pouce d'épais et au-dessous, et de largeur de 12 pouces et au-dessous. 3

Du cent de toises d'ais de sapin d'un pouce d'épais et au-dessous, et de 12 pouces de large et au-dessous. 3

Et de plus grandes largeurs et épaisseurs, tant de chêne, sapin qu'autres, à proportion.

De chaque corde de bois . . . . 2 liv. 10

De chaque millier de coches de bois. 4

Du millier de merrain à faire poinçons. 6   10

Du millier de lattes carrées et d'échalas, à compter
20 bottes pour millier. 1   6

Du millier de lattes à ardoises, à compter 40 bottes
pour millier. 2   15

IIe *Tarif. De Briare à la rivière de Loire, et de la rivière de Loire à Briar...*

Du cent de solives, et du bois carré.. . . . . 2 liv.

Du cent de toises d'ais d'un pouce 1/2. . . . . »   10

Du cent des mêmes ais d'un pouce et au-dessous. . »   8

De chaque corde de bois. . . . . »   10

Du millier de coches de bois. . . . . »   16

Du millier de lattes carrées, à compter 20 bottes
pour millier. . . . . »   3

Du millier de merrain. . . . . »   16

Si l'on voiture de Loire entre l'écluse de Briare et celle d'Ouzoüer
ou desdits lieux du canal en Loire, à proportion de la distance des
dits lieux de ceux de Briare et d'Ouzoüer, l'on partagera les droit
de chaque sorte de marchandise. Et sera noté que depuis Briare en
dessus jusqu'à demi-montagne, c'est-à-dire jusqu'au canal de distri
bution, on ne laissera passer aucun bateau lequel ne soit chargé de
40 milliers au moins, et cent milliers au plus, ni demi-train, à moin
de 200 de solives, et des autres bois à proportion, si ce n'était que
les marchands voulussent payer comme s'il y avait la même quantit
desdites marchandises en compte ou en nombre. Et pour passer la
montagne des deux côtés, les bateaux seront de 50 milliers au moins
et de 100 milliers au plus, et les trains de bois de cinq cents.

IIIe *Tarif. D'Ouzoüer à la rivière de Loire, et de la rivière de Loire
à Ouzoüer.*

Pour cent de solives et de bois carré. . . . . . . 4 liv. 10 s.

Pour cent de toises d'ais d'un pouce 1/2. 1   5

Pour les mêmes d'un pouce et au-dessous 1   »

Pour chaque corde de bois. 1   »

Pour cent de bottes de lattes à couvrir 2   5

Pour millier de bois de fente, dit merrain. 2   »

Pour millier de coches de bois. 1   15

Du cent de fagots à deux liens. 1   »

IV° Tarif. *Depuis Loire jusque sur la montagne, dans le canal de distribution, et depuis le canal de distribution jusqu'à la rivière de Loire.*

Pour cent de solives. . . . . , . . .	8 liv.	» s.
Pour cent de toises d'ais d'un pouce 1/2 d'épais et au-dessous.	2	»
Des mêmes, d'un pouce et au-dessous.	1	15
Pour corde de bois.	1	5
Pour cent de bottes de lattes à couvrir à tuile. . .	3	10
Pour millier de bois de fente, dit merrain.	5	10
Pour millier de coches de bois.	2	10
Du cent de fagots.	1	10

Et pour les lieux qui sont entre Ouzoüer et la montagne au canal de distribution, sera observé la même règle que pour les autres ci-dessus entre Briare et Ouzoüer.

V° Tarif. *De Belleau et Ouzoüer à Rogny, Châtillon ou Montargis, et de Montcresson, Châtillon ou Rogny, à la rivière de Loire, ou autres lieux au-delà de la montagne.*

Comme les bateaux ou trains qui feront ledit trajet, consumeront autant d'eau au canal de distribution, que s'ils traversaient de Loire à Montargis, le tarif en sera de même que le premier ci-dessus, avec cette différence néanmoins, que l'on leur rabattra les écluses qui ne passeront point sur le pied des lettres patentes pour les droits d'éclusées.

VI° Tarif. *Du canal de distribution à Montargis, et de Montargis au canal de distribution.*

Pour 100 de solives et de bois carré.	11 liv.	10 s.
Pour 100 de toises d'ais d'un pouce 1/2.	2	15
Pour 100 de toises d'ais d'un pouce et au-dessous.	2	5
Pour corde de bois.	2	»
Pour 1,000 de coches de bois.	3	10
Pour 1,000 de lattes carrées, à compter 20 bottes pour 1,000.	1	5
Pour 1,000 de bois de fente dit merrain.	4	10

Et pour les marchandises qui du canal de distribution iront seulement à Montcresson, Montbouy et Châtillon, et desdits lieux audit canal, on ne déduira dudit tarif aucune chose, mais seulement sur le total du bateau ou train, ce à quoi pourrait monter le droit d'éclusée porté par les lettres-patentes, des écluses qui seront depuis Montargis jusques auxdits lieux, auxquels les bateaux ou trains n'auront point passé.

15

VIIᵉ *Tarif. Depuis Rogny jusqu'à Montargis, et depuis Montargis jusqu'à Rogny.*

Pour 100 de solives et de bois carré.	10 liv.	» s.
Pour 100 de toises d'ais d'un pouce 1/2.	2	10
Pour 100 de toises d'ais d'un pouce et au-dessous.	2	»
Pour chaque corde de bois.	1	15
Pour 1,000 de coches de bois.	3	»
Pour 1,000 de lattes à couvrir à tuile, à compter 20 bottes pour 1,000.	1	2
Pour 1,000 de lattes à ardoises, à compter 40 bottes pour 1,000.	2	6
Pour 100 de fagots à 2 liens.	1	10
Pour 1,000 de bois de fente dit merrain.	4	5

Pour les marchandises qui partiront des lieux qui sont entre Rogny et Châtillon pour aller à Montargis, et de même de Montargis pour aller aux lieux susdits, sera observé l'ordre ci-dessus prescrit à la déduction des droits d'écluses qu'ils auront moins passé que ceux partant de Rogny.

VIIIᵉ *Tarif. Depuis Châtillon jusqu'à Montargis, et depuis Montargis jusqu'à Châtillon.*

Pour 100 de solives et de bois carré.	8 liv.	» s.
Pour 100 de toises d'ais d'un pouce 1/2.	2	»
Pour 100 de toises d'ais d'un pouce et au-dessous. .	1	15
Pour corde de bois.	1	10
Pour 1,000 de coches de bois.	2	5
Pour 1,000 de lattes carrées à 20 bottes pour 1,000.	1	»
Pour 1,000 de bois de fente dit merrain.	4	»

Et pour les marchandises qui partiront des lieux qui sont entre Châtillon et Montcresson pour aller à Montargis, et *vice versâ*, sera observé la même règle que ci-dessus à la déduction des droits d'écluse qu'ils auront moins passé que ceux partant de Châtillon.

IXᵉ *Tarif. De Montcresson à Montargis, et vice versâ.*

Pour 100 de solives	5 liv.	» s.
Pour 100 de toises d'ais d'un pouce 1/2 d'épais. . .	1	10
Pour 100 d'ais d'un pouce et au-dessous.	1	5
Pour corde de bois.	1	»
Pour 1,000 de coches de bois.	1	10
Pour 1,000 de lattes à couvrir à tuile, à 20 bottes pour 1,000.	»	11
Pour 1,000 de bois de fente dit merrain.	2	5

Et pour les marchandises qui partiront des lieux qui seront entre Montcresson et la Tuilerie pour aller à Montargis, et *vice versâ*, ils seront réglés en la même forme qu'il a été dit ci-dessus en semblable rencontre.

X^e et dernier Tarif. De la Tuilerie à Montargis, et vice versâ.

Le même tarif qui est ci-dessus pour les marchandises qui iront de Loire à Briare sera observé en ce lieu ici, et il ne sera pas nécessaire que les bateaux qui iront aux lieux désignés par le présent tarif, de même que ceux qui iront de Loire à Briare, et de Briare en Loire, non plus que les bascules et trains de bois, soient chargés de telle quantité de marchandises, que pour les autres lieux, dont le réglement a été fait ci-dessus, suffisant que chaque bateau porte des marchandises jusqu'à la concurrence de la somme de 10 liv. pour lesdits droits, les trains à celle de 6 liv. et plus, ce qui sera pour le moins, en sorte que l'on ne laissera point entrer de bateaux ou trains qui paient moins desdites sommes chacun.

Tarif pour le charbon de bois.

Le charbon de bois, outre qu'il est léger, et de matière encombrante, ne pouvant être allégé à Montargis, à cause qu'il se gâte en le maniant, on est contraint de n'en mettre que 240 poinçons au plus sur chaque bateau.

2 sous par poinçon, de Loire à Briare, et *vice versâ*.
3 ——————————— de Loire à Ouzoüer, et *vice versâ*.
6 ——————————— de la Loire sur la Montagne, entre les deux écluses de distribution, et *vice versâ*.
17 ——————————— de Briare à Montargis, et *vice versâ*.
14 ——————————— de la Montagne à Montargis, et *vice versâ*.
12 ——————————— de Rogny à Montargis, et *vice versâ*.
9 ——————————— de Châtillon à Montargis, et *vice versâ*.
4 s. 6 den.——————— de Monteresson à Montargis, et *vice versâ*.
2 ——————————— de Montargis à la Tuilerie, et *vice versâ*.

Et pour les lieux entre deux, on réglera les droits en la même forme qu'il a été dit ci-dessus aux autres tarifs.

Il n'est dû aux bateaux que le passage par le canal, et non un stationnement d'une ou de plusieurs années. Ce stationnement a de graves inconvéniens pour le canal et la navigation ; pour y remédier, même dans les cas de nécessité, la compagnie a fait construire des gares à ses frais.

Il est perçu 25 cent. par jour pour le stationnement. (*Ordonnance du 3 mars 1825.*)

CANAUX D'ORLÉANS ET DE LOING.

La loi du 27 nivôse an V a fixé les droits de navigation sur ces canaux ; elle dispose :

Art. 1er — Le droit de navigation sur les canaux d'Orléans et de

15*

Loing continuera d'être distinct et séparé du prix de voiture ou de fourniture et conduite des bateaux, pour lesquelles les conventions entre les chargeurs et les propriétaires et patrons de bateaux demeurent libres.

Tarif des droits de navigation perçus sur le canal d'Orléans par chaque distance de 5 kilomètres : (2,566 *toises, ancienne mesure*).

Nota. Le trajet entier de ce canal depuis son embouchure dans la Loire à Combleux jusqu'à Buges, au-dessous de Montargis, est de 73,285 kil. (37,610 toises 3 pieds, ancienne mesure).

Le mètre cube de bois de solives (environ 29 pieds cubes), paiera 12 cent. 5/10mes ; ce qui fait, pour le trajet entier, 1 fr. 53 c., et revient, pour le cent de solives de 12 pieds de longueur sur 6 pouces de chaque face, à 15 liv. 3 s. 9 d.

Le cent de mètres de voliges de sapin, de 1 à 2 cent. d'épaisseur, sur 3 décim. de largeur, 7 centimes ; ce qui fait, pour le trajet entier, 1 fr. 2,6 c., et revient, pour le cent de toises de 6 à 7 lignes d'épaisseur sur 12 pouces de largeur, à 1 liv. 19 s. 11 d.

Le cent de planches de chêne et de sapin de 3 cent. d'épaisseur et au-dessous, de 3 décim. de largeur et au-dessous, moitié en sus.

Le cent de planches de 4 cent. d'épaisseur sur 3 décim. de largeur, 3/4 en sus.

Le cent de planches de 5 à 6 cent. d'épaisseur sur 3 décim. de largeur, le double.

Le cent de tables de noyer, cerisier, merisier, bois des îles, etc., 28 centimes.

Le millier de bois de fente, appelé *ais-scy*, 7 c. ; ce qui fait, pour le trajet entier, 1 fr. 2,6 c., et revient à 1 liv. 6 d.

Le millier de cercles de poinçons, moitié en sus.

Le millier de lattes carrées ou d'échalas, 9 c.

Le millier de lattes à ardoises, 20 c.

Le millier de parquet, boissellerie, seilles, etc., 35 c.

Le millier de merrain à faire poinçons, 45 c.

Le millier de coches de bois de chauffage, 28 c.

Le stère ou mètre cube de bois de chauffage, 4,5 c. ; ce qui fait, pour le trajet entier, 65,95 c., et revient, pour la corde des eaux et forêts, à 2 liv. 10 s. 6 d.

Le stère de bois à charbon, 3/5 desdits droits.

Le kilolitre de charbon de bois 24 c. ; ce qui fait pour le trajet entier, 3 fr. 51 c., et revient pour le poinçon à 16 s.

Le cent de perches d'aune, de 48 centimètres de grosseur au gros bout et de toute longueur, 7 c. ; ce qui fait pour le trajet entier, 1 f. 2,6 . ou 1 liv. 6 d.

Le cent de bottes de brins de bouleau 1/4 en sus.

Le cent d'arbres fruitiers à basse tige, les 3/4.

Le cent d'arbres fruitiers à haute tige, le triple ou 21 c.

Le cent de bottes d'osier blanc, 14 c.

Le cent de bottes d'écorces à faire du tan, 56 c.

Le cent de jantes à faire des roues, 25 c.

Le cent de sabots, 9,5 c.; ce qui fait pour le trajet entier 1 f. 39 c., et revient, pour la grosse ou les 12 douzaines, à 2 liv. 1 d.

Un train ou radeau de 27 m. de long (environ 14 toises) paiera, savoir :

Un train de bois de chauffage.	2 fr.	49 c.
Un train de planches de chêne et de sapin.	4	14
Un train de bois carrés.	5	17

Les trains plus longs à proportion.

Bateau de charbon de terre, de la tenue de 60 cent. d'eau, environ 22 pouces, non compris le fond, 1 f. 71 c.; ce qui fait pour le trajet entier 25 f. 6 c. ou 25 liv. 1 s. 2 d.

Bateau de bois de chauffage, même tenue d'eau, 2 f. 46 c.

Bateau de bois de grume, même tenue d'eau, 3 f. 42 c.

Bateau de bois de charronnage, même tenue d'eau, 4 f. 79 c.

Bateau de bois carrés, même tenue, 5 f. 12 c.

Bateau de bois de fente, merrain, sabots, planches, seille, boissellerie, même tenue, 5 f. 46 c.

Un bateau de 160 décimètres de long (environ 8 toises) paiera 2 f. 5 c.; ce qui fait pour le trajet entier 30 f. 5 c.

Un bateau de 185 décimètres (9 toises 1/2), 3 f. 7 c.; pour le trajet entier, 44 f. 99 c.

Un bateau de 205 décimètres (10 toises 1/2), 3 f. 75 c.; pour le trajet entier, 54 f. 96 c.

Un bateau de 215 décimètres (11 toises), 4 f. 10 c.; pour le trajet entier, 60 f. 9 c.

Tous bateaux qui tiendront plus de 60 c. d'eau paieront, par chaque double centimètre d'augmentation, 50 c.; ce qui fait pour le trajet entier 7 f. 35 c., et revient par pouce à 9 liv. 18 s. 4 d.

Bateau vide, 68 centimes; ce qui fait pour le trajet entier 9 f. 96,6 c., ou 9 liv. 19 s. 5 d.

Tarif des droits de navigation qui seront perçus sur le canal de Loing, par chaque distance de 5 kilom. (2566 toises, ancienne mesure).

Nota. Le trajet entier de ce canal depuis Cepoy, où il joint celui d'Orléans, jusqu'à son embouchure dans la Seine, au-dessous de Moret, est de 53,065 kilom. (27,236 toises, ancienne mesure).

Le mètre cube de bois de solives (environ 29 pieds cubes), paiera 17 c.; ce qui fait pour le trajet entier 1 f. 80 c., et revient, pour le cent de solives de 12 pieds de long, de 6 pouces de chaque face, à 14 l. 19 s. 2 d.

Le cent de mètres de voliges de sapin, de 1 à 2 centimètres d'épaisseur sur 3 décimètres de largeur, 9,5 cent.; ce qui fait pour le trajet entier 1 fr. 0,8 c., et revient, pour le cent de toises de 6 à 7 lignes d'épaisseur sur 12 pouces de largeur, à 1 liv. 19 s. 3 d.

Le cent de planches de chêne et de sapin, de 5 centimètres d'épaisseur et au-dessous, de 3 décimètres de largeur et au-dessous, moitié en sus.

Le cent de planches de chêne et de sapin de 4 centimètres d'épaisseur sur 3 décimètres de largeur, 3/4 en sus.

Le cent de planches de chêne et de sapin, de 5 à 6 centimètres d'épaisseur sur 3 décimètres de largeur, le double.

Le cent de tables de noyer, cerisier, merisier, bois des îles, etc., 38 c.

Le millier de bois de fente, appelé *ais-scy*, 9,5 c. ; ce qui fait pour le trajet entier, 1 f. 0,8 c.

——————— de cercles de poinçon, moitié en sus.

——————— de lattes carrées ou d'échalas, 12 c.

——————— de lattes à ardoises, 26 c.

——————— de parquet, boissellerie, seilles, etc., 46,5 c.

——————— de merrain à faire poinçons, 61,5 c.

——————— de coches de bois de chauffage, 38 c.

Le stère ou mètre cube de bois de chauffage, 6 c. ; ce qui fait pour le trajet entier 63,67 c., et revient, pour la corde des eaux et forêts, à 2 liv. 8 s. 10 d.

Le stère de bois à charbon, 3/5 dudit droit.

Le kilolitre de charbon de bois, 33 c. ; ce qui fait pour le trajet entier 3 f. 50 c., et revient pour le poinçon à 15 s. 11 d.

Le cent de perches d'aune de 48 centimètres de grosseur au gros bout et de toute longueur, 9,5 c. ; ce qui fait pour le trajet entier 1 f. 0,8 c. ou 1 liv. 1 d.

Le cent de bottes de brins de bouleau, 1/4 en sus.

————— d'arbres fruitiers de basse tige, 3/4 en sus.

————— d'arbres fruitiers de haute tige, 28,5 c.

————— de bottes d'osier blanc, 19 c.

————— de bottes d'écorce à faire du tan, 76 c.

————— de jantes à faire des roues, 33 c.

————— de cotrets, fagots à 2 liens et bourrées, 16,5 c.

————— de sabots, 13 c. ; ce qui fait pour le trajet entier 1 f. 58 c., et revient, pour la grosse ou les 12 douzaines, à 1 fr. 98,7 c.

Un train ou radeau de 27 m. de longueur (environ 14 toises) paiera, savoir :

————— de bois de chauffage, 3 f. 39 c.

————— de planches de chêne et de sapin, 5 f. 66 c.

————— de bois carrés, 7 f. 6 c.

Les trains plus longs à proportion.

Bateaux de charbon de terre, de la tenue de 60 centimètres d'eau (environ 22 pouces), non compris le fond, 2 f. 36 c., ce qui fait pour le trajet entier 25 f. 4 c.

Bateaux de bois de chauffage, même tenue d'eau, 3 f. 39 c.

————— de bois de grume, même tenue, 4 f. 71 c.

————— de bois de charronnage, même tenue, 6 f. 6 c.

————— de bois carrés, même tenue, 7 f. 6 c.

Bateaux de bois de fente, merrain, sabots, planches, seille, boissellerie, même tenue, 7 f. 54 c.

Un bateau de 160 décimètres de long (environ 8 toises), paiera 2 f. 82 c.; ce qui fait pour le trajet entier, 29 f. 92 c.

Un bateau de 185 décimètres de long (environ 9 toises 1/2), 4 f. 23 c.; ce qui fait pour le trajet entier, 44 f. 39 c.

Un bateau de 205 décimètres de long (environ 10 toises 1/2), 5 f. 18 c.; ce qui fait pour le trajet entier, 54 f. 90 c.

Un bateau de 215 décimètres de long (environ 11 toises), 5 f. 65 c.; ce qui fait pour le trajet entier, 59 f. 96 c.

Tous bateaux qui tiendront plus de 60 centimètres d'eau, paieront, par chaque double centimètre d'augmentation, 70 c.; ce qui fait pour le trajet entier, 7 f. 42,9 c., et revient par pouce à 10 liv. 1 s.

Bateau vide, 94 centimes; ce qui fait pour le trajet entier, 9 f. 97,6 c.

Les matières et marchandises arrivant de Briare ou de Montargis, paieront de plus, comme par le passé, le quinzième des droits fixés pour le trajet entier.

CANAL DU CENTRE.

La loi du 28 fructidor an V dispose :

Art. Ier. Il sera perçu sur le canal un droit de navigation, lequel sera distinct et séparé du prix de voiture, fourniture et conduite des bateaux, pour lesquelles les conventions entre les chargeurs et les propriétaires et patrons de bateaux continueront d'être libres.

Art. 4. Toutes matières et marchandises transportées par ledit canal paieront le droit de navigation fixé par le tarif annexé à la présente.

Art. 5. Ledit tarif sera imprimé et affiché dans le lieu le plus apparent des bureaux établis pour la perception, et les distances marquées par des bornes indicatives numérotées.

An V. *Tarif des droits de navigation qui seront perçus par 5 kilomètres (lieue moyenne de 2,566 toises).*

Le trajet entier est de 23,7 l. moyennes de 5 kil. ou 60,840 toises, ancienne mesure.

Le mètre cube (environ 29 pieds cubes, ancienne mesure) de bois à bâtir, bois carrés et solives, 22 centimes, ce qui fait, à 60 l. le pied cube, 3 deniers 55/200 par quintal et pour 3,000 toises.

Le mètre cube de bois de sciage et de fente, 18 centimes.

Le stère ou mètre cube de bois de chauffage, 12 centimes; ce qui revient à 3 deniers 52/100 le quintal pour 3,000 toises, en prenant le pied cube pour 33 livres seulement, à cause des vides moyennement réduits.

Le stère de fagots, bois à charbon, 9 centimes.

Le kilolitre de charbon de bois, 6 centimes; ce qui revient à 3 deniers 84/100 par quintal et pour 3,000 toises.

Le kilolitre de charbon de terre, 16 centimes; ce qui revient à 3 deniers 36/100 par quintal et pour 3,000 toises.

Le train ou radeau de 27 m. de longueur (environ 14 t.), savoir :

De bois carrés,   5 f. 15 c.
De planches,   4   15.
De bois de chauffage, 2   50.
Les trains plus longs à proportion.

Bateau de la tenue de 60 centimètres d'eau, non compris le fond (environ 22 pouces), chargé, savoir :

De charbon de terre,	2 f.	» c.
De bois de chauffage,	3	»
De bois carrés, de fente, de sciage et de charronnage,	4	»
Un bateau de 160 décim. de longueur (8 toises),	2	15
— de 185 — (9 t.),	3	15
— de 205 — (10 t. 1/2),	5	»
— de 215 — (11 t.),	5	75

Tous bateaux excédant 60 centim. d'eau paieront, par chaque double cent. d'augmentation. . . . .   60 c.

Les bateaux ci-dessus mentionnés doivent être entendus de ceux fréquentant le canal de Briare ; la charge des bâches, cizelandes, venant de Saône et autres bateaux de forme différente, de moindre ou plus grande dimension, sera réduite ou déterminée d'après la tenue d'eau, et paiera dans la même proportion.

Bateau vide 0 f. 65 centimes, ce qui revient, pour le trajet entier, à . . . .   15 fr. 40 c.

Un décret du 23 janvier 1806 a modifié le tarif de l'an V pour les objets ci-après indiqués.

Par distance de 5 kilom., et par chaque centim. d'enfoncement d'eau, déduction faite de 6 cent. pour le fond du bateau, droit perçu uniformément et sans aucune augmentation pour les bateaux ayant un enfoncement d'eau de plus de 0 m. 60 centim.

Bois de chauffage. . . . .   05 centimes.
Merrain, bois de fente, jantes, boissellerie . . . .   10 c.
Houille, charbon de terre . . . .   04 c.

Un décret du 29 mai 1808 apporta de nouvelles modifications et décida que le droit de navigation serait fixé et perçu comme suit, sur les objets ci-après indiqués, lorsque les bateaux ne contiendront qu'une seule espèce de marchandises : par distance de 5 kilom., et par chaque centim. d'enfoncement d'eau, déduction faite de six centim. pour le fond du bateau, dit bateau de Loire :

Ecorce de chêne, servant à faire du tan. . . . . .   12 c.

Les bateaux, inférieurs en dimensions à ceux de Loire, acquittent le droit dans une proportion décroissante, qui ne peut s'opérer que par dixième.

Lorsque les bateaux contiennent un chargement composé de différentes marchandises, le droit ne se perçoit plus à raison du tirant d'eau ; alors le dizain de myriagrammes d'écorce de chêne pour tan, paie. . . . .   01 c. 5/1000.

Le mètre cube de bois de fente, merrain, jantes, lattes, boisselferie. . . . . 11 c.

Le mètre cube de houille.. 09

Le stère de bois à brûler. 07

Un nouveau décret du 5 août 1813, porta addition aux tarifs du canal du Centre. Il dispose :

ART. 1er. — Tout bateau de Loire pouvant passer au canal de Briare, vide ou chargé, qui voudra entrer dans la Saône, dans le bassin de Châlons, pour y charger ou décharger des marchandises sur les ports dudit bassin, paiera, pour le passage de l'écluse, un droit fixe d'un franc.

Tout bateau qui aura chargé ou déchargé des marchandises sur les ports du bassin, paiera au passage de l'écluse de garde, pour aller à la Saône, un droit fixe de. . . . . 1 fr.

Les bateaux de moindre dimension paieront le droit dans une proportion décroissante, dont le minimum ne pourra être au-dessous de. . . . . » fr. 500 m.

Il en sera de même pour les bateaux qui entreront de la Loire au bassin de Digoin, et pour ceux qui sortiront dudit bassin pour entrer en Loire.

Les bateaux vides ne pourront pas séjourner plus de huit jours dans lesdits bassins.

CANAL DE BOURGOGNE.

Un décret du 11 avril 1811 fixe les droits à percevoir sur la partie entre Dijon et St.-Jean de Laône, au bureau de St.-Jean de Laône.

Pour la remonte et la descente, par distance de 5 kilomètres, parcourus ou à parcourir.

Pour un kilolitre de charbon de bois.	»	fr.	060 m.
Pour un mètre cube de charbon de terre. . . .	»		090
— de bois d'équarrissage, sciage et autres . .	»		110
— de bois à brûler.	»		070
— de fagots et charbonnettes.	»		070
— écorce, tan	»		070
Un bateau en vidange.	»		650

En cas de fraction, le centime entier est perçu.

Les droits se paieront par distances entières, sans avoir égard aux fractions de distance parcourues ou à parcourir.

Les cubes ne seront pas comptés au-dessous du kilolitre et du dixième du mètre cube.

Une Ordonnance du Roi, du 24 février 1815, a rendu ce tarif commun à la partie du canal entre Dijon et Pont-de-Pany, et deux nouveaux bureaux furent établis à Dijon et à Pont-de-Pany.

Une Ordonnance du 18 janvier 1826, a établi sur la partie du canal de Bourgogne, depuis son embouchure dans l'Yonne jusqu'à Tonnerre, la perception des droits perçus antérieurement sur la partie du même canal déjà achevée.

OURCQ.

L'arrêté du 19 messidor an XI, porte : « Le tarif concernant le
canal de l'Ourcq est maintenu provisoirement, la perception se
continuera à Lisy. »

TARIF DES DROITS DE NAVIGATION SUR L'OURCQ, EN DATE DU 6 MARS 1787.

DÉSIGNATION DES LIEUX DU DÉPART, JUSQU'À L'EMBOUCHURE DE LA MARNE.	BOIS A BRÛLER dur.	blanc.	LATTES par cent. à ardoises.	ordinaires.	ÉCHALAS, par cent.	SCIAGE DE BOIS DUR par cent.	SOLIVES de charpente, par cent.	de bois en grume, par cent.	ÉTAUX, par treize toises.	BOURRÉES, par cent.	FAGOTS, par cent. de gros.	de moyens.	TOURBE en nature.	en charbon épuré.	BATEAUX montant à vide.	avalant à vide.
Port aux Perches.	7 85	5 32	3 75	3 »	4 »	4 50	21 »	18 »	3 »	» »	» 88	1 50	» »	» »	9 18	16 50
Ferté-Milon.	7 18	4 79	3 4o	2 75	3 67	4 13	19 25	16 50	2 75	» 92	» 73	1 38	» »	» »	7 15	13 66
Nimer et Fossé-Rouge.	6 66	4 44	3 19	2 53	3 40	3 83	17 85	15 50	2 55	» 85	» 6o	1 28	» »	» »	6 85	13 50
Bourneville et Queudham.	5 9?	3 96	2 83	2 28	3 04	3 42	15 93	13 6o	2 28	» 77	1 50	1 o4	» »	» »	6 19	12 56
Mareuil.	5 38	3 59	2 58	2 07	2 75	3 10	14 44	12 58	2 07	» 69	1 15	» 90	» »	» »	6 85	12 36
Guillouvray, Neufchelles.	4 6?	3 11	2 24	1 79	2 38	2 69	12 52	10 73	1 79	» 6o	1 15	» 77	» 76	1 51 1/4	6 19	10 74
Crouy.	3 95	2 63	1 90	1 52	2 02	2 28	10 59	9 08	1 52	» 52	» 93	» 77	» 76	1 51 1/4	4 54	9 08
Gesvres et Mey.	3 49	2 35	» 68	1 54	1 79	2 02	9 57	8 03	1 54	» 45	» 85	» 68	» 67	1 34	4 02	8 04

Nota. Le charbon de bois et le charbon de tourbe épuré payent un droit par pouce de tenue d'eau ; la tourbe en nature paie demi droit. — On ne fait plus de charbon de bois sur cette rivière.

CANAL DE L'OURCQ.

Maximum du tarif des droits de navigation à établir sur le canal de l'Ourcq. (*Loi du* 20 *mai* 1818).

Par tonneau et par distance de 5 kilomètres :

Le bois à brûler sera assujetti à un droit qui ne pourra excéder 10 centimes ;

Le charbon de terre, le charbon de bois, les lattes, échalas, bois ouvrés, 25 centimes.

CANAL SAINT-DENIS.

Maximum du tarif des droits de navigation et de stationnement à établir sur le canal de St.-Denis. (*Loi du* 20 *mai* 1818.)

Le tonnage est adopté pour la fixation du droit.

Par tonneau et par écluse, savoir :

Le bois à brûler sera assujetti à un droit qui ne pourra excéder 7 c. 1/2.

Le charbon de terre, le charbon de bois, le bois de charpente, les lattes, les échalas, et généralement tous les bois ouvrés. . 10 c.

Le maximum du droit de stationnement est fixé à o4 cent. par mètre superficiel et par jour.

CANAL SAINT-MARTIN.

La loi du 5 août 1821, porte : Art. 4. — Le tarif des droits de navigation et de stationnement établis par la loi du 20 mai 1818 sur le canal de St.-Denis, sera applicable au canal St.-Martin.

CANAUX DE SAINT-QUENTIN ET CROZAT.

D'après une ordonnance du Roi, du 51 décembre 1817, le droit est calculé d'après les distances à parcourir et le chargement possible les bateaux, c'est-à-dire leur capacité réelle en tonneaux de mer, du poids de 1000 kilog. , suivant le tarif ci-après :

10 centimes par tonneau et par distance, pour les bateaux dont le chargement se compose, en tout ou en partie, d'objets autres que ceux désignés au paragraphe qui suit.

5 centimes par tonneau et par distance pour les bateaux exclusivement chargés de cendre de bois, cendre de charbon, cendre de tourbe.

2 centimes et demi par tonneau et par distance, pour les bateaux vides.

Les trains d'arbres flottés paient, pour chaque arbre, sans égard la dimension, le droit fixé pour deux tonneaux, c'est-à-dire, 20 c. par arbre et par distance.

Les trains de bois flottés paient 20 cent. par chaque mètre de longueur.

Il a été formé sur le canal, à Cambrai, un bassin franc, dans l'intérieur duquel les bateaux peuvent, en se conformant aux réglemens

de police locale, circuler librement, être chargés, déchargés, allé
gés, etc., sans être soumis aux droits.

Ce bassin a 1500 mètres de longueur, à partir de l'écluse du pon
rouge sur l'Escaut qui lui sert de limite de ce côté ; sa limite d'
l'autre côté est déterminée par des bornes ou poteaux.

Aucun batelier ou conducteur de bateaux, trains, etc., ne peu
franchir ces limites sans être muni d'un laissez-passer en bonn
forme.

La longueur totale des canaux, à partir de la limite du bassin fran
de Cambrai, est divisée en dix-huit parties égales ou distances, savoir
10 distances jusqu'à St.-Quentin, et 8 distances de cette dernière vill
à Chauny. Des bornes sont placées pour indiquer ces distances.

Il y a des bureaux de jaugeage pour les bateaux à Cambrai et
Chauny, et on a égard, pour le calcul du jaugeage, au tirant d'eau
qui est autorisé sur les canaux.

Il y a trois bureaux pour la perception du droit de navigation su
les canaux ; savoir : à Cambrai, à St.-Quentin et à Chauny. Ce
droits sont passibles du décime par franc.

Aucun bateau chargé ou à vide, aucun train, etc. ne peut être
mis en route sans une déclaration préalable et sans être accompagné
d'un laissez-passer énonçant son jaugeage ou sa dimension et la nature
de son chargement.

On n'admet point de fractions de distance dans la perception du
droit ; par conséquent l'espace entre le point de départ et la première
borne, celui parcouru ou à parcourir, depuis la dernière borne jusqu'au
point d'arrivée, seront comptés comme distance entière.

CANAL DE LA SENSÉE.

Les droits ont été fixés par la loi du 13 mai 1818.

Sur le canal de la Sensée.

1 fr. par tonneau sur chaque bateau chargé de charbon de terre ou
de bois.

2 fr. par tonneau sur chaque bateau chargé de toutes autres marchandises.

50 c. par tonneau sur chaque bateau vide.

A l'écluse d'Iwuy sur l'Escaut.

24 c. par tonneau sur chaque bateau chargé et 12 c. par tonneau su
chaque bateau vide.

Aux écluses de Courchelettes et de Lambres sur la Scarpe.

24 c. par tonneau sur chaque bateau chargé et 12 c. par tonneau
sur chaque bateau vide.

L'état ne peut établir de péages ni de droits nouveaux sur le cana
de la Sensée, ni sur l'Escaut de Valenciennes à Cambrai ou sur la
Scarpe de Douai à Arras, pendant toute la durée de la concession.

CANAL DU DUC D'ANGOULÊME.

(Droits à percevoir en vertu de la loi du 5 août 1821.)

Ces droits sont perçus par distance parcourue ou à parcourir, sans gard aux fractions ; chaque distance est de 5 kilom. La perception se ait sur la remonte comme sur la descente, comme il suit :

Par mètre cube de charbon de terre,	o f. 200 mill.
Par mètre cube de bois d'équarrissage, de sciage t autres de ce genre,	o 200
Par mètre cube de bois à brûler, fagots et char- onnettes,	o 100
Pour un bateau quelconque en vidange,	o 650

Une ordonnance royale du 12 septembre 1821 porte :

Art. 1er. Les droits de péage à percevoir sur le canal du Duc d'Angoulême seront :

Par mètre cube de fagots, o f. 005 m.

Art. 2. Les droits ci-dessus fixés et tous ceux portés au tarif annexé à la loi du 5 août 1821, sont réduits à moitié pour toute la navigation à suivre depuis Amiens jusqu'à St.-Valery, et depuis St.-Valery jusqu'à Amiens.

Art. 3. Les bateaux de deux tonneaux et au-dessous sont affranchis de tout péage, sauf le droit dû au passage des écluses, si ces bateaux les traversent.

CANAL DE MANICAMP.

Les droits à percevoir sur le canal de Manicamp, en vertu de la loi du 5 août 1821, sont les mêmes que ceux du canal du Duc d'Angoulême.

CANAL DU DUC DE BERRI.

(Droits fixés par la loi du 14 août 1822.)

Les droits seront perçus par distances parcourues ou à parcourir, sans égard aux fractions ; chaque distance est de 5 kilom.

	de charbon de terre,	o f. 200 m.
	de bois d'équarrissage, de sciage et autres de ce genre,	o 200
Par mètre cube	de bois à brûler transporté par bateaux,	o 100
	de bois à brûler en trains,	o 025
	de fagots et charbonnettes,	o 020
Pour un bateau quelconque en vidange,		o 650

Les droits ne seront pas comptés au-dessous de l'hectolitre et de 2/100 de mètre cube. Toute fraction numéraire au-dessous d'un centime sera comptée pour un centime.

CANAL DU NIVERNAIS.

(Droits fixés par la loi du 14 août 1822.)

Ce sont les mêmes que ceux du canal du Duc de Berri, page 237.

CANAL LATÉRAL A LA LOIRE.

(Droits fixés par la loi du 14 août 1822.)

Ce sont les mêmes que ceux du canal du Duc de Berri, page 237.

CANAL DES ARDENNES.

Tarif des droits de navigation à percevoir sur le canal des Ardennes, depuis Neufchâtel sur l'Aisne, jusqu'à l'embouchure de la Bar dans la Meuse, et, s'il y a lieu, sur l'Aisne supérieure et la rivière d'Aire ; annexé à la loi du 5 août 1821.

Il y a 19 distances de 5,000 m. de la Meuse à Neufchâtel.

Nota. Les droits devront être perçus par distance parcourue ou à parcourir sans égard aux fractions ; chaque distance sera de 5 kilom. La perception se fera sur la remonte comme sur la descente.

Par mètre cube {	de charbon de terre,	0 f. 200 m.
	de bois d'équarrissage, de sciage et autres de ce genre,	0 200
	de bois à brûler, fagots et charbonnettes,	0 100
Pour un bateau quelconque en vidange,		0 650

Les droits ne seront pas comptés au-dessous de l'hectolitre et de 2/100 de m. cube ; toute fraction numéraire au-dessous d'un centime sera comptée pour un centime.

Chapitre onzième.

DROIT DE CHOMAGE.

Nous avons déjà fait connaître à l'article *Navigation* et *Flottage* qu'on est tenu de faire, à la première requête des marchands ou de leurs facteurs, ouverture et passage par dessous tous les ponts, rivages, moulins et écluses, ruptures et lieux plus commodes et autres endroits qui sont sur les rivières. Cette obligation est imposée par les lettres patentes des 2 novembre 1582 (1) et 28 juin 1656 ; les ordonnances

---

(1) Une ordonnance de Henri III du mois de novembre 1577, portait déjà défenses aux meuniers d'arrêter le bois venant par eau dans Paris. (Sainct-Yon, p. 222.)

)de 1669, titre XXVII, art. 45, et de 1672, titre XVII, art. 13 et 14;
)les arrêts du conseil du 7 septembre 1694 et 24 juin 1777, qui tous
)défendent de retarder le transport des bois, à peine de 1,000 livres
)d'amende, outre les dommages-intérêts dûs aux marchands.

Pour dédommager les meûniers du chômage occasionné par le pas-
)sage des bois flottés, il leur est alloué une rétribution dont le mon-
)tant primitivement fixé par l'article 13 du chapitre XXVII de l'or-
)donnance de 1672, a été doublé par la loi du 28 juillet 1824, dont les
)termes suivent :

« Quand un moulin chôme au sujet du passage des bois flottés, il
:» est payé pour le chômage du moulin pendant 24 heures quelque soit
:» le nombre des tournans, la somme de 4 f., si ce n'est que les mar-
» chands ne soient en possession de payer moindre somme aux pro-
» priétaires des moulins ou leurs meuniers. »

A 4 fr. par 24 heures, l'heure doit être payée à raison de 16 cent. 2/3.

Chapitre douzième.

DROIT D'OCCUPATION.

L'ordonnance de 1672, chapitre XVII, art. 14 et 15, confirmant
'les dispositions des lettres patentes des 2 novembre 1582 et 28 juin
1656, est ainsi conçue :

Art. 14. Pourront les marchands de bois se servir des terres proches
des rivières navigables et flottables, pour y faire les amas de leurs
bois, soit pour les charger en bateaux, soit pour les mettre en trains,
en payant pour l'occupation desdits héritages, savoir : dix-huit deniers pour chacune corde qui sera empilée sur les terres étant en pré,
et un sou pour chacune corde empilée sur les terres étant en labour,
lesquelles sommes seront payées pour chacune année que lesdits bois
demeureront empilés sur lesdits lieux d'entrepôts; et moyennant
lesdites sommes, seront tenus lesdits propriétaires de souffrir le passage des ouvriers sur leurs héritages, tant pour faire lesdits empilages
que pour façonner les trains; ensemble laisser passer harnois et chevaux portant les rouettes, chantiers, et autres choses nécessaires pour
la construction desdits trains.

Art. 15. Et afin que lesdits propriétaires puissent être payés par
chacun des marchands qui auront des bois dans un flot, seront tenus
lesdits marchands de faire marquer leurs bois de leur marque particulière, de les faire triquer et empiler séparément sur lesdits ports
flottables, et de faire faire les piles de huit pieds de haut, sur la longueur de quinze toises, ne laissant entre les piles que *deux* (1) *pieds*

_____

(1) 2 pieds ou 66 centimètres. Cette distance peut être tolérée pour cause de
nécessité absolue à 16 c., mais jamais moins (*Inst. ministérielle*, 22 *pluviose an* X.)

de distance ; et ne pourront lesdits marchands faire travailler à la confection de leurs trains, qu'après avoir payé ladite occupation ; à l'effet de quoi seront tenus de faire compter et mesurer lesdites piles par les compteurs des ports, en présence des propriétaires desdits héritages et prés ou eux dûment appelés (2).

Les dispositions de cette ordonnance ont été modifiées, en ce qui concerne la fixation du droit qui a été doublé par la loi du 28 juillet 1824, 10 c. au lieu d'un sou pour les terres en labour, et 15 c. au lieu de 18 deniers pour les terres en pré. La même loi a ordonné en outre que « lorsque les bois déposés ne sont pas empilés à la hauteur pres- » crite par l'article 15 du chapitre XVII de l'ordonnance de 1672, » l'indemnité sera payée pour les couches incomplètes à raison de la » quantité de cordes qu'elles contiendraient, si elles étaient portées à » ladite hauteur. »

Aux termes d'une sentence du bureau de la ville du 18 mars 1733, l'occupation ne doit être payée aux propriétaires d'héritages voisins des rivières et ruisseaux, lorsque les bois ne séjournent sur lesdits héritages que 3, 4, 5 ou 6 mois plus ou moins, que pour le temps du séjour à proportion de ce qui est accordé pour l'année entière.

L'usage des ports de l'Yonne est que les *occupations* soient acquittées par le vendeur pour la première année de dépôt, et le surplus du temps que dure le dépôt, par l'acquéreur des objets déposés. S'il n'est dû qu'une première année d'occupation, c'est à la compagnie de la Haute-Yonne ou des flots à l'acquitter, puisque dans tous les temps elle en est demeurée chargée. Il en est ainsi sur l'Armançon, la Seine, l'Aube, le ruisseau de St.-Vrin et la Vanne.

Sur la Marne et sur l'Ourcq les droits d'occupation sont perçus par les gardes-ports, sous la dénomination de droits de *posage*.

Nous avons jugé que la pièce suivante serait utile à faire connaître sur tout le rayon de l'approvisionnement, bien qu'elle soit spéciale pour la ville de Montargis (département du Loiret).

Tarif des droits à percevoir sur les diverses marchandises, déposées sur les ports et terrains de la ville de Montargis, tant en vertu de l'ordonnance de 1672, et de la loi du 28 juillet 1824, que sur celles pour lesquelles la ville ne devant aucun emplacement, les droits doivent être acquittés par analogie.

1° La superficie du terrain occupé par un demi-décastère de bois (qui doit remplacer la corde), doit être de 9 pieds 5 pouces de longueur, sur 3 pieds 6 pouces de largeur. Cette superficie qui donne 3 m. de longueur sur 3 pieds 6 pouces de largeur, donne 3 m. 48 c. de superficie, occupés par une corde de bois qui doit payer, d'après la loi. . . . . » fr. 15 c.

(1) Ce sont les jurés-compteurs qui sont tenus de dresser contradictoirement l'état des quantités déposées et les sommes revenant aux propriétaires. (*Instr. ministérielle,* 22 *pluviose an* X.)

2° Un cent de bois de charpente occupe la superficie de 10 m. × 2,50 = 25 m. 00. Or cette superficie contient 7 16/87ᵉ fois celle de la corde. On pourrait donc recevoir pour un cent de bois de charpente au moins la somme d'un franc cinq centimes; mais les lois n'obligeant pas les propriétaires de terrain à en fournir pour cette espèce de bois, qui est d'une valeur bien supérieure au bois de corde et dont l'arrivage détériore davantage le port, on croit, sans pouvoir en détourner le commerce de cette ville et sans le surtaxer, l'imposer modérément à. . . . . 1 fr. 50 c.

5° En prenant en considération la valeur réelle des autres marchandises et procédant d'après le même principe pour les tarifer, selon leur valeur relative, en raison de la surface qu'elles occupent, on propose de les taxer, savoir :

Fagots et cotrêts, le cent, superficie 4 × 1,16 × 1,16 = 5 m. 38 c., ou une fois 75/174ᵉ la place d'une corde . . . . » fr. 10 c.

Cotrêts picards, le cent, superficie 4 × 0,66 × 0,66 = 1 m. 74 c. . . . . » fr. 7 c.

Perches, le cent, 4 m. 64 × 3 = 13,92, ou quatre fois la place d'une corde. . . . . » fr. 75 c.

Lattes et charniers, les cent bottes, 1 m. 25 × 1,25 = 1,56. . . . . » fr. 50 c.

Ecorces, le cent, 5,80 × 1,16 = 6,73. . . . . . . » fr. 25 c.

Le merrain, le cent. . . . . » fr. 15 c.

Le bois de sciage pour charronnage, les cent mètres. 2 × 2 = 4 m. . . . . 1 fr. 50 c.

Idem de chêne, les mille m., 2 × 2 = 4. . . . . . 1 fr. 50 c.

Idem de voliges, les mille m., 2 × 1 = 2 . . . . . » fr. 75 c.

Le charbon, la banne ou six poinçons, environ 4 m. carrés . . . . » fr. 10 c.

Les cendres, par superficie d'un mètre carré. . . . » fr. 5 c.

Les gouvernails ou piotres, chaque. .. . . » fr. 5 c.

Fait et arrêté à l'Hôtel-de-Ville, à Montargis, le 4 décembre 1826.

« *Signé* Blanchet, adjoint. »

Chapitre treizième.

ORGANISATION DES COMPAGNIES.

Il existe un assez grand nombre de compagnies organisées sous la protection du gouvernement, et toutes formées dans le but de modé-

16

rer les dépenses et d'assurer une surveillance plus active et plus étendue. L'existence de semblables associations est très-ancienne. Il y a plus de trois siècles que les marchands, fréquentant les rivières, *pouvaient faire bourse commune et imposer sur leurs marchandises aucunes sommes de deniers pour la tuition et défense de ces marchandises*, comme le témoignent des ordonnances de Louis XII rendues en 1498 et en novembre 1507, et de Henri III rendues en décembre 1577 (Sainct-Yon, page 222).

Nous allons faire connaître le régime intérieur de ces compagnies. Nous parlerons 1° de la compagnie des flottages en trains; 2° des compagnies des flottages à bûches perdues, que nous avons classées en partant de la haute Yonne et descendant sur Paris; 3° de la compagnie des bois carrés; 4° de la compagnie des bois neufs ou de l'île Louviers; 5° des compagnies des charbons; 6° enfin de l'assemblée générale des quatre commerces réunis.

COMPAGNIE DU COMMERCE DES BOIS FLOTTÉS EN TRAINS.

On ignore l'époque précise à laquelle ce commerce s'est formé en société; mais la nature de ses opérations peut faire conjecturer avec raison que cette époque remonte à l'origine des flottages en trains, commencés en 1549 sur la Cure et sur l'Yonne par Jean Rouvet, dont l'effigie orne les jetons de la compagnie.

En effet, la construction et l'entretien des pertuis sur la partie supérieure de l'Yonne, sur la Cure, sur l'Armançon; la formation et la conduite des éclusées nécessaires à l'écoulage des trains; la surveillance des bois, soit pendant leur séjour sur les ports, soit pendant leur trajet, ont exigé des frais supérieurs aux facultés d'un seul marchand, et la force des choses a dû commander une association aux marchands qui les premiers ont amené des trains, comme à ceux qui en amènent aujourd'hui.

Cette association n'a aucun rapport à l'achat et à la vente des bois : elle n'a pour objet que le flottage en trains, le transport par eau et la conservation des bois; elle ne commence que sur les ports où s'opère le flottage, et finit au port de tirage à Paris. Elle est composée de tous les marchands résidans à Paris qui font arriver des trains.

Des assemblées générales sont convoquées quand il en est besoin pour traiter les affaires les plus importantes; deux seulement ont lieu de droit chaque année : la première dans le courant du mois de mars, la deuxième dans le courant du mois d'août. L'assemblée qui se tient au mois de mars est spécialement consacrée à la fixation de la cotisation annuelle, à la réception des comptes généraux et à la nomination des membres du comité.

Tout ce qui est de pure administration se traite par un comité nommé dans l'assemblée du mois de mars, composé d'un syndic et de huit adjoints.

Le syndic est choisi parmi tous les marchands.

Deux adjoints sont choisis parmi les marchands de chacun des arrondissemens St.-Bernard, St.-Antoine, St.-Honoré et St.-Germain.

Le comité est renouvellé tous les ans, mais ses membres peuvent être réélus indéfiniment. La nomination a lieu au scrutin secret et à la pluralité relative des suffrages.

Un agent général réside à Paris; il correspond avec tous les employés de la compagnie, les surveille et les dirige; il communique sa correspondance au syndic et se concerte avec lui sur toutes les affaires. Il convoque le comité et les assemblées générales. Il tient registre des trains qui arrivent à Paris. Comme caissier, il est chargé des recettes et dépenses communes, et chaque année il rend ses comptes au comité qui les examine, et qui les soumet à l'approbation de l'assemblée générale. Aux assemblées générales il fait le rapport des affaires, rédige les délibérations et en suit l'exécution. Il informe le commerce des vacances d'emploi et provoque le remplacement; il suit devant les tribunaux l'effet des procès-verbaux dressés par les gardes du commerce; enfin il est chargé de stipuler et de défendre les intérêts du commerce en toutes affaires et en toutes circonstances. L'agent général, pour sûreté des fonds qui lui sont confiés, fournit une caution foncière de 20,000 francs.

La compagnie entretient sur les ports de tirage, dans les gares, le long des rivières en amont de Paris et sur les ports de l'approvisionnement, des employés qui sont, sur la présentation du commerce, commissionnés par M. le directeur-général des ponts et chaussées et des mines, savoir:

Trois commis-généraux: le premier à la résidence de Cravant, le deuxième à la résidence de Joigny, et le troisième à la résidence de la Gare, près Paris;

Un commis-général adjoint, résidant à Coulanges-sur-Yonne;

Des gardes-rivières commis aux passages des trains, des gardes-rivières ambulans, des gardes-rivières sédentaires, des gardes-rivières-généraux et des gardes-rivières surveillans.

Les eaux se lâchent périodiquement aux jours et heures indiqués par un règlement.

L'heure indiquée pour l'ouverture du pertuis d'Armes sert de base pour le lâchage des eaux de toutes les rivières et ruisseaux qui concourent à fournir des éclusées.

Un des employés, résidant à Coulanges, règle les eaux et indique les heures du débouchage du pertuis d'Armes: un autre employé à Clamecy, règle les eaux de l'Yonne supérieure, du pertuis d'Armes et des ruisseaux de Beuvron et Sozay.

Le règlement général est publié et affiché sur les ports flottables: il est communiqué à tous les employés et transmis sur les rivières de Cure, d'Armançon et de Vanne, pour assurer le concours des eaux de ces rivières, et les faire affluer dans l'Yonne au moment où les eaux de l'Yonne passent à chacune des embouchures.

Pour fournir aux dépenses communes, le commerce établit annuellement, en raison des besoins présumés, une cotisation que tous les marchands sont appelés à fixer. Depuis 1784 ce droit se perçoit par train.

16*

Chaque train, provenant des rivières d'Yonne, de Cure et d'Armançon, paie une partie de la cotisation à son passage au pont de Joigny, et l'autre partie à Paris immédiatement après son arrivée à destination. Chaque train qui est flotté, depuis le dessous du pont de Joigny jusque au-dessus du pont de Montereau, et qui ne se compose pas de bois retiré en route, paie pareillement une partie de la cotisation à Sens, à son passage ou au moment de son départ, et l'autre partie à Paris.

Les trains venant de la rivière de Seine ou de Marne paient la totalité du droit de cotisation à Paris.

Le paiement de cette cotisation se fait à Paris entre les mains de l'agent-général; à Sens, à Joigny et à Cravant, en celles des commis aux ponts.

La délibération annuelle, arrêtée en assemblée générale pour la fixation de la cotisation, est approuvée et régularisée chaque année par une ordonnance royale.

La portion du droit de cotisation, et les coutumes dues aux gardes-rivières commis au passage des trains, sont acquittées par les conducteurs des trains, porteurs de lettres de voitures.

COMPAGNIE DU FLOTTAGE A BUCHES PERDUES SUR LA HAUTE-YONNE.

Cette Compagnie se compose de tous les intéressés au flottage à bûches perdues sur l'Yonne, de sa source à Clamecy, et sur les ruisseaux flottables du haut Morvand. Elle a un agent général résidant à Clamecy, où les assemblées générales ont lieu chaque année au mois de novembre, et des gardes-rivières, placés le long du cours des ruisseaux et rivières flottables, chargés de surveiller les intérêts de la Compagnie, et de correspondre avec l'agent général.

Elle nomme dans son sein un syndic et des adjoints pour veiller à l'exécution des délibérations, et pour statuer sur les affaires majeures et d'urgence, dans l'intervalle d'une assemblée générale à l'autre.

(C'est avec regret que nous n'entrons pas dans de plus grands détails sur cette compagnie; mais comme dans ce moment même elle s'occupe de rédiger de nouveaux statuts, qu'elle doit soumettre à l'homologation du gouvernement, nous avons jugé prudent de nous abstenir de donner l'ancien régime intérieur de la Compagnie, qui peut se trouver modifié d'une manière essentielle.)

COMPAGNIE DES INTÉRESSÉS AUX FLOTS DES PETITES RIVIÈRES.

Les marchands propriétaires flottant sur les rivières de Beuvron, Sozay et ruisseaux affluens, convaincus de la nécessité d'avoir des statuts qui, en établissant des bases fixes et invariables pour leur administration intérieure, rendissent à leur ancienne compagnie son existence légale, et considérant qu'il existe entre eux une société forcée et involontaire pour le flottage de leurs bois, puisqu'il est libre à toutes personnes de jeter des bois dans les flots pour être amenés indistinctement et tirés sur les ports de la Forêt, que chacun doit dès-lors contribuer à la dépense commune, en proportion des avantages qu'il retire de l'administration générale, ont arrêté un règlement organique, le 25 mars 1825, et l'ont soumis à l'approbation du ministre de l'intérieur qui l'a homologué par une décision du 22 octobre 1825.

La société est composée de tous les marchands et propriétaires flottant leurs bois sur les rivières de Beuvron et de Sozay, depuis leurs sources jusqu'au port de la Forêt, ainsi que sur les ruisseaux affluens à ces rivières. La durée en est illimitée. Tout propriétaire ou marchand qui jette des bois à flot, devient par ce fait membre de la compagnie, et soumis à tous ses règlemens.

Le fonds social se compose des agrès nécessaires au flottage, des magasins, des travaux d'art exécutés aux frais de la compagnie et des sommes provenant des retenues dont il est parlé ci-après.

Les dépenses sont supportées par tous les intéressés au marc le franc de la quantité des bois que chacun d'eux a flottés. Il n'y a pas de solidarité entre les intéressés pour les frais de coulage, tirage, mise en état des bois, indemnités pour chômage d'usines ou dégradations de terrains, occupations des bois sur les bords des rivières, traitemens d'employés et frais de construction et de réparation des ouvrages d'art à la charge de la compagnie.

Les bois de chaque marque, après la mise en état sur les ports de la Forêt et au besoin les fonds de rivières, demeurent seuls affectés par privilége au payement des sommes dues par les propriétaires, à raison des dépenses stipulées dans le paragraphe précédent. Ce privilége a lieu nonobstant la vente faite à un tiers, lors même que ce dernier aurait fait contremarquer le bois.

Chaque membre de la compagnie a une ou plusieurs marques dont ses bois sont frappés. Ces marques sont la propriété de chacun : elles doivent être approuvées et enregistrées au bureau de l'agence générale, avant d'être déposées et enregistrées au greffe du tribunal de commerce. La propriété de ces marques est périmée de droit, lorsqu'elles auront cessé de paraître pendant sept ans sur les états de l'agent-général.

Les opérations concernant le flot consistant principalement en journées d'ouvriers, dont le salaire ne doit souffrir aucun retard, sont payées au moyen d'une taxation imposée sur chaque décastère devant faire partie du flot.

Le montant de la taxation est fixé chaque année sur l'état qu'en dresse l'agent-général, par le syndic, sauf l'approbation de l'assemblée générale. En cas d'urgence, la décision du syndic est provisoirement exécutée.

Dès que les sommes à payer par chaque sociétaire sont déterminées, il est tiré sur chacun d'eux par l'agent-général des mandats, jusqu'à concurrence des sommes dont ils sont débiteurs.

La compagnie étant, outre les dépenses du flot, chargée du payement des indemnités dûes aux propriétaires d'usines et des ports, des dommages aux riverains pour dégradations occasionnées par les flots, des frais de réparation et de construction des ouvrages d'art à sa charge, des améliorations à faire dans le lit de la rivière et des ruisseaux y affluens pour activer l'écoulement des bois, il est pourvu à l'acquittement de ces dépenses par une perception au profit de la compagnie qui est chaque année fixée par elle, mais dont le quantum ne peut jamais être au-dessous de 25 c. par décastère. Ces fonds ne peuvent pas être détournés de leur destination.

La compagnie en assemblée générale est la directrice suprême de tous ses intérêts : elle se réunit autant de fois que le bien du service l'exige, et de droit chaque année, au mois de novembre, pour recevoir les comptes de son agent général. Les convocations sont faites par le syndic et transmises par l'agent général à chaque intéressé, à domicile, dix jours au moins à l'avance. L'assemblée générale est présidée par le syndic : les délibérations y sont prises à la majorité des suffrages : elles sont obligatoires pourvu que sept membres y aient concouru.

Pour avoir voix délibérative en assemblée générale, il faut avoir dans les flots un intérêt de 150 décastères au moins. Cependant celui qui aurait joui une fois de cet avantage le conservera pendant deux ans après avoir flotté cette quantité. Les intéressés qui réuniraient 150 décastères peuvent s'entendre pour avoir une voix : cette réunion une fois établie doit être continuée.

Tout membre ayant voix peut se faire représenter par un fondé de pouvoir spécial, mais dans aucun cas par un homme de loi.

Les intérêts de la compagnie sont administrés et régis par un syndic et deux adjoints qui forment le bureau.

Les employés sont un agent général, et des gardes en nombre nécessaire pour la surveillance des ports.

Le syndic et les adjoints sont nommés en assemblée générale à la majorité absolue des suffrages. Ils sont élus pour un an, et peuvent être réélus indéfiniment.

L'agent général et les autres employés sont nommés en assemblée générale et à la majorité absolue. Il leur est interdit d'avoir aucun intérêt, soit dans les flots comme marchands, soit dans les entreprises, même à titre de caution.

Le bureau, composé du syndic et des deux adjoints, a la surveillance de toutes les opérations de la compagnie; il surveille, vérifie et arrête les comptes et les registres de l'agent général; il ordonne les dépenses extraordinaires, sauf l'approbation de l'assemblée générale; il se réunit autant de fois que le bien du service l'exige; il statue sur tous les cas qui requièrent célérité.

Le syndic a la direction des travaux ordonnés par la compagnie, et celle de tous les actes qui l'intéressent; il a la surveillance et la direction de tous les employés, et peut les suspendre provisoirement de leurs fonctions, d'accord avec le bureau, et sauf à rendre compte des motifs à l'assemblée générale; il convoque et préside les assemblées il fait exécuter les décisions de la compagnie; il est suppléé par le premier adjoint.

L'agent général est chargé, sous la direction du syndic, de l'exécution des délibérations de la compagnie et des arrêtés du bureau; il a sous ses ordres tous les gardes et autres employés; il est spécialement chargé de tout ce qui est relatif à la conduite et coulage des flots, leur tirage et mise en état; au tirage des canards; aux réparations à exécuter sur les rivières et ruisseaux, et au réglement des indemnités dues aux riverains et propriétaires d'usines pour chômage, dégradations et occupations; il fait marché, traite avec tous entrepreneurs, ouvriers et fournisseurs, pour tout ce qui a rapport aux opérations ci-dessus; il arrête et solde leurs mémoires; il établit les décomptes de chaque intéressé et en poursuit le recouvrement. Chaque année, à l'assemblée générale du mois de novembre, l'agent général rend un compte détaillé de toutes ses opérations.

L'agent général est le préposé en chef de la compagnie et le fondé de pouvoirs de chacun de ses membres; il est chargé du recouvrement des cotisations et de toutes les sommes revenant à la compagnie, du payement des dépenses et des frais de toute nature; il est aussi chargé de la poursuite des affaires judiciaires et administratives de la compagnie qui peut exiger qu'il fournisse un cautionnement.

COMPAGNIE DES INTÉRESSÉS AU FLOTTAGE DE LA CURE ET SES AFFLUENS.

Cette compagnie, qui est composée de tous les propriétaires et marchands flottant des bois sur les rivières de Cure, de Cousin et les ruisseaux y affluens, est fort ancienne. L'ordonnance de 1672 et l'homologation des statuts qu'elle présenta en 1773 lui donnaient une existence légale; mais les intéressés au flottage ayant reconnu que les changemens survenus depuis dans la législation, avaient altéré les bases sur lesquelles reposait l'organisation, ont présenté un nouveau réglement arrêté en assemblée générale le 12 mars 1825, et qui a été approuvé par décision du ministre de l'intérieur du 22 octobre 1825.

Cette société est forcée et involontaire. En effet, puisqu'il est libre à toutes personnes de jeter dans le flot ses bois à bûches perdues, pour être rendus et tirés sur les ports depuis Arcy jusqu'à Cravant, et puisqu'il est impossible de ne pas amener indistinctement tous les bois du flot, il en résulte que tous ceux qui ont jeté des bois participent également aux avantages de l'administration générale, par les soins de laquelle ils reçoivent sur les ports inférieurs la portion qui leur appartient. Il est juste dès lors que chacun contribue à la dépense commune en proportion des avantages qu'il en retire.

De plus, comme les membres de la société se renouvellent sans cesse sans qu'il soit besoin pour les nouveaux du consentement des anciens, et que la durée illimitée de la société doit égaler celle du commerce qui en est l'objet, on sent combien cette forme d'association a besoin plus que toute autre de réglemens fixes et invariables qui, dans une sage prévoyance, embrassent les intérêts passés, présens et futurs, et auxquels l'homologation du gouvernement ait donné la stabilité et l'authenticité nécessaires.

La ville de Vermanton étant le port où la majeure partie des bois se rend, a été désignée comme le domicile de droit des intéressés chez le facteur chargé de leur confiance. L'agent-général doit toujours résider à Vermanton.

Le fonds social se compose des agrès nécessaires au flottage, des magasins, des travaux d'art exécutés aux frais de la compagnie, et de sommes provenant de la retenue dont il sera parlé ci-après.

Chaque membre a une ou plusieurs marques dont ses bois sont frappés; ces marques, qui sont la propriété de chacun, doivent être approuvées et enregistrées au bureau de l'agence générale, avant d'être déposées et enregistrées au greffe du tribunal de première instance. La propriété des marques est périmée de droit, lorsqu'elles ne paraissent pas pendant sept années sur les états de l'agent-général à la mise en état.

Les intérêts de la compagnie sont administrés et régis par un syndic et deux adjoints qui forment le bureau : l'un des adjoints remplit les fonctions de secrétaire.

Les employés qui dirigent sont : un agent-général caissier, un garde-général et le nombre de gardes nécessaire à la surveillance des ports.

Le syndic et les adjoints sont nommés par la compagnie en assemblée générale, à la majorité absolue des suffrages. Ils sont élus pour trois ans, et peuvent être réélus indéfiniment.

Le syndic a la direction des travaux ordonnés par la compagnie et celle de tous les actes qui l'intéressent, la surveillance de tous les employés qu'il peut suspendre provisoirement de leurs fonctions, en rendant compte au bureau de sa décision. Il convoque les assemblées générales, veille à l'exécution des délibérations et est suppléé par le premier adjoint.

La compagnie en assemblée générale est la directrice suprême de tous ses intérêts; elle se réunit autant de fois que le service l'exige, et de droit, chaque année, du 1er au 20 décembre, pour recevoir les comptes de l'année et déterminer l'époque du flot général. Les convocations pour les comptes généraux sont faites judiciairement au nom du syndic, et transmises par les soins de l'agent-général, à chaque intéressé au domicile élu chez son facteur à Vermanton, dix jours au moins à l'avance.

Pour avoir voix délibérative en assemblée générale, il faut avoir jeté dans les flots 150 décastères : toutefois celui qui a joui de cet avantage le conserve tant qu'il a 50 décastères dans la mise en état. Entre plusieurs associés, un seul participe aux délibérations, et un intéressé qui a pris marque ne peut être convoqué que pour l'assemblée générale de l'année qui suit le jetage de ses bois dans le flot.

Tout membre, ayant voix délibérative, peut se faire représenter par un fondé de pouvoir spécial, mais dans aucun cas par un homme de loi

L'assemblée générale est présidée par le syndic, et les délibérations y sont prises à la majorité des suffrages.

Les dépenses de la compagnie sont supportées par tous les intéressés, au marc le franc de la quantité de bois que chacun d'eux a flotté.

Les opérations concernant le flot consistant principalement en journées d'ouvriers, dont le salaire ne peut souffrir de retard, sont payées au moyen d'une taxation provisoire, imposée sur chaque décastère de bois, devant faire partie du flot. Le montant de la taxation est fixé, chaque année, avant l'embarquement du flot, sur l'état dressé par l'agent-général ; chaque intéressé doit lui fournir, dès le 1er novembre, sa déclaration certifiée des quantités de bois qu'il jetera, en désignant les ports où ils sont déposés. Dans le cas où un intéressé néglige de fournir ses états, le syndic arbitre la somme à payer, sauf règlement.

Dès que les sommes à payer par chaque marchand ou propriétaire ont été déterminées, il est tiré sur chacun d'eux, par l'agent-général, des mandats jusqu'à concurrence des sommes dont ils sont débiteurs. Elles doivent se payer par tiers et de deux mois en deux mois, à partir du 1er janvier qui suit la reddition des comptes annuels.

Le bureau a la surveillance de toutes les opérations de la compagnie, il surveille les comptes de l'agent dont il vérifie et arrête les registres. Il ordonne toutes les dépenses extraordinaires qui surviennent dans l'intervalle des assemblées générales, et en rend compte à l'assemblée générale. Le bureau se réunit chaque fois que le bien du service l'exige.

L'agent-général et les autres employés de la compagnie sont nommés en assemblée générale. Ils ne peuvent avoir aucun intérêt direct ou indirect dans les flots, même comme propriétaires ; ils ne peuvent participer à titre personnel ou comme caution dans aucune entreprise relative au service de la compagnie.

L'agent-général est chargé, sous la direction du syndic, de l'exécution des délibérations de la compagnie, des arrêtés du bureau et des ordres du syndic ; il a sous ses ordres le garde-général et les gardes-particuliers ; il est spécialement chargé de tout ce qui est relatif à la conduite et coulage des flots, leur tirage et mise en état, au tirage des canards, aux réparations à exécuter sur les rivières et aux règlemens des indemnités dues aux propriétaires d'usines et riverains, pour chômages, dégradations ou occupations. Il fait marché, traite avec tous les entrepreneurs, ouvriers, fournisseurs, pour tout ce qui a rapport aux opérations ci-dessus ; il arrête leurs mémoires ou décomptes et les solde. Il établit les décomptes de chaque intéressé, les fait viser par le syndic et en opère le recouvrement. Chaque année, à l'assemblée générale du 1er au 20 décembre, il rend un compte de ses opérations. Il assiste aux réunions du bureau et aux assemblées générales. La compagnie peut exiger qu'il fournisse un cautionnement.

Il n'y a qu'une solidarité personnelle, c'est-à-dire relative à la quantité de bois de chacun, entre les intéressés, pour les frais de coulage, tirage, mise en état de bois, indemnités pour chômage d'usines ou dégradations de terrains, traitemens d'employés, achat d'agrès et frais de construction et réparation des ouvrages d'art à la charge de la compagnie. Elle n'existe que pendant le temps fixé par le paragraphe suivant.

Les bois de chaque marque, après la mise en état sur les ports du bas, et au besoin les fonds de rivière, demeurent affectés par privilége au paiement des sommes dûes par leurs propriétaires, à raison des dépenses stipulées dans l'article précédent. Cependant ce privilége n'a lieu que pendant la durée de la mise en état qui s'opère après l'arrivée des flots : il garantit à l'agent-général ses avances qu'il recouvrerait si elles ne lui étaient pas payées aux termes fixés, en faisant (après une sommation préalable au retardataire, et s'il n'y satisfaisait pas dans les cinq jours), saisir ses bois pour sûreté de son contingent proportionnel dans les dépenses. La saisie et l'exécution auraient lieu, nonobstant la vente faite à un tiers, lors même qu'il y aurait apposé sa contremarque.

Cette mesure ne peut être employée sans l'avis de deux membres du bureau.

La compagnie étant, outre les dépenses du flot, chargée du paiement des indemnités dues aux propriétaires d'usines, des dommages aux riverains pour dégradations occasionnées par le flot, des frais de réparation et de construction des ouvrages d'art à la charge de la compagnie, des améliorations à faire dans le lit de la rivière et des ruisseaux y affluens, pour activer l'écoulement des bois, il est pourvu à l'acquittement de ces dépenses par une perception annuelle au profit de la compagnie, qui demeure fixée à 25 centimes par décastère arrivé sur les ports du bas. Les fonds de cette taxation ne peuvent être détournés de leur destination.

COMPAGNIE DU FLOTTAGE A BUCHES PERDUES SUR L'ARMANCE ET L'ARMANÇON.

Anciennement, les marchands de bois flottant sur l'Armançon et l'Armance étaient réunis en société pour toutes les dépenses générales que nécessitaient les opérations de jetage, coulage, tirage, tricage et mise en état des bois qui descendaient de ces rivières et de leurs affluens sur les ports et arrêts de Brienon-l'Archevêque, où ils se déposaient, pour être ensuite flottés en trains et conduits à Paris. Le commerce de ces rivières et celui de Paris contribuaient aux dépenses d'entretien des écluses et des pertuis de Brienon, de même qu'à celles exigées par l'arrêt sur lequel se faisait le tirage ; le flottage sur l'Armançon ayant été abandonné, la société fut dissoute. M. Truchy père, qui en faisait partie, resté le dernier à flotter, finit par l'abandonner également, et se borna au flottage sur l'Armance, qui depuis vingt-sept ans fournit uniquement des flots aux arrêts de Brienon.

Ces arrêts furent détruits en l'an VII par les grandes eaux, et M. Truchy père, qui était le seul qui flottait à cette époque, les fit reconstruire en l'an VIII. Il céda depuis moitié de ses droits à la proliété de ces arrêts à M. Duchâtel, propriétaire de la forêt d'Aumont, cette moitié fut transmise depuis par ce dernier, avec la forêt, à .. le marquis de Courtebourne.

Des difficultés s'étant élevées touchant la propriété et l'usage des arrêts , des agrès établis sur l'Armançon à Brienon, les marchands flottant ir l'Armance et l'Armançon se réunirent en assemblée générale le 3 ovembre 1824, chez l'inspecteur-général de la navigation à Joigny, our applanir ces difficultés et assurer les réparations et l'entretien sdits arrêts et agrès. Ils arrêtèrent une transaction, qui fut approuvée par M. Truchy-Grenier et par madame la veuve et les héritiers : M. le marquis de Courtebourne le 29 mars 1825, et un règlement organisation qui fut approuvé par le ministre de l'intérieur le 25 lin 1825.

L'arrêt fut évalué, avec les agrès, à 24.000 fr., à payer à MM. Truchy . de Courtebourne, par moitié, avec les intérêts à 6 pour o/o.

Les marchands décidèrent qu'ils nommeraient un commis général sidant à Brienon, chargé de surveiller et de diriger les flots, d'en ire faire le tirage, tricage et mise en état à Brienon, de tenir registre taillé de chaque flot, de chaque marque, de faire faire les répa-itions des arrêts, et de veiller en général à tout ce qui est nécessaire l'intérêt commun. Il est chargé aussi de la comptabilité et il lui est loué, pour traitement, 5o cent. par décastère.

Le commis général dresse tous les ans un état détaillé de tous les ais, et prélève, par décastère qui a flotté, 2 fr. 5o c., somme qui rt d'abord à acquitter les frais, et dont l'excédant est partagé par moi-é entre MM. Truchy et de Courtebourne, à valoir sur le principal : les intérêts de la somme de 24,000 fr., jusqu'à extinction.

MM. Truchy et de Courtebourne ont les mêmes droits et les mêmes parges que les autres intéressés.

A l'extinction de la créance, le prélèvement des 2 fr. 5o cent. doit sser, et les frais seront répartis au marc le franc et par décastère.

La somme à prélever par décastère doit être acquittée entre les ains du commis immédiatement après la mise en état; néanmoins commis peut faire un appel de fonds provisionnel à chaque inté-ssé, pour subvenir au paiement de cette mise en état.

Le commis tient registre des recettes et dépenses, et aussitôt après fin des opérations du flot, soumet ses comptes aux intéressés, con-oqués à Brienon pour les recevoir.

COMPAGNIE DU FLOITAGE A BUCHES PERDUES SUR LE SAINT-VRAIN.

Selon le règlement d'organisation du 19 mai 1819, approuvé par ministre de l'intérieur le 20 juin 1821 :

La compagnie du ruisseau de Saint-Vrain se compose de tous les ommerçans qui flottent sur le ruisseau, et qui peuvent y avoir des térêts généraux pour le loyer des étangs, les reconstructions, ré-arations, curages et redressemens du ruisseau, et autres dépenses ommunes réparties suivant le mode approuvé le 15 novembre 1813 ar le directeur général des Ponts-et-Chaussées.

Un syndic et deux adjoints, élus annuellement au scrutin en assei
blée générale, composent le bureau.

Ils sont chargés de faire, deux fois par an, la visite du ruisseau
et de constater les travaux à exécuter pour assurer la marche du flo
La première visite a lieu dans la quinzaine qui suit la reddition d
comptes, et la deuxième en octobre; mais cependant elles sont s
bordonnées au gré du syndic.

La compagnie entretient un agent à Cezy; il est chargé des dépe
ses communes; de l'empilage, de la police des bois, de leur conse
vation; de l'exécution des réparations du ruisseau; de la conservati
des eaux des étangs; du toisé des bois de chaque intéressé avant
jetage, pour établir la juste répartition des dépenses; de la directi
du flottage, coulage, tirage et mise en état; de la liberté du flottag
de rechercher et constater les vols, contraventions, etc.

Il est rédigé, tous les ans, un devis estimatif des travaux néce
saires pour assurer la marche du flot. Ces travaux sont donnés
l'entreprise et au rabais par adjudication.

L'agent peut faire un appel de fonds pour subvenir à ces travau:
dont il doit surveiller l'exécution, et proportionnellement aux bo
de chaque intéressé. L'état des répartitions est visé et approuvé par
syndic; aucune dépense n'est allouée qu'autant que les travaux o
été jugés nécessaires par le bureau, et portés au devis.

A l'époque du flottage, le syndic visite les étangs, et fixe le jo
de l'embarquement du flot, qui est annoncé par l'agent à tous l
intéressés huit jours d'avance.

Aussitôt la mise en état à Cezy, il est convoqué une assembl
générale pour assister au toisé des bois. Le compte de la dépen
générale établi par l'agent, et la répartition de la dépense sont soum
à cette assemblée générale, sur le rapport du bureau, qui les a d'abo
examinés et vérifiés. La dépense faite par le bureau lors des visites o
ruisseau et de l'examen des comptes, est supportée par chaque intéres
en proportion de la quantité de décastères arrivés à Cezy. Après cet
opération le bureau est renouvelé.

Les assemblées générales sont présidées par le syndic, ou, en so
absence, par les adjoints. Elles sont convoquées, d'après l'ordre o
syndic, par l'agent du commerce, et à Cezy. Les délibérations soc
transcrites sur un registre paraphé et coté par le président du tribun
de commerce de Joigny, signées par les membres présens, et obl
gatoires pour tous les intéressés. C'est l'agent qui est dépositaire o
registre.

Aucun inventaire ni lot de bois n'est délivré qu'après l'acquittemes
ès-mains de l'agent de la quote-part des dépenses générales du flot.

Tous les bois flottés sur le St.-Vrain sont marqués des deux bou
de la bûche de l'empreinte d'un marteau. Chaque intéressé doit r
mettre à l'inspecteur-général de la navigation à Joigny, et à l'agent
Cezy, l'empreinte de son marteau.

Il ne peut être embarqué des bois blancs exploités dans l'année sans vis des intéressés.

Un règlement postérieur arrêté le 18 janvier 1824, et approuvé par ministre de l'intérieur le 5 juin 1824, porte que :

L'agent sera chargé, sous sa responsabilité personnelle, de la surveil-1ce et des réparations des étangs : s'il arrivait quelques dégradations r force majeure, elles doivent être constatées de suite par un procès-rbal, en présence du syndic ou de l'adjoint. Il est aussi chargé des parations et de l'inspection du ruisseau ; et il lui est alloué 6o fr. ur le soin qu'il apportera à ces deux objets.

Il est chargé des empilages qui doivent être faits uniformément à pieds 2 pouces de hauteur, chantier franc, et 9 pieds de couche. s piles ne peuvent avoir plus de 5 pieds 4 pouces par derrière.

Il est chargé du jetage, de la réception et du toisage des bois, et la délivrance des billets de réception au voiturier.

Il lui est alloué, pour l'empilage et jetage, y compris faux frais, fr. 10 c. par décastère mesuré à Cezy. Pour les flots particuliers il i est payé un supplément de 10 cent. par décastère

Pour sa commission ordinaire il lui est alloué 5o c. par décastère.

L'agent ne peut, sous aucun prétexte, se servir des eaux des étangs ur les flots particuliers sans l'autorisation par écrit du syndic ou des joints, et il en sera donné avis aux marchands qui auront des bois lotter.

Le flot général est fait d'après l'avis du syndic et des adjoints. Il en ra donné connaissance par écrit, huit jours avant l'embarquement, tous les intéressés ; et dans le cas où il arriverait qu'il n'y aurait pas sez d'eau pour faire descendre la totalité du flot général, les bois s intéressés sont jetés au marc le franc des quantités qu'ils ont. Cette use expresse et de rigueur est sous la responsabilité de l'agent.

L'agent est seul chargé du coulage. Aucun intéressé présent au flot : peut lui donner d'ordre concernant le flot.

Chaque intéressé ne peut avoir qu'une seule marque reconnue et prouvée par l'inspecteur de la navigation de Joigny.

Tous les bois vendus qui resteraient sur le port de Cezy, et qui iiraient à l'arrivée et à l'emplacement du flot, seront déplacés par s acquéreurs, et à leurs frais, avant le 1er février. Ceux qui nuiraient issi, et qui appartiendraient aux exploitans, seront aussi déplacés x frais des bois embarqués dans la même année.

COMPAGNIE DES INTÉRESSÉS AU FLOTTAGE A BUCHES PERDUES DES RIVIÈRES D'AUBE ET DE SEINE.

Cette compagnie n'a point de statuts ni de syndicat. Le personnel rie continuellement en raison des circonstances, et chaque année nène de nouveaux sociétaires en même temps que la compagnie en rd quelques-uns.

Un commis-général, résidant à Marcilly, est chargé des intérêts du mmerce, de la direction générale des flots qui se font par économie sur

la Seine, sur l'Aube et sur les ruisseaux y affluant, et de la comptabil
qui se compose de la réunion des comptes partiels de tous les co
ducteurs des flots, et par suite de la formation d'un compte géné
de toutes les dépenses de chaque rivière. Ces comptes sont sou
aux intéressés dans des réunions qui ont lieu au domicile du comm
général, d'après des lettres de convocation, toutes les fois que
besoins du service ou les intérêts du commerce l'exigent.

Indépendamment du commis-général, la compagnie entretient

1° Sur l'Aube, un conducteur principal des flots et quatre gard
rivières.

2° Sur la Seine, un commis chargé de la conduite des flots,
garde port et commis à Troyes, et quatre gardes rivières.

COMPAGNIE DE SAINT-FARGEAU OU DU FLOTTAGE A BUCHES PERDUE! SUR LE LOING.

Une décision ministérielle du 15 mars 1823 porte :

Art. 1er. Conformément à l'arrêté du gouvernement du 3 nivôse
VII, le bois de chauffage sera à l'avenir mesuré sur les ports du ru
seau de St.-Fargeau et de ses affluens au décastère ou mesure de o
stères.

L'arrêté pris à cet égard par M. le préfet de l'Yonne le 7 juin 18
recevra sa pleine et entière exécution.

Art. 2. Tous les bois flottant sur ce ruisseau et ses affluens serou
avant le jetage, marqués aux deux bouts, du marteau du propriétair

Art. 3. Ces bois arriveront tous par un seul et même flot.

Art. 4. Rendus au port de Rogny, ils seront triés et mis en état
marque par marque.

Art. 5. Les marchands intéressés régleront entre eux la proporti
dans laquelle ils devront entrer dans les frais généraux d'écoulag
tricage, de mise en état et d'entretien des ruisseaux.

Cette compagnie entretient un agent général à la résidence
Rogny où ses assemblées générales ont lieu chaque année pour arrê
les dépenses communes.

COMPAGNIE DU COMMERCE DES BOIS CARRÉS.

Les statuts organiques du commerce ont été arrêtés en assemb
générale le 29 avril 1817 et homologués par M. le préfet de polices
23 août 1817.

Le commerce d'approvisionnement de Paris en bois de charpent
sciage, charronnage et bois à œuvrer de toute espèce s'est réuni po
l'intérêt commun sous le titre générique de Commerce des bois carr
Comme ses bois viennent en partie en trains ou brelles, il doit au
sa quote-part des réparations annuelles et salaires d'employés des a
vières sur lesquelles ses trains ont flotté.

Le commerce est composé de tous les marchands ayant chantier sur un des ports de Paris, et munis de patente. Les décisions prises en assemblée générale sont obligatoires pour tous.

Les assemblées générales ont lieu pour l'élection annuelle du bureau, la réception des comptes, la nomination des agens et commis de berge, la fixation annuelle de la cotisation et l'audition du rapport des opérations et des décisions prises par le bureau. La majorité des suffrages décide des délibérations.

Le bureau élu par les marchands réunis à cet effet tous les ans au mois de janvier, est composé de onze membres : trois délégués, deux suppléans et six adjoints.

Ce bureau se tient régulièrement le premier samedi du mois, et plus souvent lorsque les affaires l'exigent.

Le bureau stipule les intérêts du commerce en toutes circonstances, correspond avec l'autorité, décide sur les objets urgens et imprévus, et surveille les opérations de l'agent.

Le commerce a dans Paris un agent caissier et des commis de berge.

L'agent est choisi en assemblée générale : il gère les affaires du commerce, correspond avec les jurés-compteurs, gardes-ports, commissionnaires, etc. ; tient un registre des bois qui arrivent à Paris, dirige et surveille les commis de berge, paye les dépenses, encaisse les cotisations et premières mises de fonds. Il fournit un cautionnement, et ne peut faire aucun commerce.

L'agent caissier rend annuellement ses comptes au bureau, qui les soumet à la ratification de l'assemblée générale.

Les commis de berge, qui sont choisis en assemblée générale, peuvent être suspendus de leurs fonctions par le bureau : ils sont chargés de surveiller le garage des trains et bateaux, de s'assurer de l'état des flottages et regipages, d'en faire leur rapport à l'agent, de s'opposer à tous enlèvemens de bois, équipages, débâcles, etc., par les mariniers, ouvriers ou tous autres, avant et pendant le tirage. Leur surveillance doit s'exercer de nuit et de jour, quand la sûreté des trains et bateaux peut l'exiger. Les commis de berge ne peuvent faire le commerce de bois carrés.

Pour subvenir aux dépenses communes, il est établi une cotisation qui ne peut excéder 5 centimes par franc de la quotité des droits perçus par l'administration de l'octroi sur les bois à œuvrer entrant dans Paris. Cette cotisation doit être acquittée en un seul paiement, et au fur à mesure de l'arrivage des bois. Le montant en est fixé tous les ans en assemblée générale, suivant les besoins présumés du commerce, et soumis à l'approbation de M. le préfet de police.

Indépendamment de cette cotisation, les marchands sont convenus de faire une première mise de fonds de 500 fr., et chaque nouveau marchand qui s'établit est tenu de verser dans la caisse commune cette somme, égale à celle versée par les anciens marchands à titre de première mise de fonds.

COMPAGNIE DU COMMERCE DE BOIS NEUFS.

Cette compagnie est composée de tous les marchands de bois de l'île Louviers. Elle est établie à peu près sur les mêmes bases que la compagnie du commerce des bois flottés en trains, avec la différence que les membres de cette dernière compagnie peuvent vendre dans leurs chantiers indistinctement toutes sortes de bois neufs ou flottés, tandis que les membres de la compagnie de l'île Louviers ne peuvent avoir que des bois neufs, c'est-à-dire venus par bateaux ou par terre.

COMPAGNIE DU COMMERCE DE CHARBON DE BOIS ARRIVANT PAR EAU.

Les marchands de charbon de bois pour la provision de Paris, des rivières de Seine, Aube, Yonne, Marne, Allier, Loire, Aisne, Oise, et des Canaux, assemblés le 17 août 1767, prirent une délibération qui fut homologuée par sentence du bureau de la ville du 5 janvier 1769, et qui forme encore aujourd'hui le règlement organique de la compagnie.

Des syndics sont élus annuellement pour surveiller tout ce qui intéresse le commerce de charbon en général, maintenir le bon ordre, faire les démarches auprès des administrations, tenir la main à l'exécution des délibérations, convoquer au besoin les assemblées générales pour délibérer sur les affaires communes dudit commerce.

Les rivières de Marne, Yonne, Loire, Seine, Allier, Aube, Oise, et les Canaux, nomment des syndics et des syndics-adjoints. Tous les syndics composent le comité, et ils ont pour suppléans les syndics-adjoints. Le comité élit parmi les syndics un président et un secrétaire.

Un agent-général est institué pour suivre, sous les ordres des syndics, les affaires générales du commerce, faire choix des ouvriers communs pour le service des bateaux en vente, placer les ouvriers, selon les besoins, à chaque bateau; les discipliner et commander; faire généralement tout ce qui est relatif au service commun du commerce; tenir un rôle des ouvriers et un état de leur distribution sur chaque bateau.

Ces employés non commissionnés sont nommés par le commerce, sur la présentation d'un des membres du comité. Ils se composent : d'inspecteurs à la vente; de contrôleurs; de commis aux bateaux, et de surnuméraires.

Les employés du commerce ne peuvent faire, directement ni indirectement, le commerce de charbon.

Des agens particuliers reçoivent les bateaux en consignation, en dirigent la vente lorsque leurs tours de liste sont arrivés, et encaissent les fonds de la vente, dont ils tiennent compte aux marchands propriétaires.

Ils sont appelés aux comités et aux assemblées générales, pour y défendre les intérêts de leurs commettans absens, et donner des renseignemens relatifs à l'intérêt général.

Leur recette est faite par des factrices qu'ils préposent à cet effet, et qui à l'avenir ne doivent être ni fille, ni femme, ni parente d'employés du commerce, de l'octroi ou de la préfecture.

Les agens particuliers font, dans l'intérêt de leurs commettans, toutes démarches ayant pour but les intérêts qui leur sont confiés.

Il est établi chaque année, par le commerce réuni en assemblée générale, une contribution de bourse commune, que l'on fixe à tant par voie de charbon provenant des ventes qui s'opèrent sur l'eau. Cette contribution est établie en raison des besoins présumés de l'année qui commence. L'assemblée générale donne au comité la faculté de l'augmenter dans le cours de l'année, si besoin est.

Cette contribution est payée ès-mains de l'agent-général, par le marchand ou son commissionnaire, aussitôt la vente finie de chaque bateau, au prorata du produit de la vente. L'agent-général tient pour cette recette, ainsi que pour ses dépenses, un registre visé chaque mois par les syndics. Lors de la reddition de ses comptes, il est tenu de représenter ses registres et les pièces à l'appui.

Les garçons de pelle sont nommés par le préfet de police, sur la présentation du commerce. Ils ne peuvent être porteurs ni regrattiers par eux ou par leurs femmes. Ils sont communs à tous les marchands.

Trois ouvriers garçons de pelle sont placés dans chaque bateau en vente sur les ports, pour faire le versement du charbon dans la mesure, sous la surveillance d'un employé commis au bateau, et pour verser le charbon dans le sac du porteur, en tenant la main à ce que les porteurs ne se mêlent directement ni indirectement de la mesure. Les deux premiers garçons manient la pelle, et le troisième règle la mesure.

Les ouvriers doivent jeter l'eau du bateau, prendre soin des équipages, et faire généralement tout ce qui leur est commandé par le marchand ou son commissionnaire, relativement au service du bateau et de la marchandise.

Le salaire des ouvriers est payé par chaque marchand proportionnellement au nombre de journées qui ont été employées à la vente de son bateau. Les garçons de pelle sont préposés, à tour de rôle, à la garde pendant la nuit des bateaux en vente. Ils font des rondes d'heure en heure, et sont surveillés par des employés commis à cet effet et par l'agent-général.

Aucun marchand ne peut employer sur ses bateaux en vente, d'autres ouvriers que ceux arrêtés et choisis pour le service commun. Aussitôt la mise à port d'un bateau, le marchand ou son commissionnaire s'adresse à l'agent-général, qui place sur-le-champ au dit bateau trois des ouvriers communs. Si le marchand ou son commissionnaire a des sujets de plaintes contre les ouvriers, il les dénonce aux syndics ou, en cas d'absence, à l'agent-général.

L'agent-général chargé de la discipline des employés et garçons de pelle, les suspend provisoirement de leurs fonctions et en réfère aussitôt au comité, qui prononce sur la durée de la peine.

COMMERCE DES CHARBONS DE BOIS AMENÉS PAR TERRE AUX PLACES DE PARIS.

Les expéditeurs de charbons de bois aux places voulant apporter la plus stricte économie dans les frais de manutention sur les marchés, obtenir une surveillance active et un contrôle rigoureux à l'entrée comme à la sortie des marchandises, et voir leurs intérêts administratifs représentés, ont sollicité et obtenu, en 1816, de M. le préfet de police, l'autorisation de s'organiser à l'instar des expéditeurs par eau. Plusieurs règlemens successivement arrêtés et soumis à l'approbation de l'autorité ont complété le système de cette organisation, qui peut se résumer ainsi.

Une assemblée générale annuelle, à laquelle sont appelées toutes les personnes qui expédient des charbons aux places, se tient à l'époque fixée par M. le préfet de police, sous sa présidence ou celle de son délégué. Elle a pour objet de recevoir et arrêter le compte rendu par les syndics des recettes et dépenses de l'année écoulée, de fixer le budget de l'année suivante, de procéder à la nomination des syndics et adjoints, enfin de délibérer sur tout ce qui peut intéresser le commerce.

Les syndics, au nombre de sept, ayant chacun un adjoint, sont choisis parmi les expéditeurs les plus notables, et nommés pour un an. Les membres sortant peuvent être réélus indéfiniment. Leurs fonctions sont gratuites. Les syndics sont seuls chargés de l'administration; ils nomment entre eux un président, et se réunissent le 1er de chaque mois, et en outre toutes les fois que le besoin du commerce l'exige; ils déterminent le nombre des employés, garçons de pelle et hommes de peine nécessaires au service des places : ils les nomment, les révoquent et fixent provisoirement leur traitement, qui n'est définitif qu'après avoir été réglé au budget. Ils ordonnancent, dans les limites du budget, les dépenses imprévues, veillent à la formation du compte annuel, et préparent le budget de l'année suivante : ils reçoivent et arrêtent le compte que l'agent-général rend annuellement.

Les adjoints aux syndics sont appelés dans l'ordre de leur nomination à remplacer, aux assemblées, ceux des syndics qui se trouvent empêchés d'y assister.

L'agent général est nommé par l'assemblée générale, sauf approbation du préfet de police, et accrédité auprès des diverses administrations. Chargé, sous la direction des syndics, de suivre toutes les affaires du commerce, de surveiller l'exécution des ordonnances, réglemens et délibérations, il assiste et remplit de droit les fonctions de secrétaire aux assemblées des syndics, où il a voix consultative. Il surveille le service des places, a le droit de suspendre et de remplacer provisoirement les inspecteurs, garçons de pelle et autres employés directs du commerce, sauf à rendre compte des motifs à la plus prochaine réunion des syndics. Il tient la caisse commune, effectue les recettes et dépenses, et veille à la conservation des archives.

Le personnel de chaque place de vente est organisé de la manière suivante : 1° à la nomination du préfet de police, un contrôleur à la vente chargé de la recette des droits, et un commis aux arrivages, concierge ; 2° à la nomination des syndics, un inspecteur et un sous-inspecteur chargés de la surveillance générale, un gardien pour la sûreté de la place, chargé de vérifier la nature et l'état des chargemens à leur arrivée ; et, par chaque mesure en activité, un commis devant la mesure, deux garçons de pelle et un balayeur.

Pour assurer davantage le contrôle des ventes et des arrivages, un inspecteur est placé au bureau du commerce pour y dresser journellement le décompte des charbons arrivés et vendus, de manière que chaque marchand reçoit tous les mois le relevé qui le concerne, et peut vérifier les comptes qui lui sont rendus.

L'agent général, les employés et les ouvriers sont payés par la caisse commune, qui acquitte encore les frais du matériel en pelles, mesures, claies, etc., frais de bureau, impressions, etc.

Ces dépenses sont couvertes au moyen d'une cotisation fixée tous les ans d'après le mouvement de la vente, et qui peut varier de 12 à 18 centimes par voie de charbon ou de poussier vendue. Cette cotisation est perçue par l'agent-général.

Quand les marchands ne vendent pas par eux-mêmes sur les places, la vente a lieu par des facteurs commissionnés par M. le préfet de police, et assujettis à fournir un cautionnement. Ils sont autorisés à retenir un droit de commission de 2 pour 0/0 sur le produit brut de la vente.

Indépendamment des frais susdits, les charbons supportent encore sur les places : 1° Un droit pour le poids et mesurage public de 10 c. par voie ; 2° un droit de location fixé en ce moment à 25 c. par voie sur la place des Récollets, et seulement à 15 c. sur les places Daval et de Mouceau.

ASSEMBLÉE GÉNÉRALE DES QUATRE COMMERCES RÉUNIS.

Les quatre compagnies de commerce, savoir : de bois de chauffage en chantiers, de l'île Louviers, de charbon de bois par eau, et de bois carrés et à œuvrer, sont réunies pour l'administration et la direction de toutes les affaires qui leur sont communes ; elles sont représentées par vingt-trois délégués qui forment l'assemblée générale.

Cette organisation date du 26 septembre 1821.

Lorsqu'il y a lieu à la présentation d'un juré-compteur ou d'un garde-port, dans l'étendue du rayon de l'approvisionnement et sur les ports où les bois se chargent en bateaux seulement, cette présentation se fait par les commerces réunis de bois de chauffage en chan-

17*

tiers, de l'île Louviers, de charbon de bois par eau, et de charpente, sciage et bois à œuvrer.

Elle se fait par le commerce de bois de chauffage en chantiers, et par le commerce de charpente, sciage et bois à œuvrer, pour les arrondissemens et les ports où les bois ne s'amènent qu'en trains.

Chaque compagnie concourt au choix et à la présentation des candidats dans la proportion suivante, savoir :

Le commerce de bois de chauffage en chantiers par neuf de ses membres composant son bureau ;

Le commerce de bois neuf de l'île Louviers par cinq de ses membres délégués ;

Le commerce de charbon de bois par eau également par cinq de ses membres délégués ;

Et le commerce de charpente, sciage et bois à œuvrer par quatre de ses membres délégués.

Une décision du directeur-général des ponts et chaussées et des mines, du 20 janvier 1825, exige la présentation de trois candidats pour chacun des emplois, à l'égard desquels le commerce est appelé à faire des propositions ; s'il arrive que le commerce ne puisse trouver réellement qu'un seul candidat à présenter pour quelques emplois, ces cas particuliers font exception à la règle, et le commerce alors doit exposer dans ses délibérations les circonstances qui rendent impossible une présentation multiple.

Un comité, sous la dénomination de *comité central*, composé de cinq membres nommés par l'assemblée générale des délégués, et pris dans son sein, examine préalablement toutes les affaires et soumet ses propositions à l'assemblée générale ; il correspond avec les administrations et leurs agens, et avec tous les employés chargés de la surveillance des intérêts commerciaux.

Le comité central convoque l'assemblée générale des délégués toutes les fois qu'il en est besoin. Un délai de dix jours doit être observé entre la date de l'envoi des lettres de convocation et le jour de la réunion ; mais en cas d'urgence, le comité central peut convoquer extraordinairement l'assemblée.

Toutes les fois qu'il y aura une convocation régulière, il peut être délibéré et statué sur les affaires soumises, quand bien même tous les membres appelés ne seraient pas présens ; mais aucune décision ne peut être prise, qu'autant qu'il se trouve au moins douze membres présens.

Le comité central est renouvelé tous les ans, mais ses membres peuvent être réélus.

Les dépenses occasionées par l'assemblée générale des quatre commerces réunis, sont supportées par chaque compagnie proportionnellement au nombre de ses délégués.

Le comité central rend son compte, à l'assemblée générale, à la fin de chaque campagne.

On délivre des jetons de présence aux membres de l'assemblée générale.

Les délégués peuvent, en cas d'absence, se faire remplacer à l'assemblée générale par des délégués au choix du comité particulier de leur compagnie.

Chapitre quatorzième.

AGENS DU SERVICE DE LA NAVIGATION.

M. le directeur-général des ponts et chaussées et des mines, qui exerce ses fonctions sous l'autorité immédiate de S. Exc. le ministre de l'intérieur (1), a, dans les attributions qui lui sont confiées, les ponts et chaussées, la navigation intérieure, les ports de commerce, les phares et fanaux, l'approvisionnement de Paris en combustibles, les lignes télégraphiques, les moulins et usines, les bacs et bateaux de passage, les mines, minières, carrières et usines y relatives. Il est chargé de la nomination des ingénieurs des ponts et chaussées et des mines, des conducteurs, des gardes des canaux et des digues, des éclusiers et autres agens secondaires, des officiers et maîtres de ports, des agens de l'approvisionnement de Paris, etc.

Le travail, confié à la direction générale des ponts et chaussées et des mines, est reparti en six divisions :

1° Division du secrétariat-général ;
2° Division du personnel ;
3° Division des routes et ponts ;
4° Division de la navigation intérieure ;
5° Division des mines ;
6° Division de comptabilité.

La division de la navigation intérieure est subdivisée en deux bureaux.

1er Bureau. Fleuves et rivières, canaux et dessèchemens, ports de commerce, phares et fanaux, digues et travaux à la mer.

2e Bureau. Approvisionnement de Paris en combustibles, moulins et usines, bacs et bateaux de passage.

Les agens du service de la navigation sont :

Le commissaire-général de la navigation et de l'approvisionnement de Paris, résidant à Paris, près de M. le directeur-général ;

Les inspecteurs-généraux et particuliers :

---

(1) Une décision ministérielle du 14 prairial an X (3 juin 1802), autorise M. le directeur-général des ponts et chaussées à commissionner tous les employés attachés au service de la navigation et de l'approvisionnement de Paris. Ce soin était auparavant confié au ministre de l'intérieur.

Les jurés-compteurs ;

Les gardes-généraux et les gardes ordinaires.

Un arrêté du 13 vendémiaire an XII détermine l'uniforme de ces agens selon leur grade. D'après cet arrêté, les gardes ordinaires ne sont point tenus à l'habit d'uniforme ; mais il est ordonné aux gardes-généraux et ordinaires de porter toujours une bandoulière écarlate, bordée de blanc, au milieu une plaque de métal blanc, avec ces mots : *Surveillance sur les ports et rivières*. Les mêmes gardes peuvent avoir, conformément à l'arrêt du parlement du 23 février 1763, des armes défensives, indépendamment d'un sabre ou d'un épée, ceinturon bleu avec plaque au milieu.

Le gouvernement entretient un inspecteur sur chaque point central des entrepôts, pour surveiller les réparations, les flottages et pour faire exécuter les ordonnances et réglemens sur l'approvisionnement de Paris. Cet inspecteur rend compte au commissaire-général de la navigation à la résidence de Paris, et à M. le directeur-général des ponts et chaussées, de tout ce qui concerne ses fonctions.

Nous allons faire connaître, avec plus de détails, les devoirs et les fonctions des autres agens dont la présentation appartient au commerce, et qui sont chargés de veiller à ses intérêts d'une manière plus directe.

§ Ier. JURÉS-COMPTEURS.

Des *sommeurs-jurés* étaient déjà établis en 1581, sur l'Oise, de Lamothe à Verberie, comme le témoigne un jugement du siége de la table de marbre du 7 septembre 1588, rapporté par Sainct-Yon, p. 1033. Ces sommeurs, dont les fonctions avaient une grande analogie avec celles des jurés-compteurs d'aujourd'hui, étaient aussi pourvus d'un marteau destiné aux mêmes usages.

L'existence ancienne de cet emploi est constatée en outre par l'ordonnance de 1672, qui leur donne le titre de *compteurs*, et par un arrêt du parlement de Paris du 12 novembre 1785, qui leur donne la dénomination d'*inspecteurs-contrôleurs aux mesure, cordage et empilage*.

La réorganisation de ce service sur les ports d'approvisionnement fut sollicitée par les marchands fréquentant les canaux, l'Yonne, la Marne, l'Aisne, l'Oise, et les autres affluens de la Seine (1). Ces marchands, réunis en assemblée générale le 2 messidor an IX, prirent une délibération qui adopta la mesure proposée, fixa le nombre des jurés-compteurs à établir sur chaque rivière, et le traitement qui leur serait fait au compte du commerce. Le ministre de l'intérieur approuva la délibération du commerce par une décision du 6 thermidor an IX (25 juillet 1801).

Sur la demande des marchands et mariniers fréquentant l'Allier, une semblable décision du 9 mars 1807 établit un juré-compteur sur cette rivière.

(1) Déjà en brumaire an X on avait nommé un juré compteur pour la Haute-Seine.

Plus tard les marchands et mariniers de la Loire formèrent la même demande, et une décision du 10 février 1812 créa un juré-compteur sur la Loire.

Les jurés-compteurs sont nommés par M. le directeur-général des ponts et chaussées, sur la présentation du commerce, visée par le commissaire-général de la navigation. Ils sont assermentés devant les tribunaux, à l'instar des autres agens de la navigation d'approvisionnement, aux termes de la décision ministérielle du 6 thermidor an IX.

Les jurés-compteurs doivent surveiller les gardes-ports, constater et diriger l'arrivage et la sortie des marchandises, dresser les comptes des marchands et les leur fournir.

Ils peuvent employer pour leurs registres le timbre de 10 c. par feuille, comme pour les registres de commerce. (*Décision du ministre des finances du 21 juin 1825.*)

Ils sont tenus d'exécuter les ordres qui peuvent leur être donnés par le gouvernement, et de tenir les inspecteurs et le commissaire-général de la navigation exactement instruits de la situation et du mouvement des ports de leur arrondissement.

Ils doivent, conformément aux décisions ministérielles du 9 mars 1807, du 14 mai 1811 et du 10 février 1812, former tous les mois un état général des marchandises entrées et sorties des ports, et l'adresser à l'inspecteur.

Un juré-compteur ne peut être assujéti à prendre patente. (Arrêt du conseil d'État du 30 juin 1824, qui a annulé un arrêté du conseil de préfecture de la Nièvre du 9 août 1823, qui avait assujéti le sieur Gilles Augustin Ragon, juré-compteur à Clamecy, à prendre patente.)

Une instruction sur le service des jurés-compteurs approuvée par le ministre de l'intérieur, le 22 pluviôse an X (11 février 1802), porte :

Art. 1er. Les jurés-compteurs ont sous leurs ordres, chacun dans l'étendue de l'arrondissement qui lui est confié, les gardes-ports, les directeurs des ports, tous ceux qui se mêlent de l'empilage des bois et réception des marchandises, en ce qui concerne l'empilage desdits bois et la mesure des marchandises comprises au tarif annexé à la décision du 6 thermidor an IX, et à l'arrêt du conseil du 17 juin 1704.

Art. 2. Ils doivent surveiller journellement l'empilage, l'arrivage, la mise en état, le mesurage et l'enlèvement de toutes les marchandises énoncées en l'article 1er, qui arrivent sur les ports, soit par flots à bûches perdues, soit par charrois; ils sont spécialement chargés de reconnaître si les bois sont de la longueur et grosseur déterminées par l'article 1er du chapitre XVII de l'ordonnance non abrogée de 1672. Ils feront épaler en leur présence les voitures de charbons sur les ports où cet usage est établi, et assisteront, autant que possible, au mesurage et chargement de ce combustible sur les ports où les charbons sont mis en bauge.

Art. 3. Pour faciliter la circulation autour des piles et leur inspection, ils feront observer la distance déterminée à deux pieds, par l'article 15 du chapitre XVII de l'ordonnance de 1672, réduite à soixante-six centimètres : dans aucun cas cette distance ne pourra être moindre de seize centimètres, et elle ne sera tolérée ainsi que pour cause d'absolue nécessité.

Art. 4. Conformément au réglement du 12 novembre 1785, et à l'article 25 du chapitre XVII de l'ordonnance précitée, ils ne souffriront point l'introduction des bois coursins, souches, et bois morts et défectueux, dans l'empilage des bois.

Art. 5. Lorsqu'une pile aura été trouvée défectueuse dans sa construction et ses dimensions, le juré-compteur le fera constater par l'inspecteur de la navigation ; et sur son autorisation, il pourra faire abattre et relever la pile aux frais des ouvriers ou gardes-ports qui auront commis ou toléré la contravention.

Art. 6. Il est prescrit aux jurés-compteurs de ne se servir, pour la réception et livraison des bois, que des mesures déterminées par la loi relative au système métrique. Ils doivent veiller à ce que les gardes-ports soient pourvus de décastères, conformément à l'arrêté réglementaire du 5 nivôse an VII, et seconder de tout leur pouvoir les vues du gouvernement, sur la mise en activité des nouvelles mesures, pour toutes les autres marchandises qui se déposent sur les ports de leurs arrondissemens.

Art. 7. Il leur sera délivré, aux frais du commerce de bois de Paris un marteau particulier portant l'empreinte *F. R.* Toutes les piles reconnues en état seront frappées de ce marteau sur chaque bout : au même endroit, les piles seront numérotées à la rouanne ; et à la suite du numéro sera également marquée à la rouanne la quantité de décastères que chaque pile contiendra ; il en sera fait registre, ainsi que du nom du vendeur et de l'acheteur.

Art. 8. Les jurés-compteurs sont chargés d'empêcher les feux abusifs sur les ports ; de surveiller l'emport des faix accordés aux ouvriers ; de saisir les faix qui excéderaient en nombre, quantité et grosseur, la portion de bois qui est accordée auxdits ouvriers par l'ordonnance du 19 décembre 1736 (1) ; de s'opposer à ce que les aubergistes ou cabaretiers reçoivent, des flotteurs et mariniers, des bois en paiement ; de surveiller toute espèce de vol de bois, charbons et autres marchandises déposées sur les ports en arrivage ou en départ pour l'approvisionnement de Paris : lorsqu'ils auront connaissance d'une contravention, ils en dresseront leur rapport qu'ils affirmeront devant juges compétens ; ils sont autorisés à faire et poursuivre le recouvrement des marchandises entraînées par les eaux, volées ou distraites, conformément à l'arrêté des consuls du 7 floréal an IX, en employant les formes établies par les arrêtés du gouvernement des 4

_____

(1) C'est aujourd'hui l'arrêté du 28 mai 1816 qui régit les bois de faix (Voy. p. 203).

et 26 nivôse an V, lois et réglemens intervenus ou à intervenir dans cette matière.

Art. 9. Dans toutes les tournées, ils doivent vérifier avec soin les registres des gardes-ports, les parapher, veiller à ce qu'ils soient tenus en ordre et à jour : ces précautions leur sont plus particulièrement recommandées lors des crues extraordinaires, débâcles et inondations, pour pouvoir constater les pertes réelles de chaque marchand, et assurer l'intérêt de tous contre les fausses réclamations.

Art. 10. Conformément aux articles 14 et 15 du chapitre XVII de l'ordonnance de 1672, les jurés-compteurs sont tenus de dresser, contradictoirement avec les propriétaires des terrains sur lesquels les bois et marchandises destinés à l'approvisionnement de Paris auront été déposés, ou leurs représentans ou fondés de pouvoir, l'état des quantités déposées sur chaque partie, et les sommes à eux revenant, d'après les dispositions de l'article 14 précité.

Art. 11. Les jurés-compteurs ne peuvent commercer, directement ou indirectement, sur les marchandises confiées à leur surveillance, sous peine de privation de leurs places : ils doivent se renfermer, pour leur salaire, dans la fixation des prix déterminés par la décision du 6 thermidor an IX, articles 4 et 5, à peine de destitution, et même d'être poursuivis comme concussionnaires.

Art. 12. Soit que les salaires attribués aux jurés-compteurs soient acquittés par l'acheteur, conformément aux dispositions de l'article 5 de la décision du 6 thermidor an IX, ou par le vendeur, ou bien par l'un et l'autre à la fois, suivant la faculté accordée par le même article, la perception ne pourra avoir lieu qu'au moment de l'enlèvement des marchandises ; et si, au moment de cet enlèvement, les jurés-compteurs étaient absens, les gardes-ports percevront pour eux, à la charge de leur en compter.

La décision ministérielle du 6 thermidor an IX porte :

Art. 4. La rétribution due aux jurés-compteurs est arrêtée telle qu'elle a été consentie par le commerce, et demeure fixée ainsi qu'il suit, sur l'Yonne, la Cure, la Seine, la Marne, le Morin, l'Ourcq, l'Aisne, l'Oise, les Canaux et la Loire de Châtillon inclus en aval.

Bois à brûler, par décastère.	» fr.	20 c.
Cotrêts, fagots, par cent.	»	5
Bois de charpente, par décastère.	1	»
Lattes et échalas, par millier.	»	10
Bottes d'écorces, par cent.	»	10
Merrain, par millier.	»	25
Charbon, par banne de 15 hectolitres.	»	7
Cercles, par millier.	»	10

L'article premier sera réduit à moitié pour tous les bois de chauffage qui se déposent sur les ports d'Yonne et Cure, de Cravant en remontant.

Article 5. La rétribution pour les objets non exprimés au précédent article se réglera de gré à gré, et en cas de difficulté, selon le tarif de 1704, en réduisant à moitié les sommes exprimées audit tarif; elle sera supportée par l'acheteur, s'il n'y a convention contraire, et dans tous les cas, exigible, au moment où les marchandises seront enlevées, sur celui qui fera procéder à l'enlèvement, sauf à lui à répéter s'il y a lieu.

Un arrêté du 16 germinal an X autorise M. le préfet de police à refuser tout permis de mise à port jusqu'à ce qu'on lui ait justifié de l'acquittement de la rétribution du juré-compteur.

La rétribution due sur l'Allier est fixée comme il suit, par décision ministérielle du 9 mars 1807.

Bois de charpente, 100 mètres.	» fr.	2	c.	1/2
Bois de sciage de toute espèce, *id.*	»	2		1/2
Planches de sapin, bois marchand, *id.*	»	2		1/2
Traversins ou merrains, grand millier.	»	5		
Bois à brûler, décastère..	»	20		
Sabots, grosse.	»	20		
Échalas ou lattes, millier de bottes	1	20		
Cercles, millier.	»	5		
Charbon de terre, banne. . . . . , ...	»	3		
Charbon de bois, *id.*	»	3		
Bois de charronnage, bateau.	»	50		
Merrain, pied cube. . . . . . , ...	»	3		

La rétribution due sur la Loire de Châtillon exclusivement en amont est fixée comme il suit, par décision ministérielle du 10 février 1812.

Marchandises sujettes à l'empilage.

Bois de charpente, travaillé ou en grume, 100 m.	» fr.	5	c.
Gros sciage de chêne ou autre bois dur, *id.*	»	5	
Planches en chêne ou autre bois dur, *id.*	»	5	
Voliges de tout bois dur, *id.*	»	2	1/2
Planches de sapin, bois marchand, *id.*	»	5	
Voliges en sapin, toutes planches comptant pièce pour pièce, *id.*	»	2	1/2
Bois de marine et carrés, pied cube.	»	1	
Mâts et vergues, mètre.	»	2	
Merrains, grand millier composé de 2300 pieds. . .	»	20	
Ganivelles, grand millier de soixante-neuf cents, usage de Loire.	»	20	
Échalas et lattes, millier de bottes.	1	»	
Cercles, millier.	»	10	
Bois à brûler, décastère, usage de Paris.	»	20	
— de cuisine et de souches.	»	20	
Courbes de bateaux, cent.	»	10	

Bois de charronnage, 100 mètres. . . . . » fr. 5 c.
Fagots et cotrêts, cent. . . . . » 5
Bottes d'écorces, cent . . . . » 5

Marchandises non sujettes à l'empilage.

Pelles à main, cent. . . . . » 5
Sabots, grosse. . . . . » 5
Charbon de bois, banne de 15 hectolitres. . . . . » 2
Charbon de terre, *id.* . . . . » 3
Bateau neuf en sapin de 20 à 25 mètres de long, le
   bateau. . . . . » 75
Id. de 15 m. de long, *id.* . . . . » 50
Bateau neuf en chêne de 20 à 25 m. de long, le bateau. 1 »
Id. de 15 à 20 m. de long, *id.* . . . . » 50
Minerai, hectolitre. . . . . » » 1/2
Bâtons de marine, douzaine. . . . . » 2
Bateau chargé en gare dans les ports et par jour. . » 2

Les marchandises sujettes à l'empilage seulement, qui arriveraient sur un port d'arrivage et qui ne seraient pas empilées, paieront la demi-rétribution.

Tous les bois ou planches, destinés au soultrage des bateaux, et qui seraient reconnus excéder les quantités nécessaires à cette opération, seront soumis aux demi-rétributions portées au précédent tarif.

§ II. GARDE-GÉNÉRAL SUR L'OURCQ.

Aux termes d'une décision ministérielle du 29 prairial an **XI**, ce garde-général, à la résidence de Lisy, est pourvu de commission sur la présentation du commerce.

Il a sous sa surveillance immédiate les gardes-ports; il doit faire, le plus fréquemment possible, des tournées le long de la rivière, de Marolles à Trilport, empêcher les vols, et s'opposer formellement à ce que les matuchins ne vendent en route, et ne portent dans les auberges, les marchandises de bois, charbons et autres confiées à leur conduite.

Il délivre à chaque marinier en chef un vu-passer, sur lequel il fait mention de la quantité du chargement, de sa destination, du nom du propriétaire et de celui du voiturier; il en fait registre.

Tout matuchin qui fait le commerce pour son compte est tenu, avant la livraison de ses marchandises, de justifier de sa propriété au garde-général, et d'y faire apposer par celui-ci le marteau portant l'empreinte R. F., dont il est porteur.

Les bases de la remise accordée au garde-général sont fixées ainsi qu'il suit :

Bois à brûler, par décastère. . . . . » fr. 20 c.
Charbon, muid de 50 hectolitres . . . . » 20
Bois charbonnette et bois court, décastère. . . . . » 15
Fagots et bourrées, cent. . . . . » 10

La remise est exigible au moment de l'enlèvement des marchandises, et supportée par celui qui y fait procéder, sauf son recours, s'il y a lieu.

§ III. GARDES-PORTS.

La création des gardes-ports doit remonter à celle du système spécial des approvisionnemens, c'est-à-dire, à plusieurs siècles. Des titres rapportés par Sainct-Yon, pages 1052 et 1119, constatent l'existence des gardes-ports, dès 1587 et 1605 (1).

Des lettres patentes, données à Versailles le 17 juin 1704, établissent : 1° que Louis XIV, par un édit d'avril 1704, confirma à perpétuité, en la propriété de leurs offices, les gardes des ports de St.-Leu-de-Séran, de Sainte-Maxence et de Manicamp, créés par un édit de 1641; 2° qu'il créa en titre d'office, par le même édit, des gardes des ports situés sur les rivières de Seine, Oise, Yonne, Marne et autres affluentes en la ville de Paris; 3° qu'un arrêt du conseil d'État, du 3 juin 1704, fixa les droits dont les pourvus desdits offices jouiraient sur toutes les marchandises amenées sur leurs ports.

Une décision ministérielle du 9 mars 1807 a institué des gardes-ports sur l'Allier : une décision ministérielle du 10 février 1812 a établi des gardes sur la Loire, de Briare en amont jusqu'à St.-Rambert, et par des décisions postérieures et récentes, des gardes ont été nommés, sur la demande du commerce, pour différens ports de la Loire de Briare à Amboise.

Les gardes-ports sont nommés par M. le directeur-général des ponts et chaussées et des mines, sur la présentation du commerce, commissionnés conformément à la décision ministérielle du 14 prairial an X, et assermentés devant le tribunal de première instance. Ils sont sous les ordres des inspecteurs de la navigation et des jurés - compteurs. (*Instruction* 22 *pluviôse an X.*)

Ils sont tenus de fournir tous les mois au juré-compteur de leur arrondissement, l'état des marchandises entrées et sorties de leurs ports. (*Décisions ministérielles* 9 *mars* 1807 *et* 10 *février* 1812.)

Ils ne peuvent commercer directement ni indirectement sur les marchandises confiées à leur surveillance, sous peine de privation de leurs places. (*Décisions ministérielles* 9 *mars* 1807 *et* 10 *février* 1812; *Instruction* 22 *pluviôse an X*).

Leurs fonctions sont essentiellement administratives. Un garde-port se trouve dans la classe des agens et préposés du gouvernement, dans toute l'étendue du sens attaché à ces mots par l'article 75 de l'acte constitutionnel du 22 frimaire an VIII, et il ne peut être traduit en justice pour un fait relatif à ses fonctions, sans l'autorisation du conseil d'État. Le caractère public dont les gardes-ports sont revêtus

---

(1) Règlement des eaux et forêts de Dreux , 1587, art. 17 et 18.
Règlement du siège de la Table de marbre , 7 mai 1605, art. 9.

a été solennellement reconnu par un arrêt que la cour de cassation a rendu le 1er juillet 1808, dans l'intérêt de la loi.

Les gardes-ports sont institués pour constater la réception et la livraison des marchandises, veiller jour et nuit à leur conservation, et empêcher qu'il ne soit commis aucun délit sur les ports. (*Lettres patentes* 17 *juin* 1704; *ord. de police* 16 *février* 1785; *décisions ministérielles* 9 *mars* 1807 *et* 10 *février* 1812.)

Ils sont tenus d'inscrire jour par jour, et sans aucun blanc, sur un registre-journal, coté et paraphé par le juge de paix, toutes les marchandises qui arriveront et qui sortiront des ports, ainsi que toutes les opérations et tout le mouvement de leurs ports. (*Décisions ministérielles* 9 *mars* 1807 *et* 10 *février* 1812.)

Les marchands ou leurs facteurs doivent faire connaître aux gardes toutes les mutations, novations, cessions, livraisons qu'ils pourraient effectuer, et les gardes-ports doivent en faire inscription sur leur registre.

Ils doivent avoir en outre un registre de compte ouvert pour chaque marchand. Une décision du ministre des finances du 21 juin 1825, porte que ces registres jouiront de la réduction des droits de timbre accordée aux livres de commerce par l'art. 9 de la loi du 16 juin 1824 (10 centimes par feuille).

Les gardes-ports ne doivent, dans aucun cas, communication de leurs registres qu'à la justice, aux inspecteurs et aux jurés-compteurs.

Les gardes-ports doivent viser les lettres de voiture des marchandises arrivant sur les ports, soit par terre, soit par eau. (*Décisions ministérielles* 9 *mars* 1807 *et* 10 *février* 1812.)

Ils ne doivent livrer aux voituriers ni souffrir qu'ils chargent et enlèvent aucunes marchandises, sans être porteurs d'un ordre des marchands ou de leurs facteurs. (*Sentence de police* 17 *janvier* 1771.)

Les gardes-ports doivent viser les lettres de voiture des marchandises qui sortent des ports. (*Décisions ministérielles* 9 *mars* 1807 *et* 10 *février* 1812.)

Ils doivent empêcher les feux abusifs sur les ports; quand la température oblige les ouvriers à faire du feu, ils doivent en surveiller l'usage, y faire employer les bois cassés et rebuts, faire réunir deux ateliers autour du même feu, et empêcher que les ouvriers fassent leur profit particulier du restant des bois qui ont alimenté les feux du jour, et qui peuvent servir à ceux du lendemain.

Ils doivent surveiller l'emport des bois et marchandises déposés sur leurs ports ou dans l'arrondissement de leur surveillance, particulièrement de la part des mariniers, flotteurs, cordeurs, tireurs, chargeurs, et tous autres qui approchent des ports. Un arrêt de la cour royale d'Orléans du 18 janvier 1825 a décidé qu'un garde-port était personnellement responsable des marchandises dont il ne justifiait pas l'emploi.

Il est enjoint aux gardes-ports à l'approche de l'hiver, de mettre les marchandises à l'abri des inondations; de ne pas les exposer à être enlevées, en les mettant trop près du bord de l'eau. Ils empileront et surchargeront les marchandises, et feront tout ce qui dépendra d'eux pour les sauver du naufrage.

Chaque garde-port, dans toute l'étendue de son arrondissement, est tenu, en cas de crue ou de glaces, de faire garer et fermer solidement, dans les endroits les plus convenables, tous les bateaux qui pourront s'y trouver; même en cas de danger préalablement constaté, de faire décharger lesdits bateaux, et de mettre les marchandises en sûreté. Ils ne laisseront jamais garer de bateaux de charbon de terre au-dessus des bascules à poissons. (*Décisions ministérielles du* 9 *mars* 1807 *et* 10 *février* 1812.)

Dans les inondations, les gardes-ports doivent surveiller les travaux d'art qui sont dans leur arrondissement, et prévenir l'inspecteur de la navigation des dégradations que ces travaux pourraient éprouver. Ils doivent aussi le prévenir toutes les fois qu'il se fait des entreprises sur les chemins de hâlage ou sur la rivière, ou qu'il se présente quelques obstacles à la navigation.

Dans les inondations, les gardes suivront autant que possible les bois enlevés par les eaux. Ils préviendront de ces accidens l'inspecteur de la navigation, les jurés-compteurs, les propriétaires et les gardes-ports d'aval. Ils s'opposeront à l'emport des bois naufragés et autres marchandises, feront état des bois ramassés et empilés par les riverains pour leur en assurer le paiement, suivant le réglement du 9 mars 1784 (1), dresseront des procès-verbaux contre ceux qui les enlèveront, et en suivront l'effet conformément aux arrêtés des 4 et 26 nivôse an V. (Voyez Procès-verbaux, page 301.)

En cas d'inondation, les bois peuvent être enlevés et repris par les gardes-ports, par les marchands ou propriétaires, leurs commis ou préposés, sur les terres, prés, jardins, fossés et autres héritages, moulins, écluses, vannes, pertuis, etc., et lieux circonvoisins, sans aucune indemnité que le droit de repêchage, attendu l'événement de la force majeure. (*Arrêté du* 7 *floréal an IX.*)

Les gardes-ports sont chargés de veiller à ce que l'empilage se fasse conformément aux ordonnances, et ils sont responsables de la bonne confection des piles. (*Ordonnance de police* 16 *février* 1785; *Décisions ministérielles* 9 *mars* 1807 *et* 10 *février* 1812.)

Ils doivent être pourvus de décastères et de mètres. (*Instruction* 22 *pluviôse an X.*)

Ils doivent aussi, aux termes de l'arrêté du 11 juin 1825, être pourvus de chaînes pour mesurer les fagots, cotrêts, margotins, et veiller à l'exécution de cet arrêté. (Voyez page 181.)

Ils doivent, pour les bois de faix, exécuter l'arrêté du 28 mai 1816. (Voyez page 203.)

Indépendamment de l'empilage des bois, les gardes-ports sont tenus de surveiller le mesurage des charbons, tant de bois que de terre. (*Décisions ministérielles* 9 *mars* 1807 *et* 10 *février* 1812.)

Ils ne doivent déposer ni laisser déposer aucune marchandises

---

(1) Voyez ce réglement à la fin de l'ouvrage au Supplément.

sur les chemins de hâlage. Un arrêté du préfet de la Nièvre les rend responsables des délits qu'ils n'auraient pas signalés.

La rétribution due aux gardes-ports et au juré-compteur est exigible à l'enlèvement des marchandises, et si au moment de cet enlèvement le juré-compteur était absent, les gardes-ports perçoivent pour lui, à la charge de lui en compter. Il leur est défendu d'exiger de plus forts droits que ceux déterminés, à peine de destitution, et d'être poursuivis comme concussionnaires. (*Lettres patentes* 17 *juin* 1704 ; *décisions ministérielles* 9 *mars* 1807 *et* 10 *février* 1812 ; *instruction ministérielle* 22 *pluviôse an* X.)

Tarif des droits dus aux gardes-ports, en vertu des lettres-patentes du 17 juin 1704 , *sur l'Yonne, la Seine, l'Aube, la Marne, l'Oise, les Canaux, la Loire de Châtillon inclus en aval, et autres rivières affluentes à Paris :*

	à l'Arrivage.			à l'Enlèvement.		
Cotrêts et fagots, le millier.	» l.	5 s.	» d.	» l.	3 s.	9 d.
Corde de bois.	»	2	6	»	2	6
Lattes et échalas, le cent. . .	»	5	»	»	3	9
Merrain , goberge et layette , le millier.	1	10	»	1	»	»
Bois de charpente en grume , sciage, tel qu'il soit réduit à la solive, le cent.	2	»	»	2	»	»
Cerceaux réduits, le millier. .	»	5	9	»	2	6
Osier, le cent.	»	10	»	»	10	»
Bois de charronnage, la somme.	»	3	9	»	3	9
Grands cerceaux à cuve, la douz.	»	2	»	»	1	3
Étaux , la somme.	»	3	9	»	3	9
Ecille, le millier.	»	2	6	»	2	6
Bureaux, la corde.	»	2	»	»	2	»
Charbon de bois ou de terre , le muid de Paris.	»	7	6	»	7	6
Futaille, le cent.	»	8	6	»	»	»

Pour chaque bateau chalant ou toue qui seront déchirés, pour toute grandeur, vingt sous.

Pour toutes les marchandises non expliquées au présent tarif, de quelque nature qu'elles soient, il sera payé par voie ou charretée 1 sol 9 déniers.

Tarif des droits dus aux gardes - ports sur la Loire de Châtillon exclus, en amont jusqu'à St. - Rambert, fixé par décision ministérielle du 10 février 1812.

1° *Marchandises sujettes à l'empilage.*

Par 100 mètres de bois de charpente travaillé ou en grume. . . . . 1 fr. » c.

Par 100 mètres de gros sciage de chêne ou autre bois dur. . 1 fr. » c

Par *idem* de planches en chêne ou autre bois dur. . » 80

Par *idem* de voliges de tout bois dur. . . . . . . » 40

Par *idem* de planches de sapin, bois marchand. . . » 50

Par *idem* de voliges en sapin, toutes planches comptant pièce pour pièce. . . . . » 25

Par pied cube de marine et bois carrés. . . . . » 2

Par mètres de mâts et vergues. . . . . » 3

Par grand millier de merrains composé de 2,300 pieds. 3 »

Par grand millier de ganivelles de soixante-neuf cents, usage de Loire. . . . . 4 »

Par millier de bottes d'échalas et lattes. . . . . 14 »

Par millier de cercles. . . . . » 50

Par décastère de bois à brûler, usage de Paris. . . . 1 40

Par décastère de bois de cuisine et de souches. . . . 1 »

Par cent courbes de bateaux. . . . . 1 »

Par cent mètres de bois de charronnage. . . . . . . » 8

Par cent de cotrêts et fagots. . . . . » 50

Par cent bottes d'écorces.. . . . . » 60

2°. *Marchandises non sujettes à l'empilage.*

Par cent pelles à main. . . . . » 40

Par grosse de sabots. . . . . » 40

Par banne de 15 hectolitres de charbon de bois. . » 5

Par banne de charbon de terre. . . . . » 7

Par bateau neuf de 20 à 25 m. de long en bois de sapin. 1 50

Par bateau de 15 m. de long en bois de sapin. . . . 1 »

Par bateau neuf de 20 à 25 m. de long en bois de chêne. 3 »

Par bateau neuf de 15 à 20 m. de long en chêne. . 2 50

Par hectolitre de minerai. . . . . » 1

Par douzaine de bâtons de marine. . . . . » 40

Par bateau chargé en gare dans les ports et par jour.. » 3

Les marchandises sujettes à l'empilage seulement qui arriveraient sur un port d'arrivage et qui ne seraient pas empilées, paieront la demi-rétribution.

Tous les bois et planches destinés au soultrage des bateaux, et qui seraient reconnus excéder les quantités nécessaires à cette opération, seront soumis aux demii rétributions portées au précédent tarif.

Tarif des droits dus aux gardes-ports sur l'Allier, fixé par décision ministérielle du 9 mars 1807.

Par 100 mètres de bois de charpente. . . . . 1 fr. 25 c.

Par 100 mètres de bois de sciage de toute espèce. . 1 20

Par 100 mètres de planches de sapin, bois marchand. » 35

Par grand millier de traversins ou merrains. . . . 1 45

Par décastère de bois à brûler. 1 40

Par grosse de sabots. 2 80

Par millier de bottes d'échalas ou lattes. . . . . . . 8 fr. » » c.
Par millier de cercles. . . . . » 70
Par banne de charbon de terre. . . . . » » 7
Par banne de charbon de bois. . . . . » » 7
Par bateau de bois de charronnage. . . . . 5 » »
Par pied cube de merrain. . . . . » » 5

Le garde-port résidant à Choisy-le-Roi perçoit, en vertu d'une décision ministérielle du 19 avril 1823, les droits suivans :

Par train de bois à brûler ou de charpente et autres bois à œuvrer,
composé de 18 coupons, tiré ou débardé,   1 f. 50 c.

Par bateau de 16 mètres et au-dessous, quelque soit son
chargement,   1 » »

Par éclusée de charpente,   1 » »

Par touc du canal, quelque soit son chargement,   » 75

§ IV. CHEFS DES PONTS ET DES PERTUIS.

Un édit, donné à Versailles au mois d'avril 1704, rappelle que des
précédens édits de 1415, 1641, 1648 et 1652 avaient créé des offices
de maîtres des ponts et de châbleurs tant à Paris qu'en plusieurs autres
lieux et endroits des rivières de Seine, Oise, Yonne, Marne et autres
affluentes, où il y a des ponts et pertuis, avec des aides desdits
maîtres. Le même édit de 1704 confirme ces offices et en crée de nouveaux sur plusieurs points.

Les maîtres des ponts, châbleurs, maîtres des pertuis doivent faire
résidence sur les lieux, travailler en personne et avoir cordages, har-
puettes, flettes et autres équipages et agrès nécessaires pour passer
avec la diligence requise les bateaux sous les ponts et par les pertuis,
et les entretenir en bon état. En cas de retard, les maîtres des ponts,
pertuis et châbleurs sont tenus de dommages et intérêts envers les
marchands et voituriers; même demeurent responsables de la perte
des bateaux et marchandises, si le naufrage arrive auxdits ponts et
pertuis faute de bon travail (*Ordonn. de* 1672, IV, 1. *Arrêt du conseil*,
4 *juin* 1777).

Il est défendu à tous marchands ou voituriers, sous quelque prétexte que ce soit, de passer eux-mêmes les bateaux sous les ponts et
par les pertuis où il y a des maîtres établis. Les marchands et voituriers doivent s'arrêter aux gares ordinaires et avertir les maîtres des
ponts, lesquels sont tenus de passer les bateaux suivant l'ordre de leur
arrivée, sans user de préférence, à peine de dommages-intérêts (*Ord.*
1672, IV, 2. *Décision ministérielle*, 19 *floréal an* IX).

Les maîtres des ponts, des pertuis et châbleurs ne peuvent faire
commerce sur la rivière, entreprendre voitures, ni tenir taverne, ca-
baret ou hôtellerie sur les lieux, à peine d'amende pour la première
fois et d'interdiction de leurs charges en cas de récidive. (*Ord. de*
1672, IV, 5).

Les droits attribués aux maîtres des ponts, pertuis et châbleurs doivent être inscrits sur une plaque de fer blanc, laquelle sera posée au

18

lieu le plus apparent des ports et gares ordinaires (*Ord. de* 1672, IV, 4).

Les aides des maîtres des ponts doivent faire résidence au lieu de leurs établissemens et obéir ponctuellement aux ordres qui leur seront donnés par les maîtres des ponts, à peine de demeurer responsables de toutes pertes causées par leur désobéissance (*Ord. de* 1672).

CHEFS DES PONTS DE PARIS.

Un arrêté du ministre de l'intérieur, du 16 pluviôse an **XI**, avait réorganisé ce service à Paris; mais le conseil d'État ayant émis, le 22 août 1810, l'avis que les réglemens devaient être en entier soumis au chef du gouvernement pour y être statué dans la forme prescrite par les réglemens d'administration publique, un décret du 28 janvier 1811 régla de nouveau ce service à Paris.

Le décret du 28 janvier 1811, des ordonnances royales des 16 janvier 1822 et 13 août 1823, et une ordonnance de police du 19 juillet 1822, sont aujourd'hui les bases du service des ponts à Paris.

Le service du lâchage et remontage des bateaux sous les ponts de Paris, établi par décret du 28 janvier 1811 et maintenu par ordonnance du Roi du 16 janvier 1822, est donné à ferme, avec le titre de chef des ponts, par adjudication, sur soumissions cachetées et dans les formes prescrites pour les adjudications des travaux publics. L'adjudication actuelle a été faite à deux soumissionnaires pour quinze ans, qui ont commencé le 1er juin 1822 et finiront le 31 mai 1837.

Les chefs des ponts sont tenus de se fournir à leurs frais de cordages, barquettes, flettes et tous autres équipages et agrès nécessaires tant pour le service d'été que pour celui d'hiver, et de les entretenir en bon état (*Cahier des charges*).

Ils sont aussi tenus de s'adjoindre à leurs frais le nombre d'aides ou de mariniers nécessaires à leurs manœuvres pour le lâchage et le remontage des bateaux (*Cahier des charges*).

Les chefs des ponts tiennent un registre coté et paraphé par le préfet de police, sur lequel ils inscrivent jour par jour, par ordre de numéro, de date et d'heure, sans blanc, ratures ni interlignes, les déclarations qui leur sont faites à fin de lâchage (*Décret du 28 janvier 1811; Ordonn. du Roi du 16 janvier 1822, et Ord. de police du 19 juillet 1822*).

Ils doivent délivrer à chaque marchand ou voiturier un bulletin indicatif du numéro, de la date, de l'heure et de l'objet de sa déclaration (*Ordonn. de police du 19 juillet 1822*).

Ils sont tenus de descendre les bateaux selon l'ordre de date des inscriptions et dans les trois jours des déclarations. Soixante-douze heures après la déclaration, les bateaux sont à la charge et responsabilité des chefs des ponts jusqu'à ce qu'ils soient rendus au port de leur destination. Les bateaux chargés pour le compte du gouvernement sont descendus à la première réquisition (*Ord. du Roi du 16 janv. 1822*).

Il est défendu à tous autres que les chefs des ponts de passer les bateaux sous les ponts. Sont exceptés de cette disposition :

1° Les coches et allèges dépendant de l'entreprise des coches de la Haute-Seine qui seront descendus aux ports St.-Paul et de la Tournelle, ou qui en sont remontés ;

2° Les toues et bateaux de bois qui seront débardés à l'île Louviers, à l'Arsenal et au port au vin ;

5° Les margotats, bachots et doubles bachots ;

4° Les bateaux de charbon de bois, mais seulement jusqu'à la gare de la Femme-sans-Tête (*Ord. royale du* 16 *janvier* 1822).

Les chefs des ponts prendront les bateaux dans le bassin de la Rapée. Les bateaux devront être garés dans ce bassin entre la barrière de la Rapée et la patache d'amont, et ils ne peuvent y rester plus de deux jours (*Ord. du Roi* 16 *janvier* 1822; *Ord. de police du* 19 *juillet* 1822).

Les marchands de bois ont la faculté, sous l'autorisation préalable du préfet de police, de faire décharger leurs bateaux, savoir : avant la déclaration aux chefs des ponts sur tel point qu'ils jugeront convenable, et après la déclaration sur les ports du haut, si trois jours après la déclaration ils n'ont pas été descendus (*Ord. du Roi du* 16 *janvier* 1822) (1).

Les chefs des ponts sont tenus de lâcher les bateaux tant que l'eau n'a pas atteint la hauteur de 3 m. 248 (10 pieds), et les toues tant que l'eau n'a pas atteint la hauteur de 3 m. 898 (12 pieds), la hauteur de l'eau prise à l'échelle du pont de la Tournelle, les bateaux devant avoir 0 m. 385 (12 pouces) de bord, et les toues 0 m. 271 (10 pouces) (*Ord. royale du* 16 *janvier* 1822).

Ils sont tenus de lâcher les bateaux de charbon toutes les fois que le comble peut passer sous les ponts (*Ord. royale du* 16 *janvier* 1822).

Lorsque la descente des bateaux chargés de bois ne peut avoir lieu sans allège, l'allège est descendue sans frais (*Décret du* 28 *janvier* 1811).

Il est défendu aux marchands ou mariniers d'empêcher ou retarder en aucune manière le lâchage de leurs bateaux, quand leur tour est arrivé.

Les chefs des ponts peuvent lâcher sous les grands ponts tous les jours, depuis le point du jour jusqu'à la nuit, les bateaux, barquettes,

(1) Compromis passé le 9 août 1823 entre MM. les chefs des ponts et les syndic et adjoints du commerce de bois flotté en train, stipulant au nom de la compagnie.

Art. 1er. Le droit de lâchage sur les bateaux et toues chargés de bois appartenant aux marchands de Paris, qui auront été déclarés au bureau des chefs des ponts pour descendre sous les ponts et dont le lâchage n'aura point été effectué par l'ordre ou la volonté du propriétaire, sera acquitté à raison de six francs soixante-cinq centimes par chaque enregistrement, sans avoir égard au nombre de bateaux qui s'y trouvera porté.

Art. 2. Lorsqu'une partie seulement des bateaux compris dans un enregistrement aura été lâchée, les bateaux lâchés acquitteront conformément au tarif, et il sera payé un droit de six francs soixante-cinq centimes pour l'enregistrement des autres, quelqu'en soit le nombre.

Art. 5. Il est entendu que les dispositions des deux articles précédens ne seront applicables aux marchands de bois que dans le cas où ils auraient disposé de leurs bateaux ou toues depuis la déclaration et avant l'expiration du délai de soixante-douze heures à compter de cette déclaration, accordé aux chefs des ponts pour effectuer le lâchage.

toues et autres qui y descendent à l'aviron, lorsque toutefois il n'y a pas de lâchage sur corde (*Ord. de police du* 19 *juillet* 1822, *art.* 14).

Le lâchage sur corde par les grands ponts a lieu aux jours ci-après indiqués, savoir : les lundi, mercredi et samedi, lorsque la hauteur de la rivière permet de faire passer sous les petits ponts les trains de bois flotté et de bois de charpente ; dans le cas contraire, les mercredi et samedi seulement.

Dans l'un et l'autre cas, le lâchage sur corde ne peut être effectué que depuis sept heures du matin jusqu'à cinq heures du soir.

Quand le lâchage sur corde ne peut s'effectuer que les mercredi et samedi, s'il arrive que ces deux jours ne soient pas suffisans à raison de l'affluence des bateaux, les chefs des ponts s'adressent à l'inspecteur général qui est autorisé à y pourvoir (*Ord. précitée, art.* 15).

Lorsque le lâchage sur corde ne peut avoir lieu que deux fois par semaine, il ne peut être fait la veille aucun approchage (*Ord. précitée, art.* 16).

Les bateaux disposés pour être descendus sur corde sont lâchés consécutivement et sans interruption. (*Ord. précitée, art.* 17.)

Lorsque les chefs des ponts ont à effectuer un lâchage sur corde, ils sont tenus d'arborer le soir du jour précédent, et le jour même à 7 heures du matin, un drapeau au pont de la Tournelle, et un autre au pont des Tuileries, côté de la rive droite. (*Ord. précitée, art.* 18.)

Lorsqu'ils lâchent sur corde par les grands ponts en même temps qu'ils remontent par les petits ponts, ils sont tenus préalablement d'arborer deux drapeaux à chacun des ponts de la Tournelle et des Tuileries, l'un du côté de la rive droite, l'autre du côté de la rive gauche. (*Ord. précitée, art.* 19.)

Le commerce peut faire lâcher les trains de bois de chauffage ou de charpente tous les jours, même les lundi, mercredi et samedi, lorsque les chefs des ponts n'ont pas fait arborer de drapeau. (*Ord. précitée, art.* 20.)

Les chefs des ponts peuvent faire tous les jours le remontage des bateaux par le bras de rivière, dit des petits ponts, lorsqu'il n'y a pas assez d'eau pour y faire passer les trains de bois flotté ; mais quand les trains peuvent passer par les petits ponts, les chefs des ponts ne doivent y faire le remontage que les mardi et vendredi. (*Ord. précitée, art.* 21.)

Lorsque les chefs de ponts emploient des chevaux pour le remontage des bateaux, ils sont tenus de s'adjoindre des envergeurs, pareurs de cordes, afin de prévenir les accidens. (*Ord. précitée, art.* 23.)

Lorsque les chefs des ponts font des remontages, dans le temps où le lâchage des trains peut se faire par les petits ponts, ils arborent un drapeau au pont de la Tournelle, et un autre au pont des Tuileries, côté des petits ponts. (*Ord. précitée, art.* 24.)

Le remontage des bateaux doit être annoncé, la veille au soir, par un drapeau placé au pont de la Tournelle, et un autre au pont des Tuileries, côté de la rive gauche. (*Ord. précitée, art.* 25.)

Les propriétaires qui veulent faire remonter leurs bateaux vides, en font, aussitôt la vidange, la déclaration, 1° aux chefs des ponts, 2° à l'inspecteur du port. Cette déclaration est inscrite par les chefs des ponts, jour par jour, par ordre de numéro, de date et d'heure, sans blancs, ratures, ni interlignes, sur un registre coté et paraphé comme celui des déclarations pour lâchage. Les chefs des ponts donnent acte de l'inscription de ces déclarations. (*Décret 28 janvier* 1811. *Ordon. roy.* 16 *janvier* 1822, *et de Police du* 19 *juillet* 1822.)

Ils sont tenus de remonter jusqu'au bassin de la Rapée les bateaux déclarés dans les trois jours de la déclaration. Lorsque la saison peut faire craindre les glaces, c'est-à-dire depuis le 15 novembre jusqu'au 15 février, ils sont tenus de remonter les bateaux dans les 24 heures qui suivront la déclaration, quelqu'en soit le nombre. (*Ord. roy.* 16 *janvier* 1822.)

Après les trois jours de la déclaration, dans les temps ordinaires, et après les 24 heures de la déclaration, depuis le 15 novembre jusqu'au 15 février, les chefs des ponts sont responsables des bateaux jusqu'à ce qu'ils soient rendus à leur destination. (*Ord. roy.* 16 *janvier* 1822.)

Lorsqu'il y a trois bateaux vides dans les ports du bas, les chefs des ponts sont tenus de les remonter sans délai, quand même il n'aurait pas été fait de déclaration à fin de remontage. Dans ce cas, il en est fait mention sur le registre des déclarations, et les chefs des ponts sont tenus, si la chose est nécessaire, de faire deux barrages chaque jour de remontage. Deux toues ou barquettes comptent pour un bateau. (*Décret 28 janvier* 1811, *et Ord. de Police* 19 *juillet* 1822.)

Le salaire des chefs des ponts est établi tant pour le lâchage que pour le remontage, y compris sans exception toutes les manœuvres de bord et de terre, conformément au tarif dont la teneur suit, et dont les prix ont été fixés par *Ordonnances royales* des 16 *janvier* 1822 et 13 *août* 1823.

Les chefs des ponts doivent faire transcrire à leurs frais le tarif sur des plaques de fer blanc, lesquelles seront posées aux endroits les plus apparens des ponts, des gares et des bureaux. (*Ord. roy. du* 16 *janvier* 1822.)

PORTS OU LES BATEAUX SERONT CONDUITS, DEPUIS LA GARE DE LA RAPÉE.	OBJET du Service.	TOUES de charbon de terre.		BARQUETTES de 20 mètres, et au-dessous, et Toues de bois.		BARQUETTES au-dessus de 20 m., et Toues de charb. de bois et marchandises.		BATEAUX de 20 à 28 mètres.		BATEAUX de 28 à 38 mètres.		BATEAUX au-dessus de 35 m.		OBSERVATIONS.
		fr.	c.	fr.	c.	fr.	c.	fr.	c.	fr.	c.	fr.	c.	
La Tournelle.	Lâch.	9	50	6	65	11	40	14	25	17	10	18	90	Les Bateaux de bois seulement qui seront descendus à fausse charge à la Conférence, au-dessus du pont Louis XVI, paieront, savoir :
	Rem.	7	60	4	75	7	60	8	55	9	50	10	50	
Saint-Paul.	Lâch.	11	40	7	60	17	55	17	10	19	95	22	55	
	Rem.	8	55	5	70	10	55	9	50	10	45	10	55	
Miramiones.	Lâch.	11	40	7	60	17	55	19	»	22	80	25	75	Par Bateau.
	Rem.	8	55	5	70	10	55	9	50	14	25	15	20	
Grève ou place aux Veaux.	Lâch.	11	40	7	60	17	10	22	80	28	50	31	50	Lâchage 60 fr. 80 c. Remont. 24 70
	Rem.	11	40	7	60	11	40	14	25	22	»	21	»	Par Toue.
Bassin du Pont-Neuf.	Lâch.	19	95	13	30	28	50	52	25	62	70	65	30	Lâchage 18 fr. 05 c. Remont. 14 25.
	Rem.	11	40	7	60	11	40	25	25	28	80	25	20	
Quai d'Orsay ou de la Conférence, au-dessus du pont Louis XVI.	Lâch.	22	80	15	20	32	30	57	»	70	30	77	70	
	Rem.	17	10	11	40	17	10	19	»	24	70	27	50	
Quai des Invalides ou de la Conférence, au-dessous du pont Louis XVI.	Lâch.	25	65	17	10	38	»	61	75	85	50	94	50	La longueur des bateaux s'entend de celle produite par une ligne droite tirée de la poupe à la proue, sans égard à la largeur. (Arrêt du Conseil d'État, 15 mars 1826.)
	Rem.	19	»	12	35	17	10	23	75	26	60	29	40	
Ile des Cygnes, ou grille de la Conférence.	Lâch.	28	50	19	»	39	90	66	50	90	31	99	75	
	Rem.	19	50	12	35	19	95	28	50	26	»	34	65	

Les chefs des ponts sont tenus de se conformer audit tarif pour la perception de leurs salaires, et ce, sous peine de la cassation de leur bail sans indemnité, comme aussi sous les peines portées par les art. 52 et 53 de la loi du 6 frimaire an VII; lesquelles peines seront, quant à la restitution, prononcées en conseil de préfecture, et pour le surplus, par les tribunaux qui doivent en connaître. (*Cahier des charges.*)

Néanmoins toute convention particulière entre les chefs des ponts et le commerce qui aurait pour objet une diminution dans le prix de main-d'œuvre, peut être exécutée. (*Cahier des charges.*)

Les chefs des ponts ont la faculté de faire poursuivre conformément aux art. 56, 57, 58 et 61 de la loi du 6 frimaire an VII, toute personne qui refuserait le paiement desdits salaires. (*Cahier des charges.*)

Les chefs des ponts sont responsables envers les personnes dont les bateaux et marchandises leur auront été confiés, 1° de leurs manœuvres et de celles de leurs aides ou mariniers; 2° des retards qu'ils apporteraient à descendre ou remonter les bateaux. Leurs équipages et agrès sont spécialement, et en premier ordre, affectés à cette responsabilité. (*Décret du 28 janvier 1811.*)

Ceux des chefs des ponts, de leurs aides ou mariniers, qui seraient prévenus d'avoir à dessein mis en péril les bateaux et marchandises, peuvent être traduits devant les tribunaux. Les chefs des ponts sont également responsables des condamnations pécuniaires prononcées contre leurs agens. (*Cahier des charges.*)

A l'effet de ce qui est dit ci-dessus, les chefs des ponts sont tenus de viser, en recevant la déclaration de lâchage, les lettres de voiture constatant, 1° la quantité et qualité des marchandises confiées à leur conduite; 2° le lieu du chargement et du départ, celui de la destination et le nom du conducteur. (*Cahier des charges.*)

A défaut de la part des mariniers et conducteurs de bateaux et marchandises d'exhiber lesdites lettres de voiture, les chefs des ponts ne sont, en cas de naufrage ou autre accident, responsables que des marchandises qu'ils déclareront eux-mêmes avoir composé le chargement du bateau naufragé ou avarié; sauf néanmoins le cas où les propriétaires des bateaux et marchandises auraient fait constater légalement le refus de la part des chefs des ponts d'apposer le visa dont il s'agit. (*Cahier des charges.*)

Les chefs des ponts et leurs agens sont tenus de se conformer à tous les réglemens de l'octroi de Paris, et de ne descendre ni remonter aucuns objets assujétis aux droits, sans être porteur d'une expédition régulière émanée de la direction de l'octroi, sous peine d'être personnellement et solidairement responsables des amendes et confiscations prononcées par la loi. (*Cahier des charges.*)

CHEFS DES PONTS DE LA HAUTE-SEINE.

Arrêté contenant organisation du service des ponts et de la navigation de la rivière de Haute-Seine, depuis Paris jusqu'à Montereau, savoir : aux ponts de Corbeil, Melun, Samois et Montereau ; ladite organisation faite par le Commissaire général de la navigation sous la date du

11 *vendémiaire an* **X**, *en vertu des pouvoirs à lui donnés par le ministre de l'intérieur.*

Le service des ponts de Corbeil, Melun, Samois et Montereau pour les bateaux, traits et coches montans, sera fait par un chef de pont châbleur. Le service des chefs des ponts châbleurs demeure établi en conformité du tableau général ci-annexé; les prix seront inscrits sur une plaque de fer blanc, qui sera posée au lieu le plus apparent du pont ou de la gare, conformément à l'article 4 du chapitre IV de l'ordonnance de 1672.

Toute perception qui serait exigée d'une manière contraire audit tarif, sera punie de la destitution, et le délinquant traduit devant les tribunaux, en restitution. S'il y avait lieu par suite à ordonner quelques changemens ou modifications dans les prix, on ne le pourra que d'après une décision du ministre de l'intérieur, prise sur les informations nécessaires.

Les chefs des ponts châbleurs sont responsables des manœuvres envers les citoyens dont les bateaux et marchandises leur sont confiés, conformément aux articles 1 et 6 du chapitre IV de l'ordonnance de 1672 : s'ils étaient fortement inculpés d'avoir à dessein mis en péril les bateaux et marchandises qui doivent remonter les ponts, ou causé quelques dommages auxdits bateaux, marchandises, cordages et agrès, ils pourront être destitués, et, selon l'exigence des cas, traduits devant les tribunaux.

Les chefs des ponts sont tenus de passer les bateaux à leur tour, selon l'ancien ordre; ils sont responsables des retards qu'ils feront éprouver aux marchands et mariniers : les coches, comme voitures publiques, auront toujours la préférence.

Les chefs des ponts seront tenus de faire le service depuis l'aurore jusqu'au crépuscule, pour les traits et bateaux montans; et pour les coches, à toute heure de nuit.

Les chefs des ponts châbleurs, sous leur responsabilité, seront tenus de prévenir l'inspecteur de la navigation de tout ce qu'ils croiront contraire au bien du service : l'inspecteur surveillera à son tour la conduite desdits chefs, et rendra du tout un compte exact au ministre de l'intérieur et au commissaire général de la navigation. Lesdits chefs des ponts sont également tenus, conformément aux articles 5 et 6 du chapitre IV de l'ordonnance précitée, de donner avis de toutes les entreprises qui pourraient être faites sur le lit de la rivière, et qui seraient parvenues à leur connaissance.

Il sera délivré des commissions aux chefs des ponts châbleurs nommés, lesquels fourniront, à la première réquisition qui leur en sera faite par le commissaire général de la navigation, un cautionnement en immeubles de la valeur de 6,000 francs; laquelle caution sera reçue par-devant l'autorité compétente.

PONT DE CORBEIL. — Le chef du pont prendra les bateaux, traits et coches en place au port Saint-Gueneau dans les eaux hautes, et dans les basses eaux, 72 m. au-dessous. Il les rendra d'eaux basses à l'arquebuse; et dans les eaux hautes, il montera les traits deux longueurs de bateaux plus loin, de manière que le bateau du mât et la supente seront montés au-dessus de l'arquebuse et le pont toujours vide.

Les hunes nécessaires au montage seront toujours lâchées à l'arrivée en place des traits, coches et bateaux, de manière à ce que le service n'éprouve jamais de retard; et en cas de montage par le grand pont, le chef du pont, indépendamment des hunes, fournira la corde d'épart.

Le chef du pont fournira pour les manœuvres quatre hommes expérimentés et un gareur.

Pour assurer le service d'une manière plus particulière, le chef du pont sera tenu d'avoir toujours en réserve le double des équipages nécessaires au remontage des bateaux, traits et coches. Il sera tenu d'en faire la représentation à toute réquisition à l'inspecteur de la navigation, qui en fera la reconnaissance, et constatera, outre l'existence, l'état dans lequel les équipages seront trouvés. Le chef du pont sera également tenu d'en faire la représentation à tous les propriétaires de bateaux et de coches, et aux monteurs de traits.

Le chef du pont percevra, pour le salaire des hommes employés au montage, le gareur compris, fourniture de hunes et cordes d'épart lorsqu'il en sera besoin, 2 fr. par courbe de chevaux employés au tirage, ci. . . . . 2 f. »» c.

Lorsqu'on fera du trait à plusieurs fois, il sera payé pour le second tirage 1 fr. 50 cent. par courbe, ci. . . .   1   50

Pour le troisième et suivans, 1 fr. 25 c. par courbe, ci.   1   25

Et par courbe, à raison du nombre de chevaux qui auront amené le coche en place, 1 fr. 90 cent., ci. . . .   1   90

Le chef du pont n'ayant aucune manœuvre à faire sur les bateaux et coches avalans, il ne lui sera rien payé, sauf le cas où par suite il serait chargé des retouriers; alors les prix en seront fixés.

PONT DE MELUN. — Le chef du pont prendra les bateaux à deux longueurs de bateaux (72 mètres) au-dessous de la tour, et les rendra à la maison Noël, au-dessous du Moteau, de manière que le pont soit vide.

Les hunes nécessaires au montage seront toujours lâchées à l'arrivée en place des traits, coches et bateaux, de manière que le service n'éprouve jamais de retard; et en cas de montage par le grand pont, le chef du pont, indépendamment des hunes, fournira la corde d'épart.

Le chef du pont fournira, outre les hunes nécessaires, trois hommes pour les manœuvres, et un gareur.

Pour assurer le service d'une manière plus particulière, le chef du pont sera tenu d'avoir toujours en réserve le double des équipages nécessaires au remontage des bateaux, traits et coches. Il sera tenu d'en faire la représentation, à toute réquisition, à l'inspecteur de la navigation, qui en fera la reconnaissance, et constatera, outre l'existence, l'état dans lequel les équipages seront trouvés. Le chef du pont sera également tenu d'en faire la représentation à tous les propriétaires de bateaux et coches, et aux monteurs de traits. Il aura toujours en activité de service, outre la réserve ci-dessus déterminée, trois hunes, une à huit chevaux, une à douze, et une à dix-huit.

Le salaire du chef du pont, main-d'œuvre, fourniture de hunes et gareur compris, est fixé à 2 fr. 50 c. par courbe, ci.　2 f. 50 c.

Lorsqu'on fera du trait à plusieurs fois, la taxe sera la même pour chaque tirage.

Il pourra en être fait en deux fois sur un trait à huit chevaux, trois fois sur un trait à douze, lorsque les bateaux seront vides, et à quatre fois à charge; et pour un trait à dix-huit chevaux, il en sera fait à quatre fois.

Par courbe de chevaux qui auront amené en places les coches de Briare, Montereau, Sens et Nogent, compris un homme seulement à fournir pour les manœuvres, et un gareur, 2 fr. 35 cent., ci. . . . .　2　35

Et pour le coche d'Auxerre, compris les bateaux qui le suivent ordinairement, il sera payé la même taxe par courbe; mais les courbes seront comptées à raison des chevaux employés au tirage sur la hune.

Le chef du pont n'ayant aucune manœuvre à faire sur les bateaux et coches avalans, il ne lui sera rien payé, sauf le cas où par suite il serait chargé des retouriers; alors les prix en seront fixés.

PONT DE SAMOIS. — Le chef du pont aura toujours en magasin une hune à douze chevaux pour les cas où elle deviendrait nécessaire. Il sera toujours pourvu d'un bachot.

Le chef du pont fournira un gareur, que le montage se fasse, soit du côté de Samois, soit du côté d'Héricy. Dans l'un ou l'autre cas, il ira au-devant des traits jusqu'à Barbeau, et il aidera aux manœuvres à faire dans la traverse au-dessus des îles, et au besoin jusqu'à Valvins.

Le chef du pont n'aura aucun service à faire sur les coches, soit qu'ils montent du côté de Samois, soit qu'ils montent par Héricy.

Il sera payé au chef du pont, par courbe de chevaux employés au tirage sur les traits et bateaux montans (le service des coches excepté), et pour toutes manœuvres, compris le gareur, 75 centimes, ci . . . .　75 c.

Le chef du pont n'ayant aucune manœuvre à faire sur les bateaux et coches avalans, il ne lui sera rien payé, sauf le cas où par suite il serait chargé des retouriers; alors les prix en seront fixés.

PONTS DE MONTEREAU. — Les hunes nécessaires au montage seront toujours lâchées à l'arrivée en place des traits, coches et bateaux, de manière à ce que le service n'éprouve jamais de retard; et en cas de montage par le grand pont, le chef des ponts, indépendamment des hunes, fournira la corde d'épart.

Le chef châbleur fournira un homme pour les manœuvres, et un gareur, outre les hunes, au besoin.

Pour assurer le service d'une manière plus particulière, le chef des ponts sera tenu d'avoir toujours en réserve le double des équipages nécessaires au remontage des bateaux, traits et coches. Il sera tenu d'en faire la représentation, à toute réquisition, à l'inspecteur de la navigation, qui en fera la reconnaissance, et constatera, outre l'existence, l'état dans lequel ces équipages seront trouvés. Le chef des ponts sera également tenu d'en faire la représentation à tous les propriétaires des bateaux et coches, et aux monteurs de traits.

Le coche passant par le pont de Seine avec sa corde du mât et ses mariniers, le chef du pont n'aura aucun service à faire sur cette voiture pour le montage du coche de Nogent par ledit pont.

Pont d'Yonne. — Il sera payé par courbe de chevaux, l'homme de renfort, le gareur et fourniture de hunes au besoin compris, 1 franc, (1) ci . . . . 1 f. » » c.

Si l'on fait du trait à plusieurs fois, la taxe sera la même pour chaque tirage

Par chaque courbe de chevaux employés sur les coches, 90 cent., ci . . . . » 90 c.

Pont de Seine. — Par chaque courbe de chevaux, lorsque le chef du pont fournira la hune, 1 fr., ci . . . . 1 » »

Et lorsqu'il ne fournira pas de hune, 60 cent., ci . . . » 60

Le chef des ponts n'ayant aucune manœuvre à faire sur les bateaux et coches avalans, il ne lui sera rien payé, sauf les cas où par suite il serait chargé des retouriers ; alors les prix en seront fixés.

En conséquence de la décision du ministre de l'intérieur du 19 floréal an IX, et conformément à l'article 2 du chapitre IV de l'ordonnance non abrogée de 1672, il est défendu aux mariniers fréquentant la rivière de Seine au-dessus de Paris, de se passer eux-mêmes, soit de jour, soit de nuit, dans les lieux où il y a des chefs de pont établis, sous les peines portées par ledit article : il leur est enjoint de se ranger aux approches des ponts, dans les gares ordinaires, et de se conformer au tarif ci-dessus pour la prestation du droit. L'inspecteur de la navigation qui aura eu connaissance d'une contravention aux dispositions de l'article sus-énoncé, s'il se trouve sur les lieux, sera tenu de la réprimer sur-le-champ ; et dans le cas contraire, il prescrira au chef du pont le plus voisin de tenir en consignation les bateaux dont le conducteur aurait donné lieu à des plaintes, jusqu'à ce qu'il ait été pris des mesures propres à assurer la réparation de la contravention ou du délit.

Tous mariniers ou propriétaires de bateaux doivent être porteurs de lettres de voiture, constatant, en conformité des articles 8 et 9 du chapitre II de l'ordonnance précitée, la quantité et la qualité des marchandises, le lieu du chargement, celui de la destination, le nom du propriétaire, celui du conducteur, et le lieu du départ. Il pourra être pris, selon les cas, des mesures de sûreté contre ceux qui seraient trouvés sans papiers, refuseraient d'exhiber ceux dont ils sont porteurs, ou se permettraient des injures ou voies de fait à l'égard des agens de la navigation.

(1) Une décision ministérielle du 7 septembre 1826 a fixé le tarif pour le pont d'Yonne à 1 fr. 50 c. par courbe.

Le ministre de l'intérieur, vu l'acte du commissaire général de la navigation d'approvisionnement, du 11 vendémiaire an X, relatif à la réorganisation du service au passage des ponts de Corbeil, Melun et Montereau, et au passage de l'ancien pont de Samois, homologue ledit acte, pour être exécuté selon sa forme et teneur.

Pour assurer l'exécution de l'article qui prescrit à chacun desdits maîtres la présentation d'un cautionnement en immeubles, le commissaire général de la navigation, et, à son défaut, l'inspecteur de l'arrondissement, seront tenus d'y tenir la main, et autorisés à former sur lesdits immeubles, pour la sûreté de la navigation et du commerce, toutes inscriptions hypothécaires aux frais des pourvus. Cette disposition est rendue commune sur les diverses rivières d'approvisionnement à tous les cas où il serait décidé qu'il y a lieu à cautionnement pour la sûreté de la navigation et du commerce. La présente décision sera imprimée ensuite de l'acte dudit jour 11 vendémiaire, publiée et affichée partout où besoin sera.

Paris, le 5 nivôse an X.   *Signé*, CHAPTAL.

PONT DE VALVINS. — L'établissement d'un chef de pont à Valvins eut lieu provisoirement, en vertu d'une décision ministérielle du 25 novembre 1811. Depuis est intervenu une nouvelle décision ministérielle du 1er octobre 1825, qui a rendu l'établissement du chef de pont définitif, a supprimé le droit d'avalage, et a fixé à 1 fr. 50 c. par courbe de chevaux le droit dû pour les traits et bateaux montans, compris fourniture de hune, cordages, bachots, les hommes nécessaires pour les manœuvres, et le gareur au besoin.

PONT DE BRAY-SUR-SEINE. — Sur la demande de la marine et le rapport de M. le directeur général des ponts et chaussées et des mines, S. Ex. le ministre de l'intérieur a, par décision du 23 juin 1827, institué un chef de pont châbleur à Bray (Seine-et-Marne), à l'instar de ceux établis pour les autres ponts sur la Haute-Seine et sous les mêmes mesures de police.

Le chef du pont est tenu de prendre les traits, coches, bateaux, toues et margotats montant à la gare d'aval, et les monter d'amont le pont, de manière qu'il y ait une distance de 50 mètres entre l'arche marinière et le dernier bateau du trait. Il doit prendre les bateaux, coches et toues qu'il lâche sur cordes, à la gare d'amont et les descendre à la gare d'aval.

Les monteurs à col sont dispensés d'employer les secours du chef du pont pour le passage de leurs margotats et bachots; néanmoins pour que l'ordre de passage ne soit ni troublé ni interverti, il ne peuvent effectuer le montage qu'avec l'autorisation du chef de pont.

Taxe du montage. — Il sera payé au chef de pont châbleur par courbe employée au tirage, y compris tous les hommes et agrès nécessaires aux manœuvres, 2 fr., ci . . . . 2 fr. » c.

Par coche, y compris les margotats et bachots à sa suite, 6 fr., ci . . . . 6 »

Par flute, y compris les bachots et margotats à sa suite, 4 fr., ci . . . . 4 »

Taxe de l'avalage. — Les bateaux, coches, toues et flutes seront lâchés sur cordes ; il sera payé au chef de pont châbleur qui doit fournir, comme pour les montans, les hommes et agrès nécessaires à la manœuvre, savoir :

Par grand bateau. . . . . 14 fr. » c.
Par demi-bateau. 10   »
Par coche. 8   »
Par toue ou flute. 6   »

Toutes les dispositions de l'ordonnance de 1672 énoncées dans la décision ministérielle du 5 nivôse an X, relative aux ponts sur la Haute-Seine, sont applicables au pont de Bray-sur-Seine.

CHEFS DES PONTS ET PERTUIS SUR LA BASSE-SEINE DE PARIS À ROUEN.

Une décision du ministre de l'intérieur, du 19 floréal an IX, contenant des mesures répressives contre les infractions portées aux arrêtés réglementaires, relatifs au service des ponts et de la navigation sur la rivière de Seine, entre Paris et Rouen, porte :

ART. 1er. Conformément à l'art. 2 du chapitre IV de l'ordonnance non abrogée de 1672, il est défendu aux mariniers fréquentant la basse Seine, de se passer eux-mêmes, soit de jour ou de nuit, dans les lieux où il y a des chefs de ponts et pertuis établis, sous les peines portées par ledit article ; il leur est enjoint de se ranger, aux approches des ponts et pertuis, dans les gares indiquées par l'arrêté réglementaire des 5, 6, 7 et 8 thermidor an VII, et de se conformer, pour la prestation du droit, au tarif indiqué tant audit arrêté qu'en celui du 14 messidor précédent.

2. L'inspecteur de la navigation qui aura eu connaissance d'une contravention commise aux dispositions de l'art. 1er, sera tenu, s'il se trouve sur les lieux, de la réprimer sur-le-champ, et, dans le cas contraire, il prescrira au chef du pont le plus voisin, et notamment à celui du passage de Vernon, de tenir en consignation le bateau montant ou avalant dont le conducteur aurait donné lieu à des plaintes, jusqu'à ce qu'il ait été pris des mesures propres à assurer la réparation de la contravention ou du délit.

3. Tous mariniers ou conducteurs doivent être porteurs de lettres de voiture, constatant, conformément aux articles 8 et 9 de l'ordonnance précitée, la quantité et qualité des marchandises, le lieu du chargement, celui de la destination, le nom du propriétaire, celui du conducteur, et le lieu du départ ; il pourra être pris, selon les cas, des mesures de sûreté contre ceux qui seraient trouvés sans papiers, refuseraient d'exhiber ceux dont ils seraient porteurs, se permettraient des injures ou des voies de fait à l'égard des agens de navigation.

Par plusieurs décisions du ministre de l'intérieur, l'organisation du service des ponts et pertuis de la Seine de Rouen à Paris, faite par le commissaire général de la navigation, a été approuvée, et le tarif des rétributions des chefs et aides a été arrêté ainsi qu'il suit :

PONT DE SÈVRES. — Taxe du chef. — Par courbe de chevaux sur les bateaux montans chargés. . . . . 0,63 c.

Par bateau et toue avalant et aussi chargés. . . . . 0,63 c.

Par train . . . . 0,63 c.

Taxe des aides. — Par bateau montant et chargé . . . . . 0,25 c.

Par bateau et toue montant et chargé . . . . 0,25 c.

Par train. . . . . 0,25 c.

PONT DE SAINT-CLOUD. — Taxe du chef. — Par courbe de chevaux de rhun sur tous bateaux montans chargés et à vide . . . . . 0,63 c.

Par bateau chargé avalant, de 16 à 36 mètres . . . . 0,63 c.

Idem   de 36 à 60 m. . . . . 1,65 c.

Par toue. . . . . 0,63 c.

Par train . . . . 0,63 c.

Taxe des aides. — Par courbe de chevaux de rhun billés sur les bateaux montans ,   1,25 c.

Par bateau avalant et chargé, de 16 à 36 m.   3,00 c.

Idem   de 36 à 60 m.   5,00 c.

Par toue ,   0,63 c.

Par train ,   0,63 c.

PONT DE NEUILLY. — La taxe pour le chef et l'aide est la même qu'au pont de Sèvres, même page.

PONT D'ASNIÈRES. — Une décision ministérielle du 25 juin 1825 a établi un chef et deux aides.

	Tarif du chef.	Tarif des aides.
Par bateau montant chargé et à vide , par courbe.	0,63 c.	0,50 c.
Par bateau avalant chargé , par courbe de chevaux qui auraient été billés sur le même bateau montant.	0,63 c.	0.50 c.
Par toue descendant chargée.	0,63 c.	0,50 c.

Les bateaux avalant vides ne doivent rien au chef ni aux aides.

PONT DE BEZONS. — La taxe pour le chef et les aides est la même que pour le pont de Sèvres, même page.

PERTUIS DE LA MORUE. — Taxe du chef. — Par courbe de chevaux billés sur un bateau , 80 centimes.

Un bateau avalant, qui sera chargé, paiera la moitié du droit qu'il aurait payé en montant.

PONT DE CHATOU. — La taxe du chef et celle de l'aide est la même que pour le pont de Sèvres, même page.

PONT DU PECQ. — La taxe du chef et celle de l'aide est la même que pour le pont de Sèvres, même page.

PONT DE MAISONS. — Nous n'avons pu nous procurer ce tarif.

Pont de Poissy. — Taxe du chef :

Bateaux montans de 16 à 28 m. . . . . 2 f. 10 c.
——————— de 30 à 36 . . . . 2 70.
——————— de 38 à 42 . . . . 3 75.
——————— de 44 à 48 . . . . 4 50.
——————— de 50 à 54 . . . . 5 70.
——————— de 56 à 60 . . . . 6 75.

Pour les avalans chargés et les montans à vide, pour chaque classe de bateaux, le tiers.

Taxe des aides :

Pour un bateau montant et chargé, de 16 à 22 m. . . . . of. 12 c.
——————————————— de 22 à 28 . . . . . . 0 14.
——————————————— de 30 à 36 . . . . . . 0 18.
——————————————— de 38 à 42 . . . . . . 0 21.
——————————————— de 44 à 48 . . . . . . 0 23.
——————————————— de 50 à 54 . . . . . . 0 25.
——————————————— de 56 à 60 . . . . . . 0 27.

Et pour les bateaux avalans chargés et les montans à vide, le quart du tarif ci-dessus par chaque classe.

Pont de Meulan. — Taxe du chef. — Elle est la même que pour le pont de Poissy, même page.

Taxe des aides. — Elle est la même que pour le pont de Poissy, même page.

Pont de Mantes. — Taxe du chef. — Elle est la même que pour le pont de Poissy, même page.

Taxe des aides. — Elle est la même que pour le pont de Poissy, même page.

Pont de Vernon. — Taxe du chef. — Elle est la même que pour le pont de Poissy, même page.

Taxe des aides pour les bateaux montans et chargés :

Pour un bateau de 16 à 22 mètres. . . . . » fr. 20 c.
——————— de 22 à 28 . . . . » 30
——————— de 30 à 36 . . . . » 35
——————— de 38 à 42 . . . . » 39
——————— de 44 à 48 . . . . » 42
——————— de 50 à 54 . . . . » 45
——————— de 56 à 60 . . . . » 48

Et pour les avalans chargés, par classe, un quart des prix ci-dessus.

Les voituriers par eau sont libres de descendre leurs bateaux à vide sans le concours des aides ; mais s'ils les appellent, ils doivent le tiers du tarif ci-dessus.

Pertuis de Gourdaine. — Nous n'avons pu nous procurer ce tarif.

Pertuis de Pose. — Taxe du chef. — Elle est la même que pour le pont de Poissy, même page.

Taxe des aides, pour les bateaux montans chargés :

Pour un bateau de 16 à 22 mètres............ » fr. 25 c.
——————— de 22 à 28................ » 50
——————— de 30 à 36................ » 55
——————— de 38 à 42................ » 40
——————— de 44 à 48................ » 45
——————— de 50 à 54................ » 50
——————— de 56 à 60................ » 55

Et pour les bateaux avalans chargés, et ceux montans à vide, le quart des prix ci-dessus.

PONT DE PONT-DE-L'ARCHE. —Taxe du chef.—Elle est la même que pour le pont de Poissy, page 287.

Taxe des aides, pour les bateaux montans et chargés :

Pour un bateau de 16 à 22 mètres........... » fr. 20 c.
——————— de 22 à 28............... » 25
——————— de 30 à 36............... » 30
——————— de 38 à 42............... » 34
——————— de 44 à 48............... » 38
——————— de 50 à 54............... » 41
——————— de 56 à 60............... » 43

Et pour les montans à vide, le quart du tarif ci-dessus pour chaque classe de bateaux.

PERTUIS DE MARTOT. — Taxe du chef. — Comme pour le pont de Poissy, page 287.

Taxe des aides, pour les bateaux montans et avalans chargés :

Bateaux de 16 à 28 mètres................ 2 fr. 25 c.
——— de 30 à 36.................... 3 » »
——— de 38 à 42.................... 3 60
——— de 44 à 48.................... 4 50
——— de 50 à 54.................... 5 50
——— de 56 à 60.................... 7 50

Pour les montans à vide pour chaque classe de bateaux, la moitié.

CHEFS DES PONTS SUR L'OISE ET SUR L'AISNE.

PONT DE SOISSONS.—Taxe du chef, selon la décision du 5 mai 1808 : Pour chaque bateau descendant ou montant chargé ou vide, sans désignation de grandeur, 3 fr. par courbe de chevaux employés à remonter la Seine................... 3 fr. » » c.

Pour flotte séparée du bateau, descendant et chargé. . 1 » »

Pour bateau vide montant à la gare d'aval du port de Soissons.............................. 1 75

Pour chaque bateau montant chargé à la gare d'aval du port de Soissons, par courbe.............. 2 25

Pour chaque train de charpente et autres bois. . . . . 1 fr. » c.

Taxe des aides :

Pour chaque bateau descendant ou montant le pont, chargé ou vide, sans distinction de grandeur, et par courbe de chevaux employés pour remonter la Seine. . . 3 »

Pour chaque bateau vide montant de la gare d'aval au pont de Soissons. 1 50

Pour chaque bateau chargé montant la gare d'aval jusqu'au port de Soissons, par courbe. . . . . 2 »

Pour chaque bateau chargé descendant le pont de Soissons, par courbe. . . . . 2 »

PONT DE SEMPIGNY. — Taxe du chef : pour les bateaux de 20 mètres de long et au-dessus, chargés. . . . . 2 fr. 50 c.

Pour les bateaux montans et avalans, à vide. 1 75

Pour chaque train. . . . . » 75

Taxe des aides : pour les bateaux montans et avalans de 20 mètres de long chargés, par courbe de chevaux. . 3 »

Pour les bateaux vides montans et avalans, par courbe 2 25

La taxe se perçoit sur les bateaux avalans chargés, à raison du nombre de chevaux qu'il faudrait pour les monter.

PONT DE COMPIÈGNE. — Taxe du chef pour les bateaux montans et avalans :

Par bateau de 18 à 24 mètres. . . . . » fr. 63 c.

———— de 26 à 28. . . . . » 75

———— de 30. . . . . » 88

———— de 32. . . . . 1 »

———— de 34. . . . . 1 25

———— de 36. . . . . 1 50

———— de 38. . . . . 1 75

———— de 40. . . . . 2 »

———— de 42. . . . . 2 40

———— de 44. . . . . 2 75

———— de 46. . . . . 3 25

———— de 48. . . . . 3 75

Les bateaux excédant 48 mètres payeront 25 centimes d'excédant par mètre.

Les fluttes et barquettes chargées, tant en montant qu'en descendant, payeront, savoir :

de 8 mètres. » fr. 20 c.

— 10. . . . . » 25

— 12. . . . . » 33

— 14. . . . . » 40

— 16. . . . . » 48

— 18. . . . . » 55

— 20. . . . . » 63

Les bachots et nacelles, tant à vide que chargés, montans et avalans :

de 6 mètres de long. » fr. 15 c.
  8. . . . . » 20
  10. . . . . » 25

Les bateaux, les fluttes et barquettes montans et avalans à vide paieront le tarif ci-dessus.

Les trains de bois de charpente, de sciage, de bois à brûler, paieront, savoir :

de 40 mètres. . . . . » fr. 75 c.
  42. . . . . » 80
  44. . . . . » 85
  46. . . . . » 90
  48. . . . . » 95
  50. . . . . 1 »
  52. . . . . 1 5
  54. . . . . 1 10
  56. . . . . 1 15
  58. . . . . 1 20
  60. . . . . 1 25
  62. . . . . 1 30
  64. . . . . 1 40
  66. . . . . 1 45
  68. . . . . 1 55
  70. . . . . 1 65

Taxe des aides : sur les bateaux chargés et montant, par courbe de chevaux. 1   25
    Les bateaux avalans chargés paieront également par courbe. 1   25

Mais le nombre en sera compté si le bateau remontait la rivière de Seine, sans avoir égard au nombre de chevaux employés à la descente : par exemple, si c'est un marnois sur lequel il faudrait six chevaux pour le monter de Conflans à Paris, ce qui fait trois courbes, on paiera trois fois 1 fr. 25 c. ou 3 fr. 75, ainsi des autres ; dans le prix des avalans est compris la conduite du bateau que les aides doivent conduire jusqu'au dessous du pertuis de Venette.

PONT DE SAINTE-MAXENCE. — Taxe du chef. — La même qu'au tarif de Compiègne, page 389.

Taxe des aides : par courbe de chevaux sur les bateaux chargés et montant. 1 fr. »
    Par courbe de chevaux sur les bateaux avalans chargés. 1   »

Le nombre des courbes sera compté comme si le bateau remontait la Seine.

Les bateaux vides paieront en descendant sur le nombre de courbes de chevaux qu'on emploierait à le remonter à vide.

Pont de Creil. — Taxe du chef. — Le tarif est le même que pour le pont de Compiègne, page 289.

Taxe des aides : par courbe de chevaux sur les bateaux montans chargés. . . . . 1 fr. 50 c.

Les bateaux avalans chargés paient également par courbe de chevaux; mais le nombre en sera calculé sur celui qu'on emploie à remonter la Seine de Conflans à Paris.

Les bateaux vides avalans paieront comme s'ils mon-
taient à vide, c'est-à-dire par courbe de chevaux qu'il
faudrait pour les remonter. . . . . 1 fr. 50 c.

Pont de Beaumont. — La taxe pour le chef et les aides est la même
que pour le pont de Compiègne, page 289.

Pont de l'Isle Adam. — Taxe du chef. — Elle est la même que pour
le pont de Compiègne, page 289.

Taxe des aides : par courbe de chevaux employés sur un bateau
chargé et montant par la grande arche. . . . . 2 f. » c.

Pour les bateaux chargés descendant ou montant à vide
et par courbe. 1   »

Toujours calculé sur le même nombre de chevaux qu'il faut pour
remonter la Seine, mais sur les avalans seulement; car les mariniers
paient à raison du nombre des courbes employées à passer le pont.

Pont de Pontoise. — Taxe du chef. — Elle est la même que pour
Compiègne, page 289.

Taxe des aides. — Par courbe de chevaux, pour les bateaux chargés et montant, on paye,   2 f. » c.

Par courbe, sur les bateaux avalans chargés,   2 f. » c.

On paye autant de courbes qu'il en faut pour remonter la Seine.

§ V. BILLEURS.

Billeurs de Melun. — Une ordonnance de police, du 16 floréal
an XIII, contient les dispositions suivantes :

Art. 1er. Les propriétaires ou conducteurs de bateaux ou barquettes
à gouvernail, arrivant par le haut de la rivière, seront tenus de faire
biller, à partir du point de la rivière qui se trouve vis-à-vis le chemin
de la montagne St.-James. Ils pourront faire faire ce billage par leurs
propres mariniers ou par ceux de la ville, à leur choix.

2. Lorsque plusieurs bateaux ou barquettes arriveront ensemble au
point de la rivière où ils seront tenus au billage, soit que les conducteurs billent par eux-mêmes, soit qu'ils fassent biller par les mariniers de la ville, il sera observé, entre lesdits bateaux ou barquettes,
une distance suffisante pour éviter les suites des chocs au passage de
l'arche du pont : cette distance ne pourra être moindre de 235 m.
(120 toises).

3. Les propriétaires ou conducteurs de bateaux ou barquettes, qui contreviendraient aux articles précédens, seront contraints de s'y conformer. A cet effet, les syndics des mariniers feront garer lesdits bateaux dans un lieu de sûreté, eu égard à la hauteur des eaux, pour être ensuite mis à leur tour de passage sous l'arche du pont.

4. Il est enjoint aux mariniers - billeurs de la ville d'observer la distance prescrite par l'article 2. Ils ne pourront faire usage de leurs rames, quoiqu'attachées sur leurs batelets, que lorsqu'ils seront à cette distance; le tout sous peine d'être privés de huit jours de travail pour la première fois, et de plus grandes peines en cas de récidive.

5. Les mariniers qui seront employés au billage par les conducteurs passans ne pourront débiller que sous l'arche du pont, sous peine d'être privés de quinze jours de travail, et d'être traduits à la police en cas de récidive.

6. Afin de prévenir les accidens qui pourraient résulter de la rencontre de bateaux lors de leur passage sous le pont, les propriétaires ou conducteurs de bateaux ou barquettes, vides ou chargés, qui remonteront la rivière, ne devront, sous peine d'amende, se présenter sous l'arche, lorsque d'autres bateaux, barquettes, trains de bois de toute nature, ou coches, se trouveront dans la partie supérieure de la rivière pour passer le pont.

(Voyez l'Ordonnance de 1672, chapitre 11, article 3.)

7. Il est fait défense aux mariniers-billeurs de biller aucun bateau ou barquette, lorsque l'arche du pont se trouvera obstruée par d'autres bateaux, barquettes, coches ou trains de bois, soit montans soit descendans.

8. Lorsque la rivière excédera 1 mètre 136 millimètres (3 pieds 6 pouces) d'eau, les mariniers-billeurs ne pourront être moins de trois pour le billage de chaque gros bateau ou barquette; et lorsque la rivière se trouvera au-dessous de cette hauteur. lesdits propriétaires ou conducteurs pourront n'employer que deux mariniers-billeurs.

9. Les propriétaires ou conducteurs de bateaux ou barquettes descendant sur la rivière, ayant la liberté de faire faire le billage par leurs propres mariniers ou par ceux de la ville, il est expressément défendu à ces derniers de s'immiscer dans le service du billage quand ils n'en seront pas requis, et d'entraver en aucune manière le passage des bateaux sous l'arche du pont, et, dans ce cas, de ne réclamer aucun salaire envers les propriétaires ou conducteurs.

13. Les trains de bois, arrivant pour passer sous le pont, seront tenus de garder entr'eux la même distance que celle prescrite pour les bateaux, en partant également du point de la rivière qui est en face du chemin de Saint-James.

Le commis du commerce sera tenu de se trouver toujours sur le pont lors du passage des trains pour donner aux mariniers-flotteurs toutes les indications nécessaires.

Toutes les fois que le commis du commerce ne se trouvera pas à son poste, les mariniers seront tenus d'en avertir un syndic, lequel en préviendra le maire.

15. Il sera payé 75 centimes par homme aux mariniers-billeurs qui auront billé un bateau depuis le point de la rivière qui se trouve vis-à-vis le chemin de Saint-James jusque sous l'arche du pont.

Dans le cas où les bateaux en contravention à l'article 3 seraient garés par ordre des syndics, il sera payé 75 centimes par homme faisant le service d'un batelet ou bachot monté de deux ou trois hommes, suivant la force du bateau à garer, au dire des syndics.

Défenses sont faites aux mariniers d'exiger autres et plus fortes sommes que celles fixées par le présent article, à peine d'amende et de restitution des sommes indûment perçues.

BILLEURS SUR LA LOIRE.

Le passage des bateaux de la Loire sous les trois ponts de Decise, Nevers et de la Charité offre des dangers qui ne peuvent être évités qu'en donnant exclusivement la direction des bateaux à des mariniers expérimentés. Une ordonnance du Roi, du 2 août 1820, dispose que nul bateau ne peut passer sous ces ponts sans être billé ou dirigé par des mariniers dits billeurs, désignés pour cette opération par le commissaire aux classes, et qui seront tenus de prendre la conduite des bateaux 1,000 mètres avant le pont, et de ne cesser le billage que 200 mètres après le pont.

Aux termes de ladite ordonnance, les mariniers ne peuvent exiger d'autres prix que ceux fixés ci-dessous.

Pont de Decise. — 2 fr. par homme, le batelet armé de 2 hommes.

Pont de Nevers. — Le batelet armé de 2 hommes :
Tenue de 25 pouces et au-dessus, 2 fr. 25 c. par homme. Pont de pierre.
Idem. 2 50 par homme. Pont de bois.
Tenue de 18 à 24 pouces. 2 » par homme.
Tenue de 17 pouces et au-dessous. 1 50 par homme.

Pont de la Charité. — Grandes eaux, 2 fr. par homme. Le batelet armé de trois hommes.
Eaux moyennes, 1 fr. 50 c. par homme. Le batelet armé de deux hommes.
Sortie de la Nièvre. 1 fr. 50 c. par homme. Le batelet armé de deux hommes.

Les batelets destinés au billage seront remontés à 1,000 mètres au-dessus des ponts, pour être prêts à diriger les bateaux arrivans.

Une fois à cette distance, les billeurs se placeront à leur rang, et ceux qui changeront celui qui leur sera assigné, seront remis à la queue.

Depuis cette ordonnance, la Loire s'étant portée dans le bras gauche appelé le ruisseau de Crote, les bateaux ne passent sous le pont que lors des grandes eaux, et comme cette navigation nouvelle présente aussi des difficultés, un arrêté du préfet de la Nièvre, du 12 avril 1824, a ordonné que le tarif pour le billage dans le ruisseau de Crote serait le même que celui fixé pour le passage sous le pont de Decise, lorsqu'il n'aura lieu qu'à partir de la vigne du Clou, jusqu'au dessous de l'ancien pont de Crote : il sera de 2 fr. 50 c. lorsque le billage commencera à la digue et aux endroits désignés ci-dessus, le batelet armé de 2 hommes. Cet arrêté a été approuvé par le ministre de l'intérieur, le 22 mai 1824.

§ VI. GARDES-RIVIÈRES ET PRÉPOSÉS ATTACHÉS SPÉCIALEMENT A LA COMPAGNIE DES BOIS FLOTTÉS EN TRAINS.

Un arrêt du parlement de Paris, du 23 février 1763, homologatif d'une sentence du bureau de la ville du 17 février précédent, autorisait les marchands de bois flottés pour la provision de Paris à établir des commis pour veiller à la conservation des bois destinés à cette provision; une ordonnance du bureau de la ville, du 25 janvier 1770, permettait auxdits commis de porter des bandoulières aux armes du Roi et de la ville, et armes défensives ; de faire recherches et perquisitions des bois pris et emportés, etc.

Aujourd'hui, les gardes-rivières salariés par cette compagnie sont, en conséquence de la décision du ministre de l'intérieur, du 3 juin 1802, commissionnés par le directeur-général des ponts et chaussées et des mines, à la charge par eux,

1° De prêter serment devant le tribunal de première instance de l'arrondissement du lieu de leur résidence ;

2° De remplir avec zèle et fidélité les fonctions qui leur sont confiées ;

3° De se conformer aux lois et réglemens de la navigation ;

4° De n'exiger d'autres salaires que ceux attribués à leur place ;

5° De donner aux commissaire et inspecteurs de la navigation relative à l'approvisionnement de Paris, tous les renseignemens qui leur seront demandés.

Tout fonctionnaire public est invité à donner aux gardes aide et assistance, au besoin, dans l'exercice de leurs fonctions.

Le décret du 26 nivôse an V, qui assimile les gardes-rivières aux gardes-forestiers, leur donne le pouvoir légal de dresser des procès-verbaux des délits et contraventions ; et ces procès-verbaux, dûment affirmés et enregistrés, font, selon les cas, preuve jusqu'à inscription de faux. (Voy. l'article *Procès-verbaux*, p. 301.)

Tous préposés à la surveillance des bois et marchandises destinés à l'approvisionnement de Paris ne peuvent commercer sur ces marchandises, directement ou indirectement, sous peine de privation de leurs places. (*Instruct. du 22 pluviôse an X.*)

Les gardes du commerce, dans l'exercice de leurs fonctions, doivent avoir l'attention d'être porteurs de la commission qui leur a été délivrée par le directeur-général des ponts et chaussées.

Nous allons faire connaître successivement les fonctions des divers préposés.

GARDE-RIVIÈRE AMBULANT SUR LES PORTS ET RIVIÈRES D'APPROVISIONNEMENT.

Le garde est tenu de fixer sa résidence à l'endroit désigné dans sa commission, et en outre de s'acquitter avec soin, zèle et probité, des obligations suivantes :

1° Il surveillera l'écoulage des parts et des trains, depuis les ports de flottage jusqu'à celui qui lui sera indiqué et prescrit par le commis-général, et tiendra la main à ce que les conducteurs ne se garent qu'autant qu'ils manqueraient d'eau, ou que des circonstances de force majeure s'opposeraient à ce qu'ils continuassent d'aller avalant ; il emploiera tous ses moyens à empêcher les embarras et les embâcles, et à maintenir le bon ordre sur les rivières et dans l'écoulage.

2° Les conducteurs n'ayant aucun droit de disposer de la chose confiée à leurs soins, il s'opposera à ce qu'ils portent du bois dans les auberges et cabarets, et défendra aux aubergistes et cabaretiers d'en recevoir ; il veillera à la conservation des perches et des fers servant à diriger les trains, et verbalisera contre tous ceux des conducteurs qui se permettraient d'en vendre ou d'en disposer de toute autre manière.

3° Il veillera à ce que les bois qui s'échappent des trains, et qui sont connus sous la dénomination de bois de communauté (1), soient soigneusement ramassés et mis en lieu de sûreté ; il s'opposera à ce qu'il en soit emporté ou vendu par qui que ce soit, et n'en permettra l'enlèvement et le déplacement que sur l'autorisation des agens supérieurs du commerce ; il veillera également à la conservation des chantiers et autres objets qui dépendent des trains et qui les garnissent.

4° Il surveillera les éclusiers ou déboucheurs de pertuis, et tiendra la main à ce que ces pertuis soient ouverts à la première réquisition des conducteurs d'eau, et ne puissent être fermés qu'après l'écoulement complet de l'éclusée.

5° Lorsqu'il ne sera point employé à la conduite des trains, il veillera constamment à la sûreté et à la conservation des bois appartenant aux marchands de Paris, pendant tout le temps qu'ils resteront déposés sur les ports, et jusqu'à ce qu'ils soient sortis de son arrondissement.

(1) Par délibération du 24 avril 1826, les employés chargés de la surveillance des bois de communauté sont munis d'un marteau portant l'empreinte d'un coq et destiné à marquer ces bois.

6° Il surveillera le choix du bois destiné à composer le faix de l'ouvrier et l'emport des faix en général; il tiendra la main exactement à ce que le faix ne soit composé que du nombre de bûches voulu, et à ce que ces bûches n'aient que la grosseur déterminée par les réglemens, et notamment par l'arrêté du ministre de l'intérieur, du 28 mai 1816, et, pour s'en assurer, il les passera dans un anneau qui lui sera délivré à cet effet; il s'opposera à ce que l'ouvrier emporte aucun bois, même de faix, lorsqu'il n'aura pas travaillé la journée entière, et se conformera en tout à l'arrêté susdaté, qu'il fera exécuter.

7° Dans les tournées fréquentes qu'il fera sur les ports, il s'opposera à ce que les ouvriers allument des feux sans nécessité, et dans tout autre cas que ceux où ils seraient mouillés ou qu'il ferait un froid trop rigoureux pour pouvoir s'en passer. Il veillera à ce que ces feux soient placés de manière à ne faire craindre aucun danger d'incendie, et à ce qu'ils ne soient jamais alimentés abusivement. Il aura soin de les faire éteindre lorsqu'ils ne seront plus nécessaires, et notamment à la fin de la journée, ces feux ne devant jamais exister la nuit.

8° Dans les momens du flottage en trains, il veillera attentivement à ce qu'aucune pile ne soit abattue et flottée pour une autre, et s'assurera, par tous les moyens possibles, que le bois qu'on met à l'eau appartient bien au marchand pour lequel on flotte.

9° Il sera tenu de déférer aux ordres qui lui seront donnés dans l'intérêt du commerce, pour le bien du service, soit par l'agent-général, soit par le commis-général de l'arrondissement, soit par le juré-compteur pour ce qui entre dans les attributions de ce dernier seulement; pour tous les autres cas et circonstances, il demeurera sous la subordination, la direction et la surveillance du commis-général.

10° Il fera rapports et dressera procès-verbaux de tous délits, abus ou contraventions qu'il reconnaîtra ou qui parviendront à sa connaissance dans le cours de ses rondes et tournées, et, après les avoir mis en bonne forme et affirmés, il les transmettra sans délai à l'agent-général du commerce, soit directement, soit par l'intermédiaire du commis-général.

Ces gardes reçoivent un traitement annuel et fixe.

GARDE-RIVIÈRE SURVEILLANT SÉDENTAIRE SUR LES PORTS D'APPROVISIONNEMENT.

Le garde-surveillant est tenu de fixer sa résidence à l'endroit désigné par sa commission, et, en outre, de s'acquitter avec soin, zèle et probité, des obligations suivantes :

1° Il veillera constamment à la sûreté et à la conservation des bois appartenant aux marchands de Paris, pendant tout le temps qu'ils resteront déposés sur les ports, et jusqu'à ce qu'ils soient sortis de son arrondissement.

2° Il surveillera le choix du bois destiné à composer le faix de l'ouvrier, l'emport des faix en général; il tiendra la main exactement à ce que le faix ne soit composé que du nombre de bûches voulu, et à ce que ces faix n'aient que la grosseur déterminée par les réglemens et notamment par l'arrêté du Ministre de l'Intérieur, du 28 mai 1816, et, pour s'en assurer, il les passera dans l'anneau qui lui sera remis à cet effet. Il s'opposera à ce que l'ouvrier emporte aucun bois, même de faix, lorsqu'il n'aura pas travaillé la journée entière, et se conformera en tout à l'arrêté susdaté, qu'il fera exécuter.

3° Dans les tournées fréquentes qu'il fera sur les ports, il s'opposera à ce que les ouvriers allument des feux sans nécessité et dans tous autres cas que ceux où ils seraient mouillés, ou qu'il ferait un froid trop rigoureux pour pouvoir s'en passer. Il veillera à ce que ces feux soient placés de manière à ne faire craindre aucun danger d'incendie, et à ce qu'ils ne soient point alimentés abusivement; ne devant jamais en exister la nuit, il aura soin de les faire éteindre lorsqu'ils ne seront plus indispensables, et notamment à la fin de la journée.

4° Dans les momens du flottage en trains, il veillera attentivement à ce qu'aucune pile ne soit abattue et flottée pour une autre, et s'assurera, par tous les moyens possibles, que le bois qu'on met à l'eau appartient bien au marchand pour lequel on flotte.

5° Il sera tenu de déférer aux ordres qui lui seront donnés, dans l'intérêt du commerce et pour le bien du service, soit par l'agent-général, soit par le commis-général de l'arrondissement, soit par le juré-compteur, pour ce qui entre dans les attributions de ce dernier seulement; pour tous autres cas et circonstances, il demeurera sous la direction, la surveillance et la subordination du commis-général.

6° Il fera rapports et dressera procès-verbaux de tous délits, abus et contraventions qu'il reconnaîtra ou qui parviendront à sa connaissance dans le cours de ses rondes et tournées; et, après les avoir mis en bonne forme et affirmés, il les transmettra sans délai à l'agent-général du commerce, soit directement, soit par l'intermédiaire du commis-général.

Ces gardes reçoivent un traitement annuel et fixe.

GARDE-RIVIÈRE COMMIS AU PASSAGE DES TRAINS.

Le garde est tenu de fixer sa résidence à l'endroit désigné dans sa commission et, en outre, de s'acquitter avec soin, zèle et probité des obligations comprises dans les art. 1, 2, 3, 4, 9 et 10 de la commission des gardes-rivières-ambulans, pages 295 et 296.

En outre, les gardes à la résidence de Sens, de Joigny et de Nogent-sur-Seine doivent donner avis aux marchands et à l'agent-général du passage des trains sous leur pont, et tous les gardes doivent donner avis aux marchands ainsi qu'à l'agent-général, des accidens arrivés aux trains, ou des malversations commises par les voituriers et compagnons.

Leurs traitemens sont fixés par un coutumier.

On appelle coutumier, l'état des coutumes ou salaires attribués aux gardes-rivières commis au passage des trains sur les rivières d'Yonne, de Seine et autres y affluant, et qui doivent être acquittés par les voituriers, conformément à la délibération du commerce de bois flotté, du 4 février 1825.

Résidence des commis.	Montant des salaires.	
Yonne. Mailly-le-Château.	» f. 25 c.	
Mailly-la-Ville.	»	25
Cravant.	»	30
La Cour Barrée.	»	25
Auxerre.	»	25
Moneteaux.	»	25
Regennes.	»	25
Bassou.	»	25
Laroche.	»	25
Joigny.	»	30
Cezy.	»	25
Armeau.	»	25
Villeneuve-sur-Yonne.	»	30
Sens.	»	30
Pont-sur-Yonne.	»	30
Port Renard.	»	30
Misy.	»	25
Montereau.	»	30
Valvins.	»	30
Samois.	»	25
Melun.	»	30
Corbeil.	»	25
Choisy-le-Roi.	»	30

Total pour un train d'Armes à Paris, 6   20

Cure. Cravant.   » f. 30 c.

Et depuis Cravant exclusivement, suivant l'état de l'Yonne.   5   45

Total pour un train d'Arcy à Paris. 5   75

Armançon.   Brienon.   { Suivant l'état de l'Yonne.   4 fr. 20 c.
       Chény.   {

Seine. Pont.   » f. » c.

Marnay.	»	50
Nogent.	»	50
Lagrevé	»	»
Le Vesoul.	»	»
Bray.	»	50

La Tombe. . . . . » 25

Grayon . . . . » »

Montereau. . . . . » 30

Et depuis Montereau jusqu'à Paris, suivant l'état

d'Yonne. 1 40

Total pour un train. 3 45

GARDES-RIVIÈRES GÉNÉRAUX A PARIS.

Le premier à la résidence de la Gare est chargé de la conservation
es bois dans cette gare.

Le second est chargé de la surveillance générale du repêchage des bois.

Ils sont nommés et commissionnés par le directeur-général des
onts et chaussées sur la présentation du commerce.

GARDES-RIVIÈRES SURVEILLANS A PARIS.

Des gardes-rivières surveillans ont été institués sur les ports de
rage de Paris, pour assurer la conservation des bois, lors de leur
lise à terre et pendant leur transport de la berge aux chantiers.

Ils sont nommés et commissionnés par M. le directeur-général
es ponts et chaussées et des mines, sur la présentation des marchands
e bois flotté de l'arrondissement, seuls intéressés aux tirages et dé-
irdages qui s'opèrent sur leurs ports.

Il y a quatre arrondissemens : Saint-Bernard, Saint-Antoine, Saint-
lonoré et Saint-Germain.

Chaque arrondissement a deux gardes-rivières surveillans, dont les
pointemens sont supportés par la caisse commune.

RÉPOSÉS AU REPÊCHAGE DANS LE RESSORT DE LA PRÉFECTURE DE POLICE.

Une ordonnance de police du 1er avril 1813 porte :

Art. 1er. Le repêchage des bois de chauffage sera fait, dans le ressort
la préfecture de police, par des préposés nommés par le préfet de
olice, sur la présentation du commerce de bois.

Art. 2. Les commissions ne seront valables que pour un an. En cas
: révocation ou de démission, les commissions seront remises à
gent-général du commerce.

Art. 4. Le service des préposés au repêchage sera réglé par le com-
erce.

Art. 5. Leur salaire est fixé de gré à gré entre eux et le commerce.

Art. 6. Les préposés ne peuvent appliquer à leur profit aucuns
iis repêchés.

Art. 7. Défense à tout autre qu'aux préposés de repêcher des bois.
est également défendu d'acheter ou de cacher des bois repêchés, sous
line d'être poursuivi comme voleur. (*Ordonn. du 18 avril 1758.*)

Art. 8. En cas de naufrage de trains ou de bateaux, il est permis

de repêcher les bois; mais il est enjoint à tous ceux qui ont repêché
des objets naufragés, d'en faire la déclaration dans les vingt-quatre
heures :

Dans Paris, aux commissaires de police, à l'inspecteur-général ou
aux inspecteurs particuliers de la navigation et des ports;

Dans les communes rurales, aux maires, aux inspecteurs de St.
Denis et de Bercy, aux préposés des ponts de Choisy et de Charen
ton, ou à la gendarmerie. Le défaut de déclaration emporte la priva
tion du salaire.

Ceux qui s'attribueraient, cacheraient ou vendraient en totalité ou
partie les objets repêchés, seront, ainsi que les acheteurs et recé
leurs, poursuivis suivant la rigueur des lois. (*Ordonn. du* 11 *janvie*
1741, *et* 25 *février* 1784. *Ordonn. de police*, 25 *novembre* 1825.)

Suivant un arrêté du bureau central du canton de Paris du 2 ven
tôse an VIII, les préposés au repêchage sont répartis sur la rivière
dans Paris, aux endroits désignés par l'agent-général du commerce
des bois flottés, pour y exercer le repêchage.

Ils doivent ramasser les bois volans, et les déposer sur les berge
le plus près des corps-de-garde que faire se pourra, et aux autres lieu
qui leur seront indiqués : ils les réunissent en une seule pile d'u
stère ou deux; et quand cette quantité est réunie, ils en avertisse
l'agent-général.

Quand ces préposés ont connaissance d'une contravention relativ
au repêchage, ils avertiront l'inspecteur des ports de l'arrondisse
ment, afin qu'il leur donne toutes facilités pour la conservation de
preuves du délit et la consigne des objets; il requerront un commis
saire de police de dresser procès-verbal du délit, et de faire le
diligences convenables.

En cas d'urgence, et en exhibant leurs commissions dont ii
doivent toujours être munis dans le cours de leur service, les pré
posés peuvent requérir tous secours et main-forte de la force armée
soit pour leur sûreté personnelle, soit pour l'arrestation des individu
pris en flagrant délit, ainsi que pour la conservation des preuves d
délit, à la charge d'en prévenir sur-le-champ un commissaire d
police et l'inspecteur des ports de l'arrondissement.

Il est alloué aux préposés commissionnés dans le ressort de la pré
fecture de police, 3 fr. par stère de bois de repêchage.

TOISEURS DU COMMERCE.

La régie de l'octroi a trois sections de toiseurs, et le commerce e
a établi un pareil nombre. Les toiseurs du commerce doivent assiste
à toutes les opérations des toiseurs de la régie, y prendre part,
concourir à la fixation des quantités de bois qui se trouveront da
les bateaux et dans les trains. Ils sont sous la direction de l'agent
général, et subordonnés à ses ordres. Il leur désigne l'arrondisse
ment auquel ils sont respectivement attachés, et peut les faire per
muter toutes les fois que les intérêts du commerce l'exigent.

Chapitre quinzième.

PROCÈS-VERBAUX.

Les gardes-ventes, les jurés-compteurs, les gardes-ports et les gardes-rivières étant souvent obligés de constater des délits et contraventions, nous avons jugé utile de consacrer un chapitre aux procès-verbaux.

On nomme *Procès-verbal* tout acte par lequel des officiers publics ou agens de l'autorité rendent compte de ce qu'ils ont fait dans l'exercice de leurs fonctions, de ce qu'ils ont vu, de ce qui s'est passé, de ce qui a été fait ou dit en leur présence.

Le droit de dresser les procès-verbaux n'appartient qu'aux fonctionnaires auxquels il a été conféré par la loi.

Le premier mérite des procès-verbaux est d'être rédigé avec clarté et précision.

Ils doivent être datés, contenir les noms, qualités et demeures des fonctionnaires rédacteurs; constater l'objet ou la remise de la dénonciation ou de la plainte, l'existence et le corps du délit; en indiquer la nature, le lieu, le temps, les circonstances; en recueillir les indices, les présomptions, les preuves; constater l'état des lieux, les déclarations faites spontanément ou sur interpellation par les témoins et les personnes présentes ou appelées, et renfermer tous les documens propres à servir à la manifestation de la vérité; offrir le résultat des visites domiciliaires; enfin être signés des fonctionnaires, ainsi que des personnes présentes, ou faire mention de leur déclaration qu'elles n'ont pu ou voulu signer.

Les procès-verbaux étant la base des procédures, on sent combien il importe de les rédiger avec tout le soin possible.

Les fonctionnaires qui rédigent des procès-verbaux doivent être revêtus de leur costume. Cependant la circonstance qu'ils n'étaient pas en costume, n'est pas un motif pour faire annuler leurs procès-verbaux (*Arrêts de la Cour de cassation*, 9 *nivôse an* II, 6 *juin* 1807, 7 *septembre* 1812).

Suivant la loi du 22 frimaire an VII, art. 70, les procès-verbaux concernant la poursuite des crimes, sont exempts de la formalité de l'enregistrement. Mais d'après la même loi, art. 68 et 70, et celle du 25 mars 1817, art. 74, les procès-verbaux des délits et contraventions aux réglemens généraux de police doivent être enregistrés en débet et visés pour timbre, s'ils n'ont été rédigés sur papier timbré.

Un procès-verbal doit être affirmé au plus tard le lendemain de sa clôture, par devant le juge de paix du canton, ou l'un de ses sup-

pléans, ou par devant le maire ou l'adjoint, soit de la commune d
la résidence du rédacteur, soit de celle où le délit a été commis o
constaté ; le tout sous peine de nullité.

Les juges de paix ou leurs suppléans peuvent recevoir les affirma
tions dans toute l'étendue du canton ; mais les maires et adjoints n'on
pas qualité pour recevoir l'affirmation des procès-verbaux relatifs
des délits commis hors de leurs communes respectives, à moins que l
délit, quoique commis ailleurs, ait été reconnu et constaté dans leu
commune. Les maires sont compétens pour recevoir cette affirmation
lorsqu'ils habitent les communes où résident les juges de paix ou leur
suppléans ; mais leur compétence en ce cas ne peut résulter que de l'ab
sence ou de l'empêchement de ces fonctionnaires, qu'ils doivent dès
lors relater dans l'acte d'affirmation. Le suppléant qui habite la mêm
commune que le juge de paix, doit aussi mentionner, dans l'acte qu'il
fait, l'empêchement ou l'absence du juge de paix, formalité qu'il es
inutile de remplir, quand il habite une autre commune que celle de la
résidence du juge de paix. L'infraction de ces règles entraîne la nullité des procès-verbaux (*Arrêts de la Cour de cassation*, 28 *juillet et* 2 *oc-*
tobre 1806, 28 *mai et* 31 *juillet* 1807, 18 *novembre* 1808, 17 *mars* 1810).

Six arrêts de la Cour de cassation, rendus le 31 janvier 1823, ont
décidé que l'adjoint n'est point tenu, à peine de nullité, de déclarer
qu'il agit en l'absence ou pour empêchement du maire, et que ce
empêchement est présumé de droit jusqu'à la preuve contraire.

Un arrêt de la Cour de cassation du 9 février 1811 décide que
lorsqu'un procès-verbal est affirmé le lendemain de sa rédaction sans
indication de l'heure, la présomption légale est que l'affirmation a été
faite dans le délai de la loi. Cet arrêt a jugé en outre que les ratures et
les surcharges, non suffisamment approuvées, ne vicient pas un procès-
verbal, si elles ne portent pas sur des parties substantielles de cet acte..

Il n'est pas nécessaire que l'acte d'affirmation rappelle les faits
énoncés au procès-verbal. On peut inscrire sur la même feuille à la
suite l'un de l'autre deux procès-verbaux de différentes dates et portant sur des délits différens. Ces deux points sont consacrés par un
arrêt de la Cour de cassation du 19 février 1808.

Les procès-verbaux soumis à l'enregistrement, doivent y être pré-
sentés dans les quatre jours qui suivront celui de l'affirmation, à
peine de nullité, d'une amende de 25 fr. contre le rédacteur de l'acte,
et de plus d'une somme équivalente au montant du droit du procès-
verbal non enregistré (*Art.* 20 *et* 34 *de la loi du* 22 *frimaire an* VII).
Cette obligation n'est de rigueur que pour les procès-verbaux, faisant
foi en justice jusqu'à inscription de faux.

Voyez, art. 176 et 177 du Code forestier, pages 171 et 172, les procès-verbaux qui font preuve jusqu'à inscription de faux et ceux qui
peuvent être combattus par les preuves légales.

Les procès-verbaux sont très-utiles pour constater les circonstances
et les preuves des délits et contraventions ; mais ils ne sont pas indispensables pour que des poursuites soient utilement dirigées contre
les délinquans, lorsque, par des dépositions de témoins, ou par tout

autre moyen, la culpabilité des prévenus peut être démontrée (*Arrêts de la Cour de cassation*, 28 *novembre* 1806, 9 *juin* 1809, 21 *juillet* 1820, 1er *mars* 1822, 17 *avril* 1823).

L'arrêt du 21 juillet 1820 décide même que le garde-rédacteur peut être entendu pour compléter la preuve du délit.

L'arrêté du directoire du 26 nivôse an V s'exprime en ces termes :

« Les dispositions de l'arrêté du 4 nivôse an V, relatives à la recherche ou perquisition des bois coupés en délit ou volés, sont applicables à la recherche des bois volés sur les rivières ou ruisseaux flottables et navigables : en conséquence, tous inspecteurs de la navigation ou gardes-rivières commissionnés par le ministre de l'intérieur, reçus et assermentés devant les tribunaux, sont autorisés à faire les recherches et perquisitions des bois volés sur les rivières et ruisseaux flottables ou navigables, et le long d'iceux, de la manière énoncée aux articles 1, 2, 3 et 4 dudit arrêté ; et les officiers, agens, adjoints-municipaux et commissaires de police, tenus de les accompagner dans les perquisitions, lorsqu'ils en seront requis, conformément aux dispositions dudit arrêté, et sous les peines y portées. »

Cet arrêté, qui confère aux gardes-rivières le droit de dresser procès-verbal et de faire visite domiciliaire, les assimile aux gardes-forestiers. Les formalités prescrites pour ces gardes sont donc communes aux gardes-rivières, qui doivent les observer strictement pour la validité des actes qu'ils dressent. On peut consulter ces formalités, art. 159 à 187 du Code forestier, pages 169 à 173.

Chapitre seizième.

PRÉFECTURE DE POLICE.

§ Ier. ATTRIBUTIONS DU PRÉFET DE POLICE.

Les attributions du préfet de police ont été fixées par les arrêtés des 12 messidor an VIII et 3 brumaire an IX, par la décision du ministre de la police générale en date du 25 fructidor an IX, par la loi du 22 germinal an XI, par l'art. 6 de l'arrêté du gouvernement du 1er messidor suivant, et maintenues par le décret du 21 messidor an XII.

Son autorité s'étend sur tout le département de la Seine, et sur les communes de Saint-Cloud, Sèvres et Meudon, du département de Seine-et-Oise.

Il exerce ses fonctions sous l'autorité immédiate des ministres, et il correspond directement avec eux pour les objets qui dépendent de leurs départemens respectifs.

Il est autorisé à rendre des ordonnances de police particulières, à la charge de l'approbation préalable du ministre de l'intérieur, et chargé de prendre les mesures d'urgence pour assurer l'approvisionnement de Paris en combustibles.

Les travaux de la préfecture de police sont partagés entre plusieurs divisions.

La troisième division est chargée de la partie administrative, économique et industrielle.

Le deuxième bureau de cette division comprend l'exécution des lois concernant l'uniformité, la vérification et la surveillance des poids et mesures, les pesage, mesurage et jaugeage publics sur les halles, marchés, ports et dans les chantiers, et la surveillance des bureaux établis pour la perception de ces droits ;

Les rivières de Seine, Marne, les ports et chemins de hâlage, le garage des bateaux, les débordemens et débâcles, les établissemens sur la rivière et les ports, etc ;

Les mesures d'urgence pour assurer l'approvisionnement en combustibles ;

Les chantiers de bois à brûler et à œuvrer, les fabriques, places de vente et magasins de charbon de bois, les débitans de bois et de charbon de bois, les entrepôts de charbon de terre ;

Les ouvriers des ports et places, etc.

Le service actif de ce bureau est confié aux principaux fonctionnaires suivans :

1° *Navigation.* Un inspecteur-général et des inspecteurs.

2° *Contrôle, recensement et mesurage des bois et charbons.* Un contrôleur-général et son adjoint.

3° *Vérification des poids et mesures.* Un chef vérificateur et quatre inspecteurs.

Les chefs du service extérieur ou actif sont chargés de faire exécuter les lois, réglemens et ordonnances de police, chacun dans la partie qui lui est confiée. Ils statuent eux-mêmes, sous leur responsabilité, sur tous les cas prévus et déterminés par les réglemens ; le préfet seul statue sur tous les cas extraordinaires, ou qui n'auraient pas été prévus par les réglemens ou par les instructions. Néanmoins, en cas d'urgence, le chef du service extérieur donne les premiers ordres et en rend compte sur-le-champ. Les chefs du service extérieur se concertent avec l'inspecteur-général de la police, toutes les fois qu'ils le requièrent, et ils mettent à sa disposition tous les agens et préposés sous leurs ordres. (*Ordonn. du 29 messidor an XII.*)

§ II. POLICE DE LA NAVIGATION ET DES PORTS.

Les fonctions de l'inspecteur-général et des inspecteurs particuliers de la navigation et des ports consistent principalement à veiller à l'exécution des lois et réglemens de police qui concernent la rivière, les ports, quais et berges; à requérir les commissaires de police de constater les contraventions; à faire des rapports de tout ce qui vient à leur connaissance relativement au service dont ils sont chargés; à maintenir l'ordre sur la rivière et les ports; à faire exécuter les décisions et ordres du préfet qui leur sont adressés, et à en rendre compte. (*Instruction du 4 brumaire an IX.*)

L'inspecteur-général de la navigation et des ports délivre :

Les permis de décharge de toute espèce de marchandises, à l'exception des bois destinés à l'approvisionnement des chantiers;

Les permis pour l'embarquement sur des ports, autres que ceux affectés à chaque espèce de marchandises;

Les permis pour la mise en vente des bateaux de charbons de bois portés sur les listes des différentes rivières;

Les permis pour la mise à port des charbons de terre, à condition que ceux qui seront mis ailleurs qu'aux ports de vente ne pourront être déchargés, qu'après que le contrôleur du recensement et du mesurage des bois et charbons en aura été prévenu, afin qu'il puisse faire le recensement;

Les permis pour le raccommodage et goudronnage des bateaux;

Les permis pour le déchargement des bois de chauffage à destination particulière, après s'être entendu avec le contrôleur-général du recensement des bois et charbons;

Les permis de déchirage;

L'inscription et la délivrance des certificats d'inscription aux ouvriers sur les ports;

Les permis pour le numérotage des bachots;

Les permis de déposer des matériaux, décombres et gravois sur les ports. (*Ordonnance du 29 messidor an XII.*)

Les inspecteurs particuliers doivent se faire représenter par les conducteurs de bateaux, les passavans qu'ils ont dû obtenir à leur passage à la Rapée, et ils donnent les permis de mettre en décharge. (*Instruction du 4 brumaire an IX.*)

Les préposés aux arrivages par eau établis à la barrière de la Rapée et à celle de la Cunette, sont sous la surveillance immédiate de l'inspecteur-général; ils sont chargés de recevoir la déclaration de tous les bateaux et trains qui arrivent pour l'approvisionnement de Paris, ou qui sont destinés à passer debout; de viser les lettres de voiture et de délivrer des passavans aux conducteurs, pour qu'ils puissent lâcher ou garer leurs bateaux ou trains, dans les ports qui leur seront désignés, suivant leur tour d'enregistrement ou d'arrivée. Les préposés aux arrivages, tant du haut que du bas, veilleront à ce qu'il ne sorte de Paris aucun bateau chargé de bois ou de charbon de bois, ni

20

aucun train de bois de chauffage, sans un ordre du préfet. (*Instruction du 4 brumaire an IX.*)

§ III. Recensement et mesurage des bois et charbons.

Le contrôleur-général du recensement et du mesurage des bois et charbons délivre :

Les permis de vendre les bois flottés, lorsqu'il a reconnu qu'ils sont suffisamment ressuyés, quoiqu'ils n'aient pas resté quarante jours dans un chantier;

Les permis aux marchands de bois de sortir de leurs chantiers, sans mesurage préalable, des bois destinés aux administrations et établissemens publics, à la charge de faire surveiller le mesurage au lieu de la destination;

Les permis de transporter directement du port, et sans mesurage préalable, des bois également destinés pour les administrations, en se concertant avec l'inspecteur-général de la navigation et des ports;

Les permis de transporter des bois d'un chantier à un autre, lorsqu'il y a nécessité;

Les permis aux propriétaires qui font arriver à destination, et pour leur provision, du charbon fabriqué sur leur propriété.

Il est chargé de l'inscription des garçons de pelle et des porteurs de charbons, et de la délivrance des certificats d'inscription. (*Ordonnance du 29 messidor an XII.*)

L'ordonnance de 1672 déterminait dans son chapitre XIX, les fonctions des jurés mouleurs de bois et contrôleurs des quantités, et dans son chapitre XXII, celles des jurés mesureurs de charbons.

Une ordonnance du bureau de la ville, du 6 juillet 1784, homologuée par arrêt du parlement de Paris du même jour, et par une déclaration du Roi du 8 juillet 1784, avait créé depuis des commis mouleurs, sermentés au bureau, chargés spécialement de surveiller la fidélité du mesurage, de dresser procès-verbaux des abus qui pourraient s'y glisser, soit au profit du marchand, soit au profit du consommateur. La même ordonnance avait institué des inspecteurs, pareillement sermentés, chargés de surveiller les commis mouleurs, et un inspecteur-général. Le bureau de la ville publia le 6 août 1784 une instruction sur le service des commis mouleurs de bois.

Une ordonnance de police du 22 septembre 1784, déclara communes à la vente du charbon, les précautions prises pour celle des bois, et créa des inspecteurs et des commis, faisant corps avec les commis des bois, et étant sous les ordres de l'inspecteur-général. Le bureau de la ville publia, le 24 novembre 1784, une instruction sur le service des commis mesureurs de charbon.

Ces employés portent aujourd'hui le nom de préposés au recensement et au mesurage des bois et charbons, selon l'organisation de la préfecture de police du 26 thermidor an VIII.

Le recensement et le mesurage des bois et charbons sont exercés

par un contrôleur-général, un contrôleur ambulant, cinq inspecteurs
et quarante préposés, divisés en deux classes.

Il y a cinq arrondissemens : le faubourg St.-Antoine, le faubourg
St.-Bernard, le faubourg St.-Honoré, la Grenouillère et l'île Louviers. Ils sont limités par la rivière et par la rue qui traverse Paris.
de la barrière St.-Jacques à celle St.-Laurent.

Chaque arrondissement est surveillé par un inspecteur et par le
nombre de préposés que le contrôleur-général juge nécessaire. Les
inspecteurs et les préposés changent d'arrondissemens tous les deux
mois ; ces mouvemens sont réglés par le contrôleur-général. Chaque
inspecteur règle le service des préposés sous ses ordres, de manière
que les préposés changent de chantiers chaque semaine.

Les inspecteurs font chaque jour et aux heures qu'ils croient
convenables l'inspection de tous les chantiers de leur arrondissement,
non-seulement pour voir si les réglemens y sont observés, mais encore
si les préposés sont aux postes qu'ils doivent surveiller. Ils font dans
les vingt-quatre heures un rapport au contrôleur-général, des contraventions qui peuvent avoir lieu.

Le contrôleur ambulant fait chaque jour la visite d'un des arrondissemens.

Chaque jour, après la fermeture des chantiers, des ports et des
places de vente du charbon, les préposés se rendent au bureau de
l'inspecteur de leur arrondissement, pour y déposer leurs doubles
mètres et la note de la vente et de l'arrivée des bois ou des charbons, dans les chantiers ou places qu'ils auront surveillés.

Les préposés portent, selon l'ordonnance de police du 8 brumaire
an IX, une canne de deux mètres de longueur, et sont vêtus d'un
habit bleu national, collet rouge et veste de la même couleur, avec
des boutons de métal blanc, ayant pour légende, bois et charbons.

Par la même ordonnance. ils ont le droit d'exiger que le mesurage
soit fait dans des doubles stères, toutes les fois qu'on achète plus d'un
stère de bois.

Les plaintes fondées à porter, tant contre les marchands que contre
les préposés, doivent être adressées au contrôleur-général qui en
rend compte au préfet de police.

L'ordonnance de 1672, chapitre XXIII, une ordonnance du bureau
de la ville du 10 juin 1682, et un arrêt du parlement du 24 juillet 1725,
déterminaient les devoirs et salaires des jurés porteurs de charbon,
et de leurs plumets. Aujourd'hui le service du transport et du mesurage du charbon dans Paris est réglé par l'ordonnance de police du
30 septembre 1826, que nous rapportons au chapitre du commerce
de charbon de bois dans Paris.

§ IV. Droit de mesurage.

Un arrêté du 6 prairial an XI a ordonné, que la loi du 29 floréal
an X. relative aux pesage, mesurage et jaugeage publics. serait exécu-

20*

tée dans la ville de Paris, et un décret du 16 juin 1808 en a réformé le tarif, comme il suit :

Droit de pesage. — 10 cent. par 100 kilog. sur les charbons, cendres. La fraction de 1 à 25 compte pour 25, de 25 à 50 pour 50, de 50 à 75 pour 75, et de 75 à 100 pour unité ou entier.

Droit de mesurage. Le droit au mètre est d'un centime par mètre. Le droit au stère de bois de chauffage est de 15 cent. par stère. Le droit à la voie ou sac de deux hectol. pour le charbon est de 10 cent. par voie.

Le droit au boisseau ou décalitre pour charbon de terre est de 1/2 cent.

Droit de cubage, 5 centimes par mètre cube de bois à œuvrer matériaux.

Le droit pour le mesurage et le cubage est perçu sur la fraction comme pour l'entier.

Le préposé public intervient nécessairement et sans pouvoir être suppléé pour toutes les ventes qui se font avec la mesure, avec l'hectolitre, le stère, le mètre et la jauge, dans les halles, places, marchés, chantiers de bois à brûler, ports, bateaux et autres lieux publics, soumis à la surveillance permanente de la police municipale.

L'acheteur et le vendeur sont passibles chacun pour moitié des droits établis ; mais ils sont solidaires envers le préposé.

§ V. Système des mesures métriques.

Par décret du 8 mai 1790, sanctionné le 22 août, l'Assemblée Constituante, désirant faire jouir la France des avantages qui doivent résulter de l'uniformité des mesures, chargea l'Académie des sciences de déterminer la longueur du pendule et d'en déduire un modèle invariable pour toutes les mesures.

Un second décret du même jour chargea l'Académie d'indiquer l'échelle de division la plus convenable pour les mesures.

Un décret du 26 mars 1791, sanctionné le 30, pour fixer une unité de mesure, naturelle, invariable, et qui, dans sa détermination, ne renfermât rien d'arbitraire, ni de particulier à la situation d'aucun peuple sur la terre, adopta, d'après l'avis de l'Académie du 19 du même mois, la grandeur du quart du méridien terrestre, pour base du nouveau système des mesures.

Ce système, fondé sur la mesure du méridien de la terre et sur la division décimale, a été adopté par la loi du 1er août 1793, sous une nomenclature et sur des bases qui ont depuis éprouvé des changemens : la nomenclature, par la loi du 18 germinal an III ; les bases, par celle du 19 frimaire an VIII.

La loi du 18 germinal an III, porte :

Art. 2. Il n'y aura qu'un seul étalon des mesures ; ce sera une règle de platine, sur laquelle sera tracé le *mètre*, unité fondamentale de tout le système des mesures.

Art. 5. Leur nomenclature est définitivement adoptée comme il suit. On appellera :

Mètre, la mesure de longueur égale à la dix-millionième partie de l'arc du méridien terrestre, compris entre le pôle boréal et l'équateur ;

Are, la mesure de superficie pour les terrains, égale à un carré de dix mètres de côté ;

Stère, la mesure destinée particulièrement au bois de chauffage et égale au mètre cube ;

Litre, la mesure de capacité pour les matières sèches, dont la contenance est celle du cube de la dixième partie du mètre.

Art. 6. La dixième partie du mètre se nommera *décimètre*, et sa centième partie *centimètre*. On appellera *décamètre* une mesure égale à 10 m., ce qui fournit une mesure commode pour l'arpentage ; *hectomètre* signifiera la longueur de 100 m.; enfin, *kilomètre* et *myriamètre* seront des longueurs de 1,000 et de 10,000 m., et désigneront principalement les distances itinéraires.

Art. 7. Les dénominations des mesures des autres genres seront déterminées d'après les mêmes principes que celles de l'article précédent ; ainsi, *décilitre* sera une mesure de capacité dix fois plus petite que le litre ; on dira de même *décalitre* pour désigner une mesure contenant 10 litres : *hectolitre* pour une mesure égale à 100 litres, etc. On composera d'une manière analogue les noms de toutes les autres mesures.

La loi du 19 frimaire an VIII porte :

Art. 1er. La fixation provisoire de la longueur du mètre à 3 pieds 11 lignes 44 centièmes, ordonnée par les lois des 1er août 1793 et 18 germinal an III, demeure révoquée et comme non avenue. Ladite longueur, formant la dix millionième partie de l'arc du méridien terrestre, compris entre le pôle nord et l'équateur, est définitivement fixée, dans son rapport avec les anciennes mesures, à 3 pieds 11 lig, 296 millièmes (1).

Art. 2. Le mètre en platine, déposé le 4 messidor dernier au Corps Législatif par l'Institut national des sciences et arts, est l'étalon définitif des mesures de longueur.

L'usage des nouvelles mesures est obligatoire pour tous les marchands en gros et en détail (*Loi du 1er vendémiaire an IV*, art. 2 et 7).

Les préfets et sous-préfets sont chargés de procéder ou faire procéder à la vérification et à l'étalonnage des mesures : la vérification consiste dans une comparaison exacte des mesures qui sont présentées, avec les étalons confiés à la garde des préfets et sous-préfets (*Arrêté du 29 prairial an IX*, art. 3 et 4).

_____

(1) Le dix millionième des 5,130,740 toises, longueur du quart du méridien terrestre, supposé au niveau de la mer, est exactement de 443 lignes 295, 936, ce qui ne diffère de la valeur légale que des deux tiers d'un 10,000e de ligne. Cette différence ne donne qu'un excédant d'environ 4 pieds et 1/2 sur la distance du pôle à l'équateur, et d'environ 2/5 de ligne sur un myriamètre.

A Paris, et dans le ressort de la préfecture de police, la vérification des mesures est faite à la préfecture de police, par des employés et sous la surveillance du préfet de police (*Idem, art.* 10).

Sur chaque mesure trouvée exacte, doivent être gravé son nom particulier et apposé le poinçon déterminé par le réglement, ainsi qu'un poinçon particulier à chaque sous-préfecture (*Loi du* 18 *germinal an III, art.* 16; *arrêté du* 29 *prairial an IX, art.* 6).

Aucun citoyen ne peut employer, pour mesurer les matières de commerce, que des mesures vérifiées et étalonnées par les préfets ou sous-préfets de leur arrondissement (*Arrêté du* 29 *prairial an IX, art.* 2).

Les préfets et les sous-préfets continueront à exercer leur surveillance sur l'uniformité et la légalité des mesures répandues dans le commerce; l'inspection en sera faite sous leurs ordres par des vérificateurs préposés par les préfets (*Ordonnance royale du* 18 *décembre* 1825).

Les mesures, nouvellement fabriquées ou rajustées, seront vérifiées et poinçonnées conformément à l'arrêté du 18 juin 1801. Les mesures à l'usage et entre les mains des commerçans, ou employées en toute industrie et entreprise pour règle entre le marchand ou l'entrepreneur et le public, continueront d'être soumises à une vérification périodique, pour reconnaître si la conformité avec les étalons n'a pas été altérée. Chacune de ces vérifications continuera à être constatée par le moyen d'un poinçon nouveau. Lesdites vérifications, dans l'intérêt du maintien de l'uniformité du système, sont sans préjudice de l'action qui appartient à la police municipale, pour la surveillance de la fidélité du débit des marchandises qui se vendent à la mesure (*Ordonnance royale du* 18 *décembre* 1825).

Pour procéder aux vérifications et au recouvrement des rétributions, chaque préfet se fera représenter, par les vérificateurs de son département, le tableau de leurs opérations dans le courant de la présente année, accompagné de leurs observations et explications. Le tout sera communiqué au directeur des contributions directes, lequel dressera sur ces documens, et pour la perception de l'exercice suivant, le rôle des personnes qui, par leur profession, sont tenues d'être munies de mesures poinçonnées et assujéties à la vérification périodique, et en conséquence à en acquitter la rétribution (*Ordonnance royale du* 18 *décembre* 1825).

Outre le nom des assujétis, le rôle portera la somme de la rétribution due par chacun d'eux, à raison du minimum de l'assortiment des mesures dont chacun doit être pourvu, selon sa profession. Les rôles seront rendus exécutoires par le préfet, pour être mis en recouvrement avec ceux des contributions directes, par les mêmes voies (*Ordonnance royale du* 18 *décembre* 1825).

Il ne peut être exigé pour la vérification et le poinçonnage des mesures que les rétributions fixées par le tarif ci-après. (*Arrêté du* 29 *prairial an IX, art.* 11. *Ordonnance royale du* 18 *décembre* 1825.)

Décamètres, doubles et demi-décamètres. . . . .   25 cent.
Doubles mètres   15
Mètres et demi-mètres.   10

Décimètres et doubles décimètres . . . . 5 c.
Stères et doubles stères 75
Hectolitres. 75

Suivant l'arrêté du ministre de l'intérieur du 28 mars 1812, et une ordonnance royale du 18 décembre 1825, il est dû pour la vérification des mesures usuelles autorisées par l'arrêté du 28 mars 1812, le droit ci-dessous :

Toise, 20 c. — Demi-toise, 10 c. — Pied, 5 cent.
Double-boisseau, 20 c. — Boisseau, 15 cent.

Comme il est presque impossible de rendre les mesures rigoureusement égales aux étalons qui servent à les vérifier, des instructions ministérielles ont fixé les limites de ces inégalités. On ne peut tolérer de différences qu'autant que les mesures n'excèdent pas les proportions suivantes.

Mesures de longueur. Les erreurs tolérables sont :

	En plus pour les mesures en bois.		En plus et en moins pour les mesures en métal.	
Double-mètre.	*millim.* 1	5	*millim.* 0	2
Mètre.	1	0	0	2
Demi-mètre.	0	6	0	1
Double-décimètre.	0	4	0	1
Décimètre.	0	5	0	1
Toise.	1	0	0	2
Demi-toise.	0	6	0	2
Pied.	0	4	0	1
Demi-pied.	0	5	0	1

Mesures d'arpentage. Ces mesures se fabriquent en forme de chaîne; la longueur en est comptée depuis l'extrémité intérieure d'une des poignées ou mains, jusqu'à l'extrémité intérieure de l'autre, déduction faite de l'épaisseur de l'un des chaînons. La longueur des chaînons doit être de 2 ou de 5 décimètres, et les anneaux, à chaque mètre, exécutés avec un métal d'une couleur différente de celui employé pour les autres anneaux. Les erreurs tolérables en plus ou en moins sont, sur le double-décamètre, 3 millimètres; sur le décamètre, 2 millimètres; sur le demi-décamètre, 1 millimètre et demi.

Bois de chauffage. Il n'est permis de tolérer aux membrures d'erreurs qu'en plus, et elles ne doivent pas excéder 5 millimètres pour le stère, 8 pour le double-stère, et 15 pour le demi-décastère, en cumulant celles qui pourraient avoir lieu, soit sur la longueur de la sole, soit sur la hauteur des montans.

Mesures pour matières sèches. La hauteur de chaque mesure doit être égale à son diamètre; si ces dimensions diffèrent de la grandeur fixée, les différences doivent être l'une en plus, l'autre en moins, et ne pas excéder un vingtième.

Le préfet de police, qui est chargé de la vérification des poids et mesures dans tout le ressort de la préfecture, a rendu à ce sujet une ordonnance le 27 octobre 1826. Elle prescrit les dispositions suivantes :

La vérification périodique a lieu aux chefs-lieux des mairies du domicile des assujétis à cette mesure. Des affiches ou le son de la caisse instruisent des jours où la vérification doit s'effectuer.

Les commerçans, négocians, et tous autres faisant usage des mesures pour servir de règle entre le marchand, ou l'entrepreneur et le public, sont tenus de les représenter à leurs mairies respectives les jours ou dans les délais qui leur sont indiqués, pour être vérifiées et poinçonnées.

Les mesures pour le bois de chauffage, dans les chantiers de Paris seulement, sont vérifiées et marquées sur les lieux. Les marchands de bois doivent faire préalablement rajuster leurs mesures, après toutefois que la nécessité en a été reconnue par les inspecteurs des chantiers. Il est défendu aux marchands de faire ajouter des coins dans les joints des montans et dans ceux des contrefiches de ces mesures.

Nous allons entrer dans quelques détails sur l'échelle de division adoptée pour les mesures, et sur la concordance des mesures métriques avec les mesures anciennement en usage.

Mesures de longueur et de superficie.

L'échelle comprend les mesures suivantes :

Millimètre. 1/1000e de mètre.

Centimètre. 1/100e de mètre, ou 10 millimètres.

Décimètre. 1/10e de mètre, ou 10 centimètres.

Mètre. Étalon des nouvelles mesures, dix millionième partie du quart du méridien : longueur de 3 pieds 11 lignes 296 millièmes : sert pour les toisés; hauteur ordinaire d'une canne que l'on peut avoir à la main; contient 10 décimètres (3 *pieds usuels*).

Décamètre. 10 mètres, environ 30 pieds 9 pouces 5 lignes; chaîne d'arpentage (30 *pieds usuels*).

Hectomètre. 100 mètres; une portée de fusil : peu usité.

Kilomètre. 1000 mètres, mesure itinéraire; environ 513 toises d'ordonnance (500 *toises usuelles*).

Myriamètre. 10,000 mètres; environ 5130 toises d'ordonnance (5000 *toises usuelles*); 2 lieues moyennes.

Destiné à remplacer la toise et le pied, le *mètre* est à peu près la moitié de l'une et le triple de l'autre. On peut donc convertir en mètres un nombre de toises et de pieds d'une manière approchée, en prenant le double du nombre des toises, ou le tiers du nombre des pieds.

Si l'on a besoin d'une plus grande exactitude, on soustrait du nombre de mètres trouvé le quarantième de ce nombre; l'erreur est alors très-peu sensible, et on la fait disparaître entièrement en soustrayant encore du dernier nombre de mètres trouvé un deux millième de ce même nombre. Il est facile de trouver le deux millième, en prenant la moitié du nombre, et avançant le point décimal de trois chiffres. Pour obtenir le quarantième, il faut prendre le quart et avancer le point décimal d'un chiffre.

L'unité des mesures de superficie est une étendue plane, carrée, ayant un mètre de longueur et un mètre de largeur; on lui donne le nom de *mètre carré*. Le décimètre carré et le mètre carré ne sont pas entre eux dans la proportion de 1 à 10, mais de 1 à 100. Le mètre carré et l'hectomètre carré ne sont pas dans le rapport de 1 à 100, mais de 1 à 10,000. Ainsi 3 mètres carrés 7962, équivalent à 379 décim. carrés 62, ou à 37,962 centim. carrés.

1 ligne carrée vaut 5.089 millim. carrés. (144 lignes carrées font un pouce carré.)

1 pouce carré vaut 7.3278 centim. carrés. (144 pouces carrés font un pied carré.)

1 pied carré vaut 10.5521 décim. carrés. (36 pieds carrés font une toise carrée.)

1 toise carrée vaut 3.7987 mètres carrés.

Mesures agraires.

Les noms adoptés consistent en :

Centiare, ou mètre carré. 1/100e de l'are.

Are, unité des mesures d'arpentage ; c'est l'équivalent d'un décamètre carré, ou de 100 mètres carrés; environ deux anciennes perches carrées de 22 pieds.

Hectare, carré de l'hectomètre, 100 ares, ou 10,000 mètres carrés : environ le double de l'ancien arpent d'ordonnance.

On n'emploie pas *déciare*, *décare*, *kilare* et *myriare*.

Rien ne présentait plus de variété, soit dans les dénominations, soit dans le rapport des sous-divisions avec l'unité principale, que les mesures agraires précédemment en usage en France. Il n'était pas rare de rencontrer dans le même canton, dans le même village, deux ou trois mesures différentes, et qui ne ressemblaient en rien à celles des cantons et villages voisins. Il y avait cependant au milieu de ce chaos quatre mesures particulières, dont l'usage était assez généralement répandu.

1° L'arpent d'ordonnance des eaux et forêts;

2° L'arpent de Paris ;

3° L'arpent commun du Gâtinais, Brie, Poitou, Orléanais, etc. ;

4° L'acre de Normandie.

Dans le système métrique, l'unité des mesures agraires se nomme *are*, et répond à un carré qui a 10 mètres ou un décamètre de côté. L'*hectare* et l'*are* remplacent l'*arpent* et la *perche*. Il suffit à l'arpenteur de prendre une chaîne de 10 m. de longueur; et l'hectare contenant 100 ares, comme l'arpent 100 perches, sa manière d'opérer est absolument la même.

L'*arpent d'ordonnance* contenait 100 perches carrées, de 22 pieds de côté; la perche contenait 484 pieds carrés, produit de 22 par 22, et l'arpent 48,400. Un arpent équivalait à o hect. 51 ares 07 centiares.

L'*arpent de Paris* contenait 100 perches carrées, de 18 pieds de côté ; la perche contenait 324 pieds carrés, produit de 18 par 18, et l'arpent 32,400. Un arpent équivalait à o hect. 34 ares 19 centiares.

L'*arpent commun* contenait 100 perches carrées de 20 pieds de côté ; la perche contenait 400 pieds carrés, produit de 20 par 20, et l'arpent 40,000. Un arpent équivalait à o hect. 42 ares 21 centiares.

Il y avait en Normandie plusieurs espèces d'*acres*. Celui qu'on appelait l'acre *grande mesure*, se divisait en quatre *vergées*, contenant chacune 40 perches superficielles, la perche linéaire étant, comme pour l'arpent d'ordonnance, de 22 pieds ; en sorte que cet acre contenait 160 perches de 484 pieds carrés, faisant, pour l'acre, 77,440 pieds. On voit que l'acre ne différait de l'arpent d'ordonnance qu'en ce que le premier contenait 160 perches et l'autre 100.

Mesures de solidité.

L'échelle comprend les mesures suivantes :

Stère, quantité égale au mètre cube : sert à mesurer le bois de chauffage, et pourrait, concurremment avec le mètre cube, désigner l'unité des mesures de solidité.

Double stère, environ la *voie* de Paris, dont on lui donne aujourd'hui vulgairement le nom.

Décastère, mesure employée sur les ports, 10 stères ou environ 5 voies de Paris.

Décistère, 1/10ᵉ stère : sert à la mesure du bois de charpente, et équivaut à peu près à l'ancienne solive ou pièce. Les fractions de décistère doivent s'exprimer en dixièmes et centièmes, et non en *centistères* ou *millistères*, dénominations insolites.

Décimètre cube, 1/1000 mètre cube, contient environ 50 pouces cubes.

Centimètre cube, 1/1000 décimètre cube, un peu plus de 87 lignes cubes.

Millimètre cube, 1/1000 centimètre cube, environ le douzième d'une ligne cube.

Les mesures de solidité s'appliquent aux grandeurs qui ont trois dimensions, comme longueur, largeur, et hauteur ou profondeur. Elles servent à mesurer les travaux en construction ou terrasse, la pierre, le bois, etc., le volume des corps, la capacité des vases ou objets creux, etc.

Le bois se vendait anciennement à la *corde*, à la *voie*, à l'*anneau*, au *moule*, etc. ; mais ces dénominations n'exprimaient point de quantités constantes. La longueur de la bûche, la hauteur de la membrure, variaient dans chaque province, et pour ainsi dire d'une vente à l'autre ; il n'y avait aucun terme de comparaison.

Le *stère*, adopté par le nouveau système pour servir à mesurer le bois, n'est autre chose que le mètre cube ; en sorte qu'en donnant à la bûche un mètre de longueur, la membrure, pour mesurer un stère, doit avoir un mètre de couche ou de base, et un mètre de hauteur. Pour plus de célérité et de justesse, les marchands de bois sont tenus d'avoir des membrures de double stère. On emploie le décastère sur les ports et dans les chantiers où l'on a à mesurer des quantités de bois considérables. Le double stère a deux mètres de couche ou de base; le décastère en a dix. Si la bûche n'a pas exactement un mètre de longueur, il faut donner plus ou moins de hauteur à la mesure, afin que le calcul des trois dimensions produise un mètre cube. Voyez plus loin ce qui a été décidé par arrêté du ministre de l'intérieur.

Il serait impossible d'offrir ici la conversion en stères de toutes les mesures usitées pour les bois; nous nous bornons aux quatre qui étaient le plus connues, la *voie de Paris*, la *corde des eaux et forêts ou d'ordonnance*, la *corde de grand bois*, et la *corde dite de port*.

La *voie de Paris* contenait 4 anciens pieds de couche et 4 de hauteur. La bûche avait 3 pieds 6 pouces de longueur. On voit qu'une voie de Paris équivaut à peu près à 2 stères, ou exactement 1 stère 920 millièmes.

La *corde des eaux et forêts* contenait 8 anciens pieds de couche et 4 de hauteur, la bûche ayant 3 pieds 6 pouces de longueur. Cette corde est exactement le double de la voie de Paris.

La *corde dite de grand bois* contenait 8 anciens pieds de couche et 4 pieds de hauteur, la bûche ayant 4 pieds de longueur. Elle valait 4 stères 387 millièmes.

La *corde dite de port* contenait 8 anciens pieds de couche et 5 de hauteur, la bûche ayant 3 pieds 6 pouces de longueur. Elle valait 4 stères 799 millièmes.

Pour convertir facilement en stères, sans membrure, une quantité de bois de chauffage, il faut multiplier la longueur de la bûche par la longueur de la pile, et le produit par la hauteur, et séparer 6 décimales, si l'on a employé des centimètres à chaque dimension.

Exemple. La bûche ayant 1 m. 32 c. de longueur, la pile 15 m. 12 c. de longueur, et 6 m. 18 c. de hauteur,

Multipliez d'abord	1.32
par	15.12
et le produit	19.9584
par	6.18
le produit est de	123.342912

On peut négliger plus ou moins de décimales, suivant qu'on attache plus ou moins d'importance à la fraction; en supprimant les quatre derniers chiffres, on a 123 stères et la fraction 34 centièmes, qui fait un peu plus d'un tiers.

Si les chiffres supprimés excèdent 5, 50, 500, etc., on peut ajouter 1 à la dernière décimale. Si l'on n'avait employé de centimètres que pour exprimer la longueur des bûches, et seulement des décimètres pour les longueur et hauteur des piles, il ne faudrait séparer que quatre décimales, et seulement deux si les longueur et hauteur des piles étaient exprimées en mètres sans fractions.

Un arrêté du directoire du 3 nivôse an VI, fixa au 1er prairial an VI la mise en activité du stère dans le département de la Seine, et un arrêté du 13 brumaire an IX fixa au 1er vendémiaire an X cette mise en activité dans toute la France.

On reconnut bientôt, sur les réclamations unanimes du commerce, la difficulté de changer la longueur de la bûche des bois de chauffage, sans de grands inconvéniens pour la formation des trains, le flottage et l'empilage. Le gouvernement, voyant que l'excédant qui avait été laissé à la membrure destinée au mesurage était devenu inutile, résolut de le supprimer.

En effet, le stère étant égal au mètre cube, si la bûche, au lieu d'avoir 3 pieds 6 pouces, n'avait eu que 3 pieds et un peu moins de 12 lignes, ou le mètre, la membrure aurait eu juste un mètre de haut sur un mètre de couche pour le stère; mais comme la bûche a un peu au-delà de 5 pouces de plus que le mètre, un arrêté du 28 fructidor an VI détermina que la différence serait prise sur la hauteur, et que la membrure aurait toujours exactement un ou plusieurs mètres de longueur.

En conséquence, le double stère ou voie, étalonné, a juste 6 pieds 1 pouce 10 lignes de couche, sur 2 pieds 8 pouces 6 lignes de haut, ou 2 m. sur 88 c. de hauteur, c'est-à-dire environ 8 centistères cubes de plus que la voie ancienne.

Une instruction émanée du ministère de l'intérieur (bureau des poids et mesures), approuvée, le 5 messidor an VIII, par le ministre, et relative au changement à faire par les marchands de bois aux stères et doubles stères, porte :

« En vertu de l'arrêté du ministre de l'intérieur, qui ordonne que la hauteur qui excédait la tête des montans des membrures pour le mesurage du bois sera supprimée :

» Les marchands de bois sont tenus, 1° de faire démonter la ferrure qui se trouve au sommet des montans.

» 2° De faire couper ces mêmes montans à fleur des entailles, en s'assurant, toutefois, qu'il restera 88 centimètres de hauteur depuis la plate-forme jusqu'au sommet des montans.

» 3° De rétablir une ferrure dans le même sens qu'elle était ci-devant, sur toute la largeur de la tête, c'est-à-dire, que ladite ferrure sera incrustée de toute son épaisseur, et en retour sur chaque côté, pour être retenue avec deux broches traversant le bois, et rivées d'affleurement ou par des vis fraisées.

» 4° Enfin, que les têtes des montans soient établies bien d'équerre, à vive-arrête, et que le bois n'excède pas la ferrure.

» Comme les membrures seront vérifiées de nouveau, il est essentiel que les fabricans ou marchands de bois s'assurent si elles ont les autres dimensions requises et développées dans l'instruction publiée à ce sujet par ordre du ministre de l'intérieur. »

Le double stère ainsi modifié a 2 m. de couche sur 88 cent. de hauteur ; la longueur commune de la bûche étant de 1 m. 14 c., cet excédant se trouve compensé par la déduction faite sur la hauteur.

Le directoire exécutif, qui avait établi le stère dans les chantiers du département de la Seine, par son arrêté du 3 nivôse an VI, sentant que l'exécution de cet arrêté était étroitement liée aux opérations qui concernent la mise en état des bois sur les ports d'approvisionnement, où il était nécessaire d'établir une manière de compter uniforme, prescrivit par un nouvel arrêté du 3 nivôse an VII, l'emploi du décastère sur les ports flottables ou navigables.

Pour l'exécution de cet arrêté, on dressa des tables de rapport pour convertir les cordes en décastères, et les décastères en cordes.

Selon ces tables	une corde vaut		un décastère vaut	
Sur la Cure. 4	stèr. 9	décist.	2 cord.	04 cent.
Sur la Marne, l'Ourcq et le Morin. 4	8		2	09
Sur les ports de Clamecy. . . . 4	7		2	15
Sur les ports de Montargis. . . 5	3		1	88
Sur l'Oise, l'Aisne, la Seine et les Canaux, Montargis excepté. 5	0		1	99
Sur les ports de Brienon sur Armançon, Cezy, Sens et Villeneuve-sur-Yonne. 4	7		2	11
Sur les autres ports de l'Yonne, où le bois neuf, qui s'amène en bateaux, est empilé à pile basse. 4	6		2	19

Dans ces évaluations, on a fait le rapprochement des différens usages établis sur les ports à la livraison des bois, comme bûche dessus, bûche dessous, entre deux écorces, bûche et carrière, trait par piles pour les grillons. On a pris également en considération la différence dans la longueur des piles, pour leur donner une longueur moyenne, laquelle a été prise comme si toutes les piles étaient composées de 8 cordes, ancienne mesure.

Le bois de charpente se mesurait et se vendait au cent de *pièces* ou *solives*, dit communément le *grand cent*. La pièce ou solive était censée être une solive de 12 anciens pieds de longueur, ayant 6 pouces sur 6 pouces d'équarrissage, et équivalant à 3 pieds cubes ; en sorte que le grand cent représentait 300 pieds cubes. La solive se divisait, comme la toise courante, en 6 pieds, qui se nommaient pieds de solive, le pied en 12 pouces, le pouce en 12 lignes.

Le bois de charpente doit se mesurer actuellement au décistère, dixième partie du stère ou mètre cube, mesure équivalant à peu près à l'ancienne solive. Le stère contenant 1,000 décimètres cubes, le décistère en contient 100, et peut dès-lors représenter, soit 10 mètres de chevron d'un décimètre d'équarrissage, soit une solive de 25 décimètres de longueur sur 2 décimètres d'équarrissage, soit la longueur d'un décimètre sur un mètre d'équarrissage (1).

Une solive ou pièce équivaut à 1 décistère 03 centièmes; un décistère équivaut à 0 solive, 972 millièmes.

Un arrêté des consuls, du 13 brumaire an IX, a décidé que dans le cubage des charpentes le *décistère* prendrait le nom de *solive*.

Le bois carré est celui dont les dimensions d'équarrissage sont égales, comme 15 sur 15, 26 sur 26, etc.

On appelle madrier, méplat ou bâtard le bois qui a plus de largeur que d'épaisseur, et bois en grume celui qui est revêtu de son écorce.

Pour réduire le bois de charpente en décistères, il suffit de multiplier les deux dimensions de l'équarrissage l'une par l'autre, et le produit par la longueur. opération que facilite beaucoup la simplicité du calcul décimal. Si les grosseurs et la longueur sont exprimées en centimètres, il faut séparer 5 décimales; lorsque les grosseurs s'exprimant en centimètres, la longueur ne l'est qu'en décimètres, il n'y a que quatre décimales au résultat. *Exemple* : Soit une pièce de bois de 31 centimètres sur 29, et de 9 mètres 73 de longueur, le produit de 31 par 29 est 899, qui, multiplié par 973, donne 874,727; et en séparant 5 décimales, 8 décistères, 74,727 : ces décimales sont des millionièmes de mètre cube, ou des cent millièmes de décistère.

Lorsque le bois est plus gros par un bout que par l'autre, les dimensions de l'équarrissage se mesurent au milieu. Cette méthode n'est pas d'une exactitude rigoureuse, et la pièce cubée stéréométriquement produirait plus qu'elle ne le fait ainsi calculée; l'usage s'en est sans doute introduit pour simplifier les opérations, et parce que le bois qui n'a pas la même grosseur est d'un emploi moins avantageux.

On est souvent dans le cas de réduire en décistères le bois encore revêtu de son écorce, soit pour en déterminer le prix, soit pour le soumettre à la perception du droit d'octroi. L'usage est alors de l'éva-

(1) L'ancienne mesure du pouce, du pied et de la toise n'a pas cessé d'être en vigueur, ainsi que l'usage du pied devant, pied derrière.

Cet usage, répandu sur presque tous les ports qui approvisionnent la capitale, seul suivi dans les chantiers de Paris, consiste à ne compter la longueur des morceaux que par fraction de demi-toise; ainsi la toise comprend les 5, 6 et 7 pieds, et la toise et demie les 8, 9 et 10 pieds, et ainsi de suite.

Chaque morceau se mesure pris au milieu et se vend pied et pouce plein; le pied plein signifie que la pièce est supposée avoir 12, 15, 18, 21, 24 pieds de long, et ainsi de suite de 3 p. en 3 p. Toutes les fractions au-delà ou en deçà de ces mesures étant supprimées ou ajoutées dans l'inventaire, en raison de ce qu'elles se rapprochent de ces dimensions, c'est-à-dire qu'un morceau de 14 ou de 16 p. est compté pour 15 p.; que s'il a 17 p. ou 19 p., il compte pour 18 p., et ainsi de suite.

Le pouce plein s'entend de l'équarrissage des morceaux qui n'est compté que par pouce, en abandonnant toutes les lignes au-dessus; ainsi un morceau de 9 p. 6 l. ou 10 p. 9 l., est vendu pour 9 p. et 10 p., et ainsi de tous les autres.

Convaincu qu'il ne peut y avoir un grand désavantage dans cette manière de mesurer (le bénéfice et la perte des pieds en avant et des pieds en arrière se compensant l'un par l'autre), le commerce a de temps immémorial adopté cette méthode de toiser qui, en simplifiant le mesurage, abrège considérablement le travail et la réduction en pièces ou solives.

luer, non d'après la solidité du cylindre, mais d'après celle de la pièce de bois carré qui pourrait en provenir.

Si l'arbre en grume est abattu, il est facile d'en mesurer le diamètre, en faisant abstraction de l'écorce, et du diamètre on concluera la longueur du décistère.

Si l'arbre est encore sur pied, le problème est plus difficile, à cause de l'écorce dont l'épaisseur est inconnue. Cette difficulté n'existant pas pour l'arbre écorcé, on en connaît assez exactement les dimensions d'équarrissage, en déduisant le dixième de la circonférence et prenant le quart du restant.

On applique à la réduction du bois en grume deux méthodes du même genre : l'une consiste à prendre le tiers de la circonférence, et ensuite les deux tiers de ce tiers, pour avoir la dimension d'équarrissage, ce qui équivaut aux deux neuvièmes de la circonférence, ou au quart, après avoir déduit le neuvième : cette méthode est avantageuse au vendeur; l'autre consiste à déduire le sixième de la circonférence, et à prendre le quart du restant : cette méthode est avantageuse à l'acheteur. Les deux méthodes ne sont qu'approximatives, l'âge, l'espèce et la grosseur des arbres faisant varier à l'infini la proportion qui existe entre l'épaisseur de l'écorce et le diamètre du bois qu'elle enveloppe.

Dans le négoce de charpente, quand on parle d'un *cent de bois*, cela doit s'entendre de cent fois 72 pouces de bois en longueur, ou cent fois une pièce de 12 pieds de long, et de 6 pouces d'épaisseur et de largeur. (Le bois au-dessous de 6 pouces est réputé *sciage*.)

Le bois est taillé en longueur de 6, 9, 12, 15, 18, 21, 24, 27, 30 pieds, et ainsi de 3 en 3. Il s'en fait rarement au-dessus de 4 toises ou au-dessous de 6 pieds.

Mesures de capacité.

L'échelle comprend les mesures suivantes :

Centilitre. (Petit verre pour liqueur.)

Décilitre. (Gobelet ordinaire.)

Litre. Contient 10 décilitres : sa capacité est celle d'un décimètre cube. Il diffère peu du litron et de la pinte de Paris, et est destiné aux mêmes usages, soit pour les liquides, soit pour les matières sèches.

Décalitre. 10 litres : peut remplacer la velte pour les liquides.

Hectolitre. Sert à la mesure des matières sèches, telles que le charbon; 10 décalitres ou 100 litres; environ 107 pintes 1/3, mesure de Paris ; 100 décimètres cubes.

Kilolitre. 10 hectolitres, ou 1000 litres; mètre cube.

On a réglé que toutes ces mesures auraient la forme d'un cylindre creux; que dans les mesures pour matières sèches, le diamètre de la base serait égal à la hauteur. Chacun peut donc s'assurer, même à l'aide d'un simple bâton, que la capacité n'a point été altérée, parce que la longueur du diamètre sert de garantie à la hauteur.

Millimètres.

Le kilolitre doit avoir en hauteur et diamètre. 1084.7
Le demi-kilolitre 860.1
Le double-hectolitre. 633.8
L'hectolitre 503.1

La proclamation du 19 germinal an VII, sur l'usage des mesures dites de boissellerie, dans le département de la Seine, ordonne que le charbon de terre se mesurera au demi-hectolitre, mais qu'on comptera en hectolitres. L'hectolitre doit être aussi la mesure effective et de compté du charbon de bois.

Le charbon de bois se mesurait à Paris au *muid* et au *setier :* le muid pour le charbon contenait 10 setiers, et le setier 32 boisseaux.

Le boisseau équivaut à 13 litres 1 centième.
Le setier   équivaut à 4 hectolitres 16 litres.

L'ancien muid de charbon valant 10 setiers, pour le convertir en hectolitres il ne faut que reculer le point décimal d'un chiffre : 41 hectolitres, 60 litres.

Mesures usuelles.

Le décret du 12 février 1812 porte :

Art. 1er. Il ne sera fait aucun changement aux unités des mesures telles qu'elles ont été fixées par la loi du 19 frimaire an VIII.

2. Le ministre de l'intérieur fera confectionner pour l'usage du commerce des instrumens de mesurage, qui présentent soit les fractions, soit les multiples desdites unités, les plus en usage dans le commerce et accommodés au besoin du peuple.

3. Ces instrumens porteront sur leurs diverses faces la comparaison des divisions et des dénominations établies par les lois, avec celles anciennement en usage.

Un arrêté pris par le ministre de l'intérieur le 28 mars 1812, pour l'exécution du décret ci-dessus, porte :

Art. 1er. Il est permis d'employer pour les usages du commerce :

1° Une mesure de longueur égale à deux mètres, qui prendra le nom de *toise*, et se divisera en six pieds.

2° Une mesure égale au tiers du mètre ou sixième de la toise, qui aura le nom de *pied*, se divisera en douze pouces, et le pouce en douze lignes.

Chacune de ces mesures portera sur l'une de ses faces les divisions correspondantes du mètre; savoir : la toise, deux mètres divisés en décimètres, et le premier décimètre en millimètres; et le pied, trois décimètres un tiers, divisés en centimètres et millimètres; en tout, millimètres, 333 1/3.

Les dispositions du décret du 12 février, et de l'arrêté du 28 mars

1812, ne sont relatives qu'à l'emploi des mesures dans le commerce
de détail et dans les usages journaliers. Les mesures légales conti-
nuent d'être seules employées exclusivement dans tous les travaux
publics, dans le commerce en gros, et dans toutes les transactions
commerciales et autres.

(Tous les calculs précédens que nous avons donnés, reposent uniquement sur les mesures métriques.)

***

Chapitre dix-septième.

ARRIVAGE ET GARAGE.

Seront les marchandises amenées par les voituriers aux ports destinés pour en faire la vente, et au cas que lesdits ports se trouvent
remplis, les voituriers feront arrêter et garer leurs bateaux, ès-lieux
qui leur seront désignés par les prévôt des marchands et eschevins
d'où ils seront ensuite descendus en leurs ports, suivant l'ordre de
leur arrivée. (*Ordonnance de* 1672, III, 3.)

Tous les trains ne peuvent arriver directement aux ports de tirage
de Paris. Il faut que chaque marchand puisse prendre successivement
ceux qui lui appartiennent, dans le lieu commun de dépôt, et les descendre aux ports à mesure des tirages et des rentrées. A l'arrivée des trains,
il faut des hommes, des cordes, des bachots pour les recevoir, les garer
et veiller à leur conservation dans la gare commune. Ces hommes,
les cordes et les agrès nécessaires sont payés aux frais de la communauté du commerce de bois flotté en trains.

Une sentence de police, du 27 ventôse an X, porte :

Art. 11. Les bateaux chargés de bois et les trains doivent être garés
au-dessus de Paris, et ne peuvent être descendus qu'à leur tour d'arrivage, et lorsqu'il y aura place suffisante dans les ports.

12. Les trains doivent être fermés, tant dans les gares qu'aux ports
de Paris, avec bonnes et suffisantes cordes, à des pieux solides, en-
sorte qu'ils ne puissent se détacher. On ne pourra amarrer plus d'un
couplage avec les mêmes cordes, à peine de 500 fr. d'amende contre
les contrevenans, qui en outre seront tenus de toutes pertes et dommages-intérêts. (*Ordonnance du bureau de la ville*, 23 mai 1729.)

13. Il est défendu d'embarrasser par aucun bois les pieux et anneaux
qui servent à amarrer les trains et les bateaux.

14. Il est défendu aux maîtres de berge de défermer aucun train
appartenant aux marchands pour lesquels ils travaillent, sans en aver-

tir les maîtres de berge des autres marchands qui auront des trains fermés sur les autres pieux. (*Ordonnance du bureau de la ville*, 13 avril 1737.)

Les marchands de bois flotté pour la provision de Paris, voulant pourvoir aux soins nécessaires aux trains, pendant qu'ils séjournent à la gare commune, ont pris le 30 mai 1733, une délibération, par laquelle ils ont établi un commis-général chargé de la gare et de la garde des trains.

Cette délibération fut homologuée par sentence du bureau de la ville, le 21 juillet 1733.

Aux termes d'une délibération du 30 pluviôse an VIII, le commis-général chargé de la gare et de la garde des trains, est tenu de donner à chaque chef conducteur de trains un billet ou bon de garage des trains qu'il aura amenés; il énonce sur ce billet le nombre de perches blanches dont chaque couplage est garni, et si elles sont ferrées ou non.

Il doit veiller à la sûreté des trains, empêcher qu'il ne soit enlevé aucunes perches, chantiers, et autres objets de dessus un train, pour les reporter sur un autre; il s'oppose à ce qu'aucun particulier, autre que ceux commissionnés par le commerce, ne ramasse, emporte, et ne s'approprie le bois qui s'échappe des trains; en cas de contravention, il dresse procès-verbal contre les délinquans, et en donne connaissance à l'agent-général. Il a soin de ramasser lesdits bois et de les déposer dans le chantier de la société.

Il ne peut sous aucun prétexte délivrer de trains aux lâcheurs, à moins que ceux-ci ne soient porteurs, et ne lui remettent un billet de lâchage signé du marchand auquel ils appartiennent. Il rend plainte contre ceux qui se permettraient d'en enlever malgré lui, informe l'agent-général des violences qu'il a éprouvées, et celui-ci suit l'effet des plaintes portées devant les officiers de police judiciaire. Pour l'exécution de cette disposition, le commis-général a soin de se tenir ou de faire tenir à l'entrée de la gare un homme qui reçoit les billets de lâchage, et indique aux lâcheurs où sont les trains qu'ils doivent emmener. Il est défendu aux gareurs de prendre et de s'approprier aucune dérivote, chantiers et perches. Le commis-général renvoie sur-le-champ ceux d'entre eux, qui contreviendraient à cette défense.

Tous les lâcheurs qui monteraient à la gare sans porter des billets ou bons de lâchage, et qui par conséquent se seraient exposés à s'en retourner sans amener de trains, ne peuvent réclamer auprès du marchand qui les aurait envoyés, ni de qui que ce soit, le paiement du temps qu'ils auraient perdu.

On ne descend dans cette gare que les trains destinés aux marchands de la compagnie; les trains qui sont destinés à la vente, doivent être laissés dans les gares du haut.

Un commis-général adjoint, à la résidence de Choisy-le-Roi, est chargé du garage, de l'approchage et de la conservation des trains dans les gares du haut.

Il commande les conducteurs des trains, assure l'avalage du pont, et exécute les ordres qui lui sont donnés par le commis-général des gares, tant pour le garage que pour les approchages et relâchages.

Chapitre dix-huitième.

LACHAGE DES TRAINS.

Les trains qui doivent redescendre la Seine sont confiés à un entrepreneur qui, au moyen d'un prix payé à forfait, se charge de les faire conduire à leur destination à la première réquisition du marchand, de fournir tous les apparaux nécessaires, et de répondre jusqu'au lieu du tirage, des avaries qu'ils pourraient éprouver, soit en traversant les ponts de Paris, soit autrement.

Voyez à l'article *Chefs des ponts*, page 276, les mesures prescrites par l'ordonnance de police du 6 juin 1807, pour prévenir les accidens, naufrages et avaries, résultant de la rencontre des trains et des bateaux sous les ponts de Paris.

Une sentence de police, du 27 ventôse an X, porte :

Art. 15. Le lâchage des trains, pour les ponts de Paris, ne peut commencer avant le jour et doit cesser une heure avant le coucher du soleil.

Art. 16. Il est défendu de descendre les trains par couplage.

A partir de la gare, tout train sera conduit par quatre mariniers au moins. (*Sentences du bureau de la ville,* 10 mai 1748 et 6 *juin* 1760.)

Chapitre dix-neuvième.

TIRAGE ET DÉBARDAGE.

Une sentence de police du 27 ventôse an X porte :

Art. 17. Les bois seront tirés dans les ports ordinaires, sans qu'un marchand puisse avoir au port plus de deux trains à la fois.

Art. 18. Les bois qui arrivent à destination particulière ne pourront être déchargés qu'aux ports qui seront indiqués, et à la charge

21*

de l'enlèvement immédiat. Ils ne seront rentrés chez les propriétaires que d'après une permission du préfet.

Art. 19. Il est défendu de faire arriver et garer aucuns trains dans les parties de port réservées pour les passages d'eau et pour les coches de la Haute-Seine. Il est également défendu de faire garer aucun train vis-à-vis de la partie pavée du port de la Halle aux vins. Les contrevenans au présent article seront punis conformément à l'ordonnance de police du 30 juin 1789, qui prononce une amende de 200 fr., et les trains seront retirés aux frais et risques des propriétaires.

Art. 20. Les bois doivent être chargés au bas de la berge.

Cependant, au port de la Grenouillère, les bois pourront être déposés sur le haut de la berge, à condition qu'ils seront enlevés dans le jour, et qu'il n'en sera point placé sur la chaussée. (*Ordonnance du bureau de la ville,* 1er *avril* 1738.)

Art. 21. Il est défendu aux marchands de faire conduire leurs bois ailleurs que dans leurs chantiers, sans une permission du préfet de police.

Art. 22. Aucuns bois ne peuvent être vendus sur bateaux, ni être empilés, mesurés ou vendus sur la berge; ils doivent être enlevés au fur et à mesure du déchargement.

Selon une instruction de police, qui se renouvelle tous les ans, le tirage des trains de bois à brûler et de charpente, et l'enlèvement des bois, peuvent avoir lieu depuis le point du jour jusqu'au soir.

Aucune marchandise ne peut être déchargée du bateau à terre, et il ne peut être tiré aucun train, s'il n'en a été fait la déclaration aux bureaux des inspecteurs des ports, et si le permis n'a été déposé au corps-de-garde le plus voisin du déchargement.

Il est défendu d'emporter des bûches, perches, harts et débris de bois de dessus les ports. Il est également défendu aux ouvriers qui travaillent aux tirage, débardage et transport de bois, d'en emporter, sous quelque prétexte que ce soit.

L'article 1er du chapitre II de l'ordonnance de 1672, la sentence du bureau de la ville de Paris du 8 février 1774, et les décisions de M. le préfet de police des 20 avril 1815 et 24 mai 1816, autorisent les marchands de bois à faire travailler les dimanches et fêtes aux opérations de tirage et débardage.

Chapitre vingtième.

POLICE DES PORTS.

Une instruction de police, qu'il est d'usage de renouveler annuellement, porte :

Les ports, à Paris, sont ouverts :

Du 1ᵉʳ avril au 30 septembre, de 6 h. m. à midi, et de 2 h. s. à 7 h.
Du 1ᵉʳ oct. au 30 novembre, de 7 h. m. à midi, et de 2 h. s. à 5 h.
Du 1ᵉʳ déc. au 29 février, de 8 h. du m. à 4 h. s. sans interruption.
Pendant le mois de mars, de 7 h. m. à midi, et de 2 h. s. à 5 h.

Il ne doit être enlevé aucune marchandise pendant les heures de la fermeture.

L'inspecteur-général de la navigation et des ports, et le contrôleur-général du recensement et du mesurage des bois et charbons peuvent cependant, chacun en ce qui le concerne, délivrer des permis dans le cas d'urgence; mais ils s'en préviendront aussitôt réciproquement.

Le tirage des trains de bois à brûler et de charpente, et l'enlèvement de ces bois, continueront d'avoir lieu depuis le point du jour jusqu'au soir.

Aucune marchandise ne peut être déchargée du bateau à terre, et il ne peut être tiré aucun train s'il n'en a été fait la déclaration aux bureaux des inspecteurs des ports, et si le permis n'a été déposé entre les mains du préposé chargé de surveiller le déchargement.

Les mariniers ne peuvent naviguer sur la rivière pendant la nuit.

Il est défendu de tirer à terre les bateaux pour les raccommoder ou goudronner sans une autorisation.

Il est défendu de faire du feu sur les ports, quais, berges, et sur les trains et bateaux, excepté cependant sur les bateaux ayant cheminées avec foyer et tuyau en briques, ainsi que d'y tirer des fusées, pétards, boîtes, pistolets et autres armes à feu.

Il est également défendu de fumer sur les bateaux chargés de marchandises susceptibles de s'enflammer.

Les ports étant uniquement destinés aux marchandises expédiées par eau, il ne peut y être déposé aucune marchandise arrivée par terre pour les embarquer, sans une permission spéciale, si ce n'est aux ports des Saints-Pères, Saint-Nicolas et d'Orçay, spécialement affectés au *recueillage* des marchandises.

Il est défendu de déposer ou de laisser séjourner sur les ports, sur les berges et aux bords de la rivière, aucuns matériaux, pierres, pièces de charpente, bois, fers, qui, pouvant être submergés par la crue subite des eaux, exposeraient les bateaux à être endommagés, et à périr avec leurs chargemens. Ces matériaux seront enlevés aux frais et risques des contrevenans. Les marchands et voituriers feront retirer de la rivière leurs bateaux coulés à fond, et ce dans le délai qui leur sera indiqué par l'inspecteur-général de la navigation. Les débris doivent être enlevés immédiatement, sinon ils seront vendus, et le prix de la vente sera remis à qui de droit. (*Ordon. de* 1672, I, 10.)

Les marchandises qui seront débarquées sur les ports devront être enlevées dans les trois jours qui suivront leur déchargement; sinon elles seront enlevées et transportées, aux frais des propriétaires ou expéditeurs, en lieu sûr et commode; elles y seront consignées jusqu'à l'acquittement des frais de transport et de loyer de magasin. Elles y seront même vendues en cas d'avarie ou d'insuffisance présumée de leur valeur pour l'acquittement de ces mêmes frais.

Il est défendu d'arracher, de fatiguer et même d'embarrasser les anneaux ou les pieux d'amarres.

La police est plus sévère pendant l'hiver et les temps des glaces, grosses eaux et débâcles. Aux termes de l'ordonnance de police du 25 novembre 1825 :

Pendant ce temps, toute la partie de la rivière fermée par les estacades sert de gare aux bateaux chargés de denrées et marchandises, et spécialement aux bateaux chargés de charbons de bois et de terre. Les propriétaires ou les gardiens de bateaux chargés sont tenus de les y garer de la manière qui leur est indiquée par l'inspecteur-général de la navigation, et d'y attendre leur tour de mise à port et en décharge.

Quand la rivière commence à déborder sur les ports ou à charier, les bateaux qui se trouvent ailleurs que dans les gares susdites ou sur le bassin de la Villette, doivent être déchargés, et les marchandises enlevées à la diligence des propriétaires ou gardiens, depuis la pointe du jour jusqu'à la nuit, même les fêtes et dimanches, et pendant la nuit en cas de danger imminent.

Les marchands, voituriers et gardiens sont tenus de fermer les bateaux et de les amarrer, avec bonnes et suffisantes cordes, aux anneaux et pieux placés le long des ports et quais.

Les mêmes doivent avoir, en tout temps, sur leurs bateaux une ancre suffisamment équipée, ou de bonnes cordes, faire retirer leurs bateaux après le déchargement, et les faire remonter ou descendre dans les gares; sinon il y sera pourvu à leurs frais et risques. (*Ordon. de* 1672, IV, 14.)

Les bateaux jugés hors d'état de servir sont déchirés sur place ou dans les endroits désignés par l'inspecteur-général. Les bateaux vides qui peuvent faire craindre quelque accident peuvent être pareillement déchirés, d'après les ordres du préfet de police, et estimation préalablement faite par un expert charpentier de bateaux. Les débris seront vendus dans les vingt-quatre heures s'ils ne sont enlevés par les propriétaires, et le produit, déduction faite des frais de déchirage, sera versé à la caisse de la préfecture de police, pour être remis à qui de droit.

Chapitre vingt-unième.

CHANTIERS DE BOIS.

S'il est juste que chacun soit libre d'exploiter son industrie, le gouvernement ne peut, d'un autre côté, tolérer que, pour l'avantage d'un particulier, tout un quartier respire un air infect, ou qu'un citoyen éprouve des dommages dans sa propriété.

Aussi, le décret du 15 octobre 1810, établit en principe général que les manufactures et ateliers qui répandent une odeur insalubre ou incommode, ne peuvent être formés sans la permission de l'autorité administrative.

Depuis ce décret, le besoin s'est fait sentir d'étendre cette précaution à des ateliers qui ne répandent point d'odeur, mais qui offrent des dangers d'incendie, et c'est ainsi que des ordonnances postérieures ont embrassé les chantiers de bois, et que les réglemens de la matière ont frappé tout atelier dangereux, insalubre ou incommode.

Ces établissemens sont divisés en trois classes : la première comprend ceux qui doivent toujours être éloignés des habitations; la seconde, ceux dont il importe de ne permettre la formation près des habitations, qu'après avoir acquis la certitude que les opérations ne causeront aucun dommage ou aucune gêne; la troisième classe, les établissemens qui peuvent rester sans inconvéniens auprès des habitations, mais qui doivent être soumis à la surveillance de la police.

Une ordonnance royale, du 9 février 1825, a rangé dans la troisième classe :

1° Les chantiers de bois à brûler dans les villes, comme présentant principalement le danger du feu ;

2° Les dépôts de charbon de bois dans les villes, à cause du danger d'incendie, surtout quand les charbons ont été préparés à vases clos, attendu qu'ils peuvent prendre feu spontanément.

Des autorités différentes sont chargées selon les classes, du soin d'accorder les autorisations nécessaires. Pour la troisième, la demande doit être adressée au préfet ou au sous-préfet dans les départemens, et au préfet de police à Paris et dans le ressort de la préfecture. Les préfets et sous-préfets sont tenus de prendre l'avis des maires et de la police locale.

S'il s'élève des réclamations contre la décision prise par le préfet de police, les préfets ou les sous-préfets, elles sont jugées au conseil de préfecture (*Art. 8 du décret du 15 octobre 1810.*)

Le recours au conseil d'État est admis contre la décision des conseils de préfecture.

Nous connaissons trois arrêts du Conseil d'État, relativement à des oppositions formées contre la formation de chantiers.

Le premier arrêt décide que des tiers opposans sur des motifs de convenance ne peuvent empêcher l'établissement d'un chantier utile au public, surtout lorsqu'il se trouve situé dans les limites désignées par l'autorité pour l'établissement des chantiers de bois. (*Arrêt du Conseil d'État*, 24 mars 1819. *Delagrange et consorts contre Salaun.*)

Par le deuxième arrêt, le conseil a autorisé l'établissement d'un chantier, à la charge de remplir certaines conditions pour prévenir les dangers d'incendie. (*Arrêt du Conseil d'état*, 12 mai 1819. *Talboutier contre les dames de la Visitation.*)

Enfin dans le troisième arrêt, l'administration considère comme garanties suffisantes pour les voisins contre les dangers et le désagrément d'un chantier, les conditions suivantes :

Choisir un emplacement éloigné de toute maison d'habitation, et situé dans les limites assignées à ces sortes d'établissemens ; ne pouvoir effectuer aucun remblai ni rehausser le sol sur 3 mètres de largeur, à partir du pied du talus, le long des murs de clôture des jardins contigus ; planter, s'il est requis, et entretenir une haie de peupliers parallèlement auxdits murs, et sur toute leur longueur. (*Arrêt du Conseil d'État*, 25 avril 1820. *Talboutier contre Gourousseau, Payen et Graux.*)

§ Ier. CHANTIERS DE BOIS DE CHAUFFAGE DANS PARIS.

L'ordonnance de police du 27 ventôse an X, homologuée par le ministre de l'intérieur le 30 germinal an X, dispose :

ART. 1er. Tous les bois de chauffage qui arrivent pour l'approvisionnement de Paris, et qui sont destinés à être vendus, doivent être déposés dans des chantiers.

2. Les chantiers seront établis hors des anciennes limites de Paris, et autant que faire se pourra sur des terrains peu éloignés de la Seine. En conséquence, il n'en sera formé que dans les *cinq* arrondissemens ci-après désignés et limités.

3. Le premier arrondissement, dit *Saint-Antoine*, est limité par le port de la Rapée depuis la barrière ; par la rue des Fossés-Saint-Antoine à droite, les boulevards à droite, et la rue du Faubourg-du-Temple à droite, jusqu'à la barrière du Temple.

Le deuxième arrondissement, dit *Saint-Bernard*, est limité par la Seine depuis la barrière de l'Hôpital jusqu'à la rue des Fossés-Saint-Bernard ; et par la gauche des rues des Fossés-Saint-Bernard, du Faubourg-Saint-Victor, du Jardin-du-Roi et du Marché-aux-Chevaux, jusqu'à la barrière des Deux-Moulins (1).

Le troisième arrondissement est l'*île Louviers* (2).

(1) La construction de l'entrepôt des vins ayant enlevé depuis au commerce des bois un vaste espace au milieu de l'arrondissement Saint-Bernard, la délimitation de cet arrondissement n'a pu être respectée. L'administration a autorisé l'ouverture de divers chantiers : quai de la Tournelle, rue de Pontoise, rue Mouffetard, rue de la Glacière, rue d'Ulm, rue des Ursulines et rue Saint-Jacques.

(2) Voyez pour le commerce de l'île Louviers, le chapitre suivant, page 332.

Le quatrième arrondissement, dit *Saint-Honoré*, est limité par la route de Versailles, à partir de la barrière des Bons-Hommes jusqu'à la place Louis XVI; par la place Louis XVI et par la gauche de la rue Royale, du boulevard et des rues Caumartin, Thiroux, Sainte-Croix, Saint-Lazare et Clichy, jusqu'à la barrière de Clichy.

Le cinquième arrondissement, dit de *la Grenouillère*, est limité par la Seine depuis la barrière de la Cunette jusqu'à l'Esplanade des Invalides; par l'Esplanade et le boulevard à droite jusqu'à la barrière de la Chaussée-du-Maine.

7. Il ne peut être tenu aucun chantier de bois de chauffage dans Paris, sans une permission spéciale du préfet de police. (*Déclaration du Roi du 7 mai 1732.*)

9. On doit joindre à la pétition un plan figuré du local, avec indication des dimensions et des tenans et aboutissans.

10. Il ne pourra être établi de chantier que sur des terrains éloignés des maisons et assez étendus pour que les bois puissent y être rangés en piles, séparés suivant leurs qualités, et que la dessication des bois flottés puisse s'y faire aisément et sans danger pour le voisinage.

29. Dans les chantiers, les bois seront placés à 8 mètres au moins de distance de tous bâtimens et des rues, ruelles ou passages publics, et à 4 mètres au moins de toutes autres clôtures.

Il est défendu de déposer dans lesdits espaces des planches, harts ou autres débris de trains ou de bateaux, bois de charpente ou d'ouvrage, à peine de 500 fr. d'amende et de confiscation des bois qui y seraient placés. (*Ordonnance de police, 15 avril 1744.*)

31. Les bois seront empilés solidement, avec grenons de deux longueurs de bûches à chaque encoignure.

Les théâtres et piles ne pourront être élevés à plus de 10 m. 40 c. à peine de confiscation. (*Arrêt 24 juillet 1725, art. VII et VIII.*)

32. Les théâtres seront faits d'aplomb; les marchands sont tenus de lier à distances convenables les roseaux avec le corps des piles, par le moyen de perches et de bûches qui y seront entrelacées, et formeront des espèces de grilles. (*Sentence du bureau de la Ville, 15 octobre 1777.*)

33. Les bois seront empilés séparément et à un mètre au moins de distance, selon leurs différentes qualités, de manière que les bois neufs soient distingués des bois flottés; les bois durs des bois blancs; et la menuise des autres bois. La vente des bois de différentes qualités ne pourra se faire du même côté. La distance d'un mètre au moins sera également observée entre les piles de bois de même qualité, s'ils appartiennent à différens marchands. (*Arrêt du 24 juillet 1725, art. VII et VIII.*) (1)

(1) Une ordonnance de police du 21 février 1786, porte :
Art. 5. Tous les bois quelconques, qui, dans le principe, auront été flottés ou jetés à bûches perdues, ne pourront être vendus à leur arrivée à Paris, dans le cas même où ils auraient été chargés en bateaux à leur départ des ports flottables, que comme bois flotté.
Art. 6. Exceptons les bois de St.-Fargeau qui, quoique flottés avant d'être chargés en bateau, continueront seuls de jouir de la faculté d'être vendus comme bois neuf.

34. Les bois dits de Sens ne pourront, sous aucun prétexte, être empilés avec du bois neuf.

35. Il est enjoint aux marchands de bois de mettre à chaque pile, en lieu apparent, une plaque indiquant en caractères lisibles la qualité de bois dont la pile est composée, à peine de 500 fr. d'amende. (*Arrêt du 30 décembre* 1785.)

36. Quiconque fera arriver des bois à Paris, sera tenu de rapporter des lettres de voiture en bonne forme, et de les représenter au bureau des arrivages. Elles devront indiquer les quantités et qualités des bois, le lieu de leur chargement, l'époque du départ, les noms de la personne qui fait l'envoi, de celle à laquelle les bois sont adressés, et du marinier chargé de les conduire. (*Ord. de* 1672, 2ᵉ *chap., art. VIII et IX; Ord. du bureau de la Ville,* 23 *décembre* 1737, *art. XI.*)

37. Il est enjoint à tout marchand de bois de remettre chaque jour la note du mouvement de son chantier. Cette note désignera exactement la qualité des bois entrés et des bois sortis.

38. Il est fait défense aux marchands de fendre aucune bûche qui n'aurait pas plus de 5 décim. de circonférence. Le bois de bouleau pourra cependant être fendu, mais seulement en cas de nécessité pour sa conservation et d'après une permission du préfet de police. (*Art.* 7 *de la Déclaration du* 8 *juillet* 1784).

39. Il est défendu de faire le triage du bois, appelé communément bois de *raye*, même sous le prétexte de le réserver pour les charrons, les tourneurs et autres ouvriers à peine de 3,000 fr. d'amende. (*Ordonnance de police* 23 *août* 1785.)

40. Il est défendu de fumer dans les chantiers et d'y porter du feu même dans des chaudrons grillés. Dans le cas où pendant la nuit les marchands seraient obligés d'aller dans leurs chantiers, ils pourront y porter de la lumière, mais seulement dans des lanternes fermées.

41. Il ne doit être vendu aucun bois flotté qui ne soit resté déposé au moins pendant quarante jours dans un chantier. Si cependant il était suffisamment ressuyé avant ce délai, il pourra être vendu, mais seulement par permission du préfet de police.

42. Aucun bois de chauffage ne doit être conduit d'un chantier dans un autre, à moins que les deux chantiers n'appartiennent au même marchand, et qu'il ne se fasse point de vente dans le chantier d'où l'on fera sortir le bois.

43. Les bois de chauffage ne doivent pas être enlevés d'un chantier sans mesurage préalable, à moins d'une permission spéciale du préfet.

44. Les seules membrures, dont les marchands puissent se servir pour le mesurage du bois, sont le stère et le double stère dûment étalonnés et marqués au poinçon du royaume.

45. Il est ordonné aux marchands de mesurer le bois dans la membrure du double stère, à moins que le stère simple ne soit indispensable, ou qu'il ne soit expressément demandé par l'acheteur.

46. Pour que le mesurage se fasse avec célérité, les marchands sont tenus d'avoir à chaque vente un stère double; mais il ne pourra pas y avoir plus de deux stères simples dans chaque chantier.

47. Les marchands sont tenus d'avoir à chaque mesure deux sous-its en bois équarri de 2 m. 2 décim. de longueur pour le double re, d'un m. 2 centim. de longueur pour le simple stère, et d'une lisseur égale à celle de la sole (plate-forme ou semelle des mem-ures). Ces soustraits doivent être étalonnés et marqués au poinçon royaume.

48. Lors du mesurage du bois, la membrure et les sous-traits doi-it être placés sur un terrain égal. Il est défendu aux marchands et eurs garçons de chantiers de placer aucune cale ou coin sous la e de la mesure, ni sous les soustraits. (*Art. 9 de l'Ordonnance du 'eau de la ville, 6 juillet* 1784.)

49. Les marchands ne doivent mettre aucun bois dans les membrures en présence de l'acheteur et pendant les heures fixées pour la vente r les ordonnances de police.

50. Ils sont tenus de fournir à leurs frais les mesures et les cordeurs.

51. Il est défendu de mettre dans la membrure aucun bois de corde i n'ait la longueur requise et qui ne soit au moins de 16 centim. de conférence. (*Art. 7 de la déclaration du 8 juillet* 1784.)

52. Les bois qui ont moins de 16 centim. de circonférence sont putés *menuise* et doivent être empilés et vendus séparément ou con-rtis en fagots ou cotrêts (*Ord. de* 1672, *art.* 2, *chap.* XVII).

53. Les perches et étoffes de trains doivent être converties en fa-irdes.

54. Il est défendu aux marchands de bois de refuser de vendre en tail les fagots de bois de menuise et les falourdes de perches, à peine 50 fr. d'amende pour chaque contravention. Les préposés au me-rage y tiendront strictement la main (*Arrêt* 24 *juillet* 1725, *art.* 6).

55. Les théâtres et piles de bois seront abattus avec les précautions cessaires. Les bois qui forment les piles d'ailes doivent être vendus ec ceux qui composent le reste des théâtres; en conséquence, les es d'ailes seront jetées à terre au fur et à mesure de la vente des lâtres.

56. Le mesurage des bois à brûler est surveillé par les préposés de préfecture de police, qui doivent le faire rectifier ou le rectifier eux-êmes. Ils s'opposeront à ce qu'il soit mis dans la membrure des bois lement tortus que la mesure en éprouve une trop grande diminu-n. Le marchand devra se conformer à ce qui lui aura été prescrit à : égard par le préposé.

Aux termes de l'article 10 de l'ordonnance de police du 27 octobre 24, concernant la vente des falourdes, fagots et coterêts (Voyez ge 181), les marchands et les regrattiers sont tenus d'avoir une aîne confectionnée de manière à pouvoir justifier des dimensions terminées. Elle doit être dûment vérifiée et revêtue du poinçon gouvernement. Les chaînons doivent être d'un centimètre de lon-eur et les demi-décimètres distingués par un chaînon jaune. Il est

adapté à la chaîne des petits anneaux pendant et correspondant a
divisions prescrites. Ces anneaux sont aplatis pour recevoir le poinço
du gouvernement. Au bout de la chaîne que les marchands de b
en chantier sont obligés d'avoir, il y a deux anneaux de cuivre; l'
de ces anneaux doit avoir intérieurement 16 centim. de circonférenc
et il servira à vérifier les bois qui, étant réputés menuise, ne peuve
pas être mis dans la membrure.

La vente du bois à brûler, dans les chantiers, est ouverte :
Du 1ᵉʳ avril au 31 octobre,   de 6 h. m. à 4 h. s.
Du 1ᵉʳ novembre au 29 février, de 8 h. m. à 4 h. s.
Du 1ᵉʳ au 31 mars,   de 7 h. m. à 4 h. s.

Il ne doit être fait aucune vente ni enlevé aucune marchandise d
chantiers pendant les heures de leur fermeture, ou sans un permis d
livré en cas d'urgence par le contrôleur - général du recenseme
et du mesurage (*Inst. de police*, 24 mars 1823).

§ II. Chantiers de l'île Louviers.

Un arrêt du Conseil du 2 octobre 1671 permit aux prévôt des ma
chands et échevins d'acquérir l'île Louviers pour servir à mettre l
bois de charronnage et de sciage.

Une sentence du bureau de la ville du 23 décembre 1737 affecta cet
île à la vente des bois neufs à brûler voiturés par eau et du charbo
de bois arrivé par terre.

Le charbon de bois arrivant par terre n'est plus aujourd'hui re
dans cette île, uniquement affectée à la vente des bois neufs. Tous ?
bois de chauffage doivent être déposés dans des chantiers, et l'île Lo
viers est le troisième arrondissement des cinq, dont la sentence de p
lice du 27 ventôse an X opère la délimitation (Voyez page 328).

Une ordonnance de police du 4 mai 1812 concernant le commer
de bois de chauffage à l'île Louviers, est conçue en ces termes :

Art. 1ᵉʳ. L'île Louviers continuera d'être exclusivement affectée
dépôt et à la vente du bois neuf de chauffage.

2. Il est défendu de déposer à l'île Louviers aucuns bois arrivés p
terre ou qui auraient été déchargés ailleurs que sur les ports de l'îl
Sont exceptés les bois amenés de la Basse-Seine par les marcham
forains.

3. Les marchands de bois qui auront obtenu des places dans l'a
rondissement de l'île Louviers, ne pourront avoir de chantiers da
les autres arrondissemens.

4. Des permissions seront accordées pour occuper des places da
l'île Louviers.

5. La distribution de l'île Louviers, en massifs numérotés, est co
servée.

Il sera réservé trois massifs entiers au moins pour le dépôt et la
nte des bois amenés par les marchands forains.

Les pointes de l'île Louviers demeurent affectées au déchargement
bateaux en danger ou des bateaux qu'il serait nécessaire d'alléger.

7. Avant le 1er avril de chaque année, les marchands de bois occu-
nt des places dans l'île Louviers seront tenus de justifier qu'ils sont
état de les garnir pendant un an.

8. Au 1er septembre de chaque année, les places devront être suf-
mment garnies; celles qui ne le seraient pas seront accordées à
utres marchands, à moins d'empêchement de force majeure à l'ar-
age des bois, ce dont les marchands seront tenus de justifier.

9. La vente du bois à l'île Louviers sera ouverte, du 1er avril au 31
obre, depuis six heures du matin jusqu'à quatre heures du soir,
ns interruption.

Du 1er novembre au 29 février, la vente sera ouverte depuis huit
ures du matin jusqu'à quatre heures du soir sans interruption, et
1er au 31 mars, de sept heures du matin à quatre heures du soir.
rdonn. de police du 24 mars 1823.)

Il ne doit être fait aucune vente ni enlevé aucune marchandise
ndant les heures de la fermeture, sans un permis du contrôleur-
néral. (*Idem.*)

10. Il est défendu aux marchands d'occuper des places dans l'île
uviers sous des noms interposés, et à toute personne de prêter son
m à cet effet.

11. Il est défendu aux marchands de déposer ou de vendre sur leurs
ices des bois qui ne leur appartiendraient pas.

12. Les marchands forains qui voudront déposer des bois à l'île
uviers, seront tenus d'en obtenir la permission du préfet de police.
Il leur sera assigné, sur les places à eux réservées par l'article 5,
e étendue de terrain proportionnée à la quantité de bois qu'ils au-
nt amenée, mais sous la condition qu'ils justifieront de l'achat des
is dans les ventes, qu'ils seront porteurs de lettres de voiture en
nne forme, énonçant la quantité de bois amenée, et qu'ils en fe-
nt transporter la totalité à l'île Louviers.

Les marchands ne pourront déposer sur les places qu'ils auront
tenues, d'autres bois que ceux mentionnés dans les permissions
i leur seront délivrées, à moins d'une nouvelle autorisation.

Les forains mettront à leur place une inscription portant ces mots:
archand Forain.

Ils seront tenus d'avoir vente ouverte et permanente à leurs places;
ate de quoi la permission qu'ils auraient obtenue, sera annulée, et
place évacuée.

13. Chaque marchand sera tenu de mettre à sa place, en lieu ap-
rent, un tableau indiquant, en caractères lisibles, son nom et le
méro de sa place.

14. Il est défendu de placer des bois sur les berges et dans les ru
et ruelles, même sous prétexte de montre.

Il est enjoint de laisser un espace vide d'un mètre au moins,
tous sens, autour des pieux d'amarre.

15. Les théâtres qui ont été indûment avancés sur les berges, da
les rues et ruelles, ne pourront être repris que dans les limites à
bornes placées à cet effet.

16. Les bois seront empilés solidement avec *grenons* de deux la
gueurs de bûches à chaque encoignure.

Les théâtres seront faits d'à-plomb ; les marchands seront ten
de lier, de deux mètres en deux mètres, les *roseaux* avec le cor
des piles par le moyen de perches et de bûches qui y seront entrelacée
et formeront des espèces de grilles.

17. La hauteur des théâtres sera calculée sur les dimensions de
base.

Dans tous les cas, cette hauteur ne pourra excéder seize mètr
(5o pieds environ).

18. Si les théâtres n'étaient pas construits avec solidité, l'inspecte
général de la navigation et des ports fera suspendre l'empilage, et
en rendra compte sur-le-champ au préfet de police.

19. Les marchands seront tenus d'établir leur vente et de plac
la montre, les membrures et les sous-traits, de manière que la voi
publique n'en soit point embarrassée.

20. Ils seront tenus d'avoir au moins un stère double à chaqu
vente ; il ne pourra y avoir plus d'un stère simple à chaque place.

21. Il est défendu de sortir des bois de l'île Louviers pour le
conduire dans d'autres chantiers.

22. Il est défendu de faire passer aucune voiture sur les chemin
réservés au bord de la rivière.

23. Il est défendu de charger les voitures au-dessus des ridelles.

Les ridelles ne pourront, dans aucun cas, être suppléées ni sur
élevées par des bûches ou piquets placés perpendiculairement pou
retenir le chargement.

24. Il est défendu aux voituriers d'entrer dans l'île avec leur
voitures, à moins qu'ils n'y soient appelés par les marchands ou pa
les acheteurs.

Les voitures n'y pourront rester que le temps nécessaire pour l
chargement.

25. Il est défendu de fumer dans l'île Louviers.

Il est défendu d'y porter du feu, même dans des chaudrons grillés
On ne pourra y porter de la lumière que dans des lanternes fermées

26. Les marchands qui auront obtenu des places dans l'île, feront
à frais communs, balayer les rues et ruelles, et enlever les boues.

27. Il ne pourra être formé que deux rangs de bateaux ou quatre rangs de toues le long des berges de la grande rivière et un seul rang de bateaux ou deux rangs de toues, tant au-dessous de la grande estacade que dans le bras du Mail. Dans les basses eaux il ne sera laissé qu'un seul rang de bateaux et de toues dans le bras du Mail et au-dessous de la grande estacade.

Les bateaux seront placés à la suite les uns des autres.

28. Les marchands de bois à l'île Louviers doivent se conformer à l'ordonnance du 27 ventôse an X, concernant l'arrivée, le dépôt et la vente des bois de chauffage dans Paris, quant aux dispositions qui leur sont applicables.

§ III. Chantiers hors Paris, dans le ressort de la préfecture.

Une ordonnance de police du 20 prairial an XII, porte :

Art. 1er. Il ne peut être tenu aucun chantier de bois de chauffage hors de Paris, dans le ressort de la préfecture de police, sans une permission du préfet de police.

3. On doit joindre à la pétition un plan figuré du local avec l'indication des dimensions et des tenans et aboutissans.

4. Il est défendu de décharger hors de Paris aucun bateau chargé de bois, et de tirer aucuns trains sans une permission du préfet de police. Les marchands de bois dans les communes rurales, approvisionneront leurs chantiers avec des bois arrivant par terre et directement des forêts. Il leur est défendu de les approvisionner avec des bois neufs ou flottés, fagots ou coterêts destinés à l'approvisionnement de Paris, sans une permission du préfet de police.

5. Il est enjoint aux marchands d'empiler solidement leurs bois, de faire leurs théâtres d'à-plomb, de lier à distances convenables les roseaux avec le corps des piles, par le moyen de perches et de bûches qui y seront entrelacées et formeront des espèces de grilles.

6. Les bois seront placés à quatre mètres au moins de distance de tous bâtimens, des rues, ruelles ou passages publics, et de toutes autres clôtures des chantiers.

7. Les seules membrures dont les marchands puissent se servir pour le mesurage du bois, sont le stère et le double-stère, dûment étalonnés et poinçonnés.

8, 9 et 10. (Ces art. sont les mêmes que les art. 47, 48 et 50 de l'ordonnance du 27 ventôse an X, page 331.)

12. Il est enjoint à tous marchands de tenir des registres cotés et paraphés par le sous-préfet, sur lesquels ils inscrivent jour par jour les arrivages et la vente : ils doivent les représenter aux préposés de la préfecture de police, toutes les fois qu'ils en seront requis. Ils leur donneront tous les quinze jours le relevé des arrivages et de la vente,

à peine de révocation des permissions. Dans les communes de Meudon, Sèvres et Saint-Cloud, les registres seront cotés et paraphés par les maires ou adjoints.

§ IV. Chantiers de bois carrés.

Les chantiers de bois de charpente, de charronnage, de sciage, de menuiserie, lattes, etc., doivent être dans les limites voulues par les réglemens. Les piles doivent être à la même distance des murs des chantiers que les théâtres de bois à brûler, page 329.

§ V. Chantiers de déchirage.

Les bateaux hors de service sont conduits sur les ports de déchirage pour y être dépecés, et deviennent l'objet d'une nouvelle branche de commerce. On déchire à la Gare, à la Rapée et au Gros-Caillou.

Les chantiers pour la vente sont à proximité des endroits de la rivière où l'on déchire les bateaux inservables. L'île des Cygnes en est couverte.

Les planches de déchirage servent à faire des cloisons légères, des planchers grossiers, des pans de bois, et autres ouvrages communs. Elles se vendent au mètre carré.

Les bois trop brisés, les courbes et les becs servent au chauffage, et se vendent au tas.

§ VI. Vente des fagots et cotrêts en bateaux.

La sentence de police du 27 ventôse an X, porte :

Art. 23. Les fagots et cotrêts peuvent être vendus sur bateaux dans les ports qui sont affectés à leur vente.

Ces ports sont celui des Miramiones, en tête du port aux Tuiles, où il ne pourra être mis qu'un seul bateau à la fois, ou deux barquettes ou toues en boyard;

Et le port de l'École, où il ne pourra pas être mis plus de trois bateaux ou quatre barquettes ou toues placés en boyard.

24. Les bateaux de fagots ou de cotrêts ne pourront être mis à port qu'à leur tour. Ils prennent rang à leur entrée dans Paris.

25. Les propriétaires arrivant du haut déclareront au bureau des arrivages, en prenant rang d'arrivage, quel est celui des ports pour lequel leurs bateaux sont destinés, et mention de leur déclaration sera faite tant sur le passavant que sur le registre du bureau et la feuille envoyée à la préfecture.

26. Les bateaux du haut, destinés pour le port de l'École, ne pourront y être descendus qu'autant que le port des Miramiones se trouvera garni.

27. Tout bateau, non conduit à son tour au port indiqué, perd son rang d'arrivage, et ne peut être vendu qu'après tous les bateaux enregistrés.

28. Un bateau ne peut rester en vente plus d'un mois. Après ce délai, les fagots non vendus sont enlevés, transportés dans un chantier, et le bateau retiré du port; le tout aux frais et risques du propriétaire.

Voyez page 181, les dimensions des diverses espèces de fagots et cotrêts, dont la vente est autorisée dans Paris.

Chapitre vingt-deuxième.

VENTE DU CHARBON DE BOIS A PARIS.

Une Ordonnance du Roi, du 4 février 1824, porte :

Art. 1. Les charbons arrivant par terre ou par eau dans Paris, pourront être transportés et vendus ailleurs, au gré des propriétaires, en se conformant toutefois aux réglemens de police. L'inscription d'un bateau sur la liste d'une rivière ou dans la répartition des ports ou places de vente, ne pourra empêcher le propriétaire d'en changer la destination sur la simple déclaration qu'il en fera au préfet de police.

Art. 5. Les taxes municipales, ou autres rétributions qui pourraient être imposées sur les charbons, seront les mêmes pour ceux qui arriveront par terre, et pour ceux qui seront amenés par eau.

Pour l'exécution de l'ordonnance royale du 4 février 1824, le préfet de police a rendu, le 30 septembre 1826, l'ordonnance suivante, approuvée le 6 octobre 1826 par le ministre de l'intérieur.

NOUS, CONSEILLER D'ÉTAT, PRÉFET DE POLICE.

Vu l'ordonnance royale du 4 février 1824, concernant le commerce du charbon de bois à Paris;

ORDONNONS ce qui suit :

CHAPITRE I. *Commerce de charbon en général.*

Art. 1. Le charbon destiné à l'approvisionnement de Paris ne peut être conduit et vendu qu'aux ports et places désignés par nous.
Les ports de vente sont, quant à présent, savoir :
Sur la rive gauche de la Seine, ceux de la Tournelle, des Quatre-Nations et d'Orsay;

22

Et sur la rive droite, ceux de l'ancienne place aux Veaux, de la Grêve, de l'École, de la Villette et du canal Saint-Martin.

Les places de vente sont provisoirement fixées à six, savoir :

Trois dans les quartiers situés sur la rive droite de la Seine; trois dans ceux de la rive gauche. Les trois premières sont celles Daval, faubourg Saint-Antoine; des Récollets, faubourg Saint-Martin ; de Mouceau, faubourg du Roule. Les trois autres places sont celles de la Santé, faubourg Saint-Jacques, et deux autres places dont l'emplacement sera désigné ultérieurement.

2. Tout établissement de magasin ou d'entrepôt de charbon de bois dans l'intérieur de la ville est interdit; mais il pourra en être formé sur notre autorisation dans la Banlieue.

Le charbon déposé dans ces derniers entrepôts ne pourra en sortir que renfermé dans des sacs de la contenance d'un ou de deux hectolitres, lorsqu'il sera destiné pour Paris.

3. Les habitans de l'intérieur de la ville auront la faculté de faire venir de l'extérieur, directement à leur domicile, soit à col, soit par voiture, les charbons nécessaires à leur consommation, mais sous la condition de déclarer préalablement au contrôleur-général des bois et charbons, la quantité de l'envoi, la barrière de l'entrée, le lieu de la destination, et de se soumettre, pour le transport par voiture, aux dispositions de l'article 64.

4. Il est enjoint à tous conducteurs de charbon, soit par terre, soit par eau, de se munir de lettres de voitures en bonne forme, énonçant les quantités en hectolitres de charbons chargés sur les bateaux ou voitures, les lieux où les charbons auront été fabriqués, le nom du propriétaire et celui du facteur ou du consommateur auquel le charbon est adressé.

5. Il est défendu aux marchands d'expédier du charbon sous d'autres noms que les leurs, et aux facteurs de les recevoir et de substituer au charbon arrivé et enregistré sous le nom d'un marchand, le nom d'aucune autre personne, sans notre autorisation.

CHAPITRE II. *Commerce du charbon par eau.*

6. Conformément à l'arrêté du gouvernement du 23 floréal an VI (12 mai 1798), le charbon de bois amené par eau sera distingué par le nom de la rivière sur laquelle il est chargé. Il sera désigné ainsi qu'il suit :

Aisne, Oise et Basse-Seine, Allier, Aube, Canaux, Loire, Marne, Ourcq et canal d'Ourcq, Haute-Seine, Yonne.

Le charbon qui sera chargé sur l'Aube au-dessous des canaux d'Anglure, sera vendu comme charbon de Haute-Seine.

7. Chaque bateau de charbon doit porter une devise et les lettres initiales des nom et prénoms du propriétaire. La devise une fois pla

cée ne peut être changée ni supprimée. (*Décision de S. Ex. le ministre de l'intérieur du 22 décembre* 1812.)

8. Au mois de mars de chaque année, il sera fait par nous, sur la proposition du comité central du commerce de charbon de bois par eau, une distribution des places de vente du charbon de bois sur les ports, entre toutes les rivières qui approvisionnent Paris. (*Ordonnance du Roi du 4 février* 1824.)

9. Il sera descendu dans les mois de mars et d'avril, et dans tous les cas où la rivière le permettra, le nombre de bateaux nécessaire pour garnir convenablement les ports de l'École, des Quatre-Nations et d'Orsay, jusqu'au mois de décembre.

Si les bateaux sont dans l'intérieur de Paris, il sera fait au bureau de l'octroi une déclaration du changement de port.

Il nous sera préalablement rendu compte par l'inspecteur-général de la navigation et des ports, et le contrôleur-général des bois et charbons, du nombre de bateaux qu'il sera reconnu convenable de descendre.

10. Les bateaux de charbon de chaque rivière seront mis en vente dans l'ordre établi par les listes arrêtées par le directeur-général des ponts et chaussées. (*Ordonnance du Roi du 4 février* 1824, *art. IV.*) (1).

11. Il est enjoint aux marchands de charbon de mettre leurs bateaux en vente à leur tour de liste. Les marchands qui par refus, négligence ou retard volontaire, ne se conformeraient pas à cette injonction, ne pourront mettre en vente le bateau dont le tour serait arrivé que six mois après ce même tour et à la première place qui se trouvera vacante à l'expiration de ce délai.

12. Dans le cas où quelques places de vente ne seraient pas garnies par les rivières auxquelles elles seront affectées, il sera pourvu par nous à leur occupation momentanée par d'autres rivières, sur la proposition du comité central du commerce.

13. Aucun bateau ne pourra être mis en vente sans un permis délivré à la préfecture de police, et avant le mesurage des employés de l'octroi.

14. Les chefs de ports sont tenus de mettre le bateau à port dans le jour de la représentation du permis.

15. S'il y avait nécessité d'alléger un bateau, l'allège aura le

---

(1) On n'inscrit plus, comme autrefois, les bateaux sur les listes par tour de chargement. Cet usage ne subsiste plus que sur les Canaux. Sur les rivières de Marne, Yonne, Loire, Seine, Allier, Aube, Oise, on a adopté le mode de liste proportionnelle. On dresse tous les ans, sur ces rivières, au mois de janvier, la liste des charbons chargés en bateaux sur les ports : les marchands tirent ensuite au sort des numéros qui règlent la mise en vente sur les ports de Paris.

Le tour d'admission en usage sur la Seine et réglé d'après l'ordre des listes de chaque rivière, sera celui que l'on suivra au bassin de la Villette et sur le canal Saint-Martin. (*Ordonn. du Roi du 4 février* 1824, *art. 4.*)

même rang que le bateau, et devra être vendue immédiatement avan
ou après le bateau allégé, comme en faisant partie.

16. Dans le cas où un marchand, propriétaire de plusieurs bateaux
de charbon, voudrait mettre un de ses bateaux en vente à la place
d'un autre dont le tour serait arrivé, il en aura la faculté, pourvu
toutefois que le bateau substitué soit de la même rivière, et à-peu-près
de la même contenance que le bateau qu'il remplacera.

Pareilles substitutions pourront avoir lieu entre marchands d'une
même rivière, mais ayant à Paris les bateaux qui seront l'objet de ces
substitutions.

Le bateau remplacé devra prendre sur la liste le rang du bateau
auquel il aura été substitué.

17. Lorsque des charbons auront été avariés de manière à devoir
être nécessairement changés de bateaux, et lorsque l'avarie aura été
régulièrement constatée, soit par l'autorité locale, soit par les jurés
compteurs ou gardes-ports dont les procès-verbaux seront visés par
les inspecteurs de la navigation, ils pourront sur notre autorisation
être mis extraordinairement en vente avant leur tour de liste, au port
de la Grève, à la place à ce affectée, sauf le cas de force majeure,
sur lequel nous nous réservons de statuer.

Quel que soit l'ordinaire auquel appartienne le bateau avarié, ce
bateau conservera son rang sur la liste, et le dernier numéro, sous
lequel le propriétaire du bateau sera inscrit sur la liste suivante, sera
rayé pour le bateau avarié.

Lorsqu'un bateau en vente, portant encore la moitié de son chargement, coulera à fond, le propriétaire sera rayé de son dernier
numéro de la liste courante, et il pourra remplacer son bateau au
même port ou au premier port vacant, lors de l'arrivée d'un de ses
bateaux, s'il n'en a pas à Paris lors de son naufrage.

Les bateaux relevés sous charge n'étant pas considérés comme
avariés, ne seront pas admis à jouir de cette dernière disposition.

Dans le cas où un bateau serait perdu corps et biens, le propriétaire conservera son rang sur la liste dont il fait partie, et on lui
rayera le dernier numéro des listes confectionnées au moment du
naufrage.

Si ce bateau fait partie de l'ordinaire en chargement, la radiation
portera sur le dernier numéro de cet ordinaire, sous lequel le propriétaire sera inscrit, lorsque la liste en sera arrêtée.

Aucun bateau avarié ne pourra être mis en vente qu'avec un écriteau portant, en caractères ostensibles, les mots : *Charbon avarié.*

18. Dans le cas où les couplages qui se trouveront sur les ports de
Paris au 1ᵉʳ décembre de chaque année, auraient moins de trente-deux
centimètres de bord au milieu, le charbon qui occasionerait la surcharge sera mis dans d'autres bateaux ; et faute par les propriétaires
de faire procéder à cette opération au premier ordre qui leur en sera
donné, il y sera pourvu à leurs frais et risques.

19. Lorsque pour surcharge, avarie ou autrement, il y aura lieu à changer le charbon de bateau dans l'intérieur de Paris, déclaration en sera préalablement faite au bureau de l'octroi pour la rectification des écritures.

20. Les propriétaires de charbon arrivé par eau, qui désireront faire dépoter leurs charbons pour en former des entrepôts hors de la ville, ou les transporter sur les places de terre, seront tenus de nous en faire la déclaration, en désignant la place de vente qu'ils auront choisie. (*Ordonn. du Roi*, 4 *février* 1824, *art.* III.)

21. Les dépotages s'effectueront sur tous les points où ces opérations pourront être exécutées sans inconvénient; la permission délivrée par nous à cet effet sera réglée selon les besoins des expéditions, l'état de la marchandise et la disposition des lieux.

Lorsque les dépotages s'effectueront par voitures, le chargement de chacune d'elles prendra rang pour la vente, d'après son tour d'arrivage à la place.

22. Tout bateau de charbon inscrit sur une liste de chargement, et dont le propriétaire disposerait pour tout autre endroit que Paris, sera rayé de cette liste : il en sera de même pour un bateau dont le chargement serait conduit sur un marché.

23. Les marchands de charbons par eau nous remettront l'état des préposés qu'ils emploient à la vente de leurs charbons, et nous informeront des mutations à mesure qu'elles s'opéreront.

C ʜ ᴀ ᴘ ɪ ᴛ ʀ ᴇ III. *Commerce de charbon par terre.*

24. Le charbon de bois amené par terre ne peut entrer dans Paris que par les barrières de Charenton, de Vincennes, de la Villette, de Mouceau, des Bons-Hommes, de la Chaussée-du-Maine, de Fontainebleau, d'Enfer et de Vaugirard.

25. Le charbon sera conduit directement aux places de vente désignées en l'article 1ᵉʳ, savoir :

Celui arrivé par les barrières de Charenton, Vincennes et la Villette, aux places Daval ou des Récollets ;

Celui arrivé par la barrière de Mouceau, à la place de Mouceau ;

Celui arrivé par la barrière de Fontainebleau, aux places de la Santé ou Daval ; par celle des Bons-Hommes. à la place de Mouceau, ou à celles qui seront créées sur la rive gauche de la Seine ;

Le charbon arrivé par les barrières d'Enfer, de Vaugirard et du Maine, aux places de la Santé ou autres qui seront établies dans les quartiers de la rive gauche de la Seine ; en attendant, il pourra être transporté sur la place de Mouceau.

26. Tout charbon destiné pour les marchés, qui serait trouvé dans une autre direction, sera saisi, envoyé à l'une des places de vente, et consigné sous la surveillance du contrôleur aux arrivages.

27. Il est défendu de faire circuler et de colporter du charbon dans

Paris, pour le vendre, comme aussi de faire stationner sur la voie publique des voitures chargées de ce combustible, à l'exception néanmoins de celles qui, étant arrivées en vertu d'autorisation au domicile des particuliers, y sont en déchargement. Le charbon qui serait trouvé en contravention à cette prohibition, sera, à la diligence des commissaires de police et des préposés, conduit à l'une des places de vente, et consigné sous la surveillance du contrôleur aux arrivages, jusqu'à ce qu'il ait été statué par nous.

28. Les charbons fabriqués à vases clos seront, lorsque l'opération n'aura pas eu pour but principal l'extraction des acides, transportés à la place des Récollets, et déposés sur une portion de terrain qui leur sera spécialement affectée. Ils seront vendus à tour de rôle (1) comme les charbons fabriqués par les procédés ordinaires.

29. Il ne peut y avoir sur chaque place qu'un seul tas pour un même marchand. Si cependant il y avait impossibilité de placer de nouveaux arrivages sur ce tas, il pourra en être formé un second pour ce marchand.

Il est néanmoins expliqué que si le tas supplémentaire ne contenait qu'une médiocre quantité de charbon, et que le tour de vente du propriétaire arrivât sans qu'il pût justifier d'expéditions très-prochaines, la mesure serait mise d'abord à ce dernier tas, jusqu'à son épuisement, et passerait ensuite au premier tas, pour compléter le tour de vente.

Que si au contraire le marchand prouvait qu'il fût en état de faire incessamment de nouvelles expéditions, la vente commencerait par son premier tas.

30. Les charbons seront reçus aux places de vente tous les jours, excepté les fêtes et dimanches, savoir : du 1er avril au 31 octobre, depuis six heures du matin jusqu'à six heures du soir, et du 1er novembre au 31 mars, depuis sept heures du matin jusqu'à cinq heures du soir.

31. Le service de chaque place de vente, quant au personnel, sera réglé conformément à l'approvisionnement et au débit de chacune d'elles.

32. Le commis aux arrivages tient un registre exact des noms des marchands expéditeurs et des facteurs auxquels les charbons sont adressés, des quantités et espèces de charbons expédiés, du jour et de l'heure de chaque arrivage.

Le contrôleur de la place chargé de surveiller l'ensemble du service, et spécialement du contrôle de la vente, tient un registre sur lequel il inscrit régulièrement les ventes opérées chaque jour, le prix auquel les charbons ont été vendus, le nom du marchand auquel ils appartiennent, et celui du facteur qui en a fait la vente.

(1) Les charbons seront vendus à tour de rôle, lequel sera déterminé par la date des arrivages. L'exécution de ce mode de vente aura lieu de manière à multiplier autant que possible les moyens de vente ou de concurrence. (*Ordonn. du Roi*, 4 *février* 1824.)

CHAPITRE IV. *Vente du charbon*

33. La vente du charbon aux ports et places sera ouverte, du 1ᵉʳ avril au 31 octobre, depuis sept heures du matin jusqu'à midi, et depuis deux heures jusqu'à cinq.

Elle sera ouverte du 1ᵉʳ novembre au 31 mars, depuis huit heures du matin jusqu'à midi, et depuis deux heures jusqu'à quatre (1).

34. Le prix du charbon sera affiché en caractères ostensibles sur chaque bateau, et aux places de vente, au-dessus de chaque tas.

L'inscription de chaque bateau doit porter aussi le nom de la rivière sur laquelle le charbon a été chargé.

L'inscription de chaque tas doit aussi porter le nom du propriétaire.

35. Les seules distinctions reconnues, sous le rapport de la qualité du charbon, sont celles de charbon proprement dit et de poussier.

Tout charbon amené sous la dénomination de braise sera considéré comme charbon, et vendu concurremment avec celui-ci, toutes les fois que les fragmens qui le composeront auront au moins trente millimètres de longueur.

Tout charbon qui n'aurait pas cette longueur sera vendu comme poussier.

Il est défendu de séparer la braise du poussier, lors de la vente.

36. Le poussier résultant de la manutention pendant la vente du charbon aux places, et débité en même temps que le charbon, ne doit pas être déduit sur la quantité dont le tour est arrivé.

Celui restant à chaque tas après la vente du charbon doit être porté dans une case commune et vendu à tour de dépôt, à l'aide d'une mesure à ce affectée.

Celui restant au fond d'un bateau après la vente ou le dépotement ne pourra être déposé sur les ports. Il sera transporté et vendu, d'après la demande qui nous en sera faite, sur l'une des places de vente ou sur un emplacement particulier qui pourra nous être proposé à cet effet par le comité central du commerce de charbon de bois par eau. Il sera vendu dans le premier cas par l'un des facteurs de la place où il aura été transporté, et dans le deuxième par des agens du commerce par eau ; mais sous la surveillance d'un préposé de la préfecture de police.

37. Il est défendu d'établir plus d'une mesure sur chaque bateau en vente sans notre permission.

38. Il y a à chaque place de vente une mesure par facteur. Il sera en outre mis pour chaque place à la disposition du contrôleur-gé-

(1) Il ne doit être fait aucune vente ni enlevé aucune marchandise des ports et des places au charbon, pendant les heures de leur fermeture.

Le contrôleur-général du recensement et du mesurage des charbons peut cependant délivrer des permis dans les cas d'urgence. (*Instruct. de police*, 24 mars 1823.)

néral une mesure supplémentaire pour être donnée par lui au facteur qui aurait sur la place le plus de charbon.

Il sera mis simultanément en vente six tas par mesure.

Une mesure spéciale sera affectée pour les provisions des consommateurs, lesquelles ne pourront être moindres de vingt hectolitres de charbon ou de poussier.

39. Ces provisions ne pourront être prises qu'aux bateaux ou tas de charbon en vente.

Quand une provision s'effectuera aux places, et que le tas en tour de vente ne pourra fournir la quantité de charbon dont elle se compose, elle se complétera à l'un des autres tas en tour de vente.

40. Le tour de vente aux places est déterminé par celui de l'arrivage des charbons, dont il est tenu registre, ainsi qu'il est dit article 32.

41. Faute par le marchand ou le voiturier de charbon venant par terre de représenter la lettre de voiture au moment de l'arrivage, le tour de vente ne prend date que du jour et de l'heure de la représentation de cette lettre.

42. Il sera établi à chaque place de vente, des facteurs nommés par nous, et soumis à fournir un cautionnement. Ils tiendront régulièrement, et jour par jour, un compte ouvert à chaque expéditeur.

Les marchands ont la faculté de vendre par eux-mêmes, ou par un fondé de pouvoir spécial; mais ce fondé de pouvoir devra nous présenter un mandat notarié de son commettant, et se pourvoir à ses frais de mesures et de mesureurs. Dans aucun cas, le marchand qui aurait un agent spécial pour la vente de son charbon ne pourra recevoir communication des registres, feuilles, états de situation, etc., tenus par l'administration ou par ses agens.

Enfin une même personne ne pourra être admise à représenter deux marchands.

43. Il est expressément défendu aux facteurs et autres préposés attachés au service des places de faire directement ou indirectement, pour leur compte personnel, le commerce de charbon ou de poussier.

Il leur est pareillement défendu de recevoir ni charbon ni poussier des marchands.

Il leur est enjoint d'occuper leur poste par eux-mêmes.

44. Il est défendu aux marchands de charbon, aux facteurs et aux préposés du commerce, de faire aux porteurs aucune remise sous le nom de *nivet*, *numéro*, ou sous telle autre dénomination que ce soit, sur le prix de la marchandise.

Il est défendu aux porteurs de recevoir cette remise.

Lorsqu'un marchand sera convaincu d'avoir donné du *nivet*, il sera déféré, pour ce fait, aux tribunaux.

Les facteurs seront révoqués, les préposés du commerce seront renvoyés des ports, s'ils se rendent coupables d'infraction à cette défense.

45. Tout porteur de charbon qui aura reçu le *nivet* sera pour toujours privé de sa médaille.

Chapitre V. — *Du mesurage du charbon.*

46. Il ne peut être livré ni enlevé de charbon sans qu'il ait été préalablement mesuré.

47. La mesure doit être remplie, *charbon sur bord, et non comble* (1).

48. Il est enjoint de se servir, pour le mesurage du charbon, de pelles conformes au modèle déposé à la préfecture de police.

49. Le mesurage est surveillé par les préposés de la préfecture de police.

L'acheteur a aussi le droit de surveiller le mesurage ; mais il lui est interdit de toucher à la mesure, soit pour fouler, soit pour briser le charbon.

Les porteurs de charbon ne doivent pas s'immiscer dans le mesurage, à peine de privation de leurs médailles.

Les consommateurs ou les porteurs ont la faculté de réclamer contre le mesurage, quand ils s'y croient fondés, avant le versement du charbon dans le sac, et non après.

Les garçons de pelle qui auraient fait à dessein un mauvais mesurage, seront suspendus de leur emploi, et renvoyés des ports et places en cas de récidive.

50. Les fumerons ne doivent pas être mis dans la mesure avec le charbon.

Ils sont vendus séparément.

Chapitre VI. — *Des porteurs de charbon et garçons de pelle.*

51. Nul ne peut être porteur de charbon ou garçon de pelle sans une permission délivrée par la préfecture de police.

Les porteurs de charbon seront, en outre, pourvus d'une médaille délivrée pareillement à la préfecture de police.

Il est enjoint aux porteurs de charbon d'avoir toujours leur médaille en évidence à leur boutonnière, et de mettre à l'extérieur de leurs sacs le numéro de leurs médailles, en gros caractères, sur une peau blanche glacée.

52. Les garçons de pelle sont nommés par nous, sur la présentation du commerce.

Le commerce les paye et les dirige ; il peut, lorsque les circonstances l'exigent, les suspendre provisoirement de leur service. Il sera statué par nous, dans les cas de renvoi définitif.

53. La permission contiendra, en marge, le signalement du porteur ou du garçon de pelle auquel elle aura été délivrée.

(1) Le charbon se vend à l'hectolitre, c'est-à-dire au 10ᵉ de mètre cube.

La médaille portera avec le numéro d'enregistrement, les prénoms, nom et surnom du porteur.

54. Tout individu qui voudra obtenir une permission de porteur de charbon ou de garçon de pelle, sera tenu de produire un certificat de bonne conduite délivré par le commissaire de police de son domicile sur la représentation de ses papiers de sûreté.

Ce certificat contiendra, en outre, le signalement du pétitionnaire.

55. Les porteurs de charbon sont divisés en séries.

Chaque série est composée de cent hommes, qui sont distingués par les numéros de leurs médailles.

56. Il y a pour chaque série un chef et un sous-chef choisis et nommés parmi les porteurs.

Les chefs et sous-chefs ont une médaille d'une forme particulière.

57. En cas de changement de domicile, les garçons de pelle et les porteurs de charbon en feront, dans les trois jours, la déclaration au contrôleur-général des bois et charbons, à peine d'être privés de leurs permissions et de leurs médailles.

Le résultat de ces déclarations nous sera transmis par le contrôleur-général.

58. Tout porteur de charbon, ou garçon de pelle, qui s'absentera de Paris, ou qui renoncera, même momentanément, à porter du charbon, sera tenu d'en faire préalablement la déclaration au contrôleur-général des bois et charbons, et de lui remettre sa médaille.

59. Les porteurs de charbons ne peuvent être garçons de pelle.

Il est défendu aux garçons de pelle de porter du charbon, des fumerons ou du poussier.

60. Il est pareillement défendu aux garçons de pelle et aux porteurs de charbon, à leurs femmes et à leurs enfans, de faire le commerce de charbon en détail.

61. Il est défendu aux porteurs de charbon d'être plus de cinq à la fois dans un bateau.

62. Il leur est défendu d'entrer dans les bateaux pendant les heures de suspension de la vente.

CHAPITRE VII. — *Transport du charbon dans Paris.*

63. Les porteurs de charbon pourvus de permissions et de médailles, ont seuls le droit de porter du charbon dans Paris.

64. Il est défendu de transporter le charbon en voiture sans une permission délivrée par la préfecture de police, laquelle ne sera pas accordée pour moins de vingt hectolitres de charbon ou de poussier, et que sur la demande du consommateur visée par le commissaire de police de son quartier, qui certifiera, après s'en être assuré,

ue le demandeur est dans le cas de consommer la quantité de char-
on ou poussier par lui désignée, et qu'il a un emplacement conve-
nble pour la déposer.

65. Le charbon doit être enlevé des bateaux, ports et places de
ente, aussitôt après qu'il est mesuré et mis en sac.

66. Il est défendu aux porteurs de laisser sous aucun prétexte des
.cs de charbon dans les bateaux, dans les places de vente, sur les
uais, sur aucune partie de la voie publique, ni en dépôt dans des
.aisons.

Il est défendu à tout particulier de recevoir lesdits dépôts.

67. Il est défendu aux porteurs d'avoir des sacs qui contiennent
.oins de deux hectolitres.

Il leur est enjoint de les entretenir en bon état.

68. Il est enjoint aux porteurs de prendre le chargement entier de
haque sac, dans un seul bateau, aux ports; et dans un seul tas, aux
.aces.

Tout porteur, convaincu d'avoir voulu mélanger le charbon de dif-
Irentes qualités, sera, pour toujours, privé de sa médaille, sans
réjudice des poursuites à exercer devant les tribunaux, s'il y a lieu.

69. Il est enjoint aux porteurs de porter directement le charbon à
. destination, à peine de privation de leurs médailles.

70. Il leur est défendu de porter du charbon d'un port à un autre,
u d'une place de vente à une autre, ni d'exiger pour leurs salaires
n prix au-dessus de celui fixé par la décision du 25 septembre
824 (1).

71. Il est aussi défendu de transporter du charbon, une heure
près la fermeture des places et des ports.

CHAPITRE VIII. — *Commerce en détail du charbon.*

72. Il est défendu de faire le commerce de charbon de bois en détail
ans le ressort de la préfecture de police, sans en avoir obtenu notre
ermission.

73. Le charbon de bois ne peut être vendu en détail qu'en bou-
que ouverte.

74. Il est défendu aux détaillans de vendre le charbon au sac et au
emi-sac.

75. Les quantités de charbon et de poussier que les détaillans pour-
nt avoir dans leurs magasins ou boutiques pour le débit de leur
mmerce, seront réglées par nous, suivant la disposition des lieux
l'importance du débit. Ce commerce continuera d'être soumis à la
rveillance de l'autorité.

(1) Les salaires ont été, d'après cette décision, fixés de 75 cent. à 1 fr. 50 cent.,
lon les distances à parcourir.

Il est défendu aux détaillans de faire du feu dans les lieux où il déposent leur charbon.

CHAPITRE IX. — *Dispositions générales.*

76. Les contraventions aux dispositions de la présente ordonnanc seront constatées par des procès-verbaux ou rapports qui nous seror transmis, et les délinquans seront poursuivis devant les tribunau compétens, pour être statué à leur égard conformément aux lois.

77. La présente Ordonnance sera soumise à l'approbation de So Excellence le ministre de l'intérieur.

78. Elle sera publiée, imprimée et affichée.

Les sous-préfets des arrondissemens de Saint-Denis et de Sceaux les maires des communes rurales du ressort de la préfecture de po lice, les commissaires de police, le chef de la police centrale, le officiers de paix, le contrôleur-général des bois et charbons, et le préposés de la préfecture de police, sont chargés de tenir la main son exécution.

Le Conseiller d'État, Préfet de Police, Signé G. DELAVAU.

Par le Conseiller d'État, Préfet,

Le Secrétaire-général, Signé L. DE FOUGÈRES.

Vu et approuvé, Paris, le 6 octobre 1826, *le Ministre Secrétai d'État au Département de l'Intérieur*,   Signé CORBIÈRE.

Chapitre vingt-troisième.

REGRAT.

Défenses à tous regrattiers d'acheter plus grande quantité de man chandises que celle réglée ès-chapitres particuliers de chacune e: pèce de marchandises. (*Ordonnance de 1672, ch. III, art. 23.*)

§ Ier. REGRAT DE BOIS.

Il est défendu de colporter et vendre dans les rues de Paris et se faubourgs aucune espèce de bois, et spécialement de falourdes, fagot: cotrêts et margotins, et d'avoir clandestinement aucun dépôt, à pein de saisie, confiscation, et de 100 fr. d'amende pour la première foi: (*Ord. de police du 13 novembre 1787 et du 27 octobre 1824.*)

Les dépôts et ventes de falourdes, fagots, cotrêts et autres menu is, dans le ressort de la préfecture de police, ailleurs que dans les antiers et sur les bateaux, sont soumis à l'autorisation spéciale du 3fet de police. (*Ord. du 27 octobre 1824.*)

Pourront les chandeliers et fruitiers faire le regrat, et seront les-s regrattiers subjects aux visites des mouleurs, qu'ils feront gratuinent et sans frais. (*Ord. de 1672, ch. XVII, art. 30; Ord. de poe du 29 septembre 1784.*)

Les regrattiers ne peuvent avoir chez eux à la fois plus de 16 stères bois de corde, neuf ou flotté, y compris le bois destiné à leur conmmation particulière, ou l'équivalent en falourdes, fagots, cotrêts margotins. (*Ord. du 29 septembre 1784, et du 27 octobre 1824.*)

Il est défendu aux regrattiers de vendre le bois de corde autrement t'à la falourde. (*Ord. du 27 octobre 1824.*)

Les falourdes de bois de corde auront de 55 à 58 centim. de lon-ieur et 80 cent. de circonférence. (*Ord. du 27 octobre 1824 et du 29 ptembre 1784.*)

Les falourdes doivent être composées de bois blanc ou de bois dur, euf ou flotté; il est défendu de faire aucun mélange de ces sortes de iis. (*Ord. du 27 octobre 1824 et du 29 septembre 1784.*)

Autorisons les regrattiers à former chez eux une sorte de falourde irticulière, composée de bois blanc ou dur, neuf ou flotté, et qui ira été acheté à la membrure dans les chantiers, sans qu'il leur soit ermis, dans la formation des falourdes, de faire mélange des diffé-entes sortes de bois, à peine de 100 livres d'amende. Ces falourdes au- int 29 à 30 pouces de tour, sur 20 à 22 de longueur. Est défendu aux egrattiers d'approvisionner pour la formation des falourdes plus de 8 oies à la fois, y compris leur propre consommation, à peine de oo liv. d'amende. (*Ord. de police du 29 septembre 1784.*)

Pour remédier à l'abus qui se commet par les regrattiers, lesquels ltèrent journellement les marchandises, défenses aux regrattiers 'exposer en vente aucuns fagots ou cotrêts diminués ou altérés, à eine de confiscation desdites marchandises et de 50 liv. d'amende. *Ord. de 1672, ch. XVII, art. 32, et Ord. du bureau de la ville, 11 ctobre 1714.*)

Voyez pour les fagots dont la vente est autorisée dans Paris, la page 81.

Il est enjoint aux regrattiers d'avoir une chaîne confectionnée de nanière à pouvoir justifier des dimensions prescrites par les ordon-iances pour les falourdes, fagots, cotrêts et margotins. (*Ord. du 27 ctobre 1824.*)

Il est défendu aux regrattiers de vendre d'autres bois à brûler que eux dont les dénominations et les dimensions sont déterminées par es ordonnances. (*Ord. du 27 octobre 1824.*)

Défenses d'avoir du feu dans les endroits ou leurs bois sont déposés, t d'y porter de la lumière, autrement que dans des lanternes fermées. *Ord. du 27 octobre 1824.*)

§ II. Regrat de charbon.

L'ordonnance de police du 30 septembre 1826 porte :

Art. 72. Il est défendu de faire le commerce de charbon de bois en détail dans le ressort de la préfecture de police, sans en avoir obtenu la permission du préfet de police.

Art. 73. Le charbon de bois ne peut être vendu en détail qu'en boutique ouverte.

Art. 74. Il est défendu aux détaillans de vendre au sac ou au demi-sac.

Art. 75. Les quantités de charbon et de poussier que les détaillans pourront avoir dans leurs magasins ou boutiques pour le débit de leur commerce, seront réglées par le préfet de police, suivant la disposition des lieux et l'importance du débit. Ce commerce continuera d'être soumis à la surveillance de l'autorité. Il est défendu aux détaillans de faire du feu dans les lieux où ils déposent leur charbon.

Relativement à la quantité que les regrattiers pouvaient avoir en magasin, les art. 6 et 7 du chapitre XXI de l'ordonnance de 1672 portent que les regrattiers ne peuvent avoir en leur maison plus grande quantité que de 6 mines à la fois, y compris leur provision, et qu'ils ne peuvent vendre à plus grandes mesures que le boisseau. Une ordonnance de police postérieure, du 2 décembre 1812, fixait cette quantité à 12 hectol. de charbon ou de poussier, sous peine de 300 fr. d'amende.

Chapitre vingt-quatrième.

VOITURES DES PORTS ET DES CHANTIERS.

Ordonnance de police concernant les voitures employées au service des ports et des chantiers, du 13 janvier 1812.

1. Les voitures employées au service des ports ou des chantiers continueront d'être déclarées à la préfecture de police. Il est défendu de faire stationner sur les ports, ou près des chantiers, d'autres voitures que celles pour lesquelles les propriétaires auront fait la déclaration prescrite.

2. Conformément à l'art. 9 de la loi du 5 nivôse an VI, tout propriétaire de voitures employées sur les ports ou pour les chantiers, est tenu de faire peindre sur une plaque de métal, en caractères apparens et lisibles, son nom et son domicile. Cette plaque doit être

clouée en avant de la roue et au côté gauche de la voiture, à peine de
25 fr. d'amende. L'amende sera double si la plaque portait, soit un
nom, soit un domicile faux et supposé. Le propriétaire est tenu de
faire peindre sur la même plaque le numéro qui lui aura été donné à
la préfecture de police.

3. Aucune voiture sans ridelles ne doit être employée au transport
des bois. Néanmoins, les falourdes de harts et les fagots peuvent être
transportés sur des haquets, pourvu que le chargement soit solidement assujéti. Les tonneaux vides ne doivent être transportés sur les
haquets qu'avec les mêmes précautions : le tout sous les peines portées aux art. 475 et 476 du Code pénal.

4. Il est défendu aux voituriers de s'éloigner de leurs voitures et
de les conduire en guides ; de monter sur les chevaux et de les faire
troter ou galoper : ils se tiendront à la tête de leurs chevaux. Il leur
est enjoint de se détourner ou ranger devant toutes autres voitures,
et, à leur approche, de leur laisser libre au moins la moitié des rues :
le tout sous les peines portées aux articles 475 et 476 du Code pénal.

5. Il est défendu aux voituriers de confier leurs charrettes ou haquets à des personnes hors d'état de les conduire ou guider, sous les
peines portées aux articles 475 et 476 du Code pénal.

6. Il est défendu aux voituriers, aux charretiers, à leurs femmes, à
leurs enfans, aux scieurs de bois et autres ouvriers, de se rassembler
et de se coaliser pour empêcher les acheteurs de choisir le voiturier
qui leur convient. (*Ordonn. du* 31 *août* 1787, *art.* 3.)

7. Il leur est également défendu d'aller au-devant des acheteurs, et
de leur proposer un marchand de préférence à un autre, comme aussi
d'employer à cet effet aucunes personnes à eux atitrées, vulgairement
connues sous les noms de *chercheurs* et de *chercheuses*, à peine de
300 f. d'amende contre les voituriers et charretiers, et de 50 f. contre
les chercheurs et chercheuses. (*Arrêt du* 24 *juillet* 1725, *art.* 15.)

8. Les charretiers ne doivent entrer dans les chantiers qu'autant
qu'ils y sont appelés par les marchands ou par les acheteurs. Ils ne
peuvent y faire stationner leurs voitures que le temps nécessaire pour
le chargement. Ils ne peuvent charger leurs voitures que pendant les
heures où la vente est ouverte sur les ports et dans les chantiers.
Ils ne doivent s'immiscer en aucune manière dans le mesurage des
bois. (*Ordonn. du* 31 *août* 1787, *art.* 3.)

9. Il est défendu aux charretiers de demander et de recevoir des
marchands la gratification anciennement connue sous le nom de *nivet* ,
pour leur amener des acheteurs et leur procurer du débit. (*Ordonn.
du* 31 *août* 1787, *art.* 3.)

10. Il est défendu aux marchands de bois d'envoyer des voituriers,
des garçons de chantiers et autres personnes au-devant des acheteurs
pour solliciter la préférence au préjudice des autres marchands, ou
d'autoriser cette manœuvre pour un salaire quelconque, à peine de
100 fr. d'amende. (*Ordonn. du* 31 *août* 1787.)

11. Il est défendu aux voituriers et charretiers de détourner ou laisser détourner aucune partie des marchandises chargées sur leurs voitures, à peine d'être poursuivis devant les tribunaux comme coupables de vol.

12. Il leur est enjoint de conduire directement chez les acheteurs les marchandises dont le transport leur est confié, sans qu'ils puissent s'arrêter en route. Ils sont tenus de ramasser les portions de marchandises qui seraient tombées, et de les remettre sur la voiture. Ils ne peuvent exiger, pour le transport, que le prix qui aura été convenu de gré à gré ; le tout à peine de 50 fr. d'amende pour chaque contravention. (*Ordonn. du 31 août 1787, art. 4.*)

13. Il est défendu de charger les voitures au-dessus des ridelles, même lors du transport des bois des ports dans les chantiers. Les ridelles ne pourront, dans aucun cas, être suppléées ni sur-élevées par des bûches ou piquets placés perpendiculairement pour retenir le chargement.

14. Il est défendu de faire passer les voitures sur les chemins au bord de la rivière, dans l'île Louviers.

15. Il est défendu aux voituriers de transporter du bois d'un chantier dans un autre, à moins que ce transport n'ait été autorisé par le préfet de police.

16. Les charretiers ne pourront enlever aucunes marchandises des ports et des chantiers pendant les heures de fermeture. Sont exceptés de cette disposition les trains de bois à brûler et de charpente, dont l'enlèvement continuera d'avoir lieu depuis le point du jour jusqu'à la nuit, et les marchandises pour l'enlèvement desquelles il aurait été délivré des permis particuliers.

17. Les voituriers et charretiers habitués des ports ou des chantiers sont tenus, au surplus, de se conformer à l'ordonnance de police du 11 novembre 1808 concernant les rouliers, voituriers, charretiers et autres.

18. Les contraventions seront constatées par des procès-verbaux qui seront adressés au préfet de police.

19. Il sera pris envers les contrevenans telles mesures de police administrative qu'il appartiendra, sans préjudice des poursuites à exercer contre eux devant les tribunaux.

(Nota. Les peines portées aux articles 475 et 476 du Code pénal, rappelés par les articles 3, 4 et 5 de cette ordonnance, consistent en six à dix francs d'amandes, et trois jours au plus d'emprisonnement.)

Chapitre vingt-cinquième.

DROIT D'OCTROI DE LA VILLE DE PARIS.

On désigne sous le nom d'octrois les taxes que les communes font peser sur leur consommation intérieure pour subvenir à leurs dépenses. Ce mot dérive des expressions *avons octroyé et octroyons*, dont le prince se servait autrefois, en autorisant les communes à s'imposer ainsi elles-mêmes.

La loi qui a ordonné la perception d'un *octroi municipal et de bienfaisance* pour l'acquit des dépenses locales de la ville de Paris, est du 27 vendémiaire an VII. Les lois qui sont intervenues depuis et qui contiennent les réglemens de cet octroi, dont nous ne donnons ici que le tarif, sont celles du 27 frimaire an VIII, du 8 décembre 1814, du 28 avril 1816, du 25 mars 1817, ainsi que les ordonnances royales des 9 et 23 décembre 1814.

Le décime additionnel pour franc a été maintenu par les lois des 28 avril 1816, 25 mars 1817, et les ordonnances royales des 16 août 1815, et 14 mai 1817.

Le contentieux de l'octroi est réglé par le décret du 1er germinal an XIII.

Le tarif dont nous donnons l'extrait est approuvé par une ordonnance du Roi du 4 mai 1825, qui dispose, article 2, que le décime additionnel sera perçu jusqu'au parfait remboursement de l'emprunt de la ville.

Un arrêté du préfet de la Seine, du 6 janvier 1816, porte :

Art. 1er. Tous les objets assujétis à l'octroi arrivant par eau ne peuvent être introduits qu'après avoir été déclarés aux bureaux de l'octroi.

Art. 2. La déclaration doit indiquer la nature et la quantité des objets, et porter soumission d'en acquitter les droits, conformément au mesurage qui est fait sur le port de déchargement (1). Quand les déclarans ne sont pas domiciliés à Paris, ils sont tenus de fournir caution ou de consigner les droits.

Art. 3. Une expédition de la déclaration est délivrée aux voituriers ou conducteurs, qui sont tenus de la faire viser par les employés de service aux pataches et sur les ports.

_____

(1) L'octroi accorde six mois de crédit sur des effets revêtus des trois signatures.

TARIF DE L'OCTROI, DÉCIME NON COMPRIS.

1°. *Combustibles.*

Bois dur à brûler, neuf ou flotté, le stère. . . . . 2 fr.   » c.
Bois blanc, neuf ou flotté, et menuise de bois dur ou
de bois blanc, le stère. . . . . , ... 1   5o
Fagots, le cent. 3   »
Charbon de bois, le sac ou voie de 2 hectolitres. . . »   75
Charbon de terre, l'hectolitre. . . . . »   5o

Tout bois scié ou coupé à la serpe sur une longueur d'un mètre treize centimètres, et ayant seize centimètres de circonférence, est considéré comme bois de corde, et acquitte le droit selon sa nature de bois dur ou de bois blanc.

La menuise est le bois de même longueur, ayant moins de seize centimètres de circonférence.

La distinction entre le bois dur et le bois blanc cessera d'être observée toutes les fois que dans les trains, bateaux ou voitures, il y aura un mélange de bois blanc, de menuise et de bois dur; en conséquence, le droit d'octroi sera perçu sur le bois blanc ou de menuise, comme il se perçoit sur le bois dur.

Les courbes, plats-bords, planches brisées, souches, brigots, bois à charbon, payent à l'entrée comme bois dur ou bois blanc, suivant leur espèce et leurs dimensions.

Les fagots de toute espèce payent le droit entier.

Tout parement au-dessus de seize centimètres de circonférence doit être distrait du fagot, et rangé, pour la taxe, dans la classe du bois de corde; le surplus sera réduit d'après les dimensions fixées pour le fagot.

Le cent de falourdes, quelle qu'en soit l'espèce, compte pour cent cinquante fagots.

Les perches de menuise, provenant du déchirage des trains de bois à brûler, compteront à raison de quatre-vingt-dix falourdes pour chaque train de dix-huit coupons; ce nombre sera augmenté ou diminué de cinq falourdes par chaque coupon en plus ou en moins.

Les mêmes perches, provenant du déchirage des trains de bois de charpente ou de sciage, celles arrivant en coupons ou par voitures, seront évaluées en falourdes d'après leur nombre.

On entend par perche de menuise tout morceau de bois de seize centimètres et au-dessous de circonférence, prise au milieu de la longueur. Les perches d'une plus forte dimension payent comme bois de corde, ou comme bois de construction, suivant leur grosseur; elles sont rangées dans la classe des bois de corde, lorsqu'elles n'ont pas plus de trente-huit centimètres de circonférence moyenne.

Les cotrêts ordinaires, de toute espèce, payent la moitié du droit imposé sur les fagots.

Les cotrillons, bourrées et margotins, payent le quart.

La dimension du fagot, servant d'unité pour la perception, est celle du fagot de bois taillis ayant un mètre 14 centimètres de longueur et 5o centimètres de circonférence. Des dimensions plus fortes ou plus faibles donnent lieu à la perception d'un droit proportionnel.

La falourde de bois de corde doit avoir 5o centimètres de longueur et 8o centimètres de circonférence ; celle de perches 1 mètre 14 centimètres sur 1 mètre de circonférence.

Les cotrêts ordinaires, cotrillons et bourrées, doivent avoir 66 centimètres de longueur sur 5o centimètres de circonférence.

Les margotins doivent avoir 55 centimètres de longueur de rame, 4o centimètres de longueur de parement, et 4o centimètres de circonférence.

Des dimensions plus fortes donnent lieu à la perception d'un droit proportionnel.

Le cubage servira de base pour établir la perception sur les chargemens de charbon de bois, de bois à brûler, et généralement de tous les bateaux, trains et voitures susceptibles d'être cubés.

La quantité de charbon de terre contenue dans chaque bateau sera reconnue d'après le poids du charbon et le volume d'eau déplacé par le bateau.

Deux hectolitres d'escarbille (*charbon de terre à demi-consumé*), ne compteront que pour un.

2°. *Bois de construction.*

Bois de chêne, châtaignier, orme, frêne, charme, noyer, merisier, prunier, pommier et autres fruitiers, d'essence dure, en grume ou équarris, en lissoirs, jantes ou tables, le stère. 10 fr. » c.

Les mêmes bois que ci-dessus, débités en sciage ou en planches, ainsi que ceux débités en fente, les cent mètres courans de planches, à cent centimètres d'équarrissage. 10   »

Bois de hêtre, sapin, platane, acacia, sycomore, peuplier, bouleau, aulne, tilleul, saule et marronier, en grume ou équarris, en lissoirs ou tables, le stère. . . . 8   »

Les mêmes bois que ci-dessus, débités en sciage ou en planches, les cent mètres courans de planches, à cent centimètres d'équarrissage. 8   »

Lattes, 100 bottes. 10   »

Pour la perception du droit sur le bois de charpente, la grosseur de ce bois se prend dans le milieu, et, en cas d'impossibilité, dans les deux bouts.

23*

La longueur se compte par décimètres; au-dessus de cinq centimètres, on compte le décimètre entier; à cinq centimètres et au-dessous, on néglige la fraction.

L'équarrissage se compte par centimètres.

La mesure doit être pleine et couverte pour compter.

La déduction pour l'équarrissage des grumes est du dixième du pourtour, ou, en multipliant le diamètre par le rayon, on doit déduire l'écorce en prenant la mesure.

Si le bois n'est équarri qu'en partie, et qu'il ait conservé une partie de son rond, et par conséquent son aubier, il sera tenu compte des flaches.

Il sera déduit pour malandres visibles et palpables, nœuds-pourris ou vermoulus, un demi-mètre ou un mètre au plus, suivant l'étendue du mal : cette déduction a lieu pour le sciage comme pour la charpente.

Il est fait sur les bois de démolition, déduction des tenons et parties pourries, ainsi que des mortaises qui traversent les bois aux trois quarts. Il est également tenu compte, sur les grosseurs, des parties couvertes de clous, ou hachées, ou remplies de chanfreins; sauf ces déductions, s'il y a lieu, les bois de démolition ou de sciage venant de l'extérieur sont passibles des droits, à moins qu'ils ne soient reconnus n'être bons qu'à brûler; dans ce cas, ils paieront comme bois de chauffage, suivant leur nature.

Les bois de frêne et de merisier en perches, quelle que soit leur dimension, ou débités à un mètre trente centimètres de longueur, sont considérés comme bois de travail, et mesurés comme tels.

Pour la perception du droit, les bois de sciage, taxés au mètre courant, seront ramenés par le calcul, après mesurage, à l'unité de la planche, fixée à cent centimètres d'équarrissage. L'équarrissage est le produit de la largeur multipliée par l'épaisseur; l'épaisseur se compte de cinq en cinq millimètres, et la largeur par centimètres, mesure pleine et couverte. Les bois de refente en chêne, tels que coursons, merrains et fonds de seille, sont ramenés à l'unité de la planche, d'après leur largeur et épaisseur.

Le droit est dû pour les soustraits de bateaux de charbon et autres; il sera néanmoins restitué sur la quantité dont la sortie de Paris par la rivière aura été dûment constatée par les employés de l'octroi.

Tous les bois neufs ouvrés, tels que portes, volets, étaux, roues, brouettes et autres, se réduisent au stère ou en planches, suivant l'espèce, et payent les droits portés au tarif.

3°. *Bateaux et bois de déchirage.*

Bateaux en chêne, par bateau. . . . . 24 fr. » c.

Bateaux en sapin, par bateau. . . . . 12 fr. » c.
Bois de déchirage en chêne, le mètre carré. . . . . » 18
Bois de déchirage en sapin, le mètre carré. . . . . » 10

Tout bateau faisant exception par sa dimension à la toue ordinaire, paiera le droit par mètre carré.

BOUSSOLE DU COMMERCE

DES

BOIS ET CHARBONS DE BOIS ET DE TERRE.

PERSONNEL COMMERCIAL ET ADMINISTRATIF.

Première partie. — Personnel commercial.

Chapitre premier.

PARIS ET DÉPARTEMENT DE LA SEINE.

---

§ Ier. ASSEMBLÉE GÉNÉRALE DES QUATRE COMMERCES RÉUNIS,

Quai Béthune, n° 8.

Elle se compose de vingt-trois délégués, savoir :
Neuf pour la compagnie des bois en chantiers,
Cinq pour la compagnie de l'Ile Louviers,
Quatre pour la compagnie des bois carrés,
Et cinq pour la compagnie des charbons par eau.
Comité central. — M. Marcellot aîné, Président.
MM. Panis, Pouillot, Subert, Membres.
M. Moreau, Secrétaire.

Agent particulier. — M. C.-P.-Rousseau, quai Béthune, n° 8.

§ II. COMMERCE DE BOIS DE CHAUFFAGE EN CHANTIERS,

Quai Béthune, n° 8.

Syndic. M. Marcellot aîné.

Adjoints. MM. Panis et Grenier, pour l'arrondissement St -Bernard.
MM. Dret et Coeffier, pour l'arrondissement Saint-Antoine.
MM. Alexandre Houdaille et Rougelot, pour l'arrondissement Saint-Germain.
MM. Ouvré et Auguste Thoureau, pour l'arrondissement Saint-Honoré.

Agent général. — M. Badin, quai Béthune, n° 8.

Agent général adjoint. — M. Rousselin-Michault, rue Saint-Louis au Marais, n° 31.

Avocats de la Compagnie. — M. Cochin, avocat aux Conseils du Roi et à la Cour de Cassation.

M. Dupin aîné, avocat à la Cour Royale.

Avoué de la Compagnie. — M. Moreau, rue Gramont, n°. 26.

Arrondissement Saint-Bernard.

MM.

Baudouin, chantier de la Grande-Forêt, rue de Seine, n. 1.

Besnard, chantier du Cardinal Lemoine, quai de la Tournelle, n. 9 et 17.

Bouquet frères, chantier du Chêne-Vert, rue de Seine, n. 5.

Bourbon fils j°, chantier du Val-de-Grâce, rue des Ursulines, 1 et 3.

Bourgier, chantier de l'Etoile, rue d'Ulm, vis-à-vis celle des Ursulines.

Boutin j° (Toussaint), chantier de la Glacière, rue de la Glacière, 9.

Bouvret père, chantier Sainte-Geneviève, rue d'Ulm, n. 12.

Cretté, chantier de la place aux Veaux, rue de Pontoise, n. 11.

Doux j°, chantier de Saint-François, rue de Seine, n. 24, et rue St.-Victor, n. 14.

Fayard fils aîné, chantier du Département, port de l'Hôpital, n. 7.

Foucher, chantier de la Boule-Blanche, quai Saint-Bernard, n. 23.

Grenier, chantier du Faubourg, quai de la Tournelle, n. 1 et 3.

Jadras, à l'arcade St.-Jacques, au chantier du Grand-Hiver, rue St.-Jacques, n. 24, et rue des Ursulines, n. 8.

Millot l'aîné, chantier des Ursulines, rue d'Ulm, n. 7 et 11.

Momon (Jacq. et Réné), chantier du Marais, rue Mouffetard, 280.

Panis, { chantier du Bel-Air, chantier du Finistère, } rue Poliveau, 27 et 28.

Regnault, chantier des Armes de France, quai St.-Bernard, n. 27.

Sculfort, chantier des Gobelins, rue du Banquier, n. 15.

Arrondissement Saint-Honoré.

MM.

Adam frères (Ch° et François), chantier Saint-Sébastien, rue de la Pépinière, n. 53.

Cléry frères, chantier du grand Rouvet, rue de la Madeleine, 32.

Desnoyers, { chantier du Père de Famille, rue de l'Arcade, n. 13. chantier de Paris, rue de l'Arcade, n. 9, et rue de la Madeleine, n. 34.

Doistau, chantier de la Pologne, rue Saint-Lazare, n. 99.

Doux fils, chantier du Colysée, rue du Faubourg-St.-Honoré, 109.

Duflocq, chantier de la Ville-l'Évêque, rue de Surêne, n. 2.

Guilloteaux aîné, quai Debilly, n. 44.

Hallot fils, chantier de Saint-Lazare, rue St.-Lazare, n. 106.

Houllier (Thomas), chantier Sainte-Marie, rue St.-Lazare, 101.

Marcellot frères, { chantier de la Providence, rue du Faub.-Saint-Honoré, n. 98. chantier de l'Espérance, rue Miroménil, 16. chantier Neuf, rue de la Pépinière.

Marquet-Lonchamp frères, chantier de la Victoire, r. du Colysée, 6.

Mussot fils aîné, au grand chantier de Tivoli, rue St.-Nicolas, 48.

Lemaire, chantier de la rue Basse, rue Basse-du-Rempart, n. 64.

Ouvré, chantier de la Comète, rue de l'Arcade, n. 11.

Raimond, chantier de Rivoli, rue Saint-Lazare, n. 97.

Saintard jeune, chantier de la rue de Clichy, rue de Clichy, n. 55.

Salaun jeune, chantier Saint-Louis, rue Neuve-des-Mathurins, 43.

Salaun jeune et Brincard, chantier de la rue d'Astorg, rue d'Astorg, n. 2, près celle de la Ville-l'Évêque.

Thoureau (Auguste), chantier de l'Arcade, r. de la Madeleine, 33.

Wagon et Voillot, chantier de l'Etoile, rue Saint-Lazare, 95.

Arrondissement Saint-Germain.

MM.

Balivet, chantier de Londres, boulevard des Invalides, entre la rue Plumet et celle de Babylone.

Barruel neveu, chantier du Croissant, quai d'Orsay, n. 13.

Brossonneau, chantier du Nord, rue de l'Université, n. 5, au Gros-Caillou.

Devercy-Vattaire père et fils, chantier du Midi, boulevard du Mont-Parnasse, n. 8.

Duhamel, chantier de Babylone, boulevard des Invalides, n. 6.

Favry, chantier du Soleil d'Or, rue de Grenelle, n. 26, au Gros-Caillou.

Gallais, chantier de la Renommée, boulev. du Mont-Parnasse, n. 10, en face la rue de Vaugirard.

Girard (Charles-Antoine), chantier de l'Espérance, boulev. des Invalides.

Gluck (Mad. H.), chantier du bon Pilote, boulev. des Invalides, n. 18, au coin de la petite rue des Acacias, entre la rue Plumet et celle de Sèvres.

Hollier (Charles), chantier de l'Aigle d'Or, rue de l'Université, n. 2, au Gros-Caillou.

Houdaille (Alexandre et Charles), chantier Saint-Louis, rue de l'Université, n. 6, et quai d'Orsay, au Gros-Caillou, n. 1, 3 et 5.

Lacour, chantier Bélisaire, rue de l'Université, n. 9.

Louapt, chantier de la rue de Sèvres, boulev. des Invalides, 18.

Moreau (Joseph), chantier de la Providence, boulev. du Mont-Parnasse, n. 2.

Oudot, chantier du Mont-Parnasse, boulevard du Mont-Parnasse, au coin de la rue de Vaugirard, domicile rue de Vaugirard. n. 120.

Pascal, grand chantier des Armes de France, boulev. des Invalides, n. 20.

Robert, chantier de la Comète, boulev. des Invalides, n. 6, entre la rue Varennes et celle de Babylone.

Rougelot, chantier de l'Espérance, rue de l'Université, n. 10, au Gros-Caillou.

Saintard aîné (Madame veuve), chantier de l'Etoile, rue de l'Université, n. 8, au Gros-Caillou.

Spronck, chantier de la Flotte de Bourgogne, boulev. des Invalides, n. 8.

Têtu, chantier de l'Ecu, rue de l'Université, n. 17.

Thibault, chantier de la Mère de Famille, b. des Invalides, n. 12.

Thibault (Luc), chantier de Paris, boulev. des Invalides.

Wagon et Voillot jeune, chantier du Père de Famille, rue Saint-Dominique, n. 3.

Arrondissement Saint-Antoine.

MM.

Alexandre, grand chantier du Faubourg du Temple, rue du Faubourg du Temple, n. 14.

Bastide et Thomas, chantier du Réservoir, boulev. du Temple, vis-à-vis la rue des Filles du Calvaire.

Bidaut, chantier de la Roquette, rue de la Roquette, n. 44.

Bourbon fils aîné, chantier des Deux - Amis, rue de Malte, au coin de celle de Crussol.

Bourbon-Coulon, chantier de la Boule-Rouge, rue du Chemin-Vert, n. 2.

Bouvret Chevet, { chantier de la Tour d'Argent, rue d'Angoulême, n. 16.
{ chantier du Jeu de Boule, rue des 3 Bornes.

Chevallier, chantier du Bûcheron, rue de Bercy, n° 5.

Chocarne, chantier de la Forêt de Montargis, rue des Fossés du Temple, n. 46.

Coeffier, chantier de l'Etoile, rue des Fossés du Temple, 52 *bis.*

Dardoize, chantier de la Boule-Blanche, rue de Charenton, n. 53.

Dret, chantier de la Paix, rue Amelot, n. 18.

Drouard (Mad. veuve), chantier de l'Aigle d'Or, rue de Charenton, n. 16.

Dupuis fils aîné, chantier du Grenadier, rue des Fossés du Temple, n. 6, en face la rue des Filles du Calvaire.

Hollier (Edme), chantier de la Bonne-Intention, rue de Malte, 6.

Jadras, au Grand Hiver, chantier d'Angoulême, rue d'Angoulême, n. 23, boulev. du Temple.

Lemaire et Louvet, chantier de la Comète, rue des Fossés du Temple, n. 52.

Lepeilt, chantier des Quatre-Saisons, rue du Haut - Moulin du Temple, n. 4.

.arquet, chantier de la Grille-Verte, rue Saint-Pierre-Pont-aux-
.ux, n. 16.

Marquet fils, chantier Saint-Antoine, rue du Faub. St.-Antoine,
94.

.launy jeune, chantier de la Réunion, rue Amelot, n. 22.

.orand fils, chantier de l'Espérance, rue du Chemin-Vert, n. 3.

.ussot aîné, rue Daval, n. 20.

.revost, chantier du Nord, rue Contrescarpe, n. 8.

.athier-Barbel (Mad. veuve), grand chantier de l'Etoile, rue de
.renton, n. 111, et rue Beauveau, n. 3.

.ousseau-Bellesalle, chantier des Lions, rue Amelot, n. 54.

.ouxel, chantier de la Victoire, rue St.-Pierre-Pont-aux-Choux,
4.

.oufflin-Barbel, chantier du Cheval-Blanc, rue de la Roquette, 2.

.oillot, chantier de l'Ecu, rue du Chemin-Vert, n. 1, et rue Amelot,
4.

§ III. Commerce de bois neufs a l'ile Louviers.

dic. M. Subert.

oints. MM. Pouillot, Henry, Fontarive, Franquet, Pille, Gréau.

oTA. L'adresse indiquée à chaque nom est celle du domicile : les chantiers de
Messieurs sont tous à l'île Louviers.

MM.

.achest, rue Gérard-Beauquet, n. 2.

.enoist père, quai des Célestins, n. 12.

.enoist fils, rue St.-Paul, n. 10.

.orniche fils, quai des Célestins, n. 22.

.autin, rue des Lions-Saint-Paul, n. 7.

.orroye jeune, rue du Petit-Musc, n. 4.

.ontarive, rue de la Cerisaie, n. 13.

.ranquet (Jame), rue Gérard-Beauquet, n. 4.

.ranquet et Saffroy, rue Gérard-Beauquet, n. 4.

.réau, rue St.-Paul, n. 37.

.enry, rue St.-Paul, n. 2.

.enry jeune, rue du Petit-Musc, n. 4.

.ebeuf, rue des Prêtres-Saint-Paul, n. 26.

.uton, rue du Figuier, n. 20.

.eunier, rue des Lions-Saint-Paul, n. 11.

.inot, rue du Petit-Musc, n. 6.

.elletier, rue des Lions-Saint-Paul, n. 11.

.ille jeune, rue des Marais-Saint-Martin, n. 20.

.ingot, quai St.-Paul, n. 10.

.ouillot, quai des Célestins, n. 14.

.ichard, place Saint-Jean, n. 27.

Saffroy-Franquet, rue Gérard-Beauquet, n. 4.
Salaun frères, quai des Célestins, n. 20.
Subert, quai des Célestins, n. 10.

§ IV. COMMERÇANS EN FAGOTS ET COTRÊTS AU QUAI DE L'ÉCOLE.
MM.

Baron, quai de l'Ecole, n. 18.
Dupont, rue des Prêtres-Saint-Germain-l'Auxerrois.
Lemire, rue Thibault-aux-Dez.
Prospère-Colin, rue de l'Arbre-Sec, n. 22.

§ V. COMMERCE DE BOIS CARRÉS,

Quai de la Rapée, n. 63.

Délégués. MM. Moreau, Harmand, Didiot.

Suppléans. MM. Orcel, Thierry-Delanoue.

Adjoints. MM. George, Malherbe, Normand, Bristuille, Porea
Poucheux.

Agent général. M. Laurent, quai de la Rapée, n. 63.

MM.
Barillet, sciage, domicile, rue de la Mortellerie, n. 16, chanti
quai de l'Hôpital, n. 13.
Batel, sciage, domicile, rue des Martyrs, n. 10, chantier, q
de l'Hôpital, n. 7.
Billat, sciage et charronnage, domicile, rue de la Perle, n.
chantier, quai de la Rapée, n. 17.
Blondeau, sciage et charpente, domicile, rue Contrescarpe-D
phine, n. 5, chantier, quai de l'Hôpital, n. 23.
Bristuille, charpente et sciage, quai de la Rapée, n. 41.
Chevalier, charronnage, charpente, rue de Bercy-St.-Antoi
n. 25 bis.
Cochot, sciage, rue de Bercy-St.-Antoine, n. 48.
Dambreville, charpente, domicile, rue des Tournelles, n.
chantier, quai de la Rapée, n. 49.
Delaize, charpente, sciage, charronnage, domicile, rue Villiot, n
chantier, quai de la Rapée, n. 63.
Delanoue fils, charpente, sciage, quai de la Rapée, n. 35.
Didiot frères et fils, charpente et sciage, q. St.-Bernard, 15 et
Ducreux, charpente et sciage, domicile, rue du faubourg Montn
tre, n. 30, chantier, quai de la Rapée, n. 37.
Durand fils, charpente et charronnage, domicile, rue de Be
St.-Antoine, n. 57, chantier, quai de la Rapée, n. 47.

wig jeune, charpente, domicile, rue des Nonnaindières, n. 17,
tier, quai de l'Hôpital, n. 17.
ıyard aîné, charpente et sciage, quai de l'Hôpital, n. 7.
erckman, sciage, domicile, rue du faubourg St.-Antoine, n. 20,
tier, quai de la Rapée, n. 51.
ırson, sciage, domicile, rue St.-Dominique, n. 63, chantier,
les-Cygnes, n. 13.
eorge, charpente, sciage, quai de la Rapée, n. 41.
odard-Beury, charronnage, quai de la Rapée, n. 33.
onnet dit Gabriel, charronnage, quai de la Rapée, n. 51.
rossetête, charpente, sciage, quai de la Rapée, n. 15.
uedron, sciage, domicile, rue du faubourg St.-Antoine, n. 101,
tier, rue de Bercy-St.-Antoine, n. 46.
uyard, charpente, sciage, domicile, rue des Tournelles, n. 58,
tier, quai de la Rapée, n. 55.
uyot, charpente, domicile, quai de la Tournelle, n. 33, chan-
, quai de l'Hôpital, n. 27.
allot, sciage, rue du Temple, n. 26.
armand père et fils, sciage, quai de la Rapée, n. 15.
ahure, sciage, quai de la Rapée, n. 63.
anoa, sciage, domicile, rue Thibault-aux-Dez, n. 11, chantier,
de Bercy-St.-Antoine, n. 18.
aurent, charronnage, à Lagny.
egrand, charronnage, rue de l'Université, n. 25.
emaire, sciage, rue du Roi-de-Sicile, n. 22.
talherbe, charpente et sciage, quai de la Rapée, n. 37.
talo, sciage, quai de la Rapée, n. 47.
léder fils aîné, sciage, quai de l'Hôpital, n. 11.
leignan, sciage, domicile, rue Neuve-St.-Martin, n. 12, chantier,
i de l'Hôpital, en face la patache.
leret (Veuve), sciage, quai de la Rapée, n. 29.
loreau (M. F.), charpente et sciage, domicile, place Royale, n. 9,
ıtier, quai de la Rapée, n. 17.
lourette, charronnage, quai de la Rapée, n. 39.
louton, charpente, sciage, rue Jean-Beausire, n. 8.
avarre, charpente, sciage, charronnage, bois de tourneurs, hors
a barrière de Clichy, aux Batignolles.
ferrière, sciage, rue de Charenton, n. 22.
lormand, charpente et sciage, domicile, boulevard de l'Hôpital,
, chantier, quai de l'Hôpital, n. 41.
ırcel, sciage et charpente, domicile, quai de l'Hôpital, n. 11,
ntier, quai de l'Hôpital, n. 15.
'agelle, sciage, quai de la Rapée, n. 61.
'etit, charpente et sciage, domicile, rue du faubourg St.-Antoine,
ı67 et 269, chantiers, quai de la Rapée, n. 55, et rue de Bercy-
-Antoine, n. 50.
'oreaux, charpente et sciage, quai de la Rapée, n. 19.

Poucheux, sciage, domicile, rue de Bercy-St.-Antoine, n. 4 chantier, quai de la Rapée, n. 17.

Quatrelivre, sciage, quai de la Rapée, n. 25.

Robert-Guyard, charpente, sciage, à St.-Dizier.

Roussel oncle, sciage, quai de l'Hôpital, n. 19.

Roussel neveu, sciage, domicile, rue Copeau, n. 43, chantier, quai de l'Hôpital, n. 13.

Saumon, sciage, rue St.-Nicolas, n. 20, faubourg St.-Antoine.

Tardy, sciage, domicile, rue de l'Eglise, n. 1, chantier, île de Cygnes, n. 20.

Tétu, charronnage, rue de l'Université, n. 5 et 7, au Gros-Caillou.

Triquet (veuve), rue de la Grande-Truanderie, n. 54.

Thierry aîné (veuve), sciage, quai de la Rapée, n. 51.

Thierry-Delanoue, charpente et sciage, quai de la Rapée, n. 3 et 27.

Throude aîné, sciage, domicile, rue St.-Dominique, au Gros Caillou, n. 37, chantier, île des Cygnes, n. 36.

Throude jeune, sciage, quai de l'Hôpital, n. 15.

Throude-Moreau, sciage, quai de l'Hôpital, n. 27.

Verrière, sciage, domicile, rue St.-Laurent faubourg St.-Martin, n. 4, chantier, quai de la Rapée, n. 17.

Vicomte, charronnage, faubourg St.-Martin.

Vivenot fils, sciage, quai de la Rapée, n. 43.

§ VI. Commerçans en Bois de charpente, sciage, charronnage

Ne faisant pas partie de la Compagnie des Bois carrés.

MM.

Barbier, sciage, rue du Temple, n. 58, chantier, rue St.-Maur du Temple, n. 47.

Barotte, sciage, grume, faubourg St.-Denis, n. 82.

Berthier, menuiserie, rue St.-Martin, n. 295.

Bienvenue et Boulingue, menuiserie, quai Morland, n. 6.

Boch fils, sciage, charpente, rue de l'Université, Gros-Caillou, n. 23, et à l'Ile-des-Cygnes, n. 34.

Bonnaire (J.) et compagnie, bois à œuvrer de toute espèce, rue de Chantiers, quai de l'Hôpital, en face la patache, et rue d'Austerlitz.

Bourceret, menuiserie, rue St.-Spire, n. 6.

Bouzon jeune, sciage, charronnage, avenue Breteuil.

Caron, menuiserie, rue des Singes, n. 3.

Champion, menuiserie, passage de la Marmite.

Chassaline, sciage, rue St.-Lazare, n. 106.

Commin et compagnie, bois de chêne à l'instar de Hollande, scié à la mécanique par machine à vapeur, faub. St.-Antoine, n. 70.

Cyboulle, menuiserie, rue du Bac, n. 121

Daigue, sciage, faubourg St.-Antoine, n. 105.
Dalmont, menuiserie, rue Coquenard, n. 19 *bis*.
Darmais, sciage, r. des Gravilliers, n. 19, et faub. du Temple, 24.
Doria, sciage, rue des Fossés-St.-Victor, n. 32.
Gachon, menuiserie, rue des Rats, n. 5.
Gallée, menuiserie, rue Monsieur-le-Prince, n. 16.
Garnier, sciage et autres bois, rue Verderet, n. 12.
Garson, menuiserie, rue de la Mortellerie, n. 144, et rue St.-
Dominique, Gros-Caillou, n. 63.
Gauthier, menuiserie, rue des Fourreurs, n. 7 *bis*.
Genty, menuiserie, rue St.-Victor, n. 81.
Girard, menuiserie, rue Charlot, n. 5.
Gomeret, sciage, rue des Francs-Bourgeois-St.-Michel, n. 11.
Guyot, menuiserie, faub. du Temple, n. 18.
Hugueny jeune, menuiserie, rue St.-Paul, n. 32.
Jacmart frères, charpente, grume, lattes, rue de Saintonge, n. 9.
Jacques, menuiserie, rue des Vieux-Augustins, n. 55.
Josset, sciage, faub. St.-Antoine, n. 34.
Klein, menuiserie, faub. St.-Antoine, n. 91.
Lamy Hannequin, menuiserie, rue du Dragon, n. 31.
Langlois, menuiserie, rue des Petites-Écuries, n. 3.
Lemaire, menuiserie, rue St.-Merry, n. 37.
Marette, menuiserie, rue Jean-Pain-Mollet, n. 14.
Milon, menuiserie, Ile-des-Cygnes, n. 9.
Morin, sciage, rue Corneille, n. 5.
Moutier fils, menuiserie, faub. St.-Antoine, n. 130.
Olivier, menuiserie, rue de la Roquette, n. 2.
Ozanne, sciage, rue de Charenton, n. 58.
Placier, menuiserie, rue de Charenton, n. 85.
Ponserry, charronnage, faub. Montmartre, n. 56.
Potonier, menuiserie, rue de Périgueux, n. 4.
Pourra, menuiserie, rue Neuve-St.-Laurent, n. 8.
Renat, sciage, quai de la Rapée, n. 25.
Ricou, menuiserie, faub. Montmartre, n. 55.
Rollin, voliges, quai de l'Hôpital, n. 5, chantier, même q., n. 13.
Schumacher, sciage, rue Lesdiguières, n. 7.
Simonet, sciage, rue St.-Antoine, n. 214, et rue Castex, n. 7.
Taillebois (veuve), menuiserie, rue St.-Victor, n. 21.
Taillon, menuiserie, rue de l'Épée-de-Bois, n. 4.
Tarroux, menuiserie, marché St.-Honoré, n. 9.
Tel, menuiserie, faub. St.-Martin, n. 96.
Touzeau, menuiserie, rue de la Calandre, n. 15.
Vard, charpente, quai de la Gare, n. 16.
Vassal, charpente et sciage, rue des Quatre-Fils, n. 4.
Verat, charpente, rue d'Austerlitz.
Vernet, menuiserie, faub. St.-Honoré, n. 89.

§ VII. Commerçans en Bois de bateaux.

MM.

Audin, place de la Bastille, au coin du boulevard Bourdon.

Barbier, r. du Temple, n. 58, et r. St.-Maur du Temple, n. 47.

Bienvenue et Boulingue, quai Morland, n. 6.

Blanot, Ile-des-Cygnes, n. 40, domicile, rue Saint-Dominique, Gros-Caillou, n. 51.

Boch fils, rue de l'Université, Gros-Caillou, n. 23, et à l'Ile-des-Cygnes, n. 34.

Boisselier, Ile-des-Cygnes, n. 12, domicile, au Gros-Caillou, en face le moulin à feu.

Bonnaire (J.) et compagnie, rue des Chantiers, quai de l'Hôpital, en face la patache, et rue d'Austerlitz.

Brochot, rue de la Vierge, n. 17, et Ile-des-Cygnes, n. 32.

Burgh, quai de la Rapée, n. 5.

Chavignot, quai Morland, n. 4.

Delaplace, quai de la Rapée, n. 13.

Demouchy, quai de la Rapée, n. 59.

Demouchy fils, rue Beauveau, n. 3.

Duplain, quai de l'Hôpital, à la Gare.

Eliot, quai de la Gare, à côté de la pompe à Feu des Anglais.

Fayard jeune, port de l'Hôpital, n. 9.

Galet-Caput, Ile-des-Cygnes, n. 42.

Garson, Ile-des-Cygnes, n. 13, domicile, rue St.-Dominique, 63.

Georges (J.), quai de la Rapée, n. 71.

Gillot-Malherbe, quai de la Rapée, n. 37.

Godde (Made), Ile-des-Cygnes, n. 30.

Goddet, Ile-des-Cygnes, n. 40.

Gosselin, Ile-des-Cygnes, n. 6.

Guillotin aîné, Ile-des-Cygnes, n. 11, et rue de l'Université, au Gros-Caillou, n. 47.

Guillotin jeune, r. de la Vierge, 11, chantier, Ile-des-Cygnes, 17.

Jaquot, Ile-des-Cygnes, n. 23 et 24.

Lahure, quai de la Rapée, n. 63.

Laplante, Ile-des-Cygnes, n. 4, domicile, r. St.-Dominique, 48.

Latinville, rue St.-Jacques, n. 105.

Leblanc, rue des Vieilles-Tuileries, n. 16.

Lepère, Ile-des-Cygnes, n. 25.

Maugery, quai de la Rapée, n. 17.

Meignan, rue Neuve-St.-Martin, n. 12, chantier, quai de l'Hôpital, en face de la patache.

Milon, rue du Petit-St.-Jean, n. 4, au Gros-Caillou, chantier, Ile-des-Cygnes, n. 9.

Neveu, Ile-des-Cygnes, n. 21.

Passé, faub. St.-Martin, n. 70.

Pitois (veuve), rue d'Austerlitz.

Poncet (veuve), quai de la Rapée, n. 83.
Renat, quai de la Rapée, n. 25.
Sellier, Ile-des-Cygnes, n. 1.
Tardy, Ile-des-Cygnes, n. 20, domicile, rue de l'Église, n. 1.
Thiébault, quai de l'Hôpital, à la Gare.
Throude aîné, rue St.-Dominique, au Gros-Caillou, n. 37, et Ile-es-Cygnes, n. 28.
Throude-Moreau, quai de l'Hôpital, n. 27.

§ VIII. Entrepreneur de Lachages.

M. Soret, quai de la Rapée, n. 59.

Tarif des prix pour le lâchage des bois de sciage et de charpente sous les ponts de Paris, depuis les Invalides jusqu'à Rouen.

Nota. Tous coupons sont coupons, excepté pour les trains de Seine et de Moïn, qui comptent deux pour un. Le train est de huit coupons.

Pour les Invalides. . . . . 8 fr.
—— le pont d'Iéna, les Champs-Élysées et le Gros-Caillou. 9
—— Passy, Javel, Point-du-Jour, Grenelle. 12
—— Sèvres, Surênes, Puteaux et Boulogne. 12
—— Neuilly, Asnières et St.-Cloud. 15
—— St.-Denis, la Briche, Épinay et St.-Ouen. 18
—— le Pecq, Argenteuil, Bezons et Chatou. 24
—— Maisons et Herblay. 30
—— Mantes et Meulan. 50
—— Vernon. 65
—— les Andelys et Rouen. 90

§ IX. Commerce de Charbon de Bois arrivant par eau.

Bureau, quai Bourbon, n. 21.

Président. M. Salaun aîné, quai des Célestins, n. 20.

Secrétaire. M. Subert, quai des Célestins, n. 10.

Syndics. MM. Verrollot, pour l'Yonne, à Brinon-l'Archevêque (Yonne).

Mênager d'Orteüil, pour la Marne, à Germigny-l'Evêque, par Meaux (Seine-et-Marne.)

Bertin père, pour la Haute-Seine, à Sezanne (Marne).
Subert, pour l'Allier, quai des Célestins, n. 10.
Barbier, pour la Haute-Loire, rue de Vaugirard, n. 54.
Lefévre Mergez, pour l'Aube, à Arcis-sur-Aube (Aube).
Salaun aîné, pour les Canaux, quai des Célestins, n. 20.

Syndics adjoints. MM. Truchy-Grenier, pour l'Yonne, à Danemoine, par Tonnerre (Yonne).

Alaine fils, pour la Marne, à Mary, par Lisy (Seine-et-Marne).

Delaunay, pour la Haute-Seine, à Nogent-sur-Seine (Aube).

Massé, pour l'Allier, à Orléans (Loiret).

Dougny, pour la Haute-Loire, à Champvert, par Decise (Nièvre).

Pouillot-Mallet, pour les Canaux, quai des Célestins, n. 14.

Tous les Syndics font partie du Bureau, et ils ont pour suppléans les Syndics adjoints.

Agent général. M. Viel, quai Bourbon, n. 21.

Agens particuliers. MM. Labouret, quai d'Orléans, n. 12.

Lesecq, quai Bourbon, n. 23.

Bertrand, rue St.-Gervais, n. 4.

Houiller de St.-Remy, rue de la Chaussée-des-Minimes, n. 5.

Principaux Expéditeurs.

Aube.

M. Lefévre-Mergez, à Arcis-sur-Aube (Aube).

Haute-Seine.

MM.

Alaine, à Mary, par Lisy (Seine-et-Marne).

Bertin père, à Sezanne (Marne).

Delaunay-Lamy, à Nogent-sur-Seine (Aube).

Fagot, aux Essarts-le-Vicomte, par Sezanne (Marne).

Lefévre-Mergez, à Arcis-sur-Aube (Aube).

St.-Chamans (Comte de), à Bouchy-le-Repos, par Sezanne (Marne).

Yonne.

MM.

Bouron, à Joigny (Yonne).

David et Fournier, à Paris.

David jeune, à Paris, rue Hauteville, n. 9, et à Villeneuve-le-Roi (Yonne).

Lefebvre-Passez, à Sens (Yonne).

Perier frères, à Paris, rue Neuve-Luxembourg, n. 27.

Truchy-Grenier, à Danemoine, par Tonnerre (Yonne).

Verac (marquis de), à Paris, rue Varennes, n. 21.

Verrollot, à Brinon-l'Archevêque (Yonne).

Canaux.

MM.

Aussenard, à Noyen-sur-Vernisson (Loiret).

Babille, à Châtillon-sur-Loing (Loiret).
Benoist-Petit père, à Montargis (Loiret).
Fildier (Edme), à Montargis (Loiret).
Fildier (Jules), à Montargis (Loiret).
Fosse, à Ferrière, par Montargis (Loiret).
Lacour-Lebaillif, à Saint-Fargeau (Yonne).
Pouillot-Mallet, à Paris, quai des Célestins, n. 14.
Salaun et Cie, à Paris, quai des Célestins, n. 20.
Subert, à Paris, quai des Célestins, n. 10.

Loire.

MM.

Barbat-Maréchal, à Rouetard, par Decise (Nièvre).
Barbier et Dumont, à Paris, rue de Vaugirard, n. 54.
Baudin-Maréchal, à Fours (Nièvre).
Beraud, à . . . . .
Bernachet (Felix), à . . . . .
Brunet et Saulnier, à Orléans (Loiret).
Caquet (J.-B.), à . . . . .
Dollet frères, à Diou (Allier), par Digoin (Saône-et-Loire).
Dougny, à Champvert, par Decise (Nièvre).
Favrot et Baudron, à . . . .
Gounot et Mozère, à Decise (Nièvre).
Goyard, à Saint-Aubin sur Loire, par Bourbon-Lancy (Saône-et-Loire).
Lelong-des-Bois, à Orléans (Loiret).
Maréchal (veuve), à Decise (Nièvre).
Menard aîné (Jean), à Nevers (Nièvre).
Menard (Claude), à Nevers (Nièvre).
Menard frères, à Nevers (Nièvre).
Mesnier, à . . . . . .
Miron-Marigny, à . . . .
Mollet, à Nevers (Nièvre).
Mouchet et Delaune, à . . . .
Pinet, à Nevers (Nièvre).
Pittié et Roux, à Nevers (Nièvre), et à Paris, rue Bellechasse, n. 26.
Robineau-Marrois, à Orléans (Loiret).
Roux-Moreau, à Paris, rue Bellechasse, n. 26.
Savornin (Victor), à Decise (Nièvre).
Savornin aîné, à Decise (Nièvre).
Serveau (Jacques), à Saint-Thibault, par Sancerre (Cher).
Verac (de), à Bec-de-l'Odde, commune de Pierre-Fitte (Allier), par Digoin (Saône-et-Loire).
Vernaison, à Avril, par Decise (Nièvre).

Allier.

MM.

Cachet, au Veurdre (Allier), par Saint-Pierre-le-Moutier (Nièvre).

Lescanne-Cachet, au Veurdre (Allier), par Saint-Pierre-le-Moutier (Nièvre).
Massé, à Orléans (Loiret).
Menuet, à la Charité-sur-Loire (Nièvre).
Roblin, au Veurdre (Allier), par St.-Pierre-le-Moutier (Nièvre).
Subert, à Paris, quai des Célestins, n. 10.

Marne.

MM.

Alaine père, à Mary, par Lisy (Seine-et-Marne).
Alaine-Subert, à Mary, par Lisy (Seine-et-Marne).
Blaswait (veuve), à Paris, rue du Puits.
Bourdon, à Chauny (Aisne).
Chevalier, à Paris, rue de Bercy-Saint-Antoine, n. 25.
Lecocq, à Igny-le-Jars, par Dormans (Marne).
Mênager d'Orteüil, à Germigny-l'Évêque, par Meaux (Seine-et-Marne).
Mênager d'Orteüil (veuve), à Germigny-l'Evêque, par Meaux (Seine-et-Marne)
Puille, à Fère en Tardenois (Aisne).
Rousseau-Corbin, à Bas-Village, par Vitry (Marne).

Oise et Aisne.

MM.

Alaine, à Mary, par Lisy (Seine-et-Marne).
Bourdon, à Chauny (Aisne).

§ X. COMMERCE DE CHARBON DE BOIS ARRIVANT PAR TERRE.

Rue des Deux-Portes-Saint-Jean, n. 1.

Syndics. MM. Parisis, Moricet, Lesourt père, Chaudet, Jacmart (Baptiste), Beaudoin, Gérard.

Syndics adjoints. MM. Rétrou, Méaume fils, Venez, Faffe cadet, Desgranges (Félix), Lecourt, Odent fils.

Agent général. M. Thoury, rue des Deux-Portes-Saint-Jean, n. 1.

Principaux expéditeurs.

MM.

Aussenard-Gabillot, à Noyen-sur-Vernisson (Loiret).
Badié, à Chailley, par St.-Florentin (Yonne).
Baudoin, à Chailley, par St.-Florentin (Yonne).
Bazille père, à Solers, par Brie-Comte-Robert (Seine-et-Marne).
Bazille fils, à Solers, par Brie-Comte-Robert (Seine-et-Marne).
Berthelot, à Gournay-en-Bray (Seine-Inférieure).

Binois, à Nogent-le-Rotrou (Eure-et-Loir).
Brisset, à Plessis-Belleville, par Nanteuil-le-Haudouin (Oise).
Brunat (Henri), à Chailley, par St.-Florentin (Yonne).
Cantin, à Chailley, par St.-Florentin (Yonne).
Cartier, à Villers-Coterêts (Aisne).
Cartier, à Gisors (Eure).
Chabaneaux, à Lagny (Seine-et-Marne).
Chapelière (François), à Chailley, par St.-Florentin (Yonne).
Chapelière (Julien), à Fourneaux, par St.-Florentin (Yonne).
Chaudet, à Courtenay (Loiret).
Civet, à Villers-Coterêts (Aisne).
Couturier, à la Ferté-Loupière, par Joigny (Yonne).
Damoye jeune, à Paris, rue St.-Sauveur, n. 30 (Seine).
Dauenhaur, à Montmirail (Marne).
Davant, à Villers-Coterêts (Aisne).
Decouasnon, à Verneuil (Eure).
Defève, à Favril, par Courville (Eure-et-Loir).
Delacour, à Villeneuve-le-Comte, par Crécy (Seine-et-Marne).
Delamarre, à Senlis (Oise).
Delécole (François), à Chailley, par St.-Florentin (Yonne).
Delécole (Henry), à Chailley, par St.-Florentin (Yonne).
Descaris, à Courtenay (Loiret).
Desgranges (Félix), à la Sablonnière, par Lagny (Seine-et-Marne).
Desgranges (Pierre), à la Sablonnière, par Lagny (Seine-et-Marne).
Drouard, à Fleurines, par Senlis (Oise).
Dupin, à Antony (Seine).
Dupré, à Viroflay, par Versailles (Seine-et-Oise).
Dupuis, à Chailley, par Saint-Florentin (Yonne).
Faffe, à Courtenay (Loiret).
Fagot, à Essarts-le-Vicomte, par Sezanne (Marne).
Favry, à Voisins, par Trappes (Seine-et-Oise).
Foucault, à Ervauville, par Courtenay (Loiret).
Fourey-Guillomard, à Boulaye-Neuvi, par St.-Florentin (Yonne).
Fourey (Casimir), à Chailley, par St.-Florentin (Yonne).
Fourey (Baptiste), à Fourneaux, par St.-Florentin (Yonne).
Fourey (Nicolas), à Chailley, par St.-Florentin (Yonne).
Fourey (Edme), à Fourneaux, par St.-Florentin (Yonne).
Fourey (Isidore), à Coursan, par Ervy (Aube).
France (Jean), à Gisors (Eure).
Gauthier, à Dreux (Eure-et-Loir).
Gauthier, à Taboureau (Yonne).
Gérard, à Gentilly (Seine).
Grosmangin, à Paris (Seine).
Guay jeune, à Villers-Coterêts (Aisne).
Guillaume père, Villeneuve-le-Comte, par Crécy (Seine-et-Marne).
Guillaume fils,   *ibidem.*
Guilloteaux père, à Versailles (Seine-et-Oise).
Guilloteaux-Vatel,   *ibidem*

Hamelin, à Jagny, par Chevreuse (Seine-et-Oise).

Hérénisson, à Réveillon (Marne), par la Ferté-Gaucher (Seine-et-Marne).

Huyart, à Viels-Maison (Aisne).

Jacmart frères, à Paris, rue de Saintonge, n. 9 (Seine).

Jadras, à Paris, rue Saint-Jacques, n. 241 (Seine).

Jobert, à Chuelles, par Courtenay (Loiret).

Juquel, à Vilbert, par Rozoy (Seine-et-Marne).

Konig, à Montrouge (Seine).

Lagrange (le marquis de), à Paris, rue Gramont, n. 13 (Seine).

Lambert, à Coulommiers (Seine-et-Marne).

Lamirault (veuve), à Versailles (Seine-et-Oise).

Langlois, à Césy, par Joigny (Yonne).

Laulard, à Dreux (Eure-et-Loir).

Launay, à Villiers, par Pacy-sur-Eure (Eure).

Léchauguette, à Versailles (Seine-et-Oise).

Lecourt, à Montlandon, par Champrond (Eure-et-Loir).

Lefebvre-Passez, à Sens (Yonne).

Lefèvre (François), à Jouy-sous-Thel, par Chaumont (Oise).

Legrand, à Courtenay (Loiret).

Legrand, à Champrond-en-Gâtine (Eure-et-Loir).

Lelièvre fils, à la Lande-en-Son (Oise), par Gisors (Eure).

Lemaire, à Paris, rue Basse-du-Rempart, n. 64 (Seine).

Lemaire (Jacques), à Vaugirard (Seine).

Leroux, à Briis-sous-Forges, par Limours (Seine-et-Oise).

Leseur, à Chailley, par St.-Florentin (Yonne).

Lesourt père, à Guignes (Seine-et-Marne).

Lesourt fils,   *ibidem.*

Letailleur, à Neufmarché, par Gournay (Seine-Inférieure).

Lissajous père, à Versailles (Seine-et-Oise).

Lissajous fils,   *ibidem.*

Mangin, à Plessier-Huleu, par Oulchy (Aisne).

Marcellot frères, à Paris, rue Miroménil, n. 19 (Seine).

Marneur, à Champrond-en-Gâtine (Eure-et-Loir).

Mauny-Charles, à Courquetaine, par Brie-Comte-Robert (Seine-et-Marne).

Mauny-Prudent, à Tournan (Seine-et-Marne).

Méaume fils, à Chailley, par St.-Florentin (Yonne).

Méaume-Bruno,   *ibidem.*

Mélaye, à Villers-Coterêts (Aisne).

Michaud, à Sormery, par St.-Florentin (Yonne).

Millet, à Ervauville, par Courtenay (Loiret).

Mitaine, à Versailles (Seine-et-Oise).

Moricet, à Haute-Feuille, par Faremoutier (Seine-et-Marne).

Morin, à Plessis-Feu-Aussous, par Rozoy (Seine-et-Marne).

Nicolle, à Forges-lès-Briis, par Limours (Seine-et-Oise).

Odent père, à Senlis (Oise).

Odent fils,   *ibidem.*

Papault, à Provins (Seine-et-Marne).
Parisis, à Villers-Coterêts (Aisne).
Périchot, à Versailles (Seine-et-Oise).
Pille, à Paris, rue des Marais du Temple, n. 20 (Seine).
Plisson, à Marigny-en-Orxois, par Gandelu (Aisne).
Poilblans, à Tournan (Seine-et-Marne).
Poupa-Brébant, à Châtillon-sur-Loire, par Gien (Loiret).
Renaut, à Passy (Seine).
Rétrou, à Tournan (Seine-et-Marne).
Rivière, à Sens (Yonne).
Roeser, à Crécy (Seine-et-Marne).
Saint-Chamans (le comte de), à Bouchy-le-Repos, par Sezanne (Marne).
Salaun, à Paris, quai des Célestins, n. 20 (Seine).
Sallot, à Chailley, par St.-Florentin (Yonne).
Salmon, à Combres, par Nogent-le-Rotrou (Eure-et-Loir).
Saussier, à Lailly-sur-Vanne, par Villeneuve-l'Archevêque (Yonne).
Savart, à Sablonnière, par Lagny (Seine-et-Marne).
Thomas-Laurent, à Faremoutier (Seine-et-Marne).
Thomas-Varennes, à Villette près de Corvol, par Clamecy (Nièvre).
Truchy frères, à Chailley, par St.-Florentin (Yonne).
Truchy-Nicolas, *ibidem.*
Truchy-Bernard, à la Ferté-Gaucher (Seine-et-Marne).
Tricotel, à Versailles (Seine-et-Oise).
Vary, à la Ferté-sous-Jouarre (Seine-et-Marne).
Vatel, à Versailles (Seine-et-Oise).
Vauréal (Madame la comtesse de), à Vauréal, par Ste.-Menehould (Marne).
Venez, à Paris, quai Béthune, n. 22 (Seine).
Vivien, à Cerisiers, par Sens (Yonne).

Facteurs chargés de la vente.

MM.

Place Daval.	Montillot, rue des Tournelles, n. 50.
	Chavigny, rue des Tournelles, n. 72.
	Carpentier, rue des Tournelles, n. 76.
Place des Récollets.	De Tourville, boulev. St.-Martin, n. 17.
	De Bellefille, rue de Lancry, n. 36.
	De Kerguidu, impasse de la Fidélité, n. 5.
Place de Mouceau.	Aublin, rue du Faub. du Roule, n. 52.
	Cariat, rue des Saussaies, n. 3.
	Villedieu, rue Duras, n. 7.

§ XIe. Commerçans en Charbon de terre.

Syndic. M. Olive.

Syndics adjoints. MM. Chalambel et Rebour.

MM.

About-Debard et Gaspard-Got fils, rue Neuve-Ste.-Catherine, n. 14.
Barbe-Martin et comp., rue Bleue, n. 20.
Bernard, quai St.-Paul, n. 12.
Bourgeois, quai des Célestins, n. 16.
Brindeau jeune, rue Cléry, n. 96.
Cavelan (F.) et comp., rue Ste.-Avoye, n. 18.
Chalambel, rue Ste.-Avoye, n. 47.
Chalchat, rue Ste.-Avoye, n. 47.
Chardin, rue des Vinaigriers, n. 23.
Daunis, rue de l'Egout-Ste.-Catherine, n. 2.
Dechizelle et comp., faub. Poissonnière, n. 33 *bis*.
Defontaine, Barthe, Lamothe et comp., rue des Petites-Écuries, n. 41.
Dehaynin, rue du Bac, n. 16.
Delnest et Decrouy, rue des Vinaigriers, n. 25.
Destombes (L. M.), rue Neuve-de-Menilmontant, n. 8.
Detourbet frères, rue des Lions-St.-Paul, n. 14.
Durenne aîné, faub. St.-Antoine, n. 47, cour St.-Louis, n. 7.
Duthy et comp., rue Grange-aux-Belles, n. 11, maison à Mons, sous la raison Aug. Pillion et comp.; dépôt à Compiègne.
Evette frères, faub. St.-Martin, n. 254.
Garnot (G.), quai Debilly, n. 4, quartier des Champs-Elysées; représenté à Mons par P. Ducy. Entrepôts à Jemmapes près Mons, à Compiègne, à Pontoise, à Sèvres, à la Villette sur le bord du bassin, sur le canal de l'Ourcq, etc., dépôt général des mines d'Aniche, département du Nord.
Gérard, rue de la Croix-du-Roule, n. 4.
Guillemet, rue des Saints-Pères, n. 8.
Lattu, rue de la Mortellerie, n. 105.
Lefévre (Ch.), rue des Filles-St.-Thomas, n. 9.
Lesguillette, rue des Marais-du-Temple, n. 50 *bis*.
Lheullier, rue Montmorency, n. 22.
Lyonnet, rue St.-Paul, n. 40.
Olive, rue Grammont, n. 7.
Rebour, faub. St.-Antoine, n. 97.
Riant frères et comp., dépôt des mines de Fins (Allier), rue St.-Antoine, n. 177.
Ribaux (veuve), rue St.-Paul, n. 32.
Roger (J.-A.), rue de Surene, n. 29.
Roux Moreau, rue de Bellechasse, n. 26.
Salmon fils aîné, rue Barre-du-Bec, n. 6

Sauvageot fils, rue St.-Paul, n. 1.

Mines de Decise, administration, rue Favart, n. 12.

Dépôt de charbon de Mons (des mines de Lescouffiaux), rue de la Pompe et rue St.-Jean (à la pompe à feu du Gros-Caillou).

MARCHÉS PUBLICS A CHARBON DE TERRE.

Ouverts à Paris par décision du conseil municipal du 31 mars 1822.) *Le prix du marché est de 4 fr. par mètre superficiel et pour l'année : soit 1 c. 1/2 par jour.*

1° Rue de Bercy, près le pont du Jardin-du-Roi.
Facteur. M. Lemoine, quai de la Tournelle, n.

2° A l'Ile-des-Cygnes, sur l'ancien emplacement des archives, près le pont des Invalides, ci-devant d'Iéna.

Facteur. M. G. Garnot, quai Debilly, n. 4.

Les fonctions des facteurs sont de vendre pour compte des expéditeurs qui leur consignent des charbons à la vente. Il leur est alloué 2 pour o/o sur le montant brut des comptes de vente.

§ XII. COMMERÇANS EN BOIS ET CHARBONS DANS LE DÉPARTEMENT DE LA SEINE HORS PARIS.

Arrondissement de St.-Denis.

Auteuil.	Louvet, bois à brûler.
Belleville.	Boy-Lamotte, bois à brûler, chantier des Montagnes.
Boulogne.	Théophile Compère, bois à brûler, rue du Parchamp, n. 7.
———————	Radot aîné, bois à brûler.
———————	Radot jeune, bois à brûler, rue La Rochefoucault, n. 8, chantier de la Réunion.
Charonne.	Pigeonnat frères, bois à brûler, boul. du Trône, n. 3, chantier du Petit-Charonne.
Chapelle (La).	Tortay et Choppard frères, bois à brûler, chantier de la Chapelle, barrière St.-Denis.
Clichy.	Dufour d'Armes, bois à brûler, chantier de la barrière de Clichy.
———————	Hollier neveu, bois à brûler, aux Batignolles, chantier du Cimetière Montmartre.
———————	Navarre, bois à brûler et autres bois, aux Batignolles.
———————	Piret, bois à brûler, chantier de l'Espérance.
———————	Saintard jeune, bois à brûler.

Courbevoye.	Boursier, bois à brûler.
———————	Etienne Durand, bois à brûler.
———————	Hébert, bois à brûler, chantier du Pont de Neuilly.
Montmartre.	Henri Johnson, bois à brûler, boulevard Pigalle, chantier de l'Ermitage.
Neuilly.	Dagnet, bois à brûler, chantier du Père de famille.
———————	Duhamel, bois à brûler, barrière du Roule, chantier des Thermes.
———————	Ficatier, sciage, planches.
———————	Hurel-Vallée, bois à brûler.
———————	Juillerat, bois à brûler, chantier du Chant-d'Alouette.
———————	Marie, bois de bateaux.
Passy.	Leclerc Lissajou, bois à brûler.
———————	Renaut, bois à brûler, charbons.
Puteaux.	Langlassé, bois à brûler.
St.-Denis.	Cl. C. Contour, bois à brûler, charpente, sciage.
———————	Lefèvre Destrés, bois à brûler, fournisseur de la garnison.
———————	Ligier fils, sciage, bateaux, etc.
———————	Miret, bois à brûler, sciage, bateaux, etc.
———————	Madame Rousseau, sciage, planches, etc.
St.-Ouen.	Desnos, bois à brûler.
Surêne.	Bailleul, bois à brûler.

Arrondissement de Sceaux.

Antony.	Dupin, à Berny, bois à brûler, charbons, chantier de Berny.
Bercy.	Adrien Bidaut, bois à brûler, rue de Bercy, n. 56, chantier de l'Yonne, et à Paris, rue aux Fers, n. 46.
———————	Louis Bled, bois de bateaux et autres, Grand-Bercy, n. 39.
———————	Bourdilliat, bois à brûler, rue de Bercy, n. 1.
———————	A. Chardon, bois à brûler, charpente et autres, entrepositaire, quai de Bercy, n. 41.
———————	Chenal fils aîné, bois à brûler, entrepositaire, rue de Bercy, n. 36.
———————	Chouard, charpente et autres, quai de Charenton, n. 48.
———————	Droit, charpente, boulev. St.-Antoine, n. 3.
———————	Fayard, bois de toute espèce, entrepositaire, port et grand parc de Bercy.
———————	Veuve Gauchier et fils, entrepositaires, bois de toute espèce, quai de Bercy, n. 49.
———————	Henri Lemoine, bois à brûler, rue de Bercy, n. 21 et 24, chantier du Petit-Paris.

rcy. — Levasseur, sciage, bateau, Grande-Rue, n. 25.

——————— Martin, bois à brûler, Grande-Rue, n. 23, chantier du Marais.

——————— Pitou Harmand, bois à brûler et charpente, maison Gallois, au Petit-Bercy, et à Paris, quai de la Rapée, n. 15.

——————— Robert Harmand, sciage, Petit-Bercy, n. 30.

urg-la-Reine. — Louis-Philippe Poreaux, bois à brûler, chantier du Bourg-la-Reine, dom., q. de la Rapée, n. 19.

arenton. — Benoît Genty, bois à brûler, aux Carrières Charenton.

oisy. — Frasier, charbon de terre.

——————— Millochau, bois à brûler.

——————— Rivière, bois à brûler.

——————— Rond aîné, charbon de terre.

ntilly. — Gérard, bois à brûler, charbons, barrière de Fontainebleau, chantier de la barrière de Fontainebleau.

——————— Mathieu Boutin, bois à brûler, *idem.*

——————— Momon frères, bois à brûler, *idem*, chantier de l'Etoile.

y. — Guilloteaux jeune, bois à brûler.

ty. — Chambard aîné, entrepositaire, à la Gare.

——————— Fayard fils aîné, entrepositaire, à la Gare, au grand Balcon.

——————— Goubault, entrepositaire, port de la Verrerie; Caussat, régisseur, sur les lieux, n. 12.

——————— Louvrier, entrepositaire, à la Gare.

——————— Picard, bois carrés, à la Gare.

——————— Pichoret, bois carrés, à la Gare.

——————— Sijas, entrepositaire, à la Gare, n. 4.

Hay. — Leclerc, bois à brûler.

aisons Alfort. — Berton-Mouton, sciage, à Maisons.

——————— François Carchereux, bois à brûler, à Alfort, chantier de l'Espérance.

——————— Veuve Devaux, sciage et autres, à Maisons.

ntrouge. — Konig, charbon de bois.

——————— Mathieu Prinvault, bois à brûler, chantier du Petit-Montrouge.

——————— Raymond, bois de charronnage, à Montrouge, n. 19.

.-Maur. — Jacmart fils, bois, etc.

eaux. — Nicolas-Louis Garnon, bois à brûler.

——————— Tiépou, bois, etc.

iais. — Dupuis père, bois à brûler, chantier de Thiais.

ugirard. — Veuve Baucheron, charbons.

——————— Bourbon fils, bois à brûler, chantier de l'Espérance.

——————— Gauthier-Bazin, bois à brûler, à Vaugirard, n. 59, chantier de la Belle-Epine.

Vaugirard.   Jacques Lemaire, charbon de bois.
Vincennes.   Lelièvre, bois, etc.
———————   Plisson, bois, etc.

Arrondissement de Versailles (1).

St.-Cloud.   Letroteur, bois à brûler.
Sèvres.   Louis Donard, bois à brûler, rue Ste.-Soph[i]
                    chantier du Quartier-Neuf.
——————   Joyeux, bois à brûler.

Chapitre second.

———————

HAUTE-SEINE ET AUBE.

§ I. Commerçans sur la Seine, de sa source a Troyes.

Babeau, à Giey, par Bar-sur-Seine (Aube).
Baudouin, à Cunfin, par Bar-sur-Seine (Aube).
Bazile (Louis), à Châtillon-sur-Seine (Côte-d'Or).
Bordet Cailletet, à Châtillon-sur-Seine (Côte-d'Or).
Boulard, à Villeneuve, par Bar-sur-Seine (Aube).
Brasley, à Bar-sur-Seine (Aube).
Breard Adam, à Troyes (Aube).
Cailletet, à Châtillon-sur-Seine (Côte-d'Or).
Carreau Perny, à Landreville, par Bar-sur-Seine (Aube).
Collin, à Essoyes, par Bar-sur-Seine (Aube).
Couturier et fils, à Châtillon-sur-Seine (Côte-d'Or).
Darras (Paul), à Essoyes, par Bar-sur-Seine (Aube).
Delaunay, à Cunfin, par Bar-sur-Seine (Aube).
Double, à Troyes (Aube).
Geoffrin Dumanoir, à Troyes (Aube).
Gibey, à Jully-sur-Sarce, par Bar-sur-Seine (Aube).
Goussard, à Lantages, par Chaource (Aube).
Hugot, à Fouchères, par Bar-sur-Seine (Aube).
Huguenin, à St.-Marc, par Estissac (Aube).
Jacquier et Pillard Tarin, à Troyes (Aube).

(1) Les communes de Saint-Cloud, Meudon et Sèvres, complétant avec le département de la Seine le ressort de la préfecture de police, nous avons classé ici ce
deux communes pour réunir tous les chantiers soumis à la surveillance du préfet ¹
formant ce qu'on appelle la banlieue.

aunier-Hugot, à Fouchères, par Bar-sur-Seine (Aube).
ignard, à Doches, par Troyes (Aube).
ible, à Villemoyenne, par Bar-sur-Seine (Aube).
irmentier, à Villy-le-Bois, par Troyes (Aube).
armantier, à St.-Germain, par Troyes (Aube).
errin-Pecard, à Troyes (Aube).
erriquet, à Châtillon-sur-Seine (Côte-d'Or).
etit-Buot, à Troyes (Aube).
ierre et comp., à Arc-en-Barrois (Haute-Marne).
revôt, à Cunfin, par Bar-sur-Seine (Aube).
aison, à Etourvy, par Chaource (Aube).
icard-Jolly, à Chaource (Aube).
ousselet, à Troyes (Aube).
ervin, à Vallières, par Chaource (Aube).
imon, à Essoyes, par Bar-sur-Seine (Aube).
allon, à Doches, par Troyes (Aube).
allon, à Troyes (Aube).
houreau père, à Larrey, par Laignes (Côte-d'Or).
houreau, à Mussy-l'Evêque (Aube).
Varlet, à Troyes (Aube).
Verrollot, à St.-Germain, par Troyes (Aube).
Verrollot, à Troyes (Aube).
Very, à Bourguignon, par Bar-sur-Seine (Aube).
Vivien, à Troyes (Aube).

Commis-général des flots de Seine. M. A. Poictevin, à Marcilly-sur-ine (Marne), par Pont-le-Roi (Aube).

§ II. Commerçans sur l'Aube.

MM.

Adam, à Chalette, par Brienne (Aube). Il construit beaucoup de
  bateaux.
Berard, à Soulaines, par Bar-sur-Aube (Aube).
Bouilly, à Bar-sur-Aube (Aube).
Chrétien, à Dienville, par Brienne (Aube).
Gérard Passez, à Arcis-sur-Aube (Aube).
Joffrin, à Dienville, par Brienne (Aube).
Julien, à Bailly, par Brienne (Aube).
Lafosse, à Montieramey, par Vendœuvres (Aube).
Laperière et comp., à Bar-sur-Aube (Aube).
Lefèvre Mergez, charbons, à Arcis-sur-Aube (Aube).
Lerouge, à Montieramey, par Vendœuvres (Aube).
Marcellot frères, à Paris, rue Miroménil, n. 19.
Merlat, à Piney, par Troyes (Aube).
Millard, à Mesnil-St.-Père, par Vendœuvres (Aube).
Pepin, à Petit-Mesnil, par Brienne (Aube).
Perricourt Vallois, à Piney, par Troyes (Aube).
Pierre et comp., à Arc-en-Barrois (Haute-Marne).

Ricard, à Radonvilliers, par Brienne (Aube).
Saulin, à Brienne-le-Château (Aube).
Savry et Maucourant, à Arcis-sur-Aube (Aube).
Thiellement, à Bar-sur-Aube (Aube).
Thoureau père, à Larrey, par Laignes (Côte-d'Or).
Vagbault, à Brienne-le-Château (Aube).
Vernand, à Dienville, par Brienne (Aube).

Commis-général des flots de l'Aube. M. A. Poictevin, à Marcill
sur-Seine (Marne), par Pont-le-Roi (Aube).

§ III. COMMERÇANS ET PROPRIÉTAIRES SUR LA SEINE, DE MARCILLY A MONTEREAU.

MM.

· Bertin père, à Sezanne (Marne).
Joseph Besse, à Bray-sur-Seine (Seine-et-Marne).
Breuiller, à Montereau (Seine-et-Marne).
Broyard, à Marcilly-sur-Seine (Marne), par Pont-le-Roi (Aube).
Champagne, propriétaire à Coutançon, par Nangis (Seine-é
Marne).
Chennat, à Villenoxe (Aube).
Etienne Chevalier, à Salon (Aube), par Fère-Champenoise (Marne)
Debray, à Provins (Seine-et-Marne).
Delaunay Lamy, à Nogent-sur-Seine (Aube).
Delaunay Fichet, à Marnay, par Pont-le-Roi (Aube).
Fagot, à Essarts-le-Vicomte, par Sezanne (Marne).
Fayol, à la Saussotte.
Fort-Lauxerrois, à Nogent-sur-Seine (Aube).
Foy, à Villenoxe (Aube).
Gallois, à Montigny-le-Guesdier, par Bray (Seine-et-Marne).
Haussonville (comte de), propriétaire des bois de Guerey.
Janson, à Essarts-le-Vicomte, par Sezanne (Marne).
Jouard Berton, à Sezanne (Marne).
Maitrejean, à Saron (Marne), par Pont-le-Roi (Aube).
Mandon, au Meriot, par Nogent-sur-Seine (Aube).
Mony, propriétaire des bois de Brouais.
Morel Vindé (vicomte de), à Paris, boul. de la Madelaine, n. 11,
propriétaire des bois du Meix, par Sezanne (Marne), régis par Leloir
Janson.
Papault, à Provins (Seine et Marne).
Sachot, de Guerey.
St.-Chamans (Cte. de), à Bouchy-le-Repos, par Sezanne (Marne).
Sessin, à Villenoxe (Aube).
Stacpool, propriétaire des bois de Sablon et de Contigny (Marne).
Les bois royaux, dits le Gault, la Traconne, Chantemerle, le
Bricot, les Hôpitaux, le Pré-du-But, St.-Nicolas, Nelle-la-Rispote,
Pouy, Sourdun, Guay, Nogent, Breuilly, Boutin, St.-Germain, etc.

§ IV. Maitres Mariniers sur la Seine entre Marcilly et Montereau.

MM.

Bourcier-Venant.
Jacquier-Trudon.
Lefèvre-Solleret.
Savry et Maucourant.
} A Arcis-sur-Aube (Aube).

Gautier.
Jean Moynot.
Pierre Moynot.
Louis-Pierre Moynot.
Simonot-Grillat.
} A Nogent-sur-Seine (Aube).

Chamblin.
Desbrosses.
Fleury-Duval.
Frontier.
Moynat.
} A Montereau (Seine-et-Marne).

§ V. Entrepreneurs de Flottage sur la Seine.

MM.

Justin Renard.
Antoine Thiennot.
Joseph Thiennot.
} A Marcilly-sur-Seine (Marne), par
Pont-le-Roi (Aube).

Facteur.

M. Gobinot, à Marcilly-sur-Seine (Marne), par Pont-le-Roi (Aube).

§ VI. Commerçans sur la Seine entre Montereau et Paris.

MM.

Bazille père, à Solers, par Brie-Comte-Robert (Seine-et-Marne),
et à Melun (Seine-et-Marne).
Bezy, à Melun (Seine-et-Marne).
Delaunay (Etienne), à Melun (Seine-et-Marne).
Delaunay frères (P. A.), à Melun (Seine-et-Marne).
Demasure, à Mennecy, par Corbeil (Seine-et-Oise).
Fricault père, à Fontainebleau (Seine-et-Marne).
Fricault aîné, à Fontainebleau (Seine-et-Marne).
Fricault Cornet (Alexandre), à Fontainebleau (Seine-et-Marne).
Gagnac, à Melun (Seine-et-Marne), pour les charbons de terre.
Galle, à Maincy, par Melun (Seine-et-Marne).
Garnot, à Mormant (Seine-et-Marne).
Gillet fils, à Fontainebleau (Seine-et-Marne).

ngrain, à Corbeil (Seine-et-Oise).

Louvet, à Fontainebleau (Seine-et-Marne).

Mallet, à Chevry-Cossigny, par Brie (Seine-et-Marne).

Martin, à Corbeil (Seine-et-Oise).

Meulan (comte de), propriétaire d'un moulin à planches, à Voulx, par Montereau (Seine-et-Marne).

Pelletier, à Fontainebleau (Seine-et-Marne).

Poussain, à Fontainebleau (Seine-et-Marne).

Trabé, à Fontainebleau (Seine-et-Marne).

Varin, à Fontainebleau (Seine-et-Marne).

Vigoureux, à Montgeron, par Villeneuve-St.-George (Seine-et-Oise).

§ VII. Propriétaires de Bois aux environs de Fontainebleau.

L'État et les Princes.

MM.

Chasseloup (comte de), à la Chapelle-Gauthier, par Mormant (Seine-et-Marne).

Château Villars (de), à Villiers-en-Bierre, par Melun (Seine-et-Marne).

Dumanoir (comte), aux Ecrennes, par le Châtelet (Seine-et-Marne).

Erceville (comte d'), à Machault, par le Châtelet (Seine-et-Marne), ou à Paris, rue de Grenelle-St.-Germain, n. 33.

Fautras (comte de), à Cannes, par Montereau (Seine-et-Marne), ou à Paris, rue St.-Guillaume.

Greffulhe (comtesse de), à Bois-Boudran, par Nangis (Seine-et-Marne).

Marchais (comte de), à Chartrettes, par Melun (Seine-et-Marne).

Meulan (de), à Bois-Milet. . . . . . .

Montjay (comte de), à Bombon, par Mormant (Seine-et-Marne), ou à Paris, rue Neuve-des-Mathurins, n. 62.

Montgon (marquis de), à Bouron, par Fontainebleau (Seine-et-Marne).

Montmorency Laval (comte de), à Boissettes, par Melun (Seine-et-Marne).

Orvilliers (marquis d'), à Grasville, ou à Paris, rue Basse-du-Rempart, n. 12.

Richerand, à Souppes (Seine-et-Marne).

Rochette (baron de la), à la Rochette, par Melun (Seine-et-Marne), ou à Paris, rue du Gros-Chenêt, n. 11.

Talmont (princesse de), à Fleury-en-Bierre, par Fontainebleau (Seine-et-Marne), ou à Paris, rue de Grenelle St.-Germain, n. 77.

§ VIII. Maitres Mariniers entre Paris et Montereau.

MM.

Berdillard père et fils. \
Louis-Chartier. \
Daniel. $\rangle$ A St.-Mamès, par Moret (Seine-et-Marne). \
Marien. \
Henry-Panier.

Lioret, à Moret (Seine-et-Marne). \
Fleury (Etienne) fils, dit Compiègne, à Valvin, par Fontaine-leau (Seine-et-Marne).

Allaine-gendre-Com- \
    piègne. \
Barbier fils et Nodier. \
Cotelle. \
Jean-Louis-Fleury. $\rangle$ A Samois, par Fontainebleau (Seine-et-Marne). \
Fleury-Compiègne fils. \
Gervais-Batault. \
Oudiou. \
Sucré.

Bertrand. \
Bisbille. $\rangle$ A Melun (Seine-et-Marne). \
Fouret frères.

N......., à St.-Port, par Melun (Seine-et-Marne). \
Mathias père, à Corbeil (Seine-et-Oise).

Longué. $\rangle$ A Soisy-sous-Étiolle, par Corbeil (Seine-et-Oise). \
N........

Depeul, à Choisy-le-Roi (Seine).

Chapitre troisième.

YONNE.

§ Iᵉʳ. Propriétaires et Commerçans flottant sur la Haute-Yonne.

MM.

Alexandre Berthault, à Paris, rue du faubourg du Temple, n. 14. \
Alexandre Joseph, à St.-Léger-du-Bois, par Autun (Saône-et-Loire). \
Alexandre Pochard, ibidem.

Anceau, à Vandenesse, par Moulins-Engilbert (Nièvre).

Aunay (le comte d'), à Paris, ou à Aunay, par Moulins-Engilbert (Nièvre).

Balivet, à Lormes (Nièvre).

Borry, à Château-Chinon (Nièvre).

Bruet, à Châtillon-en-Bazois, par Moulins-Engilbert (Nièvre).

Castries (le duc de), à Paris, rue Varennes, n. 22.

Charbonneau et Frossard, à Clamecy et à Guipy, par Varzy (Nièvre).

Choiseul Praslin (le duc de), rue Joubert, n. 37, à Paris.

Cornu, à la Colancelle, par Corbigny (Nièvre).

Claude Cornu, à Sardy, par Corbigny (Nièvre).

Desnoyers, à Paris, rue de la Madelaine, n. 41.

Drouin, à Château-Chinon (Nièvre).

Duvernoy, à Bussière, commune d'Ouroux, par Château-Chinon (Nièvre).

Feuillet frères, à Corbigny (Nièvre).

Foulon de Doué (madame), à Paris, rue de la Chaussée-d'Antin, n. 55.

Goguelat, à Ouroux, par Château-Chinon (Nièvre).

Guietan, à Cusy, commune de Cervon, par Corbigny (Nièvre).

Guiton, à Paris, rue du Grand-Chantier, n. 12.

Houdaille-Marigny (madame veuve) et comp., à Marigny-l'Eglise, par Lormes (Nièvre).

Houdaille-Grandpré, à Lormes (Nièvre).

Joly, à Lormes (Nièvre).

Lafaulotte aîné, à Rouen (Seine-Inférieure).

Laroche (héritiers du comte de).

Levy, à Corbigny (Nièvre).

Marotte Bussy, à. . . . . .

Montcharmont, à Moulins-Engilbert (Nièvre).

Ouvré, à Paris, rue Neuve-des-Mathurins, n. 45.

Panis, à Paris, rue Poliveau, n. 27.

Pernin, à Ouroux, par Château-Chinon (Nièvre).

Perrier Colon, à Château-Chinon (Nièvre).

Perrier fils, *ibidem.*

Pracomtal (le marquis de), à Paris, rue de Grenelle-St.-Germain, n. 98, ou à Moulins-Engilbert (Nièvre).

Rochu, à Baumin, commune de Montigny-sur-Canne, par Moulins-Engilbert (Nièvre).

Thizeau, au Grand-Salorge, commune de Corancy, par Château-Chinon (Nièvre).

Tricot, à Montreuillon, par Château-Chinon (Nièvre).

Vialay, à Château-Chinon (Nièvre).

Syndic du commerce de la Haute-Yonne. M. Vialay.

Agent-général du commerce de la Haute-Yonne. M. Baudot, à Lormes ou à Clamecy (Nièvre).

§ II. Propriétaires et Commerçans flottant sur les petites rivières.

MM.

Adam aîné, à Montgason, par Varzy (Nièvre).
Adam jeune, à Chevannes, par Varzy (Nièvre).
Alexandre, à St.-Léger-du-Bois, par Autun (Saône-et-Loire).
Auboué, à Cosne (Nièvre).
Audebal, à . . . .
Bétré, à Champlemy, par Varzy (Nièvre).
Bruet, à Châtillon-en-Bazois, par Moulins-Engilbert (Nièvre).
Cornu (Claude), à St.-Reverien, par Corbigny (Nièvre).
Courot, à Corbelin, par Clamecy (Nièvre).
Desnoyers, à Chazeuil, par Varzy (Nièvre).
Drouin, à Château-Chinon (Nièvre.)
Frossard aîné, à Guipy, par Varzy (Nièvre).
Frossard (Armand), à Cosne (Nièvre).
Gabuet fils, à Clamecy (Nièvre).
Gâté, à Beuvron, par Tannay (Nièvre).
Goguelat, à Chappes, commune d'Assard, par Varzy (Nièvre).
Goulard, à Corvol-l'Orguilleux, par Clamecy (Nièvre).
Laborde, à St.-Martin, commune de St.-Franchy, par Nevers (Nièvre).
Ledoux, à Clamecy (Nièvre).
Lemoyne, à Entrains, par Clamecy (Nièvre).
Ligé, à Corvol-l'Orguilleux, par Clamecy (Nièvre).
Maillet, à Cosne (Nièvre).
Martin, à Chanteloup.
Millard, à Varzy (Nièvre).
Morillon aîné, à Clamecy (Nièvre).
Panis, à Paris, rue Poliveau, n. 27.
Perier, à Château-Chinon (Nièvre).
Pracomtal (marquis de), à Paris, rue de Grenelle-St.-Germain, n. 98, ou à Moulins-Engilbert (Nièvre).
Rousseau-St.-Léger, à Clamecy (Nièvre).
Rouxelle, à Paris, rue St.-Pierre-Popincourt, n. 14.
Save, à Varzy (Nièvre).
Thomas, à Trucy-l'Orguilleux, par Clamecy (Nièvre).
Thomas Varenne, à Villette, commune de Corvol-l'Orguilleux, par Clamecy (Nièvre).
Tissier, à . . . .
Tremeau l'aîné, à Druyes les-Belles-Fontaines, par Coulanges (Yonne).
Tremeau-Millery, *ibidem*.
Tricot, à Montreuillon, par Château-Chinon (Nièvre).
Vion, à Courcelles, par Varzy (Nièvre).

25*

Syndic du commerce des petites rivières. M. Save.
Adjoints. MM. Rousseau-St.-Léger, Morillon.
Agent-général. M. Sanglé-Ferrière, à Clamecy (Nièvre).

§ III. Propriétaires de Bois neufs arrivant sur les ports entre Armes, Clamecy et Cravant.

MM.

Armes (Commune d'), par Clamecy (Nièvre).
Arthel (Madame d'), à Arthel, canton de Premery, par Nevers (Nièvre).
Asnan (Commune d'), par Tannay (Nièvre).
Asnières (Commune d'), par Vezelay (Yonne).
Badin de Charmois, à Châtel-Censoy, par Coulanges (Yonne).
Bardel, à Clamecy (Nièvre).
Belair (de) (comme ayant acheté les bois de Château-Vert pour quarante ans), domicilié dans le département des Landes.
Berthelot, propriétaire de la terre de Brêves, par Clamecy (Nièvre), résidant à Paris.
Bertin (Madame), à Paris, rue Godot-de-Mauroy, n. 16, propriétaire des bois de Davrigny.
Biron (de), à Paris.
Bogne de Faye, résidant à Paris, rue Joubert, n. 33.
Bogniard, à Brêves, par Clamecy (Nièvre).
Bonneau, à Coulanges (Yonne).
Boué d'Amazy, à Avallon (Yonne).
Chabanne (Madame de), à Quincy, commune de Villiers, par Clamecy (Nièvre).
Chamoux (Commune de), par Vezelay (Yonne).
Champion, à Paris, Palais-Royal, n. 145, propriétaire des bois des Optets.
Charbonneau fils, à Clamecy (Nièvre).
Cherry de Moncorps, à Vezelay (Yonne).
Chevanne, à Clamecy (Nièvre).
Choiseul-Praslin (Duc de), à Paris, rue Joubert, n. 37.
Clamecy (Commune de) (Nièvre).
Coulanges (Commune de) (Yonne).
Courson (Commune de), par Auxerre (Yonne).
Damas (Madame la comtesse de), résidant à Paris.
Defer, à Nevers (Nièvre).
Desnoyers, résidant à Paris, rue de Madelaine, n. 41.
Dreuzy(de), résidant à Chalment, commune d'Asnan, par Tannay (Nièvre).
Duviquet (Madame), à Clamecy (Nièvre).
Faulquier, à Clamecy (Nièvre).
Givry (de), à Varzy (Nièvre).
Gouvenin, à . . . . . . , propriétaire des bois de Champ-Pochau.
Hérisson, à Surgy, par Clamecy (Nièvre).

Héritiers Héreau, à Clamecy (Nièvre).

Jacquemard, résidant à Paris.

Janson (Madame de), à Paris, propriétaire des Moléduces.

Kergolay (de), à Bazoches, par Lorme (Nièvre), résidant à Paris.

Labarré (de), à . . . . , propriétaire des bois de Fontenil.

Lemoine, à Clamecy (Nièvre).

Licher (de), à . . . . , propriétaire des bois de Dragny.

Maison-Dieu (Commune de la), par Tannay (Nièvre).

Mortemart (de), à Paris.

Née Deveau fils, à Clamecy (Nièvre).

Ouaignes (Commune de), par Clamecy (Nièvre).

Oudan (Commune d'), par Varzy (Nièvre).

Parent (Madame), à Chassy, commune de Vignol, par Corbigny (Nièvre).

Roux, à . . . . , propriétaire des bois de la Calubarge.

Roy (Comte). propriétaire à Entrains, par Clamecy (Nièvre), demeurant à Paris, rue de la Chaussée-d'Antin, n. 66.

Sagot, à . . . . . , propr. des bois de la Croix-Rouge et du Parc.

Ste.-Colombe (de), à . . . . , propr. des bois des Seigneurs.

Saligny (Commune de).

Sanglé du Monteau, à Clamecy (Nièvre).

Sanglé-Ferrière fils, *ibidem*.

Save, à Varzy (Nièvre).

Servenon (Commune de).

Surgy (Commune de), par Clamecy (Nièvre).

Teigny (Commune de), par Lorme (Nièvre).

Tenaille-Beauregard (Madame), à Clamecy (Nièvre).

Tenaille-Dulacq, *ibidem*.

Tenaille-Saligny, *ibidem*.

Thomas-Varenne, à Villette, commune de Corvol-l'Orguilleux, par Clamecy (Nièvre).

Varzy (Commune de) (Nièvre).

Vezelay (Commune de) (Yonne).

Vibraye (Marquise de), à Bazoches, par Lorme (Nièvre), résidant à Paris.

Vignol (Commune de), par Corbigny (Nièvre).

Villenot (de), propriétaire à Entrains, par Clamecy (Nièvre).

Villiers-sur-Yonne (Commune de), par Clamecy (Nièvre).

Les bois royaux de Ferrière, de Chamoux, de Mailly-la-Ville, de Fretoy.

§ IV. Marchands forains en Bois neufs fréquentant les ports entre Armes, Clamecy et Cravant.

MM.

André Bonhomme l'aîné, à Andries. par Coulanges (Yonne).

André Bonhomme, percepteur, *ibidem*.

André Pierre, *ibidem*.

Badin Chamois, à Châtel-Censoy, par Coulanges (Yonne).
Badin d'Hurtebise, à Mailly-le-Château, par Coulanges (Yonne).
Badin-Monjoy, à Châtel-Censoy, par Coulanges (Yonne).
Bailleul (Pierre), à Dornecy, par Clamecy (Nièvre).
Bardet-Dejon, à Corvol-l'Orgueilleux, par Clamecy (Nièvre).
Baumien, à Ouaine, par Auxerre (Yonne).
Bonhomme fils, à Avrigny.
Bonneau l'aîné, à Coulanges (Yonne).
Boudin-Forêt, à Mailly-le-Château, par Coulanges (Yonne).
Brisson, à Vezelay, par Avallon (Yonne).
Caillat-Vallery, dit Cherue, à Estais (Yonne), par Clamecy (Nièvre).
Cambusat, à Asnière, par Vezelay (Yonne).
Coqueval, à Entrains, par Clamecy (Nièvre).
Coulon, à Coulanges (Yonne).
Delaure-Varly, à Dornecy, par Clamecy (Nièvre).
Douillet (Louis), dit Chapicau, à Pesselière.
Frontier, à Entrains, par Clamecy (Nièvre).
Gabuet père et fils, à Clamecy (Nièvre).
Gâté, à Beuvron, par Tannay (Nièvre).
Gougenot, à Estais-la-Sauvain (Yonne), par Clamecy (Nièvre).
Goulard, à Corvol, par Clamecy (Nièvre).
Grasset fils, à Châtel-Censoy, par Coulanges (Yonne).
Herisson, à Surgy, par Clamecy (Nièvre).
Hugot, à Entrains, par Clamecy (Nièvre).
Labarre (de), à . . . .
Liger fils, à Corvol, par Clamecy (Nièvre).
Moreau, à Andries, par Coulanges (Yonne).
Morillon l'aîné, à Clamecy (Nièvre).
Nolin-Lacaune, à Clamecy (Nièvre).
Poulin-Raveau, à Coulanges (Yonne).
Raveau aîné, *ibid.*
Raveau (Charles), *ibid.*
Roux (Pierre et Paul), à Saint-Puy.
Sagot, à . . . .
Salin et Vincent, à Courson, par Auxerre (Yonne).
Surugues-Gabuet, à Clamecy (Nièvre).
Surugues, dit Petit-de-Ferrières, à Ferrières.
Tartrat aîné, à la Forge, commune d'Andries, par Coulanges (Yonne).
Tartrat, à Surgy, par Clamecy (Nièvre).
Tenaille-Solon fils, à Dornecy, par Clamecy (Nièvre).
Tremeau-Préfontaines, à Druyes-les-Belles-Fontaines, par Coulanges (Yonne).

Facteurs.

MM.
Boisanté (Jacques), à Crin, par Coulanges (Yonne).
Cagnat le jeune, à Clamecy (Nièvre).
Lorin, *ibidem.*
Magniens, *ibidem.*

§ V. Entrepreneurs de flottage a Clamecy et environs.

MM.

Héritiers Martin Dufour, à Armes, par Clamecy (Nièvre).

Bourbon-Marié.
Bourlet-Arsenne.
Caillat.
Joachim-Cadet.
Joachim-Lenoir.
Ledoux-Raveau.
Ledoux-Rigody.   } A Clamecy (Nièvre).
Marié (Pierre) jeune.
Marié-Raveau.
Morillon l'aîné.
Surugues-François.
Surugues-Lazare (vᵉ.)
Tixier-François.
Tixier fils.

Gerbeau fils, à Surgy, par Clamecy (Nièvre).

Bonneau-Christophe. } A Pouceaux, par Clamecy (Nièvre).
Lorin-Cadet.

Boisanté-Coulon.
Boisanté-Ursin.
Bossus fils.   } A Coulanges (Yonne).
Chalgrin-Breton.
Raveau.
Saget-Christophe.

Boisanté (Sulpice), à Crin, par Coulanges (Yonne).

§ VI. Propriétaires des Bois de flots sur la Cure et le Cousin.

MM.

Audiot, propriétaire des bois de Saint-Agnan.
Avallon (Commune d') (Yonne).
Bourbon-Busset (de), propriétaire des bois de Vesigneux.
Chastellux (Comte de), propriétaire des bois de Saint-Léger, de Cure, de Chastellux, d'Avallon.
Choiseul-Serent (Madame de), à . . . ., propriétaire des bois de Montsauche.
Colignac (de), à . . . ., propriétaire des bois de St.-Brisson.
Condras (Baron de), propriétaire des bois de St.-Marc.
Feuillet, propriétaire des bois du Parc.
Lagrange, propriétaire des bois de Lorme.
Larochefoucault (de), propriétaire des bois de St.-Léger.
Sallier (de), propriétaire des bois de Laroche.

Vibraye (Marquise de), propriétaire des bois de Bazoche.
La forêt royale de Breuille.
Les bois royaux de Quarré.

Nota. Dans les bois de la Cure, partie appartient aussi aux communes riveraines.

§ VIII. Propriétaires des Bois neufs de la Cure et de la partie de l'Yonne, entre Cravant et Auxerre.

MM.

Accolay (commune d'), par Vermanton (Yonne).
Arcy (commune d'), par Vermanton (Yonne).
Badreau (de), à . . . . . propriétaire des bois de Vincelles.
Barry, à . . . . . propriétaire des bois des Vaux-Germain.
Bazarne (commune de), par Auxerre (Yonne).
Bertin (madame veuve), à Paris, rue Godot, n. 16, propriétaire des bois de Girolle, de Sacy, de la Provanchère, des Vaux-Germain.
Bessy (commune de), par Vermanton (Yonne).
Bonneville, à . . . . . propriétaire des bois du Lac-Sauvin.
Champion, à . . . . . propr. des bois de Chenilly.
Clermont-Montoison (de), à . . . . . propr. des bois de Bazarne.
Collet, à . . . . . propr. des bois du Lac-Sauvin, de Reigny, etc.
Cravant (commune de), par Auxerre (Yonne).
Cyr-les-Colons (commune de St.-), par St.-Bris (Yonne).
Dassacy, à . . . . . propr. des bois du Lac-Sauvin.
Essert (commune d'), par Vermanton (Yonne).
Girolle-les-Forges (commune de), par Avallon (Yonne).
Goupilleau, à . . . . . propr. des bois de Reigny.
Isle-sous-Montréal (commune d'), par Avallon (Yonne).
Joux-la-Ville (commune de), par Lucy-le-Bois (Yonne).
Lichers (commune de), par Noyers (Yonne).
Lucy-le-Bois (commune de) (Yonne).
Montmorency (de), à . . . . . propr. de la forêt d'Erveau.
Nitry (commune de), par Noyers (Yonne).
Pleure (de), à . . . . . propr. des bois d'Arcy.
Précy-le-Sec (commune de), par Lucy-le-Bois (Yonne).
Préhy (commune de), par Chablis (Yonne).
Quatrevaux, à Cussy-les-Forges, par Avallon (Yonne).
Rancogne (Henri de), à . . . . . propr. des bois d'Arcy et de Sacy.
Sacy (commune de), par Vermanton (Yonne).
Sainte-Pallaye (de), à . . . . . propr. des bois de Vaux-Germain.
Sermiselle (commune de), par Avallon (Yonne).
Vermanton (commune de) (Yonne).
Vincelles (commune de), par Auxerre (Yonne).

Les bois royaux de Girolle, d'Erveau, des Chagnats, de Lichers, de Préhy, de Reigny, d'Accolay, de St.-Marien.

§ IX. Propriétaires et Commerçans flottant sur la Cure et le Cousin.

MM.

Bonnard, à Saulieu (Côte-d'Or).
Chastellux (Comte de), à Paris, rue de la ferme des Mathurins, 1.
Dorneau, à Avallon (Yonne).
Duchateau, à Avallon (Yonne).
Feuillet frères, à Corbigny (Nièvre).
Gally, à Avallon (Yonne).
Houdaille de Marigny et Balivet, à Avallon (Yonne).
Lefebvre de Nailly, à Avallon (Yonne).
Lemaire et Bertin, à Vermanton (Yonne).
Mocquot, à Vermanton (Yonne).
Nailly, à St.-Moré, par Lucy-le-Bois (Yonne).
Nieutin, à Avallon (Yonne).
Ouvré, à Paris, rue Neuve-des-Mathurins, n. 45.
Quatrevaux, à Cussy-les-Forges, par Avallon (Yonne).
Varnout, à Avallon (Yonne).
Vibraye (marquise de), à Paris, rue St.-Dominique-St.-Germain, n. 91.
Voillot, à Paris, rue du Chemin-Vert, n. 1.

Agent-général. M. Quatrevaux, à Vermanton (Yonne).

§ X. Marchands forains sur la Cure et sur l'Yonne, entre Cravant et Auxerre.

MM.

Bertin père et fils, à Vermanton (Yonne).
Billaudot, à Bertrot, près de Vermanton (Yonne).
Boy, à Vermanton (Yonne).
Brisson, à Vezelay (Yonne).
Bureau, à Vermanton (Yonne).
Clément, à Avallon (Yonne).
Didier Aubert, à Avallon (Yonne).
Gauthrin, à Nitry, par Noyers (Yonne).
Laurent, à Nitry, par Noyers (Yonne).
Mocquot père et fils, à Vermanton (Yonne).
Moiron, à Givry, par Vezelay (Yonne).
Nailly, à St.-Moré, par Lucy-le-Bois (Yonne).
Philipeau, à Châtel-Gerard, par Noyers (Yonne).
Regnard fils, à Accolay, par Vermanton (Yonne).
Retif, à Joux, par Lucy-le-Bois (Yonne).
Soupey, à Avallon (Yonne).

§ XI. Entrepreneurs des flottages de la Cure.

MM.

Bertin, à Vermanton (Yonne).
Billaudot, à Accolay (Yonne).
Boy, à Vermanton (Yonne).
Mocquot père, à Vermanton (Yonne).
Regnard, à Accolay (Yonne).
Robin, à Vermanton (Yonne).

§ XII. Propriétaires de Bois sur l'Armançon et le Canal de Bourgogne.

MM.

Descrantins, à Brinon-l'Archevêque (Yonne).
Durand Desormeaux, à Brinon-l'Archevêque (Yonne).
Gallot, à St.-Florentin (Yonne).
Granvilliers, à Brinon-l'Archevêque (Yonne).
Grenier, à Paris, quai St.-Bernard, 3, propr. dans la forêt d'Othe.
Pouy, au Mont St.-Sulpice, par Brinon-l'Archevêque (Yonne).
Moreau (Joseph), à Paris, boulevard du Mont-Parnasse, n. 1, propr. pour dix ans des bois d'Aumont.
Rolland Edme, à Brinon-l'Archevêque (Yonne).
Salleron, à Paris, propr. dans la forêt d'Othe.
Truchy père, à Ervy (Aube).
Truchy-Grenier, à Danemoine, par Tonnerre (Yonne).
Usquin, à Joigny (Yonne), propr. dans la forêt d'Othe.
Verrollot, à Brinon-l'Archevêque (Yonne).

§ XIII. Marchands forains sur l'Armançon et le Canal de Bourgogne.

MM.

Barrat, à St.-Mards-en-Othe, par Estissac (Aube).
Baudoin, à Ervy (Aube).
Bourron, à Joigny (Yonne).
Coq (Jean), à Brinon-l'Archevêque (Yonne).
Degoit, à Chamoy, par Ervy (Aube).
Dhuyelle-Dragé, à Rigny-le-Ferron (Aube), par Villeneuve-l'Archevêque (Yonne).
Drouot, à St.-Mards-en-Othe, par Estissac (Aube).
Dubois, à St.-Florentin (Yonne).
Eugin (Louis), à Montfay, par Ervy (Aube).
Fernel, à Brinon-l'Archevêque (Yonne).
Frapin-Maillard, à Ervy (Aube).
Gallot, à Auxon, par Ervy (Aube).
Gallot, à Vosnon, par Ervy (Aube).
Gallot, à Eaux, par Ervy (Aube).
Guyot Gerdy, à Maraye-en-Othe, par Estissac (Aube).

Huchard, à Neuvy-Sautour, par St.-Florentin (Yonne).
Huguenot, à Vauchassis, par Estissac (Aube).
Jacquier, à Troyes (Aube).
Léonard, à Tonnerre (Yonne).
Maillefer Poinsot, à Tonnerre (Yonne).
Mandonnet, à Montbard (Côte-d'Or).
Philippot, à Châtel-Gérard, par Noyers (Yonne).
Pic-Bige, à Chablis (Yonne).
Poinsot, à Maraye-en-Othe, par Estissac (Aube).
Polycarpe Gouré, à Tonnerre (Yonne).
Rabey, à Maligny, par Chablis (Yonne).
Raison, à Etourvy, par Chaource (Aube).
Ravigneaux, à. . . . .
Ricard Jolly, à Chaource (Aube).
Rolland-Grasson, à St.-Florentin (Yonne).
Roguier, à Tanlay, par Tonnerre (Yonne).
Servin, à Vallières, par Chaource (Aube).
Verrier, à Vosnon, par Ervy (Aube).

XIV. Marchands de Charbons de bois en gros sur l'Armançon et le Canal de Bourgogne.

MM.

Badié.
Beaudoin.
Brunat-Henry. } A Chailley, par St.-Florentin (Yonne).
Cantin.
Chapelière-François.

Chapelière (Julien), à Fourneaux, par St.-Florentin (Yonne).

Delécole-François.
Delécole-Henry. } A Chailley, par St.-Florentin (Yonne).
Dupuis.

Fourey (Guillomard), à Boulaye-Neuvi, par St.-Florentin (Yonne).
Fourey (Casimir), à Chailley, par St.-Florentin (Yonne).
Fourey (Baptiste), à Fourneaux, par St.-Florentin (Yonne).
Fourey (Nicolas), à Chailley, par St.-Florentin (Yonne).
Fourey (Edme), à Fourneaux, par St.-Florentin (Yonne).
Gauthier, à Taboureau.
Leseur, à Chailley, par St.-Florentin (Yonne).
Meaume fils, *ibidem.*
Meaume (Bruno), *ibidem.*
Michaux, à Sormery, par St.-Florentin (Yonne).
Sallot, à Chailley, par St.-Florentin (Yonne).
Truchy frères, *ibidem.*
Truchy (Nicolas), *ibidem.*

§ XV. Entrepreneurs de Marine sur l'Armançon et le Canal de Bourgogne.

MM.

Chevallier aîné, à la Roche, par Joigny (Yonne).
Chevallier-Grain, à Brinon-l'Archevêque (Yonne).
Cotelle (veuve), à Brinon-l'Archevêque (Yonne).

§ XVI. Entrepreneurs de Flottage sur l'Armançon et le Canal de Bourgogne.

MM.

Chevallier père, à Brinon-l'Archevêque (Yonne).
Delaporte, à Tonnerre (Yonne).
Rolland-Boisard, à Brinon-l'Archevêque (Yonne).
Rolland-Couard, à Brinon-l'Archevêque (Yonne).

§ XVII. Commerçans sur l'Yonne, entre Auxerre et Montereau.

MM.

Beaudoin.
Dondenne.   } A Auxerre (Yonne).
Gallois jeune.

Bourron.
Emery.
Pérille-Maignen.   } A Joigny (Yonne).
Saffroy.
Tallon.

Genty (E.), à St.-Julien-du-Sault, par Villeneuve-le-Roi (Yonne).
Langlois, à Cezy, par Joigny (Yonne).

Ch.-Cave.
David jeune.
Pierre.   } A Villeneuve-le-Roi (Yonne).
Robillard.

Chollet.
Dufour aîné.
Dufour-Clavière.
Hédiard-Joux.   } A Sens (Yonne).
Lefebvre-Passez.
Rivière.
Trinquesse.

§ XVIII. Maîtres Mariniers sur l'Yonne entre Auxerre et Montereau.

MM.

Nicolas Moulin.
Pierre Moulin. } A la Cour-Barrée, par Auxerre (Yonne).
Pierre Renaudin.

Chantrier.
Gallois.
Edmon-Marion. } A Auxerre (Yonne).
Marion jeune.
Mirault.

Chevalier aîné. } A Laroche, par Joigny (Yonne).
Protat.

Bourdin.
Chicandar.
Langlois fils. } A Joigny (Yonne).
Puisoie.

Alexandre Couturat, à Cezy, par Joigny (Yonne).
N. . . . ., à Villevallier, par Villeneuve-le-Roi (Yonne).

Foix jeune.
Baptiste Putois. } A Villeneuve-le-Roi (Yonne).
Charles Putois.

Barbier-Jasue. } A Sens (Yonne).
Lefebvre-Passez.

Hemard.
Réné fils. } A Pont-sur-Yonne (Yonne).
Martin Roguignot.

Sibert, à Serbonne, par Pont-sur-Yenne (Yonne).
Dumant, à Port-Renard, par Villeneuve-la-Guyard (Yonne).

Berthier-Fromental.
Guillaume Lelu. } A Misy (Seine-et-Marne),
Pichot. }   par Villeneuve-la-Guyard (Yonne).
Etienne Thibault.

Chamblin.
Desbrosses.
Jacques Duval. } A Montereau (Seine-et-Marne).
Frontier et comp.
Moynat.

§ XIX. Entrepreneurs de Flottage sur l'Yonne entre Auxerre et Montereau.

MM.

Dubois, à Cezy, par Joigny (Yonne).
Protat, à Cezy, par Joigny (Yonne).
Gillet fils, à St.-Julien-du-Sault, par Villeneuve-le-Roi (Yonne).
Dufour aîné, à Sens (Yonne).

§ XX. Commerçans sur le ruisseau de Saint-Vrain.

MM.

Bontin (le baron de), à Paris, rue Bourbon, n. 97.
Clerjault aîné, à Toucy (Yonne).
Clerjault (B.), à Toucy (Yonne).
Couturier père, à la Ferté-Loupière, par Joigny (Yonne).
Couturier fils, *ibidem.*
Guillemot-Juventy, à. . . . .
Guillemot-Modsus, à Toucy (Yonne).
Lavollée, à Villiers-St.-Benoît, par Toucy (Yonne).
Morienne (L.), à Villiers-St.-Benoît, par Toucy (Yonne).
Ragon-Beauchêne, à Joigny (Yonne).
Saffroy, à Joigny (Yonne).
Tallon, à Joigny (Yonne).
Vérac (le marquis de), à Paris, rue Varennes, n. 21.

Agent-général. M. Dubois - Valette, à la Ferté - Loupière, par Joigny (Yonne).

§ XXI. Commerçans sur la rivière de Vanne.

MM.

Angevin, à Aix-en-Othe, par Estissac (Aube).
Bègue (Auguste), à Villeneuve-l'Archevêque (Yonne).
Cosson, à Aix-en-Othe, par Estissac (Aube).
Dhuyelle-Dragé, à Rigny-le-Ferron (Aube), par Villeneuve-l'Archevêque (Yonne).
Drouot, à St.-Mards-en-Othe, par Estissac (Aube).
Dumets, à St.-Mards-en-Othe, par Estissac (Aube).
Huguenot, à Vauchassis, par Estissac (Aube).
Michon, à Bucey-en-Othe, par Estissac (Aube).
Petit, à St.-Mards-en-Othe, par Estissac (Aube).
Prevost, à Bucey-en-Othe, par Estissac (Aube).
Rayé, à Villeneuve-l'Archevêque (Yonne).
Saussier, marchand de charbons, à Lailly-sur-Vanne par Villeneuve-l'Archevêque (Yonne).
Vivien, marchand de charbons, à Cerisiers, par Sens (Yonne).

Chapitre quatrième.

CANAUX DE LOING, DE BRIARE ET D'ORLÉANS.

§ Iᵉʳ. COMMERÇANS INTERESSÉS AU FLOT DE SAINT-FARGEAU.

MM.

Bardin, à Bonny (Loiret).

Barrey, à Saint-Sauveur-en-Puisaie, par Saint-Fargeau (Yonne).

Bazin, à Saint-Fargeau (Yonne).

Convert, à Bleneau, par Saint-Fargeau (Yonne).

Delamour, à Bleneau, par Saint-Fargeau (Yonne).

Devathaire père, à Saint-Sauveur-en-Puisaie, par Saint-Fargeau (Yonne).

Devathaire fils, à Saint-Sauveur-en-Puisaie, par Saint-Fargeau (Yonne).

Frossard, à Cosne (Nièvre).

Gallon-David, à Saint-Fargeau (Yonne).

Gentil, à Saint-Sauveur-en-Puisaie, par Saint-Fargeau (Yonne).

Girard, à Saint-Sauveur-en-Puisaie, par Saint-Fargeau (Yonne).

Guingua, à Saint-Sauveur-en-Puisaie, par St.-Fargeau (Yonne).

Lacour-Epoigny, à Saint-Fargeau (Yonne).

Lacour-Lebaillif, à Saint-Fargeau (Yonne).

Marcellot frères, à Paris, rue Miromenil, n. 19.

Minaux, à Champignelles, par Saint-Fargeau (Yonne).

Moricet-Poincelier, à Angellier.

Mouillot, à Saint-Privé, par Saint-Fargeau (Yonne).

Mousset, à Saint-Sauveur-en-Puisaie, par Saint-Fargeau (Yonne).

Paultrat, à Saint-Sauveur-en-Puisaie, par Saint-Fargeau (Yonne).

Benjamin-Paultre, à Saint-Sauveur-en-Puisaie, par Saint-Fargeau (Yonne).

Paultre-Duparey, à Saint-Sauveur-en-Puisaie, par Saint-Fargeau (Yonne).

Paultre-Laverne, à Saint-Sauveur-en-Puisaie, par Saint-Fargeau (Yonne).

Pelletier, à Fontainebleau (Seine-et-Marne).

Robineau-Bourgneuf, à Saint-Sauveur-en-Puisaie, par Saint-Fargeau (Yonne).

Robineau-Desvoidy, à Saint-Sauveur-en-Puisaie, par Saint-Fargeau (Yonne).

Robineau-Duclos, à Saint-Sauveur-en-Puisaie, par Saint-Fargeau (Yonne).

Rodon, à Lavau, par Saint-Fargeau (Yonne).
Salaun frères, à Paris, quai des Célestins, n. 20.

M. Gallon David remplit les fonctions d'agent.
Les assemblées ont lieu à Rogny.

§ II. Propriétaires de Bois sur le Canal de Briare.

MM.

Amelot, (marquis de Chaillou), à Noyen-sur-Vernisson (Loiret).
Aussenard-Gabillot, à Noyen-sur-Vernisson (Loiret).
Bardin, à Bonny (Loiret).
Baudoin, à Paris.
Beaupin aîné, à Dammarie-en-Puisaie, par Bonny (Loiret).
Beaupin jeune, à Dammarie-en-Puisaie, par Bonny (Loiret),
Buquet, à Ousson, par Briare (Loiret).
La compagnie du canal de Briare.
Chabassol, à Melleroy, par Châtillon-sur-Loing (Loiret).
Champliveaux (de), à Bretault, par Briare (Loiret).
Charlet, à Paris.
Charpillon, à Tonnerre (Yonne).
Chasseval, à Gien (Loiret).
Chasseval (de), à la Bussière, par Noyen-sur-Vernisson (Loiret).
Chazal, à Bonny (Loiret).
Cœur, à Saint-Maurice-sur-Averon, par Châtillon-sur-Loing (Loiret).
Convert, à Bleneau, par Saint-Fargeau (Yonne).
Costaz (baron), à Paris, rue de la Chaussée-d'Antin, n. 44.
David, à Saint-Maurice-sur-Averon, par Châtillon-sur-Loing (Loiret).
Decullion, à Châtillon-sur-Loing (Loiret).
Delaboire (Henri), à Champsevrais (Yonne), par Châtillon-sur-Loing (Loiret).
Delaboire (Jacques), à Champsevrais (Yonne), par Châtillon-sur-Loing (Loiret).
Delanode, à Tonnerre (Yonne).
Descourty, à Paris.
Desmarets, à Bleneau, par Saint-Fargeau (Yonne).
Despreaux, à Châtillon-sur-Loing (Loiret).
Dethoue, à Bleneau, par Saint-Fargeau (Yonne).
Duchesne, à Nemours (Seine-et-Marne).
Duchesne (Mademoiselle), à Pressigny, par Noyen-sur-Vernisson (Loiret).
Dufort, à Boismorand, par Noyen-sur-Vernisson (Loiret).

Dupré, à Ouzouer-sur-Tresée, par Briare (Loiret).
Falaiseau (de), à Ecrignelle, par Briare (Loiret).
Fieul, à Paris.
Fieul, à Montbouy, par Châtillon-sur-Loing (Loiret).
Fildier (veuve), à Montargis (Loiret).
Francony, à Paris.
Gaquerel, à Paris.
Gaudrille (veuve), à Rogny (Yonne), par Châtillon-sur-Loing (Loiret).
Gaudrille-Dieudonné, à Rogny (Yonne), par Châtillon (Loiret).
Glaudon, à Montbouy, par Châtillon-sur-Loing (Loiret).
Grenet, à Sainte-Geneviève, par Châtillon-sur-Loing (Loiret).
Gremy, à Château-Renard, par Montargis (Loiret).
Guillemineau, à Charny, par Joigny (Yonne).
Harcourt (vicomte d'), à Saint-Eusoge (Yonne), par Châtillon (Loiret).
Hallot, à Boismorand, par Noyen-sur-Vernisson (Loiret).
Houy-Dieudonné, à Rogny (Yonne), par Châtillon (Loiret).
Hudin, à Saint-Maurice-sur-Averon, par Châtillon (Loiret).
Joly, à Saint-Germain-des-Prés, par Montargis (Loiret).
Jousse, à Boismorand, par Noyen-sur-Vernisson (Loiret).
Lamiral, à Châtillon-sur-Loing (Loiret).
Lebret, à Saint-Maurice-sur-Averon, par Châtillon (Loiret).
Lenoir, à Gien (Loiret).
Lepelletier-Desforts, à Château-Renard, par Montargis (Loiret).
Liger, à Montargis (Loiret).
Longuêve (Henri de), à Paris, rue Bourbon, n. 7.
Luxembourg (duc de), à Paris, rue St.-Dominique, n. 33.
Macarel, à Gien (Loiret).
Mandar, à Briare (Loiret).
Margaritis, à Changy-les-Bois, par Noyen-sur-Vernisson (Loiret).
Megre, à Champsevrais (Yonne), par Châtillon (Loiret).
Mengin, à Châtillon-sur-Loing (Loiret).
Mesange, à Fontaine-Jeanne.
Mesauge, à Saint-Maurice-sur-Averon, par Châtillon (Loiret).
Moreau, à Briare (Loiret).
Mouleveaux (de), à Montargis (Loiret).
Paillon, à Marchais-Béton, par Joigny (Yonne).
Pelegrin (Xavier), à Champignelle, par Saint-Fargeau (Yonne).
Petit, à Briare (Loiret).
Pouillot-Laurent, à Rogny (Yonne), par Châtillon (Loiret).
Rabier, à Melleroy, par Châtillon-sur-Loing (Loiret).
Rosse, à Chambeugle, par Joigny (Yonne).
Roux, à Paris.
Roux, à Melleroy, par Châtillon-sur-Loing (Loiret).
Saget, à Bleneau, par Saint-Fargeau (Yonne).
Sauvent, à Montargis (Loiret).
Sinnet, à Briare (Loiret).

26

Souesme, à Adon, par Noyen–sur–Vernisson (Loiret).
Souesme (veuve), à Boismorand, par Noyen–sur–Vernisson (Loiret)
Stemple aîné, à Laveau, par Saint–Fargeau (Yonne).
Subert, à Paris, quai des Célestins, n. 10.
Vilmorin, à Paris.

§ III. Commerçans forains ou exploitans sur le Canal de Briare.

MM.

Aussenard–Gabillot, à Noyen–sur–Vernisson (Loiret).
Babille, à Châtillon–sur–Loing (Loiret).
Bardin, à Bonny (Loiret).
Barrey, à St.–Sauveur–en–Puisaie, par St.–Fargeau (Yonne).
Baumier, à Ouasne, par Auxerre (Yonne).
Bazin, à St.–Fargeau (Yonne).
Beauchesne, à Villiers–St.–Benoît, par Toucy (Yonne).
Beaupin jeune, à Dammarie–en–Puisaie, par Bonny (Loiret).
Beauregard, à Châtillon–sur–Loing (Loiret).
Beillard, à St.–Amand.
Bougerette, à Châtillon–sur–Loing (Loiret).
Bourgoin–Dugas, à Mezilles, par St.–Fargeau (Yonne).
Boutiller père, à Châtillon–sur–Loing (Loiret).
Boutiller fils aîné, à Châtillon–sur–Loing (Loiret).
Boutiller–Delamour, à Châtillon–sur–Loing (Loiret).
Chabassol, à Melleroy, par Châtillon–sur–Loing (Loiret).
Charrier, à Ouzouer–sur–Trésée, par Briare (Loiret).
Charpillon, à Tonnerre (Yonne).
Convert, à Bléneau, par St.–Fargeau (Yonne).
Crot (Georges), à Châtillon–sur–Loing (Loiret).
Daindault, à Château–Renard, par Montargis (Loiret).
Damon, à Batilly, par Bois–Commun (Loiret).
Delaboire (Jacques), à Champsevrais (Yonne), par Châtillon–sur–
Loing (Loiret).
Delaboire (Henri), à Champsevrais (Yonne), par Châtillon
(Loiret).
Delamour, à Bléneau, par St.–Fargeau (Yonne).
Delarode, à Tonnerre (Yonne).
Deloyacque, à Champsevrais (Yonne), par Châtillon (Loiret).
Dethoue, à Bléneau, par St.–Fargeau (Yonne).
Devade (Edouard), à Gien (Loiret).
Dupuis, à Châtillon–sur–Loing (Loiret).
Feuillette, à Faverelles, par Bonny (Loiret).
Fieul, à Montbouy, par Châtillon–sur–Loing (Loiret).
Gallon–David, à St.–Fargeau (Yonne).
Gaudrille (veuve), à Rogny (Yonne), par Châtillon (Loiret).
Gaudrille (Dieudonné), à Rogny (Yonne), par Châtillon (Loiret).
Girard, à St.–Sauveur, par St.–Fargeau (Yonne).

Gremy, à Château-Renard, par Montargis (Loiret).
Guillemot-Modsus, à Toucy (Yonne).
Griache, à Charny, par Joigny (Yonne).
Guinga, à St.-Sauveur, par St.-Fargeau (Yonne).
Guingand-Ricard, à Gien (Loiret).
Guyard, à Breteau, par Briare (Loiret).
Henry-Ramier, à Ouzouer-sur-Tresée, par Briare (Loiret).
Jaquet, à Châtillon-sur-Loing (Loiret).
Joly, à Saint-Germain-des-Prés, par Montargis (Loiret).
Lacour-Lebaillif, à St.-Fargeau (Yonne).
Lavollée (Paul), à Villeneuve-les-Genets, par St.-Fargeau (Yonne).
Lavollée (David), à Mezilles, par St.-Fargeau (Yonne).
Lavollée (Hubert), à Villiers-St. Benoît, par Toucy (Yonne).
Lebret, à St.-Maurice-sur-Averon, par Châtillon-sur-Loing (Loiret).
Ledroit, à Châtillon-sur-Loing (Loiret).
Lenoir, à Gien (Loiret).
Lepelletier Desforts, à Château-Renard, par Montargis (Loiret).
Liger, à Château-Renard, par Montargis (Loiret).
Loiseau, à Breteau, par Briare (Loiret).
Marcellot frères, à Paris, rue Miroménil, n. 19.
Mellette, à Gien (Loiret).
Mercier-Olivier, à Châtillon-sur-Loing (Loiret).
Merry aîné, à St.-Martin-des-Champs, par St.-Fargeau (Yonne).
Merry jeune, à Faverelles, par Bonny (Loiret).
Minaux, à Champignelle, par St.-Fargeau (Yonne).
Morienne, à Villiers-Saint-Benoît, par Toucy (Yonne).
Mouillot, à St.-Privé, par St.-Fargeau (Yonne).
Paultre-Laverne, à St.-Sauveur, par St.-Fargeau (Yonne).
Pelegrin-Serureau, à Champignelle, par St.-Fargeau (Yonne).
Pelletier, à Fontainebleau (Seine-et-Marne).
Picq, à Saint-Privé, par St.-Fargeau (Yonne).
Poirrier, à Châtillon-sur-Loing (Loiret).
Pouillot fils, à Ouzouer-sur-Tresée, par Briare (Loiret).
Rabier, à St.-Maurice-sur-Averon, par Châtillon-sur-Loing (Loiret).
Rabier, à Melleroy, par Châtillon-sur-Loing (Loiret).
Robineau-Bourgneuf, à St.-Sauveur, par St.-Fargeau (Yonne).
Robineau-Desvoidy, à St.-Sauveur, par St.-Fargeau (Yonne).
Robineau-Duclos, à St.-Sauveur, par St.-Fargeau (Yonne).
Roché, à Mezille, par St.-Fargeau (Yonne).
Rodon, à Laveau, par St.-Fargeau (Yonne).
Rollet, à Montargis (Loiret).
Rousselle, à Charny, par Joigny (Yonne).
Rosse, à Chambeugle, par Joigny (Yonne).
Saget, à Bléneau, par St.-Fargeau (Yonne).
Salaun et compagnie, à Paris, quai des Célestins, n. 20.
Souesme, à Adon, par Noyen-sur-Vernisson (Loiret).
Villatte, à Châtillon-sur-Loing (Loiret).

§ IV. Propriétaires de Bois sur le Canal de Loing.

MM.

Orléans (S. A. R. Mᵍʳ le duc d').

Adam, à Courtemaut, par Courtenay (Loiret).

Bardin (Martin), à Montargis (Loiret).

Bastille, à la Selle-sur-le-Biez, par Montargis (Loiret).

Bellanger, à Ouzouer-des-Champs, par Noyen-sur-Vernisson (Loiret).

Bertrand, à Merainville, par Courtenay (Loiret).

Bethisy (comtesse de), à Paris.

Birague (Achille de), à Montargis (Loiret).

Boyard père, à St.-Hilaire-les-Andresis, par Courtenay (Loiret).

Chenoux, à Bleneau, par St.-Fargeau (Yonne).

Croco, à la Selle-sur-le-Biez, par Montargis (Loiret).

Dadet (Baptiste), au Bignon (Loiret), par Egreville (S.-et-Marne).

Dadet (Hubert), au Bignon (Loiret), par Egreville (S.-et-Marne).

Debouvier, à Lombreuil, par Montargis (Loiret).

Delaporte, à Château-Landon (Seine-et-Marne).

Descaris, à Chuelles, par Courtenay (Loiret).

Desbirons, à Cheroy (Yonne).

Dubied, à Montargis (Loiret).

Fibre, à Château-Renard, par Montargis (Loiret).

Fosse, à Ferrière, par Montargis (Loiret).

Fouet père, à la Selle-en-Hermoy, par Montargis (Loiret).

Fouet fils aîné, à Château-Renard, par Montargis (Loiret).

Fougère, à Montargis (Loiret).

Gerard, à Château-Landon (Seine-et-Marne).

Harcourt (vicomte d'), à Souppes (Seine-et-Marne).

Huot, à Montargis (Loiret).

Joly, à Château-Renard, par Montargis (Loiret).

Joubert, à Chuelles, par Courtenay (Loiret).

Lamy, à Château-Landon (Seine-et-Marne).

Laplace (veuve), à Griselles, par Montargis (Loiret).

Louvet (veuve), à Dordives (Loiret), par Souppes (S.-et-Marne).

Magnié père, à la Selle-sur-le-Biez, par Montargis (Loiret).

Magnié fils, à Ferrière, par Montargis (Loiret).

Malteste (de), à Griselles, par Montargis (Loiret).

Moreau (veuve), à Château-Landon (Seine-et-Marne).

Moreau (André), à Château-Landon (Seine-et-Marne).

Morière, à Montargis (Loiret).

O'Connor, au Bignon (Loiret), par Egreville (Seine-et-Marne).

Provost, à Montargis (Loiret).

Regnier père, au Bignon (Loiret), par Egreville (Seine-et-Marne).

Tixier, à Dordives (Loiret), par Souppes (Seine-et-Marne).

Trouillet, à Montargis (Loiret).

Verdier, à St.-Hilaire, par Courtenay (Loiret).

§. V. Commerçans forains et exploitans sur le Canal de Loing.

MM.

Aussenard-Gabillot, à Noyen-sur-Vernisson (Loiret).
Benoist (Jérôme) père, à Paris, quai des Célestins, n. 12.
Boutiller père, à Châtillon-sur-Loing (Loiret).
Boutiller fils aîné, à Châtillon-sur-Loing (Loiret).
Bouvery (Colin), à Nemours (Seine-et-Marne).
Bouvery (Gillet), à Nemours (Seine-et-Marne).
Boyard fils, à St.-Hilaire, par Courtenay (Loiret).
Breton, au Bignon (Loiret), par Egreville (Seine-et-Marne).
Caville, à Nemours (Seine-et-Marne).
Chatin, à Griselles, par Montargis (Loiret).
Chaudet, à Courtenay (Loiret).
Dadet (Baptiste), au Bignon (Loiret), par Egreville (Seine-et-Marne).
Daindault, à Château-Renard, par Montargis (Loiret).
Defloux, à Montargis (Loiret).
Demenet, à Ouzouer-des-Champs, par Noyen-sur-Vernisson (Loiret).
Desbirons, à Cheroy (Yonne).
Descaris, à Chuelles, par Courtenay (Loiret).
Faffe, à Chuelles, par Courtenay (Loiret).
Fosse, à Ferrière, par Montargis (Loiret).
Foucault, à Ervauville, par Courtenay (Loiret).
Fouet père, à la Selle-en-Hermoy, par Montargis (Loiret).
Fouet fils jeune, à St.-Germain-des-Prés, par Montargis (Loiret).
Frogier, à Nemours (Seine-et-Marne).
Gentil, à Joigny (Yonne).
Girard, à Château-Landon (Seine-et-Marne).
Guillemineau, à Charny, par Joigny (Yonne).
Guillon, à Montargis (Loiret).
Jaquet, à Châtillon-sur-Loing (Loiret).
Jobert, à Chuelles, par Courtenay (Loiret).
Joly, à St.-Germain-des-Prés, par Montargis (Loiret).
Lamy, à Château-Landon (Seine-et-Marne).
Lavollée (Hubert), à Villiers-St.-Benoît, par Toucy (Yonne).
Legrand, à Courtenay (Loiret).
Moreau (André), à Château-Landon (Seine-et-Marne).
Millet, à Ervauville, par Courtenay (Loiret).
Morisseau, à Nemours (Seine-et-Marne).
Petit-Benoist père, à Montargis (Loiret).
Petit-Poisson, à Montargis (Loiret).
Pingot, à Bellegarde, par Bois-Commun (Loiret).
Prochasson, à Chailly, par Lorris (Loiret).
Raimbault, à Chalette, par Montargis (Loiret).
Regnier fils, à Jouy, par Cheroy (Yonne).
Rollet, à Montargis (Loiret).

Seigneur, à Chalette, par Montargis (Loiret).
Trouillet, à Montargis (Loiret).

Nota. Divers marchands de Paris exploitent aussi dans la forêt de Montargis.

§ VI. Propriétaires et commerçans sur le Canal d'Orléans.

MM.

Aubry, à Bellegarde, par Bois-Commun (Loiret).
Bezé, à Lorris (Loiret).
Bourgeois père et fils, à Sury-au-Bois, par Châteauneuf-sur-Loire (Loiret).
Boyer, à Lorris (Loiret).
Brucy, à Lorris (Loiret).
Cholet fils, à Montargis (Loiret).
Courtois, à Pithiviers (Loiret).
Hanapier, à Pithiviers (Loiret).
Lamy père et fils, à Château-Landon (Seine-et-Marne).
Luton (Alexandre), à Montargis (Loiret).
Maisonneuve, à Pithiviers (Loiret).
Marcille-Pingot, à Bellegarde, par Bois-Commun (Loiret).
Mestier, à Montargis (Loiret).
Moreau (André), à Château-Landon (Seine-et-Marne).
Pericouche, à Lorris (Loiret).
Perin-Pati, à Ingranne, par Bois-Commun (Loiret).
Perret, à Pithiviers (Loiret).
Petit père, à Montargis (Loiret).
Petit-Poisson, à Montargis (Loiret).
Pingot, à Bellegarde, par Bois-Commun (Loiret).
Prochasson-Boire, à Lorris (Loiret).
Prochasson père, à Chailly, par Lorris (Loiret).
Prochasson fils, à Grignon.
Rimbault, à Montargis (Loiret).
Rouard-Roger, à Montargis (Loiret).
Saradin-Hanapier, à Pithiviers (Loiret).
Seigneur, à Montargis (Loiret).
Suard-Carré, à Montargis (Loiret).
Suard (Edme), *ibidem.*
Suard (Louis), *ibidem.*
Trouillet, à Montargis (Loiret).
Veret, à Pithiviers (Loiret).
Voiturin, à Chilleurs, par Pithiviers (Loiret).

Les principaux propriétaires sont :
S. A. R. le duc d'Orléans.
MM. le marquis Dessolles, à Paris, rue de l'Université, n. 17.
Le marquis d'Orvilliers, à Paris, rue Basse-du-Rempart, n. 12.
Pingot, à Bellegarde, par Bois-Commun (Loiret).

§ VII. VOITURIERS PAR EAU, FRÉQUENTANT LES CANAUX DE BRIARE ET DE LOING.

MM.

Charbonnier.
Dozance.
Gerbier.
Guinguand-Boniface.   } A Briare (Loiret).
Herbineau-Pierre.
Narcisse-Legendre.

Riotais fils, à Rogny (Yonne), par Châtillon-sur-Loing (Loiret).

Fildier-Edme.
Lutton-Alexandre.
Petit-Benoît père.
Petit-Poisson.   } A Montargis (Loiret).
Rouard-Roger.
Suard-Pierre.
Suard-Carré.

Gourdé-Michel père.   } A Cepoy, par Montargis (Loiret).
Gourdé-Michel fils.

Henri Panier, à St.-Mamès, par Fontainebleau (Seine-et-Marne).

Chapitre cinquième.

LOIRE.

§ I. COMMERÇANS ET EXPLOITANS EN CHARBON DE TERRE, FRÉQUENTANT LA HAUTE-LOIRE.

MM.

Jovin père et fils.
Neyron.
Paillon.   } A Saint-Etienne (Loire).
Riocreux.
Salichon.

Baude, directeur de la concession de Firminy, par St.-Etienne (Loire).

About-Debard et Gas-
    pard-fils.
Berjot et Lattu.
Claude François Devil-
    laine.
Legrand.   } A Roanne (Loire).
Mandard et Lyonnet.
François-Marion.
Meynin (veuve) et fils.
Michon aîné.
Michon cadet.

La compagnie des mines de Decise (Nièvre) dont l'administration est à Paris, rue Favart, n. 12.

Sur le Canal du Centre.

La compagnie du Creuzot, par Montcenis (Saône-et-Loire).

S. Blum et fils, propr. des mines d'Epinac, par Autun (Saône-et-Loire); dépôt à Cheilly, par Couches (Saône-et-Loire).

§ II. Propriétaires et commerçans en Bois sur la Loire.

MM.

Marquis de Verac au Bec, de l'Odde (Allier), par Digoin (Saône-et-Loire).

Dollet frères, à Diou (Allier), par Digoin (Saône-et-Loire).

Goyard, à St.-Aubin-sur-Loire, par Bourbon-Lancy (Saône-et-Loire).

Savornin aîné, à Avrilly, par Decise (Nièvre).

Lefort, aux Areaux, commune de Cercy-la-Tour, par Decise (Nièvre).

Latour, à Coiron, commune de Cercy-la-Tour, par Decise (Nièvre).

Moncharmont, à Belvaux-Labeys, commune de Limanton, par Moulins-Engilbert (Nièvre).

Barbat.
Gounot.   } A Decise (Nièvre).
Guiauchin.
Loitard.

Vernaison, à Avril, par Decise (Nièvre).

Barbat-Simonin.
Bière-d'Azy.
Boulier (vicomte de)
Clément.
Frebault.
Gain (marquis de).
Gouzin.
Grenouillet.
Horstener.
Jouvet.
Lasne-des-Vareilles.
Larochefoucault (c^{te} de)
Maumigny (comte de)
Menard frères.
Mollet.
Munier.
Panis.

} A Nevers (Nièvre).

Perrault-Pinet.
Pittié aîné.
Rioudel.
Tremeau-Subert.
Wagnier et Grenouillet.

} A Nevers (Nièvre).

Tremeau Soulmé, à la Charité (Nièvre).

Desbancs.
Descortas.
Dumont.
Paultre.

} A Sancoins (Cher).

Benoist et Lechelon.
Benoist-Porte.
Teuriet.

} A Sancerre (Cher).

Désiré.
Dugenne-Magloire.
Alexis-Leblanc.
Serveau frères.

} A St.-Thibault, par Sancerre (Cher).

Brossard-des-Prébandes.
Doubre.
Guingand.

} A Pouilly-sur-Loire (Nièvre).

Garçonin, à Bannay, par Sancerre (Cher).
Millet, à St.-Bouize, par Sancerre (Cher).

Aboué.
Consolat.
Frossard-Martin.
Gaspard-Frottier.

} A Cosne (Nièvre).

Hubert-Frottier.
Judons frères.
Maillet et Lacan.
Quillier-Alexandre.
Quillier-Marc.
Quillier-Robert.
} A Cosne (Nièvre).

Moreux aîné.
Augustin-Moreux.
} A Myennes, par Cosne (Nièvre).

Boillot-Cotonné.
Héricourt.
Vivien.
} A Neuvy (Nièvre).

Larue.
Poupa-Brebant.
Theuriet et Champault.
} A Châtillon-sur-Loire, par Gien (Loiret).

Legendre-Gérard et
    Guingand.
Mandard.
} A Briare (Loiret).

Devade-Bolet.
Devade-Mauger.
Gingaud-Ricard.
Melette-Deschamps.
} A Gien (Loiret).

Beaumarié Noten, à Sully, par Gien (Loiret).

Robineau-Desbois.
Robineau-Desnoyers.
} A Châteauneuf-sur-Loire (Loiret).

Baudoin.
Bernard-Roulet.
Berruyer-Archambault.
Blanchard (veuve).
Brière-Picasnon aîné.
Brunet.
Bussière (veuve).
Chereau-Longin.
Compagnie.
Devade-Foin.
Fortin.
Fradet.
Grossier.
Guérin.
Hirlay-Bourdon.
Julien-Imbault.
Jutteau-Conscience.
Lelong-Desbois.
} A Orléans (Loiret).

Leprince.
Lutton-Mandard.
Maître-Blanchard.
Massé.
Monnet-Mathieu (v^e.)
Moreau-Percheron.
Pascault.
Ponceau père et fils.
Riché-Judan.
Robineau-Marois.

} A Orléans (Loiret).

Hébert.
Jeuffrenet.
Lemaignen.

} A Beaugency (Loiret).

Aucher-Lemaignen.
Coupé.
Donnay-Lefevre.
Dubin.
Flament.
Labbé et compagnie.
Massion Juge (P.).
Porcher fils et Duchalais.
Poulvé.
Proust-Desnos.
Roger-Coué.
Talbert-Charruyeau.

} A Blois (Loir-et-Cher).

§ III. Principaux Maitres Mariniers fréquentant la Loire.

MM.

Desvernay jeune (J. M.)
Merle jeune.
Parnety.

} A Roanne (Loire).

Menard aîné.
Mollet.
Rollet.
Rouen.

} A Nevers (Nièvre).

Noël-Fougère.
Antoine-Pouillot.
Thibault-Pouillot.

} A Gien (Loiret).

Freneau fils.
Lagette père et fils.
Lelong-Segin.
Segin.

} A Sully, par Gien (Loiret).

Pascal-Brière.
Jean-Girault. } A Châteauneuf (Loiret).
Charles-Meunier.

Bourigaud.
Brière-Picasnon aîné.
Chereau-Longin.
Devade-Foin. } A Orléans (Loiret).
Fauve-Juclier.
Fougereux.
Pascault.

Chapitre sixième.

ALLIER.

§ I. COMMERÇANS ET EXPLOITANS EN CHARBON DE TERRE.

MM.

Barbe Martin et comp., à Grosménil, par Lempde (Haute-Loire), et à Paris, rue Bleue, n. 20.

Brassac (de), à Brassac (Puy-de-Dôme), par Lempde (Haute-Loire).

Beale (veuve), au Montet-aux-Moines (Allier).

Delamothe, à Brassac (Puy-de-Dôme), par Lempde (Haute-Loire).

Ducros, à Brioude (Haute-Loire).

Gannat et Terrasse frères, à Brassac (Puy-de-Dôme), par Lempde (Haute-Loire).

Lamothe et comp., à Brioude (Haute-Loire).

Marnier, à Crechy, par Varennes (Allier).

Moisson-Devaux et comp., à Bertet-de-Mont-Combroux, par le Donjon (Allier), et à Paris, rue du Faubourg-Poissonnière, n. 5.

Pierron, à Souvigny (Allier).

Rambourg, à Commentry, par Cerilly (Allier).

Riaut (Ferd.) et comp., à Fins, par le Montet-aux-Moines (Allier), et à Paris, rue St.-Antoine, n. 177.

Sadourny, à Brassac (Puy-de-Dôme), par Lempde (Haute-Loire).

Seguy, à Jumeaux (Puy-de-Dôme), par Lempde (Haute-Loire).

Terrasse frères, à Jumeaux (Puy-de-Dôme), par Lempde (Haute-Loire).

Travers, à Brassac (Puy-de-Dôme), par Lempde (Haute-Loire).

§ II. Principaux propriétaires de Bois sur l'Allier.

L'État pour les forêts de Marcenat et de Giverzat, arrondissement de Gannat (Allier) ;

De Leyde, Lecreux, Munay, Moladier, le prieuré de Souvigny, Grosbois, Bagnolet et Civrais, arrondissement de Moulins (Allier) ;

De Dreuille et du Tronçais, arrondissement de Mont-Luçon (Allier).

Bois des hospices de Moulins (Allier).

Bois communaux de Trevol, par Moulins (Allier).

MM.

Alarose de la Charmée, au Veurdre (Allier), par St.-Pierre-le-Moutier (Nièvre).

Clayeux-Desfougis, à Thionne, par la Palisse (Allier).

Devaulx, de Chambord, par St.-Dié (Loir-et-Cher), propriétaire des bois du Reray.

Dubost père, à Châtillon, par le Montet (Allier).

De Froment, propriétaire des bois de Beauregard.

Joinville (comte de), propriétaire des bois de St.-Augustin.

Pitout, à Moulins (Allier).

St.-Roman (comte de), propriétaire des bois de la Motte, à Paris, rue de la Perle, n. 7.

St.-Sauveur (marquis de), propriétaire des bois de Neuvy et d'Apremont (Cher).

Subert, à Paris, quai des Célestins, n. 10.

§ III. Commerçans fréquentant l'Allier.

MM.

Alarose de la Charmée, au Veurdre (Allier), par St.-Pierre-le-Moutier (Nièvre).

Angelier, à Dornes, par Decise (Nièvre).

Beauchard, à Couleuvre (Allier), par St.-Pierre-le-Moutier (Nièvre).

Berchon-Changy, à Dun-le-Roi (Cher).

Bigot, à Souvigny (Allier).

Boyard, à Moulins (Allier).

Boyer, à Moulins (Allier).

Bretet, à Moulins (Allier).

Brunet-Lièvre, à Moulins (Allier).

Cachet père, au Veurdre (Allier), par St.-Pierre-le-Moutier (Nièvre).

Cachet fils, au Veurdre (Allier), par St.-Pierre-le-Moutier (Nièvre).

Cachet-Vincent, au Veurdre (Allier), par St.-Pierre-le-Moutier (Nièvre).

Collas, à Besson, par Souvigny (Allier).
Clayeux, à Thionne, par La Palisse (Allier).
Coulon, à St.-Pierre-le-Moutier (Nièvre).
Decortas, à Sancoins (Cher).
Defoulney, à Cerilly (Allier).
Delageneste, à Bresnay, par Souvigny (Allier).
Delaune fils, à Messarges-Souvigny, par Souvigny (Allier).
Desmercières, à St.-Pierre-le-Moutier (Nièvre).
Dubost père, a Châtillon, par le Montet (Allier).
Dubost fils, à Bessais, par Moulins (Allier).
Fleuricet père et fils, à Villeneuve, par Moulins (Allier).
Foucard, à St.-Ennemond, par Moulins (Allier).
Gannat, à Brassac (Puy-de-Dôme), par Lempde (Haute-Loire).
Girard, à Dornes, par Decise (Nièvre).
Govignon, à Lurcy-Levy (Allier), par St.-Pierre-le-Moutier (Nièvre).
Guerin-Chassis, à Dun-le-Roi (Cher).
Guillaumin Desrachers, à Couleuvre (Allier), par St.-Pierre-le-Moutier (Nièvre).
Hagnié, à Chantelle, par St.-Pourçain (Allier).
Henry, à Bourbon-l'Archambault (Allier).
Jeandet, à Neuville, par Decise (Nièvre).
Jeandet père et fils, à Dornes, par Decise (Nièvre).
Julliard, à Moulins (Allier).
Lafleurière, à Bagneux, par Moulins (Allier).
Lefaucheur, à La Palisse (Allier).
Lescanne, au Veurdre (Allier), par St.-Pierre-le-Moutier (Nièvre).
Marconnot, à Vaumas, par Moulins (Allier).
Martinet, au Veurdre (Allier), par St.-Pierre-le-Moutier (Nièvre).
Martinet, à Villeneuve, par Moulins (Allier).
Massé, à Orléans (Loiret).
Mathé père et fils, à Moulins (Allier).
Mayot, à Moulins (Allier).
Parent, à Sagonne, par Sancoins (Cher).
Patissier-Guilleminot, à Marigny, par Souvigny (Allier).
Pautre, à Sancoins (Cher).
Perdoux, à Cerilly (Allier).
Picasnon, à Moulins (Allier).
Pitout, à Moulins (Allier).
Rayet, à St.-Pourçain (Allier).
Riousse, à Germigny-l'Exempt, par Sancoins (Cher).
Robelin, au Veurdre (Allier), par St.-Pierre-le-Moutier (Nièvre).
Roche, à Thiers (Puy-de-Dôme).
Roucher, à Moulins (Allier).
Saulnier, à Neuilly-le-Réal, par Moulins (Allier).
Seguy, à Jumeaux (Puy-de-Dôme), par Lempde (Haute-Loire).
Seve, de Thiers (Puy-de-Dôme).
Seve-Gironde, de Thiers (Puy-de-Dôme).

Seve-Michellet, de Thiers (Puy-de-Dôme).
Subert, à Paris, quai des Célestins, n. 10.
Taillandier fils, à Moulins (Allier).
Tallard (Louis), à Moulins (Allier).
Terrasse frères, à Jumeaux (Puy-de-Dôme), par Lempde (Haute-Loire).
Thevenet, à St.-Plaisir, par Bourbon-l'Archambault (Allier).
Tiersonnier, à Audes (Nièvre).
Travers, à Brassac (Puy-de-Dôme), par Lempde (Haute-Loire).
Ville, à Bagneux, par Moulins (Allier).

Entrepreneur de marine. M. Fombreteau, à Moulins (Allier).

Chapitre septième.

MARNE ET OURCQ.

§ 1ᵉʳ. PRINCIPAUX PROPRIÉTAIRES DE BOIS.

MM.

L'État, pour les bois de La Charmoye, de Mancy, de Largencolle, de Reims, de Jouarre, de Mancière, de Rognat, de Beuvarde, de Fère, de Meaux, de Saint-Denis, du Parc-aux-Bœufs, des Trois-Cents, de Fauvinet, des Dames et de Lacelle.

S. A. R. Mᵍʳ· le duc d'Orléans, pour les forêts de Villers-Coterêts, des Trois-Marcs, des Joncs, de la Vallée de l'Épine.

Boisrouvré (madame de), propriétaire des bois de Villiers.

Bonnerot, à Meaux (Seine-et-Marne), propriétaire des bois de Chivres.

Burgraf, propriétaire des bois de Hautemaison.

Canet, propriétaire des bois de Rigault.

Canouville (de), propriétaire des bois de Treloup.

Castellane (de), propriétaire des bois de Moras.

Château-Thierry (hospices de), propriétaires des bois des Marlières.

Chenisot (de), propriétaire des bois de Villes.

Chevigné (comte de), propriétaire des bois de Bourseau.

Darbroucq, propriétaire des bois de Gandelu.

Dassy, à Meaux (Seine-et-Marne).

Decourtin, propriétaire des bois de Marcy.

Delahoussaye, propriétaire des bois de Champversi.

Demain, propriétaire des bois de Lumigné.

Desgraviers (madame), propriétaire des bois de Jossigny.

Devent (madame), propriétaire des bois de St.-Faron.

Dhuizy (commune de).

Fouschard (madame), propriétaire des bois de Belleassise.

Gallien, propriétaire des bois de Doue.

Harville (madame d'), propriétaire des bois de M ougé.

Jules, propriétaire des bois de Monthise.

Labedoyère (comte de), propriétaire des bois de Nogént-l'Artaud.

Ladoucette (baron de), propriétaire à Vielsmaisons, domicile à Paris, rue Chantereine, n. 14.

Lagrange (comte de), propriétaire des bois de la Bourbière.

Landon, de Meaux (Seine-et-Marne).

Maupeou (marquise de), à Sablonnière (Seine-et-Marne).

Nilot, à Houdevilliers.

Pigale, propriétaire des bois de Montigny, près de Crouy-sur-Ourcq.

Rassent, propriétaire des bois de Rougebourse.

Regnard-Mênager, propriétaire des bois de Biercy.

Roy (comte), propriétaire des forêts d'Epernay, d'Enghien, de Vassy, de Châtillon, de Chartêves, de Barbillon, de la Viardière, du Chatelet.

Ruinart de Brimont (vicomte), propriétaire des bois de Montmort, domicile à Reims (Marne).

Salgue (de), propriétaire des bois de Condé.

Séjourné, à Paris, propriétaire des bois de Doué.

Soissons (hospices de), propriétaires des bois de Rons.

Thuret, propriétaire des bois de Vertus.

Tinte (madame de), propriétaire des bois du Mans.

Villetard (veuve), propriétaire des bois de Saint-Ouen.

§ II. Principaux commerçans fréquentant la Marne et l'Ourcq.

MM.

Dulac.
Lacaille.
Laurent.   } A Epinal (Vosges).
Saulté fils.

Mougeot fils, à Bruyères (Vosges),

Bourion.   } A Rambervillres (Vosges).
Retournard.

Apté.
Bataille.
Bertrand.
Didion.
Marcot.
Matelet.
Fr. Petit-Didier.

} A Saint-Dié (Vosges).

Henri.
Jacquot.
Marlier.

} A Raon-l'Etape (Vosges).

Bazin, à Senones, par Raon (Vosges).
Fortier, à Celles, par Raon (Vosges).
Marx, à Allarmont, par Raon (Vosges).

André.
Bourdon.
Careme.
Cosserat.
Lacaille.
Leclerc.
Marechal.
Mathiot.
J. Noisette.
André Noisette.
Pelletier.
Petit-Didier.
Willaume.

} A Pont-à-Mousson (Meurthe).

Arnould.
Bristuille.
Ficatier Villemard et Cie.
Hannotin frères.
Lefèvre.
Marmot.
Paillot père.
Parizot Tupin et Ligier.

} A Bar-sur-Ornain (Meuse).

Pilotelle.
Vivenot-Varin.

} A Ligny (Meuse).

Clément, à Magneux, par Vassy (Haute-Marne).
Pierret, à Thonnance, par Joinville (Haute-Marne).
Gaudez et Lhomond, à Bourmont (Haute-Marne).
Croux et Stitelet, à St.-Thiébaut, par Bourmont (Haute-Marne).

Victor Boulland , *à la Folie.*
V*e*. Boulland, *à Valcour.*
Didiot.
Guyard.
Lallemant , *à Moëlains.* } A Saint-Dizier (Haute-Marne).
Mahuet.
Paquot.
Robert Guyard.
Robert Thomas.

Vauréal (comte de) , à Vauréal, par Sainte-Menehould (Marne).
Rousseau, à Basvillage, par Vitry-le-François (Marne).

Bouvet.
Marguet. } A Vitry-le-François (Marne).
Valentin.

Deulin-Valery.
Galichet-Lochet } A Chaalons (Marne).
Mayeur-Choisel.

Binon.
Dubois. } A Épernay (Marne).
Verat.

Hutin , à Dizy, par Épernay (Marne).

Bessera fils.
Cheruy-Malo. } A Hautvillers, par Épernay (Marne).
Dubois jeune.
Durantel.

Bigot, à Ay, par Epernay (Marne).
Besserat père et fils, à Montchenot, par Reims (Marne).

Dardoize. } A Vertus (Marne).
Fagot.

Pepin. } A Montmort, par Épernay (Marne).
Verat.

Durantel.
Guyot. } A St.-Martin-d'Ablois , par Épernay (Marne).
Piéton frères.

Duchesne. } A Damerie, par Épernay (Marne).
Manecau-Durantel.

Desloges, à Châtillon, par Dormans (Marne).

Dumont. } A Orquigny, par Dormans (Marne).
Vincent.

Bris, à Neuville-aux-Fleurs, par Dormans (Marne).
Magdelaine frères, à Dormans (Marne).

Lecocq père et fils.
Nicaise frères et fils. } A Igny-le-Jars, par Dormans (Marne.)
Rolin.

Dequai père et fils, au Baizil, par Epernay (Marne).

Fallot. } A Villers-aux-Bois, par Vertus (Marne).
Martin.

Billard.
Martin-Marchand. } A Montmirail (Marne).
Dauenhauer.

Poulain, à Formantières (Marne).

Aveau-Royer.
Belenger.
Hennecart père et fils. } A Château-Thierry (Aisne).
Lemoine.
Philippe dit Champagne.
Rallet.
Rassicod.

Ridard père et fils, à Blesmes, par Château-Thierry (Aisne).
Moreau-Gesler, à Condé-en-Brie, par Château-Thierry (Aisne).
Moreau père, à Mezy-Moulin, par Château-Thierry (Aisne).
Gilot, à Crezancy, par Château-Thierry (Aisne).

Lecocq père et fils. } A Jaulgonne, par Château-Thierry
Veroudard. (Aisne).

Duval. } A Fère-en-Tardenois (Aisne).
Thierry frères.

Thierry aîné, à Villeneuve-sur-Fère, par Fère-en-Tardenois (Aisne).

Cellier. } A Beuvarde, par Fère-en-Tardenois
Cheron. (Aisne).

Baron père et fils, à Draveny, par Fère-en-Tardenois (Aisne).

Lacour dit Cadet. } A Ronchère, par Fère-en-Tardenois
Labonne. (Aisne).

Evrois, à Fresne, par Fère-en-Tardenois (Aisne).
Bouquet, à Coincy, par Oulchy (Aisne).
Romain, à Crecy, par Oulchy (Aisne).
Baras, à Neuilly-Saint-Front (Aisne).

Bouquet.
Minouflet.
Pirel. } A la Ferté-Milon (Aisne).
Prévost.
Talon.

27*

Decont.
Huyard.   } A Nogent-l'Artaud, par Charly (Aisne).
Jean Porteneuve.

Bedel.
Huyart.
Mondivilliers.
Nitot, dit du   d- } A Viels-maisons (Aisne).
     Moulin.
Ost.

Veron, à Coupru, par Charly (Aisne).

Barras.
Cartier.
Civet.
Courtois.
Davant.
Duez.
Éveillot.
Guay jeune.   } A Villers-Cotterêts (Aisne).
Marsaux-Vivière.
Mclaye.
Mony.
Papillon.
Parisis.
Prévaux.
Roussy.

Roger, à Cerfroy (Aisne).
Potonnier, à Dampleux, par Villers-Cotterêts (Aisne).

Boulanger.   } A Auteuil, par Villers-Cotterêts (Aisne).
Charpentier.

Lefèvre, à Yvort, par Crespy (Oise).
Verron, à Thury (Oise), par la Ferté-Milon (Aisne).
Talon, à Pirel (Oise).
Legrand, à Crespy (Oise).
Bizet et compagnie, établissement de carbonisation de tourbe à Crouy et Vaux-sous-Coulon, par May (Seine-et-Marne).
Cassabois et compagnie, établissement de carbonisation de tourbe, sous la direction de Dumont et comp., à May (Seine-et-Marne).

Chastelain Meyer.
Hardy Chibout.
Hardy Lamarche.
Genty-Rochon.   } A la Ferté-sous-Jouarre (Seine-et-
Houiller père.   Marne).
Robinet.
Lavechin-Carrette.
Roger père et fils.
Vallée-Gilquin.

Vary père et fils et Delamarche, à la Ferté-sous-Jouarre (Seine-et-Marne.

Hardy, à Grand-Champ, par Lizy (Seine-et-Marne).

Bertrand.
Candas.
Charpentier.
Parnot.
Picout.
Profit.
} A Jouarre, par la Ferté-sous-Jouarre (Seine-et-Marne).

Josset, à Fay, par la Ferté-sous-Jouarre (Seine-et-Marne).
Beausang, à Boisbaudry (Seine-et-Marne).
Herbette, à Chavigny (Seine-et-Marne).
Claveau, à Dhuisy, par May (Seine-et-Marne).
Guyot, à Doue, par Rebais (Seine-et-Marne).

Cotelle.
Dufour.
} A Coubert, par Brie-Comte-Robert (Seine-et-Marne).

Prince-Nicolas, à Signets, par La Ferté-sous-Jouarre (Seine-et-Marne).

Cinot, à Maisoncelles, par Crécy (Seine-et-Marne).

Landry, à la Trétoire, par Rebais (Seine-et-Marne).

Charpentier.
Jacmart.
Retrou.
Poilblanc.
Prudent Mauny.
} A Tournan (Seine-et-Marne).

Morisset, à Hautefeuille, par Faremoutier (Seine-et-Marne).

Delacour.
Guillaume père.
Guillaume fils.
Hardy.
Morignot.
} A Villeneuve-le-Comte, par Crécy (Seine-et-Marne).

Louis, à Ferrières, par Lagny (Seine-et-Marne).

Bourgeois, à Torcy, par Lagny (Seine-et-Marne).

Connore.
Plé.
} A Neufmoutiers, par Tournan (Seine-et-Marne).

Lesourd père et fils.
Mauny.
} A Guignes (Seine-et-Marne.)

Blanchard.
Lainé.
} A Couilly, par Meaux (Seine-et-Marne).

Alaine père.
Alaine fils.
} A Mary, par Lizy (Seine-et-Marne).

Vᵉ. Mênager d'Orteüil.
Mênager d'Orteüil frè-
res. } A Germigny-l'Évêque, par Meaux (Seine-et-Marne).

Bonnerot.
Boutry.
Jean-Louis Claisse.
Glaize.
Landon.
Lefranc-Cardon.
Picou.
Villachrose et Jamas. } A Meaux (Seine-et-Marne).

Coyette.
Danleux.
Minouflet. } A Trilport, par Meaux (Seine-et-Marne).

Lefranc, à St.-Soupplet, par Dammartin (Seine-et-Marne).
Girault, à Vendrest, par Lizy (Seine-et-Marne).
Berthe, à Moussy-le-Neuf, par Dammartin (Seine-et-Marne).

Bernier.
Poilblanc.
Roeser. } A Crécy-sur-Morin (Seine-et-Marne).

Lambert.
Marié.
Rotival.
Vené. } A Coulommiers (Seine-et-Marne).

Mauny, à Gretz, par Tournan (Seine-et-Marne).
Michaud, moulin à planches, à Luzancy, par La Ferté-sous-Jouarre (Seine-et-Marne).
Millet, à Maupertuis, par Coulommiers (Seine-et-Marne).
Laurent, à Faremoutiers (Seine-et-Marne).

Benoist.
Chabaneaux.
Damois.
Lallement.
Laurent.
Marié. } A Lagny (Seine-et-Marne).

Jacmart.
Pinçon. } A St.-Maur, banlieue de Paris (Seine).

Bazille père.
Bazille fils. } A Solers, par Brie-Comte-Robert (Seine-et-Marne).

Desgranges Félix.
Desgranges Pierre.
Savart. } A la Sablonnière, par Lagny (Seine-et-Marne).

Martin, à Villeparisis (Seine-et-Marne).

§ III. Entrepreneurs de Marine sur la Marne.

MM.

Cacarolo.
Cadet-Cosson, *et cons-*
truct. de bateaux.
Cosson (Ve.)
Dideron – Feuillet , *et*
const. de bateaux.
Diomètre père.
Diomètre fils.   } A St.-Dizier (Haute-Marne).
Dubois.
Janson fils.
Louiston-Janot, *et const.*
de bateaux.
Paymal d'Allemagne.
Saupique père, *et const.*
Saupique fils, *et const.*
Roussel-Paymal,*et const.*

Doudoux-Bureau, à Chaalons (Marne).
Linet-Buirette, à Château-Thierry (Aisne).
Lepreux, à La Ferté-sous-Jouarre (Seine-et-Marne).

Alaine père.
Alaine-Subert.
Bourgoin (Ve,)
Gibert-Aubé.   } A Mary, par Lizy (Seine-et-Marne).
Ledoux.
Noël.
Vincienne.

Gallois.
Ledoux.
Louiston.   } A Germigny-l'Evêque, par Meaux (Seine-
Mênager (Ve.)   et-Marne).
Mênager d'Orteüil.

Félix Alaine.   } A Condé-Sainte-Libière, par Meaux
Chamberlan fils.   (Seine-et-Marne).

§ IV. Entrepreneurs de Flottage sur la Marne.

MM.

Bignet frères, à Sermaize, par Vitry-le-François (Marne).

Beguay.
Bousnot.   } A Pargny, par Vitry-le-François (Marne).
Antoine Patet.
Cadet Patet.

Cadet-Cosson-Guichard,
Cadet-Jaunot-Philibert.
Cadet-Paymal-Perrin,
Colson-Warin.
Cosson (V^e.)
Dideron-Paymal.
Dideron-Aillet.
Dubois-Perrin.
Feuillet-Bogny.
Godard-Viciet.
Godard-Noël.
Guillaume et Carpen-
tier.   } A St.-Dizier (Haute-Marne).
Guillaumin père.
N. Hayer.
P. Hayer.
Janson-Lucot.
Lucain.
Martin-Janson.
Paymal-d'Allemagne.
Paymal-Perrin.
Joseph-Rollot.
Roussel-Paymal.
Saupique père.
Saupique-Cosson.

Godard-Perot.
Godard-Richelet.
Nicolas-Hayez.
Pierre-Hayez.
Joson-Robert.
Charles-Perrin.   } A Hoiricourt, par St.-Dizier (Haute-
Perrin cadet.   Marne).
Perin-Perot.
Person.
Petit-Perrin.
Richelet.

Aillet.   } A Moëlains, par Saint-Dizier (Haute-
Colichon Aillet.   Marne).

Cadet-Girardin.   } A Valcourt, par Saint-Dizier (Haute-
Jean-Martin.   Marne).

Gomeaux.
Janot.
Marquas.
Jean-Louis Mignon.
} A Port-à-Binson, par Dormans (Marne).

Les frères Goumeau.
Louis Pommier.
} A Jaulgonne, par Château-Thierry (Aisne).

Etienne Godard, à Château-Thierry.

Adam dit Garg..isse.
Bernard.
Marnois.
Martin Bazile.
} A Condé-Sainte-Libière, par Meaux (Seine-et-Marne).

Jean Hugues, à Tigeaux, par Crécy (Seine-et-Marne).

Nota. Le flottage est entrepris en outre par beaucoup de flotteurs bourguignons : les principaux sont :

MM.

Jean Trottier, de Coulanges-sur-Yonne.
Jean Moret, dit Bonvoyage, *idem*.
Louis Gerbeau, *idem*.
Jacques Trottier, *idem*.
Jacques Lerible, dit Laribotte, de Lancy-sur-Yonne.

Chapitre huitième.

BASSE-SEINE.

Principaux Commerçans.

MM.

Collas Grégoire, *charbon de terre, sciage*, à Argenteuil (Seine-et-Oise).

Larchevêque, *b. à brûler*.
Lemayre, *id.*
Lerouget, *id.*
Dugit, *bois de sciage*.
Cherier, *id.*
Tellier, *charpentier*.
Chevalier, *id.*
Michel, *id.*
} A St.-Germain-en-Laye (Seine-et-Oise).

Borde, *bois de bateaux.*   } Au Pecq, par Saint-Germain-en-Laye
Déjardins, *charpentier.*   (Seine-et-Oise).
Renouda, *bois à brûler.*

Hemont, *bois à brûler.*   }
Houdon, *id.*
Trabé, *id.*   Au Port-Marly, par St.-Germain-en-
Barrois, *sciage.*   Laye (Seine-et-Oise)
Jaux, *charpentier.*

Déjardins, *charpentier.*   } A Chatou (Seine-et-Oise).
Ouarnier, *bois à brûler.*

Baguelin, *bois à brûler.*
J. Guilloteaux père, *id.*
et charbons.
François Guilloteaux,
bois à brûler.
Guilloteaux Moring,
sciage et autres.
Guilloteaux Vatel, *bois
et charbons.*
Henry, *id.*
Labbé père, *id.*
Vᵉ Lamirault, *id.*
Lechauguette, *id.*
Lenormand, *b. à brûler.*   } A Versailles (Seine-et-Oise).
Letroteur Favry, *id. et
charbon, charronnage.*
Lissajous père, *bois en
gros et charbons.*
Lissajous fils, *bois à brû-
ler et charbons.*
Mitaine, *bois et charbons.*
Mitaine fils, *bois à brûler.*
Morel, *sciage et autres.*
Perichot, *bois et char-
bons.*
P. Tricotel, *id.*
Vatel, *id.*

Thibault fils aîné, *charbon de terre, bois,* à Mantes (Seine-et-
Oise).

Delamarre Hemard, *bois de construction.*
Delamarre jeune et Persac, *id.*
Hersent, *id.*
J.-B. Lemire et fils, *id.*
Mathurin Thuillier, *id.*
Viger fils, *id.*
Blot, *bois à brûler.*
Lemanicher et compagnie, *id.*
Ratienville, *id.*
Sénéchal et comp., *id.*
Trumal, *id.*
Dammien, *entrepr. du chauffage de la 15ᵉ division militaire.*
Dauge, *planches, sciage.*
Hauguet, *id.*
Viger fils, *id.*
Bisson, *charbon de terre.*
Hippolyte Calbris, *id.*
Cavelan, *id.*
Dupré, *id.*
Epoigny Bonvarlet, *id.*
Mᵐᵉ Flary aînée, *id.*
Lasnier, *id.*
Leclerc jeune, *id.*

} A Rouen (Seine-Inférieure).

Chapitre neuvième.

OISE ET AISNE.

§ Iᵉʳ. Principaux Propriétaires.

MM.

Comte de l'Aigle, à Tracy, par Ribecourt (Oise).
Cornuau, à Offémont, par Compiègne (Oise).
Comte d'Héricourt, à Plaissier-de-Roye, par Noyon (Oise).

Vicomte d'Héricourt, à Machemont, par Ribecourt (Oise).
Lalouette, à Noyon (Oise).
Veuve Morgantin, à Elincourt-Sainte-Marguerite, par Compiègne (Oise).
De Pommery, à Cus, par Noyon (Oise).
De La Rezière, à Compiègne (Oise).

§ II. Principaux Commerçans en Bois sur l'Oise.

MM.

Bourdon.
Harmand, représentant } A Chauny (Aisne).
Lemire de Rouen.

Bouillon, à Bretigny, par Noyon (Oise).

Desoize aîné.
Helle.
Jean Poulain. } A Noyon (Oise).
Turban Devaux.

De Pommery, à Cus, par Noyon (Oise).
Duval, à Francport, par Compiègne (Oise).

Gourdet.
Hermant. } A Choisy-au-Bac, par Compiègne (Oise).

Labigne, à Meux, par Compiègne (Oise).
Jolly Bourdon, à Longueil-sous-Tourotte, par Compiègne (Oise).

Desclève.
Desjardins.
Devert.
Gauvin.
Le Prince.
Leroy. } A Compiègne (Oise).
Magnan.
Niquet aîné.
Niquet jeune.
Penon.
Vᵉ Poulain.

Emery, à Saint-Martin-de-Bethisy, par Verberie (Oise).
Oyon, à Elincourt-Sainte-Marguerite, par Compiègne (Oise).
Lecerf, à Pont-Sainte-Maxence (Oise).
Odent, à Barberie, par Senlis (Oise).
Carrière, à Nanteuil-le-Haudoin (Oise).
Ange Decroix, à Baillet, par Moisselles (Seine-et-Oise).
Lecerf père, à Chantilly (Oise).

Bouillant.
Colas.
Ducretin.   } A Pontoise (Seine-et-Oise).
Javon.
Lacroix.

§ III. Entrepreneur de Flottage.

M. Lebègue, au Plaissier, près de Compiègne (Oise).

§ IV. Constructeurs de Bateaux.

MM.

Acolet.
Desjardins.
Victor Genlis.   } A Compiègne (Oise).
Legrand dit Piette.
Lempereur.
Prevost.

§ V. Commerçans sur l'Aisne.

MM.

Bancelin père et fils.
Collet.
Lepointe.   } A Ste.-Menehould (Marne).
Person.
Vieux.

Chervin, à Vouziers (Ardennes).

Blaise et Thounel frères. } A Brieulles-sur-Bost, par Buzancy (Ar-
Mabille.   }   dennes).

Drapier Davanne, à Nouart, par Buzancy (Ardennes).

Godet.
Lallemand.   } A Dun (Meuse).

Lallemand.
Ravigneaux.   } A Stenay (Meuse).

Barthelemy.
Millet.
Philippe fils.   } A Verdun (Meuse).
Viard.

Galouzeau de Villepin. \
Guilley. \
Huet. } A Etain (Meuse). \
Lacroix aîné. \
Mathieu.

Bancelin. \
Mathieu. } A Clermont-en-Argonne (Meuse).

Lebrun. \
Noël. } A Soissons (Aisne). \
Prevost.

Doyen, à Trosly-Breuil, par Compiègne (Oise).
Ferté, à Pierrefonds, par Compiègne (Oise).
Lebel, à Rethondes, par Compiègne (Oise).

Chapitre dixième.

ESCAUT.

§ Ier Exploitans et Commerçans en Houille de Mons et environs (Pays-Bas, province de Hainaut).

MM.

Agrappe (société d'), à Frameries.
Barbe Martin et compagnie, à Grisœuil, commune de Pâturages, et à Paris, rue Bleue, n. 20.
Belle et Bonne (compagnie dite), à Quaregnon.
Beumier, à Jemmappes.
Bois-de-Boussu, midi (compagnie du).
Bois-de-Boussu, nord (compagnie du).
Bourdon et Van-Wayenberg, à Quaregnon.
Buisson (société du), à Hornu.
Bulemont, à Saint Ghislain.
Cache (compagnie de), près d'Hostenne.
Cattier Descamps, de Mons.
Charpentier et compagnie, de Mons.
Colombuen et fils, à Produits.
Defontaine, Barthe, Lamothe et compagnie, à Bellevue-Baisieux et à Wasmes, etc, à Paris, rue des Petites-Écuries, n. 41.
Degorge Legrand, à Hornu.
Destombes, à Mons.

Douze actions (société des), à Quaregnon.

Flénu (compagnie du), à Jemmappes.

Fontaine Spitaels, à Mons.

Garnot, de Paris, quai Debilly, n. 4, représenté à Mons, par Ducy.

Goffint, à Jemmappes.

Grand et petit tas (société du), à Warquignies.

Lecreps neveu, à Jemmappes et à Saint-Ghislain.

Legrand Gossart et compagnie, à Champré.

Lescouffiaux (société de), à Hornu, et à Paris.

Longtême (société de), à Dour.

Macau, à Saint-Ghislain.

Masy-Richebé, à Jemmappes.

Megueule, à Saint-Ghislain.

Picard et Deut, à Jemmapes.

Auguste Pillion et compagnie, à Mons ; et à Paris, sous la raison Duthy et compagnie, rue Grange-aux-Belles, n. 11.

Pompes (société des), à Mons.

Richebé frères et Fauvel, à Mons et à Jemmappes.

Ruisseau du Cœur (sociétés du).

Sapin, à Jemmappes.

§ II. Exploitations de Houille en France, département du Nord.

Compagnie propriétaire des mines de Charbon d'Anzin , Raismes, Saint-Saulve, Abscon, Fresnes et Vieux-Condé.

Les exploitations sont administrées par six régisseurs choisis parmi les principaux intéressés, qui se réunissent à Anzin deux fois par an. Le personnel de l'administration locale est composé comme suit :

Agent-Général, Mandataire des régisseurs. —M. J. Paulze d'Ivoy.

Travaux du fond. — Directeur. M. Lachapelle. — *Sous - Directeurs.* MM. Boisseau, Constant Mathieu, Charles Mathieu. — *Vérificateur.* M. Félix Boisseau.

Travaux du jour et Machines. — Directeur. M. Castéau. — *Sous-Directeurs.* MM. Stockard, *pour les machines,* et Lenglé, *pour les constructions.* — *Inspecteur.* M. Joseph Mathieu.

Directeur de la comptabilité. M. Dournay. — *Chef de correspondance.* M. Monier.

Payeurs. MM. A. Courouble et Mathieu Lachapelle.

Préposé en chef des rivages. M. Collard.

Garde-magasin général. M. Guillard.

———

Compagnie propriétaire des mines d'Aniche et d'Auberchicourt.

Dépôt à Paris, chez Garnot, quai Debilly, n. 4.

§ III. Commerçans en Houille, fréquentant l'Escaut et l'Oise.

MM.

Andral.
Bocquet.
Bonino-Montigny.
Caron.
Crassier.
Vᵉ Feneuille.
H. Leleu.   } A Cambrai (Nord).
Marouzé.
Vᵉ Montay Leleu.
Morel Bourré.
Protez père.
Soyez.
Tribou Quentin.

Cordier aîné, à Saint-Quentin (Aisne).
Blanchard, à la Fère (Aisne).

Dautierre }
David   } à Chauny (Aisne).

Lecomte.
Rouche.
Gérard, de Paris, rue de la Croix-du-Roule, n. 4.
Dehaynin, de Paris, rue du Bac, n. 16.
Bourgeois, de Paris, quai des Célestins, n. 16.
Lyonnet, de Paris, rue St.-Paul, n. 40.
Dechizelle et comp., de Paris, faub. Poissonnière, 33 *bis*. } 'A Com-
Evette frères, de Paris, faub. St.-Martin, n. 254.   } piègne
Delnest et Decrouy, de Paris, rue des Vinaigriers, n. 25.   } (Oise).
Chardin, de Paris, rue des Vinaigriers, n. 23.
About-Debard et Gaspard Got fils, de Paris, rue Neuve-
    Sainte-Catherine, n. 14.
G. Garnot, de Paris, quai Debilly, n. 4.
Colas, de Sèvres.
Duthy et comp., de Paris, rue Grange-aux-Belles, n. 11.

———

Vast, chantier de construction de bateaux, au Noir-Mouton,
banlieue de Valenciennes (Nord).

BOUSSOLE DU COMMERCE

DES

BOIS ET CHARBONS DE BOIS ET DE TERRE.

PERSONNEL COMMERCIAL ET ADMINISTRATIF.

Seconde partie. — Personnel administratif.

Chapitre premier.

§ Ier. MINISTÈRE DE L'INTÉRIEUR. S. Exc. M. LE COMTE CORBIÈRE, grand-officier de la Légion-d'Honneur, MINISTRE ET SECRÉTAIRE D'ÉTAT, rue de Grenelle, n. 101.

§ II. DIRECTION GÉNÉRALE DES PONTS-ET-CHAUSSÉES ET DES MINES, rue Varennes, n. 26.

M. BECQUEY, commandeur de la Légion-d'Honneur, conseiller d'état, Directeur-Général.

M. de Cheppe, secrétaire particulier de M. le directeur-général, et chef de la division du personnel.

M. LE COMTE DE DIENNE, chevalier de Saint-Louis, officier de la Légion-d'Honneur, chevalier de St.-Jean de Jérusalem, commissaire-général de la navigation et de l'approvisionnement de Paris, rue d'Argenteuil, n. 19.

M. Tiphaine, chevalier de la Légion-d'Honneur, commissaire-général-adjoint, rue Neuve-Notre-Dame-des-Champs, n. 17.

M. de Lagalisserie, chevalier de la Légion-d'Honneur, chef de a division de la navigation intérieure.

1er *Bureau.* Fleuves et rivières, canaux et dessèchemens, ports de commerce, phares et fanaux, digues et travaux à la mer.

M. Poterlet jeune, chef de bureau.

MM. Desmeurs et Ravinet, sous-chefs de bureau.

28

2ᵉ *Bureau.* Approvisionnement de Paris en combustibles, moulins et usines, bacs et bateaux de passage.

M. Marchal, chef de bureau. — M. Defiore, sous-chef de bureau.

M. Laubry, chevalier de la Légion-d'Honneur, chef de la division des mines.

§ III. Inspecteurs-généraux et particuliers de la Navigation.

MM.

Inspection de Bar-sur-Seine. — Haute-Seine et affluens, depuis sa source jusqu'à Troyes exclusivement. M. Marion (Édouard), inspecteur, à Ricey-Bas (Aube).

Inspection de Bar-sur-Aube. — Aube et affluens, depuis sa source jusqu'à Arcis exclusivement. M. Delalombardière (Louis-Claude), inspecteur, à Bar-sur-Aube (Aube).

Inspection de Troyes. — Seine, de Troyes inclus à Méry exclus; Aube, d'Arcis inclus à Anglure inclus. M. Babeau (Arsenne), inspecteur-général, à Troyes (Aube).

Inspection de Nogent-sur-Seine. — Seine, de Méry inclus à Montereau exclus; Aube, d'Anglure à son embouchure. M. Isautier (Jacques), inspecteur, à Nogent-sur-Seine (Aube).

Inspection de Clamecy. — Yonne et affluens, de sa source à Auxerre exclus; Beuvron, Sozay, Cure, etc. M. Merceret (Simon), inspecteur, à Clamecy (Nièvre).

Inspection de Joigny. — Yonne, d'Auxerre inclus à Montereau; Armance et Armançon, canal de Bourgogne du côté du versant de l'Yonne, Saint-Vrin et Vanne. M. Piochard (Hippolyte-François), inspecteur-général, à Joigny (Yonne).

Inspection de Moulins. — Allier et affluens. M. Marpon (Bertrand-Charles-Nicolas-Théodore), inspecteur, à Moulins (Allier).

Inspection de Decise. — Loire et affluens, de Bonnant à Imphy inclus. M. Hanoteau (Charles-Constance), inspecteur, à Decise (Nièvre).

Inspection de Nevers. — Loire, d'Imphy exclus aux limites du département du Loiret. M. Bachasson (Laurent-Claude-François), inspecteur-général, à Nevers (Nièvre). — M. Bachasson fils (Charles), inspecteur-adjoint, à la Charité (Nièvre).

Inspection de Montargis. — Rive droite de la Loire, depuis les limites du département du Loiret jusqu'à l'entrée du canal de Briare; canal de Briare, canal d'Orléans et canal de Loing, de Montargis à Nemours exclus. M. Thacussios (Pierre-Honoré), inspecteur à Montargis (Loiret).

Inspection d'Orléans. — Loire, de l'entrée du canal de Briare, rive

droite, et des limites du département du Loiret, rive gauche, jusqu'à Amboise. M. Lucmau de Classun, inspecteur, à Orléans
(Loiret).

Inspection de Montereau. — Seine, de Montereau inclus à Paris ; canal
de Loing, de Nemours inclus à St.-Mamès. M. Mondot (André),
inspecteur, à Montereau (Seine-et-Marne).

Inspection d'Épernay. — Marne-Haute et affluens, jusques et y compris
le Mont-St.-Père. M. Dubois de Livry (Antoine), inspecteur, à
Épernay (Marne).

Inspection de Château-Thierry. — Marne, du Mont-St.-Père exclus
jusqu'à Charenton ; Morin et Ourcq dans toute leur étendue. M. Harmand (Jean-Baptiste-François), inspecteur-général, à Château-
Thierry (Aisne).

Inspection de Cambrai. — Escaut entre Cambrai et Condé ; canal de
Mons à Condé, et canal de Saint-Quentin. M. Lepoulletier de
Montenant (Alexandre), inspecteur, à Cambrai (Nord).

Inspection de Noyon. — Canal Crozat ; Oise-supérieure jusqu'à Ourscamp inclus. M. Lelong (Charles), inspecteur, à Noyon (Oise).

Inspection de Compiègne. — Oise, d'Ourscamp exclus jusqu'à son embouchure dans la Seine ; Aisne sur toute son étendue. M. Marcilly (Denis), inspecteur-général, à Compiègne (Oise).

Inspection du Pecq. — Seine, de Paris exclus aux limites du département de l'Eure. M. de Marsol (Ambroise-Gérard), inspecteur,
au Pecq (Seine-et-Oise), par St.-Germain-en-Laye.

Inspection de Rouen. — Seine, des limites du département de l'Eure
à Rouen inclus. M. Desains (Charles), inspecteur, à Rouen
(Seine-Inférieure).

§ IV. JURÉS-COMPTEURS.

MM.

Lenoir (Antoine-Albert), à Nogent-sur-Seine (Aube) ; Aube et
Seine, de Brienne à Montereau.

Ragon (Gilles-Augustin), à Clamecy (Nièvre) ; Yonne, d'Armes à
Surgy inclus.

Lemaire (Pierre-Nicolas), à Coulanges (Yonne) ; Yonne, de Surgy
exclus à Cravant.

Ragon (Auguste-Vital), à Vermanton (Yonne) ; Cure et Yonne,
d'Arcy-sur-Cure à la jonction de l'Armançon.

Duhazé (Jean-Laurent), à Brinon (Yonne) ; Yonne, du confluent
de l'Armançon à Joigny, Armance, Armançon et canal de Bourgogne.

Soupé (Pierre-Edme), à Joigny (Yonne) ; Yonne, de Joigny à
Montereau.

28*

Brunin (Martin), à Moulins (Allier); Allier et affluens.

Roussy (Jean-Jacques-Guillaume), à Lorris (Loiret); Loire, de Châtillon à Amboise; canal d'Orléans.

Petit (Alexandre-Auguste), à Châtillon-sur-Loing (Loiret); canal de Briare et canal de Loing, de Montargis à Nemours exclus.

Bertaux (Jacques-François-Gabriel), à Fontainebleau (Seine-et-Marne); Seine, de Montereau inclus à Paris; canal de Loing, de Nemours inclus à Saint-Mamès.

Rollet (Edme-André-Louis), à Dormans (Marne); Marne supérieure jusques et y compris le Mont Saint-Père.

Regnard (Jean-Etienne-Alexandre), à La Ferté-sous-Jouarre (Seine-et-Marne); Marne, du Mont Saint-Père à Charenton; Morin.

Godart (Charles-Philippe), à la Ferté-Milon (Aisne); Ourcq.

Thibault (François-Frédéric), à Compiègne (Oise); Oise en amont de Compiègne, et Aisne.

Bertheaume (Alphonse-Nazaire), à Pont-Sainte-Maxence (Oise); Oise en aval de Compiègne.

§ V. GARDES-GÉNÉRAUX.

(Le nom qui précède en italique désigne l'inspection dont le garde dépend.)

MM.

Nogent-sur-Seine. — Musine (Gabriel), à Marsilly-sur-Seine (Marne), par Pont-le-Roi (Aube); pour les ports de Marsilly et de Saron.

Joigny. — Cauchois (Théodose), à Villeneuve-l'Archevêque (Yonne); pour toute la rivière de Vanne.

Château-Thierry. — Gandolphe (Louis-Joseph-Stanislas), à Lisy (Seine-et-Marne); pour l'Ourcq.

—— Hotte (Jean-Baptiste), *garde-général ambulant*, à Meaux (Seine-et-Marne); pour la basse Marne, de Château-Thierry inclus à Charenton, et pour les affluens de la Marne en aval de Château-Thierry, excepté l'Ourcq.

Cambrai. — Babeau (Henri), à Valenciennes (Nord); pour l'Escaut et le canal de Mons à Condé.

—— Girault-d'Egrefeuille, au Castelet (Aisne); pour le canal de Saint-Quentin.

§ VI. GARDES-PORTS.

(Le nom qui précède en italique désigne l'inspection dont le garde dépend.)

AUBE.

MM.

Bar-sur-Aube. — Rouillot (Pierre), à Brienne-la-Vieille (Aube), par Brienne-le-Château. Brienne.

Troyes. — Bonfils (Jean-François), à Arcis (Aube). Arcis et Granges.

SEINE.

Troyes. — Huguenin (Jean), à Troyes (Aube). Troyes.

Nogent. — Philippon (Roch-Nicolas), à Remilly-sur-Seine (Aube), par les Granges. Méry et Romilly.

—— Payen (Vital), à Conflans-sur-Seine (Marne), par Pont-le-Roi (Aube). Marsilly et Conflans.

—— Delaunay (Edme-Charles), à Marnay-sur-Seine (Aube), par Pont-le-Roi. Pont, Marnay et la Vente.

—— Trudon (Jean-Baptiste-Noël), à Nogent-sur-Seine (Aube). Nogent.

—— Lhermey (Désiré), à Beaulieu (Aube), par Nogent-sur-Seine. Beaulieu, la Motte et Courcerey.

—— Blondeau (Eloi-Joseph), à Port-Montain (Seine-et-Marne), par Bray ; Port-Montain.

—— Besse (Jean), à Bray-sur-Seine (Seine-et-Marne). Bray et Amboule.

Montereau. —Leguiller (Simon-Pierre), à Montereau (Seine-et-Marne). Courbeton, Cannes, Montereau et Port-Pendu.

—— Couleuvrier (Jacques), à Vernou (Seine-et-Marne), par Moret. Nanchon et La Celle.

—— Lez (Jean-Etienne), à Champagne (Seine-et-Marne), par Moret. Champagne et Thomery.

—— Blondé (Louis), à Valvin (Seine-et-Marne), par Fontainebleau. Samoreau et Valvin.

—— Legnay (Nicolas), à Samois (Seine-et-Marne), par Fontainebleau. Barbeaux et Fontaine-le-Port.

—— Epogny fils (Jacques-Edme), à la Cave (Seine-et-Marne), par Melun. La Cave et Chartrettes.

—— Badin (Pierre), à Melun (Seine-et-Marne). La Rochette, Vaux, Melun, les Fourneaux et Belombre.

—— Goyard (Etienne), à Saint-Port (Seine-et-Marne), par Melun. Vaufve, Ponthierry, Sainte-Assise et Morsan.

—— Epogny père (Claude), à Villeneuve-Saint-Georges (Seine-et-Oise). Corbeil, Saint-Victor, Villeneuve-Saint-Georges.

—— Berthier (Hubert-Marcel), à Choisy-le-Roi (Seine). Choisy.

YONNE.

Clamecy. — Bonneau (Louis-Pierre-Stanislas), à Châtel-Censoy (Yonne), par Coulanges. Gué-Saint-Martin et Châtel-Censoy.

—— Maillau (Jean-Baptiste-Étienne), à Mailly-le-Château (Yonne), par Coulanges. Depuis Terre-Rouge jusqu'au-dessus du pertuis du Bouchet.

—— Rougelot (Gabriel), à Mailly-la-Ville (Yonne), par Vermanton. Depuis le Bouchet jusqu'à la Bosse-Blanche.

—— Maillau (Pierre-Philippe), à Cravant (Yonne), par Auxerre. Depuis la Bosse-Blanche jusqu'à Vincelles.

—— Gaudé (Pierre), à La Cour-Barrée (Yonne), par Auxerre. La Cour-Barrée, la Bazine.

Joigny. — Bonneau (Étienne), à Auxerre (Yonne). De Cravant à Bassou.

Joigny.—Delahaye (Jean-Baptiste-Louis), à Bassou (Yonne). Bassou, Bonnard et Crot-aux-Moines.

—— Gallois (Edme-Félix); à La Roche (Yonne), par Joigny. La Roche.

—— Mocquot (Pierre-Charles), *ibidem*.

—— Levert (Edme-Bernard), à Joigny (Yonne). Joigny.

—— Protat fils (Louis-Alexandre), à Cezy (Yonne), par Joigny. Port dit aux Charbons.

—— Levert (Antoine-Clément), *ibidem*. Ports de Saint-Vrin et du bas de Cezy.

—— Greslé (Victor), à Saint-Aubin (Yonne), par Joigny. St.-Aubin.

—— Tissier (Edme), à Villecien (Yonne), par Joigny. Villecien.

—— Gillet (Dominique-André), à Saint-Julien-du-Sault (Yonne), par Villeneuve-le-Roi. La Bouvière et le Petit-Port.

—— Simonnet (Edme-Jacques), à Armeau (Yonne), par Villeneuve-le-Roi. Armeau, Villevallier et La Falaise.

——Leblanc (Louis-Étienne), à Villeneuve-le-Roi (Yonne). Villeneuve.

—— Gagé fils (Auguste), à Marsangy-sur-Yonne (Yonne), par Villeneuve-le-Roi. Marsangy.

—— Beaugrand (Julien), à Rozoy (Yonne), par Sens. Rozoy.

—— Gagé père (Jean-Louis), à Paron (Yonne), par Sens. Paron.

—— Leroux (Louis), à Sens (Yonne). Sens.

—— Gagé fils (Jean), à Courtois (Yonne), par Sens. St.-Martin, Courtois, Villenavotte et Saint-Denis.

—— Gonnet (Charles-Severin), à Pont-sur-Yonne (Yonne). Gisy. Pont-sur-Yonne et Serbonnes.

—— Soussignan (Auguste), à Port-Renard (Yonne), par Pont-sur-Yonne. La Tuilerie et Port-Renard.

Cure.

Clamecy. — Desportes (Louis-Maurice), à Arcy-sur-Cure (Yonne), par Vermanton. Depuis le grand Gué jusqu'au port de Bessy.

—— Lechat (Jean-Baptiste), à Régny (Yonne), par Vermanton. Depuis le port de Bessy jusqu'au grand Beaumont exclusivement.

—— Gourlot (Ignace), à Vermanton (Yonne). Depuis le grand Beaumont inclusivement jusqu'à Accolay.

—— Roubier (Edme), à Accolay (Yonne), par Vermanton. De Cravant en amont à Vermanton.

Armançon.

Joigny. — Descaves (Edme-André), à Brinon (Yonne). Les ports en amont du pertuis de Brinon.

—— Dufour (Étienne), *ibidem*. Le Foulon et Brinon.

—— Coignée (Jean-Baptiste), à Cheny (Yonne), par Brinon. Cheny.

Canal de Bourgogne.

Joigny. — Cazeaux fils (Paul-Martin), à Saint-Florentin (Yonne). Du port St.-Florentin en aval à ceux de Brinon.

Joigny. — Comble (Nicolas-Georges), *ibidem.* Du port Saint-Florentin inclusivement à la première écluse de Germigny.

——— Montenicourt (Claude), à Flogny (Yonne), par Tonnerre. Flogny.

——— Guenot (Vincent), à Tonnerre (Yonne). Tonnerre.

——— Lévêque fils aîné (Jean-Baptiste), à Tanlay (Yonne), par Tonnerre. Tanlay.

——— Robin-Tridon (Remi), à Ravières (Yonne), par Ancy-le-Franc. Ravières.

ALLIER.

Moulins. — Labrosse (Antoine), à Vichy (Allier), par Cusset. Mariol, Abret, Vichy et Le Parque.

——— Dain (Louis), à St.-Germain-des-Fossés (Allier), par Cusset. Saint-Germain et Billy.

——— Brun (François), à St.-Loup (Allier), par Varennes-sur-Allier. Chazeuil, les Quieriaux et St.-Loup.

——— Chasserie (Jean), à Monestay-sur-Allier (Allier), par Saint-Pourçain. La Chaise et Châtel-de-Neuve.

——— Beguet (Louis), à Moulins (Allier). Toulon, Bessay et Moulins.

——— Lafay (Jean), à Villeneuve (Allier), par Moulins. Villeneuve.

——— Beaufils (Guillaume), à Bagneux (Allier), par Moulins. Roche, Bagneux et les Hérats.

——— Bernard (Jérôme), à Barreau (Allier), par Saint-Pierre-le-Moutier (Nièvre). Barreau.

——— Dauphin (Gilbert), au Bouchet (Allier), par Saint-Pierre-le-Moutier (Nièvre). Iles-de-la-Mayole, La Ferté et Le Bouchet.

——— Breillaud (Jean-Baptiste), au Veurdre (Allier), par St.-Pierre-le-Moutier (Nièvre). Le Bouillard et le Veurdre.

——— Bernard (Pierre), à Château (Allier), par Saint-Pierre-le-Moutier (Nièvre). Château-sur-Allier et Bieudre.

——— Martin (Jean), à Mornay-sur-Allier (Cher), par Sancoins. Mornay.

——— Durand (Jean), à Audes (Allier), par St.-Pierre-le-Moutier (Nièvre). Audes.

——— Toutain (Pierre-François), à Apremont (Cher), par Nevers (Nièvre). Neuvy et Apremont.

——— Toutain fils (Louis-Achille-Fortuné), adjoint, *ibid.*

——— Dubois fils (Philippe), au Bec-d'Allier (Cher), par Nevers (Nièvre). Guétin et Bec-d'Allier.

LOIRE.

Decise. — Petitjean (Charles), à Bonnant (Allier), par le Donjon. Bonnant, Lurcy, Avrilly.

——— Gillot (Louis), à Digoin (Saône-et-Loire). Chevannes et Digoin.

Decise. — Debeau (Jean), à Taleine (Allier), par Digoin (Saône-et-Loire). Taleine et Bec-de-l'Odde.

—— Prudhomme (Simon), à Diou (Allier), par Digoin (Saône-et-Loire). Diou en amont, Pechine et Bebre en aval.

—— Milheureux (Gilbert), au Fourneau (Saône-et-Loire), par Bourbon-Lancy. St.-Aubin, la Cormière, Jomesson en amont, le Fourneau, Teuillon et Bagny en aval.

—— Clostre (Gabriel), aux Cornats (Allier), par Moulins. Gannay, St.-Martin, les Gougnauds en amont et les Cornats en aval.

—— Regnier (Benoist), à Tareau (Nièvre), par Decise. Tareau et la Crevée.

—— Giraud (Jacques), à Decise (Nièvre). Boire à-Raquet en amont, Decise, Cacray et pont d'Arron en aval.

—— Machecourt (Jean), à la Charbonnière (Nièvre), par Decise. La Charbonnière.

—— Rochet (Jean), à Teinte (Nièvre), par Decise. Teinte en aval.

—— Gras (Jacques), à Fleury-sur-Loire (Nièvre), par Decise. Fleury et Avry.

—— Lefebvre (Antoine), à Beard (Nièvre), par Decise. Beard en aval, et Apilly en amont.

—— Pierre (Antoine), à Uxeloup (Nièvre), par Saint-Pierre-le-Moutier. Uxeloup.

—— Rigaud (Simon), à Imphy (Nièvre), par Nevers. Desbois, Imphy et Chevenon.

Nevers. — Imbert fils (Jean-Baptiste), à Nevers (Nièvre). Nevers et Saint-Eloi.

—— Dubois (Louis), à Aubigny (Cher), par Nevers (Nièvre). Bec-d'Allier, Givry, Aubigny, les Roches en aval, et le Poids-de-Fer.

—— Usquin (J.-Laurent), à La Charité (Nièvre). La Charité, la Marche, Vauvret.

—— Bonnin (Jean), à Pouilly (Nièvre). Pouilly, les Vallées, les Loges, Tracy et Mèves.

—— Belleau, à Cosne (Nièvre). Cosne, Myennes, Sainte-Brigitte.

—— Jacq (Louis), à Neuvy-sur-Loire (Nièvre). Neuvy et Leray.

Montargis. — Lafoy (Casimir), aux Loups (Loiret), par Bonny. Les Loups, Bonny, Beaulieu et Ousson.

Orléans. — Larue fils (Edme), à Châtillon-sur-Loire (Loiret), par Gien. Châtillon, La Motte, St.-Firmin, la Boelle et La Glas.

—— Dusire (Marc), à Gien (Loiret). Gien, la Ronce, Saint-Brisson et la Chevrette.

—— Chevallier (Joseph), à Ouzouer-sur-Loire (Loiret), par Gien. Pierre, Lait et Ouzouer.

—— Coffineau (Louis-Jacques), à St.-Père-lès-Sully (Loiret), par Gien. St.-Père-lès-Sully, l'Orme et St.-Benoit.

—— Chalopin (Jean-Michel), à Sully (Loiret), par Gien. Sully-sur-Loire.

Orléans. — Vié (Antoine-Joseph), à Bouteille (Loiret), par Orléans. Bouteille et Jargeau.

—— Rioux père (Silvain-Gabriel), à Muide (Loir-et-Cher), par Beaugency (Loiret). Briou, Cavrault et Muides.

—— Rioux fils (Auguste), à St.-Dié (Loir-et-Cher). De Saint-Dié jusques et compris Landes.

—— Jacquet (Jean-Félix), à Chaumont, par Ecure (Loir-et-Cher). Candé, Chaumont, Chousy, Ecure et Veuves.

ARRON.

Decise. — Millot (François), à Masille (Nièvre), par Decise. Masille et Chomigny.

—— Garilland (Jean-Baptiste), à Cercy-la-Tour (Nièvre), par Decise. Cercy-la-Tour.

—— Pilleavoine (François), à Champvert (Nièvre), par Decise. Champvert, Rouetard et l'Arrêt.

CANAL DE BRIARE.

Montargis. — Grancher (François), à Ouzouer-sur-Trésée (Loiret), par Briare. Rivotte, Belleau, Courrenveau, Ouzouer, Petit-Châlois et les Fées.

—— Theveny (Edmond), à Rogny (Yonne), par Châtillon-sur-Loing (Loiret). Rondeau, Champ-des-Cordes, Lanoue, port de Rogny pour le bois de flot de St.-Fargeau.

—— Theveny aîné (Isidore), *ibidem.* Port de Rogny, pour le bois neuf et le charbon.

—— Gruel (Jean-Louis), à Dammarie (Loiret), par Châtillon-sur-Loing. Dammarie, Savinière, Moulin-Brûlé et Clos-à-Plessy.

—— Reussy (Louis-Honoré-Xavier), à Châtillon-sur-Loing (Loiret). Châtillon, la Ronce, les Salles et Montcresson.

—— Laplaigné (Louis-François), à Montargis (Loiret). Montargis, Saint-Roch et le Chenoy.

CANAL DE LOING.

Montargis. — Guillemain (Pierre), à Puits-la-Laude, commune de Cepoy (Loiret), par Montargis. Puits-la-Laude, les Barres, Gué-de-Vaux.

—— Frot fils aîné (Vincent), à Dordives (Loiret), par Soupes (Seine-et-Marne). Dordives, Nancey et Pont-de-Soupes.

Montereau. — Jomat (François-Gabriel), à Moncourt (Seine-et-Marne), par Nemours. Nemours, Moncourt et Episy.

—— Robustel fils (Antoine), à Moret (Seine-et-Marne). Moret, Ravannes et Écuelles.

CANAL D'ORLÉANS.

Montargis. — Brière (Hubert-Parfait), à Fay-aux-Loges (Loiret), par Orléans. Combleux, Pont-aux-Moines, Donery, Fay-aux-Loges, petit et grand port, la Jonchère, la Courcie et Gué-Giraud.

—— Delaveau (Edme), à Vitry-aux-Loges (Loiret), par Châteauneuf-sur-Loire. La Chenetière, Vitry-aux-Loges et Moulin-Rouge.

—— Paturange (François), à Combreux (Loiret), par Châteauneuf-sur-Loire. Four-à-Chaux et Combreux.

—— Mandonnet (Léon), à Sury-au-Bois (Loiret), par Châteauneuf-sur-Loire. Sury-au-Bois, Loriot, Petit et Grand-Balardin.

—— Delouche (Pierre), à Grignon (Loiret), par Châteauneuf-sur-Loire. Grignon, Châtenay, la Verrerie et Gué-de-Sens.

—— Lebert (François), à Chailly (Loiret), par Lorris. La Vallée, Rougemont, Chailly, Courbois, Fessard et Ste-Catherine.

MARNE.

Epernay. — André fils (Claude), à Saint-Dizier (Haute-Marne). La Folie et le Jard.

—— Boulland (Claude-Pierre), à Valcour (Haute-Marne), par Saint-Dizier. Valcour, Martelot et Hoiricourt.

—— Lallemand (Pierre-Claude), à Moëlains (Haute-Marne), par Saint-Dizier. Moëlains.

—— Hardy (Louis), à Saint-Martin-sur-le-Pré (Marne), par Chaalons-sur-Marne. Saint-Martin-sur-le-Pré.

—— Bouché (Jacques), à Mareuil-sur-Ay (Marne), par Epernay. Mareuil-sur-Ay et Tours-sur-Marne.

—— N..... à Epernay (Marne). Epernay.

—— Plateau (Joseph), à Cumières (Marne), par Epernay. Cumières.

—— Billard (Charles), à Damerie (Marne), par Epernay. Damerie.

—— Billard (Pierre-Nicolas), à Reuil (Marne), par Dormans. Reuil.

—— Chambron (Félix-Auguste), à Binson (Marne), par Dormans. La Cave et Rouge-Maison.

—— Chambron (Jean-Marie-Joseph), à Binson (Marne), par Dormans. Binson.

—— Chambron (Nicolas-Victor), à Verneuil (Marne), par Dormans. Tril et Verneuil.

—— Mignon (Jean-Joseph), à Vincelles (Marne), par Dormans. Vincelles.

—— Clouet (Louis-Victor, à Dormans (Marne). Dormans.

—— Sommé (Jacques), à Treloup (Aisne), par Dormans (Marne). Treloup.

—— Briout (Pierre-Antoine), à Sauvigny (Aisne), par Dormans (Marne). Sauvigny.

—— Dehu (Pierre), à Barzy (Aisne), par Dormans (Marne). Barzy.

—— Clouet (Benjamin), à Jaulgonne (Aisne), par Château-Thierry. Jaulgonne.

ernay. —Demoulins(François-Isidore), au Mont-Saint-Père(Aisne), par Château-Thierry. Chartèves et Mont-Saint-Père.

âteau-Thierry. — Dujour (Charles), à Brasles (Aisne), par Château-Thierry. Gland, Blesme et Brasles.

— Hardy (Louis-Lucien), à Château-Thierry (Aisne). Château-Thierry et Essomme.

— Hardy (Claude-Antoine), à Nogent-l'Artault (Aisne), par Charly. Pisse-Loup, Charly, Chezy, Azy, Romny, Nogent, la Presle et Pavant.

— Depaux (Alexandre-Paschal), à Caumont (Aisne), par Charly. Crouttes, Lusancy, Sainte-Aulde et Caumont.

— Josset (Jean-Pierre), à Fay-sous-Jouarre (Seine-et-Marne), par la Ferté-sous-Jouarre. Reuil, la Ferté-sous-Jouarre, Fay, Ussy et Saint-Jean.

— Gandolphe (Louis-Joseph-Stanislas), à Lisy, (Seine-et-Marne). Lisy, Mary, le Bouchy, Tancrou, Vareddes.

— Coyette (Antoine-Pierre), à Trilport (Seine-et-Marne), par Meaux. Trilport, Rezel, Poincy, Nanteuil et Villenoix.

— Chamberlan (Jean-Baptiste-Nicolas), à Condé-Sainte-Libière (Seine-et-Marne), par Meaux. Condé, Trilbardou, les Roises.

— Simas (Médard), à Montevrain (Seine-et-Marne), par Lagny. Montevrain, Dampmart, Lagny, Pomponne, Noisiel et les Praslons.

— Leroy (Pierre-Antoine), à Chenevière (Seine-et-Oise), par Champigny, banlieue de Paris. Creteil, Saint-Maur, Chenevières et Bonneuil.

Saulx.

vernay. — Thiébault (Claude-Nicolas), à Pargny (Marnep), ar Vitry-le-François. Pargny.

— Monvoisin (Jean), à Vitry-le-Brûlé (Marne), par Vitry-le-François. Vitry-le-Brûlé.

Surmelin.

pernay. — Baronna (Pierre-François), à Mézy-Moulin (Aisne), par Château-Thierry. Orbais et Condé.

Grand Morin.

hâteau-Thierry. — Simas fils (Claude-Auguste), à Tigeaux (Seine-et-Marne), par Crécy. Dammartin, Tigeaux, la Chapelle et Crécy.

Ourcq.

hâteau-Thierry. — Baquet (Remy), à la Ramée (Aisne), par Villers-Cotterêts. LaRamée, Longpont, Corcy.

— Petit (Louis-Antoine-Victor), au Port-aux-Perches (Aisne), par La Ferté-Milon. Port-aux-Perches.

— Lacroix (Antoine-François-Victor), à Marolles (Oise), par la Ferté-Milon (Aisne). Nimer, Fossé-Rouge.

Château-Thierry. — Paris (Jean-Amant), à Mareuil (Oise), par la Ferté-Milon (Aisne). Mareuil, Queudham, Crouy et Gesvres.

CANAL CROZAT.

Noyon. — Noblecourt (Pierre), à Saint-Quentin (Aisne). St-Quentin.

OISE.

Noyon. — Gayant (Jean-François), à Amigny (Aisne), par Chauny. Rouy et Bautor, Quessy et Menessy.

—— N..... à Chauny (Aisne). Canal Crozat, de l'écluse de Tergny à Chauny : Abbecourt, Manicamp, Quierzy, Bretigny sur l'Oise.

—— Cauche (Pierre-Louis), à Petit-Pontoise (Oise), par Noyon. De Bretigny exclusivement au Petit-Pontoise.

—— Lebelle (Benjamin), à Sempigny (Oise), par Noyon. Sempigny, Pont-l'Évêque, Ourscamp et Bailly.

Compiègne. — Terju (Louis-Honoré), à Saint-Germain-lès-Compiègne (Oise), par Compiègne. Saint-Germain, Royal-Lieu, et les ports de la forêt de l'Aigue.

—— Langelez père (Edme-Victor), à Lacroix-Saint-Ouen (Oise), par Compiègne. La Croix, Rivecourt, Verberie.

—— N. . . . . , à Pont-Sainte-Maxence (Oise). Pont-Sainte-Maxence, Verneuil, Creil, Saint-Leu.

—— Gallien (Nicolas-Georges), à Boran (Oise), par Beaumont-sur-Oise (Seine-et-Oise). Boran, Beaumont.

AISNE.

Compiègne. — Larzillière (Eugène), à Pontavaire (Aisne), par Fismes (Marne). Depuis Soissons exclus jusqu'à Neufchâtel inclus.

—— Petit (Louis-Honoré), à Cuise-la-Motte (Oise), par Compiègne. Soissons, Jaulsy et la Motte.

—— Lebel fils (Louis-Marie), à Rethondes (Oise), par Compiègne. Lorin, la Joyette, Carendeau et Choisy-au-Bac.

SAINTE-CLOTILDE ET VANDI.

Compiègne. — Jammar (Maximilien-François), à Taille-Fontaine (Aisne), par Villers-Cotterêts. Toute l'étendue des ruisseaux.

BASSE-SEINE.

Le Pecq. — Terju (Pierre-Marie-Aimé), au Pecq (Seine-et-Oise), par Saint-Germain-en-Laye. Poissy, Conflans, Herblay, Maisons, Le Pecq, Marly et Sèvres.

§ VII. GARDES-RIVIÈRES.

(Le nom qui précède en italique, désigne l'inspection dont le garde dépend.)

MM.

Nogent-sur-Seine. — Thiennot (Antoine), à Marsilly (Marne), par Pont-le-Roi (Aube). Pour les ports de Marsilly et de Saron.

royes. — Maçon (Jean), à Aix-en-Othe (Aube), par Estissac. Sur la Vanne, jusqu'à Vullaines.

oigny. — Launay (Jacques), à Molinond (Yonne), par Villeneuve-l'Archevêque. Sur la Vanne de Villeneuve au Petit-Maslay.

— Jacquemier (Sébastien), à la Chaussée, commune de Buteaux (Yonne), par Saint-Florentin. Sur l'Armance.

— Piroelle (Edme-Florentin), à Germigny (Yonne), par Saint-Florentin. Sur l'Armance.

— Moreau (Pierre), à Brinon (Yonne). Sur l'Armance et l'Armançon.

Gardes ambulans.

MM.

'ogent-sur-Seine. — Gobinot (Edme-Auguste), à Marsilly (Marne), par Pont-le-Roi (Aube). Pour les ports de la Seine.

— Gobinot (Alexandre-Nicolas). *Ibidem.*

§ VIII. Commis général.

oigny. — M. Leroux (Louis), à Sens (Yonne). Rivière de Vanne.

Commis particuliers.

MM.

'ogent-sur-Seine. — Royer (André), à Saron (Marne), par Pont-le-Roi (Aube). Pour le port de Saron.

— Jacob (Jean-Baptiste), à Marsilly (Marne), par Pont-le-Roi (Aube). Pour le port de Marsilly.

'oigny. — Dubois fils (Simon-Guillaume), à Cezy (Yonne), par Joigny ; commis au flottage du ruisseau de Saint-Vrin.

§ IX. Chefs des Ponts et Pertuis.

(Le nom qui précède en italique, désigne l'inspection dont le chef dépend.)

MM.

Montereau. — Badin (Antonin-Armand), à Montereau (Seine-et-Marne).

— Fleury père (Etienne), à Port-à-l'Anguille (Seine-et-Marne), par Fontainebleau. Pour le pont de Valvin.

— Fleury fils (Jacques-Edme), *adjoint.*

— Héritte (Cécile-Louis), à Melun (Seine-et-Marne).

— Lejeune (Julien), à Corbeil (Seine-et-Oise).

Noyon. Lebelle (Benjamin), à Sempigny, par Noyon (Oise).

Compiègne. Lienard (Jean-Louis-Paul), à Soissons (Aisne).
—— Ouarnier (Étienne-Nicolas), à Compiègne (Oise).
—— Maurice (Barthelemy), à Pont-Sainte-Maxence (Oise).
—— Hue (Jacques), à Creil (Oise).
—— Henneton (Louis-François), à Beaumont (Seine-et-Oise).
—— Dhortu (Louis-Augustin), à l'Ile-Adam, (Seine-et-Oise), pa
Beaumont.
— — Mansion (Louis), à Pontoise (Seine-et-Oise).
Le Pecq. Venteclay (Edme-Charles), à Sèvres (Seine-et-Oise).
—— Germain (Martin), à Saint-Cloud (Seine-et-Oise).
—— Bourdon (François-Mathurin), à Neuilly (Seine).
—— Girard (René), à Asnières, banlieue de Paris (Seine).
—— Morel (Prosper), à Bezons (Seine-et-Oise), par Argenteuil; pou
le pont de Bezons.
—— Borde (Nicolas-Philippe), à Bezons; pour le pertuis de la Morue
—— Borde fils (François-Nicolas), *adjoint.*
—— Fournaise (Jean-Jacques-François), à Chatou (Seine-et-Oise).
—— Borde (Severin), au Pecq (Seine-et-Oise), par Saint-Germain
en-Laye.
—— Borde (Fidèle-Amant), à Maisons (Seine-et-Oise), par Saint
Germain-en-Laye.
—— Borde (Étienne), à Poissy (Seine-et-Oise).
—— Boucher (Pierre-Nicolas), à Meulan (Seine-et-Oise).
—— Quedeville (Casimir), *adjoint* .
—— Borde (Marie-Amant-Fidèle), à Mantes (Seine-et-Oise).
Rouen. Loyer (Jean-Baptiste), à Vernon (Eure).
—— Cartier (Nicolas-François), *adjoint.*
—— Goujon (Nicolas), à Portmort (Eure), par Vernon ; pour le per
tuis de Gourdaine ou du bras de la Garenne.
—— Cirette (Clément-Auguste), à Pose (Eure) , par Pont-de-l'Ar
che ; pour le pertuis de Pose.
—— Faupoint (Jacques-Salomon), à Criquebœuf (Eure), par Pont
de-l'Arche : pour le pertuis de Martot.

§ X. COMMIS ET GARDES-RIVIÈRES, ATTACHÉS A LA COMPAGNIE DES

BOIS FLOTTÉS EN TRAINS.

Commis-général. M. Piochard (Hippolyte-François), à Joigny (Yonne):
sur l'Yonne et affluens, de Bassou à Montereau.
Commis-général. M. Pouy (Pierre-Louis), à Cravant (Yonne), par
Auxerre : sur la Cure et sur l'Yonne jusqu'à Bassou.
Commis-général-adjoint. M. Petit (Jean-Jacques-Hubert), à Cou-
langes (Yonne): même arrondissement que le précédent.
Commis-général. M. Berthier (Etienne), à la Gare, commune d'Ivry
(Seine), banlieue de Paris : chargé des gares.
Commis-général-adjoint. M. Berthier (Hubert-Marcel), à Choisy-le-
Roi (Seine) : chargé des gares.

Préposé au contrôle des trains. M. Berthier (Pierre-Thibaut), à Cannes (Seine et Marne), par Montereau.

Gardes-rivières chargés d'assurer le passage des trains, et des détails relatifs à ce service.

Sur l'Yonne.

MM.

Clamecy.	Maillau l'aîné (Jean-Baptiste Etienne), à Mailly-le-Château (Yonne), par Coulanges: depuis Terre-rouge jusqu'au-dessus du pertuis du Bouchet.
——————	Rougelot (Gabriel), à Mailly-la-Ville (Yonne), par Vermanton : depuis le Bouchet jusqu'à la Bosse-Blanche.
——————	Maillau jeune (Pierre-Philippe), à Cravant (Yonne), par Auxerre : depuis la Bosse-Blanche jusqu'à Vincelles.
——————	Gaudé père (Pierre), à la Cour-Barrée, (Yonne), par Auxerre : depuis Vincelles jusqu'à Vaux.
Joigny.	Petit-Jean (Cir), à Auxerre (Yonne) : depuis Vaux jusqu'aux Dumonts.
——————	Guinier (Edme), à Monnetau, par Auxerre (Yonne) : des Dumonts à Gurgy.
——————	Jouard (Pierre), à Regennes (Yonne), par Auxerre : de Gurgy à Flétrive.
——————	Delahaye (Louis), à Bassou (Yonne) : de Flétrive au port des Fontaines.
——————	Lejeune (Claude), à La Roche (Yonne), par Joigny : du port des Fontaines à la Perrière.
——————	Langlois (Maximilien), à Joigny (Yonne) : de la Perrière à Epizy.
——————	Moron (François), à Cezy (Yonne), par Joigny : d'Epizy à la Bouvière.
——————	Benoist (Anulphe), à Armeau (Yonne), par Villeneuve-le-Roi : de la Bouvière à la queue de l'île d'Armeau.
——————	Langlois (Claude), à Villeneuve-sur-Yonne (Yonne) : d'Armeau à Etigny.
——————	Kley fils (Louis), à Sens (Yonne) : d'Etigny à Ville-navotte.
——————	Gonnet (Charles Severin), à Pont-sur-Yonne (Yonne) : de Villenavotte à Serbonnes.
——————	Soussignan (Auguste) à Port-Renard (Yonne), par Pont-sur-Yonne : de Serbonnes à la Chapelotte.
——————	Berthier père (Pierre), à Misy (Seine et Marne), par Villeneuve-la-Guyard (Yonne) : de la Chapelotte à l'île Rochecu.

Sur la Seine.

Nogent.   Delaunay (Edme-Charles), à Marnay (Aube), par Pont-le-Roi : dans l'étendue de l'arrondissement de Marnay.

————   Trudon père (Jean-Baptiste Noël), à Nogent-sur-Seine (Aube) : dans l'étendue de l'arrondissement de Nogent.

————   Besse (Jean), à Bray-sur-Seine (Seine et Marne) : dans l'étendue de l'arrondissement de Bray.

————   Blondeau (Claude Savinien), à la Tombe (Seine et Marne), par Montereau : dans l'étendue de l'arrondissement de la Tombe.

Montereau.   Badin jeune (Antonin-Armand), à Montereau (Seine et Marne) : de l'île Rochecu à Tavers.

————   Gaudé fils (Pierre), à Valvin (Seine et Marne), par Fontainebleau : depuis Tavers jusqu'au port à l'Anguille.

————   Barbier (Pierre), à Samois (Seine et Marne), par Fontainebleau : du port à l'Anguille à la Cave inclusivement.

————   Badin (Pierre), à Melun (Seine et Marne) : depuis la Cave exclusivement jusqu'au bas de Ponthierry.

————   Lejeune fils (Julien), à Corbeil (Seine et Oise) : pont de Corbeil, et depuis Ponthierry jusqu'à Châtillon.

————   Berthier (Hubert-Marcel), à Choisy-le-Roi (Seine) : pont de Choisy, et depuis Châtillon jusqu'au port à Langlais.

Gardes-rivières ambulans chargés de la conduite des eaux, de la direction des trains et du repêchage des bois.

MM.

Clamecy.   Ezière (Pierre), à Clamecy (Nièvre) : sur la rivière d'Yonne.

————   Lorain (Jean), *ibidem* : *idem.*

————   Tissier (Jean), à Coulanges-sur-Yonne (Yonne) : *id.*

————   Sirmain (François), *ibidem* : *idem.*

————   Tissier (Denis), à Chatel-Censoy (Yonne), par Coulanges : *idem.*

————   Momon (Edme), à Accolay (Yonne), par Vermanton : sur les rivières d'Yonne et de Cure.

Joigny.   Bonneau (Etienne), à Auxerre (Yonne) : sur la rivière d'Yonne.

————   Bonneau (François), à l'Etau (Yonne), par Auxerre : *idem.*

————   Goussery (Etienne), à Joigny (Yonne) : *idem.*

Joigny. Berthier (Hippolyte), à Misy (Seine-et-Marne), par Villeneuve-la-Guyard (Yonne) : sur la rivière d'Yonne.

Montereau. Glauden (Jean-Louis), à Boissette (Seine et Marne), par Melun : Seine de Montereau au Port à Langlais.

Gardes-rivières sédentaires chargés de la surveillance des marchandises et de la police des ouvriers.

MM.

Clamecy. Marié (François), à Armes (Nièvre), par Clamecy : ports d'Armes et de Clamecy.

———— Joachim (Edme), à Clamecy (Nièvre) : ports de Clamecy et de la Forêt.

———— Leclerc (Jean-François), à Surgy (Nièvre), par Clamecy : du pertuis de la Forêt à celui de Coulanges.

———— Chalgrain (Denis), à Coulanges-sur-Yonne (Yonne) : ports de Coulanges et Crin.

———— Leclerc (François), à Lucy (Yonne), par Coulanges : ports de Lucy.

———— Momon (François), à Vermanton (Yonne) : Cure, d'Arcy à Accolay.

Joigny. Descaves (Edme-André), à Brinon (Yonne) : Armançon, depuis les ports flottables en trains jusqu'à son embouchure.

———— Kley père (Symphorien), à Sens (Yonne) : de Villeneuve-le-Roi à Pont-sur-Yonne et sur la Vanne.

Gardes-rivières généraux à Paris.

M. Tamant (Auguste), chevalier de la Légion-d'Honneur, à la Gare, commune d'Ivry (Seine), banlieue de Paris.
M. Dhostel (Florentin), rue de la Cerisaie, n. 31.

Gardes-rivières surveillans à Paris.

MM.

Verneuil (Pierre-Jean-Baptiste), rue des Tournelles, n. 22 : arrondissement St.-Antoine.

Hairon (Nicolas), quai de la Rapée, n. 5 : arrondissement Saint-Antoine.

Roger (Léonard), rue Regratier, n. 11 : arrondissement Saint-Bernard.

Sergent (Claude-Lazare), rue Condé, n. 5 : arrondissement St.-Bernard.

David (Joseph-Pierre), rue de la Comète, n. 4 : arrondissement St.-Germain.

Houdaille (Jean-Baptiste-P.), esplanade des Invalides, n. 15 : arrondissement St.-Germain.

Dacheux (Joseph), rue St.-Honoré, n. 301, arrond. St.-Honoré.

Sermaisse (Jacques-Antoine), rue Courty. n. 8 : arrondissement St.-Honoré.

Toiseurs.

MM.

Thibaut.(Luc-Alexandre), rue du faubourg du Roule, n. 52 : arrondissemens St.-Honoré et St.-Germain.

Picot (Fleury-Gabriel), place St.-Antoine, n. 5 : arrondissement St.-Antoine.

Mainé (Louis-François), quai St.-Bernard, n. 25 : arrondissement St.-Bernard.

§ X I. Employés attachés au commerce des Bois carrés.

MM.

Le Comte (Pierre-Louis Taupin), préposé à la repêche des bois naufragés, à Paris, quai de la Rapée, n. 63.

Ferrand (Guillaume), préposé à la garde des trains, à Paris, rue de Bercy, n. 28, faubourg St.-Antoine.

§ X I I. Employés attachés au commerce de la Haute-Yonne.

(Inspection de Clamecy.)

MM.

Balandreau (Jacques-Léonard), *garde général*, à Château-Chinon (Nièvre). Haute-Yonne et ruisseaux affluens jusqu'à Montreuillon.

Blandin (Lazare), *garde particulier*, à Arleuf (Nièvre), par Château-Chinon. Ruisseaux et ports d'Arleuf.

Duvernoy (Louis), *garde particulier*, *ibidem*. *Idem*.

Fouché (Louis-Léon), *garde particulier*, à Château-Chinon (Nièvre). Haute-Yonne en aval de Montreuillon.

Etouffé (Victor), *garde particulier*, *ibidem*. Ports de l'arrondissement de Château-Chinon.

Germenot (Jean), *garde particulier*, à Planchez (Nièvre), par Château-Chinon. Ruisseaux de Planchez.

Goguelat (Jean), *garde particulier*, à Chaumard (Nièvre), par Château-Chinon. Ports sur la Houssière jusqu'à sa jonction dans l'Yonne.

Prégermain (Réné), *garde particulier*, à Enfert (Nièvre), par Château-Chinon. Haute-Yonne.

Mignau (François-Auguste), *garde particulier*, à Belveau (Nièvre), par Corbigny. *Idem*.

Villars (Claude), *garde particulier*, à Vauclois (Nièvre), par Corbigny. Ports d'Anguison.

Lamoureux (Guillaume), *garde particulier*, à Montreuillon (Nièvre), par Château-Chinon. Haute-Yonne.

Bellevaux (Louis), *garde particulier*, à la Colancelle (Nièvre), par Corbigny. Ports de la Haute-Yonne,

Guenot (Pierre-André), *garde général*, à Corbigny (Nièvre). De Montreuillon jusqu'à Villiers.

Billard (Jean), *garde particulier*, *ibidem.* Haute-Yonne.

Guillien (Jean), *garde particulier*, à Combre (Nièvre), par Corbigny. *Idem.*

Gauthé (Pierre), *garde particulier*, à Asnois (Nièvre), par Tannay. Haute-Yonne.

Paris (Jean-Alban), *garde particulier*, à Champagne (Nièvre), par Tannay. *Idem.*

Jouachim (Jacques), *directeur des ports*, à Clamecy (Nièvre). D'Armes jusqu'à La Forêt.

Billaut (Edme), *garde-adjoint aux directeurs des ports*, *ibidem. Idem.*

Surugues (Edme), *directeur des ports*, à Coulanges (Yonne). De Pouceaux en aval jusqu'à Lucy.

Charron (Joachim), *garde particulier*, à Pouceaux (Yonne), par Coulanges. *Idem.*

§ XIII. Employés attachés au commerce des petites rivières de Beuvron et de Sozay. (*Inspection de Clamecy.*)

MM.

Jouachim (Louis-Joseph), *directeur des ports*, à Clamecy (Nièvre). La Forêt.

Raclin (Simon), *garde particulier*, à St.-Réverien (Nièvre), par Corbigny. D'Arron à Champallement.

Dunzery (Louis), *garde particulier*, à Champallement (Nièvre), par Corbigny. De Champallement au Gué-Ferré.

Granier (Joseph), *garde particulier*, à Arthel (Nièvre), par Corbigny. Ruisseau d'Arthel.

Lelus (François), *garde-rivière*, à Oudan (Nièvre), par Varzy. Rivière de Sozay.

Quantin (Adrien), *garde particulier*, à Corvol-l'Orgueilleux (Nièvre), par Clamecy. D'Oudan à Corvol l'Orgueilleux, sur le Sozay.

Monin (Jean), *garde-rivière*, à Forcy (Nièvre), par Corbigny. Ports de la rivière de Beuvron.

Gillotte (François), *garde particulier*, à Beuvron (Nièvre), par Tannay. Beuvron.

Parny (Nicolas), *garde particulier*, à Clamecy (Nièvre). La Forêt.

Corrée (Claude), *garde particulier*, *ibidem. Idem.*

§ XIV. Employés attachés au commerce de la rivière de Cure. (*Inspection de Clamecy.*)

MM.

Augé (Pierre-Joseph), *garde général*, à Avallon (Yonne). Cure de Blannay en amont à Branjame.

29*

Chatelain (Joseph); *garde ambulant*, à Gouloux (Nièvre), par Saulieu (Côte d'Or). Sur les ruisseaux de Caillot et Montsauche.

Chatelain (François), *garde ambulant*, à Moignots (Yonne), par
Avallon. Cure de St.-Marc à Lefaut.

Gauffroy (Pierre-François), *garde ambulant*, à Marigny (Nièvre),
par Lormes. Cure de Chalaux à St.-Marc.

Charrier (Michel), *garde ambulant*, à Chastelux (Yonne), par Avallon. Toute l'étendue de la Cure.

Gauffroy (Jean-Baptiste), *garde-facteur*, à Usy (Yonne), par Avallon. Cure de Branjame à Chalaux.

Lacour (Claude), *garde ambulant*, au Mey-de-Chalaux (Nièvre),
par Lorme. Sur le ruisseau de Chalaux.

Roy (Pierre), *garde-rivière*, à Avallon (Yonne). Cure et ses affluens.

Rathery (Michel-Antoine), *garde-facteur*, à Vault (Yonne), par
Avallon. Cure et Cousin.

Mathieu (Eustache), *garde-rivière*, à Quarré-les-Tombes (Yonne),
par Avallon. *Idem.*

Maison (Edme), *garde-rivière*, à Meluzieu (Yonne), par Avallon.
Idem.

Chatelard (Denis), *garde-facteur*, à Asquin (Yonne), par Vezelay.
Cure et ses affluens.

Augueux (Jean), *garde-facteur*, à Soilly (Yonne), par Avallon.
Cure et Cousin.

Bezanger fils (Nicolas), *garde-facteur*, à Arcy (Yonne), par Vermanton. Cure d'Arcy à Blannay.

Bezard (Gabriel), *garde-facteur*, à Bessy (Yonne), par Vermanton.
Cure de Reigny en amont à Arcy.

Robert (Simon), *garde-facteur*, à Vermanton (Yonne). Cure de
Vermanton à Reigny.

Robin (Pierre), *garde-facteur*, *ibidem*. Cure de Cravant en amont à
Arcy.

Legras (Nicolas), *garde-facteur*, *ibidem*. *Idem.*

Sommet (André), *garde-facteur*, à Accolay (Yonne), par Vermanton. Cure et Cousin.

§ XV. EMPLOYÉS ATTACHÉS A LA COMPAGNIE DES INTÉRESSÉS AU FLOTTAGE
  A BUCHES PERDUES DES RIVIÈRES D'AUBE ET DE SEINE.

MM.

Nogent.—Poictevin (Augustin-Godefroy), *commis-général*, à Marsilly-
sur-Seine (Marne), par Pont-le-Roi (Aube). Chargé de la direction et de la comptabilité générale des flots et des intérêts du commerce sur les deux rivières.

Aube.

Bar-sur-Aube. — Ruotte (Jean), *conducteur principal des flots d'Aube*, à
Ville sous la Ferté (Aube), par Clairvaux. Chargé de la conduite

des flots du haut et du bas de l'Aube et de tous les ruisseaux y affluants.

Bar-sur-Aube. Maitrot (Pierre), *garde-rivière*, à Ville-sous-la-Ferté, par Clairvaux (Aube). Chargé de la surveillance des bois dans son canton et de veiller au retirage des bois canards sur tous les ruisseaux et sur l'Aube jusqu'à Dienville.

—— Taprest (Jacques), *garde-rivière*, à Bar-sur-Aube (Aube). Même surveillance depuis Longchamps sur l'Aujon et depuis Clairvaux sur l'Aube jusqu'à Dienville.

—— Ribout (Nicolas), *garde-rivière*, à Lesmont (Aube), par Brienne. Même emploi depuis Dienville jusqu'à Ramerupt.

Troyes. — Bonfils, *garde-rivière*, à Arcis-sur-Aube (Aube). Mêmes fonctions depuis Ramerupt jusqu'à Saron.

Seine.

Troyes. — Meunier (Nicolas), *commis*, à Fouchères (Aube), par Bar-sur-Seine. Chargé de la conduite des flots sur l'Ource et sur la Seine et ruisseaux y affluants.

—— Huguenin (Jean), *garde-port et commis*, à Troyes (Aube). Chargé de la conduite des flots de Seine de Cletey à Troyes, du retirage des bois au port de ladite ville et du flot de Troyes à Marsilly.

Bar-sur-Seine. — Gonin (Médéric), *garde-rivière*, à Châtillon-sur-Seine (Côte-d'Or). Chargé de la conservation des bois et de la surveillance du retirage des bois canards sur la Seine et ruisseaux y affluants jusqu'à Pothière.

—— N. . . . . , *garde-rivière*, à. . . . . Même surveillance sur l'Ource jusqu'à Grancey.

—— Picarle (Joachim), *garde-rivière*, à Bar-sur-Seine (Aube). Même emploi sur l'Ource depuis Grancey, et sur la Seine depuis Pothière jusqu'à Fouchères.

Troyes. Marchand (Augustin), *garde-rivière*, à Troyes (Aube). Même emploi depuis Fouchères jusqu'à Marsilly.

§ XVI. Toiseurs de bois a Paris.

MM.

Aubé, carré St.-Martin.

Coquet, *auteur d'un tarif estimé pour le toisé en général*, barrière de la Gare.

Ewig père, rue du Petit-Musc.

Mainé, quai St.-Bernard, n. 25.

Gauchié, rue des Tournelles, n. 22.

Picot, place St.-Antoine, n. 5.

Rollet, rue St.-Paul, n. 17.

Thibaut, faubourg du Roule, n. 52.

Chapitre second.

PRÉFECTURE DE POLICE,

Quai des Orfèvres, près le Palais de Justice.

MM.

Delavau, officier de la légion-d'honneur, conseiller d'Etat, *préfet de police.*

Le baron L. de Fougères, chevalier de la Légion-d'Honneur, *secrétaire-général.*

Du Plessis, *secrétaire intime.*

Troisième division. — Partie administrative, économique et industrielle.

M. R. Gauthier, chevalier de la Légion-d'Honneur, *chef de division.*

Deuxième bureau. M. Porcher, *chef.*

Navigation.

MM.

Pailhès, *inspecteur-général,* quai Malaquais, n. 15. MM. Milon de Verneuil, Michon et Groulard, *employés.*

Besche, *inspecteur,* à St.-Denis.

Recoderc, *inspecteur,* à Gentilly.

Déchargère, *inspecteur,* au port St.-Paul. — Devilcourt, *préposé.*

Merlet, *inspecteur,* au port St.-Nicolas. — Merlet fils, *préposé.*

Aquart, *inspecteur,* au port St.-Bernard. — Lesné, *préposé.*

Gomer-Weynen, *inspecteur,* au port de Bercy. — Lemoine, *préposé.*

Simon, *inspecteur,* au port de la Villette. — Bourgeat, *préposé.*

Contrôle, recensement et mesurage des bois et charbons.

MM.

Thomas, chevalier de la légion-d'honneur, *contrôleur-général,* quai Malaquais, n. 17.

Leloutre, chevalier de la légion-d'honneur, *contrôleur-général adjoint.*

Vérification des poids et mesures.

MM

Menard de Rochecave, *chef-vérificateur,* quai des Orfèvres.

De Rubion, Moreau, Mel de Fontenay, *vérificateurs,* à Paris; de Sartiges, à St.-Denis; Henry, à Sceaux.

Droulot, Desessarts, Gauthier, *inspecteurs,* à Paris; De la Ville-Hélio, pour les communes rurales.

Chapitre troisième.

DIRECTION DES DROITS D'OCTROI DE PARIS,
Rue Grange-Batelière.

MM.

Le vicomte d'Audiffret, officier de la légion-d'honneur, *directeur*.
Girot de Langlade, Bompart, Gauthier d'Hauteserve, *régisseurs*.
Dumont, *inspecteur en chef*, rue St-Louis, au Marais, n. 10.
De Pressigny, *inspecteur*, quai Bourbon, n. 21.
Ad. Duclosel, *receveur*, quai Béthune, n. 12.

Chapitre quatrième.

§ Ier. Ministère des Finances.

S. Exc. Monseigneur le comte de Villèle, ministre et secrétaire d'Etat, président du conseil des ministres, rue de Rivoli.

La direction générale des forêts dépend de ce ministère.

§ II. Direction générale des Forêts,
Rue Neuve-Luxembourg, n. 2.

MM.

Le marquis de Bouthilliers, conseiller d'État, *directeur général*, rue Basse-du-Rempart, n. 30.
Chauvet, *administrateur*, rue Taitbout, n. 56.
Marcotte, *administrateur*, rue du Faubourg-Poissonnière, n. 89.
Le baron du Teil, *administrateur*, rue du Cherche-Midi, n. 18.

Arrondissemens forestiers, au nombre de vingt-un (1).

Premier arrondissement.

MM.

De Foucault, *conservateur*, à Paris, rue Castiglione, n. 3.
Eure-et-Loir. Lecouvreur de la Jonquière, *inspecteur*, à Châteauneuf.

(1) Nous nous bornons à dénommer les agens forestiers des arrondissemens qui peuvent concourir à l'approvisionnement de Paris.

Loiret. De Chabanne, *inspecteur*, à Orléans. Marchand, *sous-inspecteur*, à Lorris.

Oise. Lagrené, *inspecteur*, à Beauvais. Jousse-Fontanière, *sous-inspecteur*, à Senlis. Rochereuil, *sous-inspecteur*, à Clermont.

Seine. Chauvet, *inspecteur*, à Paris.

Seine-et-Oise. Jacquelin, *inspecteur*, à Versailles. Allard, *sous-inspecteur*, à Villers-Adam.

Seine-et-Marne. Becquet de Cantorbéry, *inspecteur*, à Meaux. Olagnier, *sous-inspecteur*, à Provins.

Deuxième arrondissement.

MM.

Guy, *conservateur*, à Troyes.

Aube. Le *conservateur*, faisant les fonctions d'*inspecteur*, à Troyes. De Mont-Ferrand, *inspecteur*, à Bar-sur-Seine. Josselin, *sous-inspecteur*, à Bar-sur-Aube. Balezeau, *sous-inspecteur*, à Troyes.

Haute-Marne. Dezille, *inspecteur*, à Chaumont. Hugueteau de Chalié, *inspecteur*, à Langres. Parnajon, *inspecteur*, à Vassy. Avoyne de Chantereine, *sous-inspecteur*, à Bourmont. Mongin Montrol, *sous-inspecteur*, à Langres. M. Bourlon, *sous-inspecteur*, à Saint-Dizier.

Yonne. Davoust, *inspecteur*, à Auxerre. Masson, *inspecteur*, à Sens. Beuret, *sous-inspecteur*, à Tonnerre. Regardin, *sous-inspecteur*, à Avallon. Roussel, *sous-inspecteur*, à Joigny.

Troisième arrondissement.

M. de Sezille, *conservateur*, à Rouen, pour les départemens du Calvados, de l'Eure, de la Manche et de la Seine-Inférieure.

Quatrième arrondissement.

MM.

De Croy Chanel, *conservateur*, à Laon.

Aisne. Piette, *inspecteur*, à Vervins. Marion, *sous-inspecteur*, à Laon. Marcotte, *sous-inspecteur*, à Guise.

Nord. Potonié, *inspecteur*, à Lille. Delattre, *inspecteur*, au Quesnoy.

Cinquième arrondissement.

MM.

De Sahune, *conservateur*, à Chaalons.

Marne. Le *conservateur*, faisant les fonctions d'*inspecteur*, à Chaalons. Dieudonné, *inspecteur*, à Sainte-Menehould. Belin, *sous-inspecteur*, à Reims. Huot-St.-Albin, *sous-inspecteur*, à Sézanne. Pioche, *sous-inspecteur*, à Vitry.

Ardennes. Bertrand, *inspecteur*, à Fumay. Le Varlet, *inspecteur*, à Charleville. Durand de Villers, *inspecteur*, à Sedan. Dasnières, *sous-inspecteur*, à Maubert-Fontaine. Lalouette, *sous-inspecteur*, à Mézières. Montagnac, *sous-inspecteur*, à Mouzon.

Meuse. Ganier, *inspecteur*, à Bar-le-Duc. Massa, *inspecteur*, à Saint-Mihiel. Le baron de Benoist, *inspecteur*, à Verdun. Baudet, *inspecteur*, à Montmédy. Colin de Mangeot, *sous-inspecteur*, à Ligny. Outhier, *sous-inspecteur*, à Vaucouleurs. Vicomte de Beaufort, *sous-inspecteur*, à Verdun. De Gentil, *sous-inspecteur*, à Stenay.

Sixième arrondissement.

MM.

Cazin-Caumartin, *conservateur*, à Nancy.

Meurthe. Miot, *inspecteur*, à Nancy. Prevel, *inspecteur*, à Dieuze. Durand de Premorel, *inspecteur*, à Toul. Lançon, *inspecteur*, à Lunéville. Kolb, *inspecteur*, à Sarrebourg. Gand, *sous-inspecteur*, à Pont-à-Mousson. Lanfroy, *sous-inspecteur*, à Vic. D'Archambault, *sous-inspecteur*, à Royaumeix. Gellé, *sous-inspecteur*, à Benamenil. Sthême, *sous-inspecteur*, à Abrecheviller.

Moselle. De Beausire, *inspecteur*, à Metz. François, *inspecteur*, à Briey. Tamisier, *inspecteur*, à Thionville. Velcour, *inspecteur*, à Sarreguemines. Maudhuy, *sous-inspecteur*, à Metz. Roustan de Golbert, *sous-inspecteur*, à Longuyon. Wimpffen, *sous-inspecteur*, à Bouzonville. Rouyer, *sous-inspecteur*, à St.-Avold. Pernot, *sous-inspecteur*, à Bitche.

Vosges. De Buffevent, *inspecteur*, à Épinal. Hannus, *inspecteur*, à Neufchâteau. Pintart, *inspecteur*, à Mirecourt. Ostertag, *inspecteur*, à Saint-Diez. Billig, *inspecteur*, à Remiremont. Ragot, *sous-inspecteur*, à Ramberviller. Didier, *sous-inspecteur*, à Bulgnéville. Maurice d'Attigny, *sous-inspecteur*, à Darney. Lepaige, *sous-inspecteur*, à Darney. Virion, *sous-inspecteur*, à Senones. Vial, *sous-inspecteur*, à Fraize. Rapin, *sous-inspecteur*, à Vagney.

Septième arrondissement.

M. Zœpffel, *conservateur*, à Colmar, pour les départemens du Doubs, du Haut-Rhin et du Bas-Rhin.

Huitième arrondissement.

MM.

Lahorie, *conservateur*, à Dijon.

Côte-d'Or. De Chalus, *inspecteur*, à Dijon. Aubin-Viart, *inspecteur*, à Is-sur-Thil. Fliche, *inspecteur*, à Beaune. Verpy, *inspecteur*, à Châtillon-sur-Seine. Maratray, *sous-inspecteur*, à Auxonne. Cotheret, *sous-inspecteur*, à Saint-Seine. Laureau, *sous-inspecteur*, à Seurre. Beauvais, *sous-inspecteur*, à Aisey. Limage, *sous-inspecteur*, à Semur.

Jura. Saillard, *inspecteur*, à Dôle. Rainguel, *inspecteur*, à Arbois. De Moges, *inspecteur*, à Lons-le-Saulnier. Laurençot, *sous-inspecteur*, à Belmont. Dalivoy, *sous-inspecteur*, à Poligny. Rey, *sous-inspecteur*, à St.-Claude.

Haute-Saône. De St.-Cher, *inspecteur*, à Gray. Lucotte, *inspecteur*, à Vesoul. Noiret, *inspecteur*, à Lure. Besson, *sous-inspecteur*, à Champlitte. Billerey, *sous-inspecteur*, à Jussey. Perrin, *sous-inspecteur*, à St.-Loup.

Saône-et-Loire. Barbe, *inspecteur*, à Autun. Regnard, *inspecteur*, à Châlon-sur-Saône. Huet, *sous-inspecteur*, à Charolles. Dalivoy, *sous-inspecteur*, à Louhans. Gellé, *sous-inspecteur*, à Mâcon.

Neuvième arrondissement.

MM.

Vernejoul, *conservateur*, à Bourges.

Allier. Dubouys, *inspecteur*, à Moulins. Jallot, *inspecteur*, à Mont-Luçon. Pastural, *sous-inspecteur*, à Cérilly. Moréal, *sous-inspecteur*, à Gannat.

Cher. Desmercières, *inspecteur*, à Bourges. Doazan, *sous-inspecteur*, à Vierzon. Chanlaire, *sous-inspecteur*, à St.-Amand.

Indre. Lodibert, *inspecteur*, à Châteauroux. Labbé-des-Londes, *sous-inspecteur*, à Issoudun.

Nièvre. Niepce, *inspecteur*, à Cosne. Monnot, *inspecteur*, à Nevers. Morisset fils, *sous-inspecteur*, à Château-Chinon. Brochot, *sous-inspecteur*, à la Charité. Chevalier, *sous-inspecteur*, à Clamecy.

Dixième arrondissement.

M. le baron Morisset, *conservateur*, à Niort, pour les départemens de la Charente, Charente-Inférieure, Loire-Inférieure, Deux-Sèvres, Vendée et Vienne.

Onzième arrondissement.

MM.

De Bock, *conservateur*, au Mans.

Indre-et-Loire. Martin, *inspecteur*, à Tours. Touzard, *sous-inspecteur*, à Loches.

Loir-et-Cher. Vallée, *inspecteur*, à Blois. De Corbigny, *sous-inspecteur*, à Vendôme.

Maine-et-Loire. Dubois de Maquillé, *sous-inspecteur*, à Angers.

Mayenne. . . . .

Orne. Druet-Desvaux, *inspecteur*, à Alençon. Henry, *sous-inspecteur*, à Domfront. Duval, *sous-inspecteur*, à Mortagne.

Sarthe. Chauvin, *inspecteur*, au Mans. Motet, *sous-inspecteur*, à Château-du-Loir.

NOTA. Les autres arrondissemens forestiers n'intéressent point l'approvisionnement de Paris.

§ III. Officiers des Forêts de la Couronne.

M. de Barante, *inspecteur-général*, rue de l'Arcade, n. 25.
M. Mabille, *inspecteur-général*, rue Meslay, n. 58.
Conservation de Paris. M. F. D'André, *conservateur*, rue du Doyenné,
n. 4. — M. Legros St.-Ange, *inspecteur.*
Conservation de Versailles. M. le comte P. Hyde de Neuville, *con-
servateur.* M. Jourdain, *inspecteur.*
Conservation de St. Germain. M. le chevalier de St.-Projet, *conserva-
teur.* — M. Delonglay, *inspecteur.*
Conservation de Rambouillet. M. Bourdon, *conservateur.* — M. Jules
Roslin de Lemont, *inspecteur.*
Conservation de Fontainebleau. M. de Larminat, *conservateur.*—M. le
marquis de Saluce, *inspecteur.* — M. Froment, *secrétaire-archiviste.*
— MM. Dubois, de Précourt, Picoreau, Magon de la Giclais et Lez,
gardes-généraux. — M. de Saluce fils, *élève forestier.* — MM. Samson,
Dinney, Gagny, Boutard et Valteau, *gardes à cheval.*
Conservation de Compiègne. M. Marrier de Bois-d'Hyver, *conserva-
teur.* — M. Bouchard, *inspecteur.*

§ IV. Officiers des Forêts de LL. AA. RR. Monseigneur le duc
d'Orléans et Mademoiselle d'Orléans.

Administration centrale, rue St.-Honoré, n. 214 et 216.

Ces forêts sont administrées par un conservateur, sous la surveillance
de M. le chevalier de Broval, *directeur général*, au Palais-Royal.
Conservateur. — M. de Violaine.

MM.	*Inspecteurs.*

Fossier, à Paris.
De Dompierre d'Hornoy, à Villers-Cotterets (Aisne).
Legriel, à Coucy-le-Château (Aisne).
De la Bouglise, à Compiègne (Oise).
Lecauchoix fils, à Orléans (Loiret).
Delacroix-Frainville, à Montargis (Loiret).
Houssaye, à Dourdan (Seine-et-Oise).
Douard, à Romorantin (Loir-et-Cher).
De Salligny, à Joinville (Haute-Marne).
Levet, à Clermont-Ferrand (Puy-de-Dôme).
Mabille, à Paris.
Robert, à Arc (Haute-Marne).
Estancelin, à Eu (Seine-Inférieure).
Faudrière, à Aumale (Seine-Inférieure).
Mazoyer, à Vernon (Eure).
Foreau de Trizay, à Dreux (Eure-et-Loir).
De Marisy, à la Ferté-Vidame (Sarthe).
Bridel, à Amboise (Indre-et-Loire).
Grosmaître, à Yvoi-Carignan (Ardennes).
Danicourt, à Péronne (Somme).

Chapitre cinquième.

§ Iᵉʳ. MINISTÈRE DE LA MARINE ET DES COLONIES,

Rue Royale, près la place Louis XVI.

S. Exc. M. LE COMTE CHABROL DE CROUSOL, pair de France, ministre et secrétaire d'Etat.

M. Vauvilliers, maître des requêtes, *secrétaire-général.*
Direction des Ports. — M. Tupinier, maître des requêtes, *directeur.*
M. Boucher, *sous-directeur.*
Troisième bureau. — Bois de construction. M. Chevalier, *chef.*

§ II. *Directions forestières de la marine pour la recherche, le martelage
et l'exploitation des bois propres aux constructions navales.*

PREMIÈRE DIRECTION. — *Bassin de la Seine.*

M. le Baron de Boissieu, *directeur*, à Paris, passage Sandrié.
M. Noury, *secrétaire de la direction*, à Paris, passage Sandrié.

Iʳᵉ subdivision.

MM.

Zedé, *sous-directeur*, à Chaalons.
Boyer, *contre-maître*, à Metz.
Lecarpentier, *maître*, à St.-Dizier.
Gahaignon, *contre-maître*, à Epernay.
Jacquot, *contre-maître*, à Chaumont.
Forestier, *contre-maître*, à Auxerre.

IIᵉ subdivision.

Alexandre, *sous-directeur*, à Laon.
Sanson, *contre-maître*, à Verdun.
Lelandais, *contre-maître*, à Rethel.
Grassiot, *contre-maître*, à Laon.
Lecarpentier fils, *aide-contre-maître*, à Guise.
Henry, *contre-maître*, à Compiègne.
Chaumont, *contre-maître*, à Douai.

IIIᵉ subdivision.

Le baron de Boissieu, *directeur*, à Paris, passage Sandrié.
Collet, *maître*, à Tournan.
Sainson, *maître*, à Paris, rue Caumartin, n. 20.

VIe *subdivision.*

MM.

Laimant, *sous-directeur*, à Rouen.
Cochin, *contre-maître*, à Dreux.
Marchessaux, *maître*, à Evreux.
Vielleville, *aide-contre-maître*, à Rouen.
Normand, *contre-maître*, à Pont-l'Evêque.
Vergos, *aide-contre-maître*, à Avranches.
Ste.-Croix, *aide-contre-maître*, à Carentan.
Baville, *aide-contre-maître*, à Argentan.

Fournisseurs chargés de livrer les bois marqués et reçus dans la première direction.

MM.

Feline (J.-Étienne), à Paris, rue Hauteville, n. 2; pour les cantons de Condé et Fère-en-Tardenois, département de l'Aisne; le département de la Marne, moins le canton de Ville-sur-Tourbe; les arrondissemens de Vassy et Chaumont (Haute-Marne); l'arrondissement de Toul (Meurthe); les arrondissemens de Commercy et Bar (Meuse); les cantons de Coussey et Neufchâteau (Vosges).

Lemire (Jean-Baptiste), à Rouen; pour les arrondissemens de Laon, St.-Quentin, Vervins et Soissons, moins le canton de Villers-Cotterêts (Aisne); le département de l'Aube; les cantons de Châtillon, Laignes, Montigny, Montbard, Precy-sous-Thil, Saulieu et Semur (Côte-d'Or); l'arrondissement de Clamecy (Nièvre); les départemens de l'Oise et de l'Yonne, moins le canton de St.-Fargeau.

Brillantais (Louis-Marie-Adrien), à Paris, rue de Bellefond, n. 35; pour le département des Ardennes, le canton de Ville-sur-Tourbe (Marne), et les arrondissemens de Montmédy et de Verdun (Meuse).

Bisson (Pierre) et fils, à Dunkerque; pour les départemens du Nord, du Pas-de-Calais et de la Somme.

Larrouy frères, à Paris, rue Neuve-des-Capucines, 12; pour les cantons de Charly, Château-Thierry, Neuilly-Saint-Front et Villers-Cotterêts (Aisne); pour ceux de Bazoches, Laigle, Longny, Mortagne, Moulins-la-Marche, Regmalard, Tourouvre, la Ferté-Bernard, Gacé et Merlerault (Orne); et pour les départemens de l'Eure, Eure-et-Loir, Seine, Seine-Inférieure, Seine-et-Marne, Seine-et-Oise.

Auvray (Louis-Guillaume), à Saint-Lô; pour les départemens du Calvados et de la Manche, et pour les cantons d'Argentan, Athis, Briouze, Domfront, Écouché, Exmes, Mortrée, Putanges, Saint-Gervais, Tinchebray, Trun et Vimoutiers (Orne).

IIe. Direction. — *Bassin de la Loire.*

M. Maillot, *directeur*, à Orléans.
M. Bonneville, *secrétaire de la direction*, à Orléans.

Ire. *Subdivision.*

MM.

Binet, *sous-directeur*, à Moulins.
Bideaux, *contre-maître*, à Roanne.
Brunet, *contre-maître*, à Moulins.
Reboul, *aide contre-maître*, à Decise.
Bourhis, *contre-maître*, à Saint-Amand.
Brodu, *aide contre-maître*, à la Charité.

IIe. *Subdivision.*

Maillot, *directeur*, à Orléans.
Turbat, *contre-maître*, à Bourges.
Proust, *contre-maître*, à Blois.
Picard, *contre-maître*, à Orléans.
Maquet, *contre-maître*, à Argenton.

IIIe. *Subdivision.*

Legrix, *sous-directeur*, à Tours.
Dhionnet, *maître*, à Tours.
Burnon, *aide contre-maître*, au Mans.
Baville père, *contre-maître*, à Laval.
Desplanches, *aide contre-maître*, à Alençon.
Chantreau, *contre-maître*, à Angers.

IVe. *Subdivision.*

Lemoyne de Serigny, *sous-directeur*, à Nantes.
Arnous, *maître*, à Nantes.
Tribouillard, *aide contre-maître*, à Nantes.
Bourdel, *maître*, à Rennes.
Pilven, *aide contre-maître*, à Dinan.
Touzé, *maître*, à l'Orient.

Fournisseurs chargés de livrer les bois marqués et reçus dans la deuxième direction.

MM.

Montanier (Antoine), à St.-Etienne; pour les départemens de la Loire, de la Haute-Loire, du Puy-de-Dôme et de Saône-et-Loire.

Brillantais (Louis-Marie-Adrien), à Paris, rue de Bellefond, n. 35; pour les départemens de l'Allier, du Cher, de la Nièvre, de Loir-et-Cher et du Loiret.

Guilhem et Chambault Desvarannes, à Angers; pour les départemens de l'Indre, d'Indre-et-Loire, Loire-Inférieure, Mayenne, Mayenne-et-Loire, Orne, Sarthe, Deux-Sèvres et Vendée.

Rotinat (Jean), à l'Orient; pour les départemens des Côtes-du-Nord, Finisterre, Ille-et-Vilaine et Morbihan.

IIIe. Direction. — *Bassin de la Garonne.*

IVe. Direction. — *Bassin de la Saône et du Rhône.*

Fournisseurs dans la quatrième direction auxquels les commerçans de l'approvisionnement peuvent avoir affaire.

MM.

Mauguin fils, aux Vallotes, près de Châlon-sur-Saône; pour les départemens de la Haute-Marne et des Vosges.

Beraud-Royer (J.-F.), à Verdun; pour le département de Saône-et-Loire.

Cellard (Antoine) et Cellard (Philippe) frères, à Seurre; pour les départemens de la Côte-d'Or et de la Haute-Saône.

SUPPLÉMENT.

Ordonnance de Police, concernant les repêchage, recherche, perquisition et remise en possession des différentes marchandises de bois naufragées et entraînées par les débordemens subits de la rivière de Seine, du dessus et du dessous de Paris, et autres rivières et ruisseaux y affluens.

Du 9 mars 1784.

A tous ceux qui ces présentes lettres verront, ANTOINE-LOUIS-FRANÇOIS LEFEVRE DE CAUMARTIN, prévôt des marchands, et les échevins de la ville de Paris, salut; savoir faisons : sur ce qui nous a été remontré par le procureur du roi et de la ville, que le débordement des rivières affluentes en Seine, ayant inondé la plus grande partie des ports situés sur lesdites rivières et ruisseaux, et entraîné une grande quantité de bois quarrés à bâtir, ouvrer, sciage et charronnage, et bois de chauffage; nous avons, par nos ordonnances des 25 février dernier et 2 du présent mois, enjoint à tous ceux qui pêcheraient desdits bois, de faire leurs déclarations, dans les vingt-quatre heures, de la quantité des marchandises par eux repêchées; savoir, en cette ville, par-devant les huissiers-commissaires de l'Hôtel-de-Ville, et, à l'égard des autres lieux du dessus et du dessous, par-devant nos sudélégués, les juges des lieux et officiers de maréchaussée, avec défenses d'en vendre, s'en emparer, les cacher, latiter, et à toutes personnes de les acheter, sous les peines portées par icelles.

Qu'il a cependant appris qu'au mépris de ces défenses, plusieurs pêcheurs, gens de rivière et habitans des lieux à la proximité, s'emparent desdits bois, et en disposent à leur profit; qu'il en est, en outre, de répandus dans des héritages, fossés et clôtures, qu'il est essentiel de ramasser et recueillir; et comme, dans pareilles circonstances, les marchands et propriétaires de ces bois ont été autorisés à faire les recherches de droit, pour se remettre en possession de leurs bois, il nous requiert qu'il y soit pourvu; sur quoi, après l'avoir ouï en ses conclusions, et ayant égard audit réquisitoire,

Nous disons que nos ordonnances des 14 décembre 1740, 20 février 1749, 30 juin 1759, 17 février 1764, 15 janvier 1768, 28 mai 1771, 18 mai 1779, 25 février dernier, le 2 du présent mois, et autres rendues en pareille circonstance, seront exécutées selon leur forme et teneur.

En conséquence, permettons aux propriétaires et marchands de bois pour la provision de cette ville, leurs commis et facteurs sur les rivières de Seine, Oise, Aisne, Marne, Morin, Loing, Yonne, Cure et autres rivières et ruisseaux affluents en icelles, de faire repêcher, ramasser et retirer des ports, îles, prés, terres, jardins, fossés et autres héritages, moulins, écluses, vannages, gauthiers, pertuis et lieux circonvoisins, tout ce qu'ils pourront recouvrer de leurs bois, pour les reprendre et s'en remettre en possession, francs et quittes de toutes indemnités, dommages et intérêts que pourraient prétendre les propriétaires d'héritages et édifices, sous prétexte de dégâts, dommages et ruptures que pourraient avoir soufferts leurs possessions, attendu la force majeure. Faisons défenses à toutes personnes, de quelques qualités et conditions qu'elles soient, de s'opposer aux recherches, enlèvement et mise en possession desdits bois par lesdits propriétaires-marchands, leurs commis, facteurs et préposés, de leur refuser tous accès et entrée à cet effet, d'en cacher, latiter, et souffrir qu'il en soit caché et latité aucuns en leurs châteaux, maisons, ou autres lieux, sous les peines portées par les ordonnances et réglemens.

Autorisons lesdits propriétaires-marchands, leurs commis, facteurs et préposés, à faire faire perquisition de ceux qui pourraient avoir été cachés et latités dans les lieux où ils sauront qu'ils sont déposés, dont les portes leur seront ouvertes; et, en cas de refus, à la première sommation, leur permettons de les faire ouvrir par un serrurier ou maréchal sur ce requis, en présence d'un huissier-commissaire de l'Hôtel-de-Ville, ou d'un de nos subdélégués sur les lieux, juges, notaires, huissiers ou sergens royaux sur ce requis, dont sera dressé procès-verbal; même de faire informer par-devant nous ou nos subdélégués plus prochains, qu'à cet effet commettons, d'obtenir et faire publier monitoire en forme de droit, pour, ce fait et communiqué au procureur du roi et de la ville, être par lui requis ou consenti, et par nous ordonné ce que de raison ; comme aussi de faire assigner les contrevenans par-devant nous, en condamnation de restitution, amende, dommages et intérêts.

Et, à l'égard de celles desdites marchandises repêchées par les gagnes-deniers, gens de rivière et autres, lesquels en auront fait leurs déclarations dans les délais prescrits par nos ordonnances, disons que les salaires du repêchage leur seront payés par lesdits propriétaires-marchands, leurs commis, facteurs ou préposés, lors des enlèvement et remise en possession, savoir :

Par chaque pièce réduite de bois quarrés à bâtir, *quatre sols.*

Pour chaque planche de sapin, *un sol.*

Pour chaque toise de planche de chêne et hêtre, *un sol.*

Pour une jante, *six deniers.*

Pour chaque toise de moyeux, *huit sols.*

Pour un lisoir de quatre pieds et demi, ou pour une coquille, on autres bois de débit, à proportion, *un sol.*

Pour chaque toise de table, *six sols.*

Pour chaque botte de lattes ou d'échalas, *un sol.*

Pour chaque bûche de dix-huit pouces de tour, *trois deniers.*

Et pour les autres, plus ou moins à proportion, ou pour chaque corde dudit bois, *quarante sols.*

Faisons très-expresses inhibitions et défenses auxdits compagnons de rivière, gagnes-deniers, particuliers d'exiger, et aux propriétaires-marchands, leurs facteurs et commis et préposés, de leur payer autres et plus grandes sommes, à peine contre les uns de punition exemplaire, et d'amende contre les autres.

30

Mandons, aux commissaires de police, huissiers-audienciers de l'hôtel de cette ville, à nos subdélégués, de tenir la main à l'exécution des présentes. Enjoignons aux gardes-ports sur toutes lesdites rivières, d'y veiller de leur part, et de dénoncer au procureur du roi et de la ville les contraventions qui seront venues à leur connaissance. Requérons tous officiers de maréchaussée de prêter aux uns et aux autres toute assistance et main-forte. Enjoignons aux gardes de jour et de nuit établis sur les ports de cette ville, de prêter pareille assistance et mainforte, et de dénoncer audit procureur du roi et de la ville, les contraventions qui seront venues à leur connaissance.

Et seront ces présentes lues, publiées et affichées par-tout où besoin sera, et exécutées non-obstant oppositions ou appellations quelconques, et sans préjudice d'icelles, pour lesquelles ne sera différé, s'agissant de police.

Fait au bureau de la ville de Paris, le neuf mars mil sept cent quatre-vingt-quatre.   *Signé*, VEYTARD.

TABLE ALPHABÉTIQUE

DES FLEUVES, RIVIÈRES, RUISSEAUX, CANAUX, PORTS, ETC.

AVEC INDICATION DE LA PAGE OU IL EN EST PARLÉ DANS LA DESCRIPTION
TOPOGRAPHIQUE ET COMMERCIALE DES ROUTES FLOTTABLES
ET NAVIGABLES.

NOTA. Les noms en caractères italiques indiquent les cours d'eaux et les canaux.

A.

Abbecourt.	120	*Arce*, affluent de la Seine.	4
Abret.	68	*Arce*, affluent de la Vanne.	43
Abscon.	145	Arcis-sur-Aube.	17
Accolay.	37	Arcy.	37
Acolâtre.	56	Argenteuil.	112
Aignay-le-Duc.	2	Aringette.	23
Aiguilly.	54	*Arleuf.*	22
Aire.	127	*Armance*, affluent de l'Yonne.	25
Aisey-le-Duc.	3	*Armance*, affluent de l'Arman-	
Aisne.	126	çon.	40
Alfort.	86	*Armançon.*	39
Allier.	65	Armeau.	29
Amance.	16	Armes.	25
Ambert.	71	*Arneuse.*	110
Amboule.	7	Arpheuil.	53
Amigny.	120	*Arron.*	52 et 64
Amorey.	14	*Arroux.*	62
Ancy-le-Franc.	42	Arsonval.	15
Andelle.	114	Arthel.	31
Andelys (les).	114	*Arthel.*	33
Andresieu.	50	Asnières.	111
Andresy.	112	Atichy.	130
Andrie.	26	Attigny.	128
Angles (les).	31	*Aube.*	13
Anglure.	18	Auberchicourt.	148
Anguison.	25	*Aubette.*	14
Aniche.	148	Aubigny.	57
Annet.	86	*Aubois.*	57
Anzin.	144 et 145	*Aucin.*	24
Apilly.	56	Audes.	69
Apremont.	69	*Auges (les).*	100
Arc-en-Barrois.	19	*Aujon.*	18

30*

D.

M.

Q.

R.

S.

T.

U.

V.

W.

Y.

TABLE DES MATIÈRES.

PARTIE COMMERCIALE ET RÉGLEMENTAIRE.

PERSONNEL COMMERCIAL ET ADMINISTRATIF.

Première Partie. — Personnel commercial.

(1) C'est par erreur que l'on a passé du § VI au § VIII, en oubliant le § VII.
On a dû conserver cette inexactitude dans la table.

Seconde partie. — Personnel administratif.

ERRATA.

FIN DE LA BOUSSOLE DU COMMERCE DES BOIS ET CHARBONS.

IMPRIMERIE DE H. BALZAC, RUE DES MARAIS s.-g., Nº 17.

www.ingramcontent.com/pod-product-compliance
Lightning Source LLC
Chambersburg PA
CBHW061957220326
41599CB00021BA/3088